論点体系

判例行政法 1

行政活動の基本的な仕組み
行政上の手続・調査・情報取扱い

編著　小早川光郎　青栁馨

第一法規

はしがき

　本書は、行政事件に携わる法律実務家のための実務コンメンタールが必要であるとの認識に基づいて企画されたものであり、行政活動の基本的な仕組み、行政上の手続（行政救済法としての性格も有する行政不服審査法を含む）・調査・情報の取扱いなど行政活動法通則に関する部分（第1巻）、行政訴訟に関する部分（第2巻）、住民監査請求・住民訴訟、国家賠償・損失補償に関する部分（第3巻）からなる。

　法律実務家が、行政上の紛争を解決するためには、所与の事実関係から法律上の問題点を見いだし、行政活動に関する通則を理解した上で各種行政に係る個別行政法規を解釈・適用して、適切な紛争解決の道筋を考えなければならず、同時に、行政訴訟については、訴訟法上の特有のルールが種々存在することから、行政事件訴訟法の定めに従いいかなる訴訟形式を採用するか、採用する訴訟形式について訴訟要件が満たされるかどうか、行政不服申立てを先行させるべきか否かを判断し、さらには、行政救済として国家賠償請求の選択を行うかどうかなどについて判断しなければならず、また、行政訴訟の提起にあたっては、その訴訟手続の特殊性について理解しておく必要がある。個別行政法規の解釈・適用の前提として理解しておくべき行政活動に関する通則についていえば、行政手続、情報公開等の一部の分野を除き法律が存在せず、法律が存在しない部分は学説と判例法理によって理解するほかない。また、行政救済法についていえば、例えば、行政事件訴訟法の「抗告訴訟の対象」、「原告適格」に関する規定、国家賠償法の賠償責任に関する規定など、法律要件が抽象的概念で定められている場合が多く、具体的事件のこれらの要件への当てはめについては見解の分かれるところであり、関係規定の趣旨のほか、判例法理によりつつ判断しなければならない。第3巻で取り上げる住民訴訟は、行政事件訴訟法に規定する民衆訴訟の代表的なものであるが、地方自治法の規定上法律要件が抽象的概念で定められているから、同趣旨のことがいえよう。

　本書は、以上のような実情を踏まえ、法律実務家の訴訟実務上のニーズに応

えるべく、判例を基本に、行政法の実務を深く解説した実務コンメンタールとなることを目指すものであり、第1に、行政法分野での裁判実務において、実務上問題となる論点ごとに判例を整理し、裁判実務の現状を明示するとともに、実務において必要な行政法の解釈と運用に指針を与えるよう工夫していること、第2に、裁判実務において問題となる論点を整理し、現在の裁判実務（判例）の見解を客観的に示すものであることを特徴とする。また、内容的には、行政法分野での実務上重要な論点等を体系的に整理する目次構成とし、目次項目ごとに、裁判実務で問題となりうる論点を網羅することとし、学説の詳しい紹介、自説の展開を避け、学術的記述を抑え、実務に即した解説をすることに意を用いた。

　本書の制作にあたっては、大学に所属する行政法研究者、裁判官・弁護士等の実務家にご協力をいただき、貴重な論考を頂戴した。また、山本隆司教授（東京大学）には執筆だけでなく、目次構成案の作成など本書の成立についてひとかたならぬご尽力をいただいた。この場をかりて厚く感謝申し上げたい。

　最後に、本書の刊行に当たって、第一法規株式会社の芝田敏昭氏、田中信行氏、石塚三夏氏には大変お世話になった。厚くお礼を申し上げる。

　平成28年8月

　　　　　　　　　　　　　　　　　　　　　　　　　　小早川　光郎

　　　　　　　　　　　　　　　　　　　　　　　　　　青栁　　馨

編集・執筆者一覧

編　著

小早川光郎（こばやかわ　みつお）　成蹊大学法科大学院教授

青柳　　馨（あおやぎ　かおる）　元東京高等裁判所判事・日本大学大学院法務研究科教授

編集協力

山本　隆司（やまもと　りゅうじ）　東京大学大学院法学政治学研究科教授

執筆者（五十音順）

飯島　淳子（いいじま　じゅんこ）　東北大学大学院法学研究科教授

板垣　勝彦（いたがき　かつひこ）　横浜国立大学大学院国際社会科学研究院准教授

薄井　一成（うすい　かずなり）　一橋大学大学院法学研究科准教授

大江　裕幸（おおえ　ひろゆき）　信州大学学術研究院経法学部総合法律学科准教授

大橋真由美（おおはし　まゆみ）　成城大学法学部教授

折橋　洋介（おりはし　ようすけ）　広島大学大学院社会科学研究科・法学部准教授

門脇　雄貴（かどわき　ゆたか）　首都大学東京都市教養学部法学系准教授

川合　敏樹（かわい　としき）　國學院大學法学部准教授

北島　周作（きたじま　しゅうさく）　東北大学大学院法学研究科教授
田尾　亮介（たお　りょうすけ）　首都大学東京都市教養学部法学系
　　　　　　　　　　　　　　　　准教授
德本　広孝（とくもと　ひろたか）　中央大学法学部教授
野口貴公美（のぐち　きくみ）　一橋大学大学院法学研究科教授

凡　　例

1．判例の書誌事項の表示について
　判例には、原則として判例情報データベース「D1-Law.com判例体系」（https://www.d1-law.com）の検索項目となる判例IDを〔　〕で記載した。
　例：最二小判平成7・7・7民集49巻7号1870頁〔27827504〕

法令名略語

援護法	戦傷病者戦没者遺族等援護法
監獄法	刑事施設ニ於ケル刑事被告人ノ収容等ニ関スル法律
感染症予防法	感染症の予防及び感染症の患者に対する医療に関する法律
行組法	国家行政組織法
行審法	行政不服審査法
行政機関個人情報保護法	行政機関の保有する個人情報の保護に関する法律
行訴法	行政事件訴訟法
行手法	行政手続法
景表法	不当景品類及び不当表示防止法
警職法	警察官職務執行法
刑訴法	刑事訴訟法
憲法	日本国憲法
公選法	公職選挙法
公文書管理法	公文書等の管理に関する法律
国賠法	国家賠償法
国犯法	国税犯則取締法
個人情報保護法	個人情報の保護に関する法律
国公法	国家公務員法
自治法	地方自治法
銃刀法	銃砲刀剣類所持等取締法

凡例

住民台帳法	住民基本台帳法
障害者雇用促進法	障害者の雇用の促進等に関する法律
地公法	地方公務員法
地税法	地方税法
独立行政法人等情報公開法	独立行政法人等の保有する情報の公開に関する法律
都計法	都市計画法
独禁法	私的独占の禁止及び公正取引の確保に関する法律
成田新法	成田国際空港の安全確保に関する緊急措置法（平成15年法律124号による題名改正前は、新東京国際空港の安全確保に関する緊急措置法）
入管法	出入国管理及び難民認定法
廃掃法	廃棄物の処理及び清掃に関する法律
被爆者援護法	原子爆弾被爆者に対する援護に関する法律
風営法	風俗営業等の規制及び業務の適正化等に関する法律
民訴法	民事訴訟法
薬事法	医薬品、医療機器等の品質、有効性及び安全性の確保等に関する法律
労働者派遣法	労働者派遣事業の適正な運営の確保及び派遣労働者の保護等に関する法律

判例出典略語

民録	大審院民事判決録
刑録	大審院刑事判決録
民集	大審院民事判例集、最高裁判所民事判例集
刑集	大審院刑事判例集、最高裁判所刑事判例集
裁判集民	最高裁判所裁判集民事
裁判集刑	最高裁判所裁判集刑事
高裁民集	高等裁判所民事判例集
高裁刑集	高等裁判所刑事判例集
行裁月報	行政裁判月報

行裁例集	行政事件裁判例集
下級民集	下級裁判所民事裁判例集
第一審刑集	第一審刑事裁判例集
下級刑集	下級裁判所刑事裁判例集
刑裁月報	刑事裁判月報
労働民例集	労働関係民事裁判例集
新聞	法律新聞
無体財産例集	無体財産権関係民事・行政裁判例集
知的財産例集	知的財産権関係民事・行政裁判例集
判タ	判例タイムズ
判時	判例時報
金融法務	旬刊金融法務事情
東高刑時報	東京高等裁判所（刑事）判決時報
高刑速報	高等裁判所刑事裁判速報集
交通民集	交通事故民事裁判例集
裁判所HP	裁判所ホームページ

文献略語

阿部・行政法解釈学Ⅰ
　　阿部泰隆『行政法解釈学Ⅰ―実質的法治国家における法システムの解釈学』有斐閣（2008年）
阿部・行政法解釈学Ⅱ
　　阿部泰隆『行政法解釈学Ⅱ―実効的な行政救済の法システム創造の法理論』有斐閣（2009年）
磯部＝小早川＝芝池・行政法の新構想Ⅱ
　　磯部力＝小早川光郎＝芝池義一編『行政法の新構想Ⅱ―行政作用・行政手続・行政情報法』有斐閣（2008年）
磯部ほか・地方自治判例百選〈第4版〉
　　磯部力＝小幡純子＝斎藤誠編『地方自治判例百選〈第4版〉（別冊ジュリスト215）』有斐閣（2013年）
宇賀＝大橋＝高橋・対話で学ぶ
　　宇賀克也＝大橋洋一＝高橋滋『対話で学ぶ行政法―行政法と隣接法分野との対話』有斐閣（2003年）

宇賀・行政手続三法〈第2次改訂版〉
　　宇賀克也『行政手続三法の解説〈第2次改訂版〉』学陽書房（2016年）
宇賀・行政法概説Ⅰ〈第5版〉
　　宇賀克也『行政法概説Ⅰ―行政法総論〈第5版〉』有斐閣（2013年）
宇賀・行政法概説Ⅱ〈第5版〉
　　宇賀克也『行政法概説Ⅱ―行政救済法〈第5版〉』有斐閣（2015年）
宇賀・行政法概説Ⅲ〈第4版〉
　　宇賀克也『行政法概説Ⅲ―行政組織法／公務員法／公物法〈第4版〉』有斐閣（2015年）
宇賀=交告=山本・行政判例百選Ⅰ〈第6版〉
　　宇賀克也=交告尚史=山本隆司編『行政判例百選Ⅰ〈第6版〉（別冊ジュリスト211）』有斐閣（2012年）
宇賀=交告=山本・行政判例百選Ⅱ〈第6版〉
　　宇賀克也=交告尚史=山本隆司編『行政判例百選Ⅱ〈第6版〉（別冊ジュリスト212）』有斐閣（2012年）
宇賀・地方自治法概説〈第6版〉
　　宇賀克也『地方自治法概説〈第6版〉』有斐閣（2015年）
大橋・行政法Ⅰ〈第3版〉
　　大橋洋一『行政法Ⅰ―現代行政過程論〈第3版〉』有斐閣（2016年）
大橋・行政法Ⅱ〈第2版〉
　　大橋洋一『行政法Ⅱ―現代行政救済論〈第2版〉』有斐閣（2015年）
雄川=塩野=園部・現代行政法大系(2)
　　雄川一郎=塩野宏=園部逸夫編『現代行政法大系(2)―行政過程』有斐閣（1984年）
雄川ほか・行政強制
　　雄川一郎=金子宏=塩野宏=新堂幸司=園部逸=広岡隆編『行政強制―行政権の実力行使の法理と実態（ジュリスト増刊）有斐閣（1977年）
兼子・行政法総論
　　兼子仁『行政法総論』筑摩書房（1983年）
北村・行政法の実効性確保
　　北村喜宣『行政法の実効性確保』有斐閣（2008年）
行政管理研究センター・行手法〈27年改訂版〉
　　IAM=一般財団法人行政管理研究センター編『逐条解説行政手続法〈27年改訂版〉』ぎょうせい（2015年）

行政管理研究センター・行手法〈改正行審法対応版〉
　　IAM=一般財団法人行政管理研究センター編『逐条解説行政手続法　改正行審法対応版』ぎょうせい（2016年）
行政管理研究センター・逐条解説行政不服審査法〈新政省令対応版〉
　　IAM=一般財団法人行政管理研究センター編『逐条解説行政不服審査法　新政省令対応版』ぎょうせい（2016年）
小早川=宇賀=交告・行政判例百選Ⅰ〈第5版〉
　　小早川光郎=宇賀克也=交告尚史編『行政判例百選Ⅰ〈第5版〉（別冊ジュリスト181）』有斐閣（2006年）
小早川・行政法講義下Ⅰ
　　小早川光郎『行政法講義下Ⅰ』弘文堂（2002年）
小早川・行政法講義下Ⅱ
　　小早川光郎『行政法講義下Ⅱ』弘文堂（2005年）
小早川・行政法上
　　小早川光郎『行政法上』弘文堂（1999年）
最高裁・十年史
　　最高裁判所事務総局編『行政事件訴訟十年史』最高裁判所事務総局（1961年）
最高裁・続十年史
　　最高裁判所事務総局編『続行政事件訴訟十年史』法曹会（1972年）
最高裁・続々十年史（上）
　　最高裁判所事務総局編『続々行政事件訴訟十年史上』法曹会（1981年）
最高裁・主要行政事件裁判例概観(7)
　　最高裁判所事務総局行政局監修『主要行政事件裁判例概観7―総論（手続法編1）』法曹会（1995年）
最高裁・主要行政事件裁判例概観(10)
　　最高裁判所事務総局行政局監修『主要行政事件裁判例概観10―総論（実体法編）』法曹会（1998年）
『最判解説刑事篇〈平成○年度〉』法曹会
　　『最高裁判所判例解説刑事篇〈平成○年度〉』法曹会
『最判解説民事篇〈平成○年度〉』法曹会
　　『最高裁判所判例解説民事篇〈平成○年度〉』法曹会
櫻井=橋本・行政法〈第5版〉
　　櫻井敬子=橋本博之『行政法〈第5版〉』弘文堂（2016年）

凡例

塩野・行政法Ⅰ〈第6版〉
 塩野宏『行政法Ⅰ―行政法総論〈第6版〉』有斐閣（2015年）
塩野・行政法Ⅱ〈第5版補訂版〉
 塩野宏『行政法Ⅱ―行政救済法〈第5版補訂版〉』有斐閣（2013年）
塩野・行政法Ⅲ〈第4版〉
 塩野宏『行政法Ⅲ―行政組織法〈第4版〉』有斐閣（2012年）
塩野先生古稀（上）
 小早川光郎=宇賀克也編『行政法の発展と変革（上）塩野宏先生古稀記念』有斐閣（2001年）
塩野先生古稀（下）
 小早川光郎=宇賀克也編『行政法の発展と変革（下）塩野宏先生古稀記念』有斐閣（2001年）
司研・実務的研究
 司法研修所編『改訂行政事件訴訟の一般的問題に関する実務的研究』法曹会（2000年）
芝池・行政法総論講義〈第4版補訂版〉
 芝池義一『行政法総論講義〈第4版補訂版〉』有斐閣（2006年）
芝池・行政法読本〈第4版〉
 芝池義一『行政法読本〈第4版〉』有斐閣（2016年）
杉本・行政事件訴訟法の解説
 杉本良吉『行政事件訴訟法の解説』法曹会（1963年）
曽和・行政法総論
 曽和俊文『行政法総論を学ぶ』有斐閣（2014年）
田中・行政法総論
 田中二郎『行政法総論』有斐閣（1957年）
田中・新版行政法上巻〈全訂第2版〉
 田中二郎『新版行政法上巻〈全訂第2版〉』弘文堂（1974年）
田中・新版行政法中巻〈全訂第2版〉
 田中二郎『新版行政法中巻〈全訂第2版〉』弘文堂（1976年）
西津・間接行政強制制度
 西津政信『間接行政強制制度の研究』信山社出版（2006年）
西津・行政規制執行改革論
 西津政信『行政規制執行改革論』信山社出版（2012年）

長谷部=石川=宍戸・憲法判例百選II〈第6版〉
　　長谷部恭男=石川健治=宍戸常寿編『憲法判例百選II〈第6版〉(別冊ジュリスト218)』有斐閣（2013年）
原田・行政法要論〈全訂第7版補訂2版〉
　　原田尚彦『行政法要論〈全訂第7版補訂2版〉』学陽書房（2012年）
広岡・行政上の強制執行
　　広岡隆『行政上の強制執行の研究』法律文化社（1961年）
広岡・行政代執行法〈新版〉
　　広岡隆『行政代執行法〈新版〉』有斐閣（1981年）
広岡・行政法総論〈第5版〉
　　広岡隆『行政法総論〈第5版〉』ミネルヴァ書房（2005年）
藤田・行政法総論
　　藤田宙靖『行政法総論』青林書院（2013年）
藤山=村田・新・裁判実務大系(25)
　　藤山雅行=村田斉志編著『新・裁判実務大系(25)行政争訟〈改訂版〉』青林書院（2012年）
水野ほか・租税判例百選〈第4版〉
　　水野忠恒=中里実=佐藤英明=増井良啓編『租税判例百選〈第4版〉(別冊ジュリスト178)』有斐閣（2005年）
水野ほか・租税判例百選〈第5版〉
　　水野忠恒=中里実=佐藤英明=増井良啓=渋谷雅弘編『租税判例百選〈第5版〉(別冊ジュリスト207)』有斐閣（2011年）
室井=芝池=浜川・コメ行政法I〈第2版〉
　　室井力=芝池義一=浜川清編著『コンメンタール行政法I－行政手続法・行政不服審査法〈第2版〉』日本評論社（2008年）

目　次

はしがき
編集・執筆者一覧
凡　例

I　行政活動の基本的な仕組み

1　行政と立法……………………………………………………………　1
(1)　行政活動に関する法律の根拠………………………（門脇雄貴）…　1
(2)　行政立法………………………………………………（野口貴公美）…　26
(3)　条　例…………………………………………………（飯島淳子）…　50
(4)　行政法規の発効・失効及び効力の範囲………………（同）…　82
2　行政上の法律関係……………………………………（北島周作）…　93
3　行政処分………………………………………………（薄井一成）…　137
4　行政上の実効性確保…………………………………（板垣勝彦）…　227
5　行政指導………………………………………………（川合敏樹）…　297

II　行政上の手続・調査・情報取扱い

1　行政手続法……………………………………………………………　329
(1)　行政手続法・行政手続条例の適用範囲……………（大江裕幸）…　329
(2)　申請・届出の取扱い…………………………………（大橋真由美）…　346
(3)　聴聞・弁明等…………………………………………（同）…　360
(4)　審査基準・処分基準…………………………………（同）…　375
(5)　理由の提示……………………………………………（同）…　387
(6)　行政指導………………………………………………（川合敏樹）…　397
(7)　意見公募手続等………………………………………（田尾亮介）…　398
(8)　各種手続における一事不再理………………………（大江裕幸）…　403
2　行政不服審査法………………………………………………………　410
(1)　行政不服申立制度の意義と射程……………………（小早川光郎）…　410
(2)　審査請求………………………………………………………………　423
　　(a)　審査庁及び審理関係人……………………………（大江裕幸）　423

(b)　審査請求の手続……………………………………（大江裕幸）… 428
　　　(c)　審理手続……………………………………………（田尾亮介）… 436
　　　(d)　裁　決………………………………………………（同）… 449
　　(3)　再調査の請求 …………………………………………（同）… 458
　　(4)　再審査請求 ……………………………………………（同）… 462
　　(5)　行政不服審査会等 ……………………………………（同）… 465
　3　行政調査…………………………………………………（徳本広孝）… 468
　4　行政上の情報の取扱い …………………………………（同）… 498
　5　情報公開法………………………………………………（折橋洋介）… 527

事項索引……………………………………………………………………… 555
判例索引……………………………………………………………………… 567

　　第2巻
　　　行政訴訟
　　第3巻
　　　住民監査請求・住民訴訟
　　　国家賠償・損失補償

I 行政活動の基本的な仕組み

1 行政と立法

(1) 行政活動に関する法律の根拠

【概要】
　一定の行政活動について法律の根拠を要するという原理を「法律の留保」と呼ぶ。いかなる行政活動に法律の留保が及ぶのかという点について、判例は必ずしも一般的な見解を示していないが、いくつかの行政活動に関しては、法律の根拠が必要かどうかという論点についての判断がなされている。これに対して学説は、主として行政に対する民主的コントロールを強める見地から法律の留保の範囲を拡大しようとする一方で、場合によってはそこでいう法律の根拠として、詳細な根拠規範を必ずしも要求せず、必要とされる規律密度を差異化するという傾向が主流になりつつある。

•••••• 論　　点 ••••••

1　法律の留保に関する侵害留保原理とはどのような考え方か
2　侵害留保原理が及ぶ行政活動について、条例をもってその根拠を定めることができるか
3　侵害作用以外の行政活動については、どの程度の法律の根拠が必要か
4　行政処分の職権取消し・撤回に法律の根拠が必要か
5　行政指導について法律の根拠が必要か
6　所持品検査について法律の根拠が必要か
7　警察法2条は交通検問に関する法律の根拠たり得るか
8　警察法2条は行政活動にとってどのような意義を有するのか
9　行政機関が特定の業者名等を公表するために法律上の根拠が必要か
10　行政主体が私人との間で契約を締結するために法律上の根拠が必要か

論点 1　法律の留保に関する侵害留保原理とはどのような考え方か

　法律による行政の原理の1つである「法律の留保」とは、いかなる場合に行

政活動について法律の根拠が必要とされるのか、という論点である。今日において、法律の留保が少なくとも国民の権利自由の制限については法律の根拠が必要であるという「侵害留保原理」を意味することは学説が一致して認めるところであり（例えば、小早川・行政法上95頁）、最高裁も、旭川市国民健康保険条例訴訟・最大判平成18・3・1民集60巻2号587頁〔28110487〕において、「国民に対して義務を課し又は権利を制限するには法律の根拠を要するという法原則」があることを認めている。かくして、ある一定の規制が必要であると考えられる場合であっても、法律の根拠なく行政機関が規制を行うことはできない。

また、この侵害留保原理は、私人の権利自由を法行為によって制限する場合、典型的には行政処分によって制限する場合だけではなく、事実行為によって私人に対し目的的に不利益を課す場合すなわち例えば強制執行や即時強制（即時執行）を行う場合にも及ぶ（塩野・行政法Ⅰ〈第6版〉251-252、279頁）。

なお、侵害留保原理にいう「法律の根拠」とは、いわゆる根拠規範を指すものと考えられている。すなわち、一般に行政活動に関する法律の規定は、組織規範・規制規範・根拠規範の三種に分類される（以下も含め、塩野・行政法Ⅰ〈第6版〉81-83頁）。組織規範とは、自然人の活動が行政主体の活動として当該行政主体に帰属するための諸規定を意味し、具体的には、例えば各省設置法における所掌事務の定めがこれに当たる。これに対して、規制規範とは、ある行政機関がある行政活動をなし得ることを前提に、その行政活動の適正を図るために設けられる諸規定を意味し、例えば補助金等に係る予算の執行の適正化に関する法律が、国が補助金の交付をなし得ることを前提にその交付の適正を図るための規定を定めているのがこれに当たるとされる。最後に根拠規範とは、ある行政活動を行うための組織規範があることを前提に、それに加えて当該行政活動を行うために必要とされる特別の根拠となる諸規定を意味する。つまり法律の留保とは、行政活動について組織規範だけではなく根拠規範まで必要とされるのはいかなる場合なのか、という問題であった（古くは既に、田中・行政法総論31-32頁）。

事例

(1) ストロングライフ訴訟・最一小判昭和56・2・26民集35巻1号117頁〔27000150〕

Xが、毒物及び劇物取締法2条2項に定める劇物を用いた催涙スプレー（商品名ストロングライフ）を輸入するため、当時の厚生大臣に対して同法4条1項に定める輸

入業の登録を申請したところ、厚生大臣は、当該申請が同法5条の定める設備基準を満たし、また、Xには同条で欠格事由とされている過去2年以内の登録取消歴がないにもかかわらず、「ストロングライフは、劇物……の薬理作用によって……諸種の機能障害を生じさせ、開眼不能の状態に至らしめるものであり、かつ、それ以外の用途を有しないものである」という理由で、当該申請に対して拒否処分をしたため、Xが取消訴訟を提起した事件である。最高裁は次のように述べて申請拒否処分を取り消した。「(引用者注：毒物及び劇物取締)法は、毒物及び劇物の製造業、輸入業、販売業の登録については、登録を受けようとする者が前に登録を取り消されたことを一定の要件のもとに欠格事由としているほかは、登録を拒否しうる場合をその者の設備が……基準に適合しないと認めるときだけに限定しており（5条)、……劇物の具体的な用途については、……特段の規制をしていないことが明らかであり、他方、人の身体に有害あるいは危険な作用を及ぼす物質が用いられた製品に対する危害防止の見地からの規制については、他の法律においてこれを定めたいくつかの例が存するのである（例えば、食品衛生法、薬事法……等においてその趣旨の規定が見られる。)。これらの点をあわせ考えると、毒物及び劇物取締法それ自体は、毒物及び劇物の輸入業等の営業に対する規制は、専ら設備の面から登録を制限することをもって足りるものとし、……劇物がどのような目的でどのような用途の製品に使われるかについては、……直接規制の対象とせず、他の個々の法律がそれぞれの目的に応じて個別的に取上げて規制するのに委ねている趣旨であると解するのが相当である。そうすると、本件ストロングライフがその用途に従つて使用されることにより人体に対する危害が生ずるおそれがあることをもつてその輸入業の登録の拒否事由とすることは、毒物及び劇物の輸入業等の登録の許否を専ら設備に関する基準に適合するか否かにかからしめている同法の趣旨に反し、許されないものといわなければならない」。

(2) 浦安町鉄杭撤去訴訟・最二小判平成3・3・8民集45巻3号164頁〔27808184〕

当時の漁港法に基づいてA町が管理する河川に、ヨットクラブがヨットを係留する目的で、許可を得ることなく鉄杭約100本を打ち込んだため、当該河川における船舶航行にとって危険な状態が生じていた。そこで、A町長であるYは当該ヨットクラブに当該鉄杭の撤去を要請したものの、撤去が行われなかったため、A町はB社との間で鉄杭の撤去を内容とする請負契約を締結し、A町職員とB社従業員により鉄杭を撤去した。しかし、A町においては、「漁港施設の維持、保全及び運営その他当該漁港の維持管理に関し必要な事項を定める」漁港管理規程（同法26条、34条1項及び同法施行令20条1項1号を参照）が制定されていなかったため、「漁港の区域内の水域の利用を著しく阻害する行為の規制」の権限をA町は有していなかった。そこで、鉄杭撤去の際に職員に支給した時間外勤務手当及びB社に支払った当該撤去工事の請負代金について、A町の住民Xが住民訴訟を提起し、A町に代位してYに対し、これらの合計金額を支払うよう求めた。最高裁は、鉄杭の撤去が行政代執行として適法かどうかに

つき、「当時、A町においては漁港管理規程が制定されていなかったのであるから、YがA漁港の管理者たる同町の町長として本件鉄杭撤去を強行したことは、漁港法の規定に違反しており、これにつき行政代執行法に基づく代執行としての適法性を肯定する余地はない」と判示した。

論点 2　侵害留保原理が及ぶ行政活動について、条例をもってその根拠を定めることができるか

　法律の留保にいう「法律」には、国会の制定する法律だけではなく、憲法及び法律に違反しない限りで（憲法94条、自治法14条1項参照）、地方議会の制定する条例も含まれる（小早川・行政法上113頁）。すなわち、その限りで、地方公共団体は条例によって侵害作用の根拠規範を定めることができ、逆に、地方公共団体は条例によらなければ侵害的行政活動を行うことができない（同法14条2項）。

　この点で問題になるのが、行政代執行法1条の規定である（詳しくは、Ⅰ4「行政上の実効性確保」参照）。すなわち、同条は、「行政上の義務の履行確保に関しては、別に法律で定めるものを除いては、この法律の定めるところによる」と定めているが、同法2条がわざわざ「法律」に「条例を含む」と規定していることから、1条にいう「法律」には条例は含まれず、したがって、行政上の義務の履行確保に関しては（同法を含め）専ら国会の制定する法律によってのみ定めることができると解するのが通説である。そして、そこでいう「行政上の義務の履行確保」とは、行政上の強制執行を指すと考えられているため、強制執行に含まれない即時強制（即時執行）については条例によって定めることができるとされている（塩野・行政法Ⅰ〈第6版〉253、280頁。ただし、反対説として原田・行政法要論〈全訂第7版補訂2版〉243頁）。

事例

（1）奈良県ため池条例訴訟・最大判昭和38・6・26刑集17巻5号521頁〔27670298〕

　Yらがため池の堤とうを農作物の栽培に使用していたが、奈良県ため池の保全に関する条例が制定・施行された結果その堤とうの耕作が禁止されたにもかかわらず、なお耕作を続けていたため同条例違反の罪で起訴された事件である。原判決（大阪高判昭和36・7・13刑集17巻5号575頁〔27660793〕）は、憲法29条2項からして私有財産の制

限は法律によらねばならず、条例によってはこれを行うことはできないとしたが、最高裁は、この論点について以下のように述べて原判決を破棄した。「ため池の堤とうを使用する財産上の権利を有する者は、本条例1条の示す目的のため、その財産権の行使を殆んど全面的に禁止されることになるが、それは災害を未然に防止するという社会生活上の已むを得ない必要から来ることであつて、ため池の堤とうを使用する財産上の権利を有する者は何人も、公共の福祉のため、当然これを受忍しなければならない責務を負うというべきである。すなわち、ため池の破損、決かいの原因となるため池の堤とうの使用行為は、憲法でも、民法でも適法な財産権の行使として保障されていないものであつて、憲法、民法の保障する財産権の行使の埓外にあるものというべく、従つて、これらの行為を条例をもつて禁止、処罰しても憲法および法律に牴触またはこれを逸脱するものとはいえないし、また右条項に規定するような事項を、既に規定していると認むべき法令は存在していないのであるから、これを条例で定めたからといつて、違憲または違法の点は認められない」。

(2) 横浜地判平成12・9・27判例地方自治217号69頁〔28062288〕

本件で問題となった、横浜市船舶の放置防止に関する条例は、公共の水面に船舶を放置することを禁止したうえで（8条）、これに違反した所有者等に対しては、市長が当該船舶の移動を指導・勧告・命令することができ（9条）、これに従わない所有者等に対しては、当該船舶を移動することができる（10条）と定めていた。本件では、原告らが放置していた船舶について、市長がそれを移動するよう通知したところ、原告らがこの通知の取消し等を求めて訴えたものである。本判決は、同条例10条に定める措置を即時強制と解したうえで、条例によって即時強制を定めることの可否について次のように述べた。「行政上の義務を前提としない行政上の即時強制については、法令だけが根拠となる旨を明示的に定めた規定もない上、即時強制といわれるものの性質からしても、法令ではなく、条例を根拠にしてこれを行うことがおよそできないというものではないと解される。そうすると、少なくとも次のような要件を満たす場合には、条例に放置船舶に対する措置について規定を設けることも許されると解するのが相当である。すなわち、関係する法律に放置船舶に対する即時強制に関する規定はないけれども地域に固有の問題に対処するための制度を設ける必要性が高いこと、船舶の一時的移動についての執行を可能とすることだけを目的とし、私人に対する影響の必ずしも大きいものとはしないこと、そのため行政代執行の手続によるまでの慎重さを求める必要が乏しく、反対にそこまでの手続を要求するとかえって時間と経費の無駄になること、移動措置の方法としては、法令が他の場合に設けている即時強制の制度に準じた手段によること、以上のような要件が満たされるならば、例外的に条例により移動措置に関する規定を定めることもできるというべきである」。

論点 3 侵害作用以外の行政活動については、どの程度の法律の根拠が必要か

　戦後の民主主義への転換を受けて、学説は法律の留保の範囲を侵害作用以外の行政活動にも及ぼすことを試みている。具体的には、国民主権のもとにあってはすべての行政活動について法律の根拠を要すると考える全部留保説（杉村敏正『全訂 行政法講義 総論（上）』有斐閣（1969年）43頁）、権力的形式によって行われる行政活動には法律の根拠が必要であるとする権力留保説（兼子仁『行政法学』岩波書店（1997年）58頁）、国民にとって重要なあるいは本質的な行政活動については法律上の根拠を要求するという本質性理論ないしは重要事項留保説（阿部・行政法解釈学Ⅰ102-103頁）などが主張されている。

　このうち、本質性理論からは次の点が指摘される。すなわち、本質性理論は行政機関に対する原則というよりも、むしろ立法者に対する原則として機能することが想定されていた。そのため、本質性理論は、立法者に対し、法律による規律について一定の密度を要求する（阿部・行政法解釈学Ⅰ123頁）。この問題は、侵害留保原理においては必ずしも十分に意識されてはおらず（山本隆司『判例から探究する行政法』有斐閣（2012年）12-13頁参照）、むしろ命令に対する委任という論点（Ⅰ1(2)「行政立法」参照）で部分的に扱われていたが（中川丈久「行政活動の憲法上の位置づけ」神戸法学年報14号（1998年）195、212頁参照）、本質性理論によってこれが法律の留保論の中で主題化されることになった（大橋・行政法Ⅰ〈第3版〉33-34頁）。

　この規律密度の要請がもっともはっきりと表れているのが、憲法84条から導かれる課税要件明確主義である（田中・行政法総論30頁）。最高裁も、サラリーマン税金訴訟・最大判昭和60・3・27民集39巻2号247頁〔22000380〕において、「およそ民主主義国家にあつては、国家の維持及び活動に必要な経費は、主権者たる国民が共同の費用として代表者を通じて定めるところにより自ら負担すべきもの」であるとしたうえで、「それゆえ、課税要件及び租税の賦課徴収の手続は、法律で明確に定めることが必要である」と判示し、民主主義と規律密度との間の連関を明らかにしている（山本・前掲12頁参照）。また、旭川市国民健康保険条例訴訟・最大判平成18・3・1民集60巻2号587頁〔28110487〕は、国民

健康保険の保険料率の決定を市長の告示に委任する旨の条例の定めについて法律の留保の観点から検討し、「賦課要件が法律又は条例にどの程度明確に定められるべきかなどその規律の在り方については、当該公課の性質、賦課徴収の目的、その強制の度合い等を総合考慮して判断すべきものである」としている。

もっとも逆に言えば、全部留保説や本質性理論のように、行政活動に対する民主的コントロールを重視する立場からすると、詳細な規律密度を有する根拠規範が常に要求されるわけではなく（亘理格「法律の規律密度と委任命令」法学教室323号（2007年）61頁参照）、そこでは当該行政活動を承認する議会の意思が認められればよいのであるから、場合によっては、規律密度が緩和された根拠規範であっても、あるいは規制規範や組織規範であっても、行政活動についての法律の根拠たり得ると解する余地が出てくることになる（大橋洋一『現代行政の行為形式論』弘文堂（1993年）33-34頁）。そして、そのような考え方は、法律の留保の範囲について必ずしも全部留保説や本質性理論に立たない論者の多くによってもかなり以前から指摘されている点でもある（例えば、成田頼明「非権力行政の諸問題」公法研究29号（1966年）158頁。ただし、以上のような考え方に対する批判として塩野・行政法Ⅰ〈第6版〉89頁註9）。では、どのような場面でどの程度の法律上の根拠が求められるのか、というその具体的な適用については、【論点4】以下において、法律の留保が問題になる行政活動の類型ごとにみていく。

論点 4　行政処分の職権取消し・撤回に法律の根拠が必要か

行政処分は、私人の同意なく一方的にその権利義務関係を変動させる行為であるから、それには法律の根拠が必要であるという点で学説は一致しており（原田大樹「法律による行政の原理」法学教室373号（2011年）9頁）、また、最高裁の判例においても、「行政庁の処分とは、……直接国民の権利義務を形成しまたはその範囲を確定することが法律上認められているものをいう」とされており（最一小判昭和39・10・29民集18巻8号1809頁〔27001355〕）、規律の密度はともかく、法律上の根拠が必要であることに争いはない（ただし、最高裁は全逓昭和郵便局訴訟・最一小判昭和57・10・7民集36巻10号2091頁〔27000069〕において、郵便局庁舎内掲示板における掲示の許可を、当時の国有財産法18条3項に基づく目的外使用許可では

なく、(単なる通達ないしは訓令にすぎないと解される) 郵政省庁舎管理規程に基づく許可であるとしているが、この点については山本隆司『行政上の主観法と法関係』有斐閣 (2000年) 471頁を参照)。この点に関連して、行政処分の職権取消しや撤回に係る法律の根拠の要否が問題になり得る。すなわち、いったんなされた行政処分が処分時から違法であったことを理由として行政庁が職権により当該処分を取り消す場合、あるいは、行政処分がなされた後の事情の変化によって当該処分を維持しておくことが適当ではなくなったことを理由として行政庁が当該処分を撤回する場合に、それを認める法律の根拠が明文で定められていることがあるが (例えば、風営法8条)、そのような明文の規定がなくても職権取消しや撤回を行うことができるのか、という問題である。

まず、職権取消しについて学説をみると、少なくとも処分を行った行政庁であれば明文の規定がなくても職権取消しをなし得るという点では異論はないが、法律の根拠は必要としたうえで原処分の根拠法を取消処分の法律の根拠として理解する見解が今日では通説と考えられる (つとに、柳瀬良幹『行政法教科書〈再訂版〉』有斐閣 (1969年) 117-118頁)。判例は、私人間の農地賃貸借に係る貸主の更新拒絶に関して当時の農地調整法に基づき知事がいったんなした許可処分を職権により取り消した事案において、「(引用者注：許可) 処分をした行政庁が自らその処分を取消すことができるかどうか、即ち処分の拘束力をどの程度に認めうるかは一律には定めることができないものであつて、各処分について授権をした当該法律がそれによつて達成せしめんとする公益上の必要、つまり当該処分の性質によつて定まるものと解するのが相当である」とし (最二小判昭和28・9・4民集7巻9号868頁〔27003287〕)、また、当時の自作農創設特別措置法に基づいて農地の買収・売渡しがなされた後に、その根拠となった農地買収計画等が農業委員会により職権で取り消された事案において、「処分をした行政庁その他正当な権限を有する行政庁においては、自らその (引用者注：原処分の) 違法または不当を認めて、処分の取消によつて生ずる不利益と、取消をしないことによつてかかる処分に基づきすでに生じた効果をそのまま維持することの不利益とを比較考量し、しかも該処分を放置することが公共の福祉の要請に照らし著しく不当であると認められるときに限り、これを取り消すことができると

解するのが相当である」としており（最一小判昭和43・11・7民集22巻12号2421頁〔27000900〕）、いずれにせよ法律の明文の規定を要するものとはしていない。

他方、行政処分の撤回もまた行政処分であるから法律の根拠が必要とされるはずであり（授益的処分の撤回については侵害留保原理が及ぶという指摘すらある（藤田・行政法総論237頁））、ここでも原処分の根拠法を撤回の根拠として理解する見解が通説である（例えば、柳瀬・前掲120-121頁。反対するものとして例えば、杉村敏正『全訂 行政法講義 総論（上）』有斐閣（1969年）248-251頁）。判例においても、撤回について明文の規定を要しないとしたものがある（菊田医師訴訟・最二小判昭和63・6・17裁判集民154号201頁〔27802430〕及びクロロキン薬害訴訟・最二小判平成7・6・23民集49巻6号1600頁〔27827371〕）。

なお、以上のように理解することで、法律の明文の規定なく職権取消しや撤回が可能であるとしても、具体的事案において職権取消しや撤回が許されるかどうかはまた別の問題である（例えば、中川丈久「『職権取消しと撤回』の再考」水野武夫先生古稀記念論文集刊行委員会編『行政と国民の権利―水野武夫先生古稀記念』法律文化社（2011年）377-390頁参照）。

事例

(1) 菊田医師訴訟・最二小判昭和63・6・17裁判集民154号201頁〔27802430〕

当時の優生保護法に基づいて医師会から人工妊娠中絶医としての指定を受けていたXがいわゆる実子斡旋行為を行っていたことを理由に、同法において明文の規定がないにもかかわらず医師会が当該指定を撤回したため、Xが取消訴訟を提起した事件である。最高裁は、「指定医師の指定の撤回によってXの被る不利益を考慮しても、なおそれを撤回すべき公益上の必要性が高いと認められるから、法令上その撤回について直接明文の規定がなくとも、指定医師の指定の権限を付与されている……医師会は、その権限においてXに対する右指定を撤回することができるというべきである」と判示し、指定の権限に撤回の権限を読み込み、それ以上の明文の根拠規定を不要としている。

(2) クロロキン薬害訴訟・最二小判平成7・6・23民集49巻6号1600頁〔27827371〕

当時の薬事法14条1項によれば、厚生大臣は医薬品の製造の承認について、申請に係る医薬品の「名称、成分、分量、用法、用量、効能、効果等を審査して」承認を与えるものとされていたが、同法には承認の撤回に関する規定は置かれていなかった（その後、昭和54年改正により規定が置かれた）。本件で問題となったクロロキン製

剤に対しては昭和35年に承認が与えられたが、昭和37年以降、その副作用としての網膜症の症例が増加したにもかかわらず、昭和51年に至るまで承認の撤回がなされなかった。そのため、網膜症に罹患した患者らが、厚生大臣が承認を撤回しなかったことが違法な公権力の行使に当たるなどと主張して国家賠償を請求した。最高裁は、承認の撤回については次のように判示した。「……製造の承認がされた医薬品が、その効能、効果を著しく上回る有害な副作用を有することが後に判明し、医薬品としての有用性がないと認められるに至った場合には、厚生大臣は、当該医薬品……の製造の承認を取り消すことができると解するのが相当である。薬事法は、厚生大臣は少なくとも10年ごとに日本薬局方の改定について中央薬事審議会に諮問しなければならないと規定する……にとどまり、また、昭和54年法律第56号による改正後の薬事法74条の2のような製造の承認の取消しに関する明文の規定を欠くが、前記の薬事法の目的……及び製造の承認に当たっての厚生大臣の安全性に関する審査権限に照らすと、厚生大臣は、薬事法上右のような権限を有するものと解される」。

論点 5　行政指導について法律の根拠が必要か

　行政指導について法律の根拠が必要かという問題については、学説上は、行政指導が私人の任意性を前提に行われるものであることや行政需要への適切な対応のために行政の柔軟な対応が必要とされることなどを理由に、根拠規範を必要としないのが通説であるが（例えば、成田頼明「行政指導」雄川一郎＝高柳信一編『岩波講座 現代法4 現代の行政』岩波書店（1966年）149-150頁）、一定の行政指導については根拠規範を要求する見解もある（例えば、塩野宏「行政指導」『行政過程とその統制』有斐閣（1989年）193-194頁。さらに中川丈久『行政手続と行政指導』有斐閣（2000年）218、358頁も参照）。

　最高裁は、ロッキード事件丸紅ルート判決・最大判平成7・2・22刑集49巻2号1頁〔27826571〕において、「一般に、行政機関は、その任務ないし所掌事務の範囲内において、一定の行政目的を実現するため、特定の者に一定の作為又は不作為を求める指導、勧告、助言等をすることができ」ると述べ、法律の根拠なく行政指導をなし得るかのような判示をしている（当該引用部分は行手法2条6号の行政指導の定義であるが、同規定が行政指導のための法律上の根拠になるものではない）。ただし、本判決は、あくまで「その職務に関し」という贈賄罪（刑法198条）の構成要件について判断した事案であって、行政指導の法律上の根拠

について直接判断したものではない点に注意を要する（松戸浩「行政指導の法的根拠(3)」広島法学30巻3号（2007年）60頁）。しかし、最高裁はいくつかの事件において、一般的にではないものの、法律上の根拠規範がない行政指導をなし得る旨の判示を行っている（石油闇カルテル訴訟・最二小判昭和59・2・24刑集38巻4号1287頁〔27801091〕及び武蔵野市マンション訴訟・最一小判平成5・2・18民集47巻2号574頁〔27814474〕）。

事例

(1) 石油闇カルテル訴訟・最二小判昭和59・2・24刑集38巻4号1287頁〔27801091〕

石油会社Yらが、オイルショックの際に石油製品値上げについて会社間で合意（価格協定）をしたことを理由に、それが独禁法2条6項の「不当な取引制限」に当たるとして、同法89条違反の罪等で起訴された事件である。Yらは、値上げについての合意をしたのは、石油製品の値上げをするのであれば業界内において値上げについての合意をした後に通産省の事前の了承を得るように、という通産省からの行政指導に従ったものであるから、この合意については違法性が阻却されるなどと主張した。そのため、もし行政指導自体が違法であればそれに従ったとしても違法性は阻却されないこととなるので、そもそも当該行政指導が適法なものといえるかどうかが問題となった。最高裁は、Yらの行為が、行政指導の内容を超えたものであったとして、結論において違法性は阻却されないとしたが、行政指導そのものについては次のように判示した。「物の価格が市場における自由な競争によつて決定されるべきことは、独禁法の最大の眼目とするところであつて、価格形成に行政がみだりに介入すべきでないことは、同法の趣旨・目的に照らして明らかなところである。しかし、通産省設置法3条2号は、鉱産物及び工業品の生産、流通及び消費の増進、改善及び調整等に関する国の行政事務を一体的に遂行することを通産省の任務としており、これを受けて石油業法は、石油製品の第一次エネルギーとしての重要性等にかんがみ、『石油の安定的かつ低廉な供給を図り、もつて国民経済の発展と国民生活の向上に資する』という目的（同法1条）のもとに、標準価格制度（同法15条）という直接的な方法のほか、石油精製業及び設備の新設等に関する許可制（同法4条、7条）さらには通産大臣をして石油供給計画を定めさせること（同法3条）などの間接的な方法によつて、行政が石油製品価格の形成に介入することを認めている。そして、流動する事態に対する円滑・柔軟な行政の対応の必要性にかんがみると、石油業法に直接の根拠を持たない価格に関する行政指導であつても、これを必要とする事情がある場合に、これに対処するため社会通念上相当と認められる方法によつて行われ、『一般消費者の利益を確保するとともに、国民経済の民主的で健全な発達を促進する』という独禁法の究極の

目的に実質的に抵触しないものである限り、これを違法とすべき理由はない」。ここでは、行政指導の根拠規範がなくても、関連する法律（石油業法や独禁法）の趣旨目的に反しない行政指導であれば適法になし得ることが示されている。

(2) 武蔵野市マンション訴訟・最一小判平成5・2・18民集47巻2号574頁〔27814474〕

武蔵野市においては、その良好な生活環境ゆえに、多くのマンション建設が殺到し、高さ・規模ともに大きなマンションが次々に建てられつつあったため、近隣では日照障害等が生じ、また人口の急増に伴って学校等の建設のための市の財源も不足しつつあった。そこで武蔵野市は、議会の全員一致のもとで宅地開発指導要綱を定め、一定規模以上のマンションを建築しようとする場合には、建築主は建築確認申請前に、マンションの規模に応じて教育施設負担金を市に寄付しなくてはならないという旨の規定を置いた。本件は、Xがマンション建設を計画し、いったんは教育施設負担金約1,500万円を支払って建築確認を得たのであるが、その後上記行政指導が違法であるとして国家賠償を求めたものである。最高裁は、「指導要綱制定に至る背景、制定の手続、被上告人（引用者注：市）が当面していた問題等を考慮すると、行政指導として教育施設の充実に充てるために事業主に対して寄付金の納付を求めること自体は、強制にわたるなど事業主の任意性を損うことがない限り、違法ということはできない」としたうえで、本件の市職員の行為については「本来任意に寄付金の納付を求めるべき行政指導の限度を超えるものであり、違法な公権力の行使であるといわざるを得ない」とした。

論点 6　所持品検査について法律の根拠が必要か

明文の規定のない行政活動が実際上問題になったものとして、警察官が行う行政警察上の作用がある。その1つがいわゆる所持品検査であり、警職法には所持品検査を認める規定がないばかりか、そのような規定をいれようとした警職法改正が不成立に終わったこともあって（その経緯については、奥平康弘「警職法改正問題」『法律事件百選』有斐閣（1987年）114-115頁）、明文の規定のない所持品検査が認められるかどうかが問題とされた。もちろんこの場合、相手方の承諾のもとに行われる所持品検査であれば問題ないが、相手方の承諾なく、しかも相手方の衣服に手を入れたり、あるいは相手方の携帯品を開披してその中身を確認する行為が問題になる。

最高裁は、米子銀行強盗事件・最三小判昭和53・6・20刑集32巻4号670頁〔27682160〕において、まず、「警職法は、その2条1項において同項所定の

者を停止させて質問することができると規定するのみで、所持品の検査については明文の規定を設けていないが、所持品の検査は、口頭による質問と密接に関連し、かつ、職務質問の効果をあげるうえで必要性、有効性の認められる行為であるから、同条項による職務質問に附随してこれを行うことができる場合があると解するのが、相当である。所持品検査は、任意手段である職務質問の附随行為として許容されるのであるから、所持人の承諾を得て、その限度においてこれを行うのが原則であることはいうまでもない」と述べ、明文の規定はないものの、少なくとも職務質問に附随する形で、かつ、所持人の承諾を得たうえでなら所持品検査が認められる場合があるとする。しかし最高裁はそれにとどまらず、「職務質問ないし所持品検査は、犯罪の予防、鎮圧等を目的とする行政警察上の作用であつて、流動する各般の警察事象に対応して迅速適正にこれを処理すべき行政警察の責務にかんがみるときは、所持人の承諾のない限り所持品検査は一切許容されないと解するのは相当でなく、捜索に至らない程度の行為は、強制にわたらない限り、所持品検査においても許容される場合があると解すべきである」として、所持人の承諾のない所持品検査であっても、それが「捜索に至」らず、かつ、「強制にわたらない」限りは許容される余地を認める。

このうち、まず「捜索」に至っているかどうかについては、行為の態様がどの程度の法益侵害とりわけプライバシー侵害をもたらすか、という観点から検討されるべきであるが、最高裁が「捜索」の概念を著しく狭く考えていることが指摘され、また、「捜索」と「捜索に至らない程度の行為」との区別が事実上困難であると批判されている（以上につき、酒巻匡「行政警察活動と捜査(2)」法学教室286号（2004年）61頁）。他方、「強制」にわたっているかどうかについては、まず、そもそも最高裁のいう「任意」手段とは、一切の実力行使を伴わないことを意味するものではない（職務質問そのものに伴う実力行使について、最一小決昭和29・7・15刑集8巻7号1137頁〔24002040〕及び川出敏裕「行政警察活動と捜査」法学教室259号（2002年）76-77頁参照。また、職務質問のような行政警察作用ではないが、刑訴法197条1項に定める司法警察作用としての任意処分に関して、最三小決昭和51・3・16刑集30巻2号187頁〔24005402〕及び酒巻匡「捜査に対する法的規律の構造(2)」

法学教室284号（2004年）64-65、67-68頁を参照）。つまり、「任意」手段であっても一定の実力行使が認められ得ることを前提に、本判決のいう「強制」とは相手方の意思制圧の有無・程度から判断される（笹倉宏紀「判批」井上正仁ほか編『刑事訴訟法判例百選〈第9版〉』有斐閣（2011年）11頁）。以上からわかるように、最高裁のいう「任意手段」とは、場合によっては実力行使とそれによる法益侵害を伴うものであり、したがって、所持品検査が「任意手段」ではあっても、その根拠規範が要求され（田宮裕＝河上和雄編『大コンメンタール 警察官職務執行法』青林書院（1993年）〔渡辺咲子〕163頁）、本判決は、その根拠規範を警職法2条1項に求めたものと理解できる（川出・前掲78頁）。

しかし、所持品検査と職務質問とは別個独立の行為であると解されるから（田宮裕「刑事訴訟における判例の機能」『刑事手続とその運用』有斐閣（1990年）202-203頁）、本判決が警職法2条1項により職務質問が許容されていることをもって所持品検査の許容性を導いている点には学説からの強い批判がある（例えば、平川宗信「判批」平野龍一ほか編『刑事訴訟法判例百選〈第5版〉』有斐閣（1986年）25頁）。

なお、前掲昭和53年最三小判〔27682160〕は、以上のように所持品検査の権限を警職法2条1項から導いたうえで、「もつとも、所持品検査には種々の態様のものがあるので、その許容限度を一般的に定めることは困難であるが、所持品について捜索及び押収を受けることのない権利は憲法35条の保障するところであり、捜索に至らない程度の行為であつてもこれを受ける者の権利を害するものであるから、状況のいかんを問わず常にかかる行為が許容されるものと解すべきでないことはもちろんであつて、かかる行為は、限定的な場合において、所持品検査の必要性、緊急性、これによつて害される個人の法益と保護されるべき公共の利益との権衡などを考慮し、具体的状況のもとで相当と認められる限度においてのみ、許容されるものと解すべきである」として、その限界についても判示している。

事例

(1) 米子銀行強盗事件・最三小判昭和53・6・20刑集32巻4号670頁〔27682160〕
猟銃とナイフを所持した4人組による銀行強盗事件の発生後、警官が、手配書に似

た車中の被告人らに対して緊急検問による職務質問を行った際、黙秘した被告人らが所持していたボーリングバックとアタッシュケースについて繰り返し開披を求めたが、被告人らがこれを拒否したため、ボーリングバックのチャックを開け、また、ドライバーでアタッシュケースをこじ開けたところ、大量の紙幣が発見されたため被告人らを緊急逮捕した。そこでこのような所持品検査が許されるかどうかが争われた。最高裁は、所持品検査について先に述べたような一般論を示した後、本件におけるボーリングバックの開披については次のように判示した。「これを本件についてみると、……巡査長の行為は、猟銃及び登山用ナイフを使用しての銀行強盗という重大な犯罪が発生し犯人の検挙が緊急の警察責務とされていた状況の下において、深夜に検問の現場を通りかかった……被告人……が、右犯人としての濃厚な容疑が存在し、かつ、兇器を所持している疑いもあったのに、警察官の職務質問に対し黙秘したうえ再三にわたる所持品の開披要求を拒否するなどの不審な挙動をとり続けたため、……容疑を確める緊急の必要上されたものであって、所持品検査の緊急性、必要性が強かった反面、所持品検査の態様は携行中の所持品であるバッグの施錠されていないチャックを開披し内部を一べつしたにすぎないものであるから、これによる法益の侵害はさほど大きいものではなく、上述の経過に照らせば相当と認めうる行為であるから、これを警職法2条1項の職務質問に附随する行為として許容されるとした原判決の判断は正当である」。他方、アタッシュケースをこじ開けた行為の適法性については直接検討はせず、緊急逮捕に接着した適法な捜索と解し、それによって得られた紙幣の証拠能力を認めているものの、この行為が所持品検査としてはその許容限度を逸脱していることを最高裁は前提にしているものと考えられる（『最判解説刑事篇〈昭和53年度〉』法曹会〔岡次郎〕220頁）。

(2) 最一小判昭和53・9・7刑集32巻6号1672頁〔27682171〕

警ら中の警官が、落ち着きのない態度で顔の青白い被告人を発見し、覚せい剤中毒の疑いをもったため所持品の提示を求めたが、被告人はこれを拒否した。そこで警官が、被告人の上衣のポケットを外から触ったところその内ポケットに「刃物ではないが何か堅い物」が入っているように感じられ、その提示を要求したが被告人が黙ったままだったので、内ポケットに手を入れて取り出してみると、ちり紙に包まれた覚せい剤が発見されたため、被告人を覚せい剤不法所持の現行犯として逮捕した。そこでこのような所持品検査が許されるかどうかが争われた。最高裁は、所持品検査について米子銀行強盗事件（前掲昭和53年最三小判〔27682160〕）と同様の一般論を示した後、本件については次のように判示した。「これを本件についてみると、原判決の認定した事実によれば、……巡査が被告人に対し、被告人の上衣左側内ポケットの所持品の提示を要求した段階においては、被告人に覚せい剤の使用ないし所持の容疑がかなり濃厚に認められ、また、同巡査らの職務質問に妨害が入りかねない状況もあった

から、右所持品を検査する必要性ないし緊急性はこれを肯認しうるところであるが、被告人の承諾がないのに、その上衣左側内ポケットに手を差し入れて所持品を取り出したうえ検査した同巡査の行為は、一般にプライバシイ侵害の程度の高い行為であり、かつ、その態様において捜索に類するものであるから、上記のような本件の具体的な状況のもとにおいては、相当な行為とは認めがたいところであつて、職務質問に附随する所持品検査の許容限度を逸脱したものと解するのが相当である」。

論点 7　警察法2条は交通検問に関する法律の根拠たり得るか

　警察官が行政警察活動の一環として行う自動車検問についても、法律の根拠の要否が問題になる。走行している自動車の停止については、個別法の規定があれば、それぞれの要件のもとでそれが可能であるが（例えば、警職法2条1項、道路交通法61条、63条1項、67条1項など）、これらの規定に定められた要件を満たさない車について、とりわけ交通検問としての自動車一斉検問が法律の根拠なくできるかどうかが争われている。最三小決昭和55・9・22刑集34巻5号272頁〔27682295〕は、飲酒運転の取締りを目的とする交通検問としての自動車一斉検問の適法性につき、「警察法2条1項が『交通の取締』を警察の責務として定めていることに照らすと、交通の安全及び交通秩序の維持などに必要な警察の諸活動は、強制力を伴わない任意手段による限り、一般的に許容されるべきものであるが、それが国民の権利、自由の干渉にわたるおそれのある事項にかかわる場合には、任意手段によるからといつて無制限に許されるべきものでないことも同条2項及び警察官職務執行法1条などの趣旨にかんがみ明らかである。しかしながら、自動車の運転者は、公道において自動車を利用することを許されていることに伴う当然の負担として、合理的に必要な限度で行われる交通の取締に協力すべきものであること、その他現時における交通違反、交通事故の状況などをも考慮すると、警察官が、交通取締の一環として交通違反の多発する地域等の適当な場所において、交通違反の予防、検挙のための自動車検問を実施し、同所を通過する自動車に対して走行の外観上の不審な点の有無にかかわりなく短時分の停止を求めて、運転者などに対し必要な事項についての質問などをすることは、それが相手方の任意の協力を求める形で行われ、自動車の利用者の自由を不当に制約することにならない方法、態様で行われる限り、

適法なものと解すべきである」と判示している。

　本決定については、この決定が警察法2条1項を根拠規範として一斉交通検問の許容性を認めたものと理解する立場もあるが（例えば、上垣猛「判批」法律のひろば33巻12号（1980年）44頁）、組織規範にすぎない警察法の規定を根拠にすることには問題がある（石川才顕「自動車検問の許容条件」警察研究51巻12号（1980年）12頁）。そのため、本決定では確かに警察法2条1項が挙げられてはいるが、これは同条項を一斉検問の根拠規範と位置付けたものではなく、「相手方の任意の協力を求める形で行われ、自動車の利用者の自由を不当に制約することにならない方法、態様で行われる」自動車検問については根拠規範を不要としたものと理解されている（例えば、河上和雄「自動車検問」佐々木史朗ほか編『警察関係基本判例解説100』判例タイムズ社（1985年）29頁）。警察法2条1項に係る判示は、「交通の安全及び交通秩序の維持などに必要な警察の諸活動」としての検問が警察の任務に含まれていることが必要である、といういわば当然のことを確認する判示と解されよう（酒巻匡「行政警察活動と捜査(2)」法学教室286号（2004年）57頁）。もちろん、検問に任意に協力する場合、権利・自由の侵害とまではいえなくとも、一定の迷惑を被ることは避けられないが（小早川光郎「交通検問と法律の根拠」法学教室43号（1984年）144頁）、それは、自動車の運転者が「交通の取締に協力すべきもの」であることと、「現時における交通違反、交通事故の状況など」により正当化されると考えられる（酒巻・前掲57頁）。なお、学説においては、本決定に対する批判もあり（警察法2条1項にいう「交通の取締」のための権限は専ら道路交通法が定めていると理解するものとして、芝池・行政法総論講義〈第4版補訂版〉57頁註4。また、広岡隆「即時執行」雄川＝塩野＝園部・現代行政法大系(2)299頁は、検問が事実上規制的な作用として働くことから根拠規範が必要であるとする）、端的に警職法2条1項を根拠とすべきであるとする見解もある（例えば、はやししうぞう「判批」時の法令1092号（1980年）59頁）。

論点 8　警察法2条は行政活動にとってどのような意義を有するのか

　以上のように、警察法2条はしばしば行政活動の法律の根拠たり得るかどう

かが問題とされてきたが、最高裁は、新島砲弾漂着訴訟・最二小判昭和59・3・23民集38巻5号475頁〔27000022〕においても同条に言及をしている。本件は次のような事案である。第二次世界大戦の終結に伴い、当時新島に駐留していた日本国陸軍の武装解除の一環として、同陸軍の装備に係る大量の砲弾類が、直ちに使用可能な状態のまま、新島海岸から数十メートルしか離れていない海中に投棄された。その後、投棄された砲弾類が新島の海岸に打ち上げられるようになり、海岸での焚火により爆発するおそれが生じていることを新島警察署は認識して島民に注意を促していたが、本件では島民が海岸の焚火で暖をとっていたところ、焚火の中に既に投入されていた砲弾が爆発し、島民が死亡・障害を負うなどしたため、警察が砲弾類を回収すべきであったなどと主張して損害賠償を求めた。最高裁は次のように述べて、東京都の賠償責任を認めた。「警察は、個人の生命、身体及び財産の保護に任じ、犯罪の予防、鎮圧及び捜査、被疑者の逮捕、交通の取締その他公共の安全と秩序の維持に当たることをもつてその責務とするものであるから（警察法2条参照）、警察官は、人の生命若しくは身体に危険を及ぼし、又は財産に重大な損害を及ぼす虞のある天災、事変、危険物の爆発等危険な事態があつて特に急を要する場合においては、その危険物の管理者その他の関係者に対し、危険防止のため通常必要と認められる措置をとることを命じ、又は自らその措置をとることができるものとされている（警察官職務執行法4条1項参照）」。そして一定の場合には、「警察官において右権限を適切に行使し、自ら又はこれを処分する権限・能力を有する機関に要請するなどして積極的に砲弾類を回収するなどの措置を講じ、もつて砲弾類の爆発による人身事故等の発生を未然に防止することは、その職務上の義務でもあると解するのが相当である」。

本判決については、警察法2条の意義に関して、有力な学説によって次のような評価がなされている。すなわち、法律の留保論において「民主的正当化機能」を重視する場合には、ある行政活動についての「立法権による正当化の意思が認められれば良い」のであって（【論点3】も参照）、警察法2条のように授権内容の詳細さを欠く規定でもその要請は満たされるから、本判決は、「少なくとも状況に応じては、警察法2条の規定のみに基づき警察機関が行動し得る

という結果に、理論的な道を開くものである」(藤田宙靖「警察法2条の意義に関する若干の考察」『行政法の基礎理論(上)』有斐閣(2005年)385頁)。しかし、上記の引用からもわかるように、本判決は、警察が砲弾類を回収すべきであったことの根拠を、警察法2条ではなく、直接にはあくまで警職法4条1項に求めている。

ただし、そのうえで学説からは、本件が警職法4条1項にいう「急を要する場合」に該当しないのではないかという指摘もなされている(芝池義一「判批」判例評論311号(判例時報1133号)179頁。なお、『最判解説民事篇〈昭和59年度〉』法曹会〔塩崎勤〕113-114頁も結論としては同項に当たるとするが躊躇を示す)。その意味で、本判決は、藤田宙靖の支持する「警察法2条責務規範説」すなわち警察法2条自体を権限行使の根拠とすることを防ぎつつ、例えば警職法のような権限規定を解釈する際に、警察法2条を警察の責務規範と理解することにより責務遂行のための手段を導出しやすくするという考え方(藤田・前掲391-396頁)にむしろ親和的であるともいえる。

もっとも、藤田のいう「警察法2条責務規範説」は、とりわけ本件のような行政活動の不作為に係る国家賠償請求の事案において、規制権限行使の裁量性(行政便宜主義)のもとでの国家賠償責任を認めやすくするという実践的意図に基づくものである(藤田・前掲366-367、396-397頁。以上の藤田説に対する批判として、米田雅宏「『民事不介入の原則』に関する一考察」稲葉馨=亘理格編『藤田宙靖博士東北大学退職記念—行政法の思考様式』青林書院(2008年)257-259頁も参照)。しかし、本判決で直接の根拠とされている警職法4条1項は、侵害留保原理の要請から、警察官のとる侵害的措置の根拠規範として置かれているものであるところ、本件の砲弾回収措置は、必ずしも同項を根拠とすることなく、「任意的な」措置として行ったと解する余地がある(芝池・前掲180頁註19)。確かに、海中に投棄された砲弾類は国の所有物であり(贓物寄蔵罪の成否について、海中の弾薬類が無主物ではなく、国の所有物であるとした最二小判昭和38・5・10刑集17巻4号261頁〔27801005〕)、もしそれを東京都の機関である警視庁が回収した場合、国の所有権に対する侵害とも考えられるが、本件を実質的にみれば、海中の砲弾類の回収が国の所有権の侵害に当たるとはいえないように思われる(無主物につい

てではあるが、「船舶交通の障害の除去」を定める海上保安庁法5条5号に関して、阿部・行政法解釈学Ⅰ99頁参照）。そして、本件のように行政活動の不作為が国家賠償請求において問題となる場面では（この論点については、本書第3巻Ⅴ1(6)(a)「規制権限の不行使」を参照）、侵害留保原理から当該活動に法律の根拠が必要とされる場合には規制権限の行使の対象となる私人の不利益を考慮しなくてはならないのに対して（例えば、宅地建物取引業者に対する監督権限の不行使が問題にされた最二小判平成元・11・24民集43巻10号1169頁〔27805173〕）、法律の根拠が必要とされないような活動に係る不作為の場合にはそのような考慮を要しないため、一般論としては後者の場合の方が損害賠償請求が認容されやすいといえる（宇賀克也「判批」淡路剛久ほか編『環境法判例百選〈第2版〉』有斐閣（2011年）59頁。例えば、地方公共団体が廃棄された古ビニールの回収を怠ったことを理由とする損害賠償請求を認容したものとして、高知地判昭和49・5・23下級民集25巻5=8号459頁〔27661747〕。県が野犬の捕獲を怠ったことを理由とする損害賠償請求を認容したものとして、東京高判昭和52・11・17高裁民集30巻4号431頁〔27662153〕）。

論点 9 行政機関が特定の業者名等を公表するために法律上の根拠が必要か

　行政が一定の情報を公表する場合に、法律の根拠が必要かどうかも問題になる。まず一方で、その公表が、とりわけ行政上の義務違反や行政指導に従わないことに対する制裁あるいは間接強制の目的で行われる場合には、侵害留保原理から法律の根拠が要求される（小早川・行政法上252-253、316-317頁。これに反対するものとして、川神裕「法律の留保」藤山=村田・新・裁判実務大系(25)19-20頁）。これに対して、公表が、例えば消費者のような第三者のために情報の提供を目的としてなされる場合には、法律の根拠が当然には必要とはされないと考えられている。ただし、実際には公表の目的がいずれに該当するのかの判断は困難である（山本隆司「事故・インシデント情報の収集・分析・公表に関する行政法上の問題（下）」ジュリスト1311号（2006年）182頁。公表の目的の違いではなく公表による制約の重大性に着目するものとして、阿部・行政法解釈学Ⅰ109頁）。また、仮に情報提供を目的とする公表については根拠規範を不要と解する場合であっても、当該

公表が公表を行う行政機関の所掌事務に含まれていることはもとより、関連法令の趣旨に反しないものであること、その公表方法の態様が合理的であることが必要である（山本・前掲181-182頁参照）。

事例

　大阪の小学校で発生したO-157による集団食中毒について、厚生省（当時）による調査が行われ、ある生産施設から出荷されたカイワレ大根が原因食材である可能性が高い旨の中間報告・最終報告が公表された。この報告においては、その生産施設は明示されていなかったが、事実上はそれがA農園であることが容易に特定可能であった。そのため、A農園の経営者が、科学的根拠のない報告の公表により、名誉・信用等が毀損されたなどと主張して国家賠償請求をした。その中で原告は、本件の公表について法律上の根拠がないことを主張したが、大阪地判平成14・3・15訟務月報53巻2号583頁〔28071306〕は、「行政機関が私人に関する事実を公表したとしても、それは直接その私人の権利を制限しあるいはその私人に義務を課すものではないから、行政行為には当たらず、いわゆる非権力的事実行為に該当し、その直接の根拠となる法律上の規定が存在しないからといって、それだけで直ちに違法の問題が生じることはないというべきである」と述べ、本件のような公表には一般的に法律上の根拠が必要とされるものではないとする。ただし、「その所管する事務とまったくかけ離れた事項について公表した場合には、それだけで違法の問題が生じることも考えられる」が、本件各報告の公表は厚生省及び厚生大臣の所管する事務の範囲内に含まれることから違法ではないと判断している。もっとも、本判決も「制裁としての公表制度と本件各報告の公表とを同一に論じることはできない」としており、「制裁としての公表制度」については必ずしも以上の判示が当てはまるわけではないと考えているようである。

　また、同じ事実関係のもとで、カイワレ大根の生産業者らを構成員とする日本かいわれ協会が提起した国家賠償請求訴訟においても、東京地判平成13・5・30訟務月報48巻5号1107頁〔28070051〕は、「本件各公表は、……被告が、国民に対し、本件集団下痢症の情報を提供し食中毒事故の拡大及び再発を予防するという観点から、本件集団下痢症の原因として疑いのある食材の生産主体を直接明示することなく公表したものであり、食品衛生法23条に基づく都道府県知事による営業停止処分や国土利用計画法など各種法律で定められている行政上の規制や勧告に従わない者に対する制裁ないし強制手段として行われる公表とは異なり、公表の対象となっている本件特定施設に対して貝割れ大根の販売等の営業を禁止する趣旨を何ら含むものでなく、まして、原告業者らその他の貝割れ大根生産業者に対してかかる営業を禁止するものではなく、行政上の規制や勧告に従わない者に対する制裁ないし強制手段としての性格を有するものでもないから、法律上の根拠なくして行うことができない権力行為とみることはで

きず、いわゆる非権力的な事実行為にすぎないと認められ、本件各公表に必ずしも法律の明示の根拠が必要とは考えられない」と述べて、やはり法律上の根拠を要しないとしつつ、他方で、「制裁ないし強制手段として行われる公表」については異なった判断の余地を残している。この点は、同判決の控訴審判決（東京高判平成15・5・21高裁民集56巻2号4頁〔28081837〕）においても同様である。

論点 ⑩ 行政主体が私人との間で契約を締結するために法律上の根拠が必要か

　行政主体と私人との間での契約について、法律の根拠の要否が問題になることがある。

　まず、契約が通常の私法上の契約である場合には、特に法律の根拠は必要とされない（藤田・行政法総論308頁）。もちろん例えば、国が締結する契約であれば会計法第4章の規定が、地方公共団体の締結する契約であれば自治法第9章第6節の規定が、それぞれ適用されるが、いずれにせよこれらの規定は規制規範であって、根拠規範としては理解されているものではない。

　問題になるのは、私法上の契約には当たらない公法上の契約である。この種の契約については、「国民の権利義務に関係ある一切の場合」に法律の留保が及ぶとする立場から（柳瀬良幹『行政法教科書〈再訂版〉』有斐閣（1969年）24頁）、たとえ契約であっても「行政権が人民との間に法律関係を形成し得る」ためには法律の根拠を要すると考える見解があった（柳瀬良幹「公法上に於ける契約可能及不自由」『行政法の基礎理論(1)』弘文堂（1958年）268-269頁）。ここでは、公法上の法律関係は「公共性を帯び」ていることから、その形成を「当事者のみの決定に委ね」ることはできないのであり（同書271頁）、たとえ契約の際に「人民の同意」があるとしても、それは根拠法律を制定する際の「人民の参与」を代替し得るものではない（同書265-266、269頁）と説明される（さらに、柳瀬・前掲『行政法教科書〈再訂版〉』96頁も参照）。

　しかし、今日では、義務違反に対して罰則を科す契約とか、行政の実力行使（例えば強制執行や強制調査）を受忍させるような契約は許されないとしても（小早川・行政法上262頁）、法の一般原理や法律の趣旨に反しない限りは（税金に関する契約が地税法等に反することを理由に無効とされた事例として、京都市古都保

存協力税条例訴訟・京都地判昭和59・3・30行裁例集35巻3号353頁〔21080362〕）、たとえ明文の法律の根拠がなくとも原則としては公法上の契約を認めるのが通説である（阿部・行政法解釈学Ⅰ412頁。後述する規制的契約について、小早川・行政法上261-263頁）。もっとも、契約の内容に応じて、以下のように、なお注意すべき点がある。

　まず、行政上の事務を、私人に行わせるような委託契約の可否が問題になる。これについては、少なくとも、公権力の行使を含まない、行政の内部的な事務であれば、法律の根拠なく契約によって委託することは可能であると解される（名古屋地決平成2・5・10判タ751号123頁〔27808232〕は、下水道の終末処理場等の運転管理保守業務について市が民間業者との間で締結した委託契約が下水道法や職業安定法に違反しないとした）。では、公権力の行使を含む事務についてはどうか。一般的にいって、法律によりさえすればその種の事務をすべて私人に行わせることができるというわけではないし、また逆に、たとえ法律によってもその種の事務をおよそ私人に行わせることができないというわけでもない。そのうえで、私人に行わせることができる公権力の行使を含む事務について、これを（処分によってではなく）委託契約によって行わせることができるという立場をとる場合（逆に、契約によっては公権力の行使の権限移譲はできないとする立場として、佐藤英善「外部委託契約をめぐる法的問題」ジュリスト814号（1984年）27頁）であっても、その際には法律上の根拠が必要であると考えられている（例えば、成田頼明「行政サービスの民営化をめぐる諸問題」ジュリスト661号（1978年）51頁）。

　次に、例えば公害防止協定を典型とする規制的契約については、法律の根拠なしには締結できないとする見解もかつてはみられた（成田頼明「公害行政の法理」公法研究32号（1970年）102頁はこれを行政指導として理解する）。しかし今日では、たとえ規制的契約であっても、一定の条件を満たしている場合には、法律の根拠を必要とせずに締結できるとするのが通説である（例えば、原田尚彦「公害防止協定とその法律上の問題点」『環境権と裁判』弘文堂（1977年）216-217頁）。また、最高裁も、直接に法律の根拠の要否を問題にしたわけではないが、最二小判平成21・7・10裁判集民231号273頁〔28152029〕において、法律の根拠なく締結された公害防止協定について、それが一般的には有効であることを前提とし

た判断を行っている。ただし、規制的な行政処分と機能的に等価である契約については、行政処分の場合よりも規律密度を下げつつも一定の根拠を要求する見解がある（山本隆司『判例から探究する行政法』有斐閣（2012年）210-212頁は、そのうえで、処分の根拠法を規制的契約の根拠と解釈する可能性を提示し、さらに、行政が事業者と地域住民との間の仲介的な役割を果たす規制的契約については根拠規範を不要とする余地を示す）。

もっとも議論が多いのは、補助金の交付についてである。もちろん、補助金の交付が法律に基づいて処分の形式によってなされることとされている場合には、法律の根拠の要否は問題にならない（【論点4】参照）。実際、国の交付する補助金等については、補助金等に係る予算の執行の適正化に関する法律によって処分の形式により支給決定がなされることとされている（同法6条1項）。問題になるのは、このような規定がない場合に、法的には契約という形で補助金を交付することができるのかという点である。

かつての通説は、予算の範囲内であれば、それ以上の法律の根拠を要することなく、補助金の交付が認められると考えていた（田中・行政法総論32頁）。判例において一般論としてこの問題を論じたものは見当たらないが、最高裁も、補助金の交付には法律の根拠を要しないという前提で判断をしているものと思われる（例えば、陣屋の村補助金訴訟・最二小判平成17・10・28民集59巻8号2296頁〔28102244〕）。

しかし、今日の学説においては、およそ予算の範囲内であれば法律の根拠なく補助金の交付が許されるとする考え方はむしろまれである（例えば、権力留保説に立つ結果、契約形式による補助金交付については法律の根拠を要しないとする石井昇『行政契約の理論と手続』弘文堂（1987年）74-75頁）。論者ごとに程度の差はあるものの、例えば、法律の留保のもつ民主的正統化機能を重視し、侵害行政に比べて規律の程度が下がるとしても、原則として法律の根拠を必要とする見解（塩野宏「資金交付行政の法律問題」『行政過程とその統制』有斐閣（1989年）98-104頁）、同様の理由から、概括的ではあっても交付の要件を法律（あるいは予算）において定めなくてはならないとする見解（碓井光明『公的資金助成法精義』信山社出版（2007年）84、86-87、92-94頁）、補助金制度の本質性からして、あるいは

私人を特定の行為へと制御することを目的とする補助金については法律の根拠を要求する見解（山本隆司『行政上の主観法と法関係』有斐閣（2000年）342-343頁）、少なくとも国政の根幹に関わる巨額な補助金については一定の法律の根拠を要求する見解（阿部・行政法解釈学Ⅰ103頁）などがみられる。

【参考文献】

塩野宏「法律による行政の原理」『法治主義の諸相』有斐閣（2001年）105頁、田中二郎「行政指導と法の支配」『司法権の限界』弘文堂（1976年）260頁、森田寛二「法規と法律の支配(1)(2・完)」法学40巻1号（1976年）45頁、2号（1976年）155頁、藤田宙靖「行政と法」『行政法の基礎理論（上）』有斐閣（2005年）3頁、杉村敏正「『法律の留保』論についての覚え書」『続・法の支配と行政法』有斐閣（1991年）14頁、大橋洋一「『法律による行政の原理』の動態的発展」法学教室223号（1999年）35頁以下、加藤幸嗣「『法律による行政の原理』についての一覚書」小早川光郎＝宇賀克也編『行政法の発展と変革（上）―塩野宏先生古稀記念』有斐閣（2001年）161頁、石川健治「2つの言語、2つの公法学―『法律の留保』の位置をめぐって」法学教室322号（2007年）54頁、北村喜宣『行政法の実効性確保』有斐閣（2008年）133頁、山本隆司「日本における公私協働の動向と課題」新世代法政策学研究2号（2009年）277頁、中川丈久「議会と行政」磯部力＝小早川光郎＝芝池義一編『行政法の新構想Ⅰ―行政法の基礎理論』有斐閣（2011年）115頁、仲野武志「法律事項論」法学論叢176巻2・3号（2014年）240頁、原田大樹「議会留保理論の発展可能性」法学論叢176巻2・3号（2014年）328頁

（門脇雄貴）

(2) 行政立法

【概要】

　行政機関が、行政活動の基準などを法条の形式で一般的・抽象的に定めることがある。これを、行政立法（行政基準）という。

　行政法の学説は、行政立法を、法規命令と行政規則とに二分してきた。法規命令とは法規（私人の権利義務に関する法規範）たる性質を有する行政立法であり、私人や裁判所との関係においても行政を拘束する力を有する。これに対して、行政規則とは、行政機関が策定する諸基準のうち、法規たる性質を有しないものとされる。

　違法な行政立法は、司法審査等を通じて適法なものに是正されなければならないが、行政規則は裁判所との関係で行政を拘束するものではないとされるため、行政規則の違法性が問題となる場合にはこの点について留意が必要となる。つまり、行政立法の法的統制を考える際、対象となる行政立法が法規命令に当たるのか行政規則に当たるのかは、重要なポイントであり、裁判上大きな意味を持つ（【論点1】の1）。行政立法の存在形式のみからでは、行政立法の法的性質を見極めることは困難な場合もある。このため、訴訟で対象となる（その違法性が争われる）個々の行政立法の「法的性質」を見極めること自体が、訴訟上の1つの論点となることがある。例えば、告示には、法規命令に当たるもの、行政規則に当たるもの、事実上の通知に当たるもの、などが含まれるため、その法的性質が訴訟上の争点とされている（【論点1】の2）。

　行政規則は、法規たる性質を有しないという点において、学説上、法規命令とは区別されている（【論点2】の1、2）。もっとも、学説においては、かねてから、行政規則であっても、私人に対する影響が少なからず認められるものもあるのではないかとの指摘があり、裁判例にも、行政規則が私人に対する直接的な影響を有することを問題としたものがある（【論点2】の3）。行政規則の中でも、行政法規を執行するに当たっての基準であり下級行政機関の権限行使・事務処理のあり方を拘束する、解釈基準（行政庁による法令の解釈の基準を定めるもの）と裁量基準（行政庁の裁量権行使の基準を定めるもの）が争われた裁判例は少なくない（【論点2】の4～6）。行政規則が私人に対してもたらす影響力に着目し、行政規則の「自己拘束性」や「個別的考慮義務」といった問題も議論されている（【論点2】の7、8）。行手法の意見公募手続の対象に行政規則の一部が含まれたことを1つの契機として、近時の裁判例の中には、行政規則が現実の行政過程で果たす機能に着目したと見受けられる注目すべき判決も現れている（【論点2】の9）。

　法規命令は、私人の権利義務に関する一般的な定めである。私人の権利義務に関係す

る法規範であるから、行政機関による法規の定立は、法律による委任がなければ認められない。したがって、法規命令の違法性は、まずは授権元の法律との関係において論じられることとなる（【論点3】の1～5）。法律による委任は白紙的なものであってはならない。また、委任命令の内容は法律による委任の範囲を超えてはならない（【論点3】の6）。法規命令の策定には策定主体（行政機関）の裁量が認められており、法規命令の違法性の審査は裁量権の逸脱・濫用の審査として行われることもある（【論点3】の7）。行手法には、行政立法の策定手続である意見公募手続の規定が置かれており、この行手法の規定と法規命令の違法性との関連についても議論がある（【論点3】の8）。

　法規命令に定められる内容は一般的・抽象的なものであり、法規命令自体によって個別具体的に私人の権利義務が変動するわけではないと考えられるため、その訴訟における争い方には注意が必要である（【論点4】の1）。訴訟において法規命令の違法性が問題となる1つの場面は、（違法な）法規命令に基づいて個々の行政活動（処分など）が行われた場合である。個々の行政活動により（違法に）権利義務関係の影響を受けた者が、個々の行政活動の違法性を争う（違法を主張する）際に、その前提となった法規命令の違法性を主張するケースが考えられる。そのような手法以外にも、例えば当事者訴訟の活用等により法規命令自体の違法性を争う方法や、法規命令に基づく法律関係の違法を争う方法の可能性もある（【論点4】の2）。

論　　点

1　行政立法の法的性質
2　行政規則をめぐる問題
3　法規命令が違法となる場合
4　「法規命令の違法」の訴訟での争われ方

論点 ❶　行政立法の法的性質

1　法規命令と行政規則の相違―「行政規則には外部効がない」とはどのような意味か

　法規命令は法規たる性質を有し、行政規則は法規たる性質を有しない。法規命令とは異なり、行政規則は国民や裁判所との関係で対外的に行政を拘束するものではない（外部的な拘束力がない）。なお、「法規」概念について、学説には法律による授権が存在すれば国民の権利義務に関わらない事項であっても「法規」と言い得るとする考え方も示されている（平岡久「行政立法」雄川＝塩野＝園部・現代行政法大系(2)66頁）。

「行政規則には外部効がない」とは具体的にはどのようなことを意味するのであろうか。学説では、「行政規則には外部効がない」とは、「行政機関が行った行政活動が（裁判所や私人との関係において）適法といえるかは、当該行政活動が行政規則に従っているかどうかとは直接には関係がないことを意味する」と説明されている。このことは、次のように言い換えることが可能である。すなわち、行政活動は「行政規則に従っているから」適法になるものではない。また逆に、行政活動は「行政規則に従っていないから」違法とされるわけでもない。ある行政規則に従って行政活動がなされた場合に、裁判所は（行政規則に定められた内容を考慮することなく）法令の解釈・適用によって当該行政活動の適法違法を判断することになる。

この点に関して、行政規則（解釈基準たる通達）の性質について、最高裁は次のように述べている。「通達は、元来、法規の性質をもつものではないから、行政機関が通達の趣旨に反する処分をした場合においても、そのことを理由として、その処分の効力が左右されるものではない。また、裁判所がこれらの通達に拘束されることのないことはもちろんで、裁判所は、法令の解釈適用にあたつては、通達に示された法令の解釈とは異なる独自の解釈をすることができ、通達に定める取扱いが法の趣旨に反するときは独自にその違法を判定することもできる筋合である」（墓埋法通達訴訟・最三小判昭和43・12・24民集22巻13号3147頁〔27000871〕【事例】参照）。

また、マクリーン訴訟・最大判昭和53・10・4民集32巻7号1223頁〔27000227〕は、裁量基準たる行政規則（判決では「準則」とする）の性質に関して、処分が準則に違背して行われても、原則として（処分の）当不当の問題を生ずるにとどまり、当該処分が当然に違法となるものではない、としている。

事例

墓埋法通達訴訟・最三小判昭和43・12・24民集22巻13号3147頁〔27000871〕

墓地、埋葬等に関する法律13条は、「墓地、納骨堂又は火葬場の管理者は、埋葬、埋蔵、収蔵又は火葬の求めを受けたときは、正当の理由がなければこれを拒んではならない」と定めていた。この条文にいう「正当の理由」の解釈につき、厚生省（当時）公衆衛生局環境衛生部長は、各都道府県指定都市衛生主管部局長宛てに、「墓地、埋葬等に関する法律第13条の解釈について」と題する通達を発した。この通達は、

「正当の理由」の解釈につき従来の取扱い（通達）を改め、今後は、「宗教団体の経営する墓地の管理者は埋葬等を請求する者が、他の宗教団体の信者であることのみを理由としてその請求を拒むことは、同条にいう『正当の理由』とは認められない」と解する、という内容を含むものであった。原告は、本件通達による取扱いの変更により、異宗徒の埋葬の受忍が刑罰をもって強制されることになる等を理由として、厚生大臣（当時）を被告としてこの通達の取消しを求めて取消訴訟を提起した。

最高裁は、「本件通達は従来とられていた法律の解釈や取扱いを変更するものではあるが、それはもつぱら知事以下の行政機関を拘束するにとどまるもので……国民は直接これに拘束されることはなく、従つて、右通達が直接に上告人の所論墓地経営権、管理権を侵害したり、新たに埋葬の受忍義務を課したりするものとはいいえない」とし、通達の処分性を否定し、本件訴えを却下すべきとした。

2　告示の法規命令該当性

告示とは、行政機関の意思決定又は一定の事実等を、不特定多数の者に公式に知らせるための形式である。告示には、法規命令に該当するもの、行政規則に該当するもの、事実の通知（事実行為）に当たるもの、などが含まれているため、その法的性質が訴訟上の争点となることがある。

議論は残されているが、学習指導要領（告示）については、その法規性を認めるのが最高裁の立場であると説明されている。旭川学テ訴訟・最大判昭和51・5・21刑集30巻5号615頁〔27661956〕は、まず、原審高裁判決（札幌高判昭和43・6・26刑集30巻5号1148頁〔27670471〕）が「教育内容および教育方法等への（引用者注：教育行政機関の）関与の程度は、教育機関の種類等に応じた大綱的基準の定立のほかは、法的拘束力を伴わない指導、助言、援助を与えることにとどまると解すべきである」と述べたことを引用し、「国の教育行政機関が法律の授権に基づいて義務教育に属する普通教育の内容及び方法について遵守すべき基準を設定する場合には、教師の創意工夫の尊重等教基法10条に関してさきに述べたところのほか、後述する教育に関する地方自治の原則をも考慮し、右教育における機会均等の確保と全国的な一定の水準の維持という目的のために必要かつ合理的と認められる大綱的なそれにとどめられるべきものと解しなければならない」としている。そのうえで、問題とされた中学校学習指導要領について（指導要領の一部には）、「必ずしも法的拘束力をもって地方公共団体を制約し、又は教師を強制するのに適切でなく、また、はたしてそのように制約し、

ないしは強制する趣旨であるかどうか疑わしいものが幾分含まれているとしても……全体としてはなお全国的な大綱的基準としての性格をもつものと認められるし……全体としてみた場合、教育政策上の当否はともかくとして、少なくとも法的見地からは……必要かつ合理的な基準の設定として是認」できるとしている。伝習館高校訴訟・最一小判平成2・1・18裁判集民159号1頁〔27805751〕は、「高等学校学習指導要領……は法規としての性質を有するとした原審の判断は、正当として是認することができ、右学習指導要領の性質をそのように解することが憲法23条、26条に違反するものでないことは……51年5月21日大法廷判決（刑集30巻5号615頁）の趣旨とするところである」と判示している。

　固定資産評価基準を定める告示（固定資産税の課税標準に係る適正な時価を算出するための技術的かつ細目的な基準の定め、総務大臣の告示）につき、最二小判平成25・7・12民集67巻6号1255頁〔28212269〕は、「これは、全国一律の統一的な評価基準による評価によって、各市町村全体の評価の均衡を図り、評価に関与する者の個人差に基づく評価の不均衡を解消するために、固定資産の価格は評価基準によって決定されることを要するものとする趣旨」、「地方税法の規定及びその趣旨等に鑑みれば、固定資産税の課税においてこのような全国一律の統一的な評価基準に従って公平な評価を受ける利益は、適正な時価との多寡の問題とは別にそれ自体が地方税法上保護されるべきもの」と述べ、「土地の基準年度に係る賦課期日における登録価格が評価基準によって決定される価格を上回る場合には、同期日における当該土地の客観的な交換価値としての適正な時価を上回るか否かにかかわらず、その登録価格の決定は違法となるものというべき」、「評価対象の土地に適用される評価基準の定める評価方法が適正な時価を算定する方法として一般的な合理性を有するものであり、かつ、当該土地の基準年度に係る賦課期日における登録価格がその評価方法に従って決定された価格を上回るものでない場合には、その登録価格は、その評価方法によっては適正な時価を適切に算定することのできない特別の事情の存しない限り、同期日における当該土地の客観的な交換価値としての適正な時価を上回るものではないと推認するのが相当」と述べている。

論点 ❷　行政規則をめぐる問題

1　行政規則の性質

　行政規則とは、行政機関が策定する行政活動の基準等のうち、法規の性質を有しないものである。法規命令が、国民や裁判所との関係で対外的に行政を拘束するものである（「外部効を有する」と表現される）のに対し、行政規則は国民や裁判所との関係で行政を拘束するものではない、とされている。

　この点につき、最高裁は、行政規則（解釈基準たる通達）につき、次のように述べている。「元来、通達は、原則として、法規の性質をもつものではなく、上級行政機関が関係下級行政機関および職員に対してその職務権限の行使を指揮し、職務に関して命令するために発するものであり、このような通達は右機関および職員に対する行政組織内部における命令にすぎないから、これらのものがその通達に拘束されることはあつても、一般の国民は直接これに拘束されるものではなく、このことは、通達の内容が、法令の解釈や取扱いに関するもので、国民の権利義務に重大なかかわりをもつようなものである場合においても別段異なるところはない」（最三小判昭和43・12・24民集22巻13号3147頁〔27000871〕）。また、パチンコ球遊器訴訟・最二小判昭和33・3・28民集12巻4号624頁〔21009760〕は、従来非課税措置がとられてきたパチンコ台に対する課税処分が、新たな通達の発出を機縁としてなされたものであることが通達課税として違憲ではないかという点が争われた事案であったが、最高裁は、通達を契機として課税処分がされた場合であっても、通達が法の正しい解釈を示すものである以上、法律に基づく課税（処分）と解することに妨げはない、としている。

2　行政規則の分類

　行政規則という用語は、学問上の概念である。行政規則の実務上の形式には、訓令、通達、要綱などがある。告示にも、行政規則としての性格を有するものがある。

　学説は、行政規則を、組織に関する定め、特別の関係を持つ者に関する定め、行政機関の行動の基準に関する定め、補助金を交付する際に制定される規則や要綱、行政の相手方に対する行政指導の基準、などに分類している（塩野・行

政法Ⅰ〈第6版〉111-112頁)。一方、行政規則の中には、①その内容が行政組織に関する規定であることから行政規則の性質を持つとされる場合(行政組織における部分組織の設置・所掌事務・職員定員等の定めなど)、②特別権力関係における定めであることを理由として行政規則とされる場合(国の官吏の服務・懲戒等に関する定めなど)、③規定の対象ではなく規定それ自体の性質から行政規則に当たるとされる場合(訓令や通達など、そこで用いられている形式からみて行政規則に属するとされる場合)、があるとしたうえで、このように性質の異なるものを混在させている「行政規則」という概念を用いることの有用性には疑問も提起されている(小早川・行政法上103頁)。

3 行政規則の処分性

行政規則は私人に対する関係で拘束力を有するものではないから、国民の権利義務、法律上の地位に直接具体的に法律上の影響を及ぼすような「行政処分等」には該当しない、とされる(前掲昭和43年最三小判〔27000871〕)。もっとも、個別具体性の高い内容を含む通達について、取消訴訟の対象性(処分性)を肯定した下級審判決が存在していることが注目されていた(函数尺通達訴訟・東京地判昭46・11・8行裁例集22巻11=12号1785頁〔27681766〕【事例】参照)。従来は、行政規則の違法性を争う手段として抗告訴訟が認められるか(行政規則に処分性を認めるか)という問題が、1つの論点とされていた。行訴法改正により実質的当事者訴訟(公法上の法律関係に関する確認訴訟等)の活用が注目を集める中、現在は、実質的当事者訴訟の中で行政規則の違法性がどのように争われるか、という問題に議論の所在がシフトしてきている面もある。

事例

函数尺通達訴訟・東京地判昭和46・11・8行裁例集22巻11=12号1785頁〔27681766〕

計量法は、法に定める計量単位(法定計量単位)以外の計量単位(非法定軽量単位)による目盛又は表記を付したものを、計量器として販売し、販売の目的として陳列してはならないと定めている。通産省重工業局長は各都道府県知事に宛て、原告が製造している函数尺には非法定単位による目盛が記載されているので、これを販売することは計量法に違反するという通達を発出した。この通達に基づき、県の計量検定所長は原告に対し当該函数尺の製造中止の勧告をした。原告は、通達と勧告を処分と主張して取消訴訟を提起した(原告の主張は、原告の販売する函数尺は換算に使用す

るためのものであって、計量法に定める計量器ではない、というものであった)。

判示は、通達は行政組織の内部的規律にすぎないから、一般的にはこれを司法審査の対象とすることはできないとしつつも、「通達であってもその内容が国民の具体的な権利、義務ないし法律上の利益に重大なかかわりをもち、かつ、その影響が単に行政組織の内部関係にとどまらず外部にも及び、国民の具体的な権利、義務ないしは法律上の利益に変動をきたし、通達そのものを争わせなければその権利救済を全からしめることができないような特殊例外的な場合には、……通達そのものを訴訟の対象としてその取消を求めることも許される」としている(本件通達については、通達が発せられた後、原告は業者らから函数尺の買入れを解約されるなどされており、本件通達は原告の権利・利益に重大な影響を及ぼすものであることは明らかであるとして、その処分性を肯定している)。

4　解釈基準

「行政機関の行動の基準に関する定め」に当たる行政規則は、上級行政機関から下級行政機関に向けて発する行政法規を執行するに当たっての基準であり、下級行政機関の権限行使・事務処理のあり方を拘束する(「内部的拘束力」と表現される)。このタイプの行政規則は、解釈基準と裁量基準とに区分されている。

解釈基準とは、法令の解釈について、取扱いの統一性を確保するために、上級行政機関が下級行政機関に対して発する法令解釈の基準である。この解釈基準の定立権限は、上級行政機関の有する指揮監督権限に含まれていると解されている(塩野・行政法Ⅰ〈第6版〉114頁、宇賀・行政法概説Ⅰ〈第5版〉286頁)。現行法には、内閣府法7条6項、行組法14条2項にこの確認的な規定が置かれている。仮に下級行政機関が上級行政機関の示した解釈基準に従わなかった場合には、職務命令違反として懲戒処分を受けることもあり得る。このことから、下級行政機関は上級行政機関の示した解釈基準に原則として拘束されると解されている。

解釈基準には下級行政機関を拘束する力が認められるが、私人との関係で裁判所における規範力を有するものではない。ある解釈基準に示された解釈に従って行政活動がなされ、その適法性が裁判所で問題となったときには、裁判所は(解釈基準の内容にかかわらず)法令を解釈・適用して、行政活動の適法・違法を判断することになる(前掲昭和43年最三小判〔27000871〕は、「裁判所がこれらの通達に拘束されることのないことはもちろんで、裁判所は、法令の解釈適用にあた

つては、通達に示された法令の解釈とは異なる独自の解釈をすることができ、通達に定める取扱いが法の趣旨に反するときは独自にその違法を判定することもできる筋合である」と述べる）。

5　裁量基準

裁量基準とは、行政機関に裁量が認められている場合に、行政機関があらかじめ、裁量行使の基準として定めておくものである。裁量権行使の内部的基準であり、その設定には法律の根拠を必要としない、と解されている（塩野・行政法Ⅰ〈第6版〉118頁）。

裁量基準は、権限庁自身が策定するものもあれば、権限庁以外のものが策定する場合もある。例えば、上級庁が下級庁に対して示達する通達（行組法14条2項）、地方公共団体の法定受託事務に対して国の各府省大臣が定める処理基準（自治法245条の9）などは、後者の例である。行手法に定める審査基準（行手法5条）、処分基準（同法12条）は、学説上の分類によれば、この裁量基準に当たるものとされる。

6　裁量基準をめぐる司法審査のあり方

裁量基準は内部規範であり、裁量基準違反の行政活動が当然に違法となるものではない（最大判昭和53・10・4民集32巻7号1223頁〔27000227〕は「行政庁がその裁量に任された事項について裁量権行使の準則を定めることがあつても、このような準則は、本来、行政庁の処分の妥当性を確保するためのものなのであるから、処分が右準則に違背して行われたとしても、原則として当不当の問題を生ずるにとどまり、当然に違法となるものではない」と述べる）。最二小判平成19・12・7民集61巻9号3290頁〔28140064〕にも、同旨の言及がある。

注目されるのは、裁量基準が設定されている場合に、裁判所の審査は、まずはその基準に不合理な点がないかどうかについてなされる、という点である。伊方原発訴訟・最一小判平成4・10・29民集46巻7号1174頁〔25000027〕において、最高裁は、原子炉設置許可処分の違法性の審査において、処分の基準（裁量基準）の合理性及び当該基準を適用する際の過誤の有無を審査するという手法を採用している。このような審査手法においては、裁量基準は裁判所の審理における判断の考慮要素として機能しているといえ、学説はこの点を、解釈基準と

裁量基準の相違の1つと整理している。

　さらに、裁量基準が合理性を有していると考えられる場合には、裁量基準に適合した行政活動（処分）は原則として適法というべきとする判決も存在する。最一小判平成10・7・16裁判集民189号155頁〔28031944〕は、酒税法10条11号（需給均衡維持の必要）に該当するとしてなされた申請拒否処分の取消訴訟において、同号該当性の判断についての通達（平成元年酒類販売業免許等取扱要領）に定める認定基準は合理性を有しているとし、「これに適合した処分は原則として適法というべき」としている。

7　裁量基準の「自己拘束性」

　裁量基準の設定は、私人の側からすると、行政庁の裁量権の行使につき、恣意的判断を抑止し、（基準に従って行政活動が行われるであろうという）予測可能性を与えるという効果をもたらすものといえる。このような私人への影響に鑑み、適正手続の観点から、法律の根拠がなくても行政機関に裁量基準の設定を要求する判決がある（行手法制定前の判決として、個人タクシー訴訟・最一小判昭和46・10・28民集25巻7号1037頁〔27000609〕）。この訴訟において問題となったのは、道路運送法に定める個人タクシー事業免許申請手続のあり方である。最高裁は、道路運送法には、聴聞の規定のほか、特に審査、判定の手続、方法等に関する明文規定は存在しないが、「本件におけるように、多数の者のうちから少数特定の者を、具体的個別的事実関係に基づき選択して免許の許否を決しようとする行政庁としては、事実の認定につき行政庁の独断を疑うことが客観的にもっともと認められるような不公正な手続をとってはならない」として、抽象的な免許基準を定めているにすぎない法律の規定からすれば、「内部的にせよ、さらに、その趣旨を具体化した審査基準を設定し、これを公正かつ合理的に適用すべ」きであると判示している。

　裁判例で踏襲されてきたこのような考え方を基礎として、行手法には、申請に対する処分について審査基準を定める義務（行手法5条）、不利益処分について裁量基準を定めるよう努める義務（同法12条）が定められている。

　また、裁量基準が私人に対して有する前記のような影響に鑑み、裁量基準について、それを適用しない合理的理由がない限り行政機関を拘束する（学説で

は、「自己拘束論」、「自己拘束性」と表現される）とする議論が存在している。下級審の判決であるが、道路運送法に基づく輸送施設使用停止命令処分の取消訴訟につき、大阪地判平成19・2・13判タ1253号122頁〔28132481〕は、行手法12条に基づいて定められた処分基準に、過去の停止命令処分の存在が将来同種の処分を行う際の加重事由となると定められている場合には、停止命令処分自体の効果が時の経過により消滅したとしても同処分の取消しを争う訴えの利益は消滅しない、としている。同判決はその理由として、処分基準の「自己拘束性」に言及する。同判決においては、行手法12条の趣旨からすれば「行政庁が処分基準を定めている場合、特段の事情のない限り、当該処分基準に基づいて同基準どおりの処分がされることが予定されているというべきで」あり、また、処分基準が行手法12条の要請により定められたことからすると、当該処分は「処分基準公示どおりに行われることとなる」と述べられている。

　最高裁も、風営法に基づく営業停止処分取消訴訟において、同旨の判断を示している（最三小判平成27・3・3民集69巻2号143頁〔28230868〕）。同判決は次のように述べる。「行政手続法の規定の文言や趣旨等に照らすと、同法12条1項に基づいて定められ公にされている処分基準は、単に行政庁の行政運営上の便宜のためにとどまらず、不利益処分に係る判断過程の公正と透明性を確保し、その相手方の権利利益の保護に資するために定められ公にされるものというべきである。したがって、行政庁が同項の規定により定めて公にしている処分基準において、先行の処分を受けたことを理由として後行の処分に係る量定を加重する旨の不利益な取扱いの定めがある場合に、当該行政庁が後行の処分につき当該処分基準の定めと異なる取扱いをするならば、裁量権の行使における公正かつ平等な取扱いの要請や基準の内容に係る相手方の信頼の保護等の観点から、当該処分基準の定めと異なる取扱いをすることを相当と認めるべき特段の事情がない限り、そのような取扱いは裁量権の範囲の逸脱又はその濫用に当たることとなるものと解され、この意味において、当該行政庁の後行の処分における裁量権は当該処分基準に従って行使されるべきことがき束されており、先行の処分を受けた者が後行の処分の対象となるときは、上記特段の事情がない限り当該処分基準の定めにより所定の量定の加重がされることになるものというこ

とができる。以上に鑑みると、行政手続法12条1項の規定により定められ公にされている処分基準において、先行の処分を受けたことを理由として後行の処分に係る量定を加重する旨の不利益な取扱いの定めがある場合には、上記先行の処分に当たる処分を受けた者は、将来において上記後行の処分に当たる処分の対象となり得るときは、上記先行の処分に当たる処分の効果が期間の経過によりなくなった後においても、当該処分基準の定めにより上記の不利益な取扱いを受けるべき期間内はなお当該処分の取消しによって回復すべき法律上の利益を有するものと解するのが相当である」。

8　個別的考慮義務

　行政機関は裁量基準に従って判断をすべきことが要請されるとされる一方、行政機関には事案ごとに個別の事情を考慮して適切な判断をすべき要請（「個別的考慮義務」と表現される）が働くことが強調されていることにも注意する必要がある（小早川・行政法講義下Ⅰ25頁、中原茂樹『基本行政法〈第2版〉』日本評論社（2015年）157頁）。

　最高裁も、前掲平成10年最一小判〔28031944〕において、酒類販売業の免許制が職業選択の自由に対する重大な制約であることに鑑みて、平成元年酒類販売業免許等取扱要領について事案に応じて弾力的にこれを運用するよう努めるべきことに言及している。また、タクシー運賃値上げの認可申請をめぐり、最一小判平成11・7・19裁判集民193号571頁〔28041348〕は、道路運送法9条2項1号が定める運賃認可基準の適合性判断についての裁量を認めたうえで、同号のもと、「同一地域同一運賃原則」をとっていた運輸省（当時）の通達自体は合理的な判断基準であるとしつつも、事業者が通達とは異なる方式によって運賃額を認可申請し、その算出基礎を記載した書類を提出した場合には、行政庁は当該書類に基づいて個別的に審査判断すべきであると判示している。

　学説では、裁量基準が一切の逸脱を許さず、裁量基準に従わない行政活動が訴訟において違法となるとすると、裁量基準に法規命令と同じ効果を認めることになってしまい不合理であることが指摘されている。行政機関には、裁量基準の自己拘束性を適切に考慮しつつも、事案ごとの個別的事情を考慮するというバランスある判断をなすことが求められているといえよう。

9　行政規則（通達）が現実の行政過程で果たす機能への着目

　従来の学説・判例において行政規則には外部効はないと解されていることに対しては、行政規則が私人に対して実際上少なからぬ影響を及ぼしているとの批判的な指摘が存在している。行政規則も必ずしも外部効を有しないわけではなく、法規命令と行政規則の差異も相対的なものにとどまる（「行政規則の外部化現象」と表現されることがある）という見解が示されている状況についても指摘されているとおりである（宇賀・行政法概説Ⅰ〈第5版〉291頁）。

　行手法は、意見公募手続の対象となる「命令等」に、法規命令に加え、審査基準、処分基準、行政指導指針（学問上の分類では、行政規則とされてきたもの）も加えている（意見公募手続の対象となる「命令等」とは、内閣又は行政機関が定める法律に基づく命令又は規則（行手法2条8号イ）、審査基準（同号ロ）、処分基準（同号ハ）、行政指導指針（同号ニ）である）。行手法が「命令等」に行政規則の一部を含めたことは、行政規則の有するこのような外部化現象に着目したものとも評されている（中原・前掲158頁）。

　行政規則（通達）が現実の行政過程で果たす機能に着目したものと位置付けられる裁判例も登場している。行政の従来の取扱いが（私人にとって不利益的に）変更されるような場合につき新たな取扱いが私人にとって不意打ちとならぬよう、行政機関に対して新たな裁量基準の策定と周知を要求する裁判例として、景品表示法の定める公正取引委員会の権限行使につき、東京高判平成8・3・29判時1571号48頁〔28011084〕は、公正取引委員会が示していた準則又は裁量基準が先例として確立しているような状態が継続していた場合に、この先例を変更し、従前とは異なった内容の規制権限を行使しようとするときには、旧来の先例に従っていた事業者に不意打ち的に不利益を課すことになるのを避けるため、新たな準則又は裁量基準を定立し、これを事業者に周知させる措置を講じたうえ、合理的な期間が経過した後にはじめて新たな準則又は裁量基準に基づく規制権限を行使するのが相当であるというべき、としている。

　最高裁も、最三小判平成18・10・24民集60巻8号3128頁〔28112264〕において、裁判例においても判断の分かれている所得税法の解釈問題（ストックオプションに係る課税上の取扱い）について課税庁が従来の取扱いを変更しようとする場合

には、法令の改正によることが望ましく、仮に法令の改正によらないとしても、通達を発するなどして変更後の取扱いを納税者に周知させ、これが定着するよう必要な措置を講ずべきものである、としている。

10　違法な行政規則と国家賠償

　違法な行政規則を原因として金銭的な損害が発生している場合に、国家賠償訴訟の提起が行われることがある。在ブラジル被爆者健康管理手当不支給訴訟・最三小判平成19・2・6民集61巻1号122頁〔28130401〕の事案では、国の担当者が発出していた違法な通達（402号通達）に基づき打ち切られた健康管理手当について、未支給分の健康管理手当の支払が求められていた（同通達は、健康管理手当等の受給権を取得した被爆者が日本国外に居住地を移した場合には受給権は失権するという内容であった）。訴訟で直接の争点とされたのは健康管理手当支給請求権に係る消滅事項の成否である。最高裁は、原告らが請求権を行使しなかったのは失権の取扱いを定めた違法な通達があったことなどによるので、被告（県）が消滅時効を主張するのは信義則違反となる、と判示している。

論点 3　法規命令が違法となる場合

1　一般的な委任で足りるか、個別的な委任が必要か

　法規命令は私人の権利義務に関する一般的な定め（法規）としての性質を有するものであり、その策定には法律による委任が必要である。憲法41条は、国会を国の唯一の立法機関としているが、委任立法をいっさい認めない趣旨ではないと解されている。法律による委任があれば、行政機関も法規（法規命令）を策定することができる（最大判昭和33・7・9刑集12巻11号2407頁〔21010311〕）。

　それでは、法律による委任とは、一般的な委任で足りるのだろうか、それとも、個別的な委任が必要となるのだろうか。この問題につき、学説は、委任命令と執行命令とに区分して説明している。委任命令とは、法律の委任を受け、私人の権利義務の内容について定めを置くものであり、個別具体的な委任（授権）が必要とされる。これに対して、執行命令とは法律を具体的に執行するための技術的細目を定めるものであり、一般的な委任（授権）で足りるとされる。内閣府設置法7条3項、行組法12条1項は、この、委任命令と執行命令の区分

を前提とする規定であると解されている（宇賀・行政法概説Ⅰ〈第5版〉271頁）。もっとも、委任命令と執行命令との区分は困難な場合も多いことについてはかねてから指摘されており、また、ドイツ立憲君主制下で形成された法規概念を憲法下で維持すべきではないという強い批判もある。

　最三小判平成5・3・16民集47巻5号3483頁〔27814781〕では、教科書検定規則（文部省令）、教科用図書検定基準（文部省告示）への委任の有無が問題とされた。学校教育法には検定の基準についての規定は置かれていなかったが、最高裁は、教科用図書検定規則、教科用図書検定基準は、教育基本法、学校教育法から明らかな教科書の要件を審査の内容及び基準として具体化したものにすぎず、文部大臣（当時）が、学校教育法88条に基づいて、審査の内容及び基準並びに検定の施行細則である検定の手続を定めたことが、法律の委任を欠くとまではいえないとしている。

2　法律による委任が白紙委任に当たらないか

　委任命令に関する訴訟上の論点には、法律による委任の方法（授権法律の合憲性）の問題と、委任命令の内容の適法性の問題とがある。

　法律による委任の方法（授権法律の合憲性）の問題の1つが、白紙委任の問題である。委任を受け委任命令を策定することは法規の定立（立法）に当たるから、立法権限の本質的部分まで行政機関に委任することは許されない。したがって、立法に当たっての基準等を何ら示さないまま立法権限を委任すること（「白紙委任」）は許されない。憲法には、立法権の委任の限界に関する明示的な規定は存在していないが、法律による行政の原理の解釈として、法律の法規創造力の意義を失わせるような委任は許されないと解されている（塩野・行政法Ⅰ〈第6版〉107頁）。行政機関に立法権限を白紙的に委任する法律があれば、それは違憲となる。

　委任のあり方について、委任立法を行うに際し、委任の目的、内容、程度などを明らかに規定しておかなければならないことに言及する裁判例もある。下級審の判決であるが、大阪高判昭和43・6・28行裁例集19巻6号1130頁〔21028330〕は「租税法律主義の原則から、法律が命令に委任する場合には、法律自体から委任の目的、内容、程度などが明らかにされていることが必要で

あり、損金益金への算入不算入といつた課税要件について、法律で概括的、白地的に命令に委任することは許されない」と述べている。

最高裁は、国家公務員に禁止される政治的行為の内容を人事院規則に委任する国公法102条1項について、合憲と判断している（最一小判昭和33・5・1刑集12巻7号1272頁〔27660569〕。猿払事件判決・最大判昭和49・11・6刑集28巻9号393頁〔27670762〕）。前掲昭和33年最一小判〔27660569〕は、人事院規則は「国家公務員法の規定によつて委任された範囲を逸脱した点も何ら認められず、形式的にも違法ではない」と述べるが、学説では、同項の規定は白紙委任に当たるのではないかとの批判的な意見も強い。

その後、最高裁は最二小判平成24・12・7刑集66巻12号1337頁〔28182621〕においても、国公法102条1項を合憲判断を維持している（「本法102条1項の文言、趣旨、目的や規制される政治活動の自由の重要性に加え、同項の規定が刑罰法規の構成要件となることを考慮すると、同項にいう『政治的行為』とは、公務員の職務の遂行の政治的中立性を損なうおそれが、観念的なものにとどまらず、現実的に起こり得るものとして実質的に認められるものを指し、同項はそのような行為の類型の具体的な定めを人事院規則に委任したものと解するのが相当である。そして、その委任に基づいて定められた本規則も、このような同項の委任の範囲内において、公務員の職務の遂行の政治的中立性を損なうおそれが実質的に認められる行為の類型を規定したものと解すべきである」とする）。

3　罰則の委任は許されるか

罰則の委任も、法律に委任があれば許される。最大判昭和25・2・1刑集4巻2号73頁〔27660136〕は、憲法73条6号ただし書にある「政令には、特にその法律の委任がある場合を除いては、罰則を設けることができない」という規定をひき、「これを裏から云えば、特に法律の委任がある場合においては、政令で罰則（すなわち犯罪構成要件及び刑を定める法規）を設けることができること及び法律は罰則を設けることを政令に委任することができることの趣旨を表明していることは、一点の疑いを挿む余地がない」とする。

罰則の委任については、包括的な委任は許されず具体的な委任が必要であると解されている。この点につき、最大判昭和27・12・24刑集6巻11号1346頁

〔27660316〕の河村又介裁判官、入江俊郎裁判官補足意見は、「私共は……包括的な委任に基いて命令に罰則を設けることは新憲法の下においては許されないものと信ずる。従って新憲法施行後そのような委任に基いて設けられた命令の罰則は無効である」と述べている。

4 再委任は許されるか

委任の方法について、再委任が許されるかという問題がある。この点について、学説では当該委任元の立法が再委任を許す趣旨であるかどうかの具体的な解釈論に委ねられると解されている（塩野・行政法Ⅰ〈第6版〉107頁）。

政令に委任された事項を、省令に再委任することができるかという問題については、政令と省令の制定機関と制定方法が異なること、政令は内閣が閣議にかけ全会一致で行われる慣習になっていること、省令は各省大臣限りで制定でき内閣法制局による法制審査も要しないこと、などから、法律で政令という形式で定めると規定している場合に安易に再委任を認めるべきではない、という見解が示されている（宇賀・行政法概説Ⅰ〈第5版〉274頁。ただし、同書は、軽微な事項についての再委任を禁ずる趣旨ではないと解されるときはそのような軽微な事項についての再委任を違法とする必要はない、としている）。

前掲昭和33年最大判〔21010311〕では、刑事罰の構成要件の再委任が問題となった。酒税法では、刑事罰の対象とする事柄のうち、酒類製造業者の帳簿記載事項に関する定め（同法54条）を酒税法施行規則に委任しており、施行規則は細目的規定を税務署長の指定に委任していた。同判決は、帳簿記載についての義務の主体及び内容は酒税法54条に規定されており施行規則へはその義務の詳細を委任するにすぎないこと、指定への再委任は施行規則の規定に洩れた事項のみであることから、これらの委任・再委任は憲法73条6号には反しないとしている。

また、道路整備特別措置法で罰則の対象となる内容について定める条文（24条3項）が「会社等又は有料道路管理者は、……料金の徴収を確実に行うため、国土交通省令で定めるところにより、国土交通大臣の認可を受けて、料金の徴収施設及びその付近における車両の一時停止その他の車両の通行方法を定めることができる」としていることにつき、私人へ処罰規定の構成要件を委任する

ものではないかという点が争われた事例において、最一小決平成22・9・27裁判集刑301号281頁〔28175323〕は、「国土交通省令で定めるところにより通行方法を定めることができるものとされ、かつ、定めるに当たっては国土交通大臣の認可を受けることとされているから、実質的には高速道路株式会社……に定めを委任しておらず」(違法ではない) と判示している。

5　授権法が廃止されたら委任命令の効力はどうなるのか

　委任命令の授権元法律が廃止された場合に、委任命令の効力はどうなるのだろうか。この点につき、近鉄特急料金訴訟・大阪地判昭和57・2・19行裁例集33巻1=2号118頁〔27486318〕は、授権元法律 (旧許可認可等臨時措置法) が失効した場合、同法の委任を受けて制定された委任命令 (旧許可認可臨時措置令) もその効力を失うとしている (控訴審判決の大阪高判昭和59・10・30行裁例集35巻10号1772頁〔27486822〕、上告審判決の最一小判平成元・4・13裁判集民156号499頁〔27804518〕では、いずれも原告適格が否定されている)。

6　法規命令の内容が法律による委任の範囲を超えてはいないか

　委任の内容について、委任元の法律による委任の範囲を超えて委任命令を定めることは許されない (委任命令は、法律による委任の範囲を逸脱して定められてはならない)。委任の範囲を逸脱して定められた委任命令は違法・無効となる (平成17年に改正された行手法 (意見公募手続) に関わる議論は、8を参照)。

　委任の範囲を超えるかどうかは、委任元法律の趣旨・目的をも勘案した委任元法律の解釈問題となる。農地売渡処分取消等請求訴訟・最大判昭和46・1・20民集25巻1号1頁〔27000655〕は、最高裁が、行政事件で委任命令を違法とした最初の判決である。同判決は、法律の委任の範囲には限度があること、明らかに法が予定しているものを除外するなどの規定を設けることは許されないこと、を示している。農地法80条は、国が強制買収により取得した農地等につき、農林大臣が政令で定めるところにより、自作農の創設又は土地の農業上の利用の増進の目的に供しないことを相当と認めたときは、旧所有者又はその一般承継人に売り払わなければならないと規定していた。これを受け、農地法施行令16条4号は、農地法80条1項の認定の対象となる土地を、買収後新たに生じた公用等の目的に供する緊急の必要があり、かつ、その用に供されることが確実な

ものに制限していた。最高裁は、この農地法施行令16条が「自創法3条による買収農地については令16条4号の場合にかぎることとし、それ以外の前記のような場合につき法80条の認定をすることができないとしたことは、法の委任の範囲を越えた無効のもの」と判示している。

　この他、委任命令が違法と判断された裁判例として、14歳未満の者が在監者と接見することを制限する旧監獄法施行規則120条が、旧監獄法50条の委任の範囲を超え違法なものとした最三小判平成3・7・9民集45巻6号1049頁〔27808871〕、児童扶養手当の支給対象たる児童について「父から認知された児童を除く」としていた児童扶養手当法施行令1条の2第3号（当時）の括弧書部分について児童扶養手当法の委任の趣旨に反し、法律の委任の範囲を逸脱した違法な規定として無効と判断した最一小判平成14・1・31民集56巻1号246頁〔28070264〕、戸籍法50条2項の委任を受け、子の名に用いることのできる文字の範囲を定める戸籍法施行規則60条が「曽」という文字を定めなかったことが法による委任の範囲を逸脱しているとした最三小決平成15・12・25民集57巻11号2562頁〔28090329〕、貸金業の規制等に関する法律施行規則15条2項（当時）の一部が法律の委任の範囲を逸脱し違法であると判示した最二小判平成18・1・13民集60巻1号1頁〔28110244〕がある。また、東洋町議会議員解職請求訴訟・最大判平成21・11・18民集63巻9号2033頁〔28153603〕（【事例】参照）では、自治法施行令が（公選法89条1項を準用して）公務員が地方議員の解職請求代表者となることを禁止している部分は、資格制限が自治法80条1項の請求手続にまで及ぼされる限りで、同法85条1項に基づく政令の定めとして許される範囲を超え、違法であり無効と判示されている。

　最高裁が委任命令の違法性を否定した例もある。銃砲刀剣類所持等取締法14条1項は、文化庁長官が、美術品若しくは骨董品として価値のある古式銃砲、美術史品として価値のある刀剣類の登録をすると規定しており、同条5項は、登録の方法や鑑定の基準及び手続その他登録に関し必要な細目を文部省令で定めることとしていた。これを受け、銃砲刀剣類登録規則4条2項は、「刀剣類の鑑定は、日本刀であつて、次の各号の一に該当するものであるか否かについて行なうものとする」とし、その対象を日本刀に限っていた。この点について

最高裁は、いかなる刀剣類が美術品として価値があり、その登録を認めるべきかを決する場合にも、その刀剣類が我が国において有する文化財的価値に対する考慮を欠かすことはできないとし、そのような観点から日本刀に限定して登録を許したとしても、法の委任の趣旨を逸脱して無効とはいえない、と判示している（サーベル登録拒否訴訟・最一小判平成2・2・1民集44巻2号369頁〔27805681〕）。最高裁がこの判決において、登録規則が委任の趣旨を逸脱するものではないとした判断の根底には、法律自体が刀剣類の所持を原則として禁止している政策への着目があったのではないかとの指摘がある（塩野・行政法Ⅰ〈第6版〉107頁）。学説においては、委任命令自体の違法性の問題（委任の範囲を超えたかどうか）には、規律の対象となる私人の権利利益も重要な要素となるのではないかとの指摘もある。

事例

東洋町議会議員解職請求訴訟・最大判平成21・11・18民集63巻9号2033頁〔28153603〕

自治法85条1項は、「政令で特別の定をするものを除く外、公職選挙法中普通地方公共団体の選挙に関する規定は……解散の投票並びに……解職の投票にこれを準用する」と規定し、自治法施行令では、公務員が公職の候補者となることを禁じた公選法89条1項本文の規定を解職請求代表者の資格についても準用していた（公選法89条1項本文は、「国若しくは地方公共団体の公務員又は行政執行法人……若しくは特定地方独立行政法人……の役員若しくは職員は、在職中、公職の候補者となることができない」と定めていた）。

高知県東洋町で行われた議会議員の解職請求では、解職請求代表者の中に非常勤公務員である農業委員会委員が含まれていたことから、町選挙管理委員会は解職請求者署名簿の署名をすべて無効とする決定を行った。この決定に対し署名代表者らが異議申立てをしたが棄却決定が出されたため、原告は棄却決定の取消しを求めて取消訴訟を提起した。

最高裁は、公選法89条1項本文の規定を解職請求代表者の資格についても準用していることは、自治法85条1項の規定に基づく政令の定めとして許される範囲を超えており、資格制限が解職の請求手続にまで及ぼされる限りで違法・無効であると判示した。その理由には、議員解職請求に関する自治法80条各項の規定は、解職の請求と解職の投票の2段階に区分しており、これを前提に同法85条1項は、選挙関係規定を同法80条3項による解職の投票に準用する旨を定めているのであり、準用がなされるのは解職の請求手続とは区分された投票手続についてであると解されること、また、解

職の投票手続は選挙手続と同質性があるが、解職の請求手続と選挙手続との間には類似性ないし同質性がないこと、が挙げられている。

7　法規命令の「立法裁量」と裁量権の逸脱・濫用

法規命令の策定には、策定主体（行政機関）の裁量が認められている（「立法裁量（行政立法裁量）」という）。このため、法規命令の違法性が問題となる司法審査において、裁判所が、裁量権の逸脱・濫用の審査を用いることがある（塩野・行政法Ⅰ〈第6版〉108頁）。

生活保護法に定める保護の基準（生活保護法8条1項の「厚生大臣の設定する基準」）について、最高裁は、基準の具体的な内容（何が健康で文化的な最低限度の生活であるかの認定判断）は「厚生大臣の合目的的な裁量に委されて」いるとしたうえで、「現実の生活条件を無視して著しく低い基準を設定する等憲法および生活保護法の趣旨・目的に反し、法律によつて与えられた裁量権の限界をこえた場合または裁量権を濫用した場合には、違法な行為として司法審査の対象となることをまぬかれない」としている（朝日訴訟・最大判昭和42・5・24民集21巻5号1043頁〔27001071〕。生活保護法に定める保護の基準の裁量性については、このほか、堀木訴訟・最大判昭和57・7・7民集36巻7号1235頁〔27000077〕、最三小判平成24・2・28民集66巻3号1240頁〔28180447〕、最二小判平成24・4・2民集66巻6号2367頁〔28180737〕も参照）。

8　行手法の規定に違反して法規命令が定められた場合

行手法は、平成17年の改正により、法規命令を含む「命令等」について、その一般原則（38条）及び意見公募手続（39～45条）の規定を置いた。38条は、命令等を定める場合の一般原則を定める規定であるが、このうち、「命令等を定めるに当たっては、当該命令等がこれに定める根拠となる法令の趣旨に適合するものとなるようにしなければならない」（38条1項）とする部分は、これまで、「法規命令の内容は、法律による委任の範囲を超えてはならない」（前記6）とされてきた考え方を、確認的に規定したものと解されている。

それでは、行手法の規定に違反して法規命令が定められた場合、その法規命令はどのように取り扱われるべきであろうか。行手法には、行手法違反の手続で定められた命令等の効果については規定されていない。したがって、行手法

違反の法規命令の効力をどのように考えるのかについては法律上は明らかではなく、法律の解釈に委ねられている、といえる。

　行手法改正後、法規命令の違法性の検討において行手法の規定に言及した判決があることが注目される。医薬品ネット販売権確認等請求訴訟・最二小判平成25・1・11民集67巻1号1頁〔28210113〕では、一部医薬品について対面による販売等を義務付ける薬事法施行規則の違法性が問題となった。最高裁は、同施行規則は、郵便等販売を一律に禁止することとなる限度において、薬事法の委任の範囲を逸脱し違法となると判断した。その判示において、最高裁は、「厚生労働大臣が制定した郵便等販売を規制する新施行規則の規定が、これを定める根拠となる新薬事法の趣旨に適合するもの（行政手続法38条1項）であり、その委任の範囲を逸脱したものではないというためには、立法過程における議論をもしんしゃくした上で、新薬事法36条の5及び36条の6を始めとする新薬事法中の諸規定を見て、そこから、郵便等販売を規制する内容の省令の制定を委任する授権の趣旨が、上記規制の範囲や程度等に応じて明確に読み取れることを要するものというべき」と述べている。最高裁は結論として、一部医薬品について対面による販売・授与や情報提供を義務付ける薬事法施行規則の規定について、郵便等販売を一律に禁止することとなる限度において、薬事法の委任の範囲を逸脱し違法となると判示している。

論点 ❹　「法規命令の違法」の訴訟での争われ方

1　法規命令そのものの違法を争う訴訟は可能か

　法規命令自体は抽象的な定めをなすものであるので、一般的には、処分性は認められないと解されている。法規命令は、個別の行政活動を介在して私人に対する影響を与えるものであるから、多くのケースにおいては、個別の活動の違法性が主張される際に、法規命令の違法性が主張されることとなる。具体的には、法規命令に基づいて個別の行政活動（処分等）が行われた場合に、その個別の行政活動（処分等）の違法性を争う訴訟の中で、行政規則の違法性が主張される、という争われ方である。

　それでは、法規命令そのものの違法を争う訴訟は可能であろうか。行訴法改

正後、当事者訴訟の活用に注目が集まっているが、この議論の中で、行為訴訟としての確認訴訟（いわゆる「ダイレクトアタック」として、法規命令そのものの違法確認を求める訴訟）の可能性が議論されている。学説には、現在の法律関係の存在又は不存在の確認よりも、行為の違法の確認が有効適切であるという条件を満たす場合には、行為の違法の対象適格を例外として認めてよい、とする分析も存在している（山下義昭『『行為の違法』確認の訴えについて」公法研究71号（2009年）231頁）。

ただこれまでのところ、最高裁は、法規命令の違法性を確認訴訟で争う場面において、このようなダイレクトアタックを認めていない。この点に関わり参照すべき判示として、医薬品ネット販売権確認等請求訴訟・最二小判平成25・1・11民集67巻1号1頁〔28210113〕の地裁判決（東京地判平成22・3・30民集67巻1号45頁〔28170151〕）がある。同判決は、「原告らが、本件各規定にかかわらず、第一類・第二類医薬品につき郵便等販売の方法による販売をすることができる地位の確認を求める訴えについては……本件改正規定の行政処分性が認められない以上、本件規制をめぐる法的な紛争の解決のために有効かつ適切な手段として、確認の利益を肯定すべきであり、また、単に抽象的・一般的な省令の適法性・憲法適合性の確認を求めるのではなく、省令の個別的な適用対象とされる原告らの具体的な法的地位の確認を求めるものである以上、この訴えの法律上の争訟性についてもこれを肯定することができると解するのが相当である」と述べている。

2　法規命令に基づく法律関係の違法を争う場合

法規命令により何らかの法律関係が形成されており、その法律関係が違法であることを理由として何らかの不利益を被っている者は、公法上の法律関係の確認訴訟（当事者訴訟）による救済を求めることができる（当事者訴訟の活用例として、前掲平成25年最二小判〔28210113〕【事例】参照）。

▶事例

医薬品ネット販売権確認等請求訴訟・最二小判平成25・1・11民集67巻1号1頁〔28210113〕

薬事法施行規則等の一部を改正する省令（「改正省令」）により、法施行規則に、薬局開設者・店舗販売業者が薬局又は店舗以外の場所にいる者に対して医薬品の郵便等

販売を行う場合は第一類・第二類医薬品の販売は行わない旨、並びに、第一類・第二類医薬品の販売・授与・情報提供は有資格者の対面により行う旨、の各規定が置かれた。医薬品のインターネット販売を行う事業者らは、改正省令は、薬事法の委任の範囲を超え違法である等を主張し、国を被告として、①Xらが第一類・第二類医薬品につき郵便等販売をすることができる権利の確認（地位確認の訴え）、②改正省令中、薬事法施行規則に前記各規定を加える規定が無効であることの確認（無効確認の訴え）、予備的に、③本件改正規定の取消し（取消しの訴え）、を提起した。

地裁判決（東京地判平成22・3・30民集67巻1号45頁〔28170151〕）は、①について「本件地位確認の訴えは、公法上の法律関係に関する確認の訴えとして、確認の利益が肯定され」るとしたうえで、「本件各規定の定めは、その内容の実質においても、当該法律の委任の趣旨……を逸脱するものではなく、その委任の範囲を超えるものではない」とした。高裁判決（東京高判平成24・4・26民集67巻1号221頁〔28181163〕）では、本件各規定のうち本件規制を定める部分は、例外なく第一類・第二類医薬品の郵便等販売を禁止したことについて、新薬事法36条の5及び36条の6あるいはその他の新薬事法の各規定による委任の趣旨の範囲内において規定されたものと認めることはできないとして、第一類・第二類医薬品について郵便等販売により販売をすることができる権利（地位）を有することの確認を求める原告（控訴人）らの地位確認の訴えに係る請求を認容した。

最高裁は、薬事法施行規則のうち、店舗販売業者に対し、一般医薬品のうち第一類医薬品及び第二類医薬品について、①当該店舗において対面で販売させ、又は授与させなければならないものとし、②当該店舗内の情報提供を行う場所において情報の提供を対面により行わせなければならないとし、③郵便等販売をしてはならないものとした各規定は、いずれも前記各医薬品に係る郵便等販売を一律に禁止することとなる限度において、薬事法の趣旨に適合するものではなく、薬事法の委任の範囲を逸脱した違法なものとして無効であると判示している。

【参考文献】

大橋洋一『行政規則の法理と実態』有斐閣（1989年）、平岡久『行政立法と行政基準』有斐閣（1995年）、高橋信隆「行政立法の法的統制」髙木光=宇賀克也編『行政法の争点』有斐閣（2014年）32頁、門脇雄貴「通達の法的性質」髙木光=宇賀克也編『行政法の争点』有斐閣（2014年）50頁、佐伯祐二「審査基準・処分基準の法的性格」髙木光=宇賀克也編『行政法の争点』有斐閣（2014年）78頁、野口貴公美「行政立法―『裁判規範性』に関する一分析」磯部力=小早川光郎=芝池義一編『行政法の新構想Ⅱ―行政作用・行政手続・行政情報法』有斐閣（2008年）25頁

（野口貴公美）

(3) 条　例

【概要】

　憲法又は法律により予定された立法の形式の1つに、条例がある。これは、地方公共団体の事務に関し、その議会の議決に基づき、当該地方公共団体の名において制定されるものである。

　条例という立法形式について、憲法94条は、「地方公共団体は、……法律の範囲内で条例を制定することができる」と定めている。この規定は、一方で、地方公共団体は、法律の個別の委任によることなく、憲法上の根拠に直接基づいて、条例制定権を行使し得るということを意味すると同時に、他方で、国の法律と地方公共団体の条例とが競合した場合には、前者が後者に優先するという形で、一国の法秩序内における調整が行われるということを意味している。この憲法の定めを受けて、自治法14条は、法令に違反しない限りにおける条例制定権の行使（1項）、権利義務規範の条例への留保（2項）及び条例への罰則の委任（3項）を定めている【論点1】。

　憲法を基礎とする法秩序において一定の制約に服するという条例制定権の限界の問題は、大きく次の2つの側面から論ずることができる。

　1つは、条例制定権の事項的限界の問題である。条例制定権の事項的限界として、条例制定権の対象となる事項が地方公共団体の処理する事務に限られるという問題、規則専管事項の問題、及び、憲法上の法律事項の問題が挙げられる【論点2】。まず、憲法94条を受けた自治法14条1項は「法令に違反しない限りにおいて第2条第2項の事務（引用者注：地域における事務及びその他の事務で法律又はこれに基づく政令により処理することとされるもの）に関し、条例を制定することができる」と定めているが、ここにいう「地域における事務」は自治事務と法定受託事務を含むことから、従前の機関委任事務に代わるカテゴリーとして設けられた法定受託事務についても条例制定権が及ぶ。この問題に関連して、国民全体の利益に関わる事項につき、地方公共団体の事務として条例で規律することができるかという問題が取り上げられる。

　憲法上の法律事項について条例で定めることができるかという問題に関しては、具体的には、財産権の制限（憲法29条2項）、罰則の委任（同法31条）及び課税（同法84条）が議論の対象とされてきた。条例による財産権制限については、許容されると解されているものの、その根拠がなお明らかでなく【論点3】、条例への罰則の委任については、法律による条例への委任は必要であるが、その委任の程度は相当程度に具体的であり限定されていれば足りるとされ【論点4】、条例による課税については、地税法3条が「地方団体は、その地方税の税目、課税客体、課税標準、税率その他賦課徴収について定

するには、当該地方団体の条例によらなければならない」として、租税条例主義を確認的に定めている【論点5】。

　もう1つは、条例制定権の内容上の限界の問題である。まず、条例は、憲法に適合していなければならない【論点6】。条例の憲法適合性は、明確性の原則、過度の広汎性の法理、比例原則、平等原則等に照らして判断されている。また、条例は、「法律の範囲内で」（憲法94条）ないし「法令に違反しない限りにおいて」（自治法14条1項）制定されなければならない【論点7】。条例の適法性判断に関する基準は、判例によって定立されている。この定式に則って、法令による規制と条例による規制につき、対象事項の同一性と目的の同一性を検証したうえで、法令と条例が同一事項について併存する場合でも、(1)法令と条例の目的が異なり、条例の適用が法令の目的と効果を阻害しないとき【論点8】、(2)両者の目的が同一であっても、法令の趣旨が、全国的に一律に規制するのではなく、地方の実情に応じた別段の規制を容認しているときは、条例は法令に違反しないとして、法令の趣旨の解釈によって両者の抵触の有無が判断されている。いわゆる広義の上乗せ条例に関して議論が蓄積されているのに加え【論点9】、地方分権改革の進展、とりわけ義務付け・枠付けの見直しとも歩を合わせて、いわゆる法律規定条例も学説のみならず判例においても取り上げられている【論点10】。

　なお、「行政法規の発効・失効及び効力の範囲」についてはⅠ1(4)を参照されたい。

●●●●●● 論　　点 ●●●●●●

1　条例制定権の意義
2　条例制定権の事項的限界―概観
3　条例による財産権制限
4　条例による罰則の定立
5　条例による課税
6　条例の内容の憲法適合性
7　条例と法令との関係①―条例の法令適合性に関する判断枠組み
8　条例と法令との関係②―別の目的に基づく規律の場合
9　条例と法令との関係③―広義の上乗せ条例の場合
10　条例と法令との関係④―法律規定条例の場合

論点 1　条例制定権の意義

　地方公共団体の機関が立法を行うための形式としては、地方公共団体の議会が制定する条例（憲法94条、自治法14条）、地方公共団体の長が制定する規則（自治法15条）、地方公共団体の一定の行政委員会が個別法に基づいて定める規則そ

の他の規程（同法138条の4第2項）等がある。このうち、条例は、地方公共団体の事務に関し、その議会の議決に基づき、かつ、長の一定の関与のもとに、当該地方公共団体の名において制定されるものである（小早川・行政法上82頁）。

　憲法が、「国の唯一の立法機関」である国会による立法形式としての法律（41条）とは別個に、地方公共団体による立法形式としての条例を認めている（94条）のはなぜか、また、この条例制定権がどのような性格を有するのかについては、比較的早い時期に下されたいくつかの最高裁判決を通して明らかにされた。例えば、大阪市売春取締条例訴訟・最大判昭和37・5・30刑集16巻5号577頁〔27660865〕は、「わが憲法の下における社会生活の法的規律は、通常、基本的なそして全国にわたり画一的効力を持つ法律によつてなされるが、中には各地方の自然的ないし社会的状態に応じその地方の住民自身の理想に従つた規律をさせるためこれを各地方公共団体の自治に委ねる方が一層民主主義的かつ合目的的なものもあり、また、ときには、いずれの方法によつて規律しても差支えないものもあるので、憲法は、地方公共団体の組織及び運営に関する事項は、地方自治の本旨に基づいて、法律でこれを定めるべく（憲法92条）、これに議会を設置し、その議員、地方公共団体の長等は、その住民が直接これを選挙すべきもの（同93条）と定めた上、地方公共団体は、その事務を処理し行政を執行する等の権能を有するほか、法律の範囲内で条例を制定することができる旨を定めたのである（同94条）（昭和29年(あ)第267号同33年10月15日大法廷判決、刑集12巻14号3306頁参照）。すなわち、地方公共団体の制定する条例は、憲法が特に民主主義政治組織の欠くべからざる構成として保障する地方自治の本旨に基づき（同92条）、直接憲法94条により法律の範囲内において制定する権能を認められた自治立法に外ならない。従つて条例を制定する権能もその効力も法律の認める範囲を越えることはできないけれども、法律の範囲内にあるかぎり、条例はその効力を有するものといわなければならない（昭和26年(あ)第3188号同29年11月24日大法廷判決、刑集8巻11号1875頁参照）」と判示している。ここでは、条例は、「その地方の住民自身の理想に従つた規律をさせる」という民主主義の観点から、直接憲法に基づいて、法律の範囲内でのみ認められた自治立法、つまり形式的効力において法律に劣後する立法形式として性格付けられている。

このように、条例という立法形式は、効力において法律に劣後するものの、所管事項においては、一定の範囲で法律に並んで人の権利義務について定める権能を認められている。自治法14条1項は、地方公共団体は法令に違反しない限りにおいてその事務に関し条例を制定することができると定めているが、この規定は、条例が、法律の個別的委任なしに、法令に違反しない限りでという制約はあるものの、人の権利義務についての定めをなし得ることを意味している。また、同条2項は、「普通地方公共団体は、義務を課し、又は権利を制限するには、法令に特別の定めがある場合を除くほか、条例によらなければならない」として、人の権利義務についての定めを—地方公共団体の長が制定する規則ではなく—地方公共団体の議会が制定する条例に留保している。確かに、地方公共団体の長は（国の行政権の長とは異なり）、住民の直接公選によるという民主的正統性を有しているものの、立法形式の所管事項の面においては、人の権利義務についての定めは、法律と命令との関係とパラレルに、—規則事項ではなく—条例事項とされている。さらに、同条3項は、条例による罰則の定立に関して、刑罰の種類と罰則の範囲を限定しつつ、包括的に授権している。

論点 2　条例制定権の事項的限界—概観

条例制定権の事項的限界として、条例制定権の対象となる事項が地方公共団体の処理する事務に限られるという問題、規則専管事項の問題、及び、憲法上の法律事項の問題が挙げられる。

このうち、まず、規則専管事項、すなわち、長の定める規則の専属的所管事項とされている事項については（長の職務代理者（自治法152条3項）、会計管理者の事務処理に必要な組織の設置（同法171条5項）、故意・重過失による現金亡失等の損害賠償責任を負う会計職員の指定（同法243条の2第1項後段）等）、条例制定権は及ばない。

これに対し、憲法が法律事項として定めている事柄について条例制定権が及ぶかという問題に関しては、事柄に応じて論じられてきた。憲法が法律事項として定めている事柄は様々であるが、条例制定権の限界の問題として取り上げられてきたのはとりわけ、財産権の制限（憲法29条2項）、罰則の委任（憲法31

条）及び課税（憲法84条）である（この3条項については【論点3～5】においてそれぞれ扱う）。これら以外の条項で問題となり得るのは、憲法第8章に定められた諸規定、すなわち、地方公共団体の組織及び運営に関する事項（憲法92条）、地方公共団体の議事機関としての議会の設置（憲法93条1項）、地方公共団体の住民による直接選挙の対象となる吏員（憲法93条2項）及び地方自治特別法の住民投票（憲法95条）であろう。とりわけ、憲法92条が「地方自治の本旨に基いて、法律でこれを定める」としている地方公共団体の組織及び運営に関する事項については、自治組織権に対する種々の法令による規制の緩和やいわゆる義務付け・枠付けの見直しの中で、憲法解釈論の土俵ではなく立法の土俵で、条例制定権を拡充する方向での改革が行われている。

　以上に加え、ここで主たる論点となるのは、条例制定権の対象となる事項が地方公共団体の処理する事務に限られるという問題である。憲法94条を受けた自治法14条1項は「第2条第2項の事務（引用者注：地域における事務及びその他の事務で法律又はこれに基づく政令により処理することとされるもの）に関し、条例を制定することができる」と定めている。ここにいう「地域における事務」は自治事務と法定受託事務を含むことから、従前の機関委任事務に代わるカテゴリーとして設けられた法定受託事務についても条例制定権が及ぶ。

　従前の国の機関委任事務に関しては、国の事務であるから、法律に明示的な授権規定がない限り、条例制定権は及ばないとされてきた。もっとも、機関委任事務についての委任の方法は、ある事務の「領域」が委任されるという形をとっておらず、また、ある1つの法律なり領域に属するすべての権限や措置が委任されているというわけでもなく、個々の措置ないし権限が「点的に」委任されるという形をとっていたことが指摘されている（岩橋健定「条例制定権の限界―領域先占論から規範抵触論へ」塩野先生古稀（下）362-364頁）。よく知られた例の1つとして、国の機関委任事務に関する行政文書の公開については、地方公共団体の条例で定めることができるとされていた。

　なお、地方公共団体の議会が、例えば、原子力発電所の再稼働の是非をめぐるエネルギー政策や安全保障政策など、国の事務に関して決議等の形で意見を表明することがあるが、これは、政治的な意味合いを有するものの、法的意味

合いを有するものではない。

この点に関連し、より実質的な問題として、国民全体の利益に関わる事項につき、地方公共団体の事務として条例で規律することができるかという論点がある。例えば、東京高判昭和31・12・17高裁刑集9巻12号1270頁〔27660501〕は、「憲法及び地方自治法第2条及び第14条の規定するところによるときは、地方公共団体は、前示自主立法権に基き法令に違反しないかぎり地方自治法第2条第3項に例示してあるが如きその区域内における自己の利害に関係ある事項である以上、たとえその事項が、一面国民全体の利害に関係があるとしても、同条第6項において専ら国の事務としているような事項を除き、これが事項に関し、条例を制定し得ることが明らかである。されば、横浜市風紀取締条例の規定する事項が、横浜市の利害に関する事項に属し、専ら国のみの利害に関する行政事務ないしは、警察法の規定しているような国家警察の組織や運営事務自体に関するものでないことは、その各規定の内容自体に照らし自ずから明白であるからその事項が、国の行政事務に属する事項であるとの理由を前提として右条例の無効を主張する所論は採用し難く、論旨は理由がない」と判示した。また、大阪高判昭和48・5・9刑裁月報5巻5号899頁〔27670693〕は、「青少年に対するみだらな性行為等を禁止することは、ひとり地方公共団体の区域内における利害に関係ある事項にとどまらず、広く国民全体の利益に関係のある事項ではあるが、地方の実況に応じて『青少年の健全な育成および保護』を図る必要のあることは否定しがたいところであるので、これをもつて直ちに本件条例の右条項所定の事項が、地方自治法2条10項1号にいう司法に関する事務であるとし、国によつて処理される事務であるから、法律によつてのみこれを禁止しうるとの所説にはにわかに賛成しがたく、地方公共団体の自主的立法である条例によつても、これを禁止しうると解すべきである」と判示した。これらの下級審判決においては、地方公共団体の区域内における利害に関係するとともに国民全体の利益に関係するような事項について、明示的に国の専管事項として定められていない限りは、条例制定権が及ぶと解されている。

もっとも、国主導のもとに画一的内容で制定された青少年保護育成条例（現在のところ、長野県を除くすべての都道府県において制定されている）に対して、後

に制定された児童買春、児童ポルノに係る行為等の規制及び処罰並びに児童の保護等に関する法律が、淫行処罰規定のうち児童買春行為に関する条例の規定を失効させた例が存在する（斎藤誠『現代地方自治の法的基層』有斐閣（2012年）288頁以下参照）。そして、青少年保護育成条例の規律対象はまさしく国法の黙示的留保に属するとする見解も提示されている（塩野・行政法Ⅲ〈第4版〉189頁）。さらに、近時においては、暴力団対策や空き地・空き家対策に関して、各地方公共団体が先駆的な条例にならって規制を加え、そのうちの一定の部分が国の法律によって定められるに至っている。このように、ある特定の事務について、各地方公共団体の条例による規制に委ねるべきか、それとも、全国画一の規制によるべきかは必ずしも明らかでなく、事務の地域性が改めて問われることになる。

論点 3　条例による財産権制限

　憲法29条2項は「財産権の内容は、公共の福祉に適合するやうに、法律でこれを定める」と定めている。そこで、財産権の制限を―法律ではなく―条例によって定めることが許されるか、そして、仮に許されるとしたら、それはいかなる態様の財産権制限についてなのかが問題となる。

　この点に関するリーディングケースとも位置付けられる奈良県ため池条例訴訟・最大判昭和38・6・26刑集17巻5号521頁〔27670298〕は、ため池の破損、決かい等に因る災害を未然に防止するために、ため池の堤とうで竹木や農作物を植えたりする行為を禁止し、これに違反した者を処罰することを定めた条例の合憲性が争われたのに対し、「ため池の堤とうを使用する財産上の権利を有する者は、本条例1条の示す目的のため、その財産権の行使を殆んど全面的に禁止されることになるが、それは災害を未然に防止するという社会生活上の已むを得ない必要から来ることであつて、ため池の堤とうを使用する財産上の権利を有する者は何人も、公共の福祉のため、当然これを受忍しなければならない責務を負うというべきである。すなわち、ため池の破損、決かいの原因となるため池の堤とうの使用行為は、憲法でも、民法でも適法な財産権の行使として保障されていないものであつて、憲法、民法の保障する財産権の行使の埓外に

あるものというべく、従つて、これらの行為を条例をもつて禁止、処罰しても憲法および法律に牴触またはこれを逸脱するものとはいえないし、また右条項に規定するような事項を、既に規定していると認むべき法令は存在していないのであるから、これを条例で定めたからといつて、違憲または違法の点は認められない」と判示した。

控訴審・大阪高判昭和36・7・13刑集17巻5号575頁〔27660793〕が、「私有財産権の内容に規制を加えるには、それが公共のためとはいえ、法律によらなければならないことは、憲法第29条第2項に明定されているとおりであり、又条例は法律の範囲内においてすなわち法令に違反しない限りにおいて制定されなければならないことは、憲法第94条地方自治法第14条第1項の規定によつて明らかであるから、右のように私有地である池堤地に対する個人の権利に規制を加えることは単なる条例のよくしうるところではないといわなければならない」と判示していたのに対し、最高裁は、これを覆すことで、財産権の内容の規制を法律に留保するという立場をとらないことを明らかにした。もっとも、最高裁は、「災害を未然に防止するという社会生活上の已むを得ない必要から来る」財産権の行使の制約については、「財産上の権利を有する者は何人も、公共の福祉のため、当然これを受忍しなければならない責務を負う」ものであって、「憲法、民法の保障する財産権の行使の埒外にある」ことから、「これらの行為を条例をもつて禁止、処罰しても憲法および法律に牴触またはこれを逸脱するものとはいえない」と述べたにとどまっている。すなわち、最高裁は、消極目的ないし警察目的による財産権の制限は、そもそも憲法29条2項の問題ではなく、したがって条例による定めが違憲とされることはないと判断したにすぎず、条例が財産権の行使を制約し得るか否かについて正面から答えたわけではない。

奈良県ため池条例訴訟最高裁判決は、消極目的ないし警察目的による財産権の制限に関して判断したものであって、積極目的ないし社会目的による財産権の制限に関しては明らかにしていないが、自由権に対する地方公共団体の規制権能（【論点6】参照）とのバランスや条例の準法律的性格からして、行政上の法律関係においては、憲法29条2項にいう「法律」には、形式的意義の法律の

みならず、条例も含まれると一般に解されている（宇賀・地方自治法概説〈第6版〉218頁）。まちづくりや環境保全など、私人の財産権の行使を必然的に制約せざるを得ない分野において、条例が、地域の特性に応じて制定され運用されている。最高裁が結論として、条例による財産権行使の制約を許容したことは、現実の必要に基づく実務を支える根拠となっているといえよう。学説においては、憲法29条2項による財産権の内容の規定と、憲法12、13条の「権利濫用禁止」、「公共の福祉」に基づく財産権の制限とを区分し、前者については法律に留保されるが、後者については、憲法94条を根拠とした条例による制限も可能であり、その内容には、警察制限だけでなく土地利用規制も含まれるとする見解（亘理格「1999年地方自治法改正のインパクト」藤田宙靖=磯部力=小林重敬編『土地利用規制立法に見られる公共性』土地総合研究所（2002年）174頁）、地方公共団体が条例により地域の事情に応じた制限を財産権に加えることは、空間秩序の形成と管理を含む権能を憲法が地方公共団体に認めていることから、承認され得るとする見解（斎藤誠「条例制定権の限界」髙木光=宇賀克也編『行政法の争点』有斐閣（2014年）206頁）等が示されている。

論点 4　条例による罰則の定立

　憲法31条は「何人も、法律の定める手続によらなければ、その生命若しくは自由を奪われ、又はその他の刑罰を科せられない」と定めている。そこで、罰則を—法律ではなく—条例によって定めることが許されるかが問題となる。

　この問題は、自治法が、14条3項において、「普通地方公共団体は、法令に特別の定めがあるものを除くほか、その条例中に、条例に違反した者に対し、2年以下の懲役若しくは禁錮、100万円以下の罰金、拘留、科料若しくは没収の刑……を科する旨の規定を設けることができる」と定めていることから、まずもって、この規定による条例への罰則の委任が憲法31条に違反しないかが争われ、その中で、条例がいかなる根拠と条件のもとにおいて罰則を定立することができるのかが明らかにされた。

　大阪市売春取締条例訴訟・最大判昭和37・5・30刑集16巻5号577頁〔27660865〕は、まず、「憲法31条はかならずしも刑罰がすべて法律そのもので定められな

ければならないとするものでなく、法律の授権によつてそれ以下の法令によつて定めることもできると解すべきで、このことは憲法73条6号但書によつても明らかである」と述べている。ここでは、あくまでも法律の授権が必要であることが前提とされつつ、憲法が法律の授権によつてそれ以下の法令をもつて罰則を定めることを—それ自体73条6号において—認めていることが確認されている。そのうえで、本判決は、「ただ、法律の授権が不特定な一般的の白紙委任的なものであつてはならないことは、いうまでもない」として、要求される法律の授権の程度を画した。そして、この基準の当てはめにおいて、本判決は、地方公共団体の事務を例示していた当時の自治法2条に規定された事項が「相当に具体的な内容のものである」こと、また、自治法「14条（引用者注：旧）5項による罰則の範囲も限定されている」こと、しかも、条例は「公選の議員をもつて組織する地方公共団体の議会の議決を経て制定される自治立法であつて、行政府の制定する命令等とは性質を異にし、むしろ国民の公選した議員をもつて組織する国会の議決を経て制定される法律に類するものであるから、条例によつて刑罰を定める場合には、法律の授権が相当な程度に具体的であり、限定されておればたりると解するのが正当である」ことから、「相当に具体的な内容の事項につき」、「限定された刑罰の範囲内において」、「条例をもつて罰則を定めることができるとしたのは、憲法31条の意味において法律の定める手続によつて刑罰を科するものということができる」として、条例の違憲性を否定した。

　本判決によると、自治法は、明文でもつて罰則の範囲を限定しているが、同時に、条例の規律対象となる事項が相当に具体的な内容のものであることが要求される。この点において、具体的な事務の例示規定が廃止された現在の自治法のもとで、本判決がなお通用し得るかについては、検討の余地がある。

　本判決には、多数意見とは異なる立場に立つ補足意見が付されている。垂水克己裁判官補足意見は、「要するに、法律（法律の委任）なくして政令の罰則はないが、法律なきところ、若しくは法律の禁止なきところにも条例の罰則はあるのである。……すなわち、条例制定権は憲法94条末段から直接与えられたもので、それにはただ『法律の範囲内で』という制約が付されているにすぎない。

（これは憲法31条の「法律」とは「国会の制定する法律」であるべきことの例外として憲法自身が認めたものである）。それは、条例が元来国に直接利害関係のない事項について罰則を設けるとしても、条例が民主的自主立法であつて、その区域内にのみ施行されるものである点に鑑みれば、条例が法律の範囲を逸脱しないなら条例で罰則をも制定しうるとしても前示のとおり過誤、弊害は少いであろうとの考慮に出でたものと考えられる。これが、わが国の民主化のために、憲法立法者の意図した地方自治の本旨である」と述べ、条例制定権が憲法によって直接与えられたものであることを根拠に、法律の範囲を逸脱しない限り、法律の特別の委任がなくとも条例は罰則を規定し得るとしている。また、奥野健一裁判官補足意見は、「条例は地方公共団体の住民の代表機関である議会によって制定せられるものであるから、これに罰則を設けることを委任する場合には、必ずしも右73条6号但書の如く個別的に法律の委任を必要とするものと解すべきではない。地方自治法14条5項は、地方公共団体は条例を以つて、条例に違反した者に対し一定の刑罰を科する旨の規定を設けることができる旨の一般委任を規定しているのであるが、元来条例は制定された地方団体の区域に限り行われる法令であり、条例を以つて規定することができる事項は地方自治法によつて限定されており、また同条は罰則の限度を2年以下の懲役若しくは禁錮、10万円以下の罰金、拘留、科料又は没収の刑に限定しておるのであるから、右刑罰の委任規定は一定の制限の下に一定の基準を設けてなされた法律の委任ということができる。従つてかかる一般的委任立法を以つて憲法31条に反するものということはできない」と述べ、条例が住民代表機関である議会によって制定されるものであることから、命令とは異なり、一般的委任でも合憲であるとしている。

論点 5　条例による課税

憲法は、30条において「国民は、法律の定めるところにより、納税の義務を負ふ」と定めるとともに、84条において「あらたに租税を課し、又は現行の租税を変更するには、法律又は法律の定める条件によることを必要とする」と定めている。そこで、課税を—法律ではなく—条例によって定めることが許され

るかがまず問題となる。

　この問題は、地税法が、総務大臣の同意を要する協議制をとりつつ法定外普通税の新設・変更を認めている（4条3項、5条3項、259、669条）ことからも、さほどの対立もなく、解決されている。詳細に判断した下級審判決によると、「地方自治に関する憲法92条に照らせば、地方自治の本旨に基づいて行われるべき地方公共団体による地方税の賦課徴収については、住民の代表たる議会の制定した条例に基づかずに租税を賦課徴収することはできないという租税（地方税）条例主義が要請されるというべきであつて、この意味で、憲法84条にいう『法律』には地方税についての条例を含むものと解すべきであり、地方税法3条が『地方団体は、その地方税の税目、課税客体、課税標準、税率その他賦課徴収について定をするには、当該地方団体の条例によらなければならない。』と定めているのは、右憲法上の要請を確認的に明らかにしたものということができる。そして、右地方税条例主義の下においては、地方税の賦課徴収の直接の根拠となるのは条例であつて、法律ではないことになり、地方税法は地方税の課税の枠を定めたものとして理解される」（仙台高秋田支判昭和57・7・23行裁例集33巻7号1616頁〔21076789〕。なお、地税法の「準則」たる性格に関しては【論点10】を参照）。

　そのうえで、何が憲法84条に規定する租税に当たるのか、そして、法律又は条例においてどの程度まで定めなければならないか、裏を返せば、それ以下の規則や告示にどこまで委任してよいか—所管事項の配分—が問題となる。これらの点に関して、旭川市国民健康保険条例訴訟・最大判平成18・3・1民集60巻2号587頁〔28110487〕は、まず、「国又は地方公共団体が、課税権に基づき、その経費に充てるための資金を調達する目的をもって、特別の給付に対する反対給付としてでなく、一定の要件に該当するすべての者に対して課する金銭給付は、その形式のいかんにかかわらず、憲法84条に規定する租税に当たる」と判示した。本判決は、そのうえで、「租税以外の公課であっても、賦課徴収の強制の度合い等の点において租税に類似する性質を有するものについては、憲法84条の趣旨が及ぶ」が、「賦課要件が法律又は条例にどの程度明確に定められるべきかなどその規律の在り方については、当該公課の性質、賦課徴収の目的、

その強制の度合い等を総合考慮して判断すべきものである」と述べ、国民保険税ではなく国民保険料の方式を採用する旭川市国民健康保険条例については、本件条例が算定基準を明確に定めていること、予算・決算審議を通じて議会による民主的統制が及ぶことから、市長が保険料率を告示する方式をとっても、憲法84条の趣旨に反するとはいえないと結論付けた。これに対し、保険税については、定額・定率方式によらない秋田市健康保険税条例が、課税総額の決定に市長の広範な裁量を認めるものとして違憲とされている（前掲昭和57年仙台高秋田支判〔21076789〕）。

論点 6 条例の内容の憲法適合性

　以上の形式的レベルにおける憲法適合性に加え、条例は、その内容において、憲法の要請に違反してはならない。この問題はとりわけ、人権を制約する条例の内容の憲法適合性いかんに関して議論されてきた。この憲法適合性の判断は、条例と法令の関係に関する判断の中で、条例上の規制の正当性を根拠付けるだけの立法事実が提示されているか否か、法律による人権保障が十分か否かを問い、法律の仕組みや規制レベルを1つの目安として、条例の違法性を導くという形で行われている（岩橋健定「条例制定権の限界―領域先占論から規範抵触論へ」塩野先生古稀（下）368頁）。

1　明確性の原則

　精神的自由に関しては、条例の定める刑罰規定は、憲法31条に照らし、罪刑法定主義の一要素である明確性の原則を満たさなければならない。公安条例に基づく集団行進等の規制をめぐって、徳島市公安条例訴訟・最大判昭和50・9・10刑集29巻8号489頁〔27670784〕は、「およそ、刑罰法規の定める犯罪構成要件があいまい不明確のゆえに憲法31条に違反し無効であるとされるのは、その規定が通常の判断能力を有する一般人に対して、禁止される行為とそうでない行為とを識別するための基準を示すところがなく、そのため、その適用を受ける国民に対して刑罰の対象となる行為をあらかじめ告知する機能を果たさず、また、その運用がこれを適用する国又は地方公共団体の機関の主観的判断にゆだねられて恣意に流れる等、重大な弊害を生ずるからであると考えられる。し

かし、一般に法規は、規定の文言の表現力に限界があるばかりでなく、その性質上多かれ少なかれ抽象性を有し、刑罰法規もその例外をなすものではないから、禁止される行為とそうでない行為との識別を可能ならしめる基準といつても、必ずしも常に絶対的なそれを要求することはできず、合理的な判断を必要とする場合があることを免れない。それゆえ、ある刑罰法規があいまい不明確のゆえに憲法31条に違反するものと認めるべきかどうかは、通常の判断能力を有する一般人の理解において、具体的場合に当該行為がその適用を受けるものかどうかの判断を可能ならしめるような基準が読みとれるかどうかによつてこれを決定すべきである」と判示した。ここでは、「通常の判断能力を有する一般人の理解」において、規定の文言から、判断を可能ならしめるような基準が「読みとれるかどうか」が、明確性の原則に基づいて要請されている。

　このような判断方法は、精神的自由を規制する他の類型の条例の憲法適合性判断に関しても採用されている。例えば、青少年に対する淫行又はわいせつの行為を禁止し処罰する福岡県青少年保護育成条例にいう「淫行」について、最大判昭和60・10・23刑集39巻6号413頁〔27803700〕は、「広く青少年に対する性行為一般を指すものと解するときは」、「その解釈は広きに失」し、また、「単に反倫理的あるいは不純な性行為と解するのでは、犯罪の構成要件として不明確である」ことから、「規定の文理から合理的に導き出され得る解釈の範囲内で」、「青少年を誘惑し、威迫し、欺罔し又は困惑させる等その心身の未成熟に乗じた不当な手段により行う性交又は性交類似行為のほか、青少年を単に自己の性的欲望を満足させるための対象として扱つているとしか認められないような性交又は性交類似行為をいう」と限定して解釈することは、「通常の判断能力を有する一般人の理解にも適うものであ」ると判示している。

　岐阜県青少年保護育成条例に関しては、最三小判平成元・9・19刑集43巻8号785頁〔27807170〕が、「本条例の定めるような有害図書が一般に思慮分別の未熟な青少年の性に関する価値観に悪い影響を及ぼし、性的な逸脱行為や残虐な行為を容認する風潮の助長につながるものであつて、青少年の健全な育成に有害であることは、既に社会共通の認識になつているといつてよい。さらに、自動販売機による有害図書の販売は、売手と対面しないため心理的に購入が容易

であること、昼夜を問わず購入ができること、収納された有害図書が街頭にさらされているため購入意欲を刺激し易いことなどの点において、書店等における販売よりもその弊害が一段と大きいといわざるをえない。しかも、自動販売機業者において、前記審議会の意見聴取を経て有害図書としての指定がされるまでの間に当該図書の販売を済ませることが可能であり、このような脱法的行為に有効に対処するためには、本条例6条2項による指定方式も必要性があり、かつ、合理的であるというべきである。そうすると、有害図書の自動販売機への収納の禁止は、青少年に対する関係において、憲法21条1項に違反しないことはもとより、成人に対する関係においても、有害図書の流通を幾分制約することにはなるものの、青少年の健全な育成を阻害する有害環境を浄化するための規制に伴う必要やむをえない制約であるから、憲法21条1項に違反するものではない」として、最高裁として初めて合憲判断を下している。

2　過度の広汎性の法理

　法規の文言は、不明確であってはならないのみならず、広範に過ぎてもならない。過度の広汎性の法理は、明確性の要請と密接に関連しつつ、条例についても適用される。ただし、その判断に当たって、条例の内容の憲法適合性に関しては、法律のそれとは異なり、その要請が緩和されているかにみえる判決も存在する。

　広島市暴走族追放条例訴訟・最三小判平成19・9・18刑集61巻6号601頁〔28135434〕は、「なるほど、本条例は、暴走族の定義において社会通念上の暴走族以外の集団が含まれる文言となっていること、禁止行為の対象及び市長の中止・退去命令の対象も社会通念上の暴走族以外の者の行為にも及ぶ文言となっていることなど、規定の仕方が適切ではなく、本条例がその文言どおりに適用されることになると、規制の対象が広範囲に及び、憲法21条1項及び31条との関係で問題があることは所論のとおりである」と述べたうえで、条例に基づく処罰の対象の限定性（市長の中止・退去命令に違反する行為に限られること）、条例が規定する諸対策の対象の特定可能性（目的規定等が「暴走族」を想定していること）、条例施行規則による中止命令等の判断基準の明確化など、「本条例の全体から読み取ることができる趣旨、さらには本条例施行規則の規定等を総合

すれば、本条例が規制の対象としている『暴走族』は、本条例2条7号の定義にもかかわらず、暴走行為を目的として結成された集団である本来的な意味における暴走族の外には、服装、旗、言動などにおいてこのような暴走族に類似し社会通念上これと同視することができる集団に限られるものと解され、したがって、市長において本条例による中止・退去命令を発し得る対象も、被告人に適用されている『集会』との関係では、本来的な意味における暴走族及び上記のようなその類似集団による集会が、本条例16条1項1号、17条所定の場所及び態様で行われている場合に限定されると解される」とし、「このように限定的に解釈すれば、本条例16条1項1号、17条、19条の規定による規制は、広島市内の公共の場所における暴走族による集会等が公衆の平穏を害してきたこと、規制に係る集会であっても、これを行うことを直ちに犯罪として処罰するのではなく、市長による中止命令等の対象とするにとどめ、この命令に違反した場合に初めて処罰すべきものとするという事後的かつ段階的規制によっていること等にかんがみると、その弊害を防止しようとする規制目的の正当性、弊害防止手段としての合理性、この規制により得られる利益と失われる利益との均衡の観点に照らし、いまだ憲法21条1項、31条に違反するとまではいえない」と結論付けた。

　本判決は、条例の規定そのものだけでなく、「本条例の全体から読み取ることができる趣旨、さらには本条例施行規則の規定等を総合」して、規制の対象を限定的に解釈し、そのうえで、「暴走族による集会等が公衆の平穏を害してきたこと」、直罰制ではなく「この命令（引用者注：市長による中止命令）に違反した場合に初めて処罰すべきものとするという事後的かつ段階的規制によっていること等にかんがみ」、何とか合理的な限定解釈を施すことによって、条例の憲法適合性を肯定したものとも解される。

　もっとも、かかる合憲限定解釈に対しては、厳しい反対意見が付されている。藤田宙靖裁判官反対意見は、「多数意見のような解釈は、広島市においてこの条例が制定された具体的な背景・経緯を充分に理解し、かつ、多数意見もまた『本条例がその文言どおりに適用されることになると、規制の対象が広範囲に及び、憲法21条1項及び31条との関係で問題があることは所論のとおりであ

る』と指摘せざるを得なかったような本条例の粗雑な規定の仕方が、単純に立法技術が稚拙であることに由来するものであるとの認識に立った場合に、初めて首肯されるものであって、法文の規定そのものから多数意見のような解釈を導くことには、少なくとも相当の無理があるものと言わなければならない」とし、さらに踏み込んで、「本件の場合、広島市の立法意図が多数意見のいうようなところにあるのであるとするならば、『暴走族』概念の定義を始め問題となる諸規定をその趣旨に即した形で改正することは、技術的にさほど困難であるとは思われないのであって、本件は、当審が敢えて合憲限定解釈を行って条例の有効性を維持すべき事案ではなく、違憲無効と判断し、即刻の改正を強いるべき事案であると考える」と述べている。

　田原睦夫裁判官反対意見もまた、「私は、本条例は、通常の判断能力を有する一般人の視点に立ったとき、その文言からして、多数意見が述べるような限定解釈に辿りつくことは極めて困難であって、その規定の広範性とともに、その規制によって達成しようとする利益と規制される自由との間の均衡を著しく欠く点において、憲法11条、13条、21条、31条に違反するものと言わざるを得ないと考える」とし、規制の対象者と規制の対象行為が極めて広範であること、及び、規制によって達成しようとする利益と規制される自由との間の均衡を著しく欠いていることをそれぞれ論証したうえで、限定解釈に関して、「本条例は、その規定の文言からして、通常の判断能力を有する一般人にとって、多数意見が述べるような限定解釈をすべきものと理解することは著しく困難であり、それに加えて、……その保護法益ないし侵害行為と規制される自由との間に合理的均衡を著しく欠いているものと言わざるを得ないのであって、かかる点からしても本条例の合憲性を肯定することはできない。多数意見のように限定解釈によって、本条例の合憲性を肯定した場合、仮にその限定解釈の枠を超えて本条例が適用されると、それに伴って、国民（市民）の行動の自由や表現、集会の自由等精神的自由が、一旦直接に規制されることとなり、それがその後裁判によって、その具体的適用が限定解釈の枠を超えるものとして違法とされても、既に侵害された国民（市民）の精神的自由自体は、回復されないのであり、また、一旦、それが限定解釈の枠を超えて適用されると、それが違憲、無効で

あるとの最終判断がなされるまでの間、多くの国民（市民）は、本条例が限定解釈の枠を超えて適用される可能性があり得ると判断して行動することとなり、国民（市民）の行動に対し、強い萎縮的効果をもたらしかねないのである」と述べている。

いずれの反対意見においても、明確性の原則の要請、つまり、「通常の判断能力を有する一般人の理解」において、規定の文言から、判断を可能ならしめるような基準が「読みとれるかどうか」について疑問が呈されるとともに、地方公共団体の立法能力について厳しい評価が下されている。

3　比例原則

前掲徳島市公安条例訴訟・昭和50年最大判〔27670784〕は、条例の法令適合性の判断の一部として、「条例における重複規制がそれ自体としての特別の意義と効果を有し、かつ、その合理性が肯定される」ことをも要請し、その具体的当てはめとして、「本条例の右罰則は、集団行進等という特殊な性格の行動が帯有するさまざまな地方公共の安寧と秩序の侵害の可能性及び予想される侵害の性質、程度等を総体的に考慮し、殊に道路における交通の安全との関係では、集団行進等が、単に交通の安全を侵害するばかりでなく、場合によつては、地域の平穏を乱すおそれすらあることをも考慮して、その内容を定めたものと考えられる。そうすると、右罰則が法定刑として道路交通法には定めのない禁錮刑をも規定し、また懲役や罰金の刑の上限を同法より重く定めていても、それ自体としては合理性を有するものということができるのである」と述べている。すなわち、条例については、その規制が法律によるそれと重複する場合には、法律の場合と同様に判断される規制の憲法適合性に加え、「それ（引用者注：条例）自体としての特別の意義と効果を有し、かつ、その合理性が肯定される」ことが要請されることになる（【論点8】をも参照）。

経済的自由に関しても同様に、条例自体の合理性が比例原則の観点から要求されている。旅館業法よりも強度の規制を行う条例の適法性が争われた事案において、飯盛町旅館建築規制条例訴訟・福岡高判昭和58・3・7行裁例集34巻3号394頁〔27604095〕は、「旅館業法が旅館業に対する規制を前記の程度に止めたのは、職業選択の自由、職業活動の自由を保障した憲法22条の規定を考慮した

ものと解されるから、条例により旅館業法よりも強度の規制を行うには、それに相応する合理性、すなわち、これを行う必要性が存在し、かつ、規制手段が右必要性に比例した相当なものであることがいずれも肯定されなければならず、もし、これが肯定されない場合には、当該条例の規制は、比例の原則に反し、旅館業法の趣旨に背馳するものとして違法、無効になるというべきである」と述べたうえで、具体的な当てはめにおいて、「本件全証拠によつても、旅館業を目的とする建築物の建築について、このような極めて強度の規制を行うべき必要性や、旅館営業についてこのような規制手段をとることについての相当性を裏づけるべき資料を見出すことはできない」し、「そのようなよりゆるやかな規制手段についても、その有無、適否が検討された形跡は窺えない」として、比例原則違反を理由として、条例を違法無効であるとした。

　一方、東郷町ラブホテル規制条例訴訟・名古屋高判平成18・5・18平成17年（行コ）41号裁判所HP〔28130476〕（原審・名古屋地判平成17・5・26判タ1275号144頁〔28101446〕、上告審・最一小決平成19・3・1平成18年（行ツ）219号等公刊物未登載〔28130522〕（上告棄却）。この上告審は実質的な判断を行っていない）は、「憲法22条1項に基づく職業選択の自由、営業の自由も公共の福祉に適合する必要があるところ、確かに、これに対する規制は、個人の営業活動等の自由が社会公共の安全と秩序の維持の見地から看過することができない場合に、その弊害の除去ないし緩和をするために必要かつ合理的な規制である限りにおいて許されるというべきである。そして、前記（原判決）のとおり、本件条例は、快適で良好な生活環境の保持と青少年の健全な育成を図ることを目的とするものであり、その趣旨に、一定の警察目的が含まれることは否定できないものの、それにとどまらず、地域社会の人的、物的環境の保持という一種の社会政策的な目的をも含み、個人の経済活動を一定の範囲内で制限するものである。そうすると、本件条例の規制についても、民主的手続による地方議会の裁量的判断を尊重しつつ、条例による規制の必要性と相応の合理性が存在することが求められ、その手法、内容及び効果が比例原則に反し、不合理である場合には憲法22条1項に違反するというべきである」と判示した。そのうえで、本控訴審判決は、町内全域が田園的雰囲気を残しているという地域特性に鑑みると、条例による規

制に相応の合理性があり、また、条例の構造・施設基準を満たすホテル建築は可能であり、それをラブホテル用途に用いることは禁止されておらず、既存の建物をそのように利用することも禁止されていないことに鑑みると、規制の手法・内容が比例原則に反するとまではいえないと結論付けた。

4 平等原則

条例が、各地方公共団体による地域特性に応じた規律であることから、地域ごとの取扱いの差異を生じさせる点において、平等原則（憲法14条）に違反しないかという点が、比較的早い時期に議論された。東京都売春取締条例訴訟・最大判昭和33・10・15刑集12巻14号3305頁〔27660590〕においては、東京都売春等取締条例が、後に制定された売春防止法附則4項、1項ただし書によって昭和33年4月1日に効力を失ったものの、同法附則5項により、その失効前にした違反行為の処罰について、その失効後もなお従前の規定によるとされていたために適用された事案について、「憲法が各地方公共団体の条例制定権を認める以上、地域によつて差別を生ずることは当然に予期されることであるから、かかる差別は憲法みずから容認するところであると解すべきである。それ故、地方公共団体が売春の取締について各別に条例を制定する結果、その取扱に差別を生ずることがあつても、所論のように地域差の故をもつて違憲ということはできない」と判示された。ただし、この判決の補足意見（下飯坂潤夫裁判官、奥野健一裁判官）は、「憲法が各地方公共団体に、条例制定権を認めているからといつて、当然に、各条例相互間に憲法14条の原則を破る結果を生ずることまでも、憲法が是認しているものと解すべきではなく、各条例が各地域の特殊な地方の実情その他の合理的根拠に基いて制定され、その結果生じた各条例相互間の差異が、合理的なものとして是認せられて始めて、合憲と判断すべきものと考える」と述べている。

論点 7　条例と法令との関係①——条例の法令適合性に関する判断枠組み

1　問題の所在

憲法94条は「法律の範囲内」における条例制定権を保障している。日本の地

方公共団体は、法律による個別具体的な委任を要することなく、直接に憲法の規定に基づいて立法権を行使することを認められている。憲法94条を受け、自治法14条1項は「法令に違反しない限りにおいて第2条第2項の事務に関し、条例を制定することができる」と定めている。

　地方公共団体の自治立法権は、このように直接の憲法上の根拠を有するものではあるが、国の立法権と競合する場合には、単一主権国家における立法権能の調整という観点から、前者の後者に対する形式的効力の劣後という憲法の定める序列に服さなければならない。この立法権の競合の問題に関し、かつては国の法律に基づいて規制が加えられている事項について、当該法律と同一の目的において条例が重ねて規制することは許されないとされてきたが（法律先占論）、とりわけ公害行政の分野において先進的地方公共団体から問題提起がなされ、理論的・実務的努力に呼応して、条例の法令適合性に関する判断枠組みが判例によって提示され、確立した。

2　判断枠組み―徳島市公安条例訴訟最高裁判決

　リーディングケース（徳島市公安条例訴訟・最大判昭和50・9・10刑集29巻8号489頁〔27670784〕）において示され、現在まで通用している判断定式は、「条例が国の法令に違反するかどうかは、両者の対象事項と規定文言を対比するのみでなく、それぞれの趣旨、目的、内容及び効果を比較し、両者の間に矛盾牴触があるかどうかによつてこれを決しなければならない」という抽象的命題のもと、「例えば、ある事項について国の法令中にこれを規律する明文の規定がない場合でも、当該法令全体からみて、右規定の欠如が特に当該事項についていかなる規制をも施すことなく放置すべきものとする趣旨であると解されるときは、これについて規律を設ける条例の規定は国の法令に違反することとなりうるし、逆に、特定事項についてこれを規律する国の法令と条例とが併存する場合でも、後者が前者とは別の目的に基づく規律を意図するものであり、その適用によつて前者の規定の意図する目的と効果をなんら阻害することがないときや、両者が同一の目的に出たものであつても、国の法令が必ずしもその規定によつて全国的に一律に同一内容の規制を施す趣旨ではなく、それぞれの普通地方公共団体において、その地方の実情に応じて、別段の規制を施すことを容認する趣旨

であると解されるときは、国の法令と条例との間にはなんらの矛盾牴触はなく、条例が国の法令に違反する問題は生じえないのである」とするものである。この定式は、法令による規制と条例による規制につき、対象事項の同一性と目的の同一性を検証したうえで、法令と条例が同一事項について併存する場合でも、①法令と条例の目的が異なり、条例の適用が法令の目的と効果を阻害しないとき、②両者の目的が同一であっても、法令の趣旨が、全国的に一律に規制するのではなく、地方の実情に応じた別段の規制を容認しているときは、条例は法令に違反しないとして、法令の趣旨の解釈（地域的規制の許容性如何）によって両者の抵触を判断するものであり、すなわち、条例の適法性を法令の解釈に依存させるものである。

例えば、個別の事例としてしばしば論じられるものに、各地方公共団体の住民投票条例があるが、これについても、その適法性は、代表民主制・直接民主制に関する憲法及び自治法をはじめとする法令の解釈によって判断される。那覇地判平成12・5・9判タ1058号124頁〔28061389〕は、「仮に、住民投票の結果に法的拘束力を肯定すると、間接民主制によって市政を執行しようとする現行法の制度原理と整合しない結果を招来することにもなりかねない」として、現行法の制度原理が間接民主制であるとの前提に立ち、条例の定める「尊重義務規定」について、法的拘束力を否定している。

3　地方分権改革とそれを踏まえた判例の読み直し

徳島市公安条例訴訟最高裁判決の示した定式は、役割分担原則を基本原則として掲げた第1次地方分権改革を踏まえ、学説において読み直しが試みられている。

平成11年自治法改正後の1条の2は、役割分担原則の大本の規定として、地方公共団体の総合行政主体性と国の役割の限定を謳っている。この規定は、国と地方公共団体の役割分担として、地方公共団体を基礎に据えるという明確な方向付けを有しており、それゆえに、地方公共団体の広い権限の推定をもたらし、ひいては、条例制定権の対象事務の拡大をもたらすことになる。そして、自治法は、国の法令に関する立法・解釈・運用原則を定める規定をも創設している。すなわち、2条11項（「地方公共団体に関する法令の規定は、地方自治の本旨

に基づき、かつ、国と地方公共団体との適切な役割分担を踏まえたものでなければならない」）は、国が地方公共団体に関する立法を行う際の立法指針としての性格を有し、2条12項（「地方公共団体に関する法令の規定は、地方自治の本旨に基づいて、かつ、国と地方公共団体との適切な役割分担を踏まえて、これを解釈し、及び運用するようにしなければならない。……」）は、地方公共団体に関する法令の解釈・運用指針としての性格を有し、2条13項（「法律又はこれに基づく政令により地方公共団体が処理することとされる事務が自治事務である場合においては、国は、地方公共団体が地域の特性に応じて当該事務を処理することができるよう特に配慮しなければならない」）は、自治事務について、国の立法権に対する特別の配慮を求めている。とりわけ2条13項は、いわゆる法定自治事務（法律又はこれに基づく政令により地方公共団体が処理することとされる自治事務）について、地方公共団体が地域特性に応じて処理することができるよう、すなわち、国の法令が地域特性のいかんにかかわらず一律に固定してしまうのではなく、地域裁量の余地を残して条例制定権に委ねるよう、国に対して加重的な配慮を義務付ける規定である。この2条13項は、条例の法令に対する抵触の有無に関する解釈のレベルにおいて、地域特性に応じた地方公共団体の施策を妨げるような法令については、それを正当化する特段の理由を要請することになる（亘理格「新制度のもとで自治体の立法権はどうなるか」小早川光郎編著『地方分権と自治体法務—その知恵と力』ぎょうせい（2000年）88頁）。なお、同項は、解釈のレベルにおいてのみならず、立法のレベルにおいても、自治事務に係る法令の義務付け・枠付けの見直しに当たって、義務付け・枠付けの緩和に向けた個別法の改正という立法指針として中核的な役割を果たしている。

徳島市公安条例訴訟最高裁判決の分権改革に対応した読み方として、判決の柔軟性を再確認する必要が主張されている（岩橋健定「条例制定権の限界—領域先占論から規範抵触論へ」塩野先生古稀（下）365-367頁）。第1に、本判決が、「道路交通法77条1項4号は、同号に定める通行の形態又は方法による道路の特別使用行為等を警察署長の許可によつて個別的に解除されるべき一般的禁止事項とするかどうかにつき、各公安委員会が当該普通地方公共団体における道路又は交通の状況に応じてその裁量により決定するところにゆだね、これを全国的に

一律に定めることを避けている」ことをもって、法律が各公安委員会による規則制定に委ねていることを、―地方議会による条例制定に委ねたのではないから、地域的規制を排除したと解釈するのではなく―地域的規制を許容したものと解釈したことが挙げられる。第2に、本判決が、「各公安委員会は、このような規制を施した条例が存在する場合には、これを勘案して、右の行為に対し道路交通法の前記規定に基づく規制を施すかどうか、また、いかなる内容の規制を施すかを決定することができるものと解するのが、相当である」として、―地方議会が公安委員会規則を勘案するのではなく―公安委員会規則に対し、条例の存在を前提としてあるいは優先させていることが挙げられる。第3に、本判決が、「道路における集団行進等に対する道路交通秩序維持のための具体的規制が、道路交通法77条及びこれに基づく公安委員会規則と条例の双方において重複して施されている場合においても、両者の内容に矛盾牴触するところがなく、条例における重複規制がそれ自体としての特別の意義と効果を有し、かつ、その合理性が肯定される場合には、道路交通法による規制は、このような条例による規制を否定、排除する趣旨ではなく、条例の規制の及ばない範囲においてのみ適用される趣旨のものと解するのが相当であり、したがつて、右条例をもつて道路交通法に違反するものとすることはできない」として、重複規制が特別の意義と効果を有し、合理的である場合には条例制定を許容すると解釈したことが挙げられる。以上のように、徳島市公安条例訴訟最高裁判決が条例制定の余地を広く認める方向を示したことは、地方分権改革を経た現在にあっては尚更、範とされるべきであろう。

4　法令による条例への委任

地方公共団体が法律の個別的委任に基づいて条例を制定する場合には、当該法律の委任の範囲を超えることは許されない。委任立法の限界に係る判例法理の展開とは異なり、条例に関してはごく簡単に判断されているにとどまるが、初期の判例の中に、条例が法律の委任の範囲内にあることを認めた例が存在している（例えば、最一小決昭和28・4・30刑集7巻4号909頁〔21005303〕、最大判昭和30・1・26刑集9巻1号89頁〔27660406〕、最一小決昭和30・12・8刑集9巻13号2622頁〔27660448〕等）。

特に環境行政分野において、法令の規定自体が明文で条例による独自規制を認めている場合がある（大気汚染防止法4条1項、32条、水質汚濁防止法3条3項、29条、騒音規制法4条2項、27条等）。この場合には、地域的規制の許容性に関する趣旨は法令自体によって明らかにされていることになる。このような法令の規定として、条例による規制の強化を認めるものだけでなく、条例による規制の緩和を認めるものもわずかながら存在している（建築基準法41条、49条2項、85条の2）。

さらに、義務付け・枠付けの見直しという立法による改革を経て、委任条例ないし法律規定条例の適法性をいかに判断するかが問われることになろう。学説においては、役割分担原則（自治法1条の2、2条11～13項）、とりわけ自治事務について地域的裁量の尊重を要請する同法2条13項を梃子として、自治事務に係る法令の規定は、標準を定めるにすぎず、条例による規制の強化・緩和を許容するものであるとの主張がなされている（櫻井敬子「自治事務に対する法令の制約について―開発許可を素材として」自治研究77巻5号（2001年）67-68頁、斎藤誠「分権時代における自治体の課題と展望（上）―条例論を中心に」ジュリスト1214号（2001年）25-26頁、北村喜宣『分権改革と条例』弘文堂（2004年）64-65頁等参照）。

論点 8　条例と法令との関係②―別の目的に基づく規律の場合

条例と法令が別の目的に基づく規律を行っている場合には、徳島市公安条例訴訟・最大判昭和50・9・10刑集29巻8号489頁〔27670784〕の定式によると、条例の適用が法令の目的と効果を阻害しない限り、条例は適法と評価される。条例と法令が同一の目的に基づく規律を行っている場合における両者の抵触の問題に比べ、さほど激しく争われることはないものの、例えば、廃掃法と各地方公共団体の環境に係る条例との抵触の有無が問題とされた事案はいくつか存在している。

その中で、条例の違法性を認めた数少ない判決例として、宗像市環境保全条例訴訟・福岡地判平成6・3・18行裁例集45巻3号269頁〔27819851〕がある。この判決は、条例による規制と法令による規制は目的を異にするとしたうえで、廃掃法による規制が「処理施設による産業廃棄物の処理を通じて生活環境の保全

及び公衆衛生の向上を図るという目的に出たものである」のに対し、条例による規制は、「もっぱら自然環境の保全及び自然環境に係る事業者と市民の間の紛争を予防する観点から一般的に産業廃棄物の処理施設の設置等の抑止を図るものであるから、その目的の貫徹を図ろうとする限りにおいて、必然的に同法の法目的の実現が阻害される関係にあること」、また、「条例は、同法が規制の対象としていない規制外処理施設をも条例上の産業廃棄物処理施設として規制の対象に取入れた上で、『自然環境の保全又は紛争の予防を図るための措置が必要であると認めるとき』という要件の下にその設置等に係る計画の変更又は廃止の指導・勧告を罰則の制裁を伴って規定しているのであるから、その適用いかんによっては産業廃棄物の処理施設による産業廃棄物の処理を通じて生活環境の保全及び公衆衛生の向上を図るという同法の目的を阻害することになる」ことから、条例は法令の目的と効果を阻害するものであって違法であると結論付けた。

　また、条例が法令と目的を同じくするか否かに関する判断が分かれた事例として、紀伊長島町水道水源保護条例訴訟・名古屋高判平成12・2・29民集58巻9号2621頁〔28052562〕、上告審・最二小判平成16・12・24民集58巻9号2536頁〔28100145〕と阿南市水道水源保護条例訴訟・徳島地判平成14・9・13判例地方自治240号64頁〔28081804〕がある。これらの事件で問題となった条例はいずれも、廃棄物処理場の設置を阻止するという実質的な目的のために水質汚濁の防止等を目的とし、廃棄物処理業者の操業規制ではなく立地規制を手段とする点において、ほぼ同様の仕組みを有しているが、廃掃法との抵触の有無につき、裁判所の判断が分かれた。紀伊長島町水道水源保護条例訴訟においては、控訴審判決が、「廃棄物処理法は、産業廃棄物の排出を抑制し、産業廃棄物の適正な処理によって、生活環境の改善をはかることを目的とするのに対し、水道法第2条の2によって、地方公共団体に施策を講ずることが認められた結果、紀伊長島町が住民の生命と健康を守るため、安全な水道水を確保する目的で同町が制定した本件条例とではその目的、趣旨が異なるのであるから、本件条例が前記廃棄物処理法に反して無効ということはできない」と判示したところ、上告審判決は、条例の適法性については触れることなく、それを前提としつつ、

条例に基づく処分の違法性を判断した。これに対し、阿南市水道水源保護条例訴訟第一審判決は、「条例による管理型最終処分場の設置に対する規制は、適正な処理による産業廃棄物の処理を通じて、生活環境の保全等を図るという目的こそないものの、処理施設に起因する人の生命又は健康への被害を伴うおそれのある水質の汚濁を防止するため、技術上の不備があると認められる施設の設置自体を禁止するという点においては、廃棄物処理法及びその委任を受けた政省令による規制と目的を同じくする」と述べ、廃掃法は条例による別段の規制を容認していないとして条例を違法無効とした。

論点 9 　条例と法令との関係③——広義の上乗せ条例の場合

　従来主として論じられてきたのは、いわゆる広義の上乗せ条例の適法性である。同一の行為を対象として、国の法令と条例が同一目的で規制を行う場合において、法令の規制（例えば届出制）より厳しい規制（例えば許可制）を定める条例（上乗せ条例）に加え、法令で規制されていない項目について規制を定める条例（横出し条例）、国の法令が、一定規模又は一定基準以上を規制の対象とし、それ以下は対象外としているときに、対象外とされた部分について規制を定める条例（裾出し条例）が問題とされてきた。上乗せ条例は、条例による人権、とりわけ精神的自由権の付加的制約の排除という要請と、地方公共団体の独自政策の余地の容認という要請との間の難しい調整を要するものであり、それゆえに激しい議論の的になってきたのである。

　とりわけ、パチンコ店やラブホテルなどの風俗営業は、風営法、建築基準法、旅館業法等の法令に基づく規制のみでは、地域の良好な環境を保持するのに十分でないとして、地方公共団体の条例に基づくより厳しい規制の対象とされ、その法令適合性が争われることが多い。

　例えば、東郷町ラブホテル規制条例訴訟・名古屋高判平成18・5・18平成17年(行コ)41号裁判所HP〔28130476〕においては、「ホテル等の建築の適正化に関し必要な事項を定めることにより、町民の快適で良好な生活環境を保持し、併せて青少年の健全な育成を図ること」を目的として、ホテル等の建築を町長の同意に服せしめ、それが独自の詳細な構造・施設の基準に適合しないときは、

町長は建築に同意できないとする「東郷町ホテル等建築の適正化に関する条例」に関して、風営法及び旅館業法との矛盾抵触が争われた。

その中で、第一審・名古屋地判平成17・5・26判タ1275号144頁〔28101446〕を引用しつつ、条例と風営法との矛盾抵触について、「その目的及び規制対象についてはほぼ共通し、規制手法についてはかなりの程度異なる反面、重なる部分も存在しているものの、風営法は、それが規制の最大限であって、条例による上乗せ規制、横出し規制を一切許さない趣旨であるとまではいえず、かえって、地域の実情に応じた風俗営業への規制を行うことにより、良好な生活環境、教育環境の維持、発展を図ることが地方公共団体の本来的な責務であると考えられることに照らせば、本件条例が、風営法の規制の対象外となっている前記の性的好奇心を高める設備等を有しないラブホテル等をも規制の対象としているからといって、風営法の趣旨に反するとまではいえないと判断するのが相当である」という判断が示された。法令による規制と条例による規制につき、規制目的の同一性と対象事項の同一性が肯定され、「風営法が、性風俗関連特殊営業の性格上、専ら事後的な規制手法を採用しているのに対し、本件条例は、施設の建築という営業前の段階における規制手法を採用している点で両者の規制手法はかなり異なっている」とされたうえで、風営法の趣旨（「基本的には従来の規定では規制の及ばなかった新たな形態の性風俗営業が出現した場合には、これを規制の対象に取り込む必要があると考えている」）と地方公共団体の責務（「もともと、市町村などの地方公共団体が、その地域の実情に応じ、生活環境、教育環境等に悪影響を及ぼすおそれのある風俗営業に対して適切な規制を講ずることは、本来的な公共事務（固有事務）と観念されていた」）に照らして、条例は法令に違反しないとされたものである。

条例と風営法との抵触に関する判断は裁判所によって大きく分かれ得る。近隣の地方公共団体の類似の条例について判断が分かれた事例として、伊丹市教育環境保全条例訴訟・神戸地判平成5・1・25判タ817号177頁〔27815531〕と宝塚市パチンコ店等規制条例訴訟・大阪高判平成10・6・2民集56巻6号1193頁〔28040120〕がある。前者が、「教育環境保全条例と風営法及び風営法施行条例とは、その目的、規制方法を大きく異にし、教育環境保全条例の適用によっ

て、風営法の意図する目的と効果をなんら阻害するものではないし、また、両者の間にその目的において共通する面があったとしても、風営法は各地方の実情に応じて、独自の規制をすることを容認していないとは解せられないから、教育環境保全条例と風営法及び風営法施行条例との間になんら矛盾抵触はない」と判示したのに対し、後者は、「風俗営業の場所的規制に関し、風営法及び県条例と同一の規制目的で、実質的に同一の規制方法を用いて、同法及び同条例よりさらに強度の規制をするものである本件条例は、風営法及び県条例に違反しており、その効力を有しないものといわざるを得ない」と判示している。

　また、法令の定めがない事項を規律する条例について、競合する法令の解釈を通じて違法と判断されることがある。河川法が適用の対象外としている普通河川について、河川法上の規制（私有河川管理施設については当該私人の同意を得たもののみを河川法上の河川管理施設とすること）よりも厳しい規制（当該私人の同意の有無にかかわらず河川管理権に服せしめること）を定める高知市普通河川等管理条例について、最高裁は、「河川の管理について一般的な定めをした法律として河川法が存在すること、しかも、同法の適用も準用もない普通河川であっても、同法の定めるところと同程度の河川管理を行う必要が生じたときは、いつでも適用河川又は準用河川として指定することにより同法の適用又は準用の対象とする途が開かれていることにかんがみると、河川法は、普通河川については、適用河川又は準用河川に対する管理以上に強力な河川管理は施さない趣旨であると解されるから、普通地方公共団体が条例をもって普通河川の管理に関する定めをするについても（普通地方公共団体がこのような定めをすることができることは、地方自治法2条2項、同条3項2号、14条1項により明らかである。）、河川法が適用河川等について定めるところ以上に強力な河川管理の定めをすることは、同法に違反し、許されないものといわなければならない」と判示した（最一小判昭和53・12・21民集32巻9号1723頁〔27000217〕）。

　この判決に対しては、地方分権改革の進展に鑑みて、批判がなされている。すなわち、この判決が、河川法が普通河川については定めていないにもかかわらず、より強力な規制を条例で定める余地を排除したのは、その背後に、河川法は普通河川も含めておよそ河川に関する基本的事項をカバーしており、ただ

普通河川については、適用河川に対する程の規制をなすべき必要性が認められないので明示的な規定を設けていないにとどまるという理解がある。しかし、河川規制の必要性・公共性に関する判断を国の立法権が独占しているというかかる考え方は、現在の自治法の基本原則である役割分担原則に照らして適切でない（亘理格「新制度のもとで自治体の立法権はどうなるか」小早川光郎編著『地方分権と自治体法務―その知恵と力』ぎょうせい（2000年）89-91頁）。法令の定めがない事項を対象とする条例は、原則として法令と抵触しないと解すべきであろう。

論点⑩　条例と法令との関係④―法律規定条例の場合

従来は、法令の定める要件・効果とは独立に、別個の要件・効果規定に基づいて規律を行う条例（いわゆる並行条例）を対象として、徳島市公安条例訴訟・最大判昭和50・9・10刑集29巻8号489頁〔27670784〕の示した定式に則った法律適合性の判断が主に議論されてきたが、現在では、それ以外の類型の条例についても、把握・検討の必要性が認識されている。なかでも、地方公共団体の一定の事務に関して法令の定めがある場合に、その事務の処理について条例でさらに何らかの定めをなし得るか、どこまでなし得るかが問題となる（小早川光郎「基準・法律・条例」塩野先生古稀（下）383頁）。

しばしば争われる事案として、地税法と地方税条例との関係が挙げられる。まず、東京都銀行税条例訴訟・東京高判平成15・1・30判タ1124号103頁〔28080770〕は、「地方税法72条の19に基づき導入した外形標準課税が同法72条の22第9項の均衡要件を満たすことについては、外形標準課税を導入する条例を制定した地方公共団体側において、客観的な資料に基づき積極的に証明すべき責任があるところ、以上を総合勘案すると、本件条例による税負担が、『所得』を課税標準とした場合の税負担と、『著しく均衡を失することのないよう』なものであることを認めるに足りる証拠はなく、一審被告東京都は、本件条例が均衡要件を満たすことの証明ができていないことになる。したがって、本件条例は、地方税法72条の22第9項の均衡要件を満たしていると認めることはできない」と述べて、「本件条例は、地方税法上与えられた条例制定権を超えて制定されたものであって、無効であるといわざるを得ない」と結論付けた。

また、神奈川県臨時特例企業税条例訴訟・最一小判平成25・3・21民集67巻3号438頁〔28210886〕は、「普通地方公共団体が課することができる租税の税目、課税客体、課税標準、税率その他の事項については、憲法上、租税法律主義（84条）の原則の下で、法律において地方自治の本旨を踏まえてその準則を定めることが予定されており、これらの事項について法律において準則が定められた場合には、普通地方公共団体の課税権は、これに従ってその範囲内で行使されなければならない」と述べたうえで、「同法（引用者注：地方税法）の定める法定普通税についての規定は、標準税率に関する規定のようにこれと異なる条例の定めを許容するものと解される別段の定めのあるものを除き、任意規定ではなく強行規定であると解されるから、普通地方公共団体は、地方税に関する条例の制定や改正に当たっては、同法の定める準則に拘束され、これに従わなければならないというべきである。したがって、法定普通税に関する条例において、地方税法の定める法定普通税についての強行規定の内容を変更することが同法に違反して許されないことはもとより、法定外普通税に関する条例において、同法の定める法定普通税についての強行規定に反する内容の定めを設けることによって当該規定の内容を実質的に変更することも、これと同様に、同法の規定の趣旨、目的に反し、その効果を阻害する内容のものとして許されないと解される」と判示した。そして、この判決は、具体的な当てはめにおいて、「特例企業税を定める本件条例の規定は、地方税法の定める欠損金の繰越控除の適用を一部遮断することをその趣旨、目的とするもので、特例企業税の課税によって各事業年度の所得の金額の計算につき欠損金の繰越控除を実質的に一部排除する効果を生ずる内容のものであり、各事業年度間の所得の金額と欠損金額の平準化を図り法人の税負担をできるだけ均等化して公平な課税を行うという趣旨、目的から欠損金の繰越控除の必要的な適用を定める同法の規定との関係において、その趣旨、目的に反し、その効果を阻害する内容のものであって、法人事業税に関する同法の強行規定と矛盾抵触するものとしてこれに違反し、違法、無効であるというべきである」と結論付けている。

　法令に要件が定められていないことをどのように解釈すべきかが問題となる場合もある。例えば、「墓地、埋葬等に関する法律」10条1項は、墓地等を経

営しようとする者は、都道府県知事の許可を受けなければならないと規定するのみで、許可の要件について特に規定していないが、「これは、墓地等の経営が、高度の公益性を有するとともに、国民の風俗習慣、宗教活動、各地方の地理的条件等に依存する面を有し、一律的な基準による規制になじみ難いことにかんがみ、墓地等の経営に関する許否の判断を都道府県知事の広範な裁量にゆだねる趣旨に出たものであって、法は、墓地等の管理及び埋葬等が国民の宗教的感情に適合し、かつ、公衆衛生その他公共の福祉の見地から支障なく行われることを目的とする法の趣旨に従い、都道府県知事が、公益的見地から、墓地等の経営の許可に関する許否の判断を行うことを予定しているものと解される」（最二小判平成12・3・17裁判集民197号661頁〔28050542〕）。下級審判決の中には、「墓埋法は、前記のとおり、墓地等の管理や埋葬が公衆衛生の見地からも支障なく行われることも目的としており、また、墓地等の経営が国民の風俗習慣、宗教活動、各地方の地理的条件等に依存する面を有し、一律的な基準による規制になじみ難いことから、墓地等の経営の許否について都道府県知事に広い裁量を与えており、各地方の実情に応じた判断の基準を各都道府県の条例によって定めることを予定しているということができる」と判示したものも存在している（東京地判平成22・4・16判時2079号25頁〔28162057〕）。ただし、この場合に、そのような判断基準の定めが、個別案件ごとの裁量の余地を前提としたうえでのいわゆる裁量基準であるのか、それとも、裁量の余地を残さないで許否の判断を羈束する趣旨の定めであるのかということは、問題となり得る（小早川光郎「判批」磯部ほか・地方自治判例百選〈第4版〉63頁、小早川光郎「基準・法律・条例」塩野先生古稀（下）393-399頁、斎藤誠「条例制定権の限界」髙木光=宇賀克也編『行政法の争点』有斐閣（2014年）208頁等参照）。

（飯島淳子）

(4) 行政法規の発効・失効及び効力の範囲

【概要】

　行政法規は、人の権利義務についての定めである以上、現実にその拘束力を発動するに当たって一定のルールに服している。

　まず、行政法規の効力の発生は、その内容を一般国民の知り得べき状態に置くことが前提要件とされる。この周知のための手続として、公布という方法がとられることがある。法律及び政令に関しては、成文法の規定は現在のところ存在しないものの、判例によって、公布の方法は官報によるものとされ、また、公布の時期は最初の官報到達時点であるとされている。条例に関しては、条例の公布に関し必要な事項は条例で定めなければならないという自治法の規定（16条4項）に基づき、公告式条例が定められている。

　そして、行政法規の効力は、時間的及び地域的に範囲が画されている。一方で、時間的範囲に関しては、原則として、行政法規の効力はその施行の時点から生ずるが、この範囲が拡張されたり限定されたりすることがあり、なかでも、立法の遡及適用の可否が問題となる。遡及適用は、刑罰法規に関しては禁止されているが（憲法39条）、民事法規に関しては個別法の解釈によるものとされ、財産権の制約に関する合憲性判断基準が判例によって示されている。他方で、地域的範囲に関しては、属地主義の原則に基づき、国の法令については国の領土内、また、地方公共団体の条例・規則については当該地方公共団体の区域内に限られるが、この範囲が拡張されることがあり、なかでも、国外犯処罰の可否が問題となる。漁業禁止の規定とその担保のための罰則規定が、外国の領海における違反行為にも適用されるかという論点に関し、判例によって拡張的な解釈が示されている。

　　　　　　　　　　・・・・・・　論　点　・・・・・・
1　行政法規の効力の発生要件
2　行政法規の効力の時間的範囲
3　行政法規の効力の地域的範囲

論点 1　行政法規の効力の発生要件

　人の権利義務についての定めである法規が現実にその拘束力を発動する（施行される）ためには、法治主義の要請からして、より具体的には、法的安定性や予測可能性の確保の観点から、法規の内容を一般国民の知り得べき状態に置

くことが前提要件とされる。周知の必要性は、"法の不知は恕せず"という原則を貫くためにも欠くことができない。ただし、法規の内容を一般国民に知らしめるのは、現実的には不可能であって、擬制でしかあり得ない。したがって、周知に係る制度は、理論上の問題というよりは合目的性ないし合理性の観点から設計・運用・解釈されるべきことになる（佐藤功「法令公布の時期（下）」時の法令261号（1957年）22-23頁）。

　法律案は、憲法に特別の定めのある場合を除いて、両議院で可決したときに法律となる（憲法59条1項）。一定の法形式に関しては、成立と施行の間に公布という手続が制度上予定されている。なかでも、法律については、「法律は、公布の日から起算して20日を経過した日から施行する」という規定（法の適用に関する通則法2条）に鑑み、公布が施行の要件と解されている。公布を要する国会の議決は議長から内閣を経由して奏上し（国会法65条1項）、法律及び政令は天皇の国事行為として公布される（憲法7条1号。法律は奏上の日から30日以内に公布しなければならない（国会法66条））。

　公布の方法や時期に関しては、成文法による定めはなく、判例がこれを補っている。すなわち、公布の方法に関しては、官報をもってする旨を定めた明治40年勅令6号公式令（12条）が廃止された後、これに代わるべき法令公布の方法に関する一般的規定は定められていないが、実際の取扱いとしては、法令の公布は従前どおり官報によってなされてきており、特に国家がこれに代わる他の適当な方法をもって法令の公布を行うものであることが明らかな場合でない限りは、法令の公布は従前どおり、官報をもってされるものと解されている（最大判昭和32・12・28刑集11巻14号3461頁〔27660548〕）。そして、法令の公布日時の問題は、それによって法令の施行時点が左右されるものであることから、公布をめぐる議論の中心となった。なかでも、公布即日施行の場合が問題とされた。法令公布時点に関して、①公布権者が公布の意思を決定した時、②法令が掲載された官報の日付の午前零時、③官報の外部への発送手続の完了時とする見解のほか、到達主義をとったうえで、④官報が最初の閲読場所に到達した時点、⑤官報が最後に到達した地方の時点、⑥官報が各地方ごとに官報販売所で閲読可能となるそれぞれの時点とする見解が示されていたが（大石眞「法令の公

布」小嶋和司編『憲法の争点〈新版〉』有斐閣（1985年）256-257頁参照）、判例は、最初の官報到達時点（④）をもって法令公布時点とすることで決着をつけた（最大判昭和33・10・15刑集12巻14号3313頁〔27660591〕）。

なお、法律の失効時期の延長に関する改正法がその失効時期の経過後に公布された場合について、当該法律が当初の失効時期に失効したとして争われたのに対し、最一小判昭和26・3・1刑集5巻4号478頁〔27660205〕は、「問題となつている前記後者の改正法律案は、昭和23年3月31日衆議院及び参議院の両議院で可決され、同日法律となつたのである（憲法96条1項）。従つて、これによって前記前者の改正法律は改正されたのであるから、臨時物資需給調整法が昭和23年4月1日に失効するわけはないのである。されば、所論によるも前記後者の改正法律の公布（4月9日）の後に属する昭和23年9月8日頃に行われた本件犯行に対し、臨時物資需給調整法を適用処断したのは正当であつて所論のような違法はない」と判示した。ここでは、法律の成立によっていわば潜在的効力が発生し、公布はこれを現実に発動するための手続として性格付けられている。

一方、条例については、原則として、長は送付を受けた日から20日以内にこれを公布しなければならず（自治法16条2項）、公布の日から起算して10日を経過した日から施行され（同条3項）、条例の公布に関し必要な事項は条例で定めなければならないとされている（同条4項）。公布が条例の発効要件とされている以上、適式な公布がなされない限り、条例は効力を生じない。公告式条例に定める公布方式をとっていない改正条例に基づく課税処分について、改正条例が効力を生じていない以上、改正前の条例はなお効力を持続しており、改正前条例による課税は可能であること、そして、改正後の条例との差異は税率と賦課金額のみであることから、効力を欠く改正後の条例に基づく課税処分であっても当然に無効であるとはいえないとされた事例がある（最三小判昭和25・10・10民集4巻10号465頁〔21002512〕）。

以上に対し、当然に公布手続が予定されている法形式でない場合にも、その内容いかんでは公示が必要とされ、その場合の公示はしばしば告示として行われる（行組法14条1項）。

論点 ❷ 行政法規の効力の時間的範囲

1 遡及適用

　行政法規の効力は、基本的に施行の時点から生ずるが、この時間的範囲が拡張されたり限定されたりすることがある。

　一方で、立法がその施行以前の事実に何らかの法律効果を結び付けることがある。この立法の遡及適用は、刑罰法規に関しては、憲法39条において禁止されている。これに対し、民事法規に関しては、憲法に定めはなく、個別法の解釈によって、遡及適用の可否が決せられることになる。

　旧日本国憲法の施行に伴う民事訴訟法の応急的措置に関する法律8条により、行政処分の取消訴訟の出訴期間が6か月と定められていたところ、自作農創設特別措置法の改正によって、農地法関係の処分に対する出訴期間が1か月に短縮されるとともに、経過的規定として、同改正法施行前に行われた農地買収処分の取消訴訟については、施行の日から1か月以内に出訴し得ることとされた。行政処分が行われた後に、法律改正によって、従来より短い出訴期間が定められた場合、当該処分について、旧法の定めていた出訴期間を排除して、新しい出訴期間の定めを適用することが憲法32条の規定に違反しないかが問われたのに対し、最高裁は、民事法規については憲法が遡及適用を禁じてはいないのであるから、民事訴訟上の救済方法のように公共の福祉が要請する限り遡及的に変更することができると述べたうえで、出訴期間も民事訴訟上の救済方法に関するものであるから、新法をもって遡及して短縮することができ、そうである以上は、その期間が著しく不合理で実質上裁判の拒否と認められるような場合でない限り同条に違反するということはできないと判示した（最大判昭和24・5・18民集3巻6号199頁〔27003571〕）。

　時代が下って、買収されたものの売り渡されないまま国の管理下に置かれる農地が蓄積するようになると、これを旧所有者に返還するべく農地売払制度が創設された。当初の農地法（昭和46年法律50号改正前）80条2項は、買収農地を旧所有者に売り払う場合の売払いの価格について「その買収の対価に相当する額」と定めていたが、地価が著しく騰貴したのちにおいて低廉な価格で売り払うことは不合理であり適正を欠くことから、昭和46年5月22日に国有農地等の

売払いに関する特別措置法により委任されている同法施行令が制定され、旧所有者への売払価格は「時価に10分の7を乗じて算出」されることになった。昭和43年1月23日に売払いの申込みをしたものの、昭和44年9月24日に売払いを拒否された者が、買収対価相当価格による売払いの請求の訴えを提起したところ、事後立法によって財産権を規制することができるかという問題について、最大判昭和53・7・12民集32巻5号946頁〔27000233〕は、法律でいったん定められた財産権の内容を事後の法律で変更しても、それが公共の福祉に適合するようにされたものである限り、違憲ではないと述べたうえで、かかる変更が公共の福祉に適合するようにされたものであるかどうかは、いったん定められた法律に基づく財産権の性質、その内容を変更する程度、これを変更することによって保護される公益の性質などを総合的に勘案し、その変更が当該財産権に対する合理的な制約として容認されるべきものであるかどうかによって判断すべきであるという、合憲性の判断基準を示した。

　ここで示された基準は、租税法における遡及立法の合憲性の判断においても適用された。不動産取引後に、租税特別措置法の改正法が施行され、長期譲渡所得に係る損益通算が認められないことになり、かつ、その施行日前の年度当初にまで遡及するとされたため、取引時には認められていた損益通算が否定された事案について、最一小判平成23・9・22民集65巻6号2756頁〔28174059〕は、当該遡及適用を定めた改正附則の憲法84条適合性に関し、まず、「法律で一旦定められた財産権の内容が事後の法律により変更されることによって法的安定に影響が及び得る場合における当該変更の憲法適合性については、当該財産権の性質、その内容を変更する程度及びこれを変更することによって保護される公益の性質などの諸事情を総合的に勘案し、その変更が当該財産権に対する合理的な制約として容認されるべきものであるかどうかによって判断すべきものであるところ（最高裁昭和48年（行ツ）第24号同53年7月12日大法廷判決・民集32巻5号946頁参照）、……暦年途中の租税法規の変更及びその暦年当初からの適用によって納税者の租税法規上の地位が変更され、課税関係における法的安定に影響が及び得る場合においても、これと同様に解すべきものである」と述べた。そして、この基準の当てはめにおいて、本判決は、保護される公益の性質につ

いて、駆け込み売却を防止する目的で改正法を遡及適用したことを「具体的な公益上の要請に基づくものであった」とし、また、納税者の租税法規上の地位の性質とその内容を変更する程度については、「納税者の納税義務それ自体ではなく、……損益通算をして租税負担の軽減を図ることを納税者が期待し得る地位にとどまる」ところ、「上記地位について政策的見地からの否定的評価がされるに至っていた」としたうえで、諸事情の総合的勘案の結果として、本件改正附則について、「納税者の租税法規上の地位に対する合理的な制約として容認されるべきものと解するのが相当である」と結論付けている。

2 失　効

　さらに、行政法規の効力の時間的範囲が限定されることがある。この問題は、憲法レベルと法律レベルのいずれにおいても論じられている。一方で、憲法体制の変動前に成立した法令の効力の問題に関して、銃砲火薬類取締法（明治43年法律53号）14条2号が「銃砲、火薬類ノ取引、授受、使用、運搬、貯蔵、其ノ他ノ取扱」に関し必要な規定は命令をもって定める旨を規定し、この委任に基づき、勅令である同法施行規則22条は、特に列挙した例外の場合を除き、原則として火薬類の所持を禁止し、同45条は、22条の規定に違反し火薬類を所持する者は、1年以下の懲役又は200万円以下の罰金に処する旨を規定していたのに対し、最大判昭和27・12・24刑集6巻11号1346頁〔27660316〕は、「このように命令で罰則を規定し得るがためには、新憲法下においては、基本たる法律において具体的に委任する旨の規定の存在することを必要とすることは上述の通りであるが、前記取締法14条2号の規定による命令、すなわち前記施行規則22条に違反した者に対し命令を以て罰則を設けることができる旨を特に委任した規定は、基本法である法律の中のどこにもこれを発見することができない。……よって、前記施行規則45条で火薬類の所持に対し罰則を設けている規定は、法律72号1条にいわゆる『日本国憲法施行の際現に効力を有する命令の規定で、法律を以て規定すべき事項を規定するもの』に該当するわけであり、従つて昭和22年12月31日までは法律と同一の効力を有するが、昭和23年1月1日以降は国法として効力を失うものと言わなければならぬ」と判示した。「日本国憲法施行の際現に効力を有する命令の規定の効力等に関する法律」昭和22年法律72

号は、一定種類の命令──「日本国憲法施行の際現に効力を有する命令の規定で、法律を以て規定すべき事項を規定するもの」に該当する命令──を失効させる旨の規定を定めていたところ、本判決はその規定の適用の問題を論じたものである。そこでは、罰則の委任に基づく旧憲法下の勅令は、現行憲法上の法律事項を定めた命令に該当し、したがって、──昭和22年法律72号により昭和22年末までは効力を有するがそれ以降は──失効したと判断された。

また、死刑の執行方法を定めた太政官布告の失効が争われたのに対し、最大判昭和36・7・19刑集15巻7号1106頁〔27660796〕は、「死刑の執行方法に関する事項を定めた所論明治6年太政官布告65号は、同布告の制定後今日に至るまで廃止されまたは失効したと認むべき法的根拠は何ら存在しない。そして同布告の定めた死刑の執行方法に関する事項のすべてが、旧憲法下また新憲法下において、法律をもつて規定することを要する所謂法律事項であるとはいえないとしても、同布告は、死刑の執行方法に関し重要な事項（例えば、「凡絞刑ヲ行フニハ……両手ヲ背ニ縛シ……面ヲ掩ヒ……絞架ニ登セ踏板上ニ立シメ……絞縄ヲ首領ニ施シ……踏板忽チ開落シテ囚身……空ニ懸ル」等）を定めており、このような事項は、死刑の執行方法の基本的事項であつて、死刑のような重大な刑の執行方法に関する基本的事項は、旧憲法下においても法律事項に該当すると解するを相当とし（旧憲法23条）、その限度においては同布告は旧憲法下において既に法律として遵由の効力を有していたものと解するを相当とする。……（旧憲法67条1項。この理は、同布告自体が旧憲法下において一回も改正される機会がなかつたことによつても、何ら異なるところはない。）更に新憲法下においても、同布告に定められたような死刑の執行方法に関する基本的事項は、法律事項に該当するものというべきであ［る］（憲法31条）……。……なお、昭和22年法律72号『日本国憲法施行の際現に効力を有する命令の規定の効力等に関する法律』は、新憲法下において法律をもつて規定することを要するとされている事項を定めた従前の命令の規定につき、その新憲法下における効力を定めたものであつて、旧憲法下において既に法律としての効力の認められた法令（例えば本件明治6年太政官布告65号のごとく旧憲法76条により法律として遵由の効力を認められたと解されるもの、または旧憲法8条による緊急勅令であつて帝国議会の承諾を得たもの等）については、

触れるところはない。それ故、右布告は、右法律によって昭和22年12月31日限り効力を失つたものであると解する余地はなく、新憲法下においても、法律と同一の効力を有するものとして存続しているのである」と判示した。ここでは、①死刑執行方法の定めは旧憲法下でも法律事項であったこと、②太政官布告によるその定めは旧憲法76条で法律としての効力を有するものとなっていたこと、③それは前記昭和22年法律72号によって失効しないことが述べられている。この判決は、死刑執行方法の基本的事項を定めた太政官布告は、旧憲法下においても法律としての効力を有していたものであり、新憲法下においても法律として有効に存続していると解したものである。

他方で、法律レベルの問題として、法律自身がその有効期間を明示している場合（限時法）のみならず、当該法制定の目的ないし内容からみて、当該法律が予定していた目的ないし事情が消滅した場合には当然その効力を失わせることとすると法文上読みとれる場合には、当該法律は、その目的ないし事情が消滅したときに当然失効するとされた事例がある（大阪地判昭和57・2・19行裁例集33巻1=2号118頁〔27486318〕）。この事案においては、「許可認可等臨時措置法」（昭和18年法律76号。平成3年法律79号により廃止）は、大東亜戦争遂行のための戦時国内体制確立を目的として制定されたものであるから、大東亜戦争が昭和20年8月15日に終結した後にもそのまま存続させるべき理由はなく、終結から35年も経過した時点でなされた認可処分のときには既に失効していたと判断された。

論点 ③ 行政法規の効力の地域的範囲

行政法規の効力が及ぶ地域的範囲は、基本的に、国の法令については国の領土（領域・領海・領空）内、また、地方公共団体の条例・規則については当該地方公共団体の区域内に限られる。この属地主義の原則に関して、特定の場合に、行政法規の効力を拡張する方向で解釈すべきかどうかが問題となる。

1　国の法令の場合

国の法令に関しては、刑法総則が「法令に特別の規定があるとき」を除いて国外犯の不処罰を原則としていることとの関係において（1条1項、2～4条の2、8条）、刑罰法規が国外における行為を処罰する趣旨か否かが問題となることが

ある。

　水産資源の保護培養・維持及び漁業秩序の確立のための漁業取締りその他漁業調整を目的として、漁業法及び水産資源保護法に基づいて制定された北海道海面漁業調整規則（この規則は、国の機関委任事務に係る規則であり、実質的には、省令等と同様の国家法としての性格を有していた）に関し、「前記各法律および本件規則の目的とするところを十分に達成するためには、何らの境界もない広大な海洋における水産動植物を対象として行なわれる漁業の性質にかんがみれば、日本国民が前記範囲のわが国領海および公海と連接して一体をなす外国の領海においてした本件規則36条に違反する行為をも処罰する必要のあることは、いうをまたないところであり、それゆえ、本件規則36条の漁業禁止の規定およびその罰則である本件規則55条は、当然日本国民がかかる外国の領海において営む漁業にも適用される趣旨のものと解するのが相当である。すなわち、本件規則55条は、前記の目的をもつ前記各法律および本件規則の性質上、わが国領海内における同規則36条違反の行為のほか、前記範囲の公海およびこれらと連接して一体をなす外国の領海において日本国民がした同規則36条違反の行為（国外犯）をも処罰する旨を定めたものと解すべきである」と判断された（最一小判昭和46・4・22刑集25巻3号451頁〔27661520〕）。すなわち、法令の目的と性質を根拠にして、公海と連接して一体をなす外国の領海における違反行為の処罰（国外犯処罰）の可否が判断されたことになる。この定式は、同じく北海道海面漁業調整規則の適用範囲が問題となった事件においても適用され、「色丹島に対して現在も事実上我が国の統治権が及んでいない状況にあるため北海道知事が日本国民に対し色丹島付近におけるかにかご漁業の許可を与えることが実際にはできないとしても、なお調整規則5条15号によって日本国民が本件操業海域において同号に掲げるかにかご漁業を営むことは禁止され、これに違反した者は調整規則55条1項1号による処罰を免れない」と判断された（最三小決平成8・3・26刑集50巻4号460頁〔28015085〕）。

2　地方公共団体の条例の場合

　地方公共団体の条例の効力は、当該地方公共団体の住民であると否とを問わず、当該地方公共団体の区域内にある者に及ぶ。すなわち、地方公共団体の区

域は、原則として、一方で、住所・居所・営業所の設置、入域等、当該区域と一定の空間的関係を有することとなった者を、その者の意思とは関わりなく、自治権に服せしめる積極的効果を有し、他方で、地方公共団体の自治権が当該区域外には及び得ないという意味において、自治権を空間的に限界付ける消極的効果を有する。

この点に関し、最大判昭和29・11・24刑集8巻11号1866頁〔27660396〕は、付随的な判示として、「なお地方公共団体の制定する条例は、憲法が特に民主主義政治組織の欠くべからざる構成として保障する地方自治の本旨に基き〔憲法92条〕、直接憲法94条により法律の範囲内において制定する権能を認められた自治立法にほかならない。従つて条例を制定する権能もその効力も、法律の認める範囲を越えることを得ないとともに、法律の範囲内に在るかぎり原則としてその効力は当然属地的に生ずるものと解すべきである。それゆえ本件条例は、新潟県の地域内においては、この地域に来れる何人に対してもその効力を及ぼすものといわなければならない。なお条例のこの効力は、法令又は条例に別段の定めある場合、若しくは条例の性質上住民のみを対象とすること明らかな場合はこの限りでないと解すべきところ、本件条例についてはかかる趣旨は認められない。従つて本件被告人が長野県の在住者であつたとしても、新潟県の地域内において右条例5条の罰則に当る行為があつた以上その罪責を免れるものではない」と述べている。本判決は、条例の「自治立法」としての性格から、条例の属地的効力を導き出している。加えて、本判決は、属地主義の原則に対する例外として、明文の規定による定めがある場合、又は、「条例の性質上住民のみを対象とすること明らかな場合」には、条例が当該地方公共団体の住民に対してのみ、すなわち、属人的に適用されることを述べている。

属地主義の原則に対する例外としては、逆に、拡張的な方向で認められることがある。ある地方公共団体の区域外から区域内に向けて電話をかけた行為につき、当該地方公共団体の「公衆に著しく迷惑をかける暴力的不良行為等の防止に関する条例」が適用されるかが争われた事案において、「条例は当該地方公共団体の区域内の行為に適用されるのが原則であるものの、本件のように当該地方公共団体の区域外から区域内に向けて内容が犯罪となる電話をかける行

為に及んだ場合には、電話をかけた場所のみならず、電話を受けた場所である結果発生地も犯罪地と認められるのであり、このように犯罪の結果発生地が香川県にあるとされる以上、行為者は直接的かつ現実的に香川県に関わりを持つたものというべく、香川県民及び滞在者と同様に本件条例が適用されるものと解すべきである」と判示された（高松高判昭和61・12・2高裁刑集39巻4号507頁〔27803571〕）。

　加えて、区域外における公の施設の設置（自治法244条の3）や市町村間の協定に基づく区域外へのサービスの供給がなされたりする場合には、条例・規則が、区域外に設置された公の施設や区域外の居住者・勤務者に適用されることがある。また、個別法において、条例の属地的効力の例外が定められていることがある。例えば、地方税の滞納処分について、都道府県の区域外での滞納処分（地税法68条7項、72条の68第7項）及び市町村の区域外での滞納処分（同法331条7項）が認められている。また、警察分野において、都道府県警察の管轄区域の境界周辺における事案（警察法60条の2）、広域組織犯罪に関する事案（同法60条の3）、管轄区域内の関係者の保護又は管轄区域内における公安の維持に関連する事案（同法61条）、現行犯逮捕（同法65条）について、管轄区域外での権限の行使が認められている（宇賀・行政法概説Ⅰ〈第5版〉23頁）。

（飯島淳子）

2　行政上の法律関係

【概要】
1　はじめに
　戦前、戦後の代表的行政法体系書（美濃部達吉『日本行政法上巻』有斐閣（1936年）83頁以下、田中・新版行政法上巻〈全訂第2版〉69頁以下など。以下でいう「伝統的学説」は主としてこれらの代表的体系書における学説を念頭に置いている）においては「行政上の法律関係」という章が設けられていた。
　そこでは、広い意味での「行政上の法律関係」（ないし行政法関係）とされるものとして、「行政権の主体としての国又は公共団体と相手方たる人民との間の法律関係」及び「国又は公共団体等の行政権の主体相互の関係」、「国又は公共団体等の行政権の主体の行政機関相互の関係」があるとしつつ、その中でも特に最初のもの―「行政権の主体としての国又は公共団体と相手方たる人民との間の法律関係」（「行政作用法の関係」）―を主たる考察の対象として諸種の問題を論じてきた。本項では、「行政上の法律関係」に関して学説において論じられてきた諸論点のうち、裁判例において現れてきたものをある程度体系化して示すことにする。
2　「行政上の法律関係」に関する議論の内容
　「行政上の法律関係」に関する議論の中核を占めたのは、公法と私法の関係に係る議論である。すなわち、伝統的学説においては、「行政上の法律関係」について、行政権の主体としての国・公共団体（以下、単に「行政主体」という）と、行政権行使の客体（行政客体）となる私人（伝統的な学説においてはこの文脈では前記のように「人民」という言葉が用いられることが多かったが、現在では「私人」とすることが多いので、便宜上以下では「私人」とする。この点については、北島周作「行政法における私人の地位・能力」髙木光＝宇賀克也編『行政法の争点』有斐閣（2014年）16頁を参照されたい）の関係について、私人相互間と同様に、法によって規律される権利義務の関係＝法律関係であるとしたが、しかし、両者を規律する法律関係及びそれを規律する法には2種類のものがあるとされた。すなわち、両者の法律関係の中には民事法によって規律される私人間の法律関係とは根本的に性質の異なるものが存在し、それらは原則として民事法とは性格を異にする別個の法の規律のもとにおかれるべきであるとされ、そうした原則として民事法による規律を排除すべきだとされた関係を「公法関係」、そこに適用されるべき民事法規範とは別個の法規範及び、それらの法規範の全体によって構成されると考えられた法の体系を「公法」とし、そして、その対比において、前記民事法は「私法」、それによって規律される関係は「私法関係」とした（いわゆる「公法私法二

元論」。以上、小早川・行政法上28頁以下）。

　伝統的学説は、こうした法律関係及び規律する法の区別を前提として、その性質、区別の基準、意義といった点について論じてきたが、裁判例となる具体の紛争とその解決という局面で実際に問題となったのは、行政主体と私人の間のある法律関係に対して民事法（多くの場合は民法）の規定ないし民事法上のルールが適用（準用、類推適用を含む。以下、単に「民事法の適用」という）されるのかという問題である。この問題には、当該法律関係が権力関係等の伝統的に公法関係と目される関係について、それを規律する公法の規定が存在しない場合に、当該法律関係に民事法が適用されるのかという問題のほか【論点1】、公法の規定が存在する場合における民事法の規定との関係に関する問題【論点2】、公法関係における権利義務である公権・公義務について民事法が適用されるのかという問題【論点3】などがある。そうした問題を考えるに当たっては、伝統的学説における公法私法二元論に依拠するアプローチ方法では、まず公法関係と私法関係、公法と私法をまず区別し、当該法律関係がどちらかを判別したうえで公法を適用し、あるいは私法の適用を排除するという方法がとられることになる。しかし、戦後、そうした伝統的学説に対して批判がなされ、公法私法の区別の道具概念性を否定し、具体の実定法の解釈により、当該法律関係に係る法の適用ないし不適用の問題が論ぜられるべきであるとの主張がなされるようになってくる。これらの論点を扱った裁判例は、この問題を考えるに当たって学説に格好の素材を提供した。そして、それらの裁判例においては、一部を除き、公法私法の区別に依拠するアプローチ方法は採用されず、主として、具体の実定法の解釈により判断するという方法がとられ、そのことが批判学説の有力な拠り所となった。

　以上の公法と私法の区別の問題に加え、本項においては、それに関連する問題として、公法法規に違反する私法上の法律行為の効力の問題【論点4】も併せて扱う。

　なお、伝統的学説においても私法のみならず公法関係にも妥当すべきとされていた一般的法原則については、原則として、本書第2巻Ⅲ2(2)(c)「一般法原則の適用」において扱う。ただし、一般的法原則のうち信義則に関わる裁判例については、行政上の法律関係への適用の是非が争われた事例が多いこともあり、そうした事情を踏まえて、一部のものについては【論点1】でも取り上げる。また、行政救済法に係る諸問題、すなわち抗告訴訟における公権力行使該当性に関する問題、当事者訴訟における公法と私法の区別に関する問題、国賠法1条1項にいう公権力行使該当性に関する問題等については、それぞれ第2巻Ⅲ1(2)(a)「抗告訴訟の対象」、第2巻Ⅲ1(3)「当事者訴訟」、第3巻Ⅴ1(2)「国又は公共団体の公権力の行使」の項目に譲る。

•••••• 論　　点 ••••••
1　行政上の法律関係に民事法は適用されるか

2 行政法規と民事法とはいかなる関係にあるのか
3 公法上の権利・義務はいかなる性質を持つか
4 公法法規違反ないし前提となる行政行為を欠く法律行為の効力はどうなるか

論点 ❶ 行政上の法律関係に民事法は適用されるか

　行政上の法律関係について特別の規定が存在しない場合に、民法等の民事法の規定が適用されるのか、適用されないとすればどのような理由で適用が排除されるのか問題とされる。行政上の法律関係の種類と、適用の有無が検討される民事法の規定の種類ごとに様々な裁判例が存在し、その数は膨大であるが、ここでは、まずは【概要】2で述べた伝統的学説に対する批判学説において援用された民法177条の適用に関する裁判例のほか、争われた事例が多く、かつ重要と思われるものを取り上げる。なお、行政上の法律関係において私人の行う法律行為への民事法の適用の問題（学説において「私人の公法行為」の問題として扱われてきたもの）もここで併せて扱う。

1　民法177条

　自作農創設特別措置法（自創法）に基づく農地買収処分がなされた際に、名義人から土地を買い受けた者が権利主張をしてきた場合に、民法177条の適用があるか問題とされた、最大判昭和28・2・18民集7巻2号157頁〔27003340〕は、「政府の同法に基く農地買収処分は、国家が権力的手段を以て農地の強制買上を行うものであつて、対等の関係にある私人相互の経済取引を本旨とする民法上の売買とは、その本質を異にするものである。従つて、かかる私経済上の取引の安全を保障するために設けられた民法177条の規定は、自作法による農地買収処分には、その適用を見ないものと解すべきである」とした。ここでは、国と私人との行政上の法律関係が権力関係であることを理由として民法の適用を排除しており、法律関係が公法関係であることを理由として民事法の適用を排除するアプローチをとっているように読める。しかし、他方で同判決は、続けて、「政府が同法に従つて、農地の買収を行うには、単に登記簿の記載に依拠して、登記簿上の農地の所有者を相手方として買収処分を行うべきものでは

なく、真実の農地の所有者から、これを買収すべきものであると解する」とし、そのことが自創法1条に示された制定の趣旨にも合致するとしていた。この判示によると、自創法の趣旨から民法の適用が排除されることになる。

なお、最高裁は、農地買収処分に起因する関係すべてに民法177条の適用がないとしているわけではない。

最一小判昭和39・11・19民集18巻9号1891頁〔27001350〕においては、買収処分により国が農地の所有権を取得した場合において、第三者に対し、その所有権の取得を主張し対抗するためには、その旨の登記を経ることを要するとして民法177条の適用を認めた。そこでは、前掲昭和28年最大判〔27003340〕について、「政府の同法に基づく農地買収処分は、国家が公権力をもつて農地の所有者から農地の強制買上げを行うものであつて、その所有者が登記名義人であることを要せず、その限度で民法第177条の適用が排除されるもの」と位置付けたうえで、「このことといわゆる正当の利益を有する第三者に対し、国が買収処分に基づく農地の所有権の取得を登記なくして主張し対抗することができるかということとは、別個の問題である」とし、「前記買収処分に基づいて国が取得した所有権は、原則として、耕作者に対し自作農とするために売り渡され、その結果、右農地の所有権は、私法上の取引関係の対象に入ることが当然予想される」として、同条の適用があると解するのが相当であるとした。この判決は、農地買収処分に起因する関係について公法関係と解する部分を限定的に解し、同条の適用を認めたものとみられる。

これに対して、最二小判昭和41・12・23民集20巻10号2186頁〔27001128〕は、未墾地の買収処分により国が農地の所有権を取得した場合に、第三者に対して、登記なくして対抗し得るか問題となった事例で、前掲昭和28年最大判〔27003340〕を引いて、農地買収処分には民法177条は適用されないとしつつも、このことと農地買収処分により国が農地等の所有権を取得した場合において、その取得について同条が適用されるかどうかは、別個の問題であるとし、不動産物権の変動があった場合において、これと抵触する物権の変動が生ずる可能性があるときは、特別の規定又は公益上重大な障害を生ずるおそれがない限り、不動産物権公示の原則に照らし、当該物権の変動について同条が適用さ

れるものと解するのが相当であるとしたうえで、自創法11条を準用する同法34条は、国が買収処分により所有権を取得した後においてまでも、民法177条の適用を排除する趣旨のものではなく、その他未墾地買収処分による物権の変動について同条の適用を排除する趣旨の特別の規定は見当らないなどとして同条の適用を認めている（また、特に理由を述べていないが、最一小判昭42・4・13民集21巻3号624頁〔27001090〕においても、牧野の買収処分により国が所有権を取得した場合において、その所有権の取得及びその後の所有権の取得について同条の適用を認めている）。

また、最高裁は、最三小判昭和31・4・24民集10巻4号417頁〔21007341〕において、「国税滞納処分においては、国は、その有する租税債権につき、自ら執行機関として、強制執行の方法により、その満足を得ようとするものであつて、滞納者の財産を差し押えた国の地位は、あたかも、民事訴訟法上の強制執行における差押債権者の地位に類するものであり、租税債権がたまたま公法上のものであることは、この関係において、国が一般私法上の債権者より不利益の取扱を受ける理由となるものではない。それ故、滞納処分による差押の関係においても、民法177条の適用があるものと解するのが相当である」としている。

これらの判決において最高裁は、民法177条が適用されるかは、法律関係を形成する行政法規及び同条の趣旨に照らして妥当かという見地から判断しているようにみえる。

2　代　理

民法は99条から118条において、法律行為の代理に関する規定をおいているが、これらの規定が、行政上の法律関係においても適用されるのか争われることがある。

(1)　表見代理

地方公共団体の長が、自治法等の法令により定められた権限なくして、あるいは要求される議会の議決等を受けずに、諸種の法律行為を行った場合において、私人の場合と同様に、民法110条の表見代理規定が適用されるのか問題となる。

この問題について、最三小判昭和34・7・14民集13巻7号960頁〔27002553〕は、

法律上、現金出納権限を有しない村長が現金を借り受け、受領した事例において、戦前の大審院判例（大判昭和16・2・28民集20巻264頁〔27500124〕）を引用したうえで、民法110条の類推適用を認めるのが相当であるとしている。そして、最二小判昭和35・7・1民集14巻9号1615頁〔27002433〕（議会の議決を欠く村長の手形の振出行為）、最三小判昭和39・7・7民集18巻6号1016頁〔27001393〕（条例の制限を超えた町長による売買契約締結行為）、最二小判昭和41・9・16裁判集民84号391頁〔27440973〕（議会の議決を欠く市長の手形の振出し及び割引行為）もそれに従っている。

　もっとも、民法110条の類推適用は認められるとして、法令に照らせば長等が権限を有しないような場合に、同条のいう「第三者が代理人の権限があると信ずべき正当な理由」があると認められるかが問題となる。この点について、前掲昭和35年最二小判〔27002433〕及び昭和41年最二小判〔27440973〕では、議会の議決の有無につき調査をしなかった場合において、長に権限があると信ずべき正当な理由を欠くとしている。それに対して、前掲昭和39年最三小判〔27001393〕は、法的根拠のない議会の特別委員会における決定を議会の事務局も正式な議決として扱っていたという事実関係のもとで、正当な理由の存在を認めている。

　なお、類推適用を否定した例としては、福岡高判昭和48・10・19高裁民集26巻4号365頁〔27603451〕がある。そこでは、公有水面埋立法上の埋立免許申請に対する権利者の同意について、同法における埋立免許は、「埋立免許権者たる地方長官（都道府県知事）の意思表示によつて、埋立出願者に対し、法律上有効な埋立権を設定する行政行為であり、かつ、出願を前提とするとはいえ、出願者の意思に拘束されない、いわゆる公法上の単独行為と目すべきものであるから、私法的な取引原理である表見代理の法理が適用または類推適用される余地はない」としている。

(2)　双方代理

　民法108条は、「同一の法律行為については、相手方の代理人となり、又は当事者双方の代理人となることはできない」とし、原則として自己契約及び双方代理を認めていない。

この点、最三小判平成16・7・13民集58巻5号1368頁〔28091988〕は、市が、市長が代表を務める外郭団体たる財団法人と契約を締結した場合において、次のように判示してその類推適用を認めている。「普通地方公共団体の長が当該普通地方公共団体を代表して行う契約締結行為であっても、長が相手方を代表又は代理することにより、私人間における双方代理行為等による契約と同様に、当該普通地方公共団体の利益が害されるおそれがある場合がある。そうすると、普通地方公共団体の長が当該普通地方公共団体を代表して行う契約の締結には、民法108条が類推適用されると解するのが相当である。そして、普通地方公共団体の長が当該普通地方公共団体を代表するとともに相手方を代理ないし代表して契約を締結した場合であっても同法116条が類推適用され、議会が長による上記双方代理行為を追認したときには、同条の類推適用により、議会の意思に沿って本人である普通地方公共団体に法律効果が帰属するものと解するのが相当である」。もっとも同判決に付された藤田宙靖裁判官の補足意見は、「地方公共団体の締結する契約であっても、それが財産管理に関する民法上のものである場合には、原則として民法の適用があることは、いうまでもなく、このことは、双方代理に関する法理についても、同様である。この点に関し地方自治法上に何らの規定もないことは、この理を排除する趣旨ではなく、この理の適用をあえて排除する必要はない、との趣旨と解すべきである」としたうえで、国・地方公共団体といった行政主体と、行政主体が創設した別の法主体との関係について、その間には、様々な「距離」が存在し、また、この「距離」をキープするための何らかの法的手法が考えられなければならないが、その際、民法の「双方代理」の法理をもって一律に対処することが妥当か問題がないとはいえず、今後「距離」を確保するために、民法108条に直接基づくのでなく、それに代わるものとして組織上の実態に即した、何らかの行政法理が考案される可能性があり得るとしている（しかし、本件について、特別の法理が確立しない現状では同条の適用ないし類推適用をおよそ否定することが、適切であるとは思われないとする）。

3 意思表示の瑕疵

行政上の法律関係への民法の意思表示の瑕疵に関する規定の適用が問題とさ

れる場合がある。農地買収処分について通謀虚偽表示に関する民法94条2項の適用があるか問題となった最二小判昭和28・6・12民集7巻6号649頁〔27003303〕においては、「民法94条2項は私法上の取引の安全を保護する趣旨に出た規定であり、権力支配作用である本件農地買収処分には適用がない」としており、法律関係が公法関係であることを理由として民事法の適用を排除する立場に立っているようにみえる。

それに対して、私人の公法行為の事案であるが、最一小判昭和39・10・22民集18巻8号1762頁〔21019940〕は、所得税の確定申告について民法95条に基づく錯誤無効の主張がなされた事案において、所得税法上の確定申告制度において過誤の是正の特別の方法として修正申告と更正の請求が存在することから、確定申告書の記載内容の過誤の是正については、その錯誤が客観的に明白かつ重大であって、それら法定の方法以外にその是正を許さないならば、納税義務者の利益を著しく害すると認められる特段の事情がある場合でなければ、法定の方法によらず錯誤を主張することは許されないとして、同法の趣旨に依拠して民法95条の適用を否定している。

なお、最一小判昭和32・12・5裁判集民29号51頁〔27440348〕は、「日本国籍回復許可の申請は、自由意思を抑圧する程度の強迫なくして行われたものであって、当然無効ということはできない」ので、「これに基く国籍回復許可の行政処分も当然無効ということはできない」としており、国籍回復許可の申請について民法96条が適用されることを前提として判断している（なお、仮に強迫があり申請を取り消したとしても、それは既に為された日本国籍回復許可を無効とするものではなく、取消事由となるにとどまるとしている）。

4 事務管理

行政主体が行った事務管理行為につき、民法の事務管理規定に基づき費用の請求が行われる場合がある。

大判大正8・4・18民録25輯574頁〔20000631〕は、鉱業権の公売の落札人が登録税を納付しないため、国がこれを立替支出した事案で事務管理の規定に基づく費用請求を認めている。

また、行政代執行法に基づく代執行が行われた場合には、同法は代執行の費

用について特別の徴収手続を定めている。この規定との関係で、代執行の準備行為としてなされた調査等の費用について、民法の事務管理規定に基づいて費用請求をすることができるのか問題となり得る。この点、廃掃法に基づき産廃業者に対して措置命令が出されたが、当該業者が従わないため、地方公共団体が代わって措置工事を行い、その工事に要した費用については同法において準用されている行政代執行法5、6条の準用規定により強制徴収をする一方で、工事の前提となる調査に要した費用については民法の事務管理規定に基づいて請求した事案がある。名古屋地岡崎支判平成20・1・17判時1996号60頁〔28140830〕は当該請求を認めている（控訴審の名古屋高判平成20・6・4判時2011号120頁〔28141922〕もこれを是認）。

5　不当利得

民法703条は「法律上の原因なく他人の財産又は労務によって利益を受け、そのために他人に損失を及ぼした者（以下この章において「受益者」という。）は、その利益の存する限度において、これを返還する義務を負う」と定める。行政上の法律関係において、この不当利得返還請求が認められるか争われることがある。

(1)　行政処分の公定力ないし取消訴訟の排他的管轄との関係

まず、不当利得返還請求が認められるかについて、行政処分の公定力ないし取消訴訟の排他的管轄との関係で問題となることがある。基本的には違法な行政処分であっても無効と認められない限りは、有効なものとして扱われ、その効力を否定するためには取消訴訟により取消しを求める必要があると解される。

最一小判平成23・7・14裁判集民237号247頁〔28173740〕は、介護保険法上の指定居宅サービス事業者が、不正の手段によって当該指定を受けたとして、支払われた介護報酬につき、不当利得返還請求を求める住民訴訟が提起された事案において、知事による指定の取消しはされておらず、また、指定を無効とするほどの瑕疵も存在しないとして、不正の手段によって指定を受けたことの一事をもって、直ちに法律上の原因がないということはできず、他に法律上の原因がないことをうかがわせる事情もないとして、返還義務を否定している（もっとも、原因行為の処分性が争われる場合もある。最三小判平成24・3・6判タ1371号

96頁〔28181518〕においては、地方公務員共済組合の定款で定める一部負担金払戻金等の給付が処分である決定に基づくものであるかが争われ、原審・東京高判平成22・5・31平成21年(ネ)6080号公刊物未登載〔28181519〕が処分であるとしたのに対して、最高裁は、贈与契約に基づくものであると判断している）。

　しかし、法律上の原因たる処分について取消訴訟を提起することができず、他に適切な救済方法が存在しない場合において、不当利得返還請求訴訟において当該処分の効果を否定することが認められるのか問題とされる場合がある。

　所得税法に基づく課税処分がなされた後、貸倒れにより課税所得が減じたため、後発的に当該処分が違法となったが、課税庁が是正措置をとらず、また納税者に是正措置を請求する権利を認めた規定もなかったため、国に対して直接に不当利得返還請求を行った事案において、最二小判昭和49・3・8民集28巻2号186頁〔21045520〕は、「いつたん適法、有効に成立した課税処分が、後発的な貸倒れにより、遡つて当然に違法、無効となるものではない」という前提に立ちながらも、「貸倒れの発生とその数額が格別の認定判断をまつまでもなく客観的に明白で、課税庁に前記の認定判断権を留保する合理的必要性が認められないような場合にまで、課税庁自身による前記の是正措置が講ぜられないかぎり納税者が先の課税処分に基づく租税の収納を甘受したければならないとすることは、著しく不当であつて、正義公平の原則にもとるものというべきであ」り、「このような場合には、課税庁による是正措置がなくても、課税庁又は国は、納税者に対し、その貸倒れにかかる金額の限度においてもはや当該課税処分の効力を主張することができないものとなり、したがつて、右課税処分に基づいて租税を徴収しえないことはもちろん、既に徴収したものは、法律上の原因を欠く利得としてこれを納税者に返還すべきものと解するのが相当である」として、不当利得返還請求を認めている。もっとも、これは救済方法がない場合に例外的に認められたものであり、最一小判昭和53・3・16裁判集民123号245頁〔21061280〕は、「当該回収不能の事実が発生した年分の事業所得の金額の計算上、必要経費に算入すべきものとされ、これによつて納税者は実質的に先の課税について救済を受けることができた」場合において、不当利得返還請求は認められないとしている。

2　行政上の法律関係

(2) 行政処分後の利益調整

　行政処分自体は適法なものであるが、それにより生じた義務の履行等に起因して発生した利得について、不当利得返還請求による利益調整が認められるのか問題となったことがある。

　真の不動産所有者ではない者が、登記簿上所有者として登記されていたため、固定資産税を課され、納付した後、真実の所有者に対して不当利得返還請求を行った事案において、最三小判昭和47・1・25民集26巻1号1頁〔21038001〕は、固定資産税の負担者は、当該固定資産の所有者であることが原則であり、ただ、地税法は、課税上の技術的考慮から、一定の時点に、所有者として登記等されている者を所有者として、その者に課税する方式を採用しているにすぎず、そのため、真の所有者でない者が納税義務者として課税され、これを納付した場合においては、真の所有者は課税を免れたことになり、所有者として登記等されている者に対する関係において、不当に納付税額に相当する利得を得たといえるとして、不当利得返還請求を認めている。

　また、最三小判平成6・2・8民集48巻2号123頁〔27821071〕は、国が恩給裁定を取り消した後、国が国民金融公庫に対して払渡しを完了していた恩給給与金について不当利得返還請求をした事案において、本件事情のもとで、国が国民金融公庫に対して、裁定取消しの効果を主張し、本件払渡しに係る金員の返還を求めることは許されないとして、行政処分の取消しの効果に起因する不当利得返還請求を認めていない。

6　条件

　民法130条は、「条件が成就することによって不利益を受ける当事者が故意にその条件の成就を妨げたときは、相手方は、その条件が成就したものとみなすことができる」としている。農地の所有権移転契約のように法律行為の効力発生要件としての許可等が定められていることから、当該許可等を得ることがいわゆる法定条件として附されている場合において、この規定が適用されて条件成就の妨害により許可等を得ることなく法律行為の効力が発生することになるのか問題となる。この問題については、【論点4】の3を参照。

7　住　所

　行政法規において特に定義がなされることなく住所等の言葉が用いられている場合において、民法22条（旧21条）が「各人の生活の本拠をその者の住所とする」と定めていることとの関係でどのように解釈するのか問題となる。

　戦後、自作農創設特別措置法に基づく、農地買収処分における住所要件の充足が問題となった一連の最高裁判決において、最二小判昭和26・12・21民集5巻13号796頁〔27003442〕、最三小判昭和27・4・15民集6巻4号413頁〔27003414〕は、いずれも民法と同じく「生活の本拠」という概念を用い、それがどこであったのかにより住所要件の充足性を判断していた。

　行政法規上の住所についてはじめて一般的な説示をしたのは、最大判昭和29・10・20民集8巻10号1907頁〔27003120〕である。公選法上の住所が問題となった事案において、最高裁は、「およそ法令において人の住所につき法律上の効果を規定している場合、反対の解釈をなすべき特段の事由のない限り、その住所とは各人の生活の本拠を指すものと解するを相当とする」とし、公選法上の住所を「生活の本拠」として判断している。

　その後の最高裁判決においても、行政法規上の住所について「生活の本拠」として判断しているものがみられる（最三小判昭和35・3・22民集14巻4号551頁〔27002479〕及最二小判平成9・8・25裁判集民184号1頁〔28021645〕（公選法上の住所）、最一小判平成16・1・15民集58巻1号226頁〔28090332〕（国民健康保険法上の住所。ただし、「継続的な生活上の本拠」とする）、最二小判平成20・10・3裁判集民229号1頁〔28142030〕（住民台帳法上の住所）、最二小判平成23・2・18裁判集民236号71頁〔28170244〕（相続税法上の住所））。

　もっとも各判決において、前掲昭和29年最大判〔27003120〕のいうように「生活の本拠」とされていても、個別の行政上の法律関係に対していかなる形で民法22条の内容が適用されるのかは必ずしも明らかではない。すなわち、同条の内容が、伝統的学説のいう「法の全体に通ずる一般的な原理又は一種の法技術上の約束」であり、「私法規定のうちにとり入れられた法の一般原理」として行政上の法律関係に適用されるのか（田中・新版行政法上巻〈全訂第2版〉81頁）、行政法規の趣旨に照らして適用がなされるとされているのか、また「生

活の本拠」という民法上の言葉を用いているがその具体的内容は行政法規の趣旨に照らして判断がなされるのかも必ずしも明らかではない。行政法規上の住所が同条といかなる関係にあるのか、その具体的内容はどうであるのかは、行政法規ごとにみていく必要がある。

　この点、前掲昭和35年最三小判〔27002479〕は、「公職選挙法及び地方自治法が住所を選挙権の要件としているのは、一定期間、一の地方公共団体の区域内に住所を持つ者に対し当該地方公共団体の政治に参与する権利を与えるためであつて、その趣旨から考えても、選挙権の要件としての住所は、その人の生活にもつとも関係の深い一般的生活、全生活の中心をもつてその者の住所と解すべく、所論のように、私生活面の住所、事業活動面の住所、政治活動面の住所等を分離して判断すべきものではない」とし、前掲平成16年最一小判〔28090332〕は、「国民健康保険は、市町村が保険者となり、その区域内に住所を有する者を被保険者として継続的に保険料等の徴収及び保険給付を行う制度であることに照らすと、法5条にいう『住所を有する者』は、市町村の区域内に継続的に生活の本拠を有する者をいうものと解するのが相当である」としており、それぞれ住所について規定する行政法規の趣旨に立ち返って解釈をしているようにみえる。もっとも、これらの判示が行政法規の趣旨に照らして異なった「生活の本拠」に関する解釈を認めるものかは明らかではない。前掲平成23年最二小判〔28170244〕は、相続税「法が民法上の概念である『住所』を用いて課税要件を定めているため、本件の争点が上記『住所』概念の解釈適用の問題となることから導かれる帰結であるといわざるを得ず、他方、贈与税回避を可能にする状況を整えるためにあえて国外に長期の滞在をするという行為が課税実務上想定されていなかった事態であり、このような方法による贈与税回避を容認することが適当でないというのであれば、法の解釈では限界があるので、そのような事態に対応できるような立法によって対処すべきものである」としており、行政法規の趣旨に即して民法と離れた解釈を行うことを否定しているようにみえる。

8　民法162条（公物の時効取得）

　民法162条は、1項において「20年間、所有の意思をもって、平穏に、かつ、

公然と他人の物を占有した者は、その所有権を取得する」とし、2項において「10年間、所有の意思をもって、平穏に、かつ、公然と他人の物を占有した者は、その占有の開始の時に、善意であり、かつ、過失がなかったときは、その所有権を取得する」としている。私人がこの規定により、国又は地方公共団体により一定の公の目的に供されている道路・公園等の公物を時効取得することができるのか問題とされることがある。

大審院時代においては判例は公物の時効取得を一貫して否定していた。大判大正8・2・24民録25輯336頁〔27522796〕は、里道のような公共の使用に供せられるべき物については公用を廃止した後でなければ時効取得の目的物とはならないとし、大判大正10・2・1民録27輯160頁〔27523192〕は、「道路の如き公用物」は、敷地が私人の所有に属する場合は格別、官の所有に属する場合には公用を廃止した後でなければ時効取得の目的物にはならないとしていた。そして、公用の廃止については、「公用廃止とは単に私人か一時道路を占有し事実上之を通行する者なきに至りたるか如き場合を指すに在らす道路を管理する権限を有する官庁か公用廃止の意思を表示したる場合を謂ふものと解すへきものとす」としており、管理権限を持つ官庁が公用廃止を表示する必要があるとし、大判昭和4・12・11民集8巻914頁〔27510605〕も、明示的意思表示が必要であるとしている（ただし、大判昭和8・11・25新聞3666号11頁〔27542606〕は、公物の目的を喪失した場合は、国家の特別の意思表示を待たずに公物としての性質を失い、取得時効の対象となるとしている）。

戦後しばらくの間、この問題に関する最高裁判例は登場しなかったが、下級審の裁判例として、東京高判昭和31・2・13下級民集7巻2号318頁〔27440231〕は、河川流域に属する土地は河川法により私権の目的となることができないのであるから時効取得できないとし、青森地八戸支判昭和31・4・30下級民集7巻4号1120頁〔27440247〕は、所謂自然公物である海浜地は、公共物としての指定がなくても、その性格上原則として私権設定の対象たり得ず、民法の取得時効に関する規定適用の余地がないとしていた。

最高裁におけるリーディングケースといえるのは、最二小判昭和51・12・24民集30巻11号1104頁〔27000298〕である。そこで最高裁は、「公共用財産が、長

年の間事実上公の目的に供用されることなく放置され、公共用財産としての形態、機能を全く喪失し、その物のうえに他人の平穏かつ公然の占有が継続したが、そのため実際上公の目的が害されるようなこともなく、もはやその物を公共用財産として維持すべき理由がなくなつた場合には、右公共用財産については、黙示的に公用が廃止されたものとして、これについて取得時効の成立を妨げない」とし、時効取得の要件として、権限を有する官庁による公用廃止の表示を要するとした前掲大正10年大判〔27523192〕を変更し、黙示の公用廃止を認めた。最一小判昭和52・4・28裁判集民120号549頁〔27441836〕も、これに従い、道路に関して、その黙示の公用廃止と時効取得を認めた。

　以上とは別に公用開始がなされていない公物について、時効取得が認められるかどうか争われた例がある。最一小判昭和44・5・22民集23巻6号993頁〔27000817〕は、旧都計法に基づいて建設大臣が決定した都市計画において公園とされたが、公用開始はされておらず（一般に「予定公物」と呼ばれるもの）、外見上公園の形態を具備していない市有地について、農地売渡処分を受けて当該土地を耕作してきた私人による時効取得が認められるか争われたものであるが、最高裁は、本件土地「は現に公共用財産としてその使命をはたしているものではなく、依然としてこれにつき被上告人らの先代の耕作占有状態が継続されてきたというのであるから、かかる事実関係のもとにおいては、被上告人らの先代の本件土地に対する取得時効の進行が妨げられるものとは認められない」とし、時効取得を認めた。

　海は、現行法上、海水に覆われたままの状態においては、私法上所有権の客体となる土地に当たらない（最三小判昭和61・12・16民集40巻7号1236頁〔27100055〕）。そのため、公有水面埋立法に基づいて埋め立てが行われた場合、私法上の所有権を取得しているか、そして公用が廃止されているかの2つの点が検討されることになる。最二小判平成17・12・16民集59巻10号2931頁〔28110087〕は、同法に基づく埋立免許を受けて埋立工事が完成した後、竣功認可がされていない埋立地の時効取得が問題となった事件であるが、最高裁は、長年にわたり事実上公の目的に使用されることもなく放置され、公共用財産としての形態、機能を完全に喪失し、その上に他人の平穏かつ公然の占有が継続したが、そのため実

際上公の目的が害されるようなこともなく、これを公共用財産として維持すべき理由がなくなり、同法に基づく原状回復義務の対象とならず、そのような場合においては、当該埋立地は、もはや公有水面に復元されることなく私法上所有権の客体となる土地として存続することが確定し、同時に、黙示的に公用が廃止されたものとして、取得時効の対象となるとしている。

9 信義則

民法1条2項は、「権利の行使及び義務の履行は、信義に従い誠実に行わなければならない」としている。民法上の規定ではあるが、「法の一般原理であって、行政法規の解釈に当たってもその適用が必ずしも排除されるものではないことは、今日広く承認されているところである」（後掲平成19年最三小判〔28130401〕藤田宙靖裁判官補足意見）。もっとも、行政上の法律関係の特質ないし個別法の規定との関係でその適用の是非、条件が問題とされる場合が少なくない。ここでは信義則ないし信頼保護の原則の適用についてそうした問題が扱われた裁判例を中心に取り上げることにする（なお、信義則の適用一般については、本書第2巻Ⅲ2(2)(c)③「信義則」を参照されたい）。

(1) 租税法律関係

租税法規に照らして適法な処分が、信義則の適用により、例外的に違法となり得るのかが問題とされることがある。この点、最三小判昭和62・10・30裁判集民152号93頁〔22002024〕は、「租税法規に適合する課税処分について、法の一般原理である信義則の法理の適用により、右課税処分を違法なものとして取り消すことができる場合があるとしても、法律による行政の原理なかんずく租税法律主義の原則が貫かれるべき租税法律関係においては、右法理の適用については慎重でなければなら」ないとしつつ、「租税法規の適用における納税者間の平等、公平という要請を犠牲にしてもなお当該課税処分に係る課税を免れしめて納税者の信頼を保護しなければ正義に反するといえるような特別の事情が存する場合に、初めて右法理の適用の是非を考えるべきものである。そして、右特別の事情が存するかどうかの判断に当たつては、少なくとも、税務官庁が納税者に対し信頼の対象となる公的見解を表示したことにより、納税者がその表示を信頼しその信頼に基づいて行動したところ、のちに右表示に反する課税

処分が行われ、そのために納税者が経済的不利益を受けることになつたものであるかどうか、また、納税者が税務官庁の右表示を信頼しその信頼に基づいて行動したことについて納税者の責めに帰すべき事由がないかどうかという点の考慮は不可欠のものであるといわなければならない」として、非常に限定的な条件を示しながらも、一定範囲で租税法律関係に信義則が適用されることを認めている。

(2) 自治法236条（時効規定）

最三小判平成19・2・6民集61巻1号122頁〔28130401〕は、誤った解釈通達に従って被爆者援護法に基づく健康管理手当の支給が打ち切られた者が、未支給の同手当等を請求した事件であり、自治法236条の適用による消滅時効の主張が認められるかが問題となった。最高裁は、本件「事情の下においては、上告人が消滅時効を主張して未支給の本件健康管理手当の支給義務を免れようとすることは、違法な通達を定めて受給権者の権利行使を困難にしていた国から事務の委任を受け、又は事務を受託し、自らも上記通達に従い違法な事務処理をしていた普通地方公共団体ないしその機関自身が、受給権者によるその権利の不行使を理由として支払義務を免れようとするに等しいものといわざるを得ない。そうすると、上告人の消滅時効の主張は、402号通達が発出されているにもかかわらず、当該被爆者については同通達に基づく失権の取扱いに対し訴訟を提起するなどして自己の権利を行使することが合理的に期待できる事情があったなどの特段の事情のない限り、信義則に反し許されないものと解するのが相当である」とし、信義則を適用している。そして、さらに、同条2項所定の普通地方公共団体に対する権利で金銭の給付を目的とするものは、同項後段の規定により、法律に特別の定めがある場合を除くほか、時効の援用を要することなく、時効期間の満了により当然に消滅するから、信義則に反し許されないと解する余地はないとの主張に対して、時効消滅につき援用を要しないこととした趣旨（事務処理上の便宜等）に鑑みると、「普通地方公共団体に対する債権に関する消滅時効の主張が信義則に反し許されないとされる場合は、極めて限定されるものというべきである」としながら、「地方公共団体は、法令に違反してその事務を処理してはならないものとされている（地方自治法2条16項）。

この法令遵守義務は、地方公共団体の事務処理に当たっての最も基本的な原則ないし指針であり、普通地方公共団体の債務についても、その履行は、信義に従い、誠実に行う必要がある」ことから、「本件のように、普通地方公共団体が、上記のような基本的な義務に反して、既に具体的な権利として発生している国民の重要な権利に関し、法令に違反してその行使を積極的に妨げるような一方的かつ統一的な取扱いをし、その行使を著しく困難にさせた結果、これを消滅時効にかからせたという極めて例外的な場合においては、上記のような便宜を与える基礎を欠くといわざるを得ず、また、当該普通地方公共団体による時効の主張を許さないこととしても、国民の平等的取扱いの理念に反するとは解されず、かつ、その事務処理に格別の支障を与えるとも考え難い」ため、「本件において、上告人が上記規定を根拠に消滅時効を主張することは許されないものというべきである」とした。自治法の当該規定の趣旨目的を踏まえ、信義則との関係で、その適用範囲を限定的に解したものといえよう。

(3) 地方公共団体の施策の変更

地方公共団体の施策の変更に対する国家賠償請求訴訟において、信義衡平の原則に照らして、信頼に対して法的保護が与えられなければならないとしたものとして、最三小判昭和56・1・27民集35巻1号35頁〔27000153〕がある。同判決は、地方公共団体が一定内容の将来にわたって継続すべき施策を決定した場合でも、原則としてその決定に拘束されるものではないとしつつ、施策が維持されるものと信頼し、これを前提として活動ないしその準備活動に入るような状況において、施策の維持を内容とする契約が締結されていない場合でも、「密接な交渉を持つに至つた当事者間の関係を規律すべき信義衡平の原則に照らし、その施策の変更にあたつてはかかる信頼に対して法的保護が与えられなければならないものというべきである」とする。そして、施策が変更されることにより、地方公共団体の勧告等に動機付けられて活動に入った者が「その信頼に反して所期の活動を妨げられ、社会観念上看過することのできない程度の積極的損害を被る場合に、地方公共団体において右損害を補償するなどの代償的措置を講ずることなく施策を変更することは、それがやむをえない客観的事情によるのでない限り、当事者間に形成された信頼関係を不当に破壊するものとして

違法性を帯び、地方公共団体の不法行為責任を生ぜしめる」としている。

なお、同判決は地方公共団体と私人の間の事案であったが、地方公共団体間においても信義則の適用があるか問題とされた例がある。東京高判平成24・12・19平成24年(ネ)419号等公刊物未登載は、葉山町がごみ処理広域化協議会から脱退したのに対して、残された横須賀市と三浦市から損害賠償請求がなされたものである。東京高裁は、昭和56年判決を引いたうえで「地方公共団体の施策の変更に当たってはこのような信頼に対して法的保護が与えられなければならないということは、損害を被ったのが民間企業ではなく他の地方公共団体の場合であっても同様である」としている。

(4) 公務員の勤務関係

公務員の退職願の撤回行為につき、現行法上原則として自由としつつ、信義則上制限される場合がある旨判示したものに、最二小判昭和34・6・26民集13巻6号846頁〔27002560〕がある。そこでは、「公務員の退職願の撤回がいつまで許されるか」という点につき、「明文の規定を欠く現行法の下では、一般法理上の見地からこれを決定せざるを得ない」としたうえで、免職処分成立以前においては「退職願は、それ自体で独立に法的意義を有する行為ではないから、これを撤回することは原則として自由である」としつつ、「ただ、免職辞令の交付前において、無制限に撤回の自由が認められるとすれば、場合により、信義に反する退職願の撤回によつて、退職願の提出を前提として進められた爾後の手続がすべて徒労に帰し、個人の恣意により行政秩序が犠牲に供される結果となるので、免職辞令の交付前においても、退職願を撤回することが信義に反すると認められるような特段の事情がある場合には、その撤回は許されないものと解するのが相当である」としている。

公務員の勤務関係において信義則上の義務として安全配慮義務を認めたものとして、最三小判昭和50・2・25民集29巻2号143頁〔27000387〕がある。同判決は、「国は、公務員に対し、国が公務遂行のために設置すべき場所、施設もしくは器具等の設置管理又は公務員が国もしくは上司の指示のもとに遂行する公務の管理にあたって、公務員の生命及び健康等を危険から保護するよう配慮すべき義務(以下「安全配慮義務」という。)を負つているものと解すべきである」

としているが、「国が、不法行為規範のもとにおいて私人に対しその生命、健康等を保護すべき義務を負つているほかは、いかなる場合においても公務員に対し安全配慮義務を負うものではないと解することはできない」としており、その理由として、「右のような安全配慮義務は、ある法律関係に基づいて特別な社会的接触の関係に入つた当事者間において、当該法律関係の付随義務として当事者の一方又は双方が相手方に対して信義則上負う義務として一般的に認められるべきものであつて、国と公務員との間においても別異に解すべき論拠はなく、公務員が前記の義務を安んじて誠実に履行するためには、国が、公務員に対し安全配慮義務を負い、これを尽くすことが必要不可欠であ」ることなどを指摘している。

　なお、ここでは、ある法律関係に基づいて両当事者が特別な社会的接触の関係にあるとから信義則上の義務として安全配慮義務が認められるとされており、国と公務員の関係もそのような特別な社会的接触の関係にあることが認められている。この点に関連して、当該行政上の法律関係の趣旨を踏まえて、そのような特別な社会的接触の関係の成立を否定したものがある。最一小判平成28・4・21民集70巻4号1029頁〔28241303〕は、国と未決勾留者の関係について、「未決勾留は、刑訴法の規定に基づき、逃亡又は罪証隠滅の防止を目的として、被疑者又は被告人の居住を刑事施設内に限定するものであって、このような未決勾留による拘禁関係は、勾留の裁判に基づき被勾留者の意思にかかわらず形成され、法令等の規定に従って規律されるものである」としたうえで、「未決勾留による拘禁関係は、当事者の一方又は双方が相手方に対して信義則上の安全配慮義務を負うべき特別な社会的接触の関係とはいえない」と判断している。

論点 2　行政法規と民事法とはいかなる関係にあるのか

　行政法規において特別の規定が存在するときに、ある行政上の法律関係において当該特別の規定が適用されるのか、私人間に適用される民事法の規定が適用されることになるのか、そしてその適用関係の判断はどのようになされるのかが問題となる。

2 行政上の法律関係

1 会計法・自治法上の時効規定と民事法の時効規定

債権に関する消滅時効について、民法167条1項は、「債権は、10年間行使しないときは、消滅する」としており、その期間を10年としているほか、一定種類の債権について短期消滅時効を定めている（169～174条）。それに対して、会計法30条は、「金銭の給付を目的とする国の権利で、時効に関し他の法律に規定がないものは、5年間これを行わないときは、時効に因り消滅する。国に対する権利で、金銭の給付を目的とするものについても、また同様とする」と定め、自治法236条1項は、「金銭の給付を目的とする普通地方公共団体の権利は、時効に関し他の法律に定めがあるものを除くほか、5年間これを行なわないときは、時効により消滅する。普通地方公共団体に対する権利で、金銭の給付を目的とするものについても、また同様とする」としており、その期間を5年間としている。このように異なった期間が定められていること、また、ともに時効の援用を要せず、また放棄をすることができないとされているという違いもあることから（会計法31条1項、自治法235条2項）、国・普通地方公共団体のある特定の債権・債務について、会計法・自治法の規定が適用されるのか、それらの規定が適用されず、民法によるのか、そしてどちらを適用するのかはどのような理由により決定されるのか、問題となる。

配炭公団法に基づき設立された配炭公団が有する売却代金債権等について、名古屋高判昭和31・12・6民集14巻9号1777頁〔27203812〕は、配炭公団が臨時物資需給調整法に基づいて設置された公法人であること、経済安定本部総務長官の定める割当計画及び配給手続に従って石炭等の適正な配給に関する業務を行うことを目的とすること、かつその指示に基づき主務大臣の監督のもとに物価庁の定める価格により石炭等の一手買取り及び一手売渡しを業務内容としていること、その役員はこれを官吏その他の政府職員としていることを指摘したうえで、同公団は国家機関というべきで、営利を目的とするものでなく、その業務内容を企業と目することは許されず、営利的営業行為ということはできないので商人ではないから、その売却代金債権について民法173条を適用すべきでなく、また、公団の売却代金はいわゆる金銭の給付を目的とする国の権利に該当するから会計法30条が適用されるとした。その上告審である最二小判昭和

35・7・15民集14巻9号1771頁〔27002426〕も、配炭公団は民法173条にいう商人に当たらないとした高裁判決を正当としている（なお、油糧砂糖配給公団の売却代金債権について同判決を引用し、同条の適用を否定するものとして、最一小判昭和37・5・10民集16巻5号1066頁〔27002152〕がある）。ここでは、専ら民法173条の解釈の問題としてその適用の可否が論じられたうえで適用が否定されている。なお、民法規定が適用されない場合には会計法30条が適用されると判断した高裁判決と異なり、最高裁は同条の適用に関する判断をしておらず、同公団の当該債権につき同条が適用されるか明らかではない。この点、会計法の適用があるかについては、同判決の調査官解説である『最判解説民事篇〈昭和35年度〉』法曹会〔真船孝允〕272頁は、第1に、公団の債権が同法30条にいう国の債権であるといい得るのか、第2に、本件債権が公法上の権利といい得るのか問題があるとし、第2の問題については、私法上の債権であれば民・商法の規定によって律せられることになるとしており、同条を公法上の債権を対象とする立場をとっているようにみえる。

　会計法30条の適用対象について正面から判断したのは、国の普通財産の売払いの代金債権について争われた最三小判昭和41・11・1民集20巻9号1665頁〔27001154〕である。そこで最高裁は、「本件売買のごとき国の普通財産の売払いは、所論国有財産法および会計法の各規定に準拠して行なわれるとしても、その法律関係は本質上私法関係というべきであり、その結果生じた代金債権もまた私法上の金銭債権であつて、公法上の金銭債権ではないから、会計法30条の規定により5年の消滅時効期間に服すべきものではない」とした。ここでは、私法上の金銭債権であって公法上の金銭債権ではないことを理由に同条の適用を否定していることから、同条の適用対象を公法上の金銭債権と解している。なお、同条の具体的解釈方法としては、会計法は、国の公法上の金銭債権と私法上の金銭債権の両方を対象としているが、私法上の金銭債権には民法や商法という「他の法律」が適用されるため適用されないという解釈方法と、そもそも公法上の金銭債権のみを対象としているので私法上の金銭債権には適用されないという解釈方法（この場合の「他の法律」は、公法上の金銭債権を対象とする他の法律を指すことになる）が考えられるが、この判決がどちらの解釈方法をとっ

たのかは判決文自体からは明らかではない（ただし、『最判解説民事篇〈昭和41年度〉』法曹会〔高津環〕444頁は、従来の通説及び大審院判決の立場は前者であり、本判決においても説示はされていないものの、大審院判決を改めたものではないと思われるとしている。また、自治法236条の解釈についてであるが、後掲昭和46年最三小判〔27000597〕は、民法が他の法律に当たると明示している）。

　その後の最高裁においても、ある金銭債権が、公法上のものか私法上のものかを判定したうえで会計法と民事法のいずれが適用されるのかを判断するという手法がとられている。

　最一小判昭和41・12・8民集20巻10号2059頁〔27001135〕は、一般職の地方公務員の日直手当請求権について争われたものであるが、日直手当請求権が地方公共団体に対する公法上の金銭債権であるとし、自治法（昭和38年法律99号改正前）233条によって会計法30条が準用されるため、他の法律に規定がない場合には5年の時効に服するが、「他の法律」として地公法が適用を排除していない労働基準法の短期消滅時効の規定が適用されるとしている。

　最一小判昭和44・11・6民集23巻11号1988頁〔27000773〕は、国が労働者災害補償保険法に基づき取得した損害賠償請求権について、私法上の金銭債権であり、「公法上の金銭債権ではないから、その時効による消滅については、会計法31条1項にいう『別段の規定』である民法の規定が適用されるものと解すべきである」としており、時効の利益の放棄等について定める会計法31条1項についても公法上の債権と私法上の債権の区別を用いている。

　最大判昭和45・7・15民集24巻7号771頁〔27000711〕は、供託上の法律関係は公法関係であるから会計法30条が適用されるとした原審判決（東京高判昭和40・9・15高裁民集18巻6号432頁〔27201884〕）に対し、弁済供託に係る供託金取戻請求の却下を処分とするが、弁済供託は民法上の寄託契約の性質を有するものとし、供託金の払渡請求権の消滅時効は会計法ではなく民法の適用があるとしている。

　最三小判昭和46・11・30民集25巻8号1389頁〔27000597〕も、「国または公共団体が国家賠償法に基づき損害賠償責任を負う関係は、実質上、民法上の不法行為により損害を賠償すべき関係と性質を同じくするものであるから、国家賠償法に基づく普通地方公共団体に対する損害賠償請求権は、私法上の金銭債権で

あつて、公法上の金銭債権ではなく、したがつて、その消滅時効については、地方自治法236条2項にいう『法律に特別の定めがある場合』として民法145条の規定が適用され、当事者が時効を援用しない以上、時効による消滅の判断をすることができないものと解すべきである」とする。

　以上の判決に対して、最三小判昭和50・2・25民集29巻2号143頁〔27000387〕は異なったアプローチをとる。すなわち、同判決は、国の安全配慮義務違反に基づく損害賠償請求権について、次のように判示した。「会計法30条が金銭の給付を目的とする国の権利及び国に対する権利につき5年の消滅時効期間を定めたのは、国の権利義務を早期に決済する必要があるなど主として行政上の便宜を考慮したことに基づくものであるから、同条の5年の消滅時効期間の定めは、右のような行政上の便宜を考慮する必要がある金銭債権であつて他に時効期間につき特別の規定のないものについて適用されるものと解すべきである。そして、国が、公務員に対する安全配慮義務を懈怠し違法に公務員の生命、健康等を侵害して損害を受けた公務員に対し損害賠償の義務を負う事態は、その発生が偶発的であつて多発するものとはいえないから、右義務につき前記のような行政上の便宜を考慮する必要はなく、また、国が義務者であつても、被害者に損害を賠償すべき関係は、公平の理念に基づき被害者に生じた損害の公正な塡補を目的とする点において、私人相互間における損害賠償の関係とその目的性質を異にするものではないから、国に対する右損害賠償請求権の消滅時効期間は、会計法30条所定の5年と解すべきではなく、民法167条1項により10年と解すべきである」。この判決は、当該債権が、公法上のものか私法上のものかを判定したうえで会計法と民法のいずれが適用されるのかを判断するという手法ではなく、会計法の趣旨目的からその適用の有無を判断するものである点で、従来の判決とは異なるものであった。

　これに対して、最二小判平成17・11・21民集59巻9号2611頁〔28102401〕は、公立病院の診療債権について、「公立病院において行われる診療は、私立病院において行われる診療と本質的な差異はなく、その診療に関する法律関係は本質上私法関係というべきであるから、公立病院の診療に関する債権の消滅時効期間は、地方自治法236条1項所定の5年ではなく、民法170条1号により3年

と解すべきである」とし、法律関係が私法関係であることから、自治法ではなく民法が適用されるとする旨判示している。もっとも同判決の調査官解説である『最判解説民事篇〈平成17年度（下）〉』法曹会〔土谷裕子〕878頁によれば、前掲昭和50年最三小判〔27000387〕について、「昭和41年判決と異なる基準を示しているようにもみえるが、これは、係争債権が公法上のものか私法上のものかの区別は必ずしも明確ではないとの批判があることも考慮して、上記のような判断基準を示したものであり、昭和41年判決と昭和50年判決の判決理由は矛盾するものではないと理解されている」とされる。同解説は、判決の考え方として（後記2で紹介する公営住宅に関する昭和59年最一小判〔27000001〕に言及しつつ）、診療に関する法律関係について、公法的側面を持つがその性質の本質は私法関係であることから私法上の債権であると判断したうえで、時効制度の趣旨からも適用を肯定されるとしており、法律関係の（本質的）性質を、時効制度の趣旨とは独立の考慮要素としてとらえているようにみえる。このようなアプローチがとられた理由としては、行政実務において、会計法と自治法が適用される債権と適用されない債権について、公法上の債権と私法上の債権と称してきたこと（なお、同解説は、国立病院の債権について私法上の債権とされ、公立病院の債権については公法上の債権とされ、行政実務の取扱いが分かれていたことに言及している）、また、公営住宅や公立病院の使用関係は、判例及び学説において、公の営造物の使用関係として、伝統的に公法関係とされてきたこととの関係もあるものと考えられる。なお、同判決に先立ち、最二小決平成15・10・10平成13年（受）1327号公刊物未登載〔28100340〕は、水道供給契約は私法上の契約であり、同契約により発生した地方公共団体が有する水道料金債権は私法上の金銭債権であることを理由に民法の適用を認めた東京高判平成13・5・22平成13年(ネ)928号公刊物未登載〔28100339〕に対する上告受理申立てを不受理としていた。

2　公営住宅に関する行政法規と民法・借家法

　公営住宅法及び条例に基づく公営住宅の使用関係において、私人間の家屋賃貸借関係に適用のある民事法及びその法理が適用されるか問題とされたことがある。

最一小判昭和59・12・13民集38巻12号1411頁〔27000001〕では、公営住宅法上の要件を満たしたことを理由に使用許可を取り消し、明渡請求をした事案において、信頼関係の法理が適用され、法定の要件に加え当該法理を充足する必要があるか争われた。最高裁は、公営住宅の使用関係には、公の営造物の利用関係として公法的な一面があることは否定し得ないとしつつも、基本的には私人間の家屋賃貸借関係と異なるところはないことは、公営住宅法が賃貸、家賃等私法上の賃貸借関係に通常用いられる用語を使用して公営住宅の使用関係を律していることからも明らかであるとし、したがって、公営住宅の使用関係については、公営住宅法及びこれに基づく条例が特別法として民法及び借家法に優先して適用されるが、法及び条例に特別の定めがない限り、原則として一般法である民法及び借家法の適用があり、その契約関係を規律するについては、信頼関係の法理の適用があるものと解すべきであるとしている。

　前掲昭和59年最一小判〔27000001〕は原則として民法及び借家法の適用があるとしていたが、公営住宅法の解釈により、借家法の適用を排除したものがある。最二小判昭和62・2・13裁判集民150号157頁〔27802508〕は、公営住宅法に基づく公営住宅建替事業の施行に伴い明渡請求を行うに当たって、同法の要件に加えて借家法1条ノ2の要件も満たす必要があるか争われたものであるが、公営住宅法は、事業主体が一定の要件及び手続のもとに画一的かつ迅速に事業を施行することを可能とするとともに、入居者に対して所定の措置を講ずべきものとしているのであるから、同法に基づき明渡請求をするために、同法の要件に加えて借家法1条ノ2所定の要件を具備することを要しないとしている。

3　建築基準法の規制と民法の相隣関係規定

　相隣関係を定める民法234条1項は、建物を築造するには、境界線から50cm以上の距離を保たなければならないとしているのに対して、建築基準法65条は、防火地域又は準防火地域内にある外壁が耐火構造の建築物について、その外壁を隣地境界線に接して設けることができる旨規定している。そうすると、同法上適法であっても民法の規定に違反する場合が生じ、両者がどのような関係に立つのか問題となる。

　この点、建築基準法65条は満たしているが、民法の規定に違反する建物につ

いて、同法234条2項に基づいてその収去を求めた事案において、最三小判平成元・9・19民集43巻8号955頁〔27804830〕は、建築基準法65条は、耐火構造の外壁を設けることが防火上望ましいという見地や、防火地域又は準防火地域における土地の合理的ないし効率的な利用を図るという見地に基づき、相隣関係を規律する趣旨で、右各地域内にある建物で外壁が耐火構造のものについては、その外壁を隣地境界線に接して設けることができることを規定したものと解すべきであるとし、同条所定の建築物に限り、その建築については民法234条1項の規定の適用が排除される旨を定めたものと解するのが相当であるとし、そのような解釈をしてはじめて建築基準法上その規定の意味を見いだし得るとしている。この判決は、公法と私法に係る言説を用いず、同法の解釈により、当該規定と民法の規定の関係を判断している点に特徴がある。なお、以上の法廷意見に対して、伊藤正己裁判官反対意見は、「民法234条1項は、相隣接する土地所有権の内容に制限を加え、私人間の権利関係を調整する規定」であるのに対し、「建築基準法は、建築物の敷地、構造、設備及び用途について公益の観点から最低の基準を定め」、「公法上の見地から規制を加えているのであって、法律全体としてみれば、私人間の権利を調整しているわけではない」ので、「規定自体において、民法その他の私法規定の特則を定める旨の特段の文言があればともかく、そうでない限り、建築基準法の各規定は、公法上の規制を定めているものといわなければならない」とし、公法と私法という言葉を用いている。ただし、この反対意見は、公法と私法という言葉を用いているものの、建築基準法と民法、それぞれの法律及びその規定の解釈から、その目的の内容（公益、私人間の権利調整）を導きだし、両者の関係について判断をしている点に注意する必要があろう。この点、伊藤正己裁判官が裁判長を務め、平成元年判決に先立ち、建築確認申請において民法234条1項の要件が審査の対象となるかが争われた最三小判昭和55・7・15裁判集民130号253頁〔27431851〕は、原判決を是認して、「建築基準法6条1項に基づく確認申請の審査の対象には、当該建築計画の民法234条1項の規定への適合性は含まれないから、右規定に違反する建築計画についてなされた確認処分も違法ではない」と判断しているが、その第一審・静岡地判昭和53・10・31訟務月報25巻3号873頁〔27431762〕は、

建築基準法等の諸規定は、同法1条の目的を実現するため、建築確認等をなす際の最低基準を定めたものであり、他の法令の適合性まで審査する義務や権限を有せず、したがって、当該建築物が私人間の権利義務を定めた民法に適合するか否かの判断は建築主事の権限の範囲に含まれず、境界近傍の建築物の距離制限について建築基準法に規定がない場合、相隣者相互間の権利義務を定めた民法の規定が行政庁の建築確認等の基準とはならないとの判断をしていた（原審・東京高判昭和54・4・26昭和53年（行コ）83号公刊物未登載はこれを是認）。ここでは、公法と私法という言葉を用いていないが、建築基準法と民法の規制目的の内容の相違から両者の関係が判断されているという点で前記伊藤正己裁判官反対意見の内容と共通している。

論点 3　公法上の権利・義務はいかなる性質を持つか

　行政上の法律関係に係る議論においては、公法関係における権利を「公権」、義務を「公義務」と呼び、さらに、それら公権・公義務のうち、統治権の主体たる国・地方公共団体等が人民に対して有する公権を「国家的公権」、人民が国・地方公共団体等に対して有する公権を「個人的公権」と呼び、それぞれについて、その内容、民事法の規定の適用の有無、民事法上の権利義務と異なる特質（移転・放棄の制限等）等を検討対象としてきた（以上につき、小早川・行政法上158頁以下）。ここでは、そうした問題に関わる裁判例を紹介していくことにする。

1　公法上の権利の移転等（公権の融通性）

　公権について、それを他者に譲渡等できるか争われることがある。

（1）恩給受領権

　恩給受領権者が、恩給証書と恩給金受領のための委任状を提供して恩給金の受領を債権者に委任し、その者に受領した恩給金を債務の弁済に充当させることを約すると同時に、委任契約の解除権を放棄する特約をするという方法（恩給担保と一般に呼ばれる）により、実質的に恩給法が禁じる恩給受領権への質権設定と同一の状態を実現している場合において、その有効性と、有効であることを前提に民法504条の適用があるのかが争われた事案において、最一小判昭

和30・10・27民集9巻11号1720頁〔27002981〕は、いわゆる恩給担保の実質的関係が実質上恩給受領権自体に質権を設定すると同一の効果を有するものである以上、その恩給金受領の委任と受領する恩給金による債務の弁済充当についての合意は有効であるが、その委任契約の解除権の放棄を特約することは恩給法11条に対する脱法行為として無効であるから、債務者はいつでも恩給金受領の委任を解除し恩給証書の返還を請求し得るので民法504条の担保を喪失又は減少したる場合に該当しないとした。

(2) 生活保護受給権

生活保護費を減額する旨の保護変更決定を受けた者が、当該処分に対する不服申立てとその裁決を経て裁決取消訴訟を提起したが、訴訟係属中に死亡したため、生活保護受給権を相続したとする養子夫婦が訴訟承継を主張した事案において、最大判昭和42・5・24民集21巻5号1043頁〔27001071〕は、生活保護受給権は、「被保護者自身の最低限度の生活を維持するために当該個人に与えられた一身専属の権利であつて、他にこれを譲渡し得ないし……、相続の対象ともなり得ない」、「また、被保護者の生存中の扶助ですでに遅滞にあるものの給付を求める権利についても、医療扶助の場合はもちろんのこと、金銭給付を内容とする生活扶助の場合でも、それは当該被保護者の最低限度の生活の需要を満たすことを目的とするものであつて、法の予定する目的以外に流用することを許さないものであるから、当該被保護者の死亡によつて当然消滅し、相続の対象となり得ない」。医療費の一部自己負担金の「不当利得返還請求権は、保護受給権を前提としてはじめて成立するものであり、その保護受給権が右に述べたように一身専属の権利である以上、相続の対象となり得ないと解するのが相当である」として、生活保護受給権を一身専属的な権利であることを理由として、譲渡・相続の対象とならないとし、また、派生する生存中の扶助で履行遅滞にあるものの給付請求権、不当利得返還請求権についても、譲渡・相続の対象とならないとした。さらに、最三小判昭和63・4・19判タ669号119頁〔27801989〕は、この理は、当該申請に係る保護受給権の内容が被保護者において生活保護を受けるためにその生存中に負担した弁護士費用にも及ぶとしている。

(3) 公務員の退職手当受給権

　国家公務員等退職手当法に基づく退職手当の受給権の譲渡について争われた最三小判昭和43・3・12民集22巻3号562頁〔27000979〕は、同法による退職手当の給付を受ける権利については、その譲渡を禁止する規定がないから、退職者又はその予定者が右退職手当の給付を受ける権利を他に譲渡した場合に譲渡自体を無効と解すべき根拠はないとしている（ただし、退職手当の法律上の性質は労働基準法11条にいう賃金に該当し、退職者に対する支払については、その性質の許す限り、同法24条1項が適用ないし準用されるので、その制約を受けるとしている）。

　なお、条例において、職員の死亡退職手当の受給権者の範囲及び順位につき民法の規定する相続人の順位決定の原則とは著しく異なった定め方がされている場合において、最二小判昭和58・10・14裁判集民140号115頁〔27490414〕は、当該条例の「規定は、専ら職員の収入に依拠していた遺族の生活保障を目的とし、民法とは別の立場で受給権者を定めたもので、受給権者たる遺族は、相続人としてではなく、右の規定により直接死亡退職手当を自己固有の権利として取得するものと解する」としている。

(4) 地方議員の報酬請求権

　地方議会の議員の報酬請求権の譲渡性が争われた最一小判昭和53・2・23民集32巻1号11頁〔27000257〕は、当該権利は、「公法上の権利であるが、公法上の権利であつても、それが法律上特定の者に専属する性質のものとされているのではなく、単なる経済的価値として移転性が予定されている場合には、その譲渡性を否定する理由はない」としたうえで、「地方自治法、地方公務員法には地方議会の議員の報酬請求権について譲渡・差押を禁止する規定はな」く、また、「公務の円滑な遂行を確保するために民訴法618条1項5号の趣旨を類推して議員の生活を保護すべき必要性はない」ので、「地方議会の議員の報酬請求権は、当該普通地方公共団体の条例に譲渡禁止の規定がないかぎり、譲渡することができる」と判断している。

(5) 公営住宅の使用権

　公営住宅の入居者が死亡した場合において、その相続人が当該住宅の使用権を承継できるかが争われた最一小判平成2・10・18民集44巻7号1021頁

〔27807221〕は、低額所得者に対して低廉な家賃で住宅を賃貸することにより、国民生活の安定と社会福祉の増進に寄与するという公営住宅法の目的や、入居者は法令に基づく要件、選考基準、手続に従い決定されなくてはならないとされていること等を指摘し、そのような公営住宅法の規定の趣旨によれば、入居者が死亡した場合には、その相続人が公営住宅を使用する権利を当然に承継すると解する余地はないとしている。

(6) 国民年金支払請求権

最三小判平成7・11・7民集49巻9号2829頁〔27828271〕では、国民年金法に基づく年金の受給資格者が国に対して未支給年金の支払を求める訴訟を提起した者が、訴訟係属中に死亡したため、その養女が相続により又は同法19条1項の規定により年金請求権を取得し、原告たる地位を当然に承継したと主張して訴訟手続の受継の申立てをした事案である。そこで、最高裁は、同項の規定は、「相続とは別の立場から一定の遺族に対して未支給の年金給付の支給を認めたものであり、死亡した受給権者が有していた右年金給付に係る請求権が同条の規定を離れて別途相続の対象となるものでな」く、「同条1項所定の遺族は、死亡した受給権者が有していた請求権を同項の規定に基づき承継的に取得するものと理解することができるが、……自己が所定の遺族に当たるとしてその権利を行使するためには、社会保険庁長官に対する請求をし、同長官の支給の決定を受けることが必要であ」り、「遺族は、社会保険庁長官による未支給年金の支給決定を受けるまでは、死亡した受給権者が有していた未支給年金に係る請求権を確定的に取得したということはできず、同長官に対する支給請求とこれに対する処分を経ないで訴訟上未支給年金を請求することはできない」として、訴訟承継を否定している。

もっとも、福岡高判平成10・10・9民集58巻3号724頁〔28040833〕は、世帯単位でされる生活保護については、被保護世帯の構成員が、それぞれ保護受給権を有し、保護変更処分等を争う適格を有する一方で、保護変更処分等の効果は、世帯全体ないしその各構成員全体に等しく及び、世帯主は、被保護世帯ないしは保護受給権者のいわば代表として当該処分の名あて人となることを理由として、保護変更処分の取消請求訴訟を提起した世帯主が訴訟係属中に死亡しても、

これにより直ちに訴訟は終了せず、右世帯主によって代表された他の受給権者がこれを承継するとしている。

(7) 商標登録異議申立て

商標法に基づく商標登録異議申立てを行った会社が合併によって消滅した場合に、その地位が合併後の存続会社に承継されるか問題とされた事件として、最二小判昭和56・6・19民集35巻4号827頁〔27000131〕がある。そこで最高裁は、「商標登録異議制度については、……これを異議申立人の経済的利益の擁護、救済を趣旨としたものと解する余地があるかのようであるが、……商標法17条、特許法55条1項の規定により異議申立ては何人でもすることができるものとされていることに徴すると、結局、右制度は、利害関係の有無にかかわらず何人でも異議の申立てができるものとすることによつて、商標登録出願の審査の過誤を排除し、その適正を期するという公益的見地から設けられたものであつて、異議申立人たる会社が合併によつて消滅したときは、それによつて異議申立ては失効し、異議申立人たる地位が合併後存続する会社に承継される余地はない」とし、その地位が異議申立人の利益の擁護・救済ではなく、公益的見地から与えられたものであることを理由として承継を否定している。

(8) 情報開示請求権

情報公開条例に基づく開示請求を行ったところ一部非開示処分を受けたため、その取消しを求めて取消訴訟を提起し、争っていた者が、高裁判決言渡し前に死亡していた事案において、最三小判平成16・2・24裁判集民213号567頁〔28090642〕では、情報公開条例に基づく情報開示請求権は一身専属的権利であることを理由に、相続の対象とはならないとしている。

(9) 取消訴訟における法律上の利益

開発許可の取消訴訟の係属中に原告が死亡した事案において、最三小判平成9・1・28民集51巻1号250頁〔28020400〕は、「本件開発許可の取消しを求める法律上の利益は、同上告人の生命、身体の安全等という一身専属的なものであり、相続の対象となるものではない」ので訴訟は当然に終了するとし、原告適格を基礎付ける法律上の利益の内容の一身専属性を基礎として、それが相続の対象となることを否定している。

最三小判昭和49・12・10民集28巻10号1868頁〔27000404〕は、「免職処分の取消しによつて回復される右給料請求権等が一身専属的な権利ではなく、相続の対象となりうる性質のものである以上、その訴訟は、原告の死亡により訴訟追行の必要が絶対的に消滅したものとして当然終了するものではなく、相続人において引き続きこれを追行することができるものと解すべきである。けだし、免職処分を取り消す判決によつて給料請求権等を回復しうる関係は、右取消しに付随する単なる法律要件的効果ないし反射的効果ではなく、取消訴訟の実質的目的をなすものであつて、その訴訟の原告適格を基礎づける法律上の利益とみるべき」であるとし、給料請求権を性質上相続の対象となるとして法律上の利益を認めている。

(10) 住民訴訟

最二小判昭和55・2・22裁判集民129号209頁〔27670884〕は、客観訴訟である住民訴訟について、特に理由を述べることなく、原告が死亡した場合、相続人に訴訟は承継されず当然に終了するとしている。

2 公権の内容とその保護

行政法規によって付与された公権について、それがいかなる内容のものであり、また行政及び民事の裁判上保護を受けることができるのか争われることがある。このうち、行政訴訟上の保護の問題については、現在では行訴法の原告適格の問題において議論されることが多いので、そこに譲る。

(1) 公権の相対性―公水使用権

伝統的な学説においては、公権が、普通、公益上の見地から、公益と調和し得る限度において与えられたものであることから、それは独占的な絶対不可侵の権利ではなく、他の公益上の目的から合理的な範囲での制限を受けると説かれ、公権のそうした特徴を「公権の相対性」と呼んでいた（田中・新版行政法上巻〈全訂第2版〉86頁）。そうした公権の相対性を示したものとして参照されてきたものとして、慣行水利権の独占排他性について判断した最三小判昭和37・4・10民集16巻4号699頁〔27002167〕がある。そこで最高裁は、「公水使用権は、それが慣習によるものであると行政庁の許可によるものであるとを問わず、公共用物たる公水の上に存する権利であることにかんがみ、河川の全水量を独占

排他的に利用しうる絶対不可侵の権利ではなく、使用目的を充たすに必要な限度の流水を使用しうるに過ぎないものと解する」としている。

(2) 公権と民事訴訟による保護―道路通行権

公権が私権として民事訴訟によって保護を受け得るか争われることがある（なお、宝塚パチンコ事件・最三小判平成14・7・9民集56巻6号1134頁〔28071914〕）に代表される公権が公権として民事訴訟により保護を受け得るかという問題についてはここでは扱わない）。その代表的事例として道路通行権に関する一連の最高裁判決がある。

最一小判昭和39・1・16民集18巻1号1頁〔27001954〕は、次のように述べている。「地方公共団体の開設している村道に対しては村民各自は他の村民がその道路に対して有する利益ないし自由を侵害しない程度において、自己の生活上必須の行動を自由に行い得べきところの使用の自由権（民法710条参照）を有するものと解するを相当とする。勿論、この通行の自由権は公法関係から由来するものであるけれども、各自が日常生活上諸般の権利を行使するについて欠くことのできない要具であるから、これに対しては民法の保護を与うべきは当然の筋合である。故に一村民がこの権利を妨害されたときは民法上不法行為の問題の生ずるのは当然であり、この妨害が継続するときは、これが排除を求める権利を有する」。

最二小判平成5・11・26裁判集民170号641頁〔27816881〕は、「建築基準法42条2項に規定する指定がされた本件道路指定土地内に同法44条1項に違反する建築物である本件ブロック塀を設置したものであるが、このことから直ちに、本件道路指定土地に隣接する土地の地上建物の所有者である被上告人に、本件ブロック塀の収去を求める私法上の権利があるということはできない」としている。

最一小判平成9・12・18民集51巻10号4241頁〔28030173〕は、「建築基準法42条1項5号の規定による位置の指定（以下「道路位置指定」という。）を受け現実に開設されている道路を通行することについて日常生活上不可欠の利益を有する者は、右道路の通行をその敷地の所有者によって妨害され、又は妨害されるおそれがあるときは、敷地所有者が右通行を受忍することによって通行者の通行

利益を上回る著しい損害を被るなどの特段の事情のない限り、敷地所有者に対して右妨害行為の排除及び将来の妨害行為の禁止を求める権利（人格権的権利）を有するものというべきである」とし、その理由として、「道路位置指定を受け現実に開設されている道路を公衆が通行することができるのは、本来は道路位置指定に伴う反射的利益にすぎず、その通行が妨害された者であっても道路敷地所有者に対する妨害排除等の請求権を有しないのが原則であるが、生活の本拠と外部との交通は人間の基本的生活利益に属するものであって、これが阻害された場合の不利益には甚だしいものがあるから、外部との交通についての代替手段を欠くなどの理由により日常生活上不可欠なものとなった通行に関する利益は私法上も保護に値するというべきであり、他方、道路位置指定に伴い建築基準法上の建築制限などの規制を受けるに至った道路敷地所有者は、少なくとも道路の通行について日常生活上不可欠の利益を有する者がいる場合においては、右の通行利益を上回る著しい損害を被るなどの特段の事情のない限り、右の者の通行を禁止ないし制限することについて保護に値する正当な利益を有するとはいえず、私法上の通行受忍義務を負うこととなってもやむを得ないものと考えられるからである」としている。

　その他の特徴的な事例として、最三小判昭和47・12・12民集26巻10号1877頁〔27000522〕（公有水面埋立法上の埋立免許を受けた者による、法律上埋立地の所有権を取得する竣功認可以前の時期における不法占有者に対する損害賠償請求について、竣功認可前において埋立地を使用する権利は、埋立工事を行うために必要な限度にとどまらず、埋立地を完全に支配し、埋立の目的に反しない限りこれを自由に使用しかつ収益しうることを内容とするもので、竣功認可後に取得すべき所有権の実質において異ならないとして認めたもの）、神戸地判平成4・6・30判タ802号196頁〔27814261〕（医師法上の応招義務につき、公法上の義務としながら、当該義務は患者保護の側面をも有するとして、診療拒否の正当事由を具体的に主張・立証しない限り損害賠償責任を負うとするもの）、東京地判平成19・6・27判タ1275号323頁〔28132199〕（個人情報保護法に基づく個人情報取扱事業者に対する保有個人データの開示請求につき、裁判上の請求を認めると紛争解決手段に関する法の規定が空文化することとして否定したもの）など。

論点 ④ 公法法規違反ないし前提となる行政行為を欠く法律行為の効力はどうなるか

1 公法法規違反の法律行為の効力に関する基本的な枠組み

　公法とされる行政法規が、ある行為を規制している場合に、それに違反して行われた法律行為が民事法上の効力を有するのかという問題がある。この問題について、一般に、当該法規による規制の趣旨について、その違反が違反してなされた法律行為を直ちに無効とする趣旨のものか、単に事実として行為の規制をするものにすぎないものであるかどうかを判断し、そして、前者の趣旨のものであれば、その趣旨に従って直ちに当該法律行為を無効にする一方、後者のような場合には、直ちに無効とはせず、さらに当該行為が民法90条に違反する等の事情がある場合にのみ無効とするという考え方がとられている。

　前者のような趣旨の行政法規を強行法規、そうではないものを取締法規と呼ぶ例が大審院時代からみられる。筆者が調査した中で取締規定という言葉を使ったもっとも古い大審院の判決は大判明治34・5・8民録7輯5巻44頁〔27520217〕である。そこで大審院は、明治17年兵庫県222号達による公認を得ることなく締結された契約の効力に関する判断において、同県達は、地方行政上取締りのために設けた規定にすぎず、これに違背したからといって直ちに契約を無効とすべきでないとしている。同様に、「強行法規」という言葉を用いた古い判決として大判大正3・6・27民録20輯519頁〔27521790〕がある。そこでは、親が学齢児童である娘を工場に就業させる契約が小学校令に違反するとしてその効力が争われているが、大審院は、小学校令32条3項によれば、保護者は学齢児童を就学させる義務を負い、同令35条は学齢児童を雇用する者は就学を妨げない義務を負うとしたうえで、契約中にそれらの義務の履行をなすことを不可能とするような趣旨の規定があれば、当該契約は小学校令32条3項、35条の強行法規に反するものとして無効となるとしている。もっとも、強行法規という言葉が使われた例はあまりなく、当該法規の強行法規性を否定する際には、契約の成立要件ではない（大判明治36・3・31民録9輯376頁〔27520455〕）、当該法規は契約を無効とする旨を定めたものではない（大判大正4・5・15新聞1046号30頁〔27980339〕等）、法律行為の効力を定めたものではない（大判大正4・6・28民

2 行政上の法律関係

録21輯1048頁〔27521977〕)、などの表現が用いられることが多かった。なお、斤先掘契約について、鉱業法17条に違背し、民法90条にいわゆる公の秩序に反する事項を目的とする法律行為であるとして契約を無効と判断した、大判大正8・9・15民録25輯1633頁〔27522908〕のように、強行法規、取締法規という言葉を用いず、強行法規違反として法律行為を無効にしたものかどうか明確ではないものもあった。

　戦後の最高裁判例においても以上のような立場は基本的に引き継がれている。ある行政法規を取締法規としたうえで契約が無効とならないとしたものとして、最三小判昭和30・10・18裁判集民20号133頁〔27400774〕がある。そこで最高裁は、違反した貸金業等の取締に関する法律の規定は「単なる行政上の取締規定に過ぎず、たとえその規定に違反しても、それだけでは無尽講契約が当然無効となるものではない」としている。また、食品衛生「法は単なる取締法規にすぎないものと解するのが相当であるから、上告人が食肉販売業の許可を受けていないとしても、右法律により本件取引の効力が否定される理由はない」とした最二小判昭和35・3・18民集14巻4号483頁〔27002483〕は、学説において、代表的な最高裁判例として紹介されることが多い。他方で、強行法規であり、契約が無効とされた代表的な最高裁判例として、最二小判昭和30・9・30民集9巻10号1498頁〔27002991〕がある。そこで、最高裁は、臨時物資需給調整法に基づく加工水産物配給規則「によつて指定された煮乾いわし等の物資については法定の除外事由その他特段の事情の存しない限り同規則3条以下所定の集荷機関、荷受機関、登録小売店舗等の機構を通ずる取引のみの効力を認め右以外の無資格者による取引の効力を認めない趣意であつて、右法令は此の意味に於ける強行法規であると解される」として、無資格者により行われた契約を無効であるとしている。

　なお、裁判所において、ある行政法規に対する違反が、直ちに法律行為の無効をもたらさないとされる場合であっても、それは、当該法規に違反するすべての場合を無効とすることの否定─違法即無効の否定─を意味するにとどまり、法律の趣旨に照らしてさらに一定の要件を満たした場合に無効となるとする場合がある。最三小判昭和62・5・19民集41巻4号687頁〔27800039〕は、「随意契約

の制限に関する法令に違反して締結された契約の私法上の効力については別途考察する必要があり、かかる違法な契約であつても私法上当然に無効になるものではなく、随意契約によることができる場合として前記令の規定の掲げる事由のいずれにも当たらないことが何人の目にも明らかである場合や契約の相手方において随意契約の方法による当該契約の締結が許されないことを知り又は知り得べかりし場合のように当該契約の効力を無効としなければ随意契約の締結に制限を加える前記法及び令の規定の趣旨を没却する結果となる特段の事情が認められる場合に限り、私法上無効になるものと解するのが相当である」としている。

また、民法90条等に照らして法律行為が無効と判断される場合がある（大判大正5・1・29民録22輯66頁〔27522102〕は、当該法規が行政上の取締りをなす趣旨に出たものであることから、契約の自由により、公の秩序又は善良の風俗に反する事項を目的とするものではない限り、法規違反はその効力に影響を及ぼすものではないとしていた）。最一小判昭和39・1・23民集18巻1号37頁〔27001952〕は、食品衛生法に違反するという理由だけでアラレの販売は民法90条に反し無効のものとなるものではないとし、「アラレの製造販売を業とする者が硼砂の有毒性物質であり、これを混入したアラレを販売することが食品衛生法の禁止しているものであることを知りながら、敢えてこれを製造の上、同じ販売業者である者の要請に応じて売り渡し、その取引を継続したという場合には、一般大衆の購買のルートに乗せたものと認められ、その結果公衆衛生を害するに至るであろうことはみやすき道理であるから、そのような取引は民法90条に抵触し無効」としている。また、最二小判平成23・12・16裁判集民238号297頁〔28180015〕は、建築基準法違反の違法な建物の建築を目的とする契約の有効性が問題となった事案で、「本件各建物の建築は著しく反社会性の強い行為であるといわなければならず、これを目的とする本件契約は、公序良俗に反し、無効である」としている。

逆に、当該法規に違反する場合に法律行為が無効とされる場合であっても、当該法律行為が全部無効とされるのではなく、当該法規の趣旨に照らして、その射程外としたり、無効とされる範囲を限定する場合がある。最三小判昭和29・8・24民集8巻8号1534頁〔27003139〕は、大判昭和20・6・22昭和19年(オ)766号

公刊物未登載を引用して、「価格統制の規定に違反した売買は売買を全面的に無効とするものではなく、価格の超過部分だけを無効とすべきものであること」であるとしたうえで、「前記法条はどこ迄も価格の調整であつて農地の所有権移転そのものの統制ではない。右法条の存在に拘わらず農地の売買が同法所定の範囲内の代価で行われるならば売買は何等の支障なく効力を生ずるという迄もない。このことを考えれば売買がたとえ法所定の価格を超える代価を以て為されても、その代金額が法所定の限度に引き下げられれば売買は有効となり、所有権の移転は認められても法の趣旨に反する処はない」としている。最一小判昭和45・2・26民集24巻2号104頁〔27000741〕は、「宅建業法17条1項、2項は、宅地建物取引の仲介報酬契約のうち告示所定の額を超える部分の実体的効力を否定し、右契約の実体上の効力を所定最高額の範囲に制限し、これによって一般大衆を保護する趣旨をも含んでいると解すべきであるから、同条項は強行法規で、所定最高額を超える契約部分は無効である」としている（同様に、制限額を超えた部分について私法上無効としたものとして、最二小判平成6・4・22民集48巻3号944頁〔27818523〕）。

　また、強行法規に当たり契約が無効とされた場合において、契約に際して行った給付が直ちに民法708条の不法原因給付と評価されるわけではない。最一小判昭和37・3・8民集16巻3号500頁〔27002184〕は、「民法708条にいう不法の原因のための給付とは、その原因となる行為が、強行法規に違反した不適法なものであるのみならず、更にそれが、その社会において要求せられる倫理、道徳を無視した醜悪なものであることを必要とし、そして、その行為が不法原因給付に当るかどうかは、その行為の実質に即し、当時の社会生活および社会感情に照らし、真に倫理、道徳に反する醜悪なものと認められるか否かによつて決せらるべきもの」としている。

　なお、行政法規に違反して行われた場合に法律行為が無効となるとされた最高裁判例として、最一小判昭和35・7・27民集14巻10号1913頁〔27002420〕（中小企業等協同組合法違反の預金の受入契約）、最二小判昭和37・3・23裁判集民59号553頁〔27660850〕（農業災害補償法違反の選挙による理事の選任）、最二小判昭和38・6・21民集17巻5号754頁〔27002018〕（労働基準法違反の懲戒解雇）、最三小判昭和

40・12・21民集19巻9号2187頁〔27001242〕（臨時物資需給調整法違反の木炭出荷契約）など。行政法規違反の法律行為が直ちに無効にならないとされたものとして、最一小判昭38・10・3民集17巻9号1133頁〔27001996〕（無尽業法違反の貸付行為）、最大判昭和38・10・30民集17巻9号1266頁〔27001987〕（弁護士法違反の訴訟行為）、最一小判昭和39・10・29民集18巻8号1823頁〔27001354〕（無免許の自動車運送事業者が締結した運送契約）、最一小判昭和40・12・23民集19巻9号2306号〔27001237〕（外国為替及び外国貿易管理法並びに外国為替管理令違反のドル債券譲渡行為）、最大判昭和42・9・27民集21巻7号1955頁〔27001041〕（業務停止中の弁護士の訴訟行為）、最二小判昭和49・7・19裁判集民112号249頁〔27441629〕（商品取引所法違反の商品取引受託契約）、最二小判昭和52・6・20民集31巻4号449頁〔27000280〕（独禁法違反の貸付契約）、最三小判平成元・6・20民集43巻6号385頁〔27804472〕（憲法違反の場合の売買契約。ただし、当該契約がその成立の経緯及び内容において実質的にみて公権力の発動たる行為と何ら変わりがないといえるような特段の事情のない限りとされている）、最一小判平成16・1・15民集58巻1号156頁〔28090330〕（地公法違反の職員派遣を内容とする協定）、最二小判平成21・12・18民集63巻10号2754頁〔28154005〕（労働者派遣法に違反して行われた派遣労働者と派遣元との間の雇用契約）など。

2　取締法規と強行法規の区別の基準

以上のように法律行為が直ちに無効になるかどうかについて違反する行政法規により区別するとしても、どのような基準によりこの区別をするのかが問題となる。この点、多くの裁判例は個別の法解釈によりそのどちらに当たるのかを判断するにとどまるが、一般的な区別の基準を説示しているものとして大判昭和2・12・10民集6巻748頁〔27510734〕がある。そこで大審院は、法規の禁止に反する法律行為が無効になるかどうかは、「その禁令の趣旨を究むるに因りて始めて解決する」問題であるとし、「反禁に対する制裁として刑罰を課する場合」はその一例であるが例外がない原則ではなく、「其の法規の趣意専ら其の行為より生する法律上の効果を弾圧するに在るときは其の行為は無効なること勿論なる」も、そうではなく「唯其の行為を為すと云ふことそのもの即客観的事実を禁遏するに在るときは其の行為の法律上の効果は何等其の発生を妨げ

らるること無し」としている。そこでは、無効となるかは、基本的に、法律の趣旨により判断されること、法律上の効果を弾圧するものである場合は無効となり、行為をするという客観的事実を禁圧するものである場合は法律上の効果に影響を及ぼさないとしている。なお、制裁として刑罰が科されていることは1つの判断基準となるが、絶対的な要件ではないとしている点も注目される。すなわち、本判決に先立ち、大審院は、府県令である講会取締規則に違反した法律行為の有効性が争われた一連の判決において、当該規則は行政上の取締りを目的として設けられたものであり契約を無効とするものではないとしていたが（大判大正4・5・15新聞1046号30頁〔27980339〕等）、それらの判決の中でも大判大正4・8・27民録21輯1411頁〔27522002〕等は、当該規則は行政上の取締りを目的として規定されたものと解すべきであり、当該規則に違反した場合には、拘留又は科料の制裁を受けることがあるが、そのために契約を当然無効にするものではないとしていたことに留意する必要がある（同旨、大判大正4・12・22民録21輯2158頁〔27522084〕等。なお、大正4年大判〔27522002〕は、法律により認められた契約の自由を県令により制限することはできないことも理由として明示している）。

3　前提となる行政処分の欠缺と法律行為の効力

　前記1の問題と関連して、ある法律行為をする前提として一定の行政処分を受けることとされている場合、それを欠いて行われた法律行為の効力がどうなるのか問題となる。

　この問題に関する裁判例としては、農地法上の許可を受けないで行った契約に関するものが多数を占める。同法は、農地等の権利移転や転用について、都道府県知事の許可にかからしめ、許可を受けないでした行為は、その効力を発生しないとしており（3、5条）、この許可を受けないで行われた売買契約等の有効性が問題となる。

　最二小判昭和30・9・9民集9巻10号1228頁〔27003013〕は、農地法の前身である農地調整法上の許可を受けずに贈与契約を行った事案で、「許可は贈与の有効要件であつてその成立の要件でないのみならず、この許可は所論のように必ずしも贈与の成立前になされなければならないものと解すべき根拠はない」とし、贈与契約の成立を認めている。最一小判昭和33・6・5民集12巻9号1359頁

〔27002666〕は、農地法3条の許可を受けることを停止条件として農地売買契約を締結したが、所有権の移転登記手続に協力しないため、その履行を求めて民事訴訟が提起された事案であるが、その中で事前に許可を受けていない売買契約の有効性が問題とされた。そこで最高裁は、「売買契約について県知事の許可を得ていないことは所論のとおりである。しかし、……右売買契約は県知事の許可を停止条件として効力を発生させる趣旨の契約であつたと認定しているのであり、その限りにおいて、その効力を否定する所論法令上の根拠を見出し得ない」として停止条件付契約の有効性を認めている。もっとも、最高裁は、最二小判昭和36・5・26民集15巻5号1404頁〔27002296〕において「原判決が、農地の所有権移転を目的とする法律行為は都道府県知事の許可を受けない以上法律上の効力を生じないものであり（農地法3条4項）、この場合知事の許可は右法律行為の効力発生要件であるから、農地の売買契約を締結した当事者が知事の許可を得ることを条件としたとしても、法律上当然必要なことを約定したに止まり、売買契約にいわゆる停止条件を附したものということはできないとしたことは正当である」とし、この条件は法律上当然必要なものであり（いわゆる法定条件）、いわゆる停止条件ではないとしている。そして、このような法定条件につき、民法の条件に関する規定の適用があるかにつき、法定条件にも性質の許す限り民法の条件に関する規定の類推適用があるとしても、民法130条の規定するような当事者の意思表示に付する擬制的効果によって、知事の許可によるべき農地所有権移転の効力を左右することは性質上許されないとしている。

なお、農地法の許可がない場合には、通常の売買契約等による所有権移転の効力が認められないだけでなく、裁判により賃貸借契約の解除が認められた場合（最三小判昭和41・7・26裁判集民84号179頁〔27661206〕）や、強制競売、任意競売及び国税徴収法による滞納処分（その他の法令により同法の滞納処分の例による場合を含む）による公売により所有権が移転する場合（最三小判昭和42・3・7民集21巻2号262頁〔27001108〕）においても、その効力は発生しないとされている。

行政処分を法律行為の効力発生要件としている場合であっても、その後の事情の変化により法令の規律の対象から外れたり、また法令自体が廃止された場

2 行政上の法律関係

合に、当該法律行為の効力をどのように考えるのか問題となる。最二小判昭和42・10・27民集21巻8号2171頁〔27001030〕は、土地が恒久的に宅地となった場合において、農地の現況主義に照らして、「売買契約の締結後に買主の責に帰すべからざる事情により農地でなくなり、もはや農地法5条の知事の許可の対象から外されたものというべきであり、本件売買契約の趣旨からは、このような事情のもとにおいては、知事の許可なしに売買は完全に効力を生ずる」としている（さらに周囲の宅地化という客観的状況の変化も事情として付け加えたものとして、最二小判昭和44・10・31民集23巻10号1932頁〔27000776〕）。また、最一小判昭和42・4・13民集21巻3号624頁〔27001090〕は、町村制のもとで必要とされた府県知事の許可を得ないで行われた村による基本財産の処分について、「地方自治法の施行と同時に同法附則11条により、完全にその効力を生ずるに至った」としてその効力を認めている。他方で、宗教法人令のもとで要求されていた主管者の承認を受けていなかった財産処分を内容とする土地賃貸借契約について、同令が廃止され、そのような制限規定のない宗教法人法が施行されたことにより、その効力が有効なものとなるのか争われた事案で、最二小判昭和37・7・20民集16巻8号1632頁〔27002116〕は、新法のもとではそのような制限はないが、それにより同契約を無効とする原判決を相当とする結論は左右されないとした（同じく知事の認可を得ていない不動産長期賃貸借契約について、最三小判昭和43・2・27裁判集民90号455頁〔27403144〕も、宗教法人法のもとで地方長官の認可を要しないこととなっても、そのことにより当然に有効となるものではないとしている）。

　前提となる行政処分を欠く法律行為の有効性について判断された最高裁判例としては次のようなものがある。最二小判昭和35・7・1民集14巻9号1615頁〔27002433〕（自治法上必要とされる村議会の議決を欠いて行った村長の手形振出行為を無効としたもの。この場合における民法の表見代理規定の適用については【論点1】の2(1)参照）、最一小判昭和45・12・24民集24巻13号2187頁〔27000658〕（主務大臣の認可を受けないで変更した普通保険約款に基づく保険契約。ただし、その変更が保険業者の恣意的な目的に出たものでなく、変更された条項が強行法規、公序良俗に違反し、特に不合理なものではない限りとされている）。

　以上とは逆に、法律行為がなされていない場合に、行政処分がなされたこと

を理由として法律行為が有効となるかが問題となることがあるが、最三小判昭和38・11・12民集17巻11号1545頁〔27001972〕は、「農地法第3条に定める農地の権利移動に関する県知事の許可の性質は、当事者の法律行為（たとえば売買）を補充してその法律上の効力（たとえば売買による所有権移転）を完成させるものにすぎず、講学上のいわゆる補充行為の性質を有すると解されるところ、かりに、本件のように、売主と転買人との間に売買にもとづく所有権の移転につき県知事の許可がされたとしても、売主と転買人との間に権利移転に関する合意が成立していない以上、右県知事の許可があつても所有権移転の効力を生ずることはない」としている。

4 行政処分による規律とそれと異なる行政主体・私人間の契約ないし合意の拘束力

上述の公法法規違反の法律行為の効力の問題と関わるものとして、公法法規に基づいて行政処分により規律された行政上の事項について行政主体と私人の間の契約ないし合意で別個の規律をなしうるかという問題がある。具体的に議論されているのは、特に公害防止協定についてである。町と事業者との間の公害防止協定で定められた産業廃棄物処理施設の使用期限条項が、知事が事業者に対して行った廃掃法上の許可との関係で法的拘束力を持つかが問題となった事例で、最二小判平成21・7・10裁判集民231号273頁〔28152029〕は、同法上、事業者に対してなされた許可は、「知事が、処分業者としての適格性や処理施設の要件適合性を判断し、産業廃棄物の処分事業が廃棄物処理法の目的に沿うものとなるように適切に規制できるようにするために設けられたものであり、上記の知事の許可が、処分業者に対し、許可が効力を有する限り事業や処理施設の使用を継続すべき義務を課すものではないことは明らかである」などとしたうえで、「処分業者が、公害防止協定において、協定の相手方に対し、その事業や処理施設を将来廃止する旨を約束することは、処分業者自身の自由な判断で行えることであり、その結果、許可が効力を有する期間内に事業や処理施設が廃止されることがあったとしても、同法に何ら抵触するものではない」として、公害防止協定に定められた使用期限条項について、法的拘束力を認めた。

（北島周作）

3 行政処分

【概要】
1 行政行為ないし行政処分の概念

　行政行為の概念は、法令上の用語として用いられないが、行政行為は、他の国家行為（立法行為・裁判行為等）、私法上の法律行為と異なり、特殊の性質を与えられることから、特殊の法的規律の適用を受けるべきことに鑑み、これを統一的に説明するため、学問上の用語として発達してきたものである。

　行政行為とは、行政庁が、法に基づき、優越的な意思の発動又は公権力の行使として、国民に対し、具体的な事実に関し法的規制をする行為をいうが、この用語法は、同概念を認める目的に照らし、最も妥当な用例であることから、多少の説明上のニュアンスを示しながらも、講学上現在なお広く用いられている。

　実定法には、行手法（2条2号）、行審法（1条2項）、行訴法（3条2項）に、「行政庁の処分」の概念がある。実定法上単に「処分」という場合には、「その他公権力の行使に当たる行為」を含む意味に用いられる場合（行手法2条2号、行審法1条2項、行訴法3条2項）とそうでない場合（自治法255条の3）があるが、その用例は、各法律の目的により必ずしも一定していない。

　裁判例では、抗告訴訟の対象となる「行政庁の処分」（行訴法3条2項）についてであるが、「行政庁の処分」とは、行政庁の法令に基づく行為のすべてを意味するものではなく、公権力の主体たる国又は公共団体が行う行為のうち、その行為によって、直接国民の権利義務を形成し又はその範囲を確定することが法律上認められているものをいう（行政事件訴訟特例法時代の裁判例であるが、最一小判昭和39・10・29民集18巻8号1809頁〔27001355〕）と解されている。

　近年、実定法上の用語法にならい行政処分の概念を用いる学説が増えている。①各法律における「処分」の意義は、微妙に相違すること、②講学上行政行為でない作用（条例、行政指導など）が国民の救済の便法として抗告訴訟の対象となる「行政庁の処分」に当たると解される例があることなどから、講学上の用語としての行政行為を維持する考え方もなお有力である。以下では、講学上の行政処分の概念は、実定法上の「処分」の概念と必ずしも一致しないことに留意しながら、公法私法二元論に由来する伝統の重荷を背負った行政行為の語の使用を避けるという見地から（小早川・行政法上281頁）、行政処分の概念を用いることとする。

2 事実行為の位置付け

　行政処分については、何ら形式の定めがなく、したがって、強制検診（感染症の予防

及び感染症の患者に対する医療に関する法律17条2項)や強制入院(精神保健及び精神障害者福祉に関する法律29条1項)といった事実上の執行行為が、同時に、相手方に対するこれらの措置を受忍すべき旨の命令を包含するものと解されるべき場合があり得る(田中・行政法総論268頁)。

この問題に関し、行訴法では、抗告訴訟の対象となる「公権力の行使」は「行政庁の処分」と「その他公権力の行使に当たる行為」とに分けられ、「その他公権力の行使に当たる行為」の中に、「代執行としてなされる義務実現行為、あるいはいわゆる直接強制による諸行為、又は行政上の即時強制(例えば精神病患者の即時強制収容)として許されている諸行為のごとき」事実行為的処分が含められている。こうした事実行為的処分は、「行政庁の一方的意思決定に基づき、特定の行政目的のために国民の身体、財産等に実力を加えて行政上必要な状態を実現させようとする権力的行為」であり、その行為は「法律行為的処分と同様に法の根拠を要するとともに、国民の権利自由に対する侵害の可能性をもつ行為」とみられるからである(杉本・行政事件訴訟法の解説9、12頁)。

•••••• 論　点 ••••••

1　公権力の行使の意義をどうとらえるか
2　国・地方公共団体以外の者への公権力の行使の委任に関する問題
3　給付行政上の行為の処分性
4　解釈上の形式的行政処分
5　立法行為と処分性
6　一般処分に関する問題
7　中間段階の行為に関する問題
8　通知、警告、督促等に関する問題
9　登録、証明等に関する問題
10　申請等の受理・不受理及び申請等に対する拒否行為の処分性
11　下命に関する問題
12　許可に関する問題
13　公企業の特許に関する問題
14　認可に関する問題
15　確認行為に関する問題
16　行政処分の外部行為性に関する問題
17　行政処分の成立及び効力発生
18　行政処分の通知・公告に関する問題
19　行政処分の発効に関し特別の定めがある場合の問題
20　表示主義・意思主義の問題

21 行政処分に特有の諸効力に関する問題
22 行政処分の効力の消滅に関する問題
23 行政処分の取消し・撤回をなし得る機関及びその方式
24 行政処分の取消しとその制限
25 行政処分の撤回とその制限及び補償の要否
26 行政処分の附款の意義とそれに関わる諸問題
27 附款を付すことの可否
28 附款の適否
29 違法な附款が行政処分の効力に及ぼす影響

論点 1　公権力の行使の意義をどうとらえるか

　行政処分の概念の構成要素を分析し、その特質を明らかにし、それを通し、行政処分の行政作用全体の中における位置付けを試みれば、まず、行政処分は、行政庁が、法に基づき、公権力の行使として、国民に対し、具体的な事実に関し法律的規制をなす行為である。ここにいう公権力の行使の意義は、必ずしも明らかではないが、伝統的学説においては、高権的権力の一方的発動としてなされる一方的な行為であるところに、公権力性の契機は求められている（田中・行政法総論264頁）。そして、公権力の行使に当たる行為は、法が認めた優越的な地位に基づき、行政庁が法の執行としてする権力的な意思活動であって、その特質は、次の点にあると解されている（司研・実務的研究14頁）。

　①その行為については、これをする行政庁が、その相手方の意思のいかんにかかわらず一方的にこれをするという自己の意思を決定することができ、その結果について相手方に受忍を強制することができる。②その行為を行政庁が公権力の行使として行った場合には、その行為の結果に優越的な通用力があり、権限ある行政庁又は裁判所によって取り消されない限り、私人がその効果を否定できない効力（公定力）がある。

　ある行為が公権力の行使に当たるかは、訴訟制度ともからんだ立法政策に属する問題であって、実定法規以前に先験的に決まっているものではないから、本来的には非権力的な性格の行為について、法律上公権力の行使の性質が付与されているかどうかが問題となる。この点に関する裁判例は、公権力の行使の

性質が付与されているかどうかの判定を、主として、①行政庁の権限の行使が法律に根拠のあるものかどうか、②立法政策として、根拠法規が当該行為に争訟性を認める規定を置くかどうかなどによって判断しているほか（最一小判平成15・9・4裁判集民210号385頁〔28082411〕に対する匿名コメント（判時1841号90頁））、③ある行為により規律される法律関係が、私法上のもの又は公法上のものと確定することができたとしても、これにより当然に当該行為の性質を決定できるわけではないが、ある法律関係が実定法規の規定、趣旨等から公法上のものといい得る場合に、その法律関係の一方当事者が行政庁であって、その法律関係に関し行政庁が一方的な行為をするときには、その行為は、行政処分であると解されることが多いから、当該行為により規律される法律関係の性質がいかなるものかを考えることも、意味がないとはいえないと論じられている（『最判解説民事篇〈昭和49年度〉』法曹会〔鈴木康之〕415、498頁）。

事例

上記の考え方に立ち、本来非権力的な行為の処分性を判定したとみえる最高裁判例として、以下のものがある。

(1) 私法上の行為の処分性を否定する事例

①納税のため物納された土地を大蔵大臣が払い下げる処分は、私法上の売買であって行政処分ではない（最三小判昭和35・7・12民集14巻9号1744頁〔27002428〕）。②農地法（昭和46年法律50号改正前）80条に基づく農林大臣の売払いは、既に、当該土地につき自作農の創設等の用に供するという公共的目的が消滅しているわけであるから、一般国有財産の払下げと同様、私法上の行為というべきであって、その売払いは、不服申立ての対象ともされていないことから、抗告訴訟の対象となる行政処分ではない（最大判昭和46・1・20民集25巻1号1頁〔27000655〕）。③日本国有鉄道は、国家行政機関から完全に分離した独立法人であって、その事業が経済的活動を内容とすることなどに鑑みると、日本国有鉄道又はその機関の行為は、原則的には私法上の行為たる性格を有するものと考えられる。日本国有鉄道とその職員との間の関係すなわち当該職員の勤務関係及び職員に対する懲戒処分につき、当該原則を覆すに足りる実定法規は見当たらないから、旧日本国有鉄道法（昭和23年法律256号。昭和61年法律87号により廃止）31条1項に基づく懲戒処分は、公法的規律に服する行政処分たる性格を有するものとは認められず、結局、私法上の行為たる性格を有するものと考えるほかはない（最一小判昭和49・2・28民集28巻1号66頁〔27000451〕）。

(2) 私法上の法律関係を形成する公権力の行使の処分性を肯定する事例

①旧日本国有鉄道法の定めによれば、国鉄職員の身分は一方において私法的側面を有すると同時に、なお種々の点において公務員的取扱いを受け、したがって公法的側面を有する。国鉄が旧行政機関職員定員法（昭和24年法律126号。昭和36年法律111号により廃止。以下、「定員法」という）によってその職員を整理する関係は、定員法1条の「行政機関」が「職員」を整理する関係とその趣旨を等しくしその実質を同じくするものであることから、国鉄が定員法によって行う免職も、これを同条の「行政機関」が同法によって「職員」に対して行う免職に準じて、行政庁の行政処分と同様に取り扱うことが妥当である（最大判昭和29・9・15民集8巻9号1606頁〔27003132〕）。②民法494条、496条、供託法（平成5年法律89号改正前）1条、1条ノ2ないし1条ノ6、供託規則38条（昭和42年法務省令15号改正前）等の規定の定めるところによると、弁済供託は、民法上の寄託契約の性質を有するものであるが、同法は、国家の後見的役割を果たすため、国家機関である供託官に供託事務を取り扱わせることとしたうえ、供託官が弁済者から供託物取戻しの請求を受けたときには、単に、民法上の寄託契約の当事者的地位にとどまらず、行政機関としての立場から右請求につき理由があるかどうかを判断する権限を供託官に与えたものと解するのが相当である。したがって、右のような実定法が存する限りにおいては、供託官が供託物取戻請求を理由がないと認めて却下した行為は行政処分であると解するのが相当である（最大判昭和45・7・15民集24巻7号771頁〔27000711〕）。

(3) 公法上の法律関係に係る非権力的行為の処分性を否定する事例

公共施設管理者である国・地方公共団体又はその機関が都計法32条（平成12年法律73号改正前）所定の同意を拒否する行為は、公共施設の適正な管理上開発行為を行うことは相当ではない旨の公法上の判断を表示する行為ということができる。開発公共施設の管理者の同意を得られなかった者は公共施設に影響を与える開発行為を行うことができないが、それは、同法がそのような立法政策を採用した結果にほかならず、同条所定の同意を拒否する行為それ自体は、開発行為を禁止又は制限する効果を持つものとはいえない。その他の関係規定からも、同法は、公共施設の管理者が同意を拒否する行為に処分性を付与していないものと解さざるを得ない（最一小判平成7・3・23民集49巻3号1006頁〔27826862〕）。

(4) 公法上の法律関係を形成する公権力の行使の処分性を肯定する事例

現業公務員（郵政職員を指す）の勤務関係は、実定法上、基本的には、公法的規律に服する公法上の関係である。しかも、現業公務員に対する不利益処分について、国公法は、審査請求を認め、取消訴訟を予定していることからすれば、当該処分は全面的に処分性を有する（最二小判昭和49・7・19民集28巻5号897頁〔27000425〕）。

論点 2　国・地方公共団体以外の者への公権力の行使の委任に関する問題

　公権力の行使の委任は法律により直接なされることがあり、また法律の根拠に基づく指定行為によることもあるが、いずれにせよ、委任される行政が公権力の行使に関わる場合には、法律の根拠が必要となる（塩野・行政法Ⅲ〈第4版〉124頁）。法律の根拠を有する、地方公共団体以外の公共団体又は私人の公権力の行使に関する事例として、以下のものがある。

1　法律の根拠を有する、公法人の公権力の行使

　①旧行政機関職員定員法（昭和24年法律126号。昭和36年法律111号により廃止）に基づく国鉄職員の解雇は、行政事件訴訟特例法の関係においては行政処分に準じて取り扱うべきものであるとされる（最大判昭和29・9・15民集8巻9号1606頁〔27003132〕）。②製造たばこの小売人の指定の申請につき、日本専売公社地方局長においてこれがたばこ専売法（昭和24年法律111号。昭和59年法律68号により廃止）31条1項3号及びたばこ小売人指定関係規程5条1項2号に該当するものとしてした不指定処分の適否が取消訴訟で争われ、適法であるとされた事例がある（最一小判昭和59・11・1裁判集民143号135頁〔28202094〕）。

2　法律の根拠を有する、私人の公権力の行使

　①弁護士会又は日本弁護士連合会が行う懲戒は、弁護士法の定めるところにより、自己に与えられた公の権能の行使として行うものであって、広い意味での行政処分に属するものと解すべきであるとされる（最大判昭和42・9・27民集21巻7号1955頁〔27001041〕）。②都道府県医師会が優生保護法（平成8年法律105号により母体保護法と題名改正、平成5年法律74号改正前）14条1項に基づいてする人工妊娠中絶を行うことができる医師の指定は、もともと国の権能に属するものであって公権力の行使に当たる行為であるところ、同項はその権限を都道府県医師会に直接授権しているから、同医師会は当該指定に関する限り行政庁とみるべきであり、右指定の取消し及び指定申請に対する却下する行為は、いずれも行政庁たる医師会が公権力の行使としてした行政処分であるとされる（仙台地判昭和57・3・30行裁例集33巻3号692頁〔27604017〕。その控訴審・仙台高判昭和60・3・29行裁例集36巻3号457頁〔27682720〕は同旨。いずれも本案について判断し、各処分は適

法と判示しているところ、その上告審・最二小判昭和63・6・17裁判集民154号201頁〔27802430〕は本案について判断した原判決を破棄することなく、その判断は正当であると判示する)。③建築基準法(平成18年法律92号改正前)4条、6条4項、6条の2第1項、3項、4項等の定めからすると、同法は、建築物の計画が建築基準関係規定に適合するものであることについての確認に関する事務を地方公共団体の事務とする前提に立ったうえで、指定確認検査機関をして、建築確認に関する事務を特定行政庁の監督下において行わせることとしたということができ、そうすると、指定確認検査機関による確認に関する事務は、建築主事による確認に関する事務の場合と同様に、地方公共団体の事務であり、その事務の帰属する行政主体は、当該確認に係る建築物について確認をする権限を有する建築主事が置かれた地方公共団体と解するのが相当であるとされる(最二小決平成17・6・24裁判集民217号277頁〔28101333〕)。

論点 ③ 給付行政上の行為の処分性

　給付行政は授益的な性格の作用であるから、その根拠法律において処分要件を明確にしていないものが多く、また、明示的な委任規定を置かないまま具体的な行為準則を通達や要綱で定めて実施しているものがあり、このような給付行政における行政機関の行為について、その処分性の判断は容易ではない。給付行政に係る行為は、本来非権力的なものであるから、当該行為の形式も、行政庁が優越的な地位に基づき、法の執行としてする権力的な意思活動である行政処分によるのではなく、対等な関係で行われる契約形式によることがまず想定されると解されることが多い。そして、当該行為の根拠法律が、行政上の要請に鑑み、特にこれを行政処分として構成することとして給付の手続、不服申立ての手続、取消訴訟の規定を置く等、その規定の文言、趣旨、制度の構造からあえて行政処分によるものと認められる場合に限り当該行為は行政処分性を有するものと解される(塩野・行政法Ⅰ〈第6版〉211頁)。このように、給付行政における行政処分は、行政手続上の技法として取り入れられているものにすぎず、規制行政の領域でのそれと異なり、権力の実体を伴わない行為であることから、これを法定の形式的行政処分と呼ぶ見方(兼子・行政法総論227頁)も有

力である。他方、通達又は要綱のみに根拠を有する給付行政については、その給付がその申請とこれに対する決定という形式で行われていても、原則として処分性は否定されている（後掲平成15年最一小判〔28082411〕に対する匿名コメント（判時1841号90頁））。裁判例・実務においても、同様の理解がされているようであり（藤山雅行＝精松晴子「給付行政と行政契約」藤山＝村田・新・裁判実務大系(25)177-178頁）、こうした考え方に立つとみられる最高裁判例として、①国民年金法（昭和60年法律34号改正前）16条、19条1項、5項の規定及びその趣旨によれば、同法19条1項にいう請求に対する社会保険庁長官の応答は、請求をした者が請求権を有する所定の遺族に該当するか否かを公権的に確認するものであり、不服申立ての対象を定めた同法101条1項にいう「給付に関する処分」に当たるものと解するのが相当であるとするもの（最三小判平成7・11・7民集49巻9号2829頁〔27828271〕）、②労災就学援護費に関する制度の仕組みに鑑みれば、労働者災害補償保険法（平成11年法律160号改正前）は、労働者が業務災害等を被った場合に、政府が、同法第3章の規定に基づいて行う保険給付を補完するために、労働福祉事業として、保険給付と同様の手続により、被災労働者又はその遺族に対して労災就学援護費を支給することができる旨を規定しているものと解するのが相当である。そして、被災労働者又はその遺族は、所定の支給要件を具備するときに所定額の労災就学援護費の支給を具体的に受けるためには、労働基準監督署長に申請し、所定の支給要件を具備していることの確認を受けなければならず、労働基準監督署長の支給決定によってはじめて具体的な労災就学援護費の支給請求権を取得するものといわなければならない。そうすると、当該決定は、同法を根拠とする優越的地位に基づいて一方的に行う公権力の行使であり、被災労働者又はその遺族の権利に直接影響を及ぼす法的効果を有するのであるから、抗告訴訟の対象となる行政処分に当たるものと解するのが相当であるとするもの（最一小判平成15・9・4裁判集民210号385頁〔28082411〕）がある。

このうち、労災就学援護費の支給又は不支給の決定は、直接には「労災就学援護費の支給について」と題する労働省労働基準局長通達（昭和45年10月27日基発774号）とその別添「労災就学等援護費支給要綱」に基づき行われるものであり、右要綱に同法による委任があるか否か、なお疑問の余地がないではなく

（藤山=精松・前掲177頁、太田匡彦「判批」宇賀=交告=山本・行政判例百選Ⅱ〈第6版〉341頁）、したがって、前掲平成15年最一小判〔28082411〕は、これまでの判例理論と異なる判断基準を持ち込んだものではないが、処分性の要件である「その行為によって、直接国民の権利義務を形成し、又はその範囲を確定することが法律上認められているもの」にいう「法律上」の解釈において、従来の判例よりは緩やかであることは否定できないと説明されることがある（前掲平成15年最一小判〔28082411〕に対する匿名コメント（判時1841号90頁））。

このほか、給付行政の行為形式の類型として、法律の定める一定の要件を満たす事実が存在する場合に、当然に具体的権利が発生し、行政庁ないし行政主体の特段の行為を待つことなく直ちに当該権利を行使することができるものとする場合がある。この場合においても、所定の支給要件を満たしているか否かや、具体的な金額の決定等には、行政上の判断行為が介在することはあるが、この種の行為は、手続的な要請に基づく事実行為であることから、行政処分に当たらないと解されている（『最判解説民事篇〈平成7年度（下）〉』法曹会〔川神裕〕941頁、藤山=精松・前掲177頁）。この考え方に立つとみえる裁判例として、①労働基準法（昭和31年法律126号改正前）85条による災害補償に関する行政官庁の審査の結果は、関係者の権利義務に法律上の効果を及ぼすものではなく、旧行政事件訴訟特例法（昭和23年法律81号。昭和37年法律139号により廃止）1条にいう「行政処分」に当たらないとした原審の判断は、正当なものとして是認できるとするもの（最三小判昭和31・10・30民集10巻10号1324頁〔27002874〕）、②自動車損害賠償保障法（平成7年法律137号改正前）72条に基づく損害てん補請求に対する運輸大臣のてん補しない旨の通知が、行訴法3条にいう「行政庁の処分その他公権力の行使」に該当しないとした原審の判断は正当であるとするもの（最二小判昭和50・6・27訟務月報22巻2号529頁〔27482307〕）がある。

論点 ④ 解釈上の形式的行政処分

その行為の根拠法規の規定の仕方によれば、その行為が公権力性を有するかどうか疑問があるといわざるを得ないが、実際には、その行為によって、ある者の重要な権利利益が害され、その行為を取り上げなければ、その権利利益を

守る争訟手段がないとうい場合が起こり得る。こうした場合に、これまでの裁判例・実務においては、必ずしも当該行為の根拠規定の仕方に即しないで、当該行為の効果の面を重視して、抗告訴訟の対象となる「行政庁の処分」（行訴法3条2項）に当たると解されることがある（司研・実務的研究22-23頁参照）。こうした考え方に立つとみえる裁判例として、①関税定率法（昭和55年法律7号改正前）21条3項に基づいて税関長がする、輸入されようとする貨物が公安又は風俗を害すべき書籍に該当すると認めるに足りる相当な理由がある旨の通知は、通関手続の実際において、実質的な拒否処分（不許可処分）として機能していることから、これを抗告訴訟の対象となる行政庁の処分に当たると解するのが相当であるとするもの（最大判昭和59・12・12民集38巻12号1308頁〔21080910〕）、②医療法（平成9年法律125号改正前）30条の7に基づく都道府県知事による病院開設中止の勧告は、同法上は行政指導として定められているものの、これに従わないときは、厚生省保健局長の通知によって健康保険法による保険医療機関の指定をしないこととされており、実際上病院開設を断念しなければならないこととなるから、「行政庁の処分その他公権力の行使に当たる行為」に該当するとするもの（最二小判平成17・7・15民集59巻6号1661頁〔28101469〕）がある。

　こうした解釈上の形式的行政処分については、「行政事件訴訟法の定めるところに従い取消訴訟の対象とする以上は、この行為を取消訴訟外において争うことはやはりできないものというべきであって、こうした取消訴訟の排他的管轄に伴う遮断効は（これを公定力の名で呼ぶか否かはともかく）否定できない」とする見解（最三小判平成17・10・25裁判集民218号91頁〔28102138〕（藤田宙靖裁判官の補足意見））がある。しかしながら、ある行政上の行為について、実効的な国民の権利救済の見地から、取消訴訟の手続を借りて争うことが許されるとしても、それが当然に取消訴訟の排他的管轄に服するとは、行訴法上意図されていないと解することは、必ずしも不合理ではないと考えられる。この論点に関する判断を正面から下す最高裁判例はまだないが、前掲平成17年最二小判〔28101469〕は、病院開設中止の勧告の本来的性質が行政指導であって相手方に対する法的拘束力を持たないことを前提としつつも、その勧告と保険医療機関の指定申請拒否処分とからなる仕組みの全体に着目して、当該勧告を取消訴

訟の対象としないことは不当であるとしてこれを取消訴訟の対象として認めたものにすぎないから、当該勧告が取消訴訟の対象となると認めることによって、当然にこの勧告に厳密な意味での公定力が認められることになるわけではないという余地はあろう（『最判解説民事篇〈平成17年度（下）〉』法曹会〔杉原則彦〕448頁）。

論点 5 立法行為と処分性

　立法行為は、国民の権利義務への具体的規律の性質を欠くことから、処分性を否定されるのが通例である。

　命令・条例の制定行為が抗告訴訟の対象となる「行政庁の処分」（行訴法3条2項）に当たるか否かについては、①条例の制定行為は行政機関による一般的規範の定立行為であり本来的な行政作用ではないとしてその処分性を否定する否定説（杉本・行政事件訴訟法の解説9頁）と、②命令・条例の制定行為であっても、執行行為を待たずに直ちに一定範囲の者の法的地位を具体的に生じさせ、行政庁の処分と実質的に同視することができるような例外的な場合には、「行政庁の処分」（同項）に含まれるとする限定的肯定説（田中・新版行政法上巻〈全訂第2版〉326頁、越山安久「抗告訴訟の対象」鈴木忠一＝三ヶ月章監修『新・実務民事訴訟講座(9)行政訴訟1』日本評論社（1983年）43頁）の対立がある。この問題に関する裁判例をみると、限定的肯定説がとられているようであり、処分性否定例として、①区立小学校の廃止を内容として含む条例は一般的規範にほかならず、上告人（原告）らは、区が社会生活上通学可能な範囲内に設置する小学校においてその子らに法定年限の普通教育を受けさせる権利ないし法的利益を有するが、具体的に特定の区立小学校で教育を受けさせる権利ないし法的利益を有するとはいえず、本件条例は抗告訴訟の対象となる処分に当たらないとしたもの（最一小判平成14・4・25判例地方自治229号52頁〔28072376〕）、②普通地方公共団体が営む簡易水道事業に係る条例所定の水道料金を改定する条例は、当該簡易水道事業の水道料金を一般的に改定するものであって、そもそも限られた特定の者に対してのみ適用されるものではなく、当該改正条例の制定行為をもって行政庁が法の執行行為として行う処分と実質的に同視することはできないから、

当該改正条例の制定行為は、抗告訴訟の対象となる行政処分には当たらないというべきであるとするもの（最二小判平成18・7・14民集60巻6号2369頁〔28111516〕）がある。他方、処分性肯定例として、市の設置する特定の保育所を廃止する条例の制定行為は、当該保育所の利用関係が保護者の選択に基づき保育所及び保育の実施期間を定めて設定されるものであり、現に保育を受けている児童及びその保護者は当該保育所において保育の実施期間が満了するまでの間保育を受けることを期待し得る法的地位を有すること、同条例が、他に行政庁の処分を待つことなくその施行により当該保育所廃止の効果を発生させ、入所中の児童及びその保護者という限られた特定の者に対して、直接、上記法的地位を奪う結果を生じさせるものであることなど判示の事情のもとでは、抗告訴訟の対象となる行政庁の処分に当たるとするもの（最一小判平成21・11・26民集63巻9号2124頁〔28153699〕）がある。

　この平成21年最一小判において保育所廃止条例の具体的法的効果を述べる部分は、①当該改正条例が、他に行政庁の処分を待つことなく、その施行により保育所廃止の効果を発生させ、当該保育所に現に入所中の児童及びその保護者の法的地位に直接変動をもたらすものである旨（法的効果とその直接性）を述べる部分と、②当該改正条例が、対象となる各保育所の廃止のみを内容とし、当該保育所に現に入所中の児童及びその保護者という限られた特定の者の法的地位にのみ具体的な効果を生じさせるものである旨（対象の特定性）を述べる部分とに分けて理解すべきものである（『最判解説民事篇〈平成21年度（下）〉』法曹会〔古田孝夫〕863頁）。

論点 6　一般処分に関する問題

　一般処分とは、具体的な事実に関し、不特定多数の人を対象とする行政処分をいうが、一般処分は、一の具体的な命令を内容とする限りにおいて、行政処分であることを妨げられないと解されている（田中・行政法総論265-266頁）。なお、行政処分は、一般的なメルクマールにより特定される者に対し一律に行われ、個々の相手方の個別性が考慮されないことがある（狂犬病予防法10条に基づく狂犬病発生時のけい留命令）。こうした処分は、特定される者に対する処分の集

積であることから、一般処分ではなく、集積処分とでも指称されるべきものである（清宮四郎「行政行為における一般性」田村徳治ほか編『憲法及行政法の諸問題――佐佐木博士還暦記念』有斐閣（1938年）256頁）。

一般処分において、その処分による法状態の変動は、種々様々であるが、一般処分も、それが個人の権利義務又は法的利益に直接具体的な影響を及ぼす場合には、抗告訴訟の対象となる「行政庁の処分」（行訴法3条2項）に当たると解されている（『最判解説民事篇〈昭和57年度〉』法曹会〔新村正人〕412-414頁、最高裁・主要行政事件裁判例概観(7)195頁）。この立場に立つとみえる最高裁判例として、①保安林の指定につき森林法（昭和53年法律87号改正前）27条1項にいう「直接の利害関係を有する者」は、当該指定の解除処分取消訴訟の原告適格を有するとして、当該指定及び指定の解除処分の処分性の点について触れることなく、保安林指定解除処分取消訴訟の訴えの利益につき判断するもの（最一小判昭和57・9・9民集36巻9号1679頁〔27000070〕）、②いわゆるみなし道路の指定は、それが一括指定の方法でされた場合であっても、個別の土地についてその本来的な効果として具体的な私権制限を発生させるものであり、個人の権利義務に関して直接影響を与えるものということができるとしたうえ、本件告示のような一括指定の方式による2項道路の指定も、抗告訴訟の対象となる行政処分に当たると解すべきであるとするもの（最一小判平成14・1・17民集56巻1号1頁〔28070189〕）がある。

一般処分により一般的抽象的な法状態の変動の効果を受けるにすぎない者については、その行為に対する抗告訴訟の原告適格ないし訴えの利益を認める必要がないが、これを、処分性を認めないとして処理するか、処分性を認めて訴えの利益ないし原告適格がないとして処理するかという問題がある（『最判解説民事篇〈昭和57年度〉』法曹会〔新村正人〕414頁）。このような、一般処分はそれにより一般的抽象的な法状態の変動の効果を受けるにすぎない者との関係において処分ではないという考え方は、相対的行政処分論と呼ばれることがある（阿部泰隆『行政訴訟改革論』有斐閣（1993年）87頁）が、この問題に関する裁判例をみると、処分性を認めないとして処理するかあるいは訴えの利益ないし原告適格がないとして処理するかは、技術的な問題と解されているからか、必ずしも

法律構成に腐心せず、訴えを却下するものが大半を占めるようである。

事例

(1) 「行政庁の処分」に当たらないとする事例

禁猟区設定行為が行訴法3条にいう行政庁の処分に当たらないとした原審の判断は、相当である（最二小判昭和40・11・19裁判集民81号109頁〔27681353〕）。

(2) 一般処分により一般的抽象的な法状態の変動の効果を受けるにすぎない者には直ちに具体的処分があったとはいえないとする事例

都市計画区域内において用途地域を指定する決定は、当該地域内の土地所有者等に建築基準法上新たな制約を課し、その限度で一定の法状態の変動を生ぜしめるものであることは否定できないが、かかる効果は、あたかも新たにそのような制約を課する法令が制定されたのと同様の当該地域内の不特定多数の者に対する一般的抽象的なそれにすぎず、このような効果を生ずるということだけから直ちに当該地域内の個人に対する具体的な権利侵害を伴う処分があったものとして、これに対する抗告訴訟を肯定することはできない（最一小判昭和57・4・22民集36巻4号705頁〔27000089〕）。

(3) 一般処分により一般的抽象的な法状態の変動の効果を受けるにすぎない者には原告適格が認められないとする事例

里道が上告人（原告）に個別具体的な利益をもたらしていて、その用途廃止により上告人の生活に著しい支障が生ずるという特段の事情は認められず、上告人は当該用途廃止処分の取消しを求めるにつき原告適格を有しないとした原審の判断は、正当として是認することができる（最三小判昭和62・11・24裁判集民152号247頁〔27801767〕）。

論点 7　中間段階の行為に関する問題

ある行政機関の行為がされたことにより、以後当該行為を基礎とする具体的な行政処分がされる可能性が生じ、その具体的な行政処分は国民の権利義務に直接具体的な法的効果を及ぼすこととなるが、当該行為そのものにより、そのような効果が及ぶか否か問題のあることがある（中間段階の行為）。こうした行為は、それのみでは当該行為により利害関係人の権利にどのような変動を及ぼすかが具体的に確定しないとして、講学上の行政処分性を否定されることが少なくないが、その場合であっても、①当該行為を行うこととは別に、国民の権利義務に何らかの具体的変動を及ぼす場合、②当該行為による効果により、利害関係人の権利に直接の影響を生じるとまでは必ずしもいえないが、当該権利にどのような変動が生じるかが相当な具体性をもって決まる場合、③当該行為

の根拠となる行政法規が立法政策として当該行為に争訟性を付与している場合には、処分性が肯定される（司研・実務的研究25-28頁）。この立場に立つとみえる最高裁判例として、以下のものがある。
1　当該行為を行うこととは別に、国民の権利義務に何らかの具体的変動を及ぼす場合

　①土地区画整理法（昭和63年法律63号改正前）14条1項、21条1項による土地区画整理組合の設立の認可は、単に設立認可申請に係る組合の事業を確定させる（同法（平成11年法律25号改正前）20条、21条3項）だけのものではなく、その組合の事業施行地区内の宅地について所有権又は借地権を有する者をすべて強制的にその組合員とする公法上の法人たる土地区画整理組合を成立せしめ（同法21条4項（平成11年法律25号による5項に繰下前）、22条、25条1項）、これに土地区画整理事業を施行する権限を付与する効力を有するものである（同法3条2項、14条2項（平成11年法律25号による4項に繰下前））から、抗告訴訟の対象となる行政処分であると解するのが相当である（最三小判昭和60・12・17民集39巻8号1821頁〔27100025〕）。②都市再開発法（平成11年法律160号改正前）51条1項、54条1項に基づき第二種市街地再開発事業の事業計画の決定が市町村により定められ公告された場合、都市再開発法上、施行地区内の宅地の所有者等は、契約又は収用により施行者（市町村）に取得される当該宅地等につき、公告があった日から起算して30日以内に、その対償の払渡しを受けることとするか又はこれに代えて建築施設の部分の譲受け希望の申出をするかの選択を余儀なくされる（同法118条の2第1項1号（平成14年法律11号による2号に繰下前））。そうであるとすると、公告された再開発事業計画の決定は、施行地区内の土地の所有者等の法的地位に直接的な影響を及ぼすものである（最一小判平成4・11・26民集46巻8号2658頁〔25000031〕）。
2　当該行為による効果により、利害関係人の権利に直接の影響を生じるとまでは必ずしもいえないが、当該権利にどのような変動が生じるかが相当な具体性をもって決まる場合

　①上記の都市再開発法51条1項、54条1項に基づき市町村により定められ公告された第二種市街地再開発事業の事業計画の決定は、その公告の日から、土

地収用法上の事業の認定と同一の法的効果を生ずるものであるから、市町村は、当該決定の公告により、同法に基づく収用権限を取得するとともに、その結果として、施行地区内の土地の所有者等は、特段の事情のない限り、自己の所有地等が収用されるべき地位に立たされることとなる（前掲平成4年最一小判〔25000031〕）。②土地区画整理法の関係規定の定めによれば、土地区整理事業の施行地区内の宅地所有者等は、市町村の施行に係る土地区画整理事業の事業計画の決定がされることによって、建築行為等の制限を伴う土地区画整理事業の手続に従って換地処分を受けるべき地位に立たされるものというべきであり、その意味で、その法的地位に直接的な影響が生ずるものというべきであり、また、実効的な権利救済を図るという観点からみても、抗告訴訟の提起を認めるのが合理的であるから、抗告訴訟の対象としての処分に当たる（最大判平成20・9・10民集62巻8号2029頁〔28141939〕）。

3　当該行為の根拠となる行政法規が立法政策として当該行為に争訟性を付与している場合

　土地改良法は、国営又は都道府県営の土地改良事業につき農林水産大臣又は都道府県知事が決定した事業計画について争訟性を付与して抗告訴訟の対象となり得るものであることを当然の前提としているところ、当該事業計画の決定と市町村営の土地改良事業における事業施行の認可とは、土地改良事業の一連の手続の中で占める位置・役割を同じくするものであることから、後者についても、それが取消訴訟の対象となることを認めているものと解せざるを得ない（最一小判昭和61・2・13民集40巻1号1頁〔27100027〕）。

論点 8　通知、警告、督促等に関する問題

　通知、警告、督促等の行為は、一定の事実に関する観念又は一定の意思を相手方に伝達するところの観念又は意思の通知、あるいは一定の事実等に基づいて相手方に注意を促す事実行為であり、その行為自体には直接具体的な法的効果が結び付けられているわけではない。しかしながら、行政庁が、法律の根拠なしに、国民の申出や申込みに対して一定の行為をし、それがある種の期待的な地位を与えるかの観を呈することがあり、その場合に、当該行為が法律上何

らかの効果を生ずるか、あるいは行政処分としての効力を有するものであるかが問題となることがある。この問題に関する最高裁判例として、①地方公務員である職員としての採用内定の通知がされた場合において、職員の採用は内規によって辞令を交付することにより行うこととされ、採用内定の通知は法令上の根拠に基づくものではないなど、判示の事実関係があるときは、当該採用内定の通知は事実上の行為にすぎないとするもの（最一小判昭和57・5・27民集36巻5号777頁〔27000086〕）、②未墾地につき入植許可を受けた者からその子への入植名義の変更の許可は、法律の規定に根拠をもたない事実上の措置にすぎず、法律上の効果を認めることはできないとするもの（最一小判昭和59・11・29民集38巻11号1195頁〔27000003〕）がある。

　ある事項につき法律に明文の規定がない場合には、それを禁ずる趣旨とまではみられない場合と、これを認めない趣旨と解すべき場合とがある。行政処分については、多くの場合、それをするについて一定の要件、手続及び形式が法律に明定されているが、このような場合については、同様の効果を生ぜしめるために法律にない他の手続、形式によることは認めない趣旨と解すべきである（『最判解説民事篇〈昭和59年度〉』法曹会〔新村正人〕439頁）。この見地から前掲各事件をみると、まず、上記①の場合、公務員の採用に特有の事情として、明確性の要請というものがあり、たとえ単なる内規あるいは慣行としてであれ辞令の交付という方式が事実上確立している以上、右採用内定を採用行為そのものと解することは困難である（小早川光郎「公務員の採用拒否と司法救済」ジュリスト773号（1982年）62頁）。そして、現行法のもとでは、職員の正式の任用の前段階の手続として、任用とは別個の法的効果をもった「採用内定」処分なるものが行われることは予定されていないから、応募者に対してされた具体的な採用内定通知なるものが、法律的にみていまだ正式の職員の採用行為に当たるとはみられない場合であれば、それを何らかの法理上の効果を持った処分とみることはできないということになろう（涌井紀夫「公務員労働関係訴訟」鈴木忠一＝三ヶ月章監修『新・実務民事訴訟講座⑾労働訴訟』日本評論社（1982年）335-337頁）。また、上記②の場合、農地法は政府所有の未墾地につき売渡予約上の権利を付与しその一時使用を許すべき者の資格要件とその手続及び形式を明定していたところ、

本件の入植名義変更の許可は、こうした法定の手続を省略して未墾地につき入植許可を受けた者からその子へ直接名義変更することを許したものである。こうした措置の法的性質については、法令上の根拠のないものであるから、やはり、許可を受けた者の法的地位に影響を及ぼすような法的効果は何ら生じないと解されることとなる（『最判解説民事篇〈昭和59年度〉』法曹会〔新村正人〕437、439頁）。

　次に、通知等が、通達・要綱に準拠してされたものである場合に、当該通達・要綱の解釈上、当該行政上の行為に法的効果を認めることができないかどうかが問題となる。要綱に準拠してする戒告の法的効果の有無を詳細に検討する最高裁判例として、社会保険医療担当者監査要綱（昭和28年6月10日保発46号厚生省保険局長の都道府県知事あて通達参照）によれば、監査後の措置として、事案の軽重により、指定取消し、戒告及び注意指導の3種類が予定されており、指定取消しは、「故意に不正又は不当な診療、報酬請求を行つたもの」のほか、戒告の事由たる「重大なる過失により不正又は不当な診療、報酬請求」を「しばしば行つたもの」に対して行われることとなっているので、戒告理由がたび重なることによって一層不利益な指定取消しを受けるおそれのあることは首肯し得るとしても、戒告を受けたこと自体が指定取消しの事由とはなっていない。言い換えれば、戒告を受けた者は将来指定を取り消されるおそれはあるとしても、それは、戒告の事由がたび重なることによるものであって、戒告という行政上の措置を受けたこととは直接の関係はない。したがって、本件戒告は、所詮、被上告人に対し何らかの義務を課するとか権利行使を妨げる等法的効果を生ずるものではないといわなければならないとするもの（最三小判昭和38・6・4民集17巻5号670頁〔27002022〕）がある。

論点 9　登録、証明等に関する問題

　登録、証明等に関する行政庁の行為は、本来それ自体が国民の権利義務に変動を与え、又はその権利義務の範囲を画するような性質を持つものではない。しかしながら、公の登録、証明等により国民が利益又は不利益を受ける場合、国民の権利義務に変動を与え、又はその権利義務の範囲を画することが法律上

認められているものに当たるかどうかが問題となる。
1　公　証
　公証とは、特定の法律事実又は法律関係の存否を公に証明する行為をいう。公証は、公の認識の表示として、反証によってのみ覆し得べき公の証拠力を生ずる点において、共通の特色を有するが、他にどのような効果が生ずるかは、各場合において、法律の定めるところがまちまちである（田中・新版行政法上巻〈全訂第2版〉124頁）。このうち、公証が公の証拠力を有するにすぎない場合には、公証により不利益を被る者は反証を挙げてその内容を争うことができ、裁判所もまたこれと異なる事実認定を行うことを妨げられないことから、それは、行政庁が、公権力の行使としてなす具体的な法的規制の性質を有するものでなく、行政処分に当たらないと解される（塩野・行政法Ⅰ〈第6版〉132頁）。
　ただし、公証は権利行使の要件とされることがあり（選挙人名簿の登録）、権利を第三者に対抗するための要件とされることがあり（不動産登記簿の登記）、また、権利発生の要件とされることもある（鉱業原簿の登録）（田中・行政法総論312頁）。こうした法的効果を有する公証行為は処分性を肯定し得ると考えられる（住民票に特定の住民の氏名等を記載する行為につき、最一小判平成11・1・21裁判集民191号127頁〔28040189〕）。

事例

　裁判例・実務上は、登記官による登記行為について、以下のとおり、解されている。
　まず、権利に関する登記は、物権変動の対抗要件としての効果が民法により規定されているところ、この効果は不動産登記法それ自体の認める法的効果ではないにせよ、民法の付与している効果は、不動産登記の目的の中に当然含まれているから、登記行為が直接私人の権利義務に影響を与えるものといって差し支えない（権利に関する登記について処分性のあることを前提として本案について判断したものとして、最一小判昭和42・5・25民集21巻4号951頁〔27001076〕がある）。次に、表示の登記のうち滅失登記は、それがされることにより、登記簿が閉鎖され、権利の登記もともに失われることになり、私人が対抗要件を備える方途を奪われるものであるから、私人の権利義務に直接影響を及ぼすものとして、処分性を肯定し得る（滅失登記について処分性のあることを前提として本案について判断したものとして、最三小判昭和61・12・16民集40巻7号1236頁〔27100055〕がある）。また、表示の登記のうち表題部に所有者を記載する行為は、それによって、表題部に所有者と記載された特定の個人に無条件で所有

権保存登記申請をする地位が与えられることから（不動産登記法（明治32年法律24号。平成16年法律123号全部改正）100条1項1号。現行法74条1項1号に相当）、その者の権利義務に直接的な影響を与える行為である（最三小判平成9・3・11裁判集民182号137頁〔28020795〕）。他方、表示の登記のうち地積や地目の更正の登記は、地積・地目そのものにも対抗要件にも何らの法的影響を与えず、私人の権利義務に及ぼす影響は事実上のものにとどまるから、処分性を有しない。このほか、表示の登記について関係権利者に申請権が与えられていることからすると、表示登記申請を却下する登記官の行為は、関係権利者の手続的権利を侵害するものとして行政処分性を有するというべきことは、別論である（最一小判昭和62・7・9民集41巻5号1145頁〔27801461〕。以上につき、前掲平成9年最三小判〔28020795〕に対する匿名コメント（判時1599号49-50頁）、司研・実務的研究33-34頁）。

2 登 録

登録は、公証行為の一種に属するが、登録をもって一定の営業等をなすための要件とすることがあり、登録を受けなければ営業等をなし得ないことを定めている限りにおいて、この場合の登録は、許可に準じて考えられる（田中・行政法総論306頁）。この考え方に立つとみえる最高裁判例として、医薬品の販売業について、登録制を定めた旧薬事法（昭和23年法律197号。昭和35年法律145号により廃止）29条1項の規定は、憲法22条1項に違反しないとしたもの（最大判昭和40・7・14刑集19巻5号554頁〔27681329〕）がある。

登録にあっては、本来公証の性質を有することとの関係において、法律の定める一定の要件を具備する者に対しては、これを拒否することができない拘束を認める趣旨が含まれている色彩が強いという性質がある（田中・行政法総論306頁。今村成和（畠山武道補訂）『行政法入門〈第9版〉』有斐閣（2012年）76頁、芝池・行政法総論講義〈第4版補訂版〉139頁は同旨）。しかしながら、登録が許可の性質を有するという実質に着目すると、その性質上、行政庁に、公益目的からするある程度の裁量の余地を認めるべきであるとも考えられる。したがって、登録を拒否すべきか否かについて行政庁にある程度の裁量の余地が残されているか否かの解釈に当たっては、登録の法的性質のみならず、登録の拒否についての法規の定め方、及び登録受理に対する公益目的からの制約等の観点から、検討しなければならない（『最判解説民事篇〈昭和56年度〉』法曹会〔新村正人〕84-86頁）。この考え方に立つとみえる裁判例として、いわゆるストロングライフ事

件の最高裁判決（最一小判昭和56・2・26民集35巻1号117頁〔27000150〕）がある。当該判決の原審（東京高判昭52・9・22民集35巻1号136頁〔27200295〕）は、毒物及び劇物取締法にいう登録に当たっては、登録という行為の性質上、法律の定める要件を具備する申請人に対しては登録を拒否することができない拘束を行政庁に課する趣旨が含まれているものと考えるべきである旨判示したが、その上告審である上記昭和56年最一小判〔27000150〕は、原審の判断を引用せず、登録の拒否についての法規の定め方、及び登録受理に対する公益目的からの制約等の観点から、その登録に関し、法定される事由以外の事由を根拠に登録を拒否することは許されないと結論付けた。

論点 10　申請等の受理・不受理及び申請等に対する拒否行為の処分性

申請等の受理行為は、行政庁が申請等を適式なものとして受ける行為であるが、適式なものとして受けるのみでは、申請人の権利義務には何ら変動は生じないことから、原則として行政処分と解することはできない。これに対し、申請等に対して、行政庁がその内容を審査して必ず「受理」、「不受理」のいずれかの応答をすべきこととされているケースについて、申請等を不受理とする行為は、行政処分に当たる（行政管理研究センター・行手法〈27年改訂版〉24頁）。

申請等に対する行政庁の拒否行為は、それがあっても拒否前の状態が維持されるにすぎないから、そこに何らの権利利益の変動もなく行政処分に当たらないのではないかが問題となる。実務上は、法令上の申請権に基づく申請に対する拒否行為は、申請権という手続的権利を侵害し、又は申請に係る処分を得る可能性を奪うことになるから、行政処分性を肯定できると解されている（最高裁・主要行政事件裁判例概観(7)241頁）。この考え方を明示した最高裁判例として、次のものがある。

地公法46条は、実体法上具体的な措置の請求権を認める趣旨のものではないが、同法が職員に対し労働組合法の適用を排除し、団体協約を締結する権利を認めず、また争議行為をすることを禁止し、労働委員会に対する救済申立てのみちを閉ざしたことに対応し、職員の勤務条件の適正を保障するために、職員

の勤務条件につき人事委員会又は公平委員会の適法な判定を要求し得べきことを職員の権利ないし法的利益として保障する趣旨のものと解すべきであるから、同条は、職員の措置要求に対し、適法な手続で、かつ、内容的にも、裁量権の範囲内における適法な判定を与うべきことを職員の権利ないし法的利益として保障する趣旨の規定と解すべきであり、違法な却下決定のみならず、違法な手続でされた棄却決定又は裁量権の限界を超えてされた棄却の決定は、同条により認められた職員の権利を否定するものとして、取消訴訟の対象となる行政処分に当たると解すべきである（最三小判昭和36・3・28民集15巻3号595頁〔27002327〕）。

次に、申請に係る根拠法規が前記の意味での申請人の権利ないし法的利益を保障していると解すべきなのは、いかなる場合かが問題となる。この問題に関する実務の見解をみると、法令上申請等の規定がある場合であっても、請願・陳情若しくは単に行政庁の処分の発動を促す性質のものは、申請人の手続的権利を保障するものではないが（石川正「不作為違法確認の訴え」鈴木忠一＝三ヶ月章監修『新・実務民事訴訟講座(9)行政訴訟1』日本評論社（1983年）89頁）、当該根拠規定が、その趣旨、目的に照らし、申請を違法に却下し又は棄却すれば申請人の権利ないし法的利益を侵害することになると認めることができるだけの実質を有する場合については、申請等をする者の手続的な権利ないし法的利益の保障は肯定されると解されている（最高裁・主要行政事件裁判例概観(7)242頁）。この見地から、申請等に対する拒否行為について、処分性を肯定した最高裁判例として、前掲昭和36年最三小判〔27002327〕がある。他方、処分性を否定した最高裁判例として、①独禁法45条1項は、公正取引委員会の審査手続開始の職権発動を促す端緒に関する規定であるにとどまり、報告者に対して同委員会に適当な措置をとることを要求する具体的請求権を付与したものであるとは解されないとするもの（最一小判昭和47・11・16民集26巻9号1573頁〔27000532〕）、②国土調査法17条2項に基づく申出は、国土調査を行った者に対し、地図及び簿冊を修正するように職権の発動を促すものにすぎず、国土調査を行った者は、右申出をした者に対し何らかの応答をする法令上の義務を負うものではないとするもの（最三小判平成3・3・19裁判集民162号211頁〔27814862〕）、③出生子につき住民票の記載を求める父の申出は、せいぜい住民台帳法14条2項所定の住民票記載に関

する職権発動を促す事実行為にすぎないとするもの（最二小判平成21・4・17民集63巻4号638頁〔28151170〕）がある。

論点 ⑪ 下命に関する問題

　下命とは、特定の作為、不作為、給付又は受忍を命ずる行為をいう（田中・新版行政法上巻〈全訂第2版〉121頁。不作為を命ずる行為は特に禁止といわれる）が、下命は、それが法律行為を対象とする場合であっても、事実としてあることをすること、しないことを命ずるにとどまり、直接、法律行為の効力を制限し又は否定することまでを必ずしもその目的とするものではないことから、下命に違反する法律行為は、当然に無効とはいえない。もっとも、法の趣旨が、単に事実としてある行為をすることを禁止するにとどまらず、禁止に違反する行為の効力までを否定することはあり、この場合には、その禁止違反行為は無効と解されている。また、そのいずれであるかは、法の趣旨の合目的的解釈によって決するほかはないと解されている（田中・新版行政法上巻〈全訂第2版〉122頁）。こうした考え方に立つとみえる最高裁判例として、以下のものがある。

事例

　(1) 法律行為の効力に影響しないとされた事例

　①食品衛生法は単なる取締法規にすぎないものと解するのが相当であるから、上告人が食品販売業の許可を受けていないとしても、右法律により本件取引の効力が否定される理由はない（最二小判昭和35・3・18民集14巻4号483頁〔27002483〕。下命は、直接、法律又は命令等の形式でなされ、その効果を生ずるために、別段の行政処分を必要としない場合が少なくない（特に禁止の場合にその例が多い）。以下同じ）。②無尽業法（平成9年法律102号改正前）10条の規定は、行政上の取締規定であって、それに違反する者には同法所定の制裁（同法（昭和56年法律61号改正前）39条の過料）を科せられることはあっても、それに違反する資金運用行為そのものの私法上に効力には消長を来さない旨の原判決の判断は、正当である（最一小判昭和38・10・3民集17巻9号1133頁〔27001996〕）。③道路運送法上の事業免許を受けていない運送業者のなす各個の運送契約は、私法上当然無効となる筋合いのものではない（最一小判昭和39・10・29民集18巻8号1823頁〔27001354〕）。④旧臨時農地等管理令（昭和16年勅令114号。昭和20年法律64号により廃止）5条、7条ノ2はいわゆる取締規定にすぎないから、同条所定の地方長官の許可を受けなくても、農地の売買契約は無効ではない（最三小判

昭和28・9・15民集7巻9号942頁〔27003283〕、最二小判昭和35・4・1民集14巻5号729頁〔27002477〕）。⑤外国為替及び外国貿易管理法（平成9年法律59号により外国為替及び外国貿易法と題名改正、昭和54年法律65号改正前）28条、30条、旧外国為替管理令（昭和25年政令203号。昭和55年政令260号により廃止）11条、13条は、取締法規にすぎないから、これらに違反する行為も、私法上無効ではない（最一小判昭和40・12・23民集19巻9号2306頁〔27001237〕）。⑥いわゆる拘束された即時両建預金を取引条件とする信用協同組合の貸付けが独禁法19条に違反する場合でも、その違反により、貸付契約が直ちに私法上無効になるとはいえない（最二小判昭和52・6・20民集31巻4号449頁〔27000280〕）。

(2) 法律行為の効力に影響するとされた事例

①旧臨時物資需給調整法（昭和21年法律32号。昭和27年4月1日失効。以下同じ）に基づく旧加工水産物配給規則（昭和24年農林省令100号改正前）によって指定された物質については法定の除外事由その他特段の事情の存しない限り同規則3条以下所定の集荷機関、荷受機関、登録小売店舗等の機構を通ずる取引のみの効力を認めそれ以外の無資格者による売買を無効と解すべきである（最二小判昭和30・9・30民集9巻10号1498頁〔27002991〕）。②旧臨時物資需給調整法に基づく旧農産品配給規則（昭和23年農林省令75号）に違反する藁工品の取引は、無効である（最二小判昭和35・9・16民集14巻11号2209頁〔27002404〕）。③旧臨時物資需給調整法に基づく旧木炭需給調整規則（昭和24年農林省令74号）2条、14条に違反して集荷業者でない者との間に締結された木炭譲渡契約及びこの契約を担保するためになされた立木譲渡契約・代物弁済契約は、いずれも無効である（最三小判昭和40・12・21民集19巻9号2187頁〔27001242〕）。

次に、強行法規に当たらない行政法規に抵触する行為が「公の秩序」（民法90条）に反するかどうかが問題となる。ある行為が公の秩序に反するとして禁止又は制限される場合に、その事実的行動から生ずる法律的効果は、必ずしも「公の秩序」に反するものではなく、その法的効果が「公の秩序」に反するものでない以上、あえてその発生を否定するべきではない。ことに違法行為を無効とすることは、取引の安全を害するおそれがあり、また契約から生ずる義務を免れる者を不当に保護することもあり得ることから、事案の具体的事情を仔細にみることが要請される（舟田正之「判批」雄川一郎編『行政判例百選Ⅰ』有斐閣（1979年）41頁）。この見地から、「公の秩序」に反するかどうかの判断に当たっては、立法の趣旨、違反行為に対する社会の倫理的雛の程度、一般取引に及ぼす影響、当事者間の信義・公正などの要素が総合的に考慮されなければならない（我妻榮『新訂民法総則』岩波書店（1965年）264頁。宇賀・行政法概説Ⅰ〈第5版〉70頁は同旨）。この考え方に立つとみえる最高裁判例として、有毒性物資である硼砂の混入したアラレを販売すれば、食品衛生法4条2号に抵触し、処罰を免れないことは多弁を要しないところであるが、その理由だけで、右アラレの

販売は民法90条に反し無効のものとなるものではないとしたうえ、しかしながら、アラレの製造販売を業とする者が硼砂の有毒性物質であり、これを混入したアラレを販売することが食品衛生法の禁止しているものであることを知りながら、あえてこれを製造のうえ、同じ販売業者である者の要請に応じて売り渡し、その取引を継続したという場合には、一般大衆の購買のルートに乗せたものと認められ、その結果公衆衛生を害するに至るであろうことはみやすき道理であるから、そのような取引は民法90条に抵触し無効のものと解するを相当とするとするもの（最一小判昭和39・1・23民集18巻1号37頁〔27001952〕）がある。

　以上の考え方に対しては、訴訟の場面において、どのような立場の者が契約の履行上のいかなる段階で（双方未履行・一方のみ履行済み・双方履行済み）、相手方に何を請求しているか（請求の種類）を考慮すべきことが説かれている（川井健「物資統制法規違反契約と民法上の無効（下）」判例タイムズ206号（1967年）14頁）。これらの事情は、前記の総合考慮についてより精密に考えることに資するものであるが、この観点から注目される近年の最高裁判例として、建築基準法等の法令に適合しない建物の建築を目的とする請負契約がされた場合において、当該各契約が、いったん同法等の法令の規定に適合した建物を建築して検査済証の交付も受けた後に、別途用意した図面に基づき違法建物の建築工事を施工して違反建築物を完成させることを計画して締結されたものであり、その計画どおりに建物が建築されれば、居住者や近隣住民の生命、身体等の安全に関わる違法を有する危険な建物となること等判示の事情のもとでは、当該建物の建築は著しく反社会性の強い行為であるといわなければならず、これを目的とする上記各契約は、公序良俗に反し、無効であるというべきであるとし、他方、区役所による是正指示や近隣住民の苦情等に対応して上記各契約に基づく工事の施工開始後に別途施工された追加変更工事についての施工の合意は、原則として公序良俗に反するものではなく代金請求が許されるとするもの（最二小判平成23・12・16裁判集民238号297頁〔28180015〕）がある。これに関して、①上記契約に基づく給付は不法原因給付（民法708条）であるから、注文者は反射的に所有権を取得することになる（最大判昭和45・10・21民集24巻11号1560頁〔27000684〕参照）が、②具体的事案においては代金の大半は支払済みであり、同様に不法原因給付と解されれば、請負人もその返還を要しないこと、③区役所による是正指示や近隣住民の苦情等に対応し、追加工事を行う旨の合意部分は原則として公序良俗に反するものではなく代金請求が許されると判示されていることから、履行段階に応じた具体的事案での衡平は実現されているという当該判決に対する見方（玉井克哉「判批」宇賀＝交告＝山本・行政判例百選Ⅰ〈第6版〉29頁）は、判決の正しい読み方といえよう。

論点 12 　許可に関する問題

1　許可の意義・性質

　許可とは、一般的な禁止（不作為義務）を特定の場合に解除し、適法に一定の行為をすることを可能にする行為をいう（田中・新版行政法上巻〈全訂第 2 版〉122頁）が、許可の意義ないし性質に関する主要な最高裁判例として、以下のものがある。

事例

　①（表現の自由関係）道路交通法77条1項各号、長崎県道路交通法施行細則（昭和47年同県公安委員会規則 4 号廃止前）15条 3 号の定めは、「道路における危険を防止し、その他交通の安全と円滑を図り、及び道路の交通に起因する障害の防止に資する」という目的（道路交通法 1 条参照）のもとに、道路を使用して集団行進をしようとする者に対しあらかじめ所轄警察署長の許可を受けることにしたものである（最三小判昭和57・11・16刑集36巻11号908頁〔27662610〕）。②（結社の自由関係）民法（平成18年法律50号改正前）34条が公益法人の設立を主務官庁の許可にかからしめているのは、営利を目的としない社団又は財団については、当該事業を管轄する行政官庁が、当該社団又は財団が積極的に公益を目的とするものであって、社会活動を行ううえで法人格を付与するに値すると判断したものに限って法人設立を許す趣旨によるものである（最一小判昭和63・7・14裁判集民154号273頁〔27803056〕）。③（職業選択の自由関係）酒類販売業の免許制が職業選択の自由に対する重大な制約であることに鑑み、右免許について酒類の需給の均衡を維持するため免許を与えないことができるとした酒税法10条11号の規定を拡大的に運用することは許されない（最一小判平成10・7・16裁判集民189号155頁〔28031944〕）。④（財産権関係）都計法（平成 4 年法律82号改正前）29条に基づく許可は、あらかじめ申請に係る開発行為が同法（昭和62年法律63号改正前）33条所定の要件に適合しているかどうかを公権的に判断する行為であって、これを受けなければ適法に開発行為を行うことができないという法的効果を有するものである（最二小判平成5・9・10民集47巻7号4955頁〔27816372〕）。⑤（公物の自由使用関係）国有財産の管理権は、国有財産法 5 条により、各省各庁の長に属せしめられており、公共福祉用財産をいかなる態様及び程度において国民に利用せしめるかは上記管理権の内容であるが、もちろんその利用の拒否は、その利用が公共福祉用財産の、公共の用に供せられる目的に副うものである限り、管理権者の自由裁量に属するものではない（最大判昭和28・12・23民集7巻13号1561頁〔27003243〕）。⑥（公物の自由使用関係）郵政省庁舎管理規程（昭和40年11月20日公達76号） 6 条に定める庁舎管理者による郵便局の庁舎等における広告物等の掲示の許可は、庁舎等における広告物等の

掲示等の方法によってする情報、意見等の伝達、表明等の一般的禁止を特定の場合について解除する処分であって、許可を受けた者に対しそのような伝達、表明等の行為のために指定された場所を使用する何らかの公法上又は私法上の権利を設定、付与するものではない（最一小判昭和57・10・7民集36巻10号2091頁〔27000069〕）。

2　許可を受けた者の地位

許可は、社会公共の安全・秩序を維持する見地などから、政策的禁止義務を解除して自由を回復させる性質を持つものであって、許可を受けた者に特別の権利を付与するものではないから、許可を受けた者が事実上事業の独占その他の利益を享受することがあっても、それは許可制度の運用上の反射的利益にすぎないことが多い（田中・行政法総論306頁、杉村敏正『全訂行政法講義総論（上）』有斐閣（1969年）179頁）。しかし、法律自体が、一定の政策的理由から、許可を受けた者が事実上事業の独占その他の利益を享受することを単なる事実上の反射的利益というにとどまらず、法律によって保護された利益としている場合がある。実務上、その判断に当たっては、①当該根拠法規に業者間の適正配置基準や需給調整を定める規定等、既存同業者の個別の利益保護につながるような規定が存在することを要する、②当該事業あるいは職業が国民生活上不可欠な役務の提供を内容とするものであって、提供すべき役務の内容、対価等に関する強力な規制がされる場合には、既存同業者を保護する趣旨・目的が含まれると解する１つの根拠となる、③既存同業者に聴聞を受ける権利等を保障する規定がある場合などの手続的な保障がされる場合は、これも１つの手がかりとなる、④当該根拠規定の立法当時の資料や当該法規の目的規定に当たることも大切である、と論じられている（司研・実務的研究106-108頁）。

事例

以上の考え方に立つとみえる一連の最高裁判例として、①既存の質屋営業者は、第三者に対する質屋営業許可処分の取消しを求める法律上の利益を有しないとするもの（最三小判昭和34・8・18民集13巻10号1286頁〔27002534〕）、②既存私立幼稚園経営者は新設の私立幼稚園設置認可処分の取消しを求める法律上の利益を有しないとするもの（最三小判昭和59・12・4裁判集民143号263頁〔28205965〕）、③病院開設許可の要件を定める医療法の規定は、病院開設の許否の判断に当たり予定地付近で医療施設を開設している者等の利益を考慮することを予定していないから、これらの者は、病院開設許可の取消しを求める原告適格を有しないとするもの（最二小判平成19・10・19裁判

集民226号141頁〔28132282〕)、④公衆浴場法の立法趣旨に照らし、同法が公衆浴場の営業を許可制にし、かつ、一定間隔の距離をもって許可の要件としているのは、主として国民保健及び環境衛生という公共の福祉の見地から出たものであることもちろんであるが、他面、同時に、無用の競争により経営が不合理化することのないよう濫立を防止することが公共の福祉のために必要であるとの考慮から、被許可者を濫立による経営の不合理化より守ろうとする意図をも有するものであることは否定し得ないところであって、適正な許可制度の運用によって保護されるべき業者の営業上の利益は、単なる事実上の反射的利益というにとどまらず、同法によって保護せられる利益と解するのを相当とするとするもの（最二小判昭和37・1・19民集16巻1号57頁〔27002209〕)、⑤たばこ事業法（平成11年法律151号改正前）22条に基づく製造たばこの小売販売業の許可制は、製造たばこの小売人には零細経営者が多いことなどに鑑みたばこ専売制度の廃止に伴う激変を緩和することによって右小売人の保護を図ることを目的とするものであるとするもの（最二小判平成5・6・25裁判集民169号175頁〔27816951〕）がある。

3 先願主義

許可は、国民の行為そのものは必ずしも社会秩序に有害とはいえないが、その行為をする人・場所・設備・時期・方法などによっては害悪を生ずるおそれがあるのを未然に防止するために、国民の自由を必要最小限度に制限するにとどまるものであることが多い。したがって、申請が法的な許可基準を満たしている限り、行政庁は原則として許可を与えなければならない拘束を受けることとなり、競願者がいずれも許可基準を満たし、その限りで条件が同一であるときは、申請時期の前後により、先願者に許可を与えるべく羈束されるものと解される（成田頼明「ガス事業の許可と自由裁量」時の法令489号（1964年）40頁）。これに関し、前掲昭和37年最二小判〔27002209〕は、公衆浴場法上の距離制限の結果、公衆浴場の営業許可を受ければ一定地域内の浴客を独占し得ることになることを、反射的利益ではなく法的利益であるとみており、当該許可は、権利設定的の行政処分であって、いわゆる公企業の特許に似た性質を持つものであるという議論が成り立つこととなる。そして、公企業の特許にあっては、申請人の経営能力、事業の公益適合性等を考慮してその許否が判断される裁量行為であって、ここでは先願主義は必ずしも貫徹しないと解されてきたことから、公衆浴場営業許可申請と先願主義の関係が問題となる。この問題に関する最高

裁判例として、公衆浴場法 2 条の許可制が主として国民保健及び環境衛生という公共の福祉の見地から営業の自由を制限するものであること、及び同条の文言からすれば、右許可の申請が所定の許可基準に適合する限り、行政庁は、これに対して許可を与えなければならないものと解されるから、右許可をめぐって競願関係が生じた場合に、各競願者の申請が、いずれも許可基準を満たすものであって、その限りでは条件が同一であるときは、行政庁は、その申請の前後により、先願者に許可を与えなければならないものと解するのが相当であるとするもの（最二小判昭和47・5・19民集26巻4号698頁〔27000568〕）がある。現行法上、公衆浴場営業の許可の基準は、特に行政庁に専門的・技術的見地からする裁量の余地を残さなければならないようなものではなく、したがって、当該許可にある程度権利付与的な面があることを認めるとしても、関係法令の文言や、法令が申請者に対し許可するか否かの判断を行政庁に委ねる趣旨・目的を離れて、直ちに先願主義は妥当しないという結論を出すことはできないことから、前記判決は言い渡されたものであると考えられる（『最判解説民事篇〈昭和47年度〉』法曹会〔富澤達〕426-427頁）。

論点 13　公企業の特許に関する問題

1　公企業の特許の理論をめぐる学説の状況

特許とは、直接の相手方のために、特定の権利・権利能力・行為能力又は包括的な法律関係その他法律上の力を設定する行為をいう（田中・新版行政法上巻〈全訂第2版〉123頁）。これに関し、法律上、一定の企業を国家的企業としてその経営権を国家に留保し、特定の場合に、財政経済上その他の理由に基づき、国家自らこれを経営するのを適当としない場合において、その経営権の全部又は一部を他の者に付与し、これに、その経営の義務を負わせる行為を指して公企業の特許と呼ぶことがある（伝統的な学説につき、山田幸男『公企業法』有斐閣（1957年）55-56頁）。公企業の特許の理論を肯定すべきかについては、学説上争いがあり、大別して次の3つの考え方がある（原田尚彦「特許企業の意義」ジュリスト300号（1964年）114-115頁、『最判解説民事篇〈昭和50年度〉』法曹会〔越山安久〕247頁）。

(1) 公企業の特許の理論を全面的に否認する見解

この見解は、公企業の特許の理論を全面的に否認し、特許・許可を問わず営業免許はすべて各人の営業の自由に対する事前の禁止を解除する行為であることから、従来公企業の特許とされてきた行為の本質は、結局、警察許可、統制許可、財政許可と並ぶ許可の一種にすぎないと解するものである（杉村敏正『全訂行政法講義総論（上）』有斐閣（1969年）181頁。小早川・行政法上203頁、宇賀・行政法概説Ⅰ〈第5版〉83-84頁は同旨か）。

(2) 公企業の特許の観念に全く新たな内容を与えつつ、なおその固有性を承認する見解

この見解は、特許企業の観念に全く新たな内容を与えつつ、なおその固有性を承認する見方を示すものである。すなわち、この立場では、免許基準や国家の事業監督権限を定める実定法の内容には積極消極二様の態度のあることがまず認識され、次いで、国家が消極的な目的を超えて特許企業に特別な監督統制を加える趣旨は、国家が国民大衆の生活配慮をつかさどる一定の公営事業を一種の公益とみなして、これに対し社会福祉増進の観点から特殊配慮を払うものにほかならず、この意味での公企業の特許は、自由営業の許可とは異なり、国家と企業間に包括的な権利義務関係を設定する形成的行為であると解される。したがって、この説は、経営権の国家独占を基点として先験的に特許企業固有の理論を演繹するのではなく、あくまで実定法意の解釈から特許企業につき多かれ少なかれ公益性を指導理念とした解釈論の余地を認めようとするものであるが、この説によれば、実定法が積極的規制を加える場合はすべて特許企業と解されることから、その外延はかなり広範に及び、各種業法の規制対象たる事業はもとより、社会福祉関係の事業をも一律に特許企業として理解することとなる（山田・前掲88頁）。

(3) 伝統的な意味での公企業の特許法制を特定の範囲で承認する見解

この見解は、現行憲法は、公益上の合理的要請に合致する限り経営権の国家独占を前提とする伝統的な意味での特許企業法制を特定の範囲で承認することを必ずしも否認してはいないと解し、実定法がこうした建前をとると解釈され得る範囲では多かれ少なかれ、なお伝統的特許企業理論の適用が肯定され得る

とする。しかし、他方それ以外で実定法が私人の営業の自由に積極的な制約を課している事例のすべてにつき特許企業の理論を拡大することには反対の態度を示し、これらの分野はあえて公企業の特許（あるいは警察許可）という既存の概念に当てはめることなく、むしろ両者の中間に位する第三の領域として、それぞれの実定法意に則した独自の解釈理論に従えばよいとみる（雄川一郎=金沢良雄=塩野宏=成田頼明=山内一夫「〔座談会〕事業の免許制・許可制―いわゆる特許企業の理論をめぐる諸問題」ジュリスト293号（1964年）6頁以下）。

2　特許と許可の区別に関する裁判例

　公企業の特許の理論を肯定すべきかどうかの問題に関する最高裁判例として、まず、自動車運送事業の免許の性質を公企業の特許と解するかどうかは、必ずしも、結論に影響があるものとは考えられないとするもの（最一小判昭和50・5・29民集29巻5号662頁〔27000372〕）がある。伝統的な公企業の特許の理論は、1つには、その許否の決定が自由裁量に属することを説明するためのものであったが、ある行為がいわゆる裁量行為か羈束行為かは、その行為の本質のみから定まるものではなく、法の規制の趣旨、目的、規定の仕方等の要件の定め方及びその判断が政策的、専門技術的なものに関するかどうか等によるところが大であって、裁量行為かどうかを決するために、自動車運送事業の免許が公企業の特許かどうかという性質決定をする実益はない。そこで、前掲昭和50年最一小判〔27000372〕は、一般乗合旅客自動車運送事業の免許の許否の性質が公企業の特許かどうかについて、あえて判断を示さなかったものであると考えられる（『最判解説民事篇〈昭和50年度〉』法曹会〔越山安久〕247頁）。

　次に、公企業の特許に関するもう1つの最高裁判例として、旧清掃法（昭和29年法律72号。昭和45年法律137号全部改正）15条1項が、特別清掃地域内においては、その地域の市町村長の許可を受けなければ、汚物の収集、運搬又は処分を業として行ってはならないものと規定したのは、特別清掃地域内において汚物を一定の計画に従って収集、処分することは市町村の責務である（同法6条、自治法（平成11年法律87号改正前）2条3項7号、同法別表第2の11参照）が、これをすべて市町村が自ら処理することは実際上できないため、前記許可を与えた汚物取扱業者をして右市町村の事務を代行させることにより、自ら処理したのと

同様の効果を確保しようとしたものであると解したうえ、市長村長がこの許可を与えるかどうかは、清掃法の目的と当該市町村の清掃計画に照らし、市町村がその責務である汚物処理の事務を円滑完全に遂行するのに必要適切であるかという観点から、これを決すべきものであり、その意味において、市町村長の自由裁量に委ねられているとしたもの（最一小判昭和47・10・12民集26巻8号1410頁〔27000538〕）がある。こちらの場合、関係各規定から考えて、旧清掃法15条1項に規定する汚物取扱業者は、同法6条1項の規定により市町村に課せられた汚物処理義務を代行するものとして規定されており、講学上の分類に従えば、当該許可は、いわゆる警察許可ではなく、自由裁量を原則とする特許の性質を持つものと考えられる（『最判解説民事篇〈昭和47年度〉』法曹会〔佐藤繁〕267頁は特許の性質を持つとする）。学説でも、右許可は、公企業の特許に分類され、これまた伝統的学説に従えば、特別の地位を付与する行為であるから、裁量が認められるということとなろうと論じられたうえ、右判決は、特に許可と特許の概念的な区別に言及していないが、同判決の思考は、その後に現れた最一小判平成16・1・15裁判集民213号241頁〔28090331〕などに維持されているのではないかと分析されている（山下淳「判批」宇賀=交告=山本・行政判例百選Ⅰ〈第6版〉158-159頁）。

　以上を通覧すると、前掲昭和47年最一小判〔27000538〕は、特に許可と特許の概念的な区別に言及しないが、実務上は、実定法が伝統的な意味での経営権の国家独占を前提とする特許企業法制をとると解し得る範囲では伝統的な特許企業理論の適用を肯定し、それ以外の分野では、公企業の特許あるいは警察許可の観念に当てはめることなく、両者の中間に位する第三の領域として、それぞれの実定法に即した独自の解釈理論に従うべきであるとする立場（前記1(3)の立場）をとるものと思える。

3　特許を受けた者の地位に関する裁判例

　なお、法律自体が、一定の政策的理由から、特許を受けた者が事実上事業の独占その他の利益を享受することを単なる事実上の反射的利益というにとどまらず、法律によって保護された利益としている場合がある。実務上、その判断に当たっては、①当該処分の根拠法規に業者間の適正配置基準や需給調整を定

める規定等、既存同業者の個別の利益保護につながるような規定が存在することを要する、②当該事業あるいは職業が国民生活上不可欠な役務の提供を内容とするものであって、提供すべき役務の内容、対価等に関する強力な規制がされる場合には、既存同業者を保護する趣旨・目的が含まれると解する1つの根拠となると、許可の場合と同様に論じられている（最三小判平成26・1・28民集68巻1号49頁〔28220381〕に対する匿名コメント（判時2215号67-68頁））。

▶事例

　この考え方に立つとみえる裁判例として、①一般廃棄物処理業に関する需給状況の調整に係る規制の仕組み及び内容、その規制に係る廃掃法の趣旨及び目的、一般廃棄物処理業の事業の性質、その事業に係る許可の性質及び内容等を総合考慮すると、同法は、市町村長から一定の区域につき一般廃棄物処理業の許可又はその更新を受けて市町村に代わってこれを行う許可業者について、当該区域における需給の均衡が損なわれ、その事業の適正な運営が害されることにより、市町村の区域の衛生や環境が悪化する事態を招来し、ひいては一定の範囲で市町村の住民の健康や生活環境に被害や影響が及ぶ危険が生ずることを防止するため、上記の規制を設けているものというべきであり、同法は、他の者からの一般廃棄物処理業の許可又はその更新の申請に対して市町村長が上記のように既存の許可業者の事業への影響を考慮してその許否を判断することを通じて、当該区域の衛生や環境を保持するうえでその基礎となるものとして、その事業に係る営業上の利益を個々の既存の許可業者の個別的利益としても保護すべきものとする趣旨を含むと解するのが相当である（最三小判平成26・1・28民集68巻1号49頁〔28220381〕）とするもの、②自然公園法、同法施行令、同法施行規則の関係規定の趣旨に鑑み、同一国立公園内の近隣において園地事業の認可を受けている者であっても、第三者になされた園地事業執行認可処分の無効確認を求める利益を有しないとするもの（大阪高判昭和61・9・16判タ634号128頁〔27803930〕。国立公園事業は自然公園法1条の目的達成のため、原則的に国が執行するものであって、例外的に私人等に対する右事業執行の認可は、同条の目的達成のためにする公企業の特許たる性質を有するものと解されている（環境庁自然保護局企画調整課編『自然公園法の解説』中央法規出版（1977年）89頁））がある。

論点 14　認可に関する問題

1　認可の意義・性質

　認可とは、第三者の法律的行為を補充し、その法律上の効力を完成させる行

為をいうが、認可は、独立してその効力を生ずるものではなく、単に他者の法律的行為の効力を補充して、その法律的効果を発生させる一要素であるにとどまることから、その本体たる法律的行為が無効であれば、認可もまた当然その効力を生ずる理由はなく、認可があったという一事によって基本行為に付着する瑕疵が治癒されることはない（『最判解説民事篇〈昭和35年度〉』法曹会〔真船〕302頁、田中・新版行政法上巻〈全訂第2版〉123頁）。また基本行為が取り消し得べき場合には、認可された後においても、これを取り消すことができ、基本行為の取消しに伴い、認可もその効力を失うこととなる（『最判解説民事篇〈昭和35年度〉』法曹会〔鈴木〕20頁、田中・新版行政法上巻〈全訂第2版〉123頁）。

事例

　これらの立場に立つとみえる最高裁判例として、①旧宗教団体法（昭和14年法律77号。昭和20年勅令718号により廃止）32条の地方長官の認可は、寺院規則の効力を完成させるためのものであって、独立の創設的効力を有しないものと解するを相当とするから、寺院規則そのものが成立せずあるいは無効なときは地方長官の認可によって寺院規則が有効となるものと解すべきではないとするもの（最一小判昭35・6・2民集14巻9号1565頁〔27002434〕）、②農地の所有権の移転につき、農地法（昭和37年法律126号改正前）3条により知事の与える許可は移転の効力を完成せしめる行為にすぎないから、当該移転行為にして取り消し得べきものであるときは、許可のあった後においてもこれを取り消すことができると解するのが相当であるとするもの（最三小判昭和35・2・9民集14巻1号96頁〔27002503〕）がある。

2　許可と認可の区別

　許可と認可の区別に関する問題がある。この問題は、法律上の規制を、規制に反する条件でなされた国民の行為の法的効果まで規制する趣旨の効力規定とみるか、そこまでの趣旨を含まない一種の取締規定とみるかの問題であり、各々の立法の趣旨に即した解釈が必要である（小早川・行政法上208頁）。

　まず、農地法3条によって知事の与える許可の法律的性質については、同条違反の行為者に対し罰則の適用がある点に鑑みてか、これを講学上の許可に当たると主張する論者が存したが（土橋友四郎『行政行為法概論』有斐閣（1955年）61頁）、当該規定は自作農の地位の安定、維持という公益上の見地から、農地に関する権利の移動については公権力の監督、介入の必要があるとの理由で設けられたものと解され、したがってその本体的効力は、当事者間の農地所有権

移転行為の効力を完成させることにあるものと考えられるから、認可に当たると解するのが正当である（『最判解説民事篇〈昭和35年度〉』法曹会〔鈴木〕19頁）。学説では、同条によって知事の与える許可は、私人間の売買契約等の法的効果を直接に規制するものであって、その限りにおいて一種の認可としての性質を有するが、他面、同法は、この許可を受けないで行われた権利移転行為に対して、罰則をもって臨んでいることから、同条の許可は、この限りにおいて、事実として権利移転行為が行われること自体をも規制の対象としているのであって、その意味で、これは、許可としての性質をも兼ね備えたものであると論じられることがある（藤田・行政法総論201頁）。

次に、船舶海上保険において、保険業者が主務大臣の認可を受けないで普通保険約款を変更し、その約款に基づいて保険契約を締結しても、その変更が保険業者の恣意的な目的に出たものでなく、変更された条項が強行法規若しくは公序良俗に違反し又は特に不合理なものである場合でない限り、変更後の約款は、保険契約の内容を定めるものとして当事者を拘束するとする裁判例（最一小判昭和45・12・24民集24巻13号2187頁〔27000658〕）がある。①保険事業の免許は講学上の許可に当たるが、当初の普通保険約款は保険業の免許の審査の内容となり、したがって約款に対する承認を含めて免許が与えられると解されること、②認可を経ない約款変更に対して保険業法は罰則をもって臨んでいること、③約款の制定・変更は、それ自体は法律的行為ではなく事実的行為にとどまると解されることなどに、その理由はあると考えられる。また、この考え方に立てば、普通保険約款の制定・変更に対する行政庁の認可は、約款の効力要件ではなく、約款内容の適法性ないし合理性を事実上一応推定させるものにすぎないことになる（『最判解説民事篇〈昭和45年度〉』法曹会〔野田宏〕1088-1090頁）。

論点 15　確認行為に関する問題

1　確認行為の意義・性質

確認とは、特定の事実又は法律関係に関し疑い又は争いがある場合に、行政庁が公の権威をもって、その存否又は真否を確認する行為をいうが、確認が共通に有する法効果は、行政庁が公の権威をもって確定したところは、普通、こ

れを自由に変更し得ない効力を生ずる点にあり、他にどのような効果が生ずるかは、法律の定めるところによる（田中・新版行政法上巻〈全訂第2版〉124頁）。

事例

　　各法律の定める確認の意義又は性質について判示する最高裁判例として、①薬事法（平成25年法律84号により医薬品、医療機器等の品質、有効性及び安全性の確保等に関する法律と題名改正、平成14年法律96号改正前）所定の医薬品の製造等の承認は、医薬品の有効性、安全性を公認する行政庁の行為であるが、これによって承認の申請者に製造業等の許可を受け得る地位を与えるものということができるとするもの（最二小判平成11・10・22民集53巻7号1270頁〔28042452〕）、②建築確認は、建築基準法6条1項の建築物の建築等の工事が着手される前に、当該建築物の計画が建築関係規定に適合していることを公権的に判断する行為であって、それを受けなければ当該工事をすることができないという法的効果が付与されているとするもの（最二小判昭和59・10・26民集38巻10号1169頁〔27000004〕、最三小判平成14・1・22民集56巻1号46頁〔28070182〕）、③道路法47条4項の規定に基づく車両制限令12条所定の道路管理者の認定は、同令5条から7条までに規定する車両についての制限に関する基準に適合しないことが、車両の構造又は車両に積載する貨物が特殊であるためやむを得ないものであるかどうかの認定にすぎず、車両の通行の禁止又は制限を解除する性格を有する許可（同法（平成25年法律30号改正前）47条1項から3項まで、47条の2第1項）とは法的性格を異にし、基本的には裁量の余地のない確認的行為の性格を有するものであることは、上記法条の改正の経緯、規定の体裁及び罰則の有無等に照らし明らかであるが、他方上記認定については条件を付することができること（同令12条ただし書）、上記認定の制度の具体的効用が許可の制度のそれと比較してほとんど変るところがないことなどを勘案すると、右認定に当たって、具体的事案に応じ道路行政上比較衡量的判断を含む合理的な行政裁量を行使することが全く許容されないものと解するのは相当でないとするもの（最二小判昭和57・4・23民集36巻4号727頁〔27000088〕）がある。また、恩給法に基づく恩給裁定は、それ自体に権利を発生させたり、変更したりする効力があるわけではないが、恩給の裁定があってはじめて具体的に恩給受給権が行使できるようになるという効果が生ずると解する実務上の見解（『最判解説民事篇〈平成6年度〉』法曹会〔大橋弘〕92頁、鳥山郁男『恩給法概説〈新版〉』ぎょうせい（1987年）339頁）がある。

2　確認行為の通用力

　確認は、公の権威をもって宣言し、確認する行為にすぎないのを原則とするから、確認の対象が格別の公益的配慮を要しない事項である場合においては、その通用力は弱められることがある。この問題に関する最高裁判例として、ま

ず、民法（平成16年法律147号改正前）494条、496条、供託法（平成5年法律89号改正前）1条、1条ノ2ないし1条ノ6、供託規則38条（昭和42年法務省令15号改正前）等の実定法が存する限りは、供託官の取戻請求却下行為は行政処分というべく、単に民法上の履行拒絶にすぎないものとはいえないが、なお、供託官の処分は供託上の権利関係の有無を判断する確認行為であり、これに対する不服の利益がある限り不服を許すのが相当であるから供託法（平成5年法律89号改正前）1条ノ7、行審法（平成26年法律68号全部改正前）14条は供託官の処分に係る審査請求につき特に期間の制限を設けなかったものであるとするもの（最大判昭和45・7・15民集24巻7号771頁〔27000711〕）がある。

確認行為の通用力に関するもう1つの最高裁判例として、土地収用法133条所定の損失補償に関する訴訟は、裁決のうち損失補償に関する部分又は補償裁決に対する不服を実質的な内容とし、その適否を争うものであるが、究極的には、起業者と被収用者との間において、裁決時における同法所定の正当な補償額を確定し、これをめぐる紛争を終局的に解決し、正当な補償の実現を図ることを目的とするものということができるとするもの（最三小判平成9・1・28民集51巻1号147頁〔28020339〕）がある。学説上、土地収用法所定の損失補償に関する訴訟の性質については、形成訴訟説と給付・確認訴訟説との対立がみられる（各学説につき、中込秀樹ほか『行政事件訴訟の一般的問題に関する実務的研究』司法研修所（1995年）304頁）が、①損失補償請求権が憲法29条3項に由来するものであることや②損失補償に関する訴訟を当事者訴訟とした立法趣旨を考慮し、その請求の趣旨が裁決の取消し、変更を求めるものでなければ不適法となるというような硬直した考え方はとられるべきではないという実務上の見解がある（中込ほか・前掲303-307頁、司研・実務的研究320-322頁）。前掲平成9年最三小判〔28020339〕も、損失補償に関する訴訟は、抗告訴訟の実質を有しながらも、他方、その究極目的は、当事者間における正当な補償の実現にあるとするのみで、形成訴訟、給付・確認訴訟のいずれの訴訟形式をとるべきかについて明示的に判示せず、裁決のうち損失補償に関する部分における確認の対象は格別の公益的配慮を要しない事項であるからか、裁決の行政処分性をことさらに強調しない解釈を示している。

確認行為の通用力に関するその他の最高裁判例として、特許権は無効審決の確定までは適法かつ有効に存続し、対世的に無効とされるわけではないが、特許に無効理由が存在することが明らかで、無効審判請求がされた場合には無効審決の確定により当該特許が無効とされることが確実に予見される場合にも、その特許権に基づく差止め又は損害賠償等の請求が許されると解することは、①実質的にみて、特許権者に不当な利益を与え、発明を実施する者に不当な不利益を与えるもので、衡平の理念に反する結果となること、②特許の対世的な無効までをも求める意思のない当事者に無効審判の手続を強いることとなり、また、訴訟経済にも反することなどに鑑み、相当ではないことから、特許の無効審決が確定する以前であっても、特許権侵害訴訟を審理する裁判所は、特許に無効理由が存在することが明らかであるか否かについて判断することができるとしたもの（現行の特許法104条の3の規定が置かれる以前の、最三小判平成12・4・11民集54巻4号1368頁〔28050768〕）がある。特許権の無効審決が確定する前に、特許権侵害訴訟において特許の無効理由の存否を判断することができるかどうかは、特許法上の大きな論点として長く議論されてきた。大審院判例は、特許に無効理由が存する場合であっても、いったん登録された以上、その登録を無効とする審決が確定しない限り、当然その効力を失うものではなく、通常裁判所において特許の当否その効力の有無を判断することはできない旨を繰り返し判示してきた（大判明治37・9・15刑録10輯1679頁〔28243914〕、大判大正6・4・23民録23輯654頁〔27980046〕）が、これに対する前掲平成12年最三小判〔28050768〕は、「特許権は無効審決の確定までは適法かつ有効に存続し、対世的に無効とされるわけではない」と述べ、行政処分の公定力を全面的に否定したわけではない（『最判解説民事篇〈平成12年度（上）〉』法曹会〔髙部眞規子〕435頁）が、特許権の存在が行政処分により公権的に確定された場合であっても、「特許の対世的無効までも求める意思のない当事者」に限っては、「無効理由が存在することが明らか」という限定つきながら、侵害訴訟における特許の無効主張を実質的に許すものである。

論点 16　行政処分の外部行為性に関する問題

1　内部的手続行為及び行政機関相互間の行為の処分性

　行政処分は、国家と一般国民との関係において、行政権の主体が、国民に対してする行為であるのを原則とするから、①行政機関の意思決定手続として行われるにすぎない内部的手続行為や、②行政組織の内部において、一の機関が他の機関に対してする行為は、行政処分から区別される。これについては、本書第2巻Ⅲ1(1)「行政に関する司法権の限界」及びⅢ1(2)(a)「抗告訴訟の対象」を参照されたい。

2　公務員に対する職務命令の処分性

　このほか、公務員に対する職務命令が行政処分に当たるかという問題がある。職務命令については、職務命令の取消訴訟が認められるとすると、職務命令についての取消訴訟の排他的管轄（公定力）が生ずることとなり、職務命令違反を理由とする懲戒処分の取消訴訟における職務命令の違法の抗弁の途を閉ざすことになるという指摘（塩野・行政法Ⅲ〈第4版〉316-317頁）や、現行の行訴法のもとでは、職務命令違反を理由とする懲戒処分の差止訴訟又は職務命令により課された義務の不存在確認訴訟が認められる（宇賀・行政法概説Ⅲ〈第4版〉466頁）というような指摘により、職務命令の処分性を前提とする考え方に疑問を呈し又は消極的に解する見解が有力である。ただし、長期の研修命令のようにそれ自体が職員個人の身分や勤務条件に係る権利義務に直接影響を及ぼす職務命令は、別異に解される（後掲平成24年最一小判〔28180278〕に対する匿名コメント（判時2152号27頁））。こうした考え方に立つとみえる最高裁判例として、都立学校の教職員に対し卒業式等の式典における国家斉唱時の起立斉唱ないしピアノ伴奏を命ずる職務命令は、教科とともに教育課程を構成する特別活動である都立学校の儀式的行事における教育公務員としての職務の遂行のあり方に関する校長の上司としての職務上の指示を内容とするものであって、教職員個人の身分や勤務条件に係る権利義務に直接影響を及ぼすものではないから、抗告訴訟の対象となる行政処分には当たらないと解されるとするもの（最一小判平成24・2・9民集66巻2号183頁〔28180278〕）がある。

論点 17　行政処分の成立及び効力発生

1　処分の成立と相手方への告知又は到達の要否

　行政処分は、意思表示の一般原則に従い、行政庁の内部的意思決定が外部に表示されることによって成立し、処分の相手方の受領を要する行政処分にあっては、特別の規定のない限り、処分が相手方に告知され又は到達したときに、相手方に対して効力を生ずるものである（最高裁・十年史201頁、最高裁・続十年史299頁、最高裁・続々十年史（上）268頁、最高裁・主要行政事件裁判例概観(10)98頁）。この考え方に立つとみえる裁判例として、①特定の公務員の任免のごとき行政庁の処分は、特別の規定のない限り、意思表示の一般的法理に従い、その意思表示が相手方に到達した時、すなわち辞令書の交付その他公の通知によって、相手方が現実にこれを了知し、又はその意思表示が相手方の了知し得べき状態に置かれた時に、その効果を生ずるものと解すべきであるとするもの（最三小判昭和29・8・24刑集8巻8号1372頁〔27660386〕）、②行政処分が行政処分として有効に成立したといえるためには、行政庁の内部において単なる意思決定の事実があるかあるいは当該意思決定の内容を記載した書面が作成・用意されているのみでは足りず、当該意思決定が何らかの形式で外部に表示されることが必要であり、名あて人である相手方の受領を要する行政処分の場合は、さらに右処分が相手方に告知され又は相手方に到達することすなわち相手方の了知し得べき状態に置かれることによってはじめてその相手方に対する効力を生ずるものというべきであるとするもの（最一小判昭和57・7・15民集36巻6号1146頁〔27000081〕）がある。

2　書面による処分の場合の成立・発効の要件

　一定の書面によることを要件とする処分の場合に、その書面が交付されるまで行政処分はいまだ存在しないとみるべきか（成立要件）、書面が交付されなくても、行政庁の意思が書面により外部に表示されれば、その処分は既に成立しており到達することによって発効すると解すべきか（効力発生要件）についても、後の立場がとられている。

事例

　この考え方に立つとみえる裁判例として、①行政処分は、要式行為であると否とを

問わず、書面によって表示されたときは書面の作成によって成立し、その書面の到達によって行政処分の効力を生ずるものであるとするもの(最三小判昭和29・9・28民集8巻9号1779頁〔27003127〕)、②買収令書は、処分の相手方に交付されなくても、地区農業委員会に送付されるなどして、処分庁の意思が外部に表示されれば、買収処分は成立するとするもの(大阪地判昭和33・7・11行裁例集9巻7号1297頁〔27601889〕)、③職員の分限に関する条例に「降任、免職、休職又は降給の処分は、その旨を記載した書面を当該職員に交付して行なわなければならない」との定めがある場合に、学校長が分限免職処分の相手方又はその代理人に対し自ら退職しない場合には辞令書を渡すなどと告げたため、処分の相手方らが辞令書の内容を了知し得る状態にあったとしても、処分者には辞令書を交付する意思がなく、それを交付する行為にも及ばなかったのであるから、前記規定にいう交付が成立したものということはできず、分限免職処分の効力は、その後郵送された辞令書が相手方に到達した時に発生したものであるとするもの(大阪高判昭和43・10・31行裁例集19巻10号1701頁〔27603200〕)がある。

3　行政庁の意思決定と対外的表示の先後

　行政処分は、行政庁の内部的意思決定があった後に外部に表示されるのが通常であるが、その順序が逆転した場合に行政処分の成立を認め得るかという問題がある。この問題についても、行政庁の意思が外部に表示されれば、その処分は既に成立しており、行政庁の内部的意思決定と外部に対する表示の順序が逆転したという瑕疵は、右処分の無効事由になるかどうかの問題であると解されている。この立場に立つとみえる裁判例として、①旧自作農創設特別措置法(昭和21年法律43号。昭和27年法律230号により廃止)6条所定の農地買収計画が、農業委員会の議決を経ないで作成、公告され、その縦覧期間内に議決がされた場合に、右買収計画が行政処分として存在しなかったというべきではなく、農地所有者が買収計画の樹立を知り行政上の不服申立ての手段を尽くし得たという事実関係のもとにおいては、買収計画の公告当時委員会の議決がなかったという瑕疵は、農地所有者に対する関係では治癒されたものと解すべきであるとするもの(最一小判昭和36・5・4民集15巻5号1306頁〔27002301〕)、②県公安委員会が普通自動車及び自動二輪車第一種免許の取消処分を決定する以前に無権限者が右処分と同一内容の通知をし、県公安委員会は右決定後に改めて右処分の通知をしなかった場合に、右処分を不存在として取り扱うのは相当ではないとしたうえで、県公安委員会の決定前に処分通知があったという手続上の瑕疵は、当

該処分の根幹的部分に関する重大なものであり、処分時において被処分者である原告にとっては明白ではなかったにしても、本件において当該処分に通知が先行していたことは客観的には明白であったということができ、それが行政過程の正常さを損なう性質のものである以上、行政の円滑な運営に対する配慮を許さない程重大かつ明白な瑕疵ということができるとするもの（広島地判昭和56・12・23訟務月報28巻3号598頁〔27662517〕、その控訴審・広島高判昭和57・12・21訟務月報29巻6号1124頁〔27662621〕は同旨）がある。

4　法令の定めがない場合の書面交付の要否

このほか、処分の効力発生時期に関し注目される判断を下す裁判例として、一般乗合旅客自動車運送事業の免許申請に対する却下処分は要式行為ではないが、その内容、理由を適確に了知するためには、処分書が必要であるから、運輸省自動車局から所轄陸運局を通じ電話により申請者に処分の結果が通知されただけでは右処分の効力は発生せず、右処分書の送達によってはじめてその効力が発生すると解すべきであるとするもの（東京高判昭和42・7・25民集29巻5号814頁〔27200714〕）がある。①一般乗合旅客自動車運送事業の免許申請に対する許否の判断は、道路運送法6条1項に定める各基準に適合するかどうかを審査して決定されるのであるが、右基準に関する規定は多義的で、その判断の対象は多岐にわたるものであるから処分書が交付又は送達されなければ、申請者は処分内容を適確に了知できないこと、②右処分につき不服のある者は、一定の期間内に、訴願をすることができるが（旧訴願法1条）、その訴願書には、不服の要点、理由、要求等を記載しなければならないこと（同法6条）に鑑み、法律上書面の交付が要求されていない上記免許について、処分書の交付が必要であると解したものである。

一般に、行政処分の発給は、法令の定めがない限り、書面による必要はなく、口頭で行ってもよいと解されており、電話や口頭での通告によっても処分の効力は発生すると解されてきたが、瞬時に消え去る運命の話し言葉に十分な伝達機能を期待できるのは、処分の内容が比較的単純な場合に限られる。そこで、前掲昭和42年東京高判〔27200714〕の考え方を拡張し、相手方国民に対する不利益処分及び不許可処分は条理上すべて文書によるべきであると解したうえ、

相手方国民に対する不利益処分及び不許可処分は、処分内容、処分理由を記した通知書が相手方に送達されることによってはじめてその効力が生ずると解する学説上の見解（兼子・行政法総論181-182頁、交告尚史「判批」塩野宏＝小早川光郎＝宇賀克也編『行政判例百選Ⅰ〈第4版〉』有斐閣（1999年）129頁）がある。

5　行政処分の成否：処分の表示があったと認められるか

　行政処分の成立に関連して、行政庁の意思表示の存否又はその意思表示の解釈につき判示した最高裁判例として、給油業者がした消防法11条1項の規定に基づく給油取扱所変更許可申請につき、その元売業者らに対し許可書の写しが交付された場合において、それが同人らの懇請に応じ当該年度の給油取扱所の変更の枠を確保させることを目的として主務官庁に対する関係であたかも許可処分があったかのような状況を作出するためにされたものにすぎず、申請人に対する許可処分そのものは隣接住民の同意書の提出を待って許可書の原本を交付することによって行うこととされ、右元売業者らもこれを了承していたなど判示の事実関係があるときは、申請人に対する許可処分の外部的意思表示がされたものとみることはできず、右許可処分は、行政処分として有効に成立したものとはいえないとするもの（前掲昭和57年最一小判〔27000081〕）がある。当該判決から、どのような場合に行政庁の意思表示があったといえるかは、必ずしも明らかではない。しかし、行政処分は、たとえそれが違法であっても、権限ある行政庁又は裁判所によって取り消されない限り、何人もその効果を否定できない効力があることから、行政処分がされたかどうかは、客観的にみて明確である必要がある。したがって、法令上一定の方式によることが要求されていない行政処分の場合、客観的にみて当該処分をする旨の行政庁側の確定的かつ最終的な判断内容の告知がされたとみられる場合に、これにより行政処分があったものと認めるのが相当である。

\事例

　こうした考え方に立つとみえる事例として、以下の一連の下級審裁判例がある。
　(1)　行政処分の成立を否定する事例
　　①地方公務員の任用行為は辞令書の交付又はこれに準ずる任命権者による任用する旨の明確な意思表示の到達により効力を生ずるものと解すべきところ、原告には辞令

書が交付されておらず、同人の提出した身上申立書等の書類の受領も最終的な採用行為のための事実上の準備行為にすぎず、同人を採用する旨の明確な意思表示とみることはできない（名古屋地判昭和54・3・26労働民例集30巻2号478頁〔27662197〕、その控訴審・名古屋高判昭和55・5・1労働民例集31巻3号571頁〔27662343〕。その上告審・最一小判昭和56・6・4労働判例367号57頁〔27670912〕は原審の判断を正当として是認）。②一時利用地指定処分は要式行為ではないが、当該権利者の財産に、強制的に重大な変更をもたらすものであるから、処分があったといい得るためには、客観的かつ確定的にその処分の存在及び内容を認識し得ることを要するところ、土地改良区の換地課長が一時利用地指定修正図を被指定者に示して一時利用地指定の承諾を求め、同人がこれを了承した後、換地委員長が被指定者に対する一時利用地及び使用収益開始日を発表し、さらに、一時利用地の現地にくい打ちがされた場合において、その時点では、処分庁である土地改良区を代表する理事会の決議ないし理事による確定的な処分の意思表示は認められないから、右各行為によっては一時利用地の指定がされたものと認めることはできない（水戸地判昭和59・1・17判例地方自治6号110頁〔29012159〕）。③旧電気事業法施行規則（昭和40年通商産業省令51号。平成7年通商産業省令77号全部改正）77条2項所定の指定法人に指定することを申請した法人に対し、通商産業大臣が申請書を受理したまま何ら書面による応答をしていない場合において、通商産業大臣の担当者が、同省内部における検討協議の結果を踏まえたうえで、同法人らに対し、電話で、前記申請が認められない旨申し述べたとしても、その際、同申請については、法令上、申請権の根拠がなく、同申請の処理方法は同省内部で検討中である旨併せ告げているなどの点に鑑みると、前記電話での発言は、前記申請に対する棄却又は却下の外形を有せず、通商産業大臣は、同申請に対して、いまだ棄却又は却下の処分をしていない（東京地判平成元・4・26行裁例集40巻4号350頁〔27805363〕、その控訴審・東京高判平成2・9・19行裁例集41巻9号1485頁〔27808782〕は同旨）。

(2) 行政処分の成立を肯定する事例

①通商産業大臣に対してした外貨資金割当申請に対し、同大臣が割当てをしないという積極的な処分をしなかったとしても、その割当ては一定期日にまでされるべきものであり、かつ、申請人以外の業者に対する割当てがされたところに申請人に対し口頭で割当てをしない旨の通知がされていることからすると、当該通知により申請に対する拒否処分があったものと解するのが相当である（東京地判昭和35・2・18行裁例集11巻2号444頁〔27602252〕）。②在留外国人が法務大臣に対してした再入国許可申請に対し、再入国許可をしないという積極的処分がなかったとしても、法務省入国管理資格審査課長から申請人に対して国益に沿わないから再入国を許可できない旨の電話通告をしたこと等、判示の事実関係のもとでは、右申請に対し不許可処分をしたものと認めるのが相当である（東京地判昭和43・10・11民集24巻11号1533頁〔27201892〕、そ

の控訴審・東京高判昭和43・12・18民集24巻11号1554頁〔27201893〕は同旨）。③区民事務所長が、区長の方針に基づいて確定的かつ最終的な判断として、転入届の受理を拒否しこれを却下する意思表示をしたという判示の事実関係のもとでは、同意思表示がその名あて人である原告に対して告知されたことにより、当該転入届の受理を拒否してこれを却下する旨の行政処分の効力が生じたものというべきである（東京地判平成13・12・17判時1776号32頁〔28070899〕）。④教職員組合が教研集会のために公立養護学校の施設の使用許可を同校教諭を通じて求めたことに対して、校長が同教諭宛てに「施設使用の許可はできません」との文言を記載した書簡を送付して使用不許可の回答をしたことは、学校施設の目的外使用許可権限を有する校長が、教職員組合に対して教研集会のための施設使用を許可することはできないとの最終的判断を示したものであって、使用許可権限の発動とみるべきことは、原判決が判示するとおりである（東京高判平成19・1・31判タ1263号280頁〔28140910〕）。

6　申請拒否処分の成否

申請拒否処分の成立に関しては、申請書の返戻又は不受理の行為が、申請の撤回又は補正を促す単なる事実上の措置にとどまるものか、それとも、申請を拒否する行政処分かという問題がある。

申請書の返戻又は不受理の行為が右のいずれに当たるかは、行政庁がどのような意思で返戻又は不受理行為をしたかという認定の問題である（最高裁・主要行政事件裁判例概観(10)104頁）が、申請拒否処分も行政処分の一種であることから、法令上一定の方式によることが要求されていない行政処分の場合、客観的にみて当該申請を拒否する旨の行政庁側の確定的かつ最終的な判断内容の告知がされたとみられる場合に、これにより申請に対する拒否処分があったものと認めるのが相当であると解されている（東京地判平成2・10・15行裁例集41巻10号1639頁〔27808977〕、その控訴審・東京高判平成3・4・23行裁例集42巻4号592頁〔27810382〕は控訴を棄却）。

事例

上記の考え方に立ち、申請拒否処分の有無を判断するとみえる裁判例として、以下のものがある。

(1)　申請拒否処分の成立を肯定する事例

①農地調整法6条による許可申請書の返戻行為が、返戻附せんの記載内容から、明らかに申請に対する許否の決定を拒否する意思を表明した意思表示と認められる以上、これは取消訴訟の対象となる申請却下処分といって差し支えない（大阪地判昭和34・

2・28行裁例集10巻2号278頁〔27602027〕）。②農地法63条に基づいてなした本件土地買受予約申込みに関し、その買受適格を欠いていることを理由に売渡予約書を交付することができない。したがって買受予約申込書を返れいする旨記載されているところからみると、知事が右申込書を返戻した行為は右の買受予約申込みに対して、売渡予約書を交付することを実質的に拒否した行為であって、行政処分というべきである（名古屋地判昭和48・9・3行裁例集24巻8=9号870頁〔27603442〕）。③県教育委員会のした県公立学校教員採用選考試験願書の返戻行為は、申請人らの受験申請を拒否し、本件願書を受理しない旨の意思を表示したもので、願書提出者に試験を受ける機会を失わしめる効果をもたらすものであるから、行政庁の処分に当たると認めるのが相当である（名古屋地決昭和56・7・18行裁例集32巻7号1234頁〔27603942〕）。④公衆浴場法2条に基づき保健所長に対してした公衆浴場営業許可申請に対し、同所長が右申請に係る地点は営業ができない場所であるから右申請は無意味なので申請書を返戻する旨の記載のある返戻書を付して申請書を返戻した行為は、当該申請を実質的かつ終局的に排斥した不許可処分である（長野地判昭和58・9・29訟務月報30巻3号562頁〔27662699〕）。

　(2)　申請拒否処分の成立を否定する事例

　市長が定めた同和地区保育所児童に対する服装品及び保育用品購入費助成金支給要綱に基づき同和地区内に居住する児童及びその保護者が市の民政局職員に対してした保育所児童服装品及び保育用品の交付申請につき市長のした申請書の返戻行為は、申請書の補正を促す行為であって、申請に対する応答行為とはいえない（大阪地判昭和53・5・26行裁例集29巻5号1053頁〔27603663〕）。もっとも、同判決は、右要綱に基づく保育所児童服装品及び保育用品の交付申請は、行訴法3条5項所定の「法令に基づく申請」に当たらないとしているので、この立場からすれば、そもそも申請拒否処分という行政処分が成立する余地はないことになる（最高裁・主要行政事件裁判例概観(10)105-106頁））。

論点 18　行政処分の通知・公告に関する問題

1　処分書の交付・送達

　前述のように、相手方の受領を要する行政処分の効力が生ずるためには、行政処分が相手方に告知され又は相手方に到達するなど相手方の了知し得べき状態に置かれることが必要である（最三小判昭和29・8・24刑集8巻8号1372頁〔27660386〕、最一小判昭和57・7・15民集36巻6号1146頁〔27000081〕）。

　これに関しては、まず、一定の書面の交付又は送達によるべき行政処分の場合、処分書の交付は、本来相手方本人又はその受領代理権のある者に対してさ

れなければならないが、処分書を相手方に直接手交することは必要ではなく、それが相手方の知り得べき状態に置かれれば足りる。

事例

　処分書を相手方の同一世帯員あるいは雇人に交付した場合、相手方が受領しないために処分書をその住居家屋内の玄関に差し置いた場合などには、いずれも適法に処分の告知があったものと解されている（最高裁・十年史201-202頁、下級審裁判例として、東京地判昭和29・9・22行裁例集5巻9号2008頁〔27600919〕、名古屋高判昭和46・4・8税務訴訟資料62号544頁〔21035780〕、札幌高判昭和48・3・29訟務月報20巻4号31頁〔27661670〕）。また、処分書が郵便により配達され、相手方がその内容を了知し得る状態に至った以上、その後にその処分書が返送されたとしても、交付の効力には影響がないとされ、相手方が処分書の内容を了知しながら、受領書を拒否した場合は処分書の交付がされたと同様の効果を生ずるものと解されている（最高裁・十年史202頁、最高裁・続十年史302頁、下級審裁判例として、山口地判昭和34・6・29行裁例集10巻6号1085頁〔27602069〕、青森地判昭和32・10・10行裁例集8巻10号1894頁〔27601734〕、その控訴審・仙台高判昭和35・5・12行裁例集11巻5号1613頁〔27602177〕は同旨、神戸地判昭和39・12・19行裁例集15巻12号2253頁〔27602879〕）。こうした考え方に立ち、相手方本人の受領代理権のある者に当たるかどうかが問われた事例として、①納税者から相続税の申告書の提出その他これに関して必要なすべての事項の処理を委任されているが、国税通則法（昭和45年法律8号改正前）89条（現行法117条に相当）による納税管理人選出の届出を欠く者を、当該税の管理人として認めてした更正処分通知書及び督促状の送達は適法であり、届出を特に要求した法の趣旨は、主として税務処理の便宜を図るにあると解されるから、右のような場合に、右委任をした原告が自己の懈怠した届出手続の欠缺を理由に納税管理人の地位を否定することは、許されないとするもの（東京地判昭和47・5・10行裁例集23巻5号299頁〔21039191〕）、②農地の所有者である未成年者を事実上養育していたにすぎない者に買収令書を交付した場合において、当時、当該未成年者には法定代理人が欠けており、未成年者が令書の交付を知り得る状態にあったとはいえないから、真実の所有者に対するに適法な買収令書の交付があったとはいえず、農地買収処分は無効といわざるを得ないとするもの（松山地判昭和40・2・24行裁例集16巻2号149頁〔27440865〕）がある。また前記の考え方に立ち、相手方の了知し得べき状態に置かれていないとされた事例として、納税者の家人全員が不在の際に地方税徴収令書を戸障子の間に挟んでした令書の交付は、適法な交付とはいえず、地方税の賦課決定はその効力を生じていないとするもの（水戸地判昭和33・5・26行裁例集9巻5号980頁〔21010061〕）がある。

2 対物処分の通知の相手方に関する問題

　書面の交付又は送達によるべきことまでは法定されていないが、関係人に特定の事項を通知して行うことが法定されていることがある（土地区画整理法98条5、6項に基づく仮換地指定処分、土地改良法53条の5第3項の一時利用地指定処分、土地区画整理法103条1項に基づく換地処分）。この種の処分はいわゆる対物処分であり、人的要素をその内容としないから、関係権利者を確定しこれを手続に関与させることは本質的に不可欠なことではなく、行政庁が無権限者を土地所有者の代理人として取り扱い、これに換地処分の通知を送達したことがあっても、そのことだけで行政処分が当然に無効となるものではないと解される（鳥取地判昭和51・10・7行裁例集29巻2号110頁〔28243963〕、その控訴審・広島高松江支判昭和53・2・8行裁例集29巻2号107頁〔27603645〕）ことが多い。こうした考え方に立つとみえる裁判例として、①旧特別都市計画法（昭和21年法律19号。昭和29年法律120号により廃止）に基づく換地予定地指定処分は、実質的に、従前の土地自体に対する対物的処分と解すべきであるから、右処分が当該土地の旧所有者に対してなされた場合においても、新所有者が右処分の結果を受容するときは、これを有効と解すべきであるとするもの（甲府地判昭和36・10・19行裁例集12巻10号2126頁〔27602493〕）、②仮換地の指定は、真の所有者を名あて人としてなすべきであるが、土地所有権譲渡ののち移転登記がなされていない場合には、登記簿上の所有名義人に対してなされた換地予定地指定であっても無効とはいえないとするもの（大阪地判昭和39・5・14下級民集15巻5号1065頁〔27430753〕）、③土地区画整理事業の施行者が、賃借権の帰属について紛争があったため、その真実の権利者の認定を保留する趣旨で、前賃借人に対し土地区画整理法98条5項（平成17年法律34号による6項に繰下前）に基づく賃借権者の使用収益部分の指定通知をした場合、右指定通知は有効であり、これによって真実の権利者が当該仮換地について使用収益権を取得するとするもの（最一小判昭和47・12・14裁判集民107号357頁〔27900024〕。同判決は指定通知が土地に対する対物処分であるとまではいっていない）がある。

3 処分の公告に関する問題

　行政処分を公告によって表示すべきことが定められており、他に外部に表示

する方法について特段の定めがない場合、その行政処分は公告によって効力を発生し、公告のないときは無効であると解されている（『最判解説民事篇〈昭和33年度〉』法曹会〔田中〕299-300頁）。この考え方に立つとみえる最高裁判例として、①農地委員会が議決した農地買収計画は旧自作農創設特別措置法（昭和21年法律43号。昭和27年法律230号により廃止）6条5項の規定による公告手続を経ない限り外部に対して効力を生じないとするもの（最三小判昭和33・11・4民集12巻15号3268頁〔27002609〕）、②旧自作農創設特別措置法9条による買収令書の交付に代わる公告が、単に「農地の所在者不明その他の理由で買収令書の交付できないものを別冊のとおり公告する」と県広報に掲載したのみで、その別冊は公告されず、また、「買収内容の原本は農地部に保管しあり」として、買収物件、被買収者の氏名等個別的な細目が何ら表示されなかった場合（所定の法定要件のほとんどすべてを欠いてされた場合）に、同公告に係る買収処分は効力を生じないとするもの（最三小判昭和48・4・10訟務月報19巻8号81頁〔27661676〕）がある。

4　共有物に係る処分の通知

　共有に係る農地の買収の場合のように相手方が数名いる場合、その1人に対する処分書の交付が他の者に対する関係で交付とみることができるかという問題がある。処分書の交付は、本来相手方本人又はその受領代理権のある者に対してされなければならないから、原則としてそれは否定されるべきである（仙台高判昭和28・7・27行裁例集4巻7号1650頁〔27600817〕）が、例えば共有者が同一世帯に属する場合、共有者の1人が他の共有者に買収に関する事項を一任している場合にそれは肯定される（盛岡地判昭和31・4・10行裁例集7巻4号770頁〔27601540〕、その控訴審・仙台高判昭和34・6・17行裁例集10巻8号1513頁〔27601968〕は同旨、大阪高判昭和36・7・8行裁例集12巻7号1363頁〔27430550〕）。

5　相手方の所在不明の場合

　処分の相手方の住居所が不明である場合には、個別の法律で公示送達を定めているとき（国税通則法14条、地税法20条の2等）はこれによるべきであるが、このような法律の規定がない場合には、行政法上は通則的規定が存在しないことから、どのような措置をとるべきかが問題となる。

　この問題に関する最高裁判例として、所在が不明な公務員に対する懲戒処分

は、国家公務員に対するものについては、その内容を官報に掲載することをもって文書を交付することに替えることが認められている（人事院規則12-0「職員の懲戒」5条2項）が、地方公務員についてはこのような規定は法律にはなく、県条例もこの点に関する規定がないのであるから県公報に掲載されたことをもって直ちに当該処分が効力を生ずることはできないといわざるを得ないとしたうえ、しかしながら、県が同種の処分を従前から自治省公務員課長回答において差し支えないとされてきた本件懲戒処分と同様の手法で行ってきたことからすれば、県職員であった原告は、自らの意思により出奔して無断欠勤を続けたものであって、右の方法によって懲戒免職処分がされたことを十分に了知し得たものというのが相当であるとするもの（最一小判平成11・7・15裁判集民193号469頁〔28041261〕）がある。この判決は、行政処分一般についてはともかくとして、判示の事情のもとでは、被処分者は右方法によって処分がされることを十分に了知し得たものというのが相当であると認めて、処分の効力発生を肯定するものであり、事例判断である（平成11年最一小判〔28041261〕に対する匿名コメント（判時1692号142頁））。

　そこで次に、処分の相手方の住居所が不明である場合に、民法所定の公示送達の方法により、行政処分を相手方の了知し得べき状態に置くことが許されるかどうかが問題となる。この問題に関する明示的な判断を下す最高裁判例はまだないが、積極説に立つ下級審裁判例として、①地公法所定の職員の意に反する免職につき、対象職員の所在不明により、当該職員に対し直接処分の内容を記載した書面を交付できない場合には、民法（平成16年法律147号改正前）97条ノ2（現行法98条に相当。以下同じ）所定の公示による意思表示の方法によって、免職処分を通告することができるものと解されるとするもの（松山地判平成6・10・14判例地方自治137号36頁〔29012698〕）、②民法97条ノ2は、意思表示の一般法理を定めた規定と考えられるから、これは地方公務員の懲戒免職処分の通知についても適用されると認められるとするもの（大阪高判平成8・11・26判時1609号150頁〔28020861〕）がある。この問題に関する学説は、①行政処分は公権力による一方的な権利義務の形成等を行うものであることから、慎重な手続を要すると解し、国税通則法14条等のような特別の定めがないことは、公示送達を否定する

趣旨であるという消極説（園部逸夫『行政手続の法理』有斐閣（1969年）81頁、菊井康郎『行政行為の存在法』有斐閣（1982年）227-228頁）と、②意思表示の到達という観点からみる限り、行政処分の公示送達について、原則を修正すべき格別の必要は認められないという積極説（塩野・行政法Ⅰ〈第6版〉187頁）とに分かれている。内閣法制局回答は、行政処分の送達は「一般に行政処分の相手方……の所在が判明しないときには、民法97条ノ2の規定による公示送達の方法をもってこれに代えることができる」という積極説（昭和28年7月28日法制局一発72号法制局第一部長回答）をとる。なお、民法所定の公示送達の方法を用いて行政処分を相手方の了知し得べき状態に置くことが許されるとしても、公示送達は、相手方又は相手方の所在が不明な場合になされる簡易な送達の方法であり、一種の便法であることから、その要件については厳格である必要があると解する学説上の見解（塩野・行政法Ⅰ〈第6版〉187頁）がある。

論点 ⑲ 行政処分の発効に関し特別の定めがある場合の問題

1 処分の告知と処分の確定との関係

相手方の受領を要する行政処分にあっては、原則として処分が相手方に告知され又は到達したときに、相手方に対して効力を生ずるものとされるが、行政処分の効力発生時期につき特別の規定があるときは、その定めるときに処分の効力が発生する。ここにいう特別の規定がある場合とは、法律が直接明文の規定をしている場合に限らず、当該法律全体の趣旨から特別の定めをしていると解される場合を含む（後掲昭和50年最二小判〔21050991〕）ものと解されている。特別の定めの存在を肯定する裁判例として、税理士法は、税理士に関する懲戒処分の効力の発生時期について、直接明文の規定を設けてはいないが、同法（昭和55年法律26号改正前）4条7号、28条1項、48条、61条4号が懲戒処分の効力発生に伴う処置やこれを前提とする不利益な効果の付与を懲戒処分の確定にかからせていることから考えると、同法は、税理士に対する懲戒処分の効力の発生時期をその処分の確定した時としているものと解するのが相当であるとするもの（最二小判昭和50・6・27民集29巻6号867頁〔21050991〕）があり、特別の定めの存在を否定する裁判例として、特定の相手方に対する処分である弁護士の

懲戒については、当該懲戒が当該弁護士に告知された時にその効力を生ずるものと解すべきであるとし、弁護士法17条が退会命令、除名などが確定したときは弁護士名簿の登録を取り消さなければならないと規定しているのも、名簿の登録の取消しは単に弁護士の身分、資格を失っていることを公に証明する行為にほかならないから、上記のように解することの妨げにならないとするもの（最大判昭和42・9・27民集21巻7号1955頁〔27001041〕）がある。

2 換地処分の通知と公告との関係

土地改良法89条の2第9項による換地処分の定める権利関係は、換地処分がされた旨の公告のあった日の翌日に発生することとされている（同条10項、54条4項、54条の2第1項）から、換地処分の通知が公告よりも遅れてされた場合、換地処分の成立の時期及び換地処分所定の権利関係が効力を発生する時期が問題となる。

まず、関係権利者の一部に対する通知と公告の順序が逆になった場合には、通知を換地処分の成立要件とする意義は、関係権利者の保護にあることから、関係権利者が通知の遅延により甚大な損害を被ったとはいえない場合、その瑕疵は、直ちに換地処分の無効を来すものではない。この考え方に立つとみえる下級審裁判例として、①土地改良法89条の2第9項、54条1項に基づく換地処分の通知書が、権利者の一部に対し、同一工区の他の権利者に対する交付及び換地処分がされた旨の公告がされた時から約8年遅れて送達された場合につき、換地処分の通知をすること自体が換地処分の方法とされているから、換地処分はその通知が換地処分の相手方に到達した日にされたものというべきであるが、当該権利者に対しては換地処分の前に一時利用地指定処分がされ、同人はその一時利用地を使用収益していたこと、及び登記手続は他の権利者に対する登記手続と同時にされていることから、当該権利者は他の権利者に比べて不利益を被っているとはいえないから、換地処分が遅れたことをもって換地処分の無効を来すものとはいえず、さらに、換地処分がされる前に登記手続及び公告がされたことは、登記又は公告の効力として問題となるにすぎないから、当該換地処分は無効でないとするもの（水戸地判昭和59・2・28判例地方自治6号112頁〔29012156〕）、②土地改良法89条の2第9項に基づき知事がした換地処分の通

知は公告に先立って地権者に到達していなければならないが、換地処分の通知が遅延したことによって原告が甚大な損害を被ったとはいえず、通知と公告の順序が逆になったものの、所定の手続が完了したのであるから、換地処分通知書の到達をもって、本件換地処分の瑕疵は治癒したものと解すのが相当であるとするもの（鹿児島地判平成11・4・16判タ1019号119頁〔28050141〕）がある。

次に、関係権利者のすべてに対する通知と公告の順序が逆になった場合、仮に換地処分の成立にはあくまでも通知書の到達が必要であるとすれば、権利者ごとに効力の発生時期が区々となり、換地処分の法効果を同一時期かつ一律に発生させるためすべての換地処分が成立したことを前提として公告するという法の趣旨にもとると考えられ、また、換地処分における通知を右処分の成立要件とする意義は、関係権利者の保護にあることから、関係権利者が換地処分の内容を事前に知っている場合、換地処分の公告によって、被処分者に通知が到達したものとして、その公告があった時に換地処分が成立すると解することは妨げられない。こうした考え方に立つとみえる下級審裁判例として、土地改良事業における換地処分の通知書が処分庁により作成されて内部的な意思決定があり、次いで、これが処分庁から土地改良区の事務局に交付されて処分庁の意思が外部に表示されるに至ったが、それがいまだ被処分者に到達していない間に、処分庁が換地処分をした旨の公告をした場合において、被処分者が当該換地処分の内容を事前に知っているときは、同公告により、換地処分について被処分者に対し通知が到達したものとして、同公告があった時に換地処分は成立し、この場合には、換地処分の効果を同一時期かつ一律に発生させるためすべての換地処分が成立したことを前提として公告するという法の趣旨は充足されているから、土地改良法所定の公告前の換地処分の通知がなかったことは、当該換地処分を無効とするものではないとするもの（東京高判平成元・7・4行裁例集40巻7号858頁〔27805715〕）がある。

論点 20　表示主義・意思主義の問題

書面による行政処分の成否に関しては、行政庁の意思表示の存否あるいは意思表示の内容の確定に当たって、書面の記載をどの程度考慮すべきかが問題と

なる。

　一般に、国家目的の具体的実現である行政処分では、行為者の意思の要素を重視し得ないと解されているが、行政処分には公定力が与えられ、直ちに通用力を与えられることからも、民法の意思表示の解釈理論の基礎である内心の探求は、その地位を譲らなければならない。このことから、錯誤による行政処分の効力については、その内容が法に違反しない限り、原則として表示されたところに従い、その効力を生ずるものと解されている（田中・新版行政法上巻〈全訂第2版〉144-145頁、荒秀「判批」雄川一郎編『行政判例百選Ⅰ』有斐閣（1979年）94-95頁）。こうした立場に立つとみえる最高裁判例として、行政処分は、要式行為であると否とを問わず、書面によって表示されたときは書面の作成によって成立し、その書面の到達によって効力を生ずるものであり、表示行為が行政機関の内部的意思決定と相違していても、その表示行為が正当な権限のある者によってされたものである限り、書面に表示されているとおりの行政処分があったものと認めなければならないとするもの（最三小判昭和29・9・28民集8巻9号1779頁〔27003127〕）がある。

　もっとも、前記の原則は意思と表示の不一致が外観上明白でない場合にのみいい得るのであって、誰しもが不一致を外観より明白に認識し得る場合には、その誤りを正し、内心に従って効力を生ずると解さなければならない（田中・新版行政法上巻〈全訂第2版〉145頁）。この考え方に立ち、意思主義によるべき例外的事情が存するものとされたとみえる事例として、①買収令書に、買収目的地の表示として、一筆の土地の一部を単に地積を表示して掲げているにすぎない場合においても、買収手続当時の事情のもとで、一筆の土地のうち被買収者が小作に付している部分を買収の目的とする趣旨であることが関係当事者に疑を容れない程度に看取される場合には、右の表示をもって、買収目的地が買収令書において特定されていると解するに妨げがないとするもの（最二小判昭和32・11・1民集11巻12号1870頁〔27002752〕）、②県知事から送付された免許状に添付された漁場図には、漁業区域の全体枠のみが図示され、除外される区域が図示されていないが、訴外漁業協同組合が免許当時、漁場区域から合計17か所の区域を除外するという漁場計画図の内容を明確に了解していたと認められること

などの、判示の事実関係のもとでは、右免許は、免許状添付の漁場図に表示された漁場区域のうち、漁場計画の過程で除外された区域を除くその余の区域について共同漁業権を設定するものと解すべきであるとするもの（那覇地判昭和63・2・23判例地方自治46号66頁〔29012348〕）がある。

　なお、意思主義によるべき例外的事情が存する場合であっても、手続的公正の観点から書面によることが求められている行政処分の場合は、上記の限りではない。この考え方から注目されるべき近年の最高裁判例として、保護の実施機関による指導又は指示及び保護の廃止等に係る判断が慎重かつ合理的に行われることを担保してその恣意を抑制すること等を目的として書面によることを求めている生活保護法施行規則19条の規定に鑑み、指導又は指示は、その書面自体において指導又は指示の内容として記載されていなければならず、指導又は指示に至る経緯及び従前の指導又は指示の内容やそれらに対する被保護者の認識、当該書面に指導又は指示の理由として記載された事項等を考慮に入れることにより、当該書面に指導又は指示の内容として記載されていない事項まで指導又は指示の内容に含まれると解することはできないというべきであるとするもの（最一小判平成26・10・23裁判所時報1614号4頁〔28224236〕）がある。

論点 ㉑　行政処分に特有の諸効力に関する問題

　行政処分の効力の内容として、公定力、自力執行力、不可争力（形式的確定力）、不可変更力、実質的確定力等が挙げられている。以下、これらの効力について判断を示した裁判例を概観する。

1　行政処分の公定力の意義及び射程

　行政処分の公定力とは、行政処分がたとえ違法であっても、当然無効ではない場合には、権限ある行政庁の取消処分又は取消判決によってそれが取り消されない限り、何人も行政処分の存在ないしは効力（その行政処分によって形成された法律関係）を否定することはできないことをいう（最高裁・十年史203頁、最高裁・主要行政事件裁判例概観⑽122頁）。この趣旨を判示した最高裁判例として、行政処分は、たとえ違法であっても、その違法が重大かつ明白で当該処分を当然無効ならしめるものと認むべき場合を除いては、適法に取り消されない限り

完全にその効力を有するものと解すべきであるとするもの（最三小判昭和30・12・26民集9巻14号2070頁〔27002958〕）がある。この意味における公定力は、行政処分一般に認められる効力であると解されており、例えば、処分の取消しや撤回も、それが行政処分である以上、公定力が認められるものと解されている（訴願裁決の取消しにつき、前掲昭和30年最三小判〔27002958〕）。公定力の本質について、その説明の仕方は、論者によりまちまちであったが、今日、公定力とは、行政処分の中に本来内在していて、違法な行政処分にも法的な効果を与える力といった実体をいうのではなく、抗告訴訟制度や自力執行規定等、実定法上設けられている行政処分に関する種々の法制度が適用されることによってもたらされる、一種の反射的効果をいうと解される（藤田・行政法総論220頁。塩野・行政法Ⅰ〈第6版〉160-161頁は同旨）ことが多い。なお、公定力の主観的範囲及び客観的範囲の問題は、本書第2巻Ⅲ1(2)(a)「抗告訴訟の対象」において別途取り上げられることから、ここでは一般的な問題に関する裁判例を概観することとする。

　公定力の内容は、行政処分が有効に存在することを否定できないというにとどまるのか、それに加えて当該行政処分が処分要件を充足する適法なものであることまでを否定できないことになるのかという問題がある。この点については、前者の範囲にとどまるものと解するのが一般のようである（最高裁・主要行政事件裁判例概観(10)122頁）。学説も、行政処分の根拠となった事実・法に関する判断が、私人、行政庁、裁判所を拘束することは、行政処分の確認効果というと論じたうえ、右確認効果は、法律が特別に定めた範囲に限って認められるにすぎないと説明する（山本隆司「訴訟類型・行政行為・法関係」民商法雑誌130巻4=5号（2004年）652頁）。こうした立場を明確に判示したとみえる下級審裁判例として、国籍離脱の効力が生ずるためには、届出人が外国国籍を有すること（二重国籍）と法務大臣に対する届出とこれに対する法務大臣の受理行為と官報での告示行為が必要であるが、法務大臣が受理行為をするか否かを決するに当たっては届出人の外国国籍の有無の要件を審査・判断の対象とし、届出人には外国国籍を有することが処分の前提として判断されているといえるとしたうえ、法務大臣の国籍離脱届出の受理行為には公定力があることは控訴人（国）

主張のとおりであるが、公定力は当該処分の有効性を特段の事由がない以上、何人も否定し得ないというもので、当該処分を行うに当たり判断した前提要件の存否について生ずるものではないから、届出人の外国国籍の有無についてまでその効力が及ぶものではないとするもの（東京高判平成4・4・15行裁例集43巻4号632頁〔27811651〕）がある。

2　行政処分の自力執行力の意義及び発生時期

　行政処分の自力執行力とは、行政庁が処分の相手方の意思に反して行政処分の内容を自力で実現することのできる効力をいう（最高裁・主要行政事件裁判例概観(10)134頁）。行政処分は、当然無効のものは別として、特別の定めがない限り、その処分のあったときに直ちに法律関係の発生変更消滅等の効果を生じ（水戸地判昭和28・6・11下級民集4巻6号831頁〔27680432〕）、相手方がこれを無視し、又はこれに基づく義務を履行しないときは、行政代執行法等の法律の定めるところに従って、行政庁の自力によってその処分の内容を強制し実現することができることがある。このような執行を行うためには、行政処分に対する争訟提起期間を経過し、処分が形式的に確定することを要するものではない。こうした考え方に立つ下級審裁判例として、鉱区税の滞納処分として不動産の差押処分がされた場合、右差押処分について旧訴願法（明治23年法律105号。昭和37年法律160号により廃止）による訴願の提起期間を経過していなくても、公売処分を行うことができるとするもの（札幌地判昭和29・12・21行裁例集5巻12号2978頁〔21006231〕、その控訴審・札幌高判昭和33・4・8行裁例集9巻4号610頁〔21009832〕は同旨）がある。なお、行政上の義務履行確保の問題については、Ⅰ4「行政上の実効性確保」の部分で取り扱われるので、その部分を参照されたい。

3　行政処分の不可争力（形式的確定力）の意義及び射程

　行政処分は、当然無効のものは格別、たとえ取消原因たる瑕疵を持つものであっても、法定の不服申立期間ないし出訴期間を徒過すれば、私人がその効力を争うことはできなくなる（東京高判昭和29・1・29高裁民集7巻1号14頁〔27440139〕）。このことを、一般に、行政処分に不可争力（形式的確定力）が生ずるという（最高裁・十年史205頁、最高裁・主要行政事件裁判例概観(10)134頁）。この点に関する下級審裁判例として、①課税処分について取消訴訟の出訴期間を徒過した場合に

は、当該処分は効力(公定力)を有するから、右効力の主張が許されない何らかの理由がない限り、当該処分に基づく納税が法律上の原因なき不当利得とはなり得ないとするもの(福岡高宮崎支判昭和57・2・26訟務月報28巻8号1507頁〔21075890〕)、②自治法243条の2第3項に基づく賠償命令は行政処分であり、命令を受けた職員は、不服申立期間を徒過し、賠償命令を争うことができなくなった後は、これに基づいて提起された損害賠償請求訴訟において、賠償命令の無効事由やその後の弁済等によって賠償義務が消滅したことを争うことはともかくとして、それ以外の事由により賠償命令の効力を争うことはできないとするもの(秋田地判昭和63・7・18行裁例集39巻7=8号752頁〔27803057〕、その控訴審・仙台高秋田支判平成2・7・27行裁例集41巻6=7号1269頁〔27807934〕は同旨)がある。

　行政処分の不可争力は、当該行政処分がもはや不服申立手続又は取消訴訟によって取り消される余地がなくなることを意味するにとどまり、その処分が適法な処分として確定し、元来違法な処分が適法なものに転化することを意味するものでない(神戸地判昭和26・5・1行裁例集2巻5号763頁〔27600306〕、最高裁・十年史205頁、最高裁・主要行政事件裁判例概観⑽135頁)。また、行政庁の側において自発的にその行政処分を取り消すことも、不可争力のために制限されるものではない(金沢地判昭和26・4・21行裁例集2巻5号701頁〔27600335〕)。なお、公務員がある疾病に関する公務災害認定請求に対して公務外認定処分を受け、それが形式的に確定した後に、診断名の異なる疾病に関しもう1つの認定請求をして再び公務外認定処分を受け、その取消しを求めた事案について、行政処分の不可争力は、形式的に確定した行政処分の効力を争うことができなくなるという効力であるから、他の行政処分の効力を争うことを妨げるものではないとする裁判例(大阪地判平成5・12・24判タ843号166頁〔27819853〕)がある。

4　行政処分の不可変更力の問題

　行政処分の不可変更力とは、処分庁が職権によってその効力を取り消し又は変更することができない拘束を受けることを意味する(最高裁・十年史205頁、最高裁・主要行政事件裁判例概観⑽136頁)。行政処分は適法かつ妥当であることを求められることから、成立当初から瑕疵があればこれを取り消し、また、処分後の事情の変更により、当該処分の効力を存続させることが公益に適合し得な

くなったときには、これを撤回し得るのが原則となる。したがって、行政処分の取消し及び撤回をカテゴリカルに許さないという意味における不可変更力が行政処分一般に生ずるものではない。このため、学説上、行政処分の不可変更力は、①審査請求に対する裁決のような行政争訟の裁断行為と、②利害関係人が一定の手続により参与し、これを基礎として権利関係を判断する確認行為についてのみ認められると解されている（雄川一郎「行政行為の確定力」ジュリスト300号（1964年）87頁、藤田・行政法総論229-230頁）。裁判例でも、行政処分の不可変更力は、行政処分一般に認められるわけではなく、行政不服申立てに対する決定、裁決等のように法律上、事実上の争いについて判断した行政処分についてのみ認められるものと解されている（札幌地判昭和25・7・11行裁例集1巻9号1210頁〔27600179〕、最高裁・主要行政事件裁判例概観⑽136頁）。

　この立場に立ち、行政処分の不可変更力を肯定する最高裁判例として、①旧訴願法に基づく農地委員会の裁決のごときは、行政処分であることはいうまでもないが、実質的にみればその本質上争訟を裁判するものであるとしたうえ、かかる性質を有する裁決は、他の一般行政処分とは異なり、特別の規定がない限り、原判決のいうように裁決庁自らにおいて取り消すことはできないと解するを相当とするもの（最一小判昭和29・1・21民集8巻1号102頁〔27003228〕）、②異議の決定、訴願の裁決等は、一定の争訟手続に従い、なかんずく当事者を手続に関与せしめて、紛争の終局的解決を図ることを目的とするものであるから、それが確定すると、当事者がこれを争うことができなくなるのはもとより、行政庁も、特別の規定がない限り、それを取消し又は変更し得ない拘束を受けるに至るとするもの（最三小判昭和42・9・26民集21巻7号1887頁〔27001043〕）。もっとも、不可変更力であれば概念的には確定を必要としない（雄川一郎「判批」雄川一郎編『行政判例百選Ⅰ』有斐閣（1979年）167頁））、③農地調整法の一部を改正する法律（昭和22年法律240号）附則3条3項による裁定は、農地所有者と昭和20年11月23日現在の賃借人との間の賃借権回復のための協議が調わなかった場合等に、賃借人の申請に基づいて市町村農地委員会が行うものであって、両者の間の賃借権回復に関する争いを解決するための行政処分であり、この裁定により両者間の私法上の権利関係が定まるわけであるから、このような行政処分

に関しては、法律関係の安定の要求からいっても、市町村農地委員会としては、一度した裁定を取り消して違った裁定をすることは許されないものと解するを相当とするもの（最二小判昭和29・5・14民集8巻5号937頁〔27003171〕）がある。一方、不可変更力が生じないとされる事例として、①更正処分を処分庁自ら取り消した行政処分には、不可変更力は認められないとするもの（最一小判昭和50・9・11訟務月報21巻10号2130頁〔21051600〕）、②県農業委員会のした買収農地の売渡計画の承認及びこれに基づいて県知事のした売渡処分の成立に瑕疵がある場合は合目的々見地から行政庁は自らした行政処分を取り消し、又は変更し得るとするもの（静岡地判昭和27・11・13行裁例集3巻11号2176頁〔27600497〕）がある。

　学説上は、①利害関係人の主張・反論の機会保障、判定者の第三者性保障を伴う行政処分かどうかという見地から、行審法（平成26年法律68号全部改正前）に基づく裁決・決定一般に不可変更力を認めることには、疑問の余地があるという見解（決定につき、石川正「判批」法学協会雑誌85巻10号（1968年）1472頁、裁決及び決定につき、中川丈久「判批」宇賀＝交告＝山本・行政判例百選Ⅰ〈第6版〉149頁）や、②利害関係人の参与によりなされる確認行為について、具体的事案における法律関係の安定又は信頼保護の観点から、職権による取消権の行使が厳重に制約されるにすぎず、不可変更力は認められないという見解（小早川光郎「判批」塩野宏＝小早川光郎編『行政判例百選Ⅰ〈第3版〉』有斐閣（1993年）143頁、芝池・行政法総論講義〈第4版補訂版〉153頁）がある。こうした見解を意識しつつ、行政処分の不可変更力を肯定したとみえる近年の下級審裁判例として、異議申立棄却決定のような争訟に対する判断としての行政処分については、いわゆる不可変更力が認められ、行政庁自らこれを取り消し、変更することは原則として許されないとする解釈があるところ（前掲昭和29年最一小判〔27003228〕を引用）、市条例に基づき行政文書の一部非開示決定に対する異議申立てを棄却した本件決定については、同条例に異議申立手続に関して審査会への諮問及びその際の諸手続の規定が置かれていることに鑑みても、前記不可変更力が認められると解されるとするもの（横浜地判平成25・3・6判時2195号10頁〔28213274〕）がある。

5　行政処分の実質的確定力の問題

　行政処分の実質的確定力の意義については、不可変更力と同義に解する見解

(田中・新版行政法上巻〈全訂第2版〉134頁）もあるが、ここでは、不可変更力とは異なる、裁判の既判力に相当するような、処分庁以外の行政機関、裁判所等に対しても当該処分の取消し、変更、あるいは、当該処分と矛盾する行為を行うことを許さない効力という意味で用いることにする（最高裁・主要行政事件裁判例概観(10)138頁）。行政処分に上記の意味での実質的確定力を認めることができるかどうかについては、議論のあるところであるが、行政処分に上記のような実質的確定力を認めたものと考えられている最高裁判例として、農地調整法の一部を改正する法律（昭和22年法律240号）附則3条3項による賃借権回復に関する裁定の申請が村農地委員会によって棄却され確定した後に、同一人が再び同一の申請をした場合につき、通常の行政処分に関しては、いったん申請が斥けられても再度の申請が許されないことになるものではないが、同項による裁定の申請は、昭和20年11月23日現在の賃借権を根拠とするものであるから、申請事由の有無について、通常、その後の事情の変更は考えられず、再度の申請も事情の変更を理由とするものではなく、このような再度の申請を許すとすれば、同項が裁定申請の期間を農地委員会の承認があった日から2か月に限った趣旨に反するのみならず、農地所有者の農地を自作する権利は永く安定を欠く結果になることから、右再度の申請は許されないとするもの（前掲昭和29年最二小判〔27003171〕）がある。また、前記のような意味での実質的確定力を認めたものと理解されることがあるもう1つの見解として、異議の決定や訴願の裁決等の判決の既判力とほぼ同視すべき確定力は、裁決・決定等が、当事者その他利害関係人の関与のもとに行われる一定の争訟手続に基づいてなされた判断の表示であって、当事者その他利害関係人の信頼を保護し、法的安定を図る必要があることに基づき、その判断の表示に確定力を認め、法律の定めるところにより一定の期間内に一定の手続による不服申立て又は訴訟を提起するほか、もはや、これを争い得ないものとして確定し、これに拘束力を与えようとする趣旨にほかならないことに照らして考えると、行政庁としても、裁決・決定のなされたときの客観的事情と全く同一の事情のもとに、裁決又は決定によって取り消された処分と同じ処分を繰り返してすることは許されないとするもの（最三小判昭和42・9・26民集21巻7号1887頁〔27001043〕（田中二郎裁判官の意見））がある。

198　I　行政活動の基本的な仕組み

　以上に対する学説上の異論は強い。まず、農地調整法の一部を改正する法律（昭和22年法律240号）附則3条3項による賃借権回復に関する裁定のように、行政庁の行う争訟裁断的処分については、実質的確定力まで論じなくても、争訟制度としての性質から直接に一事不再理原則を導くことは可能であると思われるという見解（小早川光郎「判批」塩野宏=小早川光郎=宇賀克也編『行政判例百選I〈第4版〉』有斐閣（1999年）161頁）がある。次に、後者の事案の主たる争点は異議決定により宅地買収計画が取り消された後、異議決定がされたときの客観的事情と同一の事情のもと、重ねて同じ処分をすることが許されるかどうか（異議決定が反復禁止効を有するか）にあるから、田中裁判官の意見にいう再度同一内容の買収計画を樹立することが許されないということの意義は、旧訴願法16条又は同条の法意から異議決定に認められる反復禁止効ではないかという見解がある。翻って、裁判の既判力に相当するような意味での実質的確定力は、裁判に準ずる紛争解決制度において、当事者の参与する争訟手続を前提とし、その結果としてなされる判断行為にのみ認められる効力であることから、行政処分一般に認められるものではないことについては、学説上ほぼ異論がない。そして、裁判と行政不服申立てとの間には、制度の意義と機能に看過し難い差異があることや、裁判手続は既判力を担保し得る慎重精密な構造を有するのに反し、行政争訟手続は概して手続が簡略であることから、行政不服申立てに対する裁断行為一般について、実質的確定力を承認することにも疑問があるとされる（以上の学説については、雄川一郎「行政行為の確定力」ジュリスト300号（1964年）87頁、田上穣治=市原昌三郎『行政法（上）』法学書院（1967年）93-95頁、市原昌三郎「判批」民商法雑誌58巻4号（1968年）138頁、小早川光郎「判批」小早川=宇賀=交告・行政判例百選I〈第5版〉141頁、山本隆司「判批」宇賀=交告=山本・行政判例百選I〈第6版〉151頁）。

　行政処分の実質的確定力の問題と関連して、一事不再理の問題があるが、これについては、II　1(8)「各種手続における一事不再理」を参照されたい。

論点 22　行政処分の効力の消滅に関する問題

　行政処分の効力が消滅する事由としては、行政処分の取消し及び撤回、行政

処分の失効がある。行政処分の取消し及び撤回に関する裁判例は、【論点23】以下において概観する予定であることから、ここでは行政処分の失効に関するもののみを取り上げる。行政処分が失効したかどうかが問題になるのは、行政処分の名あて人の死亡、目的物の消滅、解除条件の成就、期限の到来等が生じた場合である。

なお、行政処分の失効による取消訴訟等の訴えの利益の消滅の問題については、本書第2巻Ⅲ1(2)(c)「取消訴訟の訴訟要件」を参照されたい。

1 営業許可関係

まず、名あて人の死亡によって営業許可が失効するかについては、営業許可が名あて人の知識・技能・経験等人的要件、規制対象行為の場所・施設等物的要件、あるいは、その両者のいずれに着眼して与えられたかによりその効果が左右される。すなわち、この区別は、許可によって得られた法律上の地位を第三者に移転し得るか、それともそれは一身専属的なものであるかを判定するのに、大きな実益を持つと考えられる。また、この区別は、規制対象施設の滅失等が許可の効力にいかなる影響を及ぼすかについても、ある程度の実益を有すると考えられる。こうした考え方に立つとみえる下級審裁判例として、①許可の効果が特定の人に対してのみ生ずるか、あるいはそれ以外の人に対しても及ぶかは、まず法令の規定により決すべきであり、法令の規定から明らかでないときは許可制にした法の趣旨、目的、許可に関する法の諸規定を総合考慮して、これを決定すべきであるとしたうえ、公衆浴場法は、公衆衛生の増進及び向上を図る目的のもとに、浴場業の営業行為に着目し、人の営業行為を対象とする人的規制の方法を選択しているものと解され、したがって、公衆浴場の営業許可はいわゆる対人的処分であり、その効果は許可を申請した者についてだけ生ずるものというべきであるから、右営業許可の効力は、当該許可を受けた者の死亡によって消滅するとしたもの（名古屋地判昭53・1・30行裁例集29巻1号49頁〔27603640〕）、②公衆浴場法2条1項に基づく営業許可は、いわゆる対物許可であるから、当該浴場施設が焼失した場合には、その効力を喪失すると解すべきであるとしたもの（神戸地判昭34・8・18行裁例集10巻9号1785頁〔27602085〕、その控訴審・大阪高判昭37・4・17行裁例集13巻4号787頁〔27602537〕は同旨）がある。

公衆浴場法2条1項に基づく営業許可のような対物許可（対人許可でもある）は、抽象的に営業をなし得る地位を相手方に創設するものではなく、法定の要件を満たした特定の施設を用いて営業をなし得る地位を相手方に創設するものであることから、後者の判決の結論は、自然に導き出されるものである。しかしながら、対物許可であっても公衆浴場の営業は、通常の許可営業と異なり、距離制限が法定されていることから、一定の地域内における競業が禁止される結果となり、既存業者の浴場は一種の独占的利益を享受し得る結果となる。そこで仮に、施設の滅失によって許可が当然に失効すると考えると、滅失を奇貨として急いで施設を新設し、既存業者に先立ち許可を申請した者は許可を獲得し、既存業者は営業を継続しようとしても許可を得ることができないこととなり、その既得権益は、全く保護されないこととなる。それゆえ、地域独占を伴う営業の許可は、施設の滅失によっては直ちに失効しないと解する学説上の見解がある。もっとも、このように解しても、許可の効力が永続するというものではなく、その存続のためには、既存業者が営業を継続する意思を持っていることが必要であり、既存業者が一向に再建に着手しない場合や、再建した施設が法定の要件を満たしていないような場合には、事柄を明確にする意味で行政庁は許可を撤回すべきであると解されている（以上につき、金子宏「判批」自治研究37巻2号（1961年）113頁、阿部泰隆「対物処分の問題点」神戸法學雜誌21巻3=4号（1972年）181頁）。

2　課税処分関係

課税処分は過去の特定の年度の所得の存在を処分理由としてされるものであるから、それは本来過去の事実の存否に対する判断であって、判断の時点によって結論を異にすべきものではない。そして、事実関係そのものが遡及的に変動するということはあり得ないから、課税処分後に法律要件事実が消滅又は欠落したとしても、それは課税処分を事後的に調整するのを相当とする事由とはなり得ても、課税処分を違法ならしめることはない（そのような意味で、このような事由を「後発的調整事由」ということができる）。しかし、処分後の一定の事実の発生により、課税処分が前提とした法律状態が遡及的に変動し覆滅することはあり得る（事実関係とは違って、法律状態の遡及的変動は十分観念し得ること

である）のであって、このような場合には、当該課税処分は結果的には後発的事由によって遡及的に生じた法律状態には適合していないこととなる（そのような意味で、このような事由は「後発的・遡及的瑕疵」ということができる（以上につき、『最判解説民事篇〈昭和57年度〉』法曹会〔村上敬一〕162-163頁））。

　このうち、後発的・遡及的瑕疵の場合には、処分要件が当初から満たされていないという意味での行政処分の違法が肯定されるかどうかかがまず問題となる。この問題に関する最高裁判例として、法人税の青色申告に対し、青色申告承認取消処分後に、法人税法（昭和43年法律22号改正前）57条による繰越欠損金の損金を否認して更正がされ、次いで青色申告承認取消処分が取り消されたために、更正における繰越欠損金の損金不算入の根拠はなかったことに遡ってなったとして、更正の無効確認が請求された事案につき、更正の後にされた青色申告承認取消処分の取消しによって、納税義務者は遡及的に青色申告法人としての地位を回復し、白色申告書によるものとみなされた確定申告も青色申告書による申告であったことになるから、白色申告書による確定申告に対するものとして繰越欠損金の損金算入を否認してされた更正は、その限度において課税標準額及び税額を過大に算定したこととなり、青色申告の承認の取消処分の取消しによって後発的、遡及的に生じた法律関係には適合しないこととなるとしたうえ、このような場合、課税庁としては、青色申告の承認の取消処分を取り消した以上、改めて課税標準額及び税額を算定し、先にした課税処分の全部又は一部を取り消すなどして、青色申告の承認の取消処分の取消しによって生じた法律関係に適合するように是正する措置をとるべきであるとするもの（最三小判昭和57・2・23民集36巻2号215頁〔21075830〕）がある。こうした後発的・遡及的瑕疵は、観念的には処分要件の一部が当初からなかったことになるのであるから、事後の立場から論理的にみれば、処分時からの原始的瑕疵といえないことはない。したがって、抗告訴訟との関係においても、このような意味での後発的・遡及的瑕疵を原始的瑕疵として取り扱うことが許されてよいかもしれない。しかしながら、こうした考え方に立つとしても、後発的・遡及的瑕疵を原因とする取消訴訟の出訴期間の起算点はやはり処分時であると解するのが論理的帰結であると考えられるから、その瑕疵が取消原因にとどまる限り、これを

原因とする不服申立て又は訴えの提起の不服申立期間又は出訴期間の起算点は依然として処分時と解すべきこととなり、上記のような争訟手段は救済方法としては決して実効的でもなければ実際的でもない（『最判解説民事篇〈昭和57年度〉』法曹会〔村上敬一〕166-167頁）。

以上と異なり、後発的調整事由の場合には、新たに生起した事実が処分要件の充足不充足を左右することはないから、それによって処分の違法が根拠付けられる余地はない。しかしながら、この場合であっても、処分の性質等によっては、新たな事実の出現によって、処分をそのまま維持することが妥当ないし合目的的でなくなり、何らかの調整的な措置を講ずるのが相当であるというべき場合があり得る。そこで、後発的調整事由、後発的・遡及的瑕疵により、課税処分は当然に失効すると構成し得るかどうかが問題となる。

学説上は、貸倒れ（後発的調整事由）により課税処分が当然に無効になるという構成を提唱する見解はあった（金子宏「判批」自治研究45巻7号（1969年）180-181頁）が、課税処分に後発的無効の観念を認めるとしても、その要件をどのように考えるかや、後発的無効により既往の滞納処分の効力にまで影響が及ぶとしてよいかという点等になお問題が残る。また、課税処分後に法律要件事実等が消滅し又は欠落したとして、その是正をいかなる条件のもとでいかなる方法・手段によって行うかについては、租税政策及び徴税技術上の考慮が働く余地があり、またできるだけ実定制度の構造や趣旨に沿った解決を考えなければならない。こうした見地からは、後発的・遡及的瑕疵、後発的調整事由により課税処分が当然に無効となると解するのではなく、課税庁に是正の権限と義務を認め、その誠実な履行によって救済すべきとするのが、最もよく制度の趣旨に合致すると考えられる（『最判解説民事篇〈昭和49年度〉』法曹会〔佐藤繁〕203、205頁）。こうした考え方に立つとみえる裁判例として、①旧所得税法（昭和22年法律27号。昭和37年法律44号改正前）のもとにおいて、雑所得として課税の対象とされた金銭債権が後日貸倒れによって回収不能となった場合に、適法有効に成立した課税処分が後発的貸倒れにより遡って当然に違法無効となるものではないとするもの（最二小判昭和49・3・8民集28巻2号186頁〔21045520〕）、②税務署長のした所得税決定処分に従って譲渡所得税を納入したが、その後にその基礎と

なった譲渡行為の効力が別訴判決により否定された場合でも、右課税処分が無効となるとはいえないとするもの（大阪地判昭和51・2・4訟務月報22巻3号787頁〔21052961〕）、③第二次納税義務納付告知処分がいったん適法にされた後に、本来の納税義務者が租税債務を支払う資力を回復したとしても、そのことは告知処分の効力に影響を及ぼすものではないとするもの（東京高判昭和55・9・18行裁例集31巻9号1882頁〔21070961〕）、④贈与当時における目的土地の時価を課税価格として贈与税の賦課決定がされた後に、贈与前から当該土地に設定されていた根抵当権が実行されて、受贈者は売得金の一部の還付だけしか受けられないことになったとしても、そのことによりいったん有効に成立した課税処分が後発的に無効となるものではないとするもの（名古屋高判昭和55・10・29訟務月報27巻4号654頁〔21071370〕）がある。

なお、前掲昭和57年最三小判〔21075830〕は、青色申告承認取消処分が取り消されたため、更正における繰越欠損金の損金不算入の根拠はなかったことになった場合には、納税者は、国税通則法23条2項により所定の期間内に限り減額更正の請求をすることができると解するのが相当であると判示している。この判示は、後発的・遡及的瑕疵である、青色申告承認取消処分の取消し及び繰越欠損金の損金不算入の根拠のそれによる欠落について、納税者は更正の請求により対処することができ、同項に基づく更正の請求は、右の点に関し納税義務者が後発的・遡及的瑕疵の是正を求めるための制度としての役割を担うべきであると解したものといえる（以上につき、長屋文裕「違法判断の基準時」藤山=村田・新・裁判実務大系(25)342-343頁）。

3　公用負担関係

土地区画整理法45条1項1号ないし6号には、土地区画整理組合の解散事由が規定されているが、組合が解散する前にした仮換地指定処分等の効力が、解散によりどのような影響を受けるかという問題がある。上記解散事由のうち設立についての認可の取消しがなされた場合については、組合の設立が無効とされた場合と同様に解してよい。また、事業の完成、合併及び事業の引継ぎの場合についても、問題は起こり得ない。他方、解散が総会の議決、定款で定めた解散事由の発生及び事業の完成不能によって招来された場合には問題であり、

また、組合が土地区画整理法施行法3条2項により解散したとみなされる場合も同様である（下出義明『換地処分の研究〈改訂版〉』酒井書店（1979年）261頁）。

　この点、解散前になされた仮換地指定処分には何らの違法がないのであるから、解散によってその効力を失ういわれはない。組合は、解散前に仮換地指定処分を取り消して事業を終了させるか、工事未完了地区内の仮換地指定処分を取り消したうえ、事業計画及び換地計画を変更することにより、施行地区を工事の完了した区域に縮小し、縮小された後の施行地区について換地処分をするといった処分をしておく必要がある。他方、解散前に右の措置がとられなかったときにおいては、いささか問題があると思われるが、解散後（清算中）の段階で、可及的速やかに上記の措置がとられるべきである（下出・前掲261頁）。こうした考え方に立つとみえる下級審裁判例として、土地区画整理組合が仮換地指定処分をした後換地処分完了前に土地区画整理法施行法3条2項により解散した場合の右仮換地指定処分の効力について、仮換地指定処分は換地処分が行われるまでの暫定的処分ではあるが、将来の換地処分を予定して土地区画整理事業の実施を円滑にし、かつ、施行区域内の土地につき所有権その他の使用収益権を有する者の権利関係を安定させるために、実質上換地処分が行われたと同一の状態を生じさせる目的でされるものであり、これがいったんされると換地処分が行われたと同様の状態が実現されて1つの法的安定状態が形成されるのであるから、その効果を覆滅するための何らかの行政措置がとられない限り、その効力は当然には失われないとするもの（大阪高判昭和46・4・27判時641号68頁〔27661522〕）がある。

4　対物処分

　対物処分は、当初の相手方及びその者に代わり当該物的要件を取得すべき不特定多数者に対しされたものと解すべきであるから、対物処分がなされた後、当該物が第三者に承継された場合には、当該処分の効力は原則として当然に承継人に及ぶ（岡田雅夫「対物処分・対人処分」成田頼明編『行政法の争点〈新版〉』有斐閣（1990年）64頁）。この立場に立つとみえる裁判例として、①建物除却命令は特定人の主観的事情に着目してなされた命令でなく、建物の客観的事情に着目してなされたいわゆる対物的性質の命令に属し、その効力は、該建物の譲受

人に及ぶとするもの（東京高判昭和42・12・25行裁例集18巻12号1810頁〔27603127〕）、②当初適法に供用開始行為がされ、道路として使用が開始された以上、当該道路敷地については公物たる道路の構成部分として道路法所定（道路法4条、旧道路法6条）の制限が加えられるのであり、その制限は、当該道路敷地が公の用に供せられた結果発生するものであって、道路敷地使用の権原に基づくものではないから、その後に第三者がその所有権を取得し、道路管理者が対抗要件を欠くためその使用権原をもって対抗できなくなっても、その道路の廃止がなされない限り上記の制限は消滅するものではなく、第三者は制限の加わった状態における土地所有権を取得するにすぎないと解するもの（最一小判昭和44・12・4民集23巻12号2407頁〔27000757〕）、③建築基準法42条1項5号による道路位置の指定を受けた私道に関する私権の制限は道路位置の廃止がなされない限りその後の土地所有者にも当然及ぶものであるから、被告（土地譲受人）はこのような道路として公共の用に供するという負担のついたまま本件土地を取得したものであるとするもの（東京地判昭和38・6・25下級民集14巻6号1209頁〔27430688〕）がある。

このほか、行政処分の対物的性質に着目した判断をしているとみえる裁判例として、農地法5条の規定に基づく知事の許可は、農地を農地以外のものに転用するため当該農地についての所有権の移転又は地上権、賃借権等の設定を許可する公法行為であって、もとより個々の売買、賃貸借等の私法上の行為を許可するものではないのであるから、後に至りこれら私法上の行為が取消し又は解除されることがあっても、それにより、許可は当然その効力を失うものではないと解すべきであるとするもの（最二小判昭和40・4・16民集19巻3号667頁〔27001310〕）がある。

論点 23　行政処分の取消し・撤回をなし得る機関及びその方式

行政処分の職権取消し（自庁取消し）とは、一応有効に成立した処分の効力を、処分の成立に瑕疵があることを理由とし、行政庁自ら自発的に失わせる行為をいう。他方、行政処分の撤回とは、瑕疵なく成立した処分をその後の事情の変更により廃止する行為をいう。行政処分の取消しは、違法な処分の効力を

失わせることを目的とするものであるから、その効果は原則として遡及するものと解されるのに対し、行政処分の撤回は、処分後に生じた新たな事由によりその効力を維持し難いために行われるものであるから、その効果は将来に向かってのみ生ずる（最高裁・主要行政事件裁判例概観(10)177-178頁）。

　行政処分の取消し及び撤回については、どの機関が、どのような理由のある場合に、どのような手続方式で、取り消し、撤回し得るか等の点について問題がある。

1　取消し・撤回をなし得る機関

　まず、行政処分の取消権者、撤回権者については、一般に、処分の取消しの場合はその処分を行った行政庁又はその監督行政庁であり、処分の撤回の場合はその処分を行った処分庁であると解されている（最高裁・十年史239頁、最高裁・続十年史375頁、最高裁・主要行政事件裁判例概観(10)178頁）。このうち、撤回権者が、取消しの場合と異なり、当該処分を行った行政庁のみであると解されるのは、撤回が、その性質において、新たに同一の行政処分をなすのと同じであり、それは当該行政庁の専属管轄に属すると解すべきものであるからである（最高裁・十年史239頁、田中・新版行政法上巻〈全訂第2版〉155頁）。

2　取消し・撤回の方式

　行政処分の取消し・撤回の方式については、処分がされたのと同一又はこれに準ずる形式手続によるべきものとする見解（札幌地判昭和31・3・6行裁例集7巻3号384頁〔27601553〕）はあるが、一般に、法律で特にその方式を定めていない限り、必ずしも処分がされたと同一の手続による必要性はなく、適当な方式で行えば足りると解されている（大阪地判昭和29・4・16行裁例集5巻4号750頁〔27600954〕、仙台高判昭和36・11・15行裁例集12巻11号2218頁〔27660820〕）。また、取消し・撤回処分という形式をとることも必ずしも要求されておらず、前の行政処分と抵触する行政処分が後に行われた場合には、前の行政処分が後の行政処分と抵触する限度で黙示的に取り消され又は撤回されたものと解される傾向がある（最高裁・十年史240頁、最高裁・続十年史375頁、最高裁・主要行政事件裁判例概観(10)178頁、田中・新版行政法上巻〈全訂第2版〉156頁）。

事例

　この立場に立つとみえる最高裁判例及び近年の下級審裁判例として、①買収令書の記載に誤りがあり、処分の相手方が正式にこれを受領することを拒んでいる状態において、権限庁がいったん交付した令書の返還を受けてこれを破棄し新たな令書を交付した場合には、当初の令書に基づく買収処分は撤回され、後の令書により買収処分が実施されたものと解するのが相当であるとするもの（最二小判昭和28・11・20民集7巻11号1238頁〔27003264〕）、②第一次更正の理由付記の不備を是正するために、納税者の所得金額を確定申告書記載の額に減額する旨の第二次更正と、更正の具体的根拠を明示して申告に係る課税標準及び税額を第一次更正とする旨の第三次更正とを同日付けで行い、右2個の処分の通知書を1つの封筒に入れて納税者に送付したという場合につき、第二次更正は、第三次更正を行うための前提手続としての意味を持つにすぎず、第三次更正も、実質的には、第一次更正の付記理由を追完したにとどまるものであって、このような行政行為の効力には疑問がないわけではないが、これらの行為も別々の行政処分であり、第一次更正は第二次更正によって取り消され、第三次更正は、第一次更正とは別個にされた新たな行政処分であると解さざるを得ないとするもの（最三小判昭和42・9・19民集21巻7号1828頁〔21026380〕）、③独禁法69条によって利害関係人に認められた事件記録の閲覧謄写の交付請求を認める通知を公正取引委員会が被審人にした後、右通知が利害関係人に告知されないうちに、改めて謄写閲覧の範囲を変更した通知を行ったことは、行政庁としては先行の処分は効力を生じないままとし、これとは別個に後行の処分（本件各処分）をしたものとみるべきであるから、現に効力を有するのは本件各処分のみであるとするもの（東京地判平成13・10・17判時1782号24頁〔28070143〕）、④処分行政庁が、行政文書の一部非開示決定に対する異議申立てにつき棄却決定をした後、市長の交替及び市議会が非公開部分の公開を求める請願を採択したことを理由とし、公益に基づく裁量的開示処分として、異議申立棄却決定を撤回して非公開部分を公開する旨の決定をしたことは、異議申立棄却決定の撤回等に当たるとするもの（横浜地判平成25・3・6判時2195号10頁〔28213274〕）がある（その他の裁判例については、最高裁・主要行政事件裁判例概観⑩178-180頁を参照されたい）。

　このほか、行政庁の行為が行政処分の取消し又は撤回に当たるかどうかについて判断した近年の最高裁判例として、地方公務員共済組合が、その組合員に対し、同組合員の公務災害認定に係る傷病が確定したので支給済みの地方公務員等共済組合法所定の短期給付金等について返還請求をすると記載してした請求書の交付は、同法所定の短期給付金についての給付の決定を撤回するとともに、同組合の定款又は要綱で定められたところに従って成立した一部負担金払戻金及び入院者見舞金についての贈与契約を解除する旨の意思を表示したものと解されるとするもの（最三小判平成24・3・6判

タ1371号96頁〔28181518〕)。行手法との関係では、同法13条2項4号参照)がある(下級審裁判例については、最高裁・主要行政事件裁判例概観(10)180-181頁を参照されたい)。

論点 24　行政処分の取消しとその制限

1　瑕疵ある行政処分の取消し

　行政処分の取消しは、瑕疵ある行政処分が行われた場合に、行政庁自らが、その違法状態を解消するため、当該処分を取り消す行為であり、法律による行政の原理に合致する。このようなことから、行政処分に取消事由である瑕疵が存する限り、取消しを認める明文の根拠がない場合であっても、取消しは可能であり(東京地判昭和35・12・14行裁例集11巻12号3391頁〔27602388〕、東京地判平成10・7・31訟務月報45巻6号1076頁〔28042633〕、塩野・行政法Ⅰ〈第6版〉189頁、宇賀・行政法概説Ⅰ〈第5版〉359頁)、また、処分が争訟の対象として係争中であったり、処分について出訴期間が経過し、不可争力が生じた後であっても、処分を取り消すことはできると解されている(最高裁・十年史241頁、最高裁・続十年史378頁、最高裁・主要行政事件裁判例概観(10)181-182頁、不可争力発生後につき、最一小判昭和43・11・7民集22巻12号2421頁〔27000900〕)。また、審査請求に対し棄却裁決があった後においても、原処分庁が処分を取り消すことは許されると解されている(大阪高判昭和43・6・27訟務月報14巻8号948頁〔21028290〕)。

2　取消しの制限

　取消しの制限につき、最も論じられる問題は、いわゆる条理による取消権の制限の問題である。学説上は、瑕疵ある行政処分についても、これを取り消すためには、取消しを必要とするだけの公益上の理由がなければならない(田中・新版行政法上巻〈全訂第2版〉151頁)と解されている。すなわち、①国民に権利を与え又はその義務を免除するような処分については、処分庁がこれを取り消し得るためには、これを取り消すことの公益上の必要が、関係権利者をしてその取消しにより受け得る不利益を忍ばしめなければならない程度に重大でなければならない(『最判解説民事篇〈昭和31年度〉』法曹会〔白石〕22頁、田中二郎『行政法上巻』有斐閣(1953年) 193-194頁)。②また、国民の権利を奪い、又はこれに

義務を課する種類の処分についても、その取消しが利害関係人や第三者に不利益を与える場合や公共の利益への影響が無視できないような場合には、その取消しは自由ではない（竹之内一幸「判批」宇賀＝交告＝山本・行政判例百選Ⅰ〈第6版〉185頁）。そして、取消しは、処分により形成された法律秩序を破壊し、法的安定性や関係人の信頼を損なう側面を有するから、取消権の行使に当たっては、処分の瑕疵の程度、処分を取り消す公益上の必要性、取り消すことにより関係人に及ぶ利益、不利益の程度等が考慮されなければならないと解されている（遠藤博也『実定行政法』有斐閣（1989年）138頁）。裁判例・実務においても、同様の理解がされており（最高裁・主要行政事件裁判例概観⑽182頁）、この考え方に立つとみえる事例として、以下のものがある。

事例

(1) 取消処分を適法とする事例

①従来の耕作者（甲）に売り渡すべき買収農地を地主的地位にある者（乙）に売り渡し、乙がその農地を引き続き甲に耕作させている場合には、たとえ売渡処分後3年を経た後であっても、当該農地を改めて甲に売り渡すために、上記の売渡処分を取り消すことは、その取消しによって関係人の被る不利益が特に重大であると認めるべき格別の事情がない限り、違法ではない（最二小判昭和31・3・2民集10巻3号147頁〔27002944〕）。②農地の買収処分に続いて売渡処分が完了した後においても、上記の買収処分が在村地主である甲の自作地を不在地主である乙の小作地と誤認してされたものであり、売渡しの相手方が、当該農地について所有権移転登記を経由したが、その引渡しを受けていない等判示の事実関係のもとにおいては、他に特段の事情がない限り、農業委員会は、前記の実体法上の違法を理由として、当該農地の買収計画及び売渡計画を取り消すことができる（最一小判昭和43・11・7民集22巻12号2421頁〔27000900〕）。

(2) 取消処分を違法とする事例

①行政処分が行政庁の自由裁量に属するものであっても、それはもともと法律の目的である政策を実現するために授権されたものであるから、処分の取消しは必ずしも自由ではなく、取消しが可能かどうかは、各処分について授権した当該法律がそれによって達成しようとする公益上の必要、つまり、当該処分の性質によって定まるものと解すべきであるとしたうえ、知事が旧農地調整法（昭和13年法律67号。昭和27年法律230号により廃止）9条3項によって農地賃貸借の解約許可をした後は、許可申請書に事実にあわない記載があり、錯誤によって許可したとしても、申請者側に詐欺等の

不正行為があったことが顕著でない限りは、それだけの理由で、さきの許可処分を取り消すことはできない（最二小判昭和28・9・4民集7巻9号868頁〔27003287〕）。②農地買収令書発布後約3年4か月を経過した後に、買収目的地の10分の1に満たない部分が宅地であったという理由で買収令書の全部を取り消すことは、買収農地の売渡しを受けるべき者の利益を犠牲に供してもなお買収令書の全部を取り消さなければならない特段の公益上の必要がある場合でない限り、違法と解すべきである（最三小判昭和33・9・9民集12巻13号1949頁〔27002633〕）。

3 処分後の手続の進行と取消しの可否

一連の手続を経て行われる行政処分の場合、その手続の一環を構成する各個の処分の取消しは、手続の完結後あるいは後行処分のされた後には許されないのではないかという問題がある。処分後における長期間の経過、あるいは一連の手続の完結、後行行為の存在等が直ちに取消しの制限をもたらすのではなく、これらの事実は、取消しが適法であるか否かの判断の際における、取消しの公益性と既存の法律関係の安定、関係者に及ぼす影響の程度等との比較衡量において考慮されるべき1つの要素にすぎない（最高裁・続十年史381頁）。この立場に立つとみえる裁判例として、①前掲昭和43年最一小判〔27000900〕があるほか、②農地売渡計画の承認は、売渡処分の適正を期するため法律が特に定めた行政内部の手続であって、これを経ることは知事が売渡処分をなす要件ではあるが、承認を取り消すことによって売渡しを阻止することができるのは承認に基づく売渡処分がなされるまでの間に限られ、承認に基づく売渡処分がなされた後は、もはや承認を取り消すことによって売渡しの効力を左右する余地はないとするもの（東京地判昭和43・10・30判夕230号276頁〔27661370〕）、③銃砲刀剣類所持等取締法7条の2（昭和53年法律56号改正前）の立法された経緯、同条の目的に鑑み、同条により銃砲所持許可の更新がされた後であっても、右許可後その更新前に生じた同法違反の事実を根拠として、右許可を取り消すことができるとするもの（東京高判昭和51・1・26行裁例集27巻1号24頁〔27603537〕）がある。

4 不可変更力ある行政処分

行政処分の中には、その性質上、いわゆる不可変更力が認められるものがある。不可変更力とは、行政庁自らが、処分を変更することができない効力を意味するのであるから、このような処分について職権による取消しができないの

は当然である（最高裁・主要行政事件裁判例概観(10)189頁）。この点に関する裁判例は、【論点21】の４において概観したので、その部分を参照されたい。
5　取消しの効果及びその制限

　行政処分の取消しは、本来的には、処分の効果を遡及的に失わせる性質を有するものであるが、相手方に権利や利益を付与する処分の場合には、相手方の信頼保護等の観点から、遡及効に制限を加える必要がないかどうかが問題となる。学説上は、①瑕疵ある行政処分の取消しの結果、既成の法律秩序を破壊することは法の趣旨とするところではないから、取消しの原因が当事者の責に帰すべき場合（詐欺その他不正手段による場合等）のほかは、当事者の不利益のためには、原則として遡らないと解すべきであるという見解（田中・新版行政法上巻〈全訂第２版〉153頁）と、②行政処分の取消しについても、特段の事由のない限り、民法の一般規定の準用があるから、取消しの原因が当事者の責に帰すべき場合（詐欺その他不正手段による場合等）ではないからといって、直ちに取消しの遡及効を否定するのではなく、民法121条但書又は703条の規定によって事を解決すべきことがあるほか（後掲昭和43年松山地宇和島支判〔27603205〕に対する匿名コメント（判時551号22-23頁）、原田・行政法要論〈全訂第７版補訂２版〉192頁は同旨）、信義則違反や権利濫用の法理により処理され得る事案があるという見解（叶和夫「判批」法律のひろば22巻９号（1969年）43頁）がある。裁判上も、前の立場に立ち、恩給法の扶助料の支給裁定の取消しは、その原因が受給当事者の責に帰すべき場合（詐欺その他不正手段）のほかは、その取消しの効果は受給当事者の不利益のためには遡及しないと解するもの（松山地宇和島支判昭和43・12・10高裁民集23巻２号210頁〔27603205〕）と、後の立場に立ち、恩給法に基づく扶助料の支給裁定の取消しがなされても、それによって既得権が侵害され、若しくは既成の法律秩序が破壊されるものとは認められない以上、その効果は既往に遡って生じ、受給当事者が既に支給を受けた扶助料は不当利得に該当すると解するもの（前掲昭和43年松山地宇和島支判〔27603205〕の控訴審・高松高判昭和45・4・24高裁民集23巻２号194頁〔27422166〕）とに分かれている。以上の対立を踏まえ、学説上は、この問題が、法律に適合した行政という要請と相手方及び関係者の法的安全の保護という要請の間での利益衡量の問題であるとすれば、具体的事

案によっては、様々な解決方法が考えられることとなるが、しかし他面で、法律による行政の原理を、行政法解釈論の出発点として採用しようとする限りにおいては、違法な行政行為について、原則としての取消しと例外としての取消制限、という理論的なけじめを明確につけておくことが必要であるとする見解（藤田・行政法総論243-244頁）がある。

このほか、遡及効の制限そのものではなく、取消しの効果を第三者に対して主張することができるかという問題に関してであるが、信義則に基づく判断をするとみえる最高裁判例（『最判解説民事篇〈平成6年度〉』法曹会〔大橋弘〕99頁）として、恩給受給者甲が国民金融公庫（乙）からの借入金の担保に供した恩給につき国が乙にその払渡しをした後に、甲に対する恩給裁定が取り消されたとしても、乙は甲に対して恩給を担保に貸付けをすることを法律上義務付けられており、しかも恩給裁定の有効性については乙自ら審査することはできず、これを有効なものと信頼して扱わざるを得ないものであることなど、判示の事情のもとにおいては、国が恩給裁定の取消しの効果が及ぶとして、当該払渡しに係る金員の返還を求めることはできないとするもの（最三小判平成6・2・8民集48巻2号123頁〔27821071〕）がある。

論点 25　行政処分の撤回とその制限及び補償の要否

行政処分の撤回は、いったん瑕疵なく成立した行政処分について、事後的にその効力を維持しておくことを不相当とする事情が発生した場合に、その行政処分の効力を将来に向かって失わせるものであり、それは、行政処分の取消しの場合と同様、必ずしも明文上の根拠を要するものではないが、その行使に当たっては一定の制限があるものと解されている（最高裁・主要行政事件裁判例概観⑽189頁）。

1　根拠規定の要否

まず、法律上明文の規定なくして処分を撤回することができるかどうかについては、学説上争いがあり、大別して以下の3つの見解がある。

① 撤回の根拠を行政処分の公益適合性に置き、個別の法的根拠を必要としないとする見解：この見解は、行政処分は公益を目的とするものであるか

ら、公益上の必要があるときは、原則として、これを撤回することができるとするものである（田中・新版行政法上巻〈全訂第2版〉155頁）。
② 撤回自体について法律の根拠が必要であるとする見解：この見解は、撤回は独立の行政処分であり、戦後の立法が撤回し得る場合を法定するようになった点に鑑み、撤回の不自由を原則とし、侵害的行政処分の撤回であっても、その要件事実の消滅の場合以外には、自由になし得ず、授益的行政処分の撤回は、相手方の同意及び撤回留保の場合を除き、新たに発生した事情はむろんのこと、要件事実が消滅した場合であっても、許されないとするものである（杉村敏正『全訂行政法講義総論（上）』有斐閣（1969年）246-251頁）。
③ もとの処分についての根拠規定があれば足りるとする見解：この見解は、侵害留保の原則が問題となるのは、憲法で保障された古典的な基本権の行政権による侵害の場面であるのに対し、撤回が問題となるのは、私人の申請に基づいてなされた授益的行政処分によって行政主体との間に法律関係が形成された後で、その法律関係を消滅させるという場面であり、別の見方をすると、撤回は、授益的行政処分がその構成要素の1つとなっている免許制、許可制等の法的仕組みの構成要素の1つであるから、その法律関係を消滅させるにはいかなる場合にも個別法の具体的根拠を必要とすることにはならず、もとの処分についての根拠規定があれば足りるとするものである（塩野・行政法Ⅰ〈第6版〉192-193頁）。

伝統的通説は、①の説であったが、公益適合性という抽象的な行政処分の特質のみに撤回の根拠を置くこの説は、法治主義ないし法律の留保の原則との関係での理論的な説明としては、不十分であるといわざるを得ない。このため、③の説にならう見解が実務上・学説上共に有力である（鎌野真敬「行政処分の撤回の可否と損失補償」藤山=村田・新・裁判実務大系(25)163頁、藤田・行政法総論239-240頁は同旨）。この問題に関係する最高裁判例として、優生保護法（平成8年法律105号により母体保護法と題名改正、平成5年法律74号改正前）14条1項により人工妊娠中絶を行うことができる医師に指定されていた医師が、虚偽の出生証明書を発行し他人のえい児をあっせんするいわゆる実子あっせんを長年にわたり

多数行ったことが判明し、そのうちの一例につき医師法違反等の罪により罰金刑に処せられたため、これを理由として県医師会が同医師に対してその指定を撤回したという事案につき、同医師が法秩序遵守等の面において指定医師としての適格性を欠くことが明らかとなり、同医師に対する指定を存続させることが公益に適合しない状態が生じたというべきところ、実子あっせん行為の持つ法的問題点、指定医師の指定の性質等に照らすと、その指定の撤回により同医師の被る不利益を考慮しても、なおそれを撤回すべき公益上の必要性が高いと認められるから、法令上その撤回について直接明文の規定がなくとも、指定医師の指定の権限を付与されている医師会は、その権限において右指定を撤回することができるとするもの（最二小判昭和63・6・17裁判集民154号201頁〔27802430〕）がある。この判決は、明文の規定がない場合の撤回を認めるものであり、伝統的立場に立ち、撤回の根拠を行政処分の公益適合性に置くものと思われる（鎌野・前掲162頁）。しかし、この判決は、その判文中で「指定医師の指定の権限を付与されている……医師会は、その権限において……右指定を撤回することができる」と述べることからすると、もとの処分の根拠規定に撤回の根拠を求める前記③の立場に立つものと解することもできる（鎌野・前掲162頁、塩野・行政法Ⅰ〈第6版〉192頁、早坂禧子「撤回法理についての一考察」塩野先生古稀（上）577頁）。

2 撤回の制限

いったん、行政処分がなされたときは、それに基づいて法律秩序が発展していくことから、法的安定性の尊重ないし私人の信頼保護の見地から、撤回権の行使を制限すべきでないかが問題となる。撤回の対象となる行政処分には、侵害的行政処分と授益的行政処分とがあるが、そのいずれかであるかによって、撤回をめぐる利益状況は大きく異なることから、この点に関し、この2つに分けて論じられる（なお、いわゆる二重効果的（複効的）行政処分の撤回は撤回によって法的不利益を受ける者がいる以上、授益的行政処分の撤回に準じて考えるべきであると解されている（小早川・行政法上299頁））。

まず、侵害的行政処分の撤回は、相手方の利益を害するものではないから、原則として自由であると解されている（田中・新版行政法上巻〈全訂第2版〉155頁、

塩野・行政法Ⅰ〈第6版〉193頁)。

　次に、授益的行政処分の撤回は、①相手方の権利利益を侵害するものであるから、その撤回の必要が相手方の責めに帰すべき事由によって生じた場合及び撤回について相手方の同意がある場合を除き、原則として許されないが、それにもかかわらず公益上撤回を必要とする場合は、損失補償を条件として許されると解する見解（田中・新版行政法上巻〈全訂第2版〉156頁）、②授益的行政処分を撤回すべき積極的な公益上の必要性の程度が、授益者のための信頼保護の必要と比較して後者を上回る場合（撤回を必要ならしめた事由が授益者自身の責めに帰すべきものである場合を含む）であるか、又は授益者が撤回に同意（自らの利益を放棄）した場合でなければ、撤回は許されないと解する見解（小早川・行政法上299-300頁）がある。

　判例の基本的な考え方は、行政処分の撤回は、当該行政処分の撤回によって相手方が被る不利益を上回る公益上の必要があることを要し、この点の判断は、当該行政処分の撤回の必要性の程度、当該行政処分の性質・内容、撤回によって相手方の被る不利益の程度等を総合的に考慮してするというものである（岩渕正紀「判批」ジュリスト927号（1989年）70頁（前掲昭和63年最二小判〔27802430〕の担当調査官による解説））。この立場に立つ最高裁判例として、①前掲昭和63年最二小判〔27802430〕があるほか、②旧特別都市計画法（昭和21年法律19号。昭和29年法律120号により廃止）に基づき換地予定地が指定された後においても、区画整理事業の規模の大幅縮減に伴い、事業の早期完成のためその指定の対象となった土地を換地予定地から除外する必要を生じ、指定の相手方もいまだ現実に当該土地の使用収益を行っていないなどの事情があるときは、区画整理事業施行者は、同土地に換地予定地の指定を取り消す旨の変更指定処分をすることができるとするもの（最二小判昭和47・12・8裁判集民107号319頁〔28205841〕）、③有効かつ無瑕疵の行政処分の撤回が一般に許されるのは、その処分後、公益上その効力を存続せしめ得ない新たな事由が発生した場合に限ると解すべきところ、国家公務員Xらに対する懲戒処分の撤回は、処分撤回闘争としての執ようかつ激しい大衆団交の結果やむを得ずされたものであり、懲戒処分の効力を存続せしめることが公益に反するという新たな事由が発生したために撤回したという

ものではないから撤回の要件を欠き、重大かつ明白な瑕疵があるから無効であるとするもの（大阪高判昭和46・11・25行裁例集22巻11=12号1863頁〔27603382〕。その上告審・最二小判昭和50・5・23訟務月報21巻7号1430頁〔27661857〕は原審の判断を正当として是認。公益に反する新たな事由が発生したのではない本件は、利益衡量以前の事案とみることもできる）がある（下級審裁判例については、最高裁・主要行政事件裁判例概観(10)191-192頁を参照されたい）。

なお、撤回の法的根拠をもとの処分の根拠規定に求める前記の立場からすると、どのような場合に撤回が許されるかは、もとの処分の根拠規定がいかなる場合に撤回を許す趣旨であるかという点についての解釈問題ということに帰着する。したがって、どのような場合に撤回が許されるかは、個別の行政処分ごとに、当該処分の根拠規定を解釈したうえで決すべき問題であるが、その際の一般的な解釈指針としては、おおむね前記の判例の基本的な考え方が妥当するものと思われる（鎌野・前掲166-167頁、宇賀・行政法概説Ⅰ〈第5版〉363-364頁は同旨）。

3 撤回と補償の要否

公共目的による行政処分の撤回によってその処分の相手方が財産的損害を受ける場合に、その損害について損失補償を要するかという問題がある。相手方に義務違反がある場合には、補償が不要であることに異論はなく、処分要件の事後的消滅の場合については、事案にもよるが、危険性が判明したことを理由に許可を撤回する場合においては、内在的制約であるとして補償が不要であるとされることが多いと思われる。また、行政財産の使用許可を公益上の理由により撤回する場合については、損失補償が必要と解されているが、権利対価補償は原則として不要であり、付随的損失につき補償すべきものと解されている（鎌野・前掲172頁）。学説でも、授益的行政処分がその構成要素となる免許、許可等により与えられる自由ないし権利は、その内容において無限定のものではなく、一定の場合の撤回権の留保という内在的制約を伴ったものでしかないと解されている（藤田・行政法総論240頁）。以上を踏まえているとみえる裁判例として、①厚生大臣がした食品衛生法6条の食品添加物としてのチクロの指定を信頼して、チクロを使用した食品の製造、販売をしていた取扱業者が、その指

定の取消しによって、チクロ含有の商品の販売上の損失を被ったとしても、いったんは食品添加物の指定を受けながら、その後の自然科学の発達によりその安全性に疑問が抱かれて、指定の取消しがなされることは、化学的合成品である食品添加物に本来内在する制約であるというべきであり、また、何人も人の健康を害するおそれがないとは認められない食品添加物を使用した食品を販売する権利、自由を有するものではないから、特別の規定を待たずに、当然に国が右取扱業者の損失を補償すべきものではないとするもの（東京高判昭和53・11・27訟務月報24巻12号2650頁〔27662155〕（営業の自由関係））、②都有行政財産の目的外使用許可により付与される使用権は、当該行政財産本来の用途又は目的上の必要があればその時点において原則として消滅すべきものであり、また、権利自体にそのような制約が内在しているものとして付与されるものであることに鑑み、行政財産につき期間の定めのない使用許可処分がされた後、その使用許可処分が公共目的で撤回されることがあったとしても、使用権の消滅それ自体に対する損失補償は、原則として不要であるとするもの（最三小判昭和49・2・5民集28巻1号1頁〔27000454〕（行政財産の特許使用関係））、③都有行政財産である土地の使用許可が取り消された場合には、使用権の価格につき補償を求めることはできないが、物件補償・営業補償については認められるとするもの（東京高判昭和50・7・14判タ335号249頁〔27661874〕（行政財産の特許使用関係））がある。

論点 26 行政処分の附款の意義とそれに関わる諸問題

　行政処分の附款とは、処分の効果を制限するために意思表示の主たる内容に附加される従たる意思表示をいう（田中・新版行政法上巻〈全訂第2版〉127頁）が、その法的効果の違いによって、条件、期限、負担、取消権の留保（撤回権の留保）などに分類することができる（最高裁・十年史244頁、最高裁・主要行政事件裁判例概観(10)198頁）。ここにいう条件及び期限は、一般に、民法上の条件及び期限と同様のものと解されており、条件は処分の効力の発生又は消滅を将来の不確定な事実の成否にかからせる意思表示であり、期限は処分の効力の発生又は消滅を将来到来することの確実な事実の発生にかからせる意思表示である。また、負担とは、主たる意思表示に附随して、その相手方に対し、これに伴う特

別の義務を命ずる意思表示をいい、取消権の留保（撤回権の留保）とは、主たる意思表示に附加して、公益上必要な場合その他特定の場合に行政処分を取り消し（撤回し）得べき旨留保する意思表示をいう（田中・新版行政法上巻〈全訂第2版〉127-128頁、塩野・行政法Ⅰ〈第6版〉200-202頁）。このほか、附款に当たるかどうかが問題とされているものとして法律効果の一部除外がある。法律効果の一部除外とは、主たる意思表示に附随して、法令が一般にその行為に付した効果の一部の発生を除外する意思表示をいう（田中・新版行政法上巻〈全訂第2版〉129頁、原田・行政法要論〈全訂第7版補訂2版〉177頁）が、学説上、法律効果の一部除外は、行政処分の本体内容にほかならないとみる見解（塩野宏「附款に関する一考察」雄川一郎ほか編『公法の課題―田中二郎先生追悼論文集』有斐閣（1985年）278、282-287頁）が有力である。法律効果の一部除外の性質について判断した裁判例をみると、①条件に当たらないとしたものとして、条件とは、一定の外部的な事実の成否に許可の効力の発生又は消滅をかかわらしめるものであるのに対し、一般廃棄物処理業の営業許可に際してされる処理区域の指定は許可の効力を地域的に限定するにとどまり、当該区域内における営業を一律、全面的に許すものであり、いわば許可の内容そのものであって許可と一体不可分の関係に立つものであるから、条件に当たらないとするもの（奈良地決昭和56・8・14行裁例集32巻8号1442頁〔27603951〕）があり、②条件に当たるとしたものとして、右の一般廃棄物処理業の許可における区域の定めは、営業許可に付された収集処理区域を限定する附款としての条件であるとするもの（その抗告審・大阪高決昭和56・12・26行裁例集32巻12号2348頁〔27603991〕）がある。

このほか、適法に付された附款が、負担か条件かをめぐった争いが生じた場合には、相手方の権利保護の見地からは、できるだけ負担と解されることから、義務の履行の確保を確実に図ろうとすれば、行政庁としては、義務を賦課する附款が条件であることをあらかじめ明示しておくことが適切であるという見解（芝池・行政法総論講義〈第4版補訂版〉188頁）がある。すなわち、①公衆浴場は、構造設備につき必要にして十分な公衆衛生上の水準を満たしてない場合であっても、最低限の要件は満たしており若干の改善を加えれば公衆衛生上適正な水準に達するという場合には、許可権者が、公衆衛生の維持のため監督する意味

で、負担の形式で不十分な部分の改善方を要求し命令することを許していると解するのが公衆浴場法の趣旨に適合すること、②解除条件は、行政上の法律効果の消滅を不安定な基礎のうえに置くものであることから、通常附款として用いられないこと（田中・新版行政法上巻〈全訂第2版〉128頁）、③負担に付される期間は、負担が履行されない場合に許可を撤回することを示唆する趣旨であると考えられることなどから、公衆浴場の営業許可に適法に付された附款が、負担か条件かをめぐった争いが生じた場合には、事案にもよるが、負担と解するのが妥当であると解されている（金子宏「判批」自治研究37巻2号（1961年）111-112頁）。この立場に立つ下級審裁判例として、公衆浴場業許可書に許可の条件として、「許可の日より1年以内に釜の構造を送り込み式又は男女別2本差込式に改造すること」と記載された場合に、その附款は、申請人に対し、施設の改造の義務を命じた一種の負担であり、その許可に付した解除条件ではないとするもの（神戸地判昭和34・8・18行裁例集10巻9号1785頁〔27602085〕、その控訴審・大阪高判昭和37・4・17行裁例集13巻4号787頁〔27602537〕は同旨）がある。

　許可に付された期限の定めが、許可により付与された権利又は法的利益自体の期限を定めるものか、許可条件の存続期限を定めるものかをめぐって争われることがある。行政処分には、期限を付すことが少なくない。公物の使用許可や公益事業の許可に、それらの使用の目的や事業の性質に照らし、不当に短期の期限を定めることも少なくないが、こうした期限は、一般には、許可条件の存続期限の性質を持ち、その期限の到来により、その条件の改訂を考慮する趣旨と解すべきである（田中・行政法総論315頁、杉村敏正『全訂行政法講義総論（上）』有斐閣（1969年）244頁、原田・行政法要論〈全訂第7版補訂2版〉176頁、芝池・行政法総論講義〈第4版補訂版〉186頁）。この考え方に立つ下級審裁判例として、①超短波放送を行う実用化試験局の免許に付された3か月の期間は、当該免許の目的及び性質に照らして不相応に短期であるから、免許の条件の存続期間としての性質を持ちその免許時点において免許条件の改訂を考慮すべきものとする趣旨と解すべきであるとするもの（東京地決昭和43・8・9行裁例集19巻8=9号1355頁〔27603185〕。この決定の直後に、最三小判昭和43・12・24民集22巻13号3254頁〔27000869〕は、放送局の再免許が、実質的には免許更新であるという立場に立ち、拒

否処分を受けた競願者が免許有効期間満了後既に再免許がされた後に、先の免許取消処分を攻撃することを認めている）、②国有行政財産である不動産の使用許可に当たり短期の使用期間を付した場合において、当初から右不動産の永続的利用が前提とされていたときは、当該期間の定めは使用許可自体の期間を定めるものではなく、許可条件の存続期間の性質を有するにすぎないとするもの（熊本地判昭和51・3・29訟務月報22巻6号1497頁〔27441747〕）がある。

論点 27　附款を付すことの可否

　一般に、行政処分に附款を付すことができるのは、その処分の根拠法令が附款を付すことを認めている場合、あるいは行政処分をするか否かについてその根拠法令が行政庁の自由裁量を認めている場合であると解されている（最高裁・主要行政事件裁判例概観(10)200頁、田中・新版行政法上巻〈全訂第2版〉129頁）。明文の規定がない場合、法令の趣旨、目的等に照らし行政処分に附款を付すことが許容されていると解されるかを基準として附款の可否は判断されるが、行政処分の具体的内容、時期等の決定が処分庁の裁量に委ねられているいわゆる裁量処分については、附款を付すことが法令上許されるのに対し、処分庁が法令により一定の場合に一定の内容の行政処分をすることが義務付けられているいわゆる羈束処分については、法令の要求する効果を制限する意味を持つ附款を付すことは許されないとする傾向にある（最高裁・主要行政事件裁判例概観(10)200頁）。

　まず、国家公務員、地方公務員の任用につき期限を定めることができるかという問題がある。国公法制定、地公法制定の目的に鑑み、少なくとも恒常的に置く必要がある常勤職員及び勤務の実態が常勤職員と同様である非常勤職員については、その身分を保障し安んじて自己の職務に専念させ、公務の能率的運営に資するため、職員の任期を定めた任用は、それを必要とする特段の事由があり、かつ、任期を定めることが右の法の趣旨に反しない場合にのみ許される（田中・新版行政法中巻〈全訂第2版〉249頁、現行制度につき、宇賀・行政法概説Ⅲ〈第4版〉380-383頁）。この立場に立つとみえる最高裁判例として、地公法のもとで職員の期限付任用が許されるかどうかについては、明文の規定はないが、同法

がいわゆる条件付採用制度をとり、分限免職及び懲戒免職の事由を明定して職員の身分を保障し、特に臨時的任用に関する規定を設けていることに徴すれば、職員の任用を無期限のものとするのが法の建前であると解すべきであるが、この法の建前は、職員の身分を保障し、職員をして安んじて自己の職務に専念させる趣旨に出たものであるから、職員の期限付任用も、それを必要とする特段の事由が存在し、かつ、それが、上記の趣旨に反しない場合には、特に法律の明文がなくても許されると解するのが相当であるとするもの（最三小判昭和38・4・2民集17巻3号435頁〔27002035〕）がある。

また、最三小昭和38年4月2日判決にいう「特段の事由」は、①当該業務が、特別の習熟、知識、技術又は経験を必要としない補助的、代替的なものであり、かつ、当該業務の一時的、臨時的増大などの緊急、臨時の必要があるとき、②又は、恒常的、継続的な定員不足を補うために日々雇用職員が任用される場合であって、当該職場の事務量が、正規任用に係る定員内職員によって処理することが客観的にみて困難であるという場合において、特別の習熟、知識、技術又は経験を必要としない補助的、代替的事務を担当する日々雇用職員を任用することによって、当該職場の事務を適正に処理することができるものであるときに限り、肯定され、ひいては前記の法の趣旨に反しないと解される（後掲平成6年最一小判〔27826718〕の匿名コメント（判時1519号118-119頁））。この問題に関する①前者の事例として、3か月先に税務署の新庁舎が完成しその後は清掃業務を一括外注する予定である場合にそれまでの期間を任用予定期間として清掃に従事する用務員を雇用することは、それを必要とする特段の事由があったものというべきであり、また、当該用務員の職務が公務とはいっても、庁舎の清掃その他の単純な肉体的労務を内容とするものであって、直接に公務の運営に携わるものではないことを考慮すると、前示の任用は、いまだもって国公法のとる前記のような建前に反するものではないとするもの（東京地判昭和47・5・25行裁例集23巻5号337頁〔27603397〕）があり、②後者の事例として、国立大学附属図書館の事務補佐員として任用された日々雇用の非常勤局員に関して、任用当時、上告人（原告）が配属された部署の事務量は、正規任用に係る常勤職員のみによって処理することができる範囲を超えていたが、直ちに常勤職員の定員

を増加することは実際上困難であり、図書の貸出し、返却図書の受領等のいわゆるカウンター業務は、特別の習熟、知識、技術又は経験を必要としない代替的事務で、日々雇用職員によっても適正に処理することができるものであったという事情のもとにおいては、日々雇用職員として任用することを明示したうえで、上告人をカウンター業務に従事させることを予定して認容したことは、国公法の趣旨に反するものとまでは解し難く、違法とはいえないとするもの（最一小判平成6・7・14裁判集民172号819頁〔27826718〕）がある。

　非恒常的業務については、公務員の身分保障（制度保障）への配慮の観点に代わり、公務の能率的運営に力点が置かれることから、期限付任用の許否の基準は、職務の性質、内容、期限の必要等、実際的な面から判断される。この考え方に立つとみえる下級審裁判例として、①一般職の国家公務員の期限付任用は公務の能率的運営を阻害するものでない限り国公法上許されないものではなく、期限付任用が許されるか否かは当該職員の職務の性質、内容、任期の必要性等からして同法の制定目的に反しないか否かによって判断しなければならないとしたうえ、本件において、建設省甲府工事事務所の直轄事業の工事人夫として任期を1日として日々雇用の形態で任用することは前記の趣旨において許されないものではないとするもの（東京地判昭和47・6・24行裁例集23巻6=7号404頁〔27603399〕）、②建設省宇都宮国道工事事務所直轄事業の工事人夫を日々雇用の形態で任用することの可否につき、本件工事人夫の職務と責任の特殊性、勤務形態に照らせばこれを日々雇用とすることには雇用制度上合理的な理由があるとするもの（東京地判昭和48・6・14訟務月報19巻8号105頁〔27670702〕）がある。

　その他の裁判例として、地方公務員に対する分限免職処分に期限を付することの可否につき、地公法28条所定の事由が存する場合に、処分権を具体的に発動するかどうかや、処分の内容及び時期をいつにするかなどは、公務の能率の確保等分限制度に内在する目的に照らし、かつ、個々の具体的事実の特性に即応して、社会観念上妥当と認められる範囲内で処分権者において適宜これを決定することができるもの解されるから、地方公務員の分限免職処分に相当な期限を付することは、これによって当該処分に基づく法律関係を不安定なものにし、あるいは分限処分の目的を逸脱し、被処分者に不当な不利益を与えること

にならない限り、許されると解するのが相当であるとするもの（鹿児島地判昭和40・4・5行裁例集16巻5号823頁〔27602920〕）がある（その他の裁判例については、最高裁・主要行政事件裁判例概観(10)203-205頁を参照されたい）。

論点 28　附款の適否

　法令上一般的には附款を付すことが許される場合であっても、具体的事情のもとにおいて、その場合に必要とされる以上の附款を付すことは違法と解されている（最高裁・主要行政事件裁判例概観(10)205頁、田中・新版行政法 上巻〈全訂第 2 版〉129頁）。附款は行政庁の裁量権行使の一環であるため、裁量権行使についての制約がかかることになり、明文の規定がない場合であっても、行政処分の根拠法規の目的に反したり、平等原則、比例原則に違反する附款を付すことは許されない（宇賀・行政法概説Ⅰ〈第 5 版〉95頁。塩野・行政法Ⅰ〈第 6 版〉204頁は同旨）。

　具体的な事情のもとにおいて附款を付すための要件、基準については、まず、いわゆる公安条例に基づく集団示威運動の許可に付される条件が集団的行動の自由を制約する効果を伴うものであるから、集団行動の不許可の場合と同様それを付与しなければ道路における公共の安全に対する明白かつ現在の危険を防ぐことができない最小限度の事項に限られるべきかという問題がある。許可条件の付与には、不許可処分を行う場合と同一の要件が必要であるとする見解（東京地判昭和42・5・10下級刑集9巻5号638頁〔27661261〕）と、不許可の場合よりも緩やかな要件のもとに条件を付与することができるとする見解（その控訴審・東京高判昭和48・1・16刑裁月報5巻1号1頁〔27661643〕）とに分かれていたが、いわゆる徳島市公安条例についての最大判昭和50・9・10刑集29巻8号489頁〔27670784〕において、集団行動による思想の表現それ自体とその思想の表現のために不可欠ではない態様ないし行動の規制とを区別する考え方が示された。このため、その後は、許可に付された条件が集団行動による思想の表現それ自体を事実上制約する結果となる場合でない限り、不許可の場合よりも緩やかな要件のもとに条件を付与することができると解されている。この立場に立つとみえる最高裁判例として、①いわゆる愛知県公安条例（昭和24年愛知県条例30号）4条3項に基づき公安委員会が条件を付するについては、その条件が集団行動による思

想の表現それ自体を事実上制約する結果となる場合でない限り、集団行動自体を不許可にするための要件が存在することを必要としないとするもの（最一小判昭和50・9・25刑集29巻8号610頁〔27661885〕）、②道路交通等保全に関する条例（昭和24年秋田県条例25号）4条3項による許可条件の付与は、現に公衆に対する危害が切迫している場合に限らず、公衆に対する危害を予防するため、公衆に対する危害に発展する可能性のある行為を制限禁止する場合にも許されるとした原審の判断は正当であるとするもの（最三小決昭和50・9・30刑集29巻8号702頁〔27661890〕）がある。

次に、前掲昭和50年最一小判〔27661885〕にいう「その条件が集団行動による思想の表現それ自体を事実上制約する結果となる場合」については、進路の変更に関する条件が、実質的には申請に係る進路の一部不許可を伴う変更処分ともいうべき重要な条件である（塩野・行政法Ⅰ〈第6版〉203頁）ことから、こうした重要な条件を付す場合は、不許可処分を行う場合と同一の要件が必要であると解される（今村成和「国会周辺デモ禁止と内閣総理大臣の異議―二つの国家賠償請求事件判決から」判例評論135号（判例時報587号）(1970年) 103-104頁）。裁判例・実務においても、同様の理解がされているようであり、この立場に立つとみえる下級審裁判例として、いわゆる東京都公安条例（昭和25年東京都条例44号）が進路、場所、又は日時変更の条件を付し得る場合として定める「公共の秩序又は公衆の衛生を保持するためやむを得ない場合」は、進路等の変更に関する条件が、1号ないし5号の事項に関する条件と異なり、実質的には申請に係る進路等の一部不許可を伴う変更処分ともいうべき重要な条件であるので、かかる条件を付し得る場合は、特に公共の秩序等を保持するためやむを得ない場合でなければならない旨を明らかにしたものと解するを相当とするもの（東京地判昭和44・12・2行裁例集20巻12号1608頁〔27603280〕）がある（集団示威運動の許可に付される附款の適否に関する具体的判断事例については、最高裁・主要行政事件裁判例概観(10)207-209頁を参照されたい）。

このほか、財産権関係において、附款を付すための要件、基準について具体的な判断を示した裁判例をみると、行政処分の目的に照らし必要な限度を超えないことは、比較的緩やかに肯定されている。この立場に立つとみえる最高裁

判例として、旧都市計画法のもとでの同法施行令（昭和30年政令47号改正前）11条ノ2による建築許可について、許可を与えず又は許可を与える場合においてこれに条件を付し、及びその条件の履行を命ずる等の建築物に関する制限は、いずれも都市計画上必要な場合に限るものであることは、前記法令の規定上明瞭であるといわねばならないとしたうえ、駅前広場に指定された土地上の建物の建築についてされた上記建築許可に、同施行令12条所定の都市計画上必要な基準として付された、知事が移転を命じた場合は3か月以内に建築物を撤去し、その撤去により生ずる損失については一切補償を要求しないことなどを定めた条件は、駅前広場設定事業の経過及び許可申請者と区役所係員等との交渉の経緯等についての判示の事実関係のもとでは、都市計画事業の実施上やむを得ない制限であったということができるとするもの（最大判昭和33・4・9民集12巻5号717頁〔27002687〕）がある。

論点 29　違法な附款が行政処分の効力に及ぼす影響

　行政処分に違法な附款が付された場合、これが処分全体の無効若しくは取消原因となるか、又は附款のみの無効若しくは取消原因となるかは、一般に、当該附款の重要性等を考慮し、具体的事情に応じて個別に決定されるべき問題であると解されている（最高裁・十年史246頁、最高裁・続十年史388頁、最高裁・続々十年史（上）339頁、最高裁・主要行政事件裁判例概観(10)210頁）。学説上も、その附款が行政処分をなすに当たっての重要な要素をなしているとき（若しその附款を付すことができないとすれば、その行政処分をしなかったであろうことが客観的に認定され得るとき）は、附款が違法であれば、行政処分そのものの違法を来すものと解されている（田中・行政法総論319頁。ただし田中説では、無効という表現が用いられている）。こうした立場に立ち、附款のみをとらえてその違法を争うことの可否を判断しているとみえる下級審裁判例として、①東京都公安条例（昭和25年東京都条例44号）は集団示威運動につき許可制を採用しているが、その実質は届出制と解すべきであるから、許可に付せられた条件に瑕疵があっても、許可処分まで無効、違法となると解すべきではなく、したがって、条件の瑕疵を主張して許可に付せられた条件のみの取消しを求めることができるものと解

すべきであるとするもの（東京地決昭和42・7・10行裁例集18巻7号855頁〔27661278〕）、②警察署長が道路交通法77条3項に基づき集団示威行進に伴う道路の使用許可に付した条件（通行区分につき西側歩道を行進すること）は、集団示威行進の許否に直接関係するところがなく、道路の通行方法に関する変更にすぎないから、行政行為の重要な要素とは認められず、右条件のみの取消しを求める訴えも、適法であるとするもの（大阪地決昭和43・6・14行裁例集19巻6号1066頁〔27603173〕）がある（その他の裁判例については、最高裁・主要行政事件裁判例概観(10)210-211頁を参照されたい）。

　このほか、附款が違法でも本体の行政処分がその附款から切り離され適法であるためには、「付款がなくとも当該行政行為が適法に存続できること」、及び、「付款がなくとも行政行為に関連して一定程度以上の公益上の障害が生じないこと」、という2つの要件が満たされなければならないとする学説上の見解（芝池・行政法総論講義〈第4版補訂版〉194頁）がある。

(薄井一成)

4 行政上の実効性確保

【概要】

　伝統的に行政活動は、法律―行政行為による義務の賦課―執行という「三段階構造」をとるとされてきた（藤田・行政法総論21、266頁）。本稿で焦点を当てるのは、最終段階の「執行」である。行政上の義務には、代替的作為義務、非代替的作為義務、不作為義務がある。これらのうち、金銭的な義務の履行については、国税徴収法上の滞納処分を通じた自力執行が認められている場合と認められていない場合とがあり、後者においては通常の民事執行を利用することができる。それに対して、非金銭的な義務の履行については、代替的作為義務の執行手段として行政代執行法が定められているにとどまる。直接強制・執行罰といった履行確保手段は、旧行政執行法が廃止されて以降、通則法はなく、個別の法律で規定された場合にのみ用いることができる。行政上の義務履行確保手段として、民事執行手続の利用が期待されてきたゆえんである。しかし、宝塚パチンコ条例最高裁判決は、非金銭的な義務の履行について、国・地方公共団体が財産権の主体として自己の財産上の権利利益の保護救済を求めるような場合には民事執行手続を利用することができるが、専ら行政権の主体として行政上の義務の履行を求める場合には「法律上の争訟」とはいえないという理由で、民事執行手続を利用することはできないとした。

　義務者に刑罰・過料といった制裁を科すと威嚇することで間接的に義務の履行を促す手段として、行政刑罰と行政上の秩序罰が定められているが、現実にはあまり用いられておらず、機能不全を来している。新しい義務履行確保手段として、違反事実の公表、行政サービス拒否、授益的処分の撤回などが考案されてきた。これらはいずれも、制裁の威嚇によって間接的に義務の履行を促す手段であるが、法治行政の原理からその限界が指摘されている。

　概説書などでは、「行政上の義務履行確保」という表題が付けられることが多い。しかし、この表題では、行政上の義務履行確保の仕組みとはいえない即時強制についてカバーすることができない。即時強制は、実態・機能的にみて行政上の義務履行確保の仕組みと多くの共通点を有しており、その手続保障・救済について論じる意義は小さくない。「行政上の実効性確保」という表題には、「行政上の義務履行確保」と即時強制の仕組みを併せて記述するという意味がある（今村成和（畠山武道補訂）『行政法入門〈第9版〉』有斐閣（2012年）153頁以下、髙木光「法執行システム論と行政法の理論体系」民商法雑誌143巻2号（2010年）143頁、髙木光『技術基準と行政手続』弘文堂（1995年）85頁以下、畠山武道「サンクションの現代的形態」芦部信喜ほか編『岩波講座　基本法

学(8)紛争』岩波書店（1983年）365、381頁以下）。

•••••• 論　　点 ••••••
1　庁舎等の明渡義務は代替的作為義務か非代替的作為義務か──行政上の義務
2　「法律」以外で直接強制・執行罰を定めることの可否
3　違法駐車された車両のレッカー移動は事前に行政上の義務を課したうえで行われるものか
4　行政代執行①──条例に基づく代執行は認められるか
5　行政代執行②──実施に伴う実力行使の可否
6　行政代執行③──代執行の調査に要した費用は滞納処分によって徴収可能か
7　行政代執行④──戒告及び代執行令書の通知の処分性
8　行政代執行⑤──物件の保管にはいかなる程度の注意義務が課せられるか
9　法定外の物件撤去の許容性
10　行政刑罰①──明文なき場合の過失犯処罰の可否
11　行政刑罰②──公定力と刑事訴訟
12　行政刑罰③──両罰規定における事業主の過失推定
13　行政刑罰④──刑罰と追徴税の併科の合憲性
14　租税犯則通告・交通反則金と救済
15　行政上の秩序罰①──過料を科す際の手続と裁判を受ける権利
16　行政上の秩序罰②──過料の賦課と過失の要否
17　課徴金の法的性質と二重処罰
18　金銭執行における民事執行の利用の可否
19　非金銭執行における民事執行の利用の可否
20　即時強制①──即時強制と令状主義、事前手続
21　即時強制②──けん銃の使用と比例原則
22　即時強制③──個別法上の即時強制
23　即時強制④──私人による即時強制
24　即時強制⑤──即時強制と救済
25　新しい実効性確保手段①──制裁的公表
26　新しい実効性確保手段②──行政サービス・公益的事業者が行うサービスの拒否・停止
27　新しい実効性確保手段③──授益的処分の撤回・許認可等の拒否・契約関係からの排除

論点 1 庁舎等の明渡義務は代替的作為義務か非代替的作為義務か
　―行政上の義務

1　行政上の義務の分類

　行政上の義務履行確保について理解するには、行政上の義務の分類を押さえておく必要がある。行政上の義務は、大きく①代替的作為義務、②非代替的作為義務、③不作為義務とに分かれる。

　①代替的作為義務とは、作為義務のうち、義務者以外の者が代わりに行っても目的を達することができる義務である。違法建築物や屋外広告物の除却義務などがこれに当たる。代替的作為義務については、その実現を図るために行政代執行法が制定されている。

　②非代替的作為義務とは、作為義務のうち、義務者本人が行わないと意味がない義務である。健康診断を受ける義務、予防接種を受ける義務、退去命令に応じる義務（退去義務）などが該当する（明渡義務につき、横浜地判昭和53・9・27判時920号95頁〔27662139〕）。一般的な受忍義務も、非代替的作為義務に分類される。納税義務のような金銭債務の履行も、非代替的作為義務とされる（ただし、金銭債務については国税徴収法上の滞納処分が認められているため、分類の実益はない）。

　③不作為義務とは、飲食店の営業停止命令に基づき課せられる義務など、ある行為をすることを禁じられる義務一般を指す。工事中止義務や立入り禁止義務が、その例である。不作為義務について代替的と非代替的の区別がないのは、不作為義務はその性質上、非代替的だからである。営業停止命令を下された飲食店主Aを気の毒に思って、友人Bが代わりに飲食店営業を取りやめても意味がない。

2　行政上の義務とそれに対応する履行確保手段

　行政代執行は、代替的作為義務の場合以外に、実現手段として用いることができない。直接強制は、代替的作為義務、非代替的作為義務、不作為義務のいずれにおいても実現手段として用いることが可能である。執行罰は、非代替的作為義務と不作為義務の実現手段として用いられるとされているが、これは旧行政執行法5条の規定に引きずられた解釈であり、執行罰を代替的作為義務に

ついて用いることも可能と解すべきである（西津・間接行政強制制度184頁以下、広岡・行政上の強制執行361頁以下。西津・行政規制執行改革論3頁の図表がわかりやすい）。

3　庁舎等の明渡義務など

(1)　庁舎等の明渡義務

職員組合に対して与えていた市庁舎の一部屋についての使用許可を撤回したにもかかわらず、職員組合が立ち退かない場合、その部屋に置いてある物件の搬出を代執行で行うことは認められるだろうか。大阪高判昭和40・10・5行裁例集16巻10号1756頁〔27621818〕は、物件の搬出に関する代執行は認められないとした。これは、物件の搬出だけをみれば代替的作為義務であるが、「物件の搬出は組合事務所の明渡しないしは立退き義務の履行に伴う必然的な行為であり、それ自体独立した義務内容をなすものではな」く、「（引用者注：明渡）義務の強制的実現には実力による占有の解除を必要とするのであつて、法律が直接強制を許す場合においてのみこれが可能となる」との理由からである。昭和40年大阪高判〔27621818〕が依拠したのは、①物件搬出の代執行の目的は庁舎の明渡しの実現にあり、結局、形を変えた明渡しを求めるものであって許されないという考え方（否定説）である（広岡・行政法総論〈第5版〉166頁以下、広岡・行政代執行法〈新版〉20、74頁以下）。その実質的な論拠は、非代替的作為義務を代執行によって実現することは許されないという点にある。これに対して、②物件搬出それ自体は代替的作為義務である以上、代執行を用いることは妨げられないという考え方（肯定説）もある（学説の整理につき、古城誠「判批」磯部力＝小幡純子＝斎藤誠編『地方自治判例百選〈第3版〉』有斐閣（2003年）99頁）。

(2)　土地収用法102条の2第2項の土地・物件の引渡義務

この点、土地収用法102条の2第2項は、土地又は物件の引渡しについて代執行を行い得ることを明文で認めており、その解釈が問題となる（小澤道一「土地収用法102条の2第2項」法学教室145号（1992年）70頁、雄川ほか・行政強制50頁以下）。福岡地判平成5・12・14判例地方自治143号72頁〔28011644〕は、存置された物件を搬出することにより占有を解き、引渡しの対象である土地物件の現実の支配を起業者に取得させることは代替可能であり、この規定はそのような代替的作為義務の代執行を認めた規定であるとする（存置物件撤去説）。東京

地決昭和56・10・19判タ457号134頁〔27662490〕も、同項と同一の文言を持つ都市再開発法98条2項について、存置物件撤去説にたっている（広岡隆『行政代執行法〈初版〉』有斐閣（1970年）56頁以下）。これに対して、同項中の土地・物件の引渡しの代執行を認める部分は無意味であるという空文説が対立する（広岡隆『行政強制と仮の救済』有斐閣（1977年）78頁以下では、存置物件撤去説について揺らぎがみえており、広岡・行政代執行法〈新版〉30、58頁以下、広岡・行政法総論〈第5版〉167頁以下において、空文説に改説している）。その他には、この規定を一種の直接強制を定めた規定とみる直接強制説（関哲夫『自治体行政の法律問題』勁草書房（1984年）39頁以下）や、意思表示について代執行を認めたとする意思表示代執行説がある（学説の整理につき、太田匡彦「明渡しか、除却か─『占有』と『事実上の排他的支配』の間に立つ大阪地裁第2民事部」東京大学法科大学院ローレビュー4号（2009年）85、110頁以下）。

(3) 公園内のテント等の除却命令・代執行の可否

都市公園内にテント等を設置して生活しているホームレスに対して発した除却命令に基づく義務を履行させるために行った代執行が違法であるとして国家賠償請求がなされた事案に係る大阪地判平成21・3・25判例地方自治324号10頁〔28153591〕は、除却命令・代執行という手法をとったことに違法性は認められないとした。前掲昭和40年大阪高判〔27621818〕の論理からは、公園の明渡義務も非代替的作為義務ということになりそうだが、この件で問題となっているのはテント等の除却という代替的作為義務だからというのである。確かに、テント等の除却によってその設置場所・周辺場所に対する原告らの事実上の排他的支配状態は失われるが、それはテント等の除却によって生じる事実上の効果であるにすぎないのであって、これをもって除却命令の法的効果であるということはできず、この事実上の効果があるがゆえにテント等の除却命令について代執行が許されないとすると、代執行の適用場面が相当程度限定されたものとなり、行政上の義務の履行確保を原則として行政代執行法による代執行に限定した趣旨が没却されてしまうという点に、その理由が求められている（執行停止に係る決定である大阪地決平成18・1・25判タ1221号229頁〔28112363〕と併せて、太田・前掲85頁の分析が詳細である。その他、曽和・行政法総論371頁以下）。

論点 2　「法律」以外で直接強制・執行罰を定めることの可否

1　法律の留保と行政上の義務履行確保に関する法制

(1)　法律の留保

　法律の留保、なかんずく侵害留保の原理は、行政上の義務の賦課とは別に、その執行に関しても及ぶ。すなわち、各別の授権規定が法律に置かれていなければ、行政上の義務を強制的に実現することはできない（【論点9】参照）。

(2)　戦前の法制

　戦前は、非金銭執行についての通則法として行政執行法（明治33年法律84号）が存在していた。行政執行法の1条から4条までは即時強制の根拠規定であり、5条1項で代執行、同条2項で執行罰、同条3項で直接強制を定めていた。

　金銭執行については、国税滞納処分法（明治22年法律32号）とそれを引き継いだ国税徴収法（明治30年法律21号）により、滞納処分による行政上の強制徴収が認められていた。

(3)　戦後の行政執行に関する法制

　戦後改革の中で、戦前に直接強制・即時強制が濫用されたとする批判が高まり、昭和23年、行政代執行法の制定に伴い、旧行政執行法は廃止された。しかし、行政代執行法は行政代執行についての通則法にすぎないため、現行法制では直接強制や執行罰についての一般的根拠規範は存在しない。成田新法3条6、8項や砂防法36条のように、個別法規で根拠規範を定めるにとどまっている（戦後の行政執行法制の成立過程については、須藤陽子『行政強制と行政調査』法律文化社（2014年）、雄川ほか・行政強制25頁以下）。

　これに対して、金銭執行における滞納処分の仕組みは、新しい国税徴収法（昭和34年法律147号）に引き継がれて、現在に至っている。

　直接強制などの一般的根拠規範が廃止されたのは、戦前のようなドイツ法の行政的執行のシステムから、英米法の司法的執行（judicial enforcement）のシステムへの転換が図られたためでもある（藤田・行政法総論267、277頁以下、阿部・行政法解釈学Ⅰ555頁以下、広岡・行政上の強制執行309頁以下）。すなわち、戦後改革の立法者には、裁判所が関与して科す行政罰（行政刑罰・行政上の秩序罰）を、義務履行確保の中核的システムとする意図があったとされる（塩野宏『行

政過程とその統制』有斐閣（1989年）202頁、雄川ほか・行政強制79頁以下）。行政上の秩序罰としての過料については、複雑なシステムであり体系性を欠いていたことから、GHQから廃止論が出されたが、日本側の抵抗で存置された。

2　「法律」以外での義務履行確保手段の創設

　行政代執行法1条と2条の文言解釈から、形式的意味での「法律」、つまり国会が制定する法律という法規範以外の法規範（例えば、条例）によって直接強制や執行罰を定めることは許されないというのが通説である。すなわち、同法1条は、「行政上の義務の履行確保に関しては、別に法律で定めるものを除いては、この法律の定めるところによる」とするところ、同法2条が「法律（法律の委任に基く命令、規則及び条例を含む。以下同じ。）」と定めることとの関係から、同法1条の「法律」には、「法律の委任に基づく命令、規則及び条例」を含まないと解される（塩野・行政法Ⅰ〈第6版〉253頁、宇賀・行政法概説Ⅰ〈第5版〉222頁、大橋・行政法Ⅰ〈第3版〉305頁以下、菊井康郎「行政強制と法の根拠」公法研究27号（1965年）219、222頁以下。雄川ほか・行政強制82頁以下参照）。

　これに対して、行政代執行法1条の立法趣旨は同法以外に行政に対して包括的な執行権能を付与することを否定することにあり、法律のほかに条例で個別的な執行権能を付与することを否定する意図を持つものではないという見解（碓井光明「行政上の義務履行確保」公法研究58号（1996年）137、155頁）もあるが、少数説にとどまる。

3　新しい義務履行確保手段との関係

　通説を前提にしても、違反事実の公表や行政サービスの拒否など、行政代執行法が制定された当時に「行政上の義務履行確保」の仕組みとして想定されていなかったものについては（【論点25〜27】参照）、同法1条の規律は及ばず、条例により定め得るとする解釈が有力である（塩野・行政法Ⅰ〈第6版〉253頁、宇賀・行政法概説Ⅰ〈第5版〉222頁、黒川哲志「行政強制・実力行使」磯部＝小早川＝芝池・行政法の新構想Ⅱ113、117頁）。

4　「法律」以外での即時強制の採用

　即時強制は定義上、行政上の義務の存在を前提としないため（【論点3】参照）、即時強制の仕組みを条例で採用できることに異論はない（塩野・行政法Ⅰ〈第6

版〉280頁、宇賀・行政法概説Ⅰ〈第5版〉106頁、大橋・行政法Ⅰ〈第3版〉312頁以下、黒川哲志「行政強制・実力行使」磯部=小早川=芝池・行政法の新構想Ⅱ117頁、阿部・行政法解釈学Ⅰ591頁以下、菊井・前掲224頁。なお、原田・行政法要論〈全訂第7版補訂2版〉243頁は、強制執行とのバランスを考慮して、原則として法律で定めるべきとしつつ、必要最小限度で条例による即時強制の採用を認める)。しかし、手続保障からみて不十分な即時強制は条例によって採用できるのに、相対的には手続保障が手厚い直接強制のような（行政代執行以外の）義務履行確保の仕組みを条例で採用できないのは均衡を欠くとして、条例でも直接強制や執行罰を採用可能とすべきという立法論がある（西津・行政規制執行改革論22頁）。

論点 3 違法駐車された車両のレッカー移動は事前に行政上の義務を課したうえで行われるものか

1 直接強制

私人の身体・財産に対して直接に実力を加えて行政上の義務の実現を図る手段が、直接強制である。類型的に人権侵害の危険が強いため、厳重な手続のもとに実施される。なお、民事執行法にも「直接強制」概念があるが、これは債権の執行や物の執行を一般的に指す概念であり、行政法における直接強制とは異なる（阿部・行政法解釈学Ⅰ554頁、高田裕成=宇賀克也「行政上の義務履行確保」宇賀=大橋=高橋・対話で学ぶ71、74頁、雄川ほか・行政強制78頁（新堂幸司発言))。

直接強制は、旧行政執行法のもとでも、代執行（同法5条1項）、執行罰（同条2項）では目的を達することができない場合の最後の実力行使手段として位置付けられていた（同条3項。広岡・行政上の強制執行180頁以下）。その執行態様がドラスティックであることが、戦後になり忌避された理由とされる（塩野・行政法Ⅰ〈第6版〉261頁以下。その他、小高剛「行政強制」芦部信喜ほか編『岩波講座 基本法学(8)紛争』岩波書店（1983年）249、253頁）。ただし、これは具体的な実施方法の問題にすぎず、比例原則に従うべきことはいうまでもないから、直接強制を忌避する理由にはならない（西津・行政規制執行改革論15頁）。

2 直接強制と即時強制

直接強制と即時強制の実施態様はよく似ているが、前者が事前に課された義

務の実現手段であるのに対して、後者は義務が課されたことを前提としていない点で区別される（田中・新版行政法上巻〈全訂第 2 版〉170 頁）。しかし、実際には両者の区別が不明瞭な場合も少なくない（阿部・行政法解釈学 I 553 頁、小早川・行政法上 241 頁、兼子・行政法総論 210 頁）。

　例えば、違法駐車された車両のレッカー移動（道路交通法 51 条 5 項）は、運転者等の管理責任者が現場におらず、50m 以内の地域内の道路上に車両を移動する場所がないときに、それ以外の場所に車両を移動するというものであり、義務を課さずに行政上望ましい状態を実現するものと理解すれば、即時強制である（広岡・行政代執行法〈新版〉44 頁以下）。しかし、違法駐車された車両のレッカー移動とは、同法 44 条により直接課された不作為義務への違反に対する履行確保の手段であると理解すれば、直接強制となる（関根謙一「行政強制と制裁」ジュリスト 1073 号（1995 年）62、66 頁以下）。その他、入管法 51、52 条の退去強制（広岡・行政法総論〈第 5 版〉180 頁参照）、食品衛生法 54 条 1 項の食品廃棄（黒川哲志「行政強制・実力行使」磯部＝小早川＝芝池・行政法の新構想 II 126 頁）についても同様の問題がある。

　これに関連して、直接強制を行う前提となる行政上の義務は、通常は行政行為によって課されるが、法律によって直接課される義務も含むのかという論点がある（広岡・行政上の強制執行 91 頁以下）。ただ、行政上の義務の履行確保に関する事実上の一般法である行政代執行法 2 条が「法律……により直接に命ぜられ……た行為」と規定していることからすれば、含むと理解すべきであろう（須藤陽子『行政強制と行政調査』法律文化社（2014 年）39、57 頁）。

3　直接強制の立法例

　旧行政執行法が廃止されたことで、直接強制を定めた通則法は存在しなくなり、個別法の規定に委ねられることになったが、立法例は極めて僅かである（戦前は個別の授権規定なしに行政行為の執行力が認められていたため、もともと立法例が少なかったからでもあり、これは執行罰も同様である）。直接強制の立法例としては、成田新法 3 条 6 項が知られる。同条 1 項は、国土交通大臣に対して、規制区域内に所在する建築物その他の工作物の使用禁止命令を発する権限を付与するところ、同条 6 項は、「当該工作物について封鎖その他その用に供させな

いために必要な措置を講ずること」により、命令の実効性を確保しているのである。さらに、同条8項は、国土交通大臣に当該工作物を除去する権限を付与している（ただし、東京高判平成2・11・29判タ748号112頁〔27807621〕は、工作物の所在する土地の占有を解く権限まで認めたものではないとする）。成田新法以外の直接強制の立法例は、学校施設の確保に関する政令（昭和24年政令34号）21条1項が見出される程度である。

論点 4　行政代執行①──条例に基づく代執行は認められるか

1　行政代執行

行政代執行（代執行）とは、①私人である義務者が代替的作為義務を履行しない場合に、②行政庁あるいは行政庁の指定する第三者が、その義務者本人に代わってその行為を実施し、③実施に要した費用を義務者本人から徴収する一連の手続をいう（行政代執行法2条）。この3要件は、旧行政執行法5条1項柱書及び同項1号から引き継がれたものである（民事執行法171条の代替執行との異同につき、広岡・行政代執行法〈新版〉11頁以下）。代執行は、違法建築物や屋外広告物を撤去するときなどに用いられる（公園内でホームレスの居住するテントの撤去にも用いることができるか（【論点1】の3）参照）。

2　代執行の要件

代執行を行うことができるのは、①「法律（法律の委任に基く命令、規則及び条例を含む。）により直接に命ぜられ、又は法律に基き行政庁により命ぜられた行為（他人が代つてなすことのできる行為に限る。）について義務者がこれを履行しない場合」で、②「他の手段によつてその履行を確保することが困難であり」、かつ、③「その不履行を放置することが著しく公益に反すると認められるとき」である（行政代執行法1条）。

①について、「他人が代つてなすことのできる行為」というのは、代替的作為義務（【論点1】の1参照）を指す。義務が法律により直接課されていることは少なく（火薬類取締法22条に基づく営業廃止後の火薬類の廃棄義務など）、屋外広告物条例に基づく違法建築物除却命令のように、法律に基づく行政処分を通じて課されることがほとんどである（広岡・行政代執行法〈新版〉62頁以下）。「法律

の委任に基く命令、規則及び条例」とは、委任命令と条例を指す。この規定ぶりからは、条例は委任条例のみを指し、自主条例を含まないように解されそうだが（櫻井＝橋本・行政法〈第5版〉171頁）、「法律の委任に基く」は「命令、規則」のみに係り、条例には係らないと解するか、あるいはここでの「法律の委任」は自治法14条1項に基づく一般的委任で足りると解して、結論として自主条例に基づく代執行を認めるのが通説である（曽和・行政法総論368頁、宇賀・行政法概説Ⅰ〈第5版〉223頁、原田・行政法要論〈全訂第7版補訂2版〉230頁、阿部・行政法解釈学Ⅰ567頁、小高剛「行政強制」芦部信喜ほか編『岩波講座　基本法学(8)紛争』岩波書店（1983年）259頁、菊井康郎「行政強制と法の根拠」公法研究27号（1965年）223頁）。水戸地判平成2・9・18判例地方自治83号76頁〔29012521〕は、自主条例に基づき土地の雑草除去措置命令及びその代執行がなされた事案であるが、自主条例に基づく代執行が可能であることは前提となっている。

②について、直接強制、執行罰、民事訴訟・執行が可能であっても、「他の手段によつてその履行を確保すること」ができることにはならない（広岡・行政代執行法〈新版〉121頁以下、柳瀬良幹「行政強制」田中二郎＝原龍之助＝柳瀬良幹編『行政法講座第2巻行政法の基礎理論』有斐閣（1964年）189、197頁）。

③について、さいたま地判平成16・3・17訟務月報51巻6号1409頁〔28101642〕は、行政庁としては、代執行に係る義務を課する法令及び行政処分の根拠法令の趣旨・目的、具体的な義務違反の態様、義務違反を放置した場合の障害等を考慮し、それを放置することが著しく公益に反するか否かを慎重に検討しなければならないとする。②③要件の意味は必ずしも明確ではなく、むしろ代執行の実施を過度に抑制する結果になっているといわれる（広岡・行政代執行法〈新版〉118頁以下、241頁以下、雄川ほか・行政強制55頁以下。曽和・行政法総論369頁が明確化を試みている）。下級審判例は、②③要件を緩やかに認める傾向がある（秋田地判昭47・4・3判時665号49頁〔27661595〕、青森地判昭45・2・24訟務月報16巻7号752頁〔27441265〕、福岡高判昭33・10・30行裁例集9巻12号2822頁〔27601815〕）。なお、建築基準法9条12項の特則があり、②③要件を緩和している（東京地判昭57・10・4判時1073号98頁〔27405828〕参照）。

3　緊急代執行・略式代執行

その他、緊急代執行（行政代執行法3条3項）や、義務を命ずべき者を確知し得ないときに公告によってこれを行う略式の代執行（都計法81条2項、道路法71条3項など）が設けられている（緊急代執行と即時強制の明確な線引きは困難である。平川英子「行政強制制度における代執行の役割とその機能不全に関する一考察」早稲田大学大学院法研論集123号（2007年）323、327頁以下。【論点22】の2(2)も参照）。

4　代執行の実施についての裁量

代執行の要件を具備した場合でも、代執行をするかしないか、いかなる時期に代執行をするかなどという点については、行政庁の裁量に委ねられている。広島高岡山支判昭和55・9・16訟務月報27巻1号160頁〔27662373〕と東京高判昭和42・10・26民集26巻5号1098頁〔27201108〕は代執行をしなかったことについていずれも違法性を否定しているが、兵庫県知事が業者に対して宅地造成等規制法に基づく規制権限を行使しなかったために豪雨で擁壁が崩壊して居住者が死亡したとして国家賠償が請求された西宮宅地造成事件において、大阪地判昭和49・4・19下級民集25巻1=4号315頁〔27661740〕は、「改善命令を発し、行政代執行法による代執行の措置によつてでもその命令の実効を期し、危険を除去すべき場合に当るとみるのが相当であ」るとして、裁量の逸脱・濫用を認定した（曽和・行政法総論376頁、広岡・行政代執行法〈新版〉133頁以下）。

論点 5　行政代執行②──実施に伴う実力行使の可否

1　代執行の手続

実際に代執行を行うことができるのは、まず、義務者に対して相当の履行期限を示したうえで、その期限までに履行がなされないときは代執行をなすべき旨をあらかじめ文書で戒告し（大津地判昭和54・11・28行裁例集30巻11号1952頁〔27970411〕は、戒告としての趣旨が理解できれば、義務を命ずる行政処分と同一の文書でなされ、同文書が戒告書である旨を明示していなかったとしても瑕疵はないとする）、指定された期限まで履行がなされなかったときに、代執行をなすべき時期、代執行の責任者の氏名、代執行に要する費用の概算による見積額を明記した代執行令書による通知を行い、それでもなお義務者が履行しなかったときに

限られる（行政代執行法3条）。ずいぶん義務者に履行の猶予が認められているのは、強制的な権限の行使である代執行は公益実現のための最後の手段であり、可能な限り義務者自身に任意で義務を履行させることが望ましいとされたからである（田中・新版行政法上巻〈全訂第2版〉174頁）。なお、長崎地判昭和37・1・31下級民集13巻1号133頁〔27660838〕は、土地区画整理法77条2項を準用して、違法建築物の賃借人であっても、既に住居としてこれに居住し独立の占有を有している限り、何らかの予告手続（通知）が必要であるとする。

2　証票の携帯義務

　代執行の責任者は、証票を携帯し、要求があるときはいつでも呈示しなければならない（行政代執行法4条）。

3　代執行に伴う実力行使の可否

　違法建築物の除却について代執行をしようとする場合、占拠者の抵抗も予想される。この点、立退命令を発して履行を強制したり、立ち退かせるための即時強制を行うことなどを認めた規定は置かれていない。札幌地判昭54・5・10訟務月報25巻9号2418頁〔27662219〕は、北海道農務部畜産課家畜衛生係の職員らが、家畜伝染病予防法17条1項に基づく馬伝染性貧血の患畜の殺処分命令に基づく代執行に伴い、牧場主らが入口に張った有棘鉄線を撤去したり椅子に座って抵抗する者を排除したことについて、「その実効性を確保するために、代執行の実行に際してこれに対する妨害や抵抗があつた場合に、それらを排除するにやむを得ない最少限度の実力を用いることは、代執行に随伴する機能として条理上認められる」として、違法ではないとした。実力による排除の根拠を条理に求めることには賛成できないが（礒野弥生「行政上の義務履行確保」雄川=塩野=園部・現代行政法大系(2)227、238頁）、実務的には、やむを得ず抵抗を排して代執行を実施しなければならない局面についても想定しなければならないと思われる。一般には、警察官に同行してもらい、抵抗する者を不退去罪（刑法130条）や公務執行妨害罪（同法95条1項）で処罰するとか、警職法4条の避難措置（【論点20】の2参照）で連れ出すといった方法が考えられる（広岡・行政代執行法〈新版〉175頁以下、雄川ほか・行政強制56頁以下、広岡・行政上の強制執行318頁以下）。

> **論点 6** 行政代執行③──代執行の調査に要した費用は滞納処分によって徴収可能か

1 費用の徴収

　国・地方公共団体は、代執行がなされた後、費用徴収命令を発して、義務者に対し代執行に要した費用の納付を求める（行政代執行法5条）。費用の徴収には、滞納処分を用いることができる（同法6条1項）。しかし、特に産業廃棄物関連の代執行費用は数十億円に上ることもまれではないにもかかわらず（平川英子「行政強制制度における代執行の役割とその機能不全に関する一考察」早稲田大学大学院法研論集123号（2007年）340頁）、その費用を十分に回収することは期待できないことから、自治体が代執行を躊躇する大きな要因となっている（雄川ほか・行政強制64頁以下）。

　代執行の前提となる処分の違法性は、戒告・代執行令書の通知には承継されず（前者につき前橋地決昭和29・7・17行裁例集5巻7号1706頁〔27600939〕、後者につき山口地判昭和29・6・19行裁例集5巻6号1510頁〔27600993〕。広岡・行政上の強制執行351頁）、**費用納付命令にも承継されない**（東京地判平成25・3・7判例地方自治377号65頁〔28213996〕、名古屋地判平成20・11・20判例地方自治319号26頁〔28152450〕）。代執行の違法性も、費用納付命令には承継されない（前掲平成20年名古屋地判〔28152450〕、京都地判平成5・2・26判タ835号157頁〔27818003〕。比較法研究として、重本達哉「ドイツにおける行政執行の規範構造(1)(2・完)」法学論叢166巻4号（2010年）109頁、167巻1号（2010年）39頁。詳細は、本書第2巻Ⅲ2(1)(d)「違法性の承継」参照）。

2 「代執行に要した費用」の内容

　「代執行に要した費用」の中には、どのように代執行を行うかについての調査に要した費用も含まれるか。参考になるのが、名古屋地岡崎支判平成20・1・17判時1996号60頁〔28140830〕である。廃掃法19条の8第4項は、廃棄物の適正処理のための措置命令が出された場合に、知事等は自ら生活環境保全上の支障を除去する等の措置を講じ、その費用を排出事業者等に負担させることができると定めている。重要なのは、同条5項で、費用の徴収について国税滞納処分を用いることを認めた行政代執行法5、6条を準用している点である。この

事案で市は、自ら行った措置工事自体に要した費用は排出事業者に対して強制徴収を行ったところ、いかなる方法で措置工事を行うかという調査に要した費用は、事務管理として、排出事業者に対する民事訴訟によって請求した。前掲平成20年名古屋地岡崎支判〔28140830〕は後者の請求を認めており、国税滞納処分を用いることができる場合には民事執行手続を利用することは認められないとした最大判昭和41・2・23民集20巻2号320頁〔21022862〕【論点18】を前提とすれば、どのように代執行を行うかについての調査に要した費用は、「代執行に要した費用」には含まれないことになる。控訴審である名古屋高判平成20・6・4判時2011号120頁〔28141922〕は、この判断を是認した（奥田進一「判批」淡路剛久＝大塚直＝北村喜宣編『環境法判例百選〈第2版〉』有斐閣（2011年）154頁、二見絵里子「環境損害に対する事務管理制度の適用の可能性」早稲田大学大学院法研論集150号（2014年）393頁。北村喜宣「行政による事務管理(2)」自治研究91巻4号（2015年）28, 33頁以下は、調査費用は行政にとって「他人のために（引用者注：する）事務」（民法697条1項）とはいえないから、排出事業者に代執行費用として請求すべきとする）。

論点 ⑦　行政代執行④——戒告及び代執行令書の通知の処分性

1　代執行と訴えの利益

違法な代執行に対して、いかなる救済手段が考えられるか。まず、行審法2条2項（改正行審法1条2項）及び行訴法3条2項の「その他公権力の行使に当たる行為」には権力的事実行為も含まれると解されるので、代執行の実施は、抗告訴訟の対象となる（処分性を有する）。ただし、代執行が終わってしまえば訴えの利益（行訴法9条）は失われるため（無効確認訴訟について、大阪地判昭和33・1・14行裁例集9巻1号95頁〔27601832〕）、救済の実効性を確保することは困難になる。さらに、代執行は直ちに終了してしまうことが多く（東京地判昭和48・9・10行裁例集24巻8=9号916頁〔27603446〕は、代執行が終了したかどうかは、当該代執行に係る行政上の代替的作為義務が客観的・物理的にみて実現されたといえるかどうかによって判断するとした）、その事前手続としての戒告と代執行令書の通知の処分性が争点となる。

2 戒告及び代執行令書の通知の処分性

戒告（行政代執行法3条1項）は、指定された期限までに義務が履行されないときは代執行を行うという趣旨の通知であり、代執行令書による通知（同条2項）は、戒告で指定された期限内に義務が履行されなかったときに代執行をなすべき時期、執行責任者の氏名、代執行費用の概算による見積額を通知するものであり、いずれも私人に新たな義務を課すわけではない。しかし、多くの裁判例は戒告と通知に処分性を認めている（徳島地判昭和31・12・24行裁例集7巻12号2949頁〔27601568〕は、戒告と代執行令書の通知は一連の手続であり、戒告の違法は代執行令書の通知に承継されるとした）。戒告について、大阪高決昭和40・10・5行裁例集16巻10号1756頁〔27621818〕は、①戒告は代執行の前提要件として行政代執行手続の一環をなし、代執行が行われることをほぼ確実に表示すること、②代執行段階に入れば通常直ちに執行が終了するため、救済の実効性の観点から代執行が行われる前に救済の機会を設ける必要が高いことを理由に処分性を認めた。代執行令書の通知について、前掲昭和48年東京地判〔27603446〕は、代執行手続の一環をなすものであり、これにより代執行の時期その他の内容とこれに対する受忍義務が具体的に確定されるとして、処分性を認めた（本書第2巻Ⅲ1(2)(a)「抗告訴訟の対象」参照）。ただし、前提となる処分の違法性は戒告・通知に承継されないため、戒告・通知の取消訴訟において違法事由として主張し得るのは、代替的作為義務ではないとか、補充性の要件を満たしていない（同法2条）、戒告が相当な履行期限（同法3条1項）を定めていないといった事由に限られる。

3 仮の救済

戒告及び代執行令書の通知の取消しの訴えの利益は、代執行が終了してしまえば失われる（福島地判昭和62・11・30判例地方自治46号41頁〔29012351〕、東京地判昭和44・9・25判タ242号291頁〔27661424〕）。そのため、戒告ないし通知の取消訴訟とともに、執行停止の申立てにより、手続の続行の停止を求める必要がある（東京地決平成元・3・9判例地方自治60号65頁〔29012407〕、東京地決昭和56・10・19判タ457号134頁〔27662490〕、大阪地決昭和40・2・8行裁例集16巻2号314頁〔27602897〕、広島地決昭和37・11・6行裁例集13巻11号2090頁〔27970406〕、大阪地決昭和37・2・26行裁例集13巻2

号223頁〔27602515〕参照)。なお、撤去命令・戒告に対して審査請求・執行停止が申し立てられている最中に代執行を行っても、違法ではない(千葉地判昭和59・7・17判例地方自治11号118頁〔29012203〕)。

これに関連して、当該処分に後続する一連の処分の執行又は手続の続行の停止によって目的を達することができる場合には、当該処分の効力の停止をすることはできないとされる。土地収用法上の収用裁決(権利取得裁決・明渡裁決)は、後続する一連の代執行手続の執行停止を求めることによって土地の明渡しを強制されることはないという目的を達することができるから、収用裁決の効力停止は認められないとした下級審判例がある(和歌山地決平成6・3・18判例地方自治125号72頁〔28021855〕、那覇地決平成元・2・20判例地方自治64号83頁〔29012427〕)。圏央道あきる野IC事件・東京地決平成15・10・3判タ1131号90頁〔28082899〕では、実際に代執行手続について執行停止が認められた(ただし東京高決平成15・12・25訟務月報50巻8号2447頁〔28090514〕で原決定取消し、最三小決平成16・3・16平成16年(行フ)2号等公刊物未登載〔28171747〕により抗告棄却)。

土地収用法102条の2に基づく代執行(【論点1】の3(2)参照)が行われる場合には、同条の要件がその実体的な要件となり、行政代執行法2条の要件は重ねて適用されない(福岡地決平成7・1・23判例地方自治139号13頁〔28030104〕)。

事例

2に関して、戒告に処分性を認めた裁判例として、広島地決昭和25・7・19行裁例集1巻追録203頁〔27600111〕、徳島地判昭和31・12・24行裁例集7巻12号2949頁〔27601568〕、東京地判昭和41・10・5行裁例集17巻10号1155頁〔27603035〕、旭川地判昭和29・11・20行裁例集5巻11号2810頁〔27601081〕がある。これに対して、戒告に処分性を認めなかった裁判例には、東京地決昭和44・6・14行裁例集20巻5=6号740頁〔27603245〕がある(しかし、理由は示されていない)。

論点 8 　行政代執行⑤——物件の保管にはいかなる程度の注意義務が課せられるか

代執行が終了した後は抗告訴訟を認める訴えの利益が失われるから、国家賠償により金銭的救済を求める以外にない。代執行は権力的事実行為であるから、国賠法1条1項の「国又は公共団体の公権力の行使」に該当する。

執行態様によっては、義務者の財産を毀損することがあり得る。東京高判平成17・10・5平成16年（行コ）171号裁判所HP〔28152365〕は、代執行の方法が社会通念上全体として不適切なものと認められない限り、行政庁の合理的裁量に委ねられているとして、その過程で船舶などの財産に何らかの損傷が生じても国家賠償責任は生じないとした（ただし、代執行は義務者本人が義務を履行するのと同じ態様で行われなければならないとするならば、比例原則に違反するとの主張が考えられる。阿部・行政法解釈学Ⅰ569頁、広岡・行政代執行法〈新版〉24頁、広岡・行政上の強制執行292頁参照）。収用地と非収用地にまたがって存在する1棟の建物の全部を解体撤去した代執行について、福岡地判昭和48・9・11訟務月報20巻2号38頁〔27681865〕は、1棟の建物の一部を切り取り撤去することが建物全体の効用を著しく損ない、建築構造上も残存建物を維持することが危険であり多額の補強・補修費を要すると認められる場合には、適法であるとした。

物件の保管について、福岡高宮崎支決昭和40・5・14行裁例集16巻6号1091頁〔27661108〕は、養蜂施設撤去の代執行は専門家の手によりミツバチを死滅させずに行う必要があることを説示する（その他、長崎地判昭和37・1・31下級民集13巻1号133頁〔27660838〕）。善管注意義務までは要求されなくとも、自己の財産と同一の注意義務程度は課されるべきであろう（原田・行政法要論〈全訂第7版補訂2版〉230頁。その他、広岡・行政代執行法〈新版〉183頁以下、広岡・行政上の強制執行344頁。近年では、宇那木正寛「行政代執行法における課題」行政法研究11号（2015年）71頁が詳細である）。ただし、保管義務を過度に要求することで、代執行を抑制する要因になってはならない。

論点 9　法定外の物件撤去の許容性

1　法律の留保

権力的に行政上の義務履行を確保（強制）するためには、法律の根拠が不可欠である。戦前は、行政が行政行為によって課した義務を実現することは、行政行為に当然に備わった効力（執行力）の発動であり、行政行為による義務の賦課についてさえ法律の根拠があれば、当該義務の履行を確保するために改めて法律の根拠を要するものではないという見解が有力であった（柳瀬良幹「行

政強制」田中二郎=原龍之助=柳瀬良幹編『行政法講座第2巻行政法の基礎理論』有斐閣（1964年）193頁）。

しかし、戦後になって、行政行為に執行力があるという理論は否定され、義務の履行を強制するためには、義務を課すための法律の根拠とはまた別に、法律の根拠が必要であると解されるようになった（藤田・行政法総論267頁以下、塩野・行政法Ⅰ〈第6版〉252頁、宇賀・行政法概説Ⅰ〈第5版〉37頁以下、阿部・行政法解釈学Ⅰ303頁以下、小早川・行政法上238頁以下、菊井康郎「行政強制と法の根拠」公法研究27号（1965年）219頁以下。詳細は、広岡・行政上の強制執行367頁以下。Ⅰ1(1)「行政活動に関する法律の根拠」も参照）。

したがって、法定外の権力的義務履行確保は許されず、違法である。本論点では、限界的な2つの事例を取り上げる。

2 浦安町ヨット係留杭強制撤去事件

1件めは、法律の根拠なくなされた物件撤去の違法性について争われた浦安町ヨット係留杭強制撤去事件である。昭和55年6月、千葉県浦安町（現在の浦安市）の町長は、緊急の必要から、漁港に打ち込まれていたヨット係留用の鉄杭を強制撤去した。しかし、当時の浦安町は漁港法に基づく漁港管理規程を制定しておらず、強制撤去を行う法律上の根拠を欠いていた。そこで、この撤去を実施するために町長が業者と請負契約を締結して職員に時間外勤務を命じ、請負代金と時間外勤務手当を支出したことについて、財務会計上違法な支出であるとして、住民訴訟（旧4号請求）が提起された。

最二小判平成3・3・8民集45巻3号164頁〔27808184〕は、浦安町長が漁港の管理者として鉄杭の撤去を強行したことは漁港法の規定に違反しており、行政代執行法に基づく代執行としての適法性を肯定する余地はないとしながら、事故・危難が生じた場合の不都合・損失を考慮すれば、むしろ町長による鉄杭撤去の強行はやむを得ない適切な措置であったと評価すべきであり、緊急避難（民法720条）の法意に照らしても、町長が鉄杭撤去の費用を支出した行為に財務会計上の違法は認められないとした。

法律の根拠がない以上、町長の行為が行政代執行法に基づく代執行として適法と評価される余地はない（Ⅰ1(1)「行政活動に関する法律の根拠」も参照）。し

かし、財産的価値に乏しい鉄杭を抜いただけであるから、被侵害利益は重大とはいえない（阿部・行政法解釈学Ⅰ126頁以下は、杭を抜いただけで、そもそも損害が発生していないとする）。撤去作業は船舶事故を回避するために緊急を要するものであったこと、施設所有者が不法占拠していたこと、漁港管理規程が制定されていなかったとはいえ浦安町は本来漁港管理者として予定されていることなどを参酌すると、町長に損害賠償を請求するだけの違法性は備わっていなかったとみるべきであろう（大橋・行政法Ⅰ〈第3版〉38頁。執行の観点から検討を加えたものとして、西津・行政規制執行改革論33頁以下）。なお、自発的な撤去を勧告・説得する時間的余裕がなかったとはいえない点や、漁港管理規程の制定を怠っていた点など、民法720条2項の要件を充足していないという指摘がある（松岡久和＝大橋洋一「公物」宇賀＝大橋＝高橋・対話で学ぶ281、294頁以下）。

3　ホームレスの段ボール小屋の撤去

　2件めは、新宿駅西口の地下道で起居する路上生活者支援団体のメンバーであった被告人2名が、都職員らの活動を妨害したとして、威力業務妨害罪で起訴された事案である。都職員約170名は、動く歩道を設置するため、多数の警察官の立会いのもと、約350名の民間警備会社の警備員とともに、路上生活者を説得により地下道から退去させ、すべての小屋を撤去していたところ、被告人らは、シュプレヒコールを上げ、通路の入口に築いたバリケードの内側から鶏卵、旗竿、花火等を投げて抵抗したため、排除・連行された。

　最一小決平成14・9・30刑集56巻7号395頁〔28072671〕は、①都職員らの活動は強制力を行使する権力的公務ではなく、業務妨害罪で保護される「業務」に当たる、②本件工事が公共目的に基づくものであるのに対して、路上生活者が被る財産的不利益はごくわずかであり、居住上の不利益についても配慮されていた、③代執行の手続がとられなかったのは、相手方の特定などの点で困難を来し、実効性が期し難かったからであるという理由から、道路管理者である東京都が本件工事により段ボール小屋を撤去したことは、やむを得ない事情に基づくものであって、業務妨害罪としての要保護性を失わせるような法的瑕疵があったとは認められないとして、被告人両名を有罪とした原審の判断を維持した。

この判決は、都職員らの活動が「強制力を行使する権力的公務ではない」と断言した点に疑問は残るものの、それが権力的行政活動として適法か否かという論点には立ち入らず（その意味で、行政代執行法に基づく代執行としての適法性を肯定する余地はないことを明言した浦安町ヨット係留杭強制撤去事件と対照的である）、業務妨害罪の構成要件の解釈として、都職員らの活動にその要保護性を失わせるような法的瑕疵があったとまではいえないとした。結論的には容認できよう。

> 事例
> 　2について、里道上の違法工作物の撤去は、里道管理権を有する行政庁の正当防衛ないし自救行為に当たる権利行使としてやむを得ないものであり、警備に当たった警察官の職務行為も適法であるとした事例に、千葉地判昭和53・12・15刑裁月報10巻11=12号1463頁〔27662166〕がある。3について、公有地を明け渡す義務自体は、非代替的作為義務と解される。大阪地判平成21・3・25判例地方自治324号10頁〔28153591〕（【論点1】の3(3)）も参照。

論点 ⑩ 行政刑罰①――明文なき場合の過失犯処罰の可否

1　行政罰

　行政刑罰と行政上の秩序罰を併せて行政罰という（学説史について、山本隆司「行政制裁に対する権利保護の基礎的考察」礒野弥生ほか編『宮﨑良夫先生古稀記念論文集　現代行政訴訟の到達点と展望』日本評論社（2014年）236、242頁以下、川出敏裕=宇賀克也「行政罰」宇賀=大橋=高橋・対話で学ぶ87、88頁以下、市橋克哉「行政罰――行政刑罰、通告処分、過料」公法研究58号（1996年）233頁）。行政罰は、私人による過去の義務不履行に対して課されるものであるが、機能的にみると、私人に対して、義務に従わなければ処罰すると威嚇することで、その心理に働きかけて義務の履行を促す手段であり、一種の間接強制的手段である。行政罰は、代替的作為義務、非代替的作為義務、不作為義務のいずれの履行手段としても用いることができる。

2　行政刑罰

(1)　行政刑罰

　行政刑罰は、刑法9条に規定のある刑罰（懲役、禁錮、罰金、拘留、科料）を、刑事訴訟手続を経て科す制裁のことである。刑法総則の適用を受け（同法8条

により、両罰規定（【論点12】参照）など、「その法令に特別の規定があるときは、この限りでない」とされる）、刑事訴訟手続を経ることが求められるため、検察官による公訴の提起、公判手続を経て、判決が下され確定しない限り、刑罰を科せられることはない。

(2) 直罰と命令前置

行政刑罰の科し方には、①当該行為を法律によって禁止し、違反に対して直接処罰する仕組み（直罰型）と、②当該行為を法律によって一般的に禁止しておき、違反に対して行政機関が禁止命令等の措置をとり、当該命令違反があった場合に処罰する仕組み（ワンクッション・システム、命令前置型）とがある（阿部・行政法解釈学Ⅰ616頁、北村喜宣「行政罰・強制金」磯部=小早川=芝池・行政法の新構想Ⅱ135頁以下）。行政刑罰では②をとる例が多いが、①も併用されている。

(3) 委任立法の許容性

行政刑罰では、法律が政令等に具体的な構成要件の定めを委任している場合が少なくない（憲法73条6号参照）。白紙委任の禁止といった論点があるが（最大判昭和49・11・6刑集28巻9号393頁〔27670762〕など）、詳細は委任立法をめぐる諸論点と併せて、Ⅰ1(2)「行政立法」を参照のこと。

(4) 条例と刑罰

また、条例で行政刑罰の定めが置かれている場合も少なくない（自治法14条3項）。その憲法上の根拠も含めて、多くの論点があるが（最三小判平成19・9・18刑集61巻6号601頁〔28135434〕、最大判昭和60・10・23刑集39巻6号413頁〔27803700〕、最大判昭和37・5・30刑集16巻5号577頁〔27660865〕など）、詳細は条例をめぐる諸論点と併せて、Ⅰ1(3)「条例」を参照のこと。

(5) 行政刑罰の課題

行政刑罰に極めて慎重な事前手続が求められるのは、刑罰の峻厳さに鑑みて、被疑者・被告人の人権を保護するためである。そのこともあって、行政刑罰は、行政上の実効性確保の手段として、使い勝手のよいものではない。行政刑罰は、立法において氾濫している割に、その適用実績に乏しいことが指摘されてきた（北村喜宣「行政罰・強制金」磯部=小早川=芝池・行政法の新構想Ⅱ131、140頁以下、西津・間接行政強制制度52頁以下、宮﨑良夫「行政法の実効性の確保」成田頼明ほか編

『雄川一郎先生献呈論集　行政法の諸問題（上）』有斐閣（1990年）203、223頁以下）。行政による刑事告発が少ないのは、①刑事処罰が過酷な印象を与えること、②多数の違反事案のうち特定の者を狙い撃ちにして刑事罰を科すことになること、③告発の基準が不明であること、④将来の抑止効果が期待できないこと、⑤行政内処理に失敗したことを自ら認めるものであるとの意識が存在すること、⑥警察・検察においても、軽微な行政犯に割くことのできる人員が少なく、膨大な行政法令に精通した者がいないことといった事情による。

3　行政刑罰と過失犯処罰（刑法総則の適用）

　行政刑罰は刑法総則の適用を受けるということの意味を考えさせるのが、最一小判昭和48・4・19刑集27巻3号399頁〔24005268〕である。事案は、被告人が過失により自己の運転する普通貨物自動車を後退させて他の普通乗用自動車に衝突させ（本件後退行為）、もって他人に危害を及ぼしたことで、道路交通法（昭和46年法律98号改正前）25条の2第1項の「他の車両等の正常な交通を妨害するおそれがあるときは……後退してはならない」との義務に違反したとして、その罪責が問われたというものである。同項の義務違反罪は故意犯しか規定しておらず、過失犯処罰規定はなかった。そこで検察は、被告人を同法70条の安全運転義務違反罪の過失犯（同法119条2項、1項9号）として処罰することを主張した。

　最高裁の判断は以下のとおりである。道路交通法70条の安全運転義務は、同法の他の各条に定められている運転者の具体的個別的義務を補充する趣旨で設けられたものであり、同法70条違反の罪の規定と同法各条の義務違反の罪の規定との関係は、いわゆる法条競合に当たる（最二小決昭和46・5・13刑集25巻3号556頁〔24005116〕参照）。すなわち、同法70条の安全運転義務は、他の各条の義務違反の罪以外のこれと異なる内容を持っているものではなく、その構成要件自体としては他の各条の義務違反に当たる場合をも包含しているのであるが、他の各条の義務違反の罪の過失犯自体が処罰されないことから、直ちに、これらの罪の過失犯たる内容を持つ行為のうち同条後段の安全運転義務違反の過失犯の構成要件を満たすものについて、それが同条後段の安全運転義務違反の過失犯としても処罰されないということはできない。同法25条の2第1項違反の過

失犯たる内容を持つ被告人の本件後退行為につき、同法70条後段の安全運転義務違反の過失犯の規定の適用がないとする理由はなく、かえって、同条の安全運転義務が、同法の他の各条に定められている運転者の具体的個別的義務を補充する趣旨で設けられていることから考えると、他の各条の義務違反の罪のうち過失犯処罰の規定を欠く罪の過失犯たる内容を有する行為についても、同法70条の安全運転義務違反の過失犯の構成要件を満たす限り、その処罰規定（同法119条2項、1項9号）が適用される。

最高裁の論理に対しては、本件後退行為に道路交通法70条の安全運転義務違反罪の過失犯が成立することにしてしまうと、同法が70条の安全運転義務違反罪とそれ以外の各種の義務違反罪とをそれぞれ別記し、さらにその中で過失犯をも処罰すべきものについて同法119条2項の明文で個別具体的に摘示した意味が没却されるという批判がある（日高義博「判批」宇賀=交告=山本・行政判例百選I〈第6版〉237頁）。

かつて、行政刑罰においては、刑法総則がそのまま適用されるのではなく、例えば明文なき業務主処罰、責任無能力者の処罰など、行政刑罰の特殊性に鑑みた特別な取扱いが認められるという見解があった（田中・新版行政法上巻〈全訂第2版〉190頁以下、美濃部達吉『行政刑法概論』岩波書店（1939年）19頁以下）。しかし、行政刑法においても、罪刑法定主義の原則から、明文なき刑法総則の修正は許されないと考えられ（藤木英雄『行政刑法』学陽書房（1976年）8、87頁以下、磯崎辰五郎「行政罰」田中二郎=原龍之助=柳瀬良幹編『行政法講座第2巻行政法の基礎理論』有斐閣（1964年）213頁（226頁）、福田平『行政刑法』有斐閣（1959年）43頁以下、111頁以下）、この見解を現在でも支持する学説は見当たらない（塩野・行政法I〈第6版〉273頁、藤田・行政法総論278頁以下、原田・行政法要論〈全訂第7版補訂2版〉236頁以下、阿部・行政法解釈学I 604頁、川出敏裕=宇賀克也「行政罰」宇賀=大橋=高橋・対話で学ぶ89頁、田中利幸「行政と刑事制裁」雄川=塩野=園部・現代行政法大系(2)263頁）。行政刑罰においても、過失を罰する明文の規定（質屋営業法34条、関税法116条など）又は解釈上過失犯の構成要件を規定すると認められる法規がある場合を除いて、犯罪は成立しない（広岡・行政法総論〈第5版〉175頁）。

前掲昭和48年最一小判〔24005268〕も、明文なき過失犯処罰を認めたわけで

はなく、むしろ過失犯処罰規定が必要であることを前提にして、その構成要件が重なり合っている道路交通法25条の2第1項と同法70条について適用関係を明らかにしたにすぎない。同判決への批判は、その適用関係についての理解に向けられたものであり（例えば福田平「判批」雄川一郎編『行政判例百選Ⅱ』有斐閣（1979年）427頁）、明文なき過失犯処罰を認めたからではない点には、注意する必要がある（ただし、同判決がとる同法の適用関係についての理解では、明文なき過失犯処罰を認めるに等しいという批判はあり得よう）。

事例

最三小判昭和57・4・2刑集36巻4号503頁〔27662547〕は、船舶の油による海水の汚濁の防止に関する法律36条、5条1項は、法文の趣旨から過失犯をも処罰する意図であるとした原審（東京高判昭和54・9・20刑集36巻4号534頁〔27662256〕）の判断を是認した。いわゆる忘却犯においては、構成要件の解釈として過失犯が当然に含まれるとされる傾向が強い（藤木英雄『行政刑法』学陽書房（1976年）90頁）。最二小判昭和37・5・4刑集16巻5号510頁〔27660860〕は、古物営業法27条（現行33条2号）で処罰される同法17条の記帳義務違反には過失も含まれるとしており、最一小決昭和28・3・5刑集7巻3号506頁〔27660327〕も、外国人登録証不携帯の罪（旧外国人登録令10条）は、その取り締まる事柄の本質に鑑み故意に同証明書を携帯しないものばかりでなく、過失により携帯しないものをも包含する法意であるとしている。これに対して、故意犯のみを処罰すべき趣旨であると厳格に解した事例もいくつかみられる。最二小判平成15・11・21刑集57巻10号1043頁〔28095009〕は、自動車の保管場所の確保等に関する法律（車庫法）11条2項2号、17条2項2号は、専ら故意犯を処罰する趣旨であり、その故意が成立するためには、行為者が、駐車開始時又はその後において、法定の制限時間を超えて駐車状態を続けることを、少なくとも未必的に認識することが必要であるとして、原判決及び第一審を破棄し、無罪判決を下した。広島高判昭37・5・31高裁刑集15巻4号261頁〔27660868〕も、食品衛生法4条違反の罪は、故意を必要としない趣旨とはいえないとして、無罪としている。

論点 ⑪ 行政刑罰②──公定力と刑事訴訟

営業停止命令に違反したことを理由に起訴された被告人が、刑事訴訟手続の中でその営業停止命令の効力を争うことは許されるかという問題がある（最二小決昭和63・10・28刑集42巻8号1239頁〔27804936〕など）。これは、行政刑罰よりも、行政処分の公定力との関係で検討すべき論点であるので、本書第2巻Ⅲ 1(2)

(a)「抗告訴訟の対象」を参照のこと。

論点 12　行政刑罰③——両罰規定における事業主の過失推定

　刑法 8 条の「特別の規定」の例として挙げられるのが、現実の行為者のほかに、その者を雇用する事業主も処罰するという両罰規定である（道路交通法123条、鉱業法152条など）。両罰規定については、最大判昭和32・11・27刑集11巻12号3113頁〔21009402〕が、その法意を示している。

　キャバレーを経営していた被告人が、その従業員であるキャバレーの支配人・経理部長のした逋脱行為につき、原審から当時の入場税法（昭和22年法律142号改正前）17条の 3 で罰金刑を科されたことについて、被告人は支配人・経理部長の逋脱行為に関与しておらず、自分の意思に基づいて違法行為をなしたのでなければ刑事上の責任を問われないという憲法39条に違反するとして上告した。最高裁は、次のような論理で、上告を棄却した。①入場税法17条の 3 は、事業主たる人の「代理人、使用人其ノ他ノ従業者」が入場税を逋脱し又は逋脱しようとした行為に対し、事業主として右行為者らの選任、監督その他違反行為を防止するために必要な注意を尽くさなかった過失の存在を推定した規定であり、事業主が行為者について選任・監督上の注意を尽くしたことの証明を行わない限り、刑事責任を免れ得ないというのが、その法意である。故意・過失のない事業主を処罰することを認めた規定ではない。②たとえ行為者らにおいて横領の目的があったとしても、両罰規定の『業務ニ関シ……違反行為ヲ為シタルトキ』という要件に少しの影響をも及ぼすものではない。

　まず、最高裁が、行政刑罰を科すためには過失の存在を要し（【論点10】参照）、両罰規定についてもそれは同様であると解したことが重要である。かつて判例が事業主に無過失責任を認めていた（大判昭和17・9・16刑集21巻417頁〔27922593〕など）のに対して、学説では、事業主が従業員の違反行為を防止すべく注意義務を果たすことを求めるのが両罰規定の法意であり、注意義務違反は違法という結果から推定されるという過失推定説が有力に提唱されていた（美濃部達吉『行政刑法概論』岩波書店（1939年）27頁以下）。これに対して、昭和32年最大判〔21009402〕は、使用人らのした逋脱行為について、事業主は彼ら

の「選任、監督その他違反行為を防止するために必要な注意」を尽くしたことの証明がない限り、その過失の存在が推定されるとして、過失推定説を採用したのである（賛成、広岡・行政法総論〈第5版〉176頁以下。以上につき、樋口亮介「判批」宇賀＝交告＝山本・行政判例百選Ⅰ〈第6版〉238頁）。

過失が推定されるとなると、法人の側から推定を覆す必要が生じる。一般論としては、従業員の違反行為が生じないように事業主がシステムとしての防止体制を十分に整備し、手抜かりなくチェックが行われていれば、法人として尽くすべき注意義務を全うしたといえよう（藤木英雄『行政刑法』学陽書房（1976年）51頁）。代表取締役が、取締役会などの意思に反して独断で違反行為を行った場合には、法人の免責が認められる余地もあり得る（佐伯仁志『制裁論』有斐閣（2009年）153頁以下）。

近年、独禁法違反など経済犯罪への対策が関心を集めており、これまで自覚されてこなかった両罰規定の受皿的構成要件設定機能と法人処罰規定創設機能を峻別し、刑法理論における法人処罰の意義を問い直す研究がみられる（樋口亮介『法人処罰と刑法理論』東京大学出版会（2009年）。佐伯・前掲136頁以下も参照）。

事例

この後も、最二小判昭和37・3・16刑集16巻3号280頁〔21015931〕（やはり入場税法違反の事案）、最三小判昭和38・2・26刑集17巻1号15頁〔27660942〕（売春防止法の事案）など、過失推定説は確立した判例となっている。最二小判昭和40・3・26刑集19巻2号83頁〔27661096〕は、外国為替及び外国貿易法違反の事案において、事業主が法人である場合にも過失推定説が妥当するとした。

論点 ⑬ 行政刑罰④──刑罰と追徴税の併科の合憲性

何人も、既に無罪とされた行為については刑事上の責任を問われず、また、同一の犯罪について重ねて刑事上の責任を問われない（憲法39条）。この点、行政上の義務履行確保手段として、行政刑罰以外に何らかの強制金を賦課される立法例は多く、憲法39条の定める二重処罰の禁止との関係について、強制金の類型ごとに争われてきた（田中利幸「行政制裁と刑罰との併科」平場安治ほか編『団藤重光博士古稀祝賀論文集第3巻』有斐閣（1984年）109頁）。そのリーディングケースが、逋脱行為について法人税法（昭和25年3月31日法律72号改正前）48条1項、

51条が刑罰を科し、同法43条が追徴税を課していること（併科―そして両者の要件はほとんど同じである）の合憲性について判示した最大判昭和33・4・30民集12巻6号938頁〔21009940〕である。

　最高裁は、逋脱行為について追徴税を課することが制裁的意義を有することは否定し得ないとしながらも、①追徴税は過少申告・不申告の「事実」があれば課せられるのであり、逋脱犯のように「詐欺その他不正な行為」といった反社会性・反道義性を必要としない、②追徴税の目的は、過少申告・不申告による納税義務違反の発生を防止し、それによって納税の実を挙げることにある、③追徴税は行政機関の行政手続によって租税の形式で課されるとして、刑罰と追徴税は性質が異なるから、併科しても憲法39条に違反しないとした。

　しかし、昭和25年の法改正で、追徴税は、申告納税の懈怠内容に応じて、過少申告加算税、無申告加算税、重加算税に分けられ、このうち重加算税は、課税標準等の計算の基礎となる事実の隠ぺい又は仮装がなされたことを要件とすることで、反社会性・反道義性に対する制裁という性格を帯びたため、①の理由は当てはまらなくなったように思われた（川出敏裕「判批」宇賀=交告=山本・行政判例百選Ⅰ〈第6版〉240頁）。

　ところが、最二小判昭和45・9・11刑集24巻10号1333頁〔21034040〕は、前掲昭和33年最大判〔21009940〕を参照したうえで、重加算税は、国税通則法65条から67条に規定する各種の加算税を課すべき納税義務違反が課税要件事実を隠ぺいし、又は仮装する方法によって行われた場合に、行政機関の行政手続によって違反者に課せられるもので、納税義務違反の発生を防止し、もって徴税の実を挙げようとする趣旨に出た行政上の措置であり、違反者の不正行為の反社会性・反道徳性に着目して制裁を科す刑罰とは趣旨・性質を異にするとして、重加算税と刑罰の併科も憲法39条に反しないとした。とすると、②刑罰と強制金の趣旨・目的の差異、③刑事手続と行政手続という実現手続の差異が、刑罰と強制金の併科を許す理由になる。しかし、③強制金を科す手続が刑事手続とは異なるというのは、刑罰という形式をとらない以上当然のことであり、併科を許す実質的な理由にはなり得ない（川出敏裕「判批」宇賀=交告=山本・行政判例百選Ⅰ〈第6版〉241頁、藤田・行政法総論283頁、北野弘久「租税刑事制裁論」兼子ほ

か・行政法学の現状分析371、383頁以下、板倉宏「判批」雄川一郎編『行政判例百選Ⅰ』有斐閣（1979年）431頁）。結局、強制金は刑罰ではないという②趣旨・目的の差異のみが、併科を許す理由として残る（佐藤英明『脱税と制裁』弘文堂（1992年）57頁は、両者の実質的な意義を検討しないまま二重処罰の可否について論じても無意味であるとして、政策論的な検討を提案する）。その他、【論点17】を参照。

事例

　法廷等の秩序維持に関する法律に基づく監置について、最一小判昭和34・4・9刑集13巻4号442頁〔27760643〕は、それが刑事罰・行政的処罰のいずれの範疇にも属しない「特殊の処罰」であることを根拠にして、刑罰との併科は合憲であるとした。訴訟法上の秩序罰である過料について、最二小判昭和39・6・5刑集18巻5号189頁〔27760765〕は、刑罰とは目的、要件及び実現の手続を異にしているとして、刑罰との併科を合憲であるとした。これは、証人として宣誓したにもかかわらず正当な理由がないのに証言を拒否した被告人らが刑訴法160条により過料に処せられ、さらに正当な理由なく証言を拒んだ者を罰金・拘留に処す同法161条により起訴された事案である。第一審である秋田簡判昭和38・3・2刑集18巻5号200頁〔24004387〕は、刑訴法160、161条はともに一種の秩序罰に属するもので、立法趣旨、保護法益、義務の内容、罪の性質からいっても全く同じものであり、両条の差は義務違反の程度にすぎないから、これらは二者択一の関係にあるもので、いずれかにより制裁が科されたとき、もう片方で再度制裁を科すことは、憲法の根本理念に反するとして、被告人らに免訴を言い渡した。しかし、仙台高秋田支判昭和38・12・12刑集18巻5号204頁〔27760750〕は原判決を破棄し、前掲昭和39年最二小判〔27760765〕も、最大判昭和33・4・30民集12巻6号938頁〔21009940〕を引用しながら、刑訴法160条は訴訟手続上の秩序を維持するために秩序違反行為に対して当該手続を主宰する裁判所・裁判官により直接に科せられる秩序罰としての過料を規定したものであり、同法161条は刑事司法に協力しない者に対して通常の刑事訴訟手続により科せられる刑罰としての罰金・拘留を規定したものであって、両者は目的、要件及び実現の手続を異にし、必ずしも二者択一の関係にあるものではないから、刑罰と過料の併科は憲法39条に反しないとした（宇賀・行政法概説Ⅰ〈第5版〉250頁以下。詳細は、田中利幸「行政制裁と刑罰との併科」平場安治ほか編『団藤重光博士古稀祝賀論文集第3巻』有斐閣（1984年）113頁以下）。会社法976条や独禁法97条ただし書のように、刑罰を科すときは過料を併科しないという明文規定が置かれている場合もある。

論点 14 租税犯則通告・交通反則金と救済

1　犯罪の非刑罰的処理（ダイヴァージョン）

　道路交通法違反など、大量かつ類型的に発生する行政犯について処理するのは、行政にとって大変な負担となる。そこで、間接国税に係る国税犯則と道路交通法違反については、それぞれ通告処分（国税犯則取締法16条）と反則金（道路交通法128条2項）という仕組みが設けられて、その運用が定着している。これらは、犯罪の非刑罰的処理（ダイヴァージョン）の一環である（川出敏裕=宇賀克也「行政罰」宇賀=大橋=高橋・対話で学ぶ96頁以下、井上正仁「犯罪の非刑罰的処理―『ディヴァージョン』の観念を手懸りにして―」芦部信喜ほか編『岩波講座　基本法学(8)紛争』岩波書店（1983年）395頁）。

　行政負担を減らす1つの解決策は、手続の簡略化である。かつては昭和29年に制定された交通事件即決裁判手続が、昭和30〜40年代にかけて盛んに用いられていたが、書面審理で判決を言い渡すことはできないことから交通事件の激増に対応しきれず、昭和54年以降は全く利用されていない。現在では、交通事件の処理には、書面審理の略式手続（刑訴法461条以下）が用いられている。

　昭和42年、通告処分をモデルに導入されたのが、反則金である。いずれも、通告に従った（反則金を納付した）ときは公訴を提起されないのに対して、通告に従わない（反則金を納付しない）ときは公訴が提起され、刑事訴訟手続に移行するという仕組みがとられている（国税犯則取締法17条、道路交通法130条）。その意味で、裁判を受ける権利（憲法32条）には抵触しない（後掲昭和47年最一小判〔21038991〕など）。

2　通告処分と救済

　通告処分について、最大判昭和28・11・25刑集7巻11号2288頁〔21005603〕は、刑事訴追の有無を被疑者の金銭支払能力に依存させることは法のもとの平等（憲法14条1項）に反するのではないかとの主張に対し、通告処分はその内容を履行できることが前提となっているから、合憲であるとした（国税犯則取締法14条2項前段参照）。その法的性質については争いがあり、最大決昭和44・12・3刑集23巻12号1525頁〔21031830〕は、行政措置であるとする（山本隆司「行政制裁に対する権利保護の基礎的考察」礒野弥生ほか編『宮﨑良夫先生古稀記念論文集　現

代行政訴訟の到達点と展望』日本評論社（2014年）273頁は、通告処分は行政制裁の一種であり、過料等とは賦課手続が異なるとみる）。これを「私和」とするのが立法者意思であったようだが、これは通告処分が任意に履行されることを前提とした思考であり、刑罰の威嚇力を背景に履行が事実上強制されるという機能にそぐわない（小早川光郎「通告処分の法律問題」租税法研究5号（1977年）39、50頁以下）。そうだとすると、通告処分は、行政手続と刑事手続が接ぎ木されたユニークな制度とみるべきであろう（宇賀・行政法概説I〈第5版〉244頁。最大判昭和30・4・27刑集9巻5号924頁〔21006462〕の藤田八郎裁判官少数意見も参照）。

最一小判昭和47・4・20民集26巻3号507頁〔21038991〕は、通告処分は刑罰でも裁判でもないとしたうえで、関税法は犯則者が通告処分を任意に履行する場合のほかは、刑事手続において犯則事案について争わせ最終的な結論を出すべきものとしており、通告処分それ自体については行政事件訴訟の対象から除外することとしているとして、その処分性を否定した。この結論に対しては、通告に従うことが事実上強制される以上、処分性を承認することで裁判による救済手続を保障すべきという見解が有力である（小早川光郎「判批」ジュリスト524号（1973年）135頁、小早川光郎「通告処分の法律問題」租税法研究5号（1977年）57頁、山本・前掲273頁）。

ところで、最一小判昭和62・11・5裁判集民152号133頁〔22002454〕は、証拠資料が相当な調査に基づいて収集されたものであり、これらの証拠資料を総合勘案して、通告時に犯則の心証を得たことにつき合理性があると認められる場合には、後に通告処分に係る犯則事実が存在しないと判断されたとしても、無効とはならないとする。

3　反則金納付通知と救済

最一小判昭和57・7・15民集36巻6号1169頁〔27000080〕は、次の①②の理由で、反則金納付通知の処分性を否定した。①反則金の納付はあくまで通告を受けた者が自由意思により行うものであり、彼が反則金の納付による事案終結の途を選んだときは、もはや反則行為の不成立等を主張して通告自体の抗告訴訟を提起することは許されない。②このような主張をしたいのであれば、反則金を納付せず、公訴の提起を待って刑事手続の中で争うべきである。もし通告処分自

体に対する抗告訴訟を許せば、本来刑事手続における審判対象である事項を行政訴訟手続で審判することとなり、刑事手続と行政訴訟手続との関係について複雑困難な問題を生ずる。

最高裁は、通告処分と同様の論理構成で反則金納付通知の処分性を否定したわけであるが、①自由意思による納付と②刑事手続と行政訴訟手続の「交通整理」のいずれの理由付けに重点を置くかについて、読み方は異なり得よう。なお、無免許運転のように反則金制度によって処理することができない者に対して、誤って（免許証不携帯として）反則金を納付させてしまったことが後に判明した場合にも、公訴の提起を免れ得るかという問題がある。最三小決昭和54・6・29刑集33巻4号389頁〔27662232〕は、運転免許を受けていない者を受けている者と誤認してした通告は無効であり、反則金が納付されたとしても、公訴の提起を禁ずる効力は生じないとした。

反則金を納付した後、その適法性に疑問が生じた場合には、反則金の不当利得返還請求訴訟を通じて救済を求めることが可能である。事例として、広島地判平成2・4・25訟務月報37巻5号927頁〔27809255〕（ただし、反則金の通告が重大かつ明白な瑕疵を帯びて無効な場合に限るとする）、徳島地判平成8・11・25訟務月報44巻2号197頁〔28030133〕、その控訴審・高松高判平成10・5・11平成8年(ネ)525号公刊物未登載〔28172792〕がある（武田真一郎「交通反則金納付後の救済について」徳島大学社会科学研究8号（1995年）51頁）。

4　通告処分・反則金制度の評価

これらは、一億総前科者となることを防ぎ、効率的なルールの遵守を図るための有効な制度として、長期の運用実績のもと、一定の評価が得られている（中原茂樹「交通反則金制度」ジュリスト1330号（2007年）10頁）。通告処分・反則金制度は、実際に違反行為を行った者については、恩恵的なダイバージョンとして有効であろう。しかし、刑事訴追をされることをおそれて、本当は違反行為を行っていないのに納付してしまう者のいる可能性は否定できず、事前手続の整備の必要性が指摘されている（宇賀・行政法概説Ⅰ〈第5版〉245頁以下、川出敏裕＝宇賀克也「行政罰」宇賀＝大橋＝高橋・対話で学ぶ100頁、川出敏裕「交通事件に対する制裁のあり方について」『宮澤浩一先生古稀祝賀論文集第3巻現代社会と刑事法』成

文堂（2000年）237頁）。

論点 15 行政上の秩序罰①——過料を科す際の手続と裁判を受ける権利

1 行政上の秩序罰

　行政上の秩序を維持するために、違反者に対し、金銭的負担としての過料を科すものが、行政上の秩序罰である。国が法律で過料を科す場合と、地方公共団体が条例（自治法14条3項）、規則（同法15条2項）で過料を科す場合がある。前者については、裁判を受ける権利（憲法32条）及び公開法廷における裁判の対審・判決の保障（同法82条1項）との関係で争いがある。条例による過料は、平成11年の自治法改正によって許容されるようになった（須藤陽子「地方自治法における過料」行政法研究11号（2015年）1頁）。

2 法律で過料を科す場合の手続

　過料を科す手続について、行政上の秩序罰は刑罰ではないので、刑訴法の手続には乗らない。法律で過料を科す場合には、非訟事件手続法119条により、原則として過料に処せられる者の住所地の地方裁判所によって科される。具体的には、転居届の不提出などに過料の賦課が規定されている（住民台帳法23条、52条2項、53条）。少額の場合が多いが、会社法976条以下のように、100万円以下の過料を科す法律もある。

　過料を科す裁判の法的性質には争いがあり、これを行政処分であるという説（宇賀・行政法概説Ⅰ〈第5版〉251頁。なお、行手法3条1項2号により、不利益処分の規定は適用されない）と裁判であるという説（佐藤功「過料制度と憲法との関係」『憲法解釈の諸問題第1巻』有斐閣（1953年）120、137頁）に分かれる（なお、佐藤・前掲137頁は、これを裁判と解しつつ、憲法82条に反しないとする）。最大決昭和41・12・27民集20巻10号2279頁〔27001124〕は、過料を科す手続は行政処分であるから、公開の法廷における対審・判決の手続を経ずに過料を科しても憲法82、32条に反しないとした。すなわち、秩序罰としての過料を科する作用は、国家のいわゆる後見的民事監督の作用であり、その実質においては、一種の行政処分としての性質を有するものであるから、必ずしも裁判所がこれを科すること

を憲法上の要件とするものではなく、行政庁がこれを科することにしても違憲とすべき理由はない。したがって、法律上、裁判所がこれを科することにしている場合でも、過料を科する作用は、もともと純然たる訴訟事件としての性質の認められる刑事制裁を科する作用とは異なるのであるから、憲法82、32条の定めるところにより、公開の法廷における対審・判決によって行われなければならないものではない、というのである。

事前手続という視点では、①中立的立場の裁判所が科すのであり、当事者に陳述の機会を与え、過料の裁判には理由を付さなければならないこと、②当事者は過料の裁判に対して即時抗告をすることができ、即時抗告には執行停止の効力があること、③裁判所は相当と認めるときは当事者の意見を聴かずに過料の裁判を行うことができるが、裁判の告知を受けた日から1週間以内に異議の申立てをすれば、効力は失われること、④異議の申立てがあったときは、裁判所は、当事者の意見を聴いてさらに裁判をしなければならないことに照らすと、適正手続の要請に反するとはいえないとしている。

しかし、事前手続の観点ではともかく、事後手続の観点では、過料の裁判に対する異議の申立てについて、即時抗告と特別抗告しか認められていない点に問題がある。学説では、対審・公開の裁判が保障されていないことは、憲法82、32条に違反するという見解が根強い（宇賀・行政法概説Ⅰ〈第5版〉252頁）。

これ以外にも、懲戒罰としての過料（公証人法80条2号、81条、裁判官分限法2条以下）があり、過料には様々な性格が付与されている（田中二郎「過料小論」国家学会雑誌62巻11号（1948年）634頁）。道路交通法51条の4が定める放置違反金は、過料として構想されたものではなく、非訟事件手続法の手続も課されないが、過料と共通する部分が多いので、制度設計上参考になる（放置違反金は、違反者の特定を不要とするために、所有者ではなく使用者の責任を追及することとした点でも特筆される。阿部・行政法解釈学Ⅰ631頁以下）。

3 条例で過料を科す場合の手続

普通地方公共団体の長は、行政上の秩序維持のために、義務違反に対して5万円以下の過料を科すことができる（自治法14条3項、15条2項）。過料は刑罰ではないため、過料を科す手続に刑法総則・刑事訴訟法は適用されず、普通地方

公共団体の長が相手方に被疑事実を告知し、弁明の機会を与えたうえで行政処分によって行われる（同法149条3号、255条の3。なお、この規定は第三者所有物没収判決・最大判昭和37・11・28刑集16巻11号1593頁〔21016692〕を受けたものである）。最近では、路上喫煙禁止条例の違反に対して過料が科されることがある。東京都千代田区の生活環境条例（平成14年条例53号）24条は、路上の歩きタバコやタバコのポイ捨てに対して2万円以下の過料を科しており、実務上は2,000円を徴収しているとのことである（北村・行政法の実効性確保27頁以下、田中謙『タバコ規制をめぐる法と政策』日本評論社（2014年）114頁以下、165頁以下。須藤・前掲34頁は、事前手続の不備について懸念する）。ただし、その場で直ちに徴収できなかった場合について、事後的な滞納処分までは行われていない。これらは行政処分で科されるので、過料に不服のある者は、取消訴訟を提起して争うことになり、裁判を受ける権利との関係でも問題はない。ただし、法律により過料を科す場合と均衡を欠くことは確かである（前掲昭和41年最大判〔27001124〕の入江俊郎裁判官反対意見）。

4　行政上の秩序罰の課題

　行政上の秩序罰の問題点は、行政刑罰との区別を含めて、法的統一性がとれていないことにある。この点は、終戦直後にGHQから指摘されていたにもかかわらず、長らく放置されてきた（真島信英「行政罰たる過料による制裁のあり方をめぐる研究」亜細亜法学45巻2号（2011年）147頁）。しかし、近年では、行政上の秩序罰は、行政刑罰が執行不全に陥っている状況において、その代替手段として活用すべきと提案されている（西津・行政規制執行改革論169頁以下、市橋克哉「義務履行確保をめぐる司法権と行政権の相剋」紙野健二=白藤博行=本多滝夫編『室井力先生追悼論文集　行政法の原理と展開』法律文化社（2012年）37、42頁以下、阿部・行政法解釈学Ⅰ617頁以下、北村喜宣「行政罰・強制金」磯部=小早川=芝池・行政法の新構想Ⅱ144頁以下、西津・間接行政強制制度107頁以下）。なお、ドイツでは法人の犯罪能力が否定されることの帰結として、法人に対する制裁は秩序違反法に基づく過料の役割とされているなど、行政上の秩序罰が非刑罰化（ディスクリミナリゼーション）の受け皿として機能する点も注目される（樋口亮介『法人処罰と刑法理論』東京大学出版会（2009年）117頁以下）。ただし、もし行政上の秩序罰を

広く立法で採用する場合には、不服のある者に対して、対審・公開の裁判による解決手段を用意すべきであろう。

事例

　過料それ自体の実体的な額が比例原則に違反するとして賦課決定を違法とした事例に、名古屋地判平成16・9・22判タ1203号144頁〔28092871〕がある。使用料計測器を通らない不正な配管を設置したことで下水道使用料の徴収を不正に免れた公衆浴場業者が、自治法228条3項を受けて制定された春日井市下水道条例に基づき、徴収を免れた金額の約3倍の過料を科された事案について、名古屋地裁は、過料額は不正免脱金額の2倍が相当であるとして、その額を上回る部分を取り消した（曽和・行政法総論388頁以下。須藤陽子「地方自治法における過料」行政法研究11号（2015年）31頁以下は批判的）。

論点 16 　行政上の秩序罰②――過料の賦課と過失の要否

　過料を科す要件として、違反者の故意・過失は求められるか。やむを得ない事由により、法定期間内に外国人登録をすることを怠ったため、外国人登録法（当時）に基づく過料処分が科せられたという事案で、浦和地決昭和34・3・17下級民集10巻3号498頁〔27660631〕は、「秩序罰としての過料については、……その性質が行政上の秩序を保つために秩序違反行為に対して科する制裁であることに鑑みれば、違反者の主観的責任要件（故意又は過失）の具備はこれを必要とせず、単に客観的に違反事実が認められればこれを科し得ると解するのが相当である。……この場合刑事犯或は行政犯と異なり、法の不知、ひいて違法の認識の要否と言うようなことは問題とする余地がない」としていた。東京高決昭和51・8・3判時837号49頁〔27411707〕も、法律・定款に定めた取締役・監査役の員数を欠くに至った場合に、その選任手続をなすべき代表取締役が手続を怠ったという事案において、故意・過失の有無を問わず、過料の制裁を受けるべきものとしている（過失不要説をとるものとして、広岡・行政法総論〈第5版〉178頁、磯崎辰五郎「行政罰」田中二郎=原龍之助=柳瀬良幹編『行政法講座第2巻 行政法の基礎理論』有斐閣（1964年）247頁）。なお、手続の懈怠から20年以上経過した後に過料処分がなされた事案であることから、公訴時効の類推適用や失権効についても問題となっているが、東京高裁は、秩序罰については最初から公

訴の時効（刑訴法250条）又は刑の時効（刑法31、32条）に相当するものは考えられず、これに相当する規定もないから、これらを問題とする余地はないとしている。

しかし、横浜市空き缶等及び吸い殻等の散乱の防止等に関する条例（平成7年条例46号）の違反者に対する過料の賦課の可否が争われた事案において、横浜地判平成26・1・22判タ1406号90頁〔28222142〕は、条例に基づく過料処分をするためには、その相手方に少なくとも過失があったことが必要と解すべきであって、このように解することが過失責任主義という法の一般原則にも合致するとして、違反が問題となった場所の路面表示や標識の文字は、違反者にとって読み取り認識することが困難であり、違反者は本件違反場所が喫煙禁止地区内であることを知らなかったし、知らなかったことに過失もないとして、過料処分を違法であるとして取り消した。

控訴審判決（東京高判平成26・6・26判タ1406号83頁〔28222990〕）も、条例で科される過料処分は本来違法行為とされていない喫煙行為をあえて制限するもので、その主眼は喫煙者に注意喚起をして路上喫煙をさせないことにあるから、注意喚起が十分にされていない状態で喫煙する者がいたとしてもそれに制裁を科すことは条例の趣旨を逸脱するものというべきであって、喫煙者が通常必要な注意をしても路上喫煙禁止地区であることを認識し得なかった場合（過失がなかった場合）には注意喚起が十分にされていなかったことになるから過料の制裁を科すことはできないとした。ただし、事案の解決としては、違反者が路面表示をも十分に注意して確認していれば路上喫煙禁止地区であることを認識することは十分に可能であったとして、第一審判決を取り消している（村中洋介「路上喫煙防止条例による規制」近畿大学法学62巻3＝4号（2015年）329、348頁以下）。

秩序罰の性質、目的、内容等の諸要素を具体的・総合的に検討したうえで、主観的要件である故意・過失の要否を決すべきという見解もあるが（判時2233号104頁の匿名コメント。兼子・行政法総論215頁は、事犯の具体的状況を考慮する必要があるとする）、行政上の秩序罰も制裁である以上、罪刑法定主義、責任主義、比例原則といった刑法の諸原則が基本的に妥当すると考えるべきであろう（佐伯仁志『制裁論』有斐閣（2009年）17頁以下。宇賀・行政法概説Ⅰ〈第5版〉248頁、原

田・行政法要論〈全訂第7版補訂2版〉238頁以下）。ただし、公訴時効や失権効については、明文の規定がないため、どのように考えるか検討の余地がある（須藤陽子「地方自治法における過料」行政法研究11号（2015年）1、25頁以下）。

論点 17　課徴金の法的性質と二重処罰

1　課徴金

　課徴金という用語は多義的であり、最も広義には国が行政権・司法権に基づき国民から賦課徴収する金銭的負担のことを指す（財政法3条参照）。近年では、金融商品取引法172条以下（不公正取引、有価証券届出書等の不提出・虚偽記載等、公開買付開始公告の不実施等）、公認会計士法34条の21の2（故意による財務書類の虚偽証明、過失による財務書類の重大な虚偽証明）及び改正景表法8条以下でも導入されているが、最も盛んに議論が行われてきたのは独禁法上の課徴金である。

　独禁法上の課徴金は、昭和52年改正により、カルテルのやり得を防止するため、公正取引委員会の納付命令により、違法に得た利益を剥奪することを狙いとして導入された。しかし、違法に得た利益を上限とするとなると、カルテルが見つかった場合でも違法に得た利益の分しか剥奪されないのだから、実効性が低いとして、強く批判されていた（阿部泰隆「課徴金制度の法的設計」松田保彦ほか編『成田頼明先生横浜国立大学退官記念　国際化時代の行政と法』良書普及会（1993年）115、128頁以下は、正面から制裁としての機能を付与すべきと説いた）。そこで、平成17年改正により、課徴金の法的性質について、違反行為により得た利益相当額を超える金額を制裁金として徴収するという性格が加えられている。

　その後も法改正は続き、現在の課徴金制度は、反復違反者やカルテル・入札談合に主導的な役割を果たした事業者に対する加算、自発的に違反行為から離脱した事業者に対する減免措置（リーニエンシー・プログラム）、適用範囲の拡大など、制裁としての色彩を色濃くしている（宇賀・行政法概説 I〈第5版〉257頁以下）。

2　独禁法上の課徴金と二重処罰

　最三小判平成10・10・13裁判集民190号1頁〔28033085〕は、カルテル行為を理由とする独禁法違反被告事件において原告に対する罰金刑が確定し、かつ、国

から原告に対し不当利得返還請求訴訟が提起されている場合において、カルテル行為を理由に原告に対し独禁法7条の2第1項の規定に基づく課徴金納付命令を行うことが、憲法39、29、31条に違反しないことは、最大判昭和33・4・30民集12巻6号938頁〔21009940〕【論点13】の趣旨に徴して明らかであるとした。

最三小判平成17・9・13民集59巻7号1950頁〔28101751〕は、平成3年改正後・平成17年改正前の独禁法上の課徴金について、その原審（東京高判平成13・11・30民集59巻7号2009頁〔28070298〕）の「課徴金制度の基本的性格はあくまでもカルテルによる経済的利得の剥奪にあるから、役務とその対価を把握するに当たっては、可能な範囲では課徴金の額が経済的に不当な利得の額に近づくような解釈を採るべきである」との一般論を否定して、「カルテルの摘発に伴う不利益を増大させてその経済的誘因を小さくし、カルテルの予防効果を強化することを目的として、既存の刑事罰の定め（独禁法89条）やカルテルによる損害を回復するための損害賠償制度（独禁法25条）に加えて設けられたものであり、カルテル禁止の実効性確保のための行政上の措置として機動的に発動できるようにしたものである」とした（岩橋健定「判批」宇賀＝交告＝山本・行政判例百選Ⅰ〈第6版〉242頁）。

実務的な関心は、平成17年独禁法改正以後の課徴金と刑罰の併科の合憲性にあると思われる。前掲昭和33年最大判〔21009940〕【論点13】は、行政上の制裁金は行政刑罰と趣旨・目的、性質を異にするという理由からその併科が違憲ではないとしており、課徴金の制裁としての性格が強調されたとしても、結論は変わらないであろう。これに対して、近年では、憲法39条が禁じているのは手続的な二重訴追の禁止であり、実体的な二重処罰の禁止は、罪刑均衡（ないし比例原則）の観点から検討すべきであるという見解が注目されている（佐伯仁志『制裁論』有斐閣（2009年）73頁以下、曽和俊文『行政法執行システムの法理論』有斐閣（2011年）104頁以下）。この見解からは、罰金（行政刑罰）と課徴金を合算した額が罪刑均衡（ないし比例原則）の観点から行き過ぎと評価されるか否かによって、合憲性が審査される。独禁法63条が罰金額の2分の1相当額を課徴金額から控除することとしているのは、この点に配慮したためとされる（宇賀・行政法概説Ⅰ〈第5版〉259頁。山本隆司「行政制裁に対する権利保護の基礎的考察」礒

野弥生ほか編『宮﨑良夫先生古稀記念論文集　現代行政訴訟の到達点と展望』日本評論社（2014年）269頁参照）。

3　不当利得返還請求との関係

　課徴金の第1の趣旨は、カルテルによって違法に得た利得を吐き出させることにあるため、不当利得返還請求との関係も問題となる。東京高判平成13・2・8訟務月報48巻10号2353頁〔28061140〕は、談合を行ったシール製造会社に対し、談合があったのでシール製造契約は無効であるとして国から不当利得返還請求がなされた事案において、既にカルテル行為を理由に科された課徴金を納付した以上その額は不当利得額から控除されるべきであるというシール製造会社の主張を斥けた。課徴金と不当利得返還請求の機能的な類似性は認めつつも、現に損失を受けている者がある場合に、その不当利得返還請求が課徴金の制度のために妨げられる結果となってはならず、利得者はまず損失者にその利得を返還すべきであり、現実に損失者が損失を回復していないにもかかわらず、利得者が課徴金を支払ったことだけで、損失者の不当利得返還請求権に影響を及ぼすべきものではないというのである。前掲平成10年最三小判〔28033085〕も、国が事業者に対し不当利得の返還を求める民事訴訟を提起している場合に、併せて課徴金の納付を命じることは、憲法39、29、31条に違反しないとする。

　立法論としては、課徴金の制度設計の中で、不当利得返還請求との調整が検討されてよい。前掲平成13年東京高判〔28061140〕も、「利得者が、損失者にすべての利得を返還し、他に剝奪されるべき不当な利得はないにもかかわらず、なおも課徴金が課されるというときには、そのような課徴金の納付命令の合憲性については検討が必要であろう」という留保を付している（宇賀・行政法概説Ⅰ〈第5版〉259頁以下）。この点、改正景表法10、11条では、返金措置を実施した事業者については課徴金の額を減額するとしており、注目される。

論点 18　金銭執行における民事執行の利用の可否

1　強制徴収が認められている場合

（1）強制徴収が認められている金銭債権の例

　行政が有する金銭債権について、自力執行による強制徴収（国税通則法40条、

国税徴収法に定められた滞納処分)が認められる場合がある(宇賀・行政法概説Ⅰ〈第5版〉229頁以下、小早川・行政法上213頁)。差押え(国税徴収法47条)、公売(同法94条)等の行為は、それぞれが処分性を有する(藤田・行政法総論271頁、塩野・行政法Ⅰ〈第6版〉264頁)。

　国税債権のほか、地方税についても強制徴収は認められている(地税法48条1項など)。それ以外には、社会保険料関係の金銭債権(健康保険法180条4項、国民年金法95、96条、厚生年金保険法86、89条)、都計法75条の受益者負担金、河川法74条の負担金・流水占用料、土地区画整理法41条の賦課金、行政代執行法5条の代執行費用などがある(阿部・行政法解釈学Ⅰ560頁以下)。

　分担金、加入金、過料又は法律で定める使用料その他の普通地方公共団体の歳入についても、地方税の滞納処分の例により処分することができる(自治法231条の3第3項)。「法律で定める使用料その他の普通地方公共団体の歳入」について、強制徴収を行うためには、賦課の根拠が法律で定められているだけではなく、行政上の強制徴収の根拠も法律で定められていなければならない。自治法附則6条によれば、港湾法に基づく入港料、土地改良法に基づく清算金、下水道法に基づく使用料、漁港漁場整備法に基づく漁港の利用の対価などが該当する。

(2)　必ず強制徴収手続を利用しなければならないのか

　ここで問題となるのは、行政に強制徴収の権限が認められている場合には、金銭執行はその手続に排他的に留保され、民事執行の利用が一切許されないのかについてである。最大判昭和41・2・23民集20巻2号320頁〔21022862〕は、民事執行の利用は許されないとした。事案は、農業共済組合に対して農業共済保険料、賦課金といった債権を有する農業共済組合連合会が、農業共済組合が組合員に対して有する共済掛金等の債権を保全するため、農業共済組合に代位して、組合員に対し共済掛金等の支払を求める民事訴訟を提起したというものである。

　最高裁は、以下の論理で、農業共済組合連合会の訴えを斥けた。「農業共済組合が組合員に対して有するこれら債権について、法が一般私法上の債権にみられない特別の取扱いを認めているのは、農業災害に関する共済事業の公共性

に鑑み、その事業遂行上必要な財源を確保するためには、農業共済組合が強制加入制のもとにこれに加入する多数の組合員から収納するこれらの金円につき、租税に準ずる簡易迅速な行政上の強制徴収の手段によらしめることが、もつとも適切かつ妥当であるとしたからにほかならない」。原告は、農業災害補償法87条の2がこれら債権に行政上の強制徴収の手段を認めていることは、これら債権について、一般私法上の債権とひとしく、民訴法上の強制執行の手段をとることを排除する趣旨でないと主張する。しかし、「農業共済組合が、法律上特にかような独自の強制徴収の手段を与えられながら、この手段によることなく、一般私法上の債権と同様、訴えを提起し、民訴法上の強制執行の手段によつてこれら債権の実現を図ることは、前示立法の趣旨に反し、公共性の強い農業共済組合の権能行使の適正を欠くものとして、許されないところといわなければならない」。「本件は、農業共済組合連合会が、その会員たる農業共済組合に代位して、農業共済組合の組合員に対し、右各債権を訴求したものであるが、元来、農業共済組合自体が有しない権能を農業共済組合連合会が代位行使することは許されないと解すべきである」。

　この判決の理解の仕方は、行政上の強制徴収の意義をどのようにとらえるかにかかっている。すなわち、行政上の強制徴収が行政庁に付与された特権であるとすれば、この特権を放棄して民事訴訟・民事執行手続を選択することも許容されるべきであり、むしろ中立的な裁判所の判断を仰ぐことがなぜ許されないのかについて、説明を要する。おそらく最高裁の意図は、行政上の強制徴収の権限を付与することにより、行政庁は単に特権を付与されているだけではなく、それによって裁判所に不必要な負担を課してはならないということであろう。行政上の強制徴収というバイパスを造った以上、一般道路を通ることは認められないのである（雄川ほか・行政強制19頁以下（塩野宏発言）。賛成、小高剛「行政強制」芦部信喜ほか編『岩波講座　基本法学(8)紛争』岩波書店（1983年）262頁。兼子・行政法総論206頁は、公共組合等の自力執行の組織体制が未整備である現状に鑑みて、最高裁判決に反対する。広岡・行政法総論〈第5版〉170頁以下は、強制徴収ではバイパス理論に賛成しつつ、代執行と民事手段が選択可能であるような場合には、民事手段は排斥されないとする）。

なお、本判例が、行政上の強制徴収が認められているゆえに民事執行が許されない場合には、およそ給付訴訟が許されないとする趣旨なのか、それとも強制執行が許されない以上給付の訴えの必要性（訴えの利益）を欠くとする趣旨なのか（小早川・行政法上242頁）は判然としない。最一小判昭和43・6・27民集22巻6号1379頁〔21028281〕は、租税債権についても民法153条を準用して、時効中断のために民事訴訟を提起することが可能な場合があることを認めており、後者の立場をとるようにみえる（高田裕成＝宇賀克也「行政上の義務履行確保」宇賀＝大橋＝高橋・対話で学ぶ78頁）。

(3) 特殊な事例

代執行費用は強制徴収が認められているところ、港湾法37条の3第2項に基づく船舶撤去義務の代執行に要した費用が、海難救助料債権に該当するとして、強制徴収手続によらない民事上の請求を認めた事案として、広島地呉支判昭和45・4・27下級民集21巻3=4号607頁〔27411312〕がある。

2 強制徴収が認められていない場合

金銭債権であっても、強制徴収の根拠規定が置かれていない場合には、行政上の強制徴収は認められない。公営住宅の家賃、公立学校の授業料、水道料金などが、その例として挙げられる。これらについては、通常の民事債権と同様に、国・地方公共団体が、義務者（滞納者）を相手とする民事訴訟を提起するなどして債務名義（確定判決、仮執行宣言、支払督促等）を取得したうえで、裁判所の強制執行を通じて債権の回収を行うことが異論なく認められている（国の債権の管理等に関する法律15条、自治法施行令171条の2）。

事例

京都地判昭和32・3・7行裁例集8巻3号432頁〔27601656〕は、水道使用料については、法律が行政上の強制徴収を認めている以上、必ずこの方法によるべきであり、裁判所に訴えを提起して請求することを得ないとする（昭和38年改正前の自治法225条4項は、普通地方公共団体の収入金はすべて強制徴収し得る旨を規定していた。現在では水道使用料の強制徴収は認められていない）。秋田地判昭和36・9・25行裁例集12巻9号1922頁〔27602484〕は、土地改良区の組合員に対する賦課金等の確認・給付訴訟について、土地改良区はその組合員に対して金銭等の賦課処分をすることができ、市町村に徴収を委任するかあるいは知事の認可を得て土地改良区自らが、地方税の滞納処分

の例により強制徴収することができるのであるから、「このような強制権能を有する行政主体自身が、司法裁判所に対し行政上の債権の確定及び強制履行を求めるため訴を提起し、民事訴訟制度を利用しようとすることは、屋上屋を重ねることであつて、少しもその利益がないだけでなく、制度上許されない」として、その原告適格を否定した（福井地判昭和38・7・19行裁例集14巻7号1304頁〔27602711〕）は、同種の事案で、訴えの利益を欠くとした）。福岡高判昭和38・10・23下級民集14巻10号2090頁〔27621598〕は、農業共済組合から組合員に対する共済掛金及び賦課金の請求の訴えは、行政上の強制徴収が可能である以上、訴えの必要及び利益を欠くとしている。福岡高決平成17・8・22判タ1211号42頁〔28111679〕は、改善命令にもかかわらず最終処分場内の違法埋立て産業廃棄物を撤去しない業者に対して、県が、将来これを撤去することにより取得する事務管理に基づく費用償還請求権を被保全権利とする仮差押え命令を申し立てたところ、費用償還請求権は行政上の強制徴収という簡易迅速な手段により行使できるのだから被保全権利とすることは許されないとして、県の申立てを却下している。

論点 ⑲　非金銭執行における民事執行の利用の可否

1　財産権の主体としての権利実現

　非金銭執行について、地方公共団体が財産権の主体として権利の実現を図る場合には、裁判所の行う民事執行手続を利用することができる。例えば道路の占有権のような物権に基づく妨害排除請求権については、民事執行手続を通じて、その実現を図ることが認められている（最三小判平成18・2・21民集60巻2号508頁〔28110553〕）。これらの局面は、私人が他人に貸したお金を返してもらったり、自己の所有地を不法占拠している者に立退きを求めたりする局面と違いがないからである。なお、この判例においては、原告である市は、道路法上の道路管理者（同法16条1項）として、被告の交通妨害行為（同法43条）の中止を命ずる監督処分（同法71条1項）を発することが認められており、被告が従わない場合には行政代執行が可能であったことには留意しなければならない。実際に市は、「監督処分＋行政代執行」により交通妨害行為の排除と一般交通の回復を繰り返してきたのであるが、被告による交通妨害行為は収まらず、将来も引き続き行われる蓋然性が高い状況にあった。「監督処分＋行政代執行」という方法は、交通妨害行為に対する事後的な対応にとどまるため、将来の交通妨

害行為を予防的に差し止める目的のために、物権に基づく妨害排除請求権の行使が必要だったのである（市橋克哉「判批」磯部力＝小幡純子＝斎藤誠編『地方自治判例百選〈第4版〉』有斐閣（2013年）98頁。その他、横浜地判昭和53・9・27判時920号95頁〔27662139〕も、都市公園法上の「監督処分＋行政代執行」の方法を用いることが可能であった事案において、民事執行の利用を認めている）。

2　行政権の主体としての権利実現—宝塚市パチンコ条例判決
(1)　従前の下級審判決の動向

問題は、違法建築物の建築中止命令のような非金銭的な義務の履行を求めるために、裁判所の行う民事執行手続を利用できるか否かである。特に、条例で直接強制や執行罰を採用することはできないため【論点2】参照）、地方公共団体には非代替的作為義務や不作為義務を履行させる行政的執行の手段がなく、実務上、大きな問題となる。

下級審裁判例の大勢は、行政上の義務の履行を求めるために民事執行手続を利用することを認めていた（学界でも通説であったといってよい。曽和俊文『行政法執行システムの法理論』有斐閣（2011年）209頁以下、小早川・行政法上242頁、碓井光明「行政上の義務履行確保」公法研究58号（1996年）146頁以下、阿部泰隆『行政法の解釈』信山社出版（1990年）313頁、礒野弥生「行政上の義務履行確保」雄川＝塩野＝園部・現代行政法大系(2)252頁以下、小高剛「行政強制」芦部信喜ほか編『岩波講座基本法学(8)紛争』岩波書店（1983年）263頁、兼子・行政法総論210頁、細川俊彦「公法上の義務履行と強制執行」民商法雑誌82巻5号（1980年）641頁、雄川ほか・行政強制20頁以下。反対説として、田上穣治「行政強制について」公法研究27号（1965年）156、58頁）。大阪高決昭和60・11・25判時1189号39頁〔27803373〕は、市条例に基づく建築中止命令の実効性を確保するために市が申請した建築工事続行禁止の仮処分について、市条例には建築中止命令を強制的に履行させるための定めがなく、その性質上、建築中止命令は代執行によって強制的に履行させることもできないから、裁判所にその履行を求める訴えを提起することができるとした。「行政庁の処分によって私人に行政上の義務が課せられた以上私人はこれを遵守すべきであり、私人がこれを遵守しない場合において行政上右義務の履行確保の手段がないからといってこれを放置することは行政上弊害が生じ又公益に

反する結果となり、又何らの措置をとりえないとすることは不合理であり、その義務の履行を求める訴を提起しうるとするのが法治主義の理念にもかなう」というのが、その理由である。

むしろ従前の下級審の関心は、行政的執行が法定されている場合には排他的に行政的執行によるべきか（ほとんどは、包括的な根拠法としての行政代執行法が存在する代替的作為義務の事案である）、それとも民事執行を利用することも可能であるかに向けられていた。言い換えれば、最大判昭和41・2・23民集20巻2号320頁〔21022862〕（【論点18】）の判旨が非金銭執行にも及ぶかという問題である（宇賀・行政法概説Ⅰ〈第5版〉233頁以下）。学説の関心も、請求権又は非保全権利をどのように構成するかといった点にあった（高田裕成=宇賀克也「行政上の義務履行確保」宇賀=大橋=高橋・対話で学ぶ83頁）。

(2) 宝塚市パチンコ条例判決

ところが、宝塚市パチンコ条例判決・最三小判平成14・7・9民集56巻6号1134頁〔28071914〕は、宝塚市パチンコ店等、ゲームセンター及びラブホテルの建築等の規制に関する条例（宝塚市パチンコ条例・昭和58年条例19号）8条に基づく建築中止命令に従わずに建築工事を続行した事業者を相手に宝塚市が民事訴訟を通じて工事の続行禁止を求めた事案において、国又は公共団体が財産権の主体としてではなく専ら行政権の主体として国民に対して行政上の義務の履行を求める訴訟は、法規の適用の適正ないし一般公益の保護を目的とするものであって、自己の権利利益の保護救済を目的とするものということはできないから、「法律上の争訟」（裁判所法3条）とはいえないとして、法律に特別の規定がなければ裁判所を利用することは認められないとした。

(3) 宝塚市パチンコ条例判決への評価

宝塚市パチンコ条例判決に対しては、裁判所に求めている内容は民事差止請求としての工事中止の場合と何も変わらないのに、行政権の主体として権利実現を図る場合には民事執行手続の利用が認められないというのは、違法建築物の放置を裁判所が助長するに等しい結論であるとして、その「法律上の争訟」の範囲があまりにも狭すぎるといった理論的な難点も含めて、学説・行政実務の双方から強く批判されている（藤田・行政法総論277頁、塩野・行政法Ⅰ〈第6版〉

247頁、宇賀・行政法概説Ⅰ〈第5版〉237頁、大橋・行政法Ⅰ〈第3版〉303頁以下、斎藤誠『現代地方自治の法的基層』有斐閣（2012年）401頁以下、曽和・前掲157頁以下、阿部泰隆「行政上の義務の民事執行は法律上の争訟ではない」法学教室267号（2002年）36頁。詳細は、本書第2巻Ⅲ1⑴「行政に関する司法権の限界」に譲る）。最高裁の意図は、非金銭的な行政上の義務履行の確保について立法的解決を促すところにあったという見方もあるが（西津・間接行政強制制度23頁。行政上の義務の司法的執行を認めた立法例として、独禁法70条の4、労組法27条の20、宗教法人法81条、金融商品取引法192条などがある）、宝塚市パチンコ条例判決から十数年が経過しているにもかかわらず、立法的解決の兆しすらみえないのが現状である（同判決を所与の前提とした考察として、太田匡彦「民事手続による執行」髙木光＝宇賀克也編『行政法の争点』有斐閣（2014年）96頁）。

3　公害防止協定の履行と民事執行手続の利用

　他方、最高裁は、地方公共団体が工場事業者などと個別に締結した公害防止協定に基づく義務の履行として産業廃棄物最終処分場の使用差止めを求めたという事案では、民事執行手続の利用を認めている。最二小判平成21・7・10裁判集民231号273頁〔28152029〕は、公害防止協定で約束した期間を過ぎても処分場が操業を停止しなかった場合に、民事執行手続で操業差止めを強制できるとした。しかし、この場合の地方公共団体は、財産権の主体として公害防止協定の履行を求めているのではなく、それこそ行政権の主体として、公益実現のために公害防止協定の履行を求めているのであり、宝塚市パチンコ条例判決との関係が問題となる。いずれにせよ、実務的には、公害防止協定に基づく義務の履行を求める場合であれば、民事執行手続の利用が可能である点を押さえるべきであろう。

事例

　行政的執行の手段が定められていない場合に民事執行を利用することを認めた下級審判決として、大阪高決昭和60・11・25判時1189号39頁〔27803373〕のほか、神戸地伊丹支決平成6・6・9判例地方自治128号68頁〔28019581〕や横浜地決平成元・12・8判タ717号220頁〔27805731〕（工事続行禁止の仮処分）がある。代執行が可能な場合に、あえて民事執行の手段を認めた判決として、岐阜地判昭和44・11・27判時600号100頁〔27622243〕がある。事案は、河川管理者である国が出した原状回復命令（河川法75

条）の履行を求めたというものである（広岡・行政法総論〈第5版〉173頁参照）。

論点 20　即時強制①──即時強制と令状主義、事前手続

　即時強制とは、公益に違反する事態が切迫しており、私人に対して義務を課している暇がないようなときに（あるいは、泥酔者への対処など、義務を課しても無駄なときに）、やむなく義務の存在を前提とせずに、公益上望ましい状態を強制的に実現する手段をいう。この点、従来の即時強制を、行政調査と即時執行に区別する分類がある（塩野・行政法Ⅰ〈第6版〉277頁以下、広岡隆「即時執行」雄川=塩野=園部・現代行政法大系(2)293、294頁以下）。即時強制は、直接強制と態様がよく似ているが、私人に対して事前に行政上の義務を課すことなく行われる点で区別される（【論点3】参照）。事前に行政上の義務を課すことが前提とされていないので、即時強制は、「行政上の義務履行確保」の仕組みとはいえない。戦前には、旧行政執行法1～4条に即時強制の根拠規定が置かれていた（学説史につき、広岡隆『行政強制と仮の救済』有斐閣（1977年）101頁以下（ドイツ）、須藤陽子『行政強制と行政調査』法律文化社（2014年）43頁以下（日本））。

　現在、即時強制についての一般的な根拠法となっているのが、警職法である（広岡隆「即時執行」雄川=塩野=園部・現代行政法大系(2)300頁以下）。なお、侵害留保の原則から、即時強制には法律の根拠が必要である（宍戸基男「警察上の即時強制と任意行為」公法研究27号（1965年）214頁）。

　即時強制は事実行為であるので、「不利益処分」の定義に当てはまらず（行手法2条4号イ参照）、行手法は適用されない。したがって、個別法の定める事前手続を確認することが必要である。これに関連して、即時強制には憲法33、35条の令状主義が及ぶかという論点がある（藤田・行政法総論326頁以下、広岡隆「即時執行」雄川=塩野=園部・現代行政法大系(2)308頁以下）。現行法では、警職法3条3項に基づく警察の保護が24時間を超える場合について簡易裁判所の裁判官の許可状を要するとする一方で、「精神保健及び精神障害者福祉に関する法律」29条に基づく精神障害者の強制入院や入管法39条に基づく強制収容では、裁判官の令状は要求されていない。即時強制と令状主義が関係するものの多くは、住居侵入や捜索・押収など、行政情報の収集のための手続であるから、詳細は

4 行政上の実効性確保

Ⅱ 3「行政調査」に譲る。

1 保 護

警察官は、異常な挙動その他周囲の事情から合理的に判断して、(1)精神錯乱や泥酔のため自傷他害のおそれがある者、あるいは(2)傷病者等で応急の救護を要すると認められる者について、(1)(2)のいずれかに該当することが明らかであり、かつ、応急の救護を要すると信ずるに足りる相当の理由のある者を発見したときは、とりあえず警察署、病院、救護施設等の適当な場所において保護しなければならない（警職法3条1項）。保護が24時間を超える場合には、簡易裁判所の裁判官の許可状を要する（同条3項）。

保護に関する裁判例の多くは、(1)覚せい剤などの薬物中毒による精神錯乱や泥酔のため自傷他害のおそれがある者への該当性が争われたものである。その中で、①保護の名のもとに令状によらない実質的な身柄拘束を行ったとして違法としたものに、大阪高判昭和60・11・26判時1187号153頁〔27803374〕がある。ちなみに、東京高判平成9・2・27東高刑時報48巻1=12号5頁〔28035731〕は、警職法3条所定の保護の要件は欠いていたが令状主義潜脱の意図は認められず、現行犯逮捕の要件は備わっていたとして、得られた証拠の証拠能力は肯定した。なお、札幌高判平成4・7・21判タ805号238頁〔27818815〕は、警察官が明確な法的根拠を認識しないままであっても、保護措置として適法であるとした。②そもそも精神錯乱、泥酔、自傷他害のおそれといった要件を満たしておらず、事実誤認として違法となったものに、福岡高那覇支判平成15・3・25高刑速報（平15）141頁〔28115039〕（ただし、その後行われた任意採尿手続で得られた尿の証拠能力は肯定）、浦和地判平成3・9・26判タ797号272頁〔27815961〕、大阪地判昭和61・5・8判タ617号180頁〔27803903〕（さらに後ろ両手錠を使用しており、③の観点からも違法と判断）、横浜地判昭和49・6・19判タ311号194頁〔27424963〕（自宅で就寝中の者を警察署に連行した事案）、福岡高判昭和30・6・9高裁刑集8巻5号643頁〔27660430〕がある。最も多いのは、③保護措置の比例原則違反が問題となったケースであり、違法性を認定した事案として、仙台高判平成23・11・8判時2139号23頁〔28180728〕（猿ぐつわにより窒息状態となって心肺停止に至り後遺障害が残った事案）、大阪地判平成5・7・12判時1478号146頁〔27817155〕（泥酔者に対

する保護措置を一晩過ぎても必要以上に継続した事案)、東京高判昭和56・2・19判タ438号98頁〔27662423〕(警察官が泥酔者に暴行を加えた事案)、高知地判昭和48・11・14下級民集24巻9=12号836頁〔27661705〕(後ろ両手錠を使用した事案)があり、違法性を否定した事案には、徳島地判平成18・3・24判例地方自治291号100頁〔28131381〕(精神錯乱者に対して制圧行為を行い、その後搬送中に意識不明となり死亡した事案において、制圧行為の必要性・相当性を認めたうえで死亡との因果関係を否定)、大分地判平成15・10・16判例地方自治262号107頁〔28090396〕(泥酔者が警察署に搬送後に拡張型心筋症による致死的不整脈で死亡した事案において、警察官が保護に際して加えた有形力の行使の必要性・相当性を認めたうえで救護義務違反に由来する死亡結果の回避可能性を否定)がある。

　(2)は、救護義務違反が問われる事案であり、違法性を否定したものに大阪高判平成8・9・20判タ940号171頁〔28021279〕(火事現場で火傷を負った者を既に死亡していると判断して放置した事案)がある。東京地判平成19・12・4判タ1284号176頁〔28150180〕は、原告が応急の救護を要する要保護者であることを否定した。なお、東京高判平成9・12・18東高刑時報48巻1=12号93頁〔28035756〕は、睡眠薬の影響により容易に覚醒し得ない状態にある者について、(1)ないし(2)に該当するとした。

2　避難等の措置

　警察官は、人の生命・身体に危険を及ぼし、又は財産に重大な損害を及ぼすおそれのある危険な事態がある場合、その場に居合わせた者等に必要な警告を発し、特に急を要する場合においては、危害を受けるおそれのある者に対し、必要な限度で引き留め、避難させ、関係者等に危害防止のため必要な措置をとることを命じ、又は自らその措置をとることができる(警職法4条1項)。

　「危険な事態」として例示されているのは、「天災、事変、工作物の損壊、交通事故、危険物の爆発、狂犬、奔馬の類等の出現、極端な雑踏等」であり、自然災害のみならず、テロ事件なども想定されている。和歌山地田辺支判平成10・1・16判時1669号116頁〔28041030〕は、「危険な事態」には人に危険が及ぶようなあらゆる自然現象・社会現象が含まれ、住民同士の紛争も該当し得るとした。

最も問題となるのは、具体的な状況下で警察官がいかなる職務上の義務を負うかについてである。新島漂着砲弾爆発事件・最二小判昭和59・3・23民集38巻5号475頁〔27000022〕は、海水浴場として一般公衆に利用されている海浜に砲弾類が毎年のように打ち上げられ、島民等の生命・身体の安全が危険に晒されている状況のもとでは、警察官には、その権限を適切に行使し、自ら又は自衛隊に要請するなどして積極的に砲弾類を回収し、砲弾類の爆発による人身事故等の発生を未然に防止する職務上の義務があるとした。長崎地決昭和47・9・29刑裁月報4巻9号1578頁〔27940525〕は、空母エンタープライズの入港を阻止するために学生らが行った米国軍基地侵入等の行為を予防・制止するため阻止線を設定して交通を遮断し、また暴力行為を鎮圧するために催涙ガス、催涙液、警棒等を使用したことは、警察官の適法な職務行為に当たるとした。

他方で、海上貨物輸送船が北朝鮮に拿捕され約7年間抑留された船長らから、国・県の関係機関が抑留の危険を伝達しあるいは出港を差し止める等の措置をとらなかったことの違法性が追及された第18富士山丸事件において、大阪地判平成6・10・21訟務月報41巻6号1319頁〔27827641〕は、出港当時同船が北朝鮮に拿捕されることまでは具体的に予見し得なかったこと、出港差止めという措置が対象者の自由を拘束するものであって、海上保安庁法18条本文、警職法4条1項から即時強制手段をとるには相当厳格な要件が求められていることを考慮すれば、そのような権限を行使しなかったことが当時の具体的状況のもとで著しく不合理であったとはいえないとした。

避難をさせる際、警察官は、相手の意思にかかわらず、必要な限度で実力を持った措置をとり得る（前掲平成10年和歌山地田辺支判〔28041030〕）。

3　犯罪の予防・制止

犯罪の予防・制止（警職法5条）は、職務質問との関連で（同法2条1項）、あるいは現行犯逮捕の前段階として行われることが多い。現行犯逮捕の事案で目につくのは、デモ行進が道路交通法上の許可条件に違反するところを現認したといった事案である。東京高判平成11・8・26判タ1024号284頁〔28051136〕は、職務質問を受けた際に自動車を疾走させ、フェンスに激突後もさらに暴走させようとした被告人を警察官らが自動車の窓ガラスを割り、車外に引きずり出し、

後ろ手錠をかけて拘束した行為について、適法であるとした。東京高判平成18・10・11判タ1242号147頁〔28131753〕は、警察官が学校用地内で不退去罪・威力業務妨害罪を現に行っている者の犯罪行為を鎮圧・終息させるために、被疑者の体を持ち上げて警察車両に乗車させたうえ約900m離れた警察署の取調室内まで連行した行為について、警職法2条1項、5条に照らして適法であるとした。東京高判昭和55・9・22東高刑時報31巻9号115頁〔27662375〕は、事情聴取中いきなり覚せい剤又は劇薬入りと疑われる小袋を呑み込もうとした者の身体を押さえつけ、手錠でその口を開き小袋を取り出した警察官の実力行使を適法とした。

なお、警察官が現に行われている犯罪行為を制止するために強制力を行使する場合には、警職法5条の要件は不要である（奈良地判平成6・3・2訟務月報41巻4号665頁〔27827143〕。東京地判昭和46・4・17刑裁月報3巻4号527頁〔27661519〕参照）。その他、民事不介入との関係で警察官の行為に違法はないとしたものとして、東京高判昭和52・3・30判時853号52頁〔27662008〕がある。

これら以外に職務の違法性を否定した事例として、青森地弘前支判昭和51・4・15判時824号126頁〔27661947〕、秋田地判昭和51・4・5刑裁月報8巻4=5号275頁〔27682029〕がある。近年は、職務の違法性が認定された事例はほとんどみられない。職務の違法性が認定された事例には、岡山地判昭和54・10・19判タ410号155頁〔27662264〕、広島地判昭和50・12・9判タ349号284頁〔27682003〕、鹿児島地判昭和45・3・27刑裁月報2巻3号299頁〔27661453〕、高松高判昭和40・4・30下級刑集7巻4号560頁〔27661104〕、東京地八王子支判昭和33・12・16第一審刑集1巻12号2026頁〔27660603〕、京都地判昭和33・2・12下級民集9巻2号192頁〔27660555〕がある。東京高判昭和53・10・17判タ375号83頁〔27662144〕は、派出所内での事情聴取の際に警察官がした実力行使は、制止としての許容範囲を超えてはいるが国賠法1条1項の「違法」があるとはいえないとした。

4　立入り

警察官の立入り（警職法6条）について扱った判例は少ない。最一小決平成15・5・26刑集57巻5号620頁〔28085438〕は、警察官がホテルの責任者から料金不払や薬物使用の疑いがある宿泊客を退去させてほしい旨の要請を受けて、客

室に赴き職務質問を行った際、宿泊客が料金の支払について何ら納得し得る説明をせず、制服姿の警察官に気付くといったん開けたドアを急に閉めて押さえたといった事情のもとにおいては、警察官がドアを押し開けその敷居上辺りに足を踏み入れて、ドアが閉められるのを防止した措置は適法であるとした。その他、違法なピケッティングを破るための警察の介入が適法とされた事例として、名古屋高金沢支判昭和39・2・11下級刑集6巻1=2号12頁〔27661019〕がある。

劇団はぐるま座事件・京都地判昭和47・2・29刑裁月報4巻2号432頁〔27661588〕は、警察官の演劇公演会場への立入りは警職法6条違反であり、この警察官を監禁したことは超法規的な違法性阻却により無罪であるとした（ただし、控訴審である大阪高判昭52・2・7判時863号120頁〔27916885〕により、破棄自判・有罪とされた）。前掲昭和33年東京地八王子支判〔27660603〕は、米軍基地拡張予定地である農地に立ち入って農民の測量妨害行為を排除しようとした警察官の行為を違法とした。

5 武器の使用

警察官は、犯人の逮捕若しくは逃走の防止、自己若しくは他人に対する防護又は公務執行に対する抵抗の抑止のため必要であると認める相当な理由のある場合においては、その事態に応じ合理的に必要と判断される限度において、武器を使用することができる（警職法7条柱書）。ただし、正当防衛（刑法36条）、緊急避難（同法37条）、警職法7条1、2号に該当する場合を除いては、人に危害を与えてはならない。これについては、比例原則を考慮して、死刑・無期・長期3年以上の懲役・禁錮に当たる兇悪な罪を現に犯し、若しくは既に犯したと疑うに足りる十分な理由のある者が警察官の職務執行に抵抗・逃亡しようとするときなどに、これを防ぎ、又は逮捕するために他に手段がないと警察官において信ずるに足りる相当な理由のある場合（警職法7条1号）といった厳重な要件が定められている。

けん銃以外の武器使用については、催涙ガスや警棒の使用が適法な職務行為に当たるとされた東大紛争事件・東京地判昭和48・4・6刑裁月報5巻4号555頁〔27661675〕、長崎地決昭和47・9・29刑裁月報4巻9号1578頁〔27940525〕、東京高判昭和45・9・22刑裁月報2巻9号941頁〔27661478〕がある。これに対して、警

棒の使用が違法であるとしたものには、千葉地判昭和52・9・9判時878号90頁〔27662036〕、安保反対教授団事件・東京高判昭和43・10・21下級民集19巻9=10号628頁〔27681588〕、「6・15全学連国会デモ」事件・東京地判昭和40・8・9下級刑集7巻8号1603頁〔27681335〕がある。けん銃の使用については、【論点21】で詳述する。

　武器の使用については、自衛隊法89条以下、海上保安庁法20条において、警職法7条が準用されている。

論点 21　即時強制②——けん銃の使用と比例原則

1　従前の下級審判決

裁判所がけん銃の使用を適法と認めたのは、警察官に対して積極的に暴行を加えた事例（福岡高判平成7・3・23判タ896号246頁〔27829073〕、東京地八王子支決平成4・4・30判タ809号226頁〔27814658〕、東京高決昭和61・2・27東高刑時報37巻1=3号2頁〔27803420〕、福岡地判昭和44・12・25下級民集20巻11=12号96頁〔27661442〕、福岡地決昭和42・3・6下級刑集9巻3号233頁〔27930467〕、大阪地決昭和36・5・1下級刑集3巻5=6号605頁〔27681111〕、東京高決昭和32・11・11東高刑時報8巻11号388頁〔27680862〕）のほか、人質をとって猟銃を乱射したり（シージャック事件・広島地決昭和46・2・26刑裁月報3巻2号310頁〔27681721〕）、自動車を暴走させて通行人を跳ね飛ばすなど（大阪地判平成10・10・27判タ1027号129頁〔28042661〕）、警察官だけでなく一般市民にも危害が及ぶおそれがあった事例である。

これに対して、威嚇射撃を行わなかった事例（福岡高決平成3・3・12判時1386号156頁〔27813008〕）、相手は兇器を所持していたものでもなく比例原則に違反するとした事例（札幌地判昭和48・1・30判タ297号297頁〔27661646〕）では、けん銃の使用を違法としている。

2　けん銃の発砲行為の適法性——最高裁決定

けん銃の発砲行為の適法性について最高裁が初めて判断を示したのが、最一小決平成11・2・17刑集53巻2号64頁〔28045029〕である。不審人物Aを銃刀法違反・公務執行妨害の現行犯逮捕のために追跡していた被告人（巡査）は、①Aが右手に持ったナイフなどを振り回して反抗したため、Aに追い付いてから約

20秒後、けん銃を取り出して弾丸1発を発射し、Aの左手小指・左手掌に射入した。②被告人が逃げるAを追ったところ、Aは立ち止まり、ナイフを捨ててその場にあった長さ約171.5cm、重量約500gのはで杭1本を拾い上げて殴りかかったので、Aに2度目に追い付いてから約30秒後、けん銃を再び取り出して、Aの左大腿部を狙って弾丸1発を発射した。Aが②の銃創により失血死したことで、被告人は、特別公務員暴行陵虐致死罪に問われた。

最高裁は、被告人を有罪とした控訴審判決を維持した。Aが所持していたナイフは比較的小型であり、その抵抗は一貫して被告人の接近を阻もうとするにとどまり、被告人が接近しない限りは積極的加害行為に出たり、付近住民に危害を加えるなど他の犯罪行為に出ることをうかがわせる客観的状況は全くなかった。その材質、抵抗の態様等に照らすと、被告人としては、逮捕行為を一時中断し、相勤の警察官の到来を待ってその協力を得て逮捕行為に出るなど他の手段をとることも十分可能であって、いまだAに対しけん銃の発砲により危害を加えることが許容される状況にあったと認めることはできない。被告人の各発砲行為は、いずれも、警職法7条に定める「必要であると認める相当な理由のある場合」に当たらず、かつ、「その事態に応じ合理的に必要と判断される限度」を逸脱したものである。

最高裁は比例原則の必要性と相当性の判断を厳格に行ったわけだが、その事実認定に照らせば首肯し得る結論である。しかし、被疑者に実力をもって抵抗されている現場の警察官を過度に萎縮させ、必要な限度の武器の使用まで躊躇わせてしまうのではないかという懸念は否めない。そこで平成13年に警察官けん銃警棒等使用及び取扱い規範（国家公安委員会規則）が改正され、けん銃の使用基準は緩和された。例えば、まず警棒で対応してから最後の手段としてけん銃を用いるようにという規律（警棒前置）は廃止された（阿部・行政法解釈学Ⅰ588頁）。

3　最一小決平成11・2・17刑集53巻2号64頁〔28045029〕以後

近年では、警察官2名が自動車で逃走中の運転手・同乗者（助手席）の両名を公務執行妨害・器物損壊の現行犯人として逮捕するために助手席窓ガラスの至近距離から所携のけん銃を連続して発砲し、弾丸を同乗者に命中させて殺害

した事案が注目される。同乗者の母親から国家賠償訴訟が提起されたところ、大阪高判平成24・3・16判時2151号17頁〔28181609〕は、警察官のみならず一般市民の生命・身体に危害を及ぼす危険性が顕著であり、運転行為を担う部位（上腕部・前腕部）に向けて発砲することで車両を停止させる必要があったこと、その事態に応じ合理的に必要と判断される限度にとどまること、さらなる被害を発生させないためには運転行為自体を阻止するほか方法がなかったことを認定したうえで、発砲行為に違法性はないとして請求を棄却した。警察官2名は、特別公務員暴行陵虐致死罪及び殺人罪で起訴されたところ、奈良地判平成24・2・28判タ1403号361頁〔28223903〕は、車両の逃走等を防止するためにほかに手段がなく、けん銃を発砲する必要性も認められ、また、被告人両名は運転者の左前腕部の負傷を超える結果を生じさせるとは考えていなかったこと、逃走態様自体が警察官や一般市民の身体等に対する危険性の高いものであって、本件現場以降の逃走を阻止すべき必要性が高かったことなどの事情に照らすと、逃走阻止のために運転者の腕を助手席窓ガラス越しに射撃する行為が事態に応じ合理的に必要と判断される限度を超えているものとも認められないから、被告人両名の各発砲行為はいずれも警職法7条本文、同条1号のいずれかの要件を充足しない違法なものであるとは認められないとした（大阪高判平成25・2・1平成24年(う)557号公刊物未登載〔28230062〕により控訴棄却、最三小決平成26・12・2平成25年(あ)345号公刊物未登載〔28230064〕により上告棄却）。

事例

　東京高判平成23・4・28判時2119号34頁〔28174035〕は、武器使用の必要性及び比例原則の要件を充足せず違法であるとして国家賠償を認容した（ただし、最一小判平成26・1・16平成23年（受）1619号公刊物未登載〔28231756〕により、経験則ないし採証法則に反する違法があるとして破棄差戻された）。警察官は特別公務員暴行陵虐致死罪で起訴されたところ、東京高判平成23・12・27東高刑時報62巻161頁〔28211230〕は正当行為であるとして無罪判決を下した。東京高判平成21・12・16判時2071号54頁〔28161317〕は、強引に逃走しようとして警察車両に衝突を繰り返した被疑者に対して、威嚇射撃をしなくてもけん銃使用は適法であるとした。東京地判平成18・4・24判タ1241号74頁〔28131774〕は、警察官が極度に疲労し被疑者により鼻骨骨折の怪我を負わされていたこと、警棒も手錠も持たず素手で逮捕できる状況でもなかったこと、無線で応援を要請したものの到着する気配がないことといった状況を踏まえて、けん

銃使用を適法とした。

論点 22 即時強制③──個別法上の即時強制

1 身体の拘束を伴うもの

(1) 退去強制令書の執行

　入管法39条1項の定める収容令書による容疑者の収容、及び同法52条1項の定める退去強制令書の執行は、個別法上の即時強制の代表例である。下級審判例も含めると多くの事例があるが、ほとんどは執行停止に関するものである。最一小決平成14・2・28裁判集民205号835頁〔28070470〕は、収容令書による収容は、退去強制令書が発付され執行されたときは、その目的を達し、収容令書の効力を失うから、収容令書の執行停止を求める利益は失われるとした。最三小決昭和52・3・10裁判集民120号217頁〔27682077〕は、退去強制令書が執行されて外国人が本国に強制送還されたとしても、訴訟代理人によって訴訟を追行することは可能である等の理由から、裁判を受ける権利（憲法32条）が否定されるものではないとする。

(2) 措置入院等

　「精神保健及び精神障害者福祉に関する法律」に基づく措置入院（同法29条）、医療保護入院（同法33条）、応急入院（同法33条の7）は、本人に入院義務を課しても履行を期待することができないため、即時強制が採用されている。かつては感染症関係法制において即時強制が数多く採用されていたが、「感染症の予防及び感染症の患者に対する医療に関する法律」（感染症予防法・平成10年法律114号）の制定とともに廃止された（【論点24】の3参照）。旧らい予防法に基づく強制入所措置についてハンセン病患者からなされた国家賠償請求を認容した熊本地判平成13・5・11訟務月報48巻4号881頁〔28061048〕はよく知られる。これらの措置入院等は継続的性質を有するため、取消訴訟による救済を求め得ることも特徴である。なお、かつて予防接種は即時強制と解されていたが（田中・新版行政法上巻〈全訂第2版〉182頁）、現在は勧奨接種となり、即時強制ではなくなった（予防接種法8条）。

2 財産の侵害を伴うもの
(1) 公用負担

公用負担としての即時強制については、消防法29条の破壊消防が有名である。消防団長により「延焼の虞」があり「延焼防止のためやむを得ない」（同条2項）として建物を破壊された所有者から村に国家賠償（予備的に損失補償）が請求された事案において、最三小判昭和47・5・30民集26巻4号851頁〔27000562〕は、消防法29条2項の要件は満たされていなかったが、同条3項の要件は満たしていたとして損失補償請求を認容した。公用負担に関する規定は、水防法28条1項（同条2項に損失補償が規定）、災害対策基本法64条2項にもみられる。仙台高判平成24・12・12判例地方自治375号76頁〔28220089〕は、東日本大震災により漂着した船舶を自衛隊が道路脇に移動させた際に損壊したという事案において、災害対策基本法64条項前段の定める被災工作物等の除去「その他必要な措置」には、被災工作物等の除去自体に加え、その目的達成に必要かつ相当な範囲において当該被災工作物等を損壊することも含まれるとして、行為当時の災害現場の状況下における当該被災工作物等の除去・損壊行為は、その必要性、緊急性、被災工作物等の損壊の程度、行為態様からみて社会通念上相当性を欠き、応急措置に係る職務権限行使の目的・範囲を逸脱し、その権限を濫用したものとは認められないとした。

(2) 工作物の撤去等

道路上の違法工作物につき、設置者の氏名・住所を知ることができないときは、警察署長が即時強制により当該工作物を除去することができる（道路交通法81条2項）。自動二輪の運転者が道路か否か不分明な土地に積んであった材木に激突して死亡した事故について、国の権限不作為を理由とする国家賠償が請求された事案において、大阪地判昭和57・8・31交通民集15巻4号1067頁〔29001175〕は、この土地は同法2条1項1号の「道路」ではないから、警察署長が同法81条1項2号の危険防止・交通妨害排除措置を命ずる権限の行使を怠ったとはいえないとして、請求を棄却した。

積荷等の落下物や故障車の放置は、重大な事故を惹き起こす危険がある（最三小判昭和50・7・25民集29巻6号1136頁〔27000362〕参照）。道路管理者は、鋼材、土

砂、木材といった転落積載物件等が道路通行の障害となっており、その原因者の氏名・住所等を知ることができない場合には、措置命令・代執行（道路法71条）【論点4】によることなく、即時強制によって自ら当該物件を除却することができ（同法44条の2。宇那木正寛「道路通行妨害排除の手法に関する一考察(2)」自治研究91巻4号（2015年）84、86頁以下）、長時間放置された車両について、現場に運転者等がいない場合には、当該車両を移動することができる（同法67条の2）。

屋外広告物法7条4項は、都道府県知事に対して、条例に違反するはり紙、はり札等、広告旗又は立看板等を自ら除却する即時強制の権限を付与している。

近年では、足立区老朽家屋等の適正管理に関する条例（平成23年条例44号）7条の「緊急安全措置」が注目される。これは、老朽家屋等の危険な状態が切迫している場合において、所有者等から自ら危険な状態の解消をすることができないとの申出があったときに、区長に対して危険な状態を回避するために必要最低限の措置をとることを授権した規定である。文言からは即時強制にみえるが、所有者からの依頼に基づき権限が行使され、費用は事後的に所有者に請求されるという点で、行政契約の一種である（北村喜宣『自治力の躍動―自治体政策法務が拓く自治・分権』公職研（2015年）76頁以下）。

(3) 没収等

不衛生食品の廃棄（食品衛生法54条。【論点3】の2も参照）、立入検査の際の見本品の収去（同法28条、麻薬及び向精神薬取締法50条の38、火薬類取締法43条1項等）、貨物の留置（関税法86条1項）、狂犬の隔離・撲殺（狂犬病予防法9条）、薬殺（同法18条の2）も、即時強制である。未成年者喫煙禁止法2条の定める煙草及びその器具の没収、未成年者飲酒禁止法2条の定める酒類及びその器具の没収も即時強制ではあるが、任意提供を求めるのが実務上の取扱いである。

論点 23　即時強制④―私人による即時強制

1　国労久留米駅判決（法廷意見）

即時強制を行うためには、侵害留保の原理により法律の根拠が必要である。しかし、法律が即時強制を認めたものか否かが明確ではない場合がある。鉄道営業法42条1項3号は、鉄道地内にみだりに立ち入る罪を犯した旅客・公衆に

対して、鉄道係員が車外又は鉄道地外に退去させ得ることを定めている。これが鉄道係員に即時強制の権限を認めた規定なのか否かが争われたのが、国労久留米駅判決・最大判昭和48・4・25刑集27巻3号418頁〔27486303〕である。

事案は、組合員が張ったピケッティングに対して鉄道公安職員が退去強制を行ったことに抵抗した被告人がバケツの水を鉄道公安職員に浴びせかけたため、公務執行妨害罪（刑法95条1項）で起訴されたというものである。鉄道公安職員の行った退去強制は適法な公務の執行であったか、つまり鉄道営業法42条1項は鉄道公安職員に退去強制権限を認めたものか否かが争点となった。

法廷意見は、鉄道営業法42条1項について、鉄道公安職員に退去強制権限を認めた規定であるとした。すなわち、①鉄道施設は、不特定多数の旅客・公衆が利用するものであり、性質上特別の危険性を蔵するものであるから、車内・鉄道地内における法規・秩序違反の行動は速やかに排除する必要がある。鉄道事業の公共性に鑑み、事業の安全・確実な運営を可能ならしめるため、鉄道事業者に直接に排除権限を付与したのが同項である。②同項により、鉄道係員が当該旅客・公衆を車外・鉄道地外に退去させるに当たって、自発的な退去に応じない場合や危険が切迫する等やむを得ない事情がある場合には、警察官の出動を要請するまでもなく、鉄道係員において当該具体的事情に応じて必要最少限度の強制力を用いることができる。このように解しても、鉄道事業の公共性に基づく合理的な規定として、憲法31条に違反しない。

2　反対意見

これには、本件において直接の実力行使による強制退去までも容認するのは早計にすぎるという、田中二郎裁判官ら4裁判官の反対意見が付されている。①鉄道営業法は私鉄にも適用されるから、法廷意見のように解すると、鉄道営業法42条1項は、私人に対して強力な自力執行・自力救済の権限を与えた規定となり、私人の自力執行・自力救済を原則として認めない我が国の法制下では、他に類をみない顕著な例外と言わざるを得ない。②排除対象行為はいずれも比較的軽微な秩序違反・侵害行為であり、旅客その他の公衆の生命、身体に直接の危険を及ぼすとか、鉄道輸送の安全に重大な脅威を与えるような行為を排除する場合の必要性に比べれば、緊急性・重要性の程度ははるかに低い。③対象

者の身体に対する直接の実力行使による強制を必要とする場合には、警察官の援助を求めるべきであり、その余裕がなく、しかも、法益に対する重大かつ緊急の危険・侵害のおそれがある場合には、正当防衛・緊急避難として法律上許容される限度での実力行使であって、はじめて正当化され得るというのである。

3　補足意見

　反対意見に対しては、村上朝一裁判官ら6裁判官が補足意見を書いており、不法侵入者・不退去者に対する処置として、退去命令に応じない者がある場合、その都度警察官の出動を求め、警職法5条の要件のもとで退去を強制すべく、その余裕がなければ正当防衛・緊急避難の厳格な要件の限度においてのみ退去強制し得るにすぎないものとすれば、緊急の場合に対処し難く、かつ、それ以外には刑事訴訟法の規定に従って鉄道営業法罰則の罪又は刑法上の建造物侵入（不退去）罪の現行犯人として逮捕するほかないものとすれば、手段として厳に失するおそれがあるとする。

4　論点の現代的意義

　昭和62年の国鉄分割民営化に伴って鉄道公安職員は廃止され、各都道府県警察に統合されたため、国労久留米駅判決の事案は過去のものとなった。しかし、この判決が提供した、私人に即時強制の権限を授与することの可否及び許容性（限界）という論点は、現代においても意味を持つ。

　一般私人に即時強制を認めたと解し得るものとして、宮城県ピンクちらし根絶活動の促進に関する条例（平成13年条例32号）4条1項が、「何人も、まき散らしが行われたピンクちらしを除去及び廃棄することができる」と定める例がある（宇賀・行政法概説I〈第5版〉106頁）。これは、侵害される法益がピンクちらしの財産権という微小なものであることに鑑みて、後述する③の視点から正当化されよう。

　立法政策的にみれば、私人に即時強制などの強制的な権限行使を授権することが一切許されないわけではない（比較法的考察として、板垣勝彦『保障行政の法理論』弘文堂（2013年）108頁以下）。私人の活動を通じた公益の実現は、行政の「効率化」、「スリム化」という現代的課題にもかなう。留意すべきは、権限行使を委ねられた私人が相手方となる私人の権利を毀損しないようなシステムの

構築である（このような行政の担う保障責任は、基本権保護義務の観点から根拠付けられる。板垣・前掲431頁以下）。具体的には、①目的の正当性、②権限行使の必要性、③権限行使によって得られる法益と失われる法益との均衡といった比例原則への考慮と、④それが潜在的に有する人権侵害のおそれに見合う程度の手続的保障が法定されているか否かが問題とされる。

事例

鉄道営業法42条1項3号と同趣旨の規定として、航空機の機長に航空機の安全に危害を及ぼす行為をする者等に対し必要な限度で拘束その他抑止の措置をとり、又はその者等を降機させる権限を認めた航空法73条の4第1項や、航空運送事業者に危険物件を航空機内から取り卸す権限を認めた同法86条の2第1項がある。ストライキの代替乗務員としての鉄道係員が動労組合員のピケッティングを実力で排除したことについて、国労久留米駅判決を引用して適法と判断したものに、動労鳥栖駅事件判決・最三小決昭和50・11・21裁判集刑198号511頁〔27486307〕がある。

論点 24 即時強制⑤——即時強制と救済

1 即時強制と救済

即時強制の対象となった私人は、いかにして救済を図ることができるか（広岡隆「即時執行」雄川＝塩野＝園部・現代行政法大系(2)311頁以下）。即時強制は、その性質上即時に終了するから、取消訴訟を提起しても即時強制が終了してしまえば訴えの利益（行訴法9条1項）を欠くとして却下される。ただし、精神障害者の強制入院（精神保健及び精神障害者福祉に関する法律29条）や旅客等の携帯品の留置（関税法86条）などの継続的事実行為は、取消訴訟の対象となる（原田・行政法要論〈全訂第7版補訂2版〉246頁以下。かつてドイツでは即時強制を推論的受忍処分・合成的行政処分とみて行政行為と擬制する見解が存在したが、現在では事実行為と把握する見解が主流であるという。重本達哉「ドイツにおける行政執行の例外の諸相(1)(2・完)」法学論叢169巻1号（2011年）38頁、2号（2011年）52頁）。

即時強制の場合、事前に義務が賦課されていることを前提としないから、義務賦課の際の事前手続の過程で防御を尽くす—例えば、処分の差止訴訟を提起する—ことができない。横浜市船舶の放置防止に関する条例（平成7年条例26号）は、船舶の移動措置を行う前段階として、放置船舶を移動すべき旨の指

導・勧告を発する仕組みを採用しているところ、横浜地判平成12・9・27判例地方自治217号69頁〔28062288〕は、指導・勧告に処分性を認めている。

しかし、継続的な性質を有せず短時間で終了し、事前の勧告などが予定されていない通常の即時強制が違法に行われた場合は、事後的に国家賠償訴訟を提起することで救済を求める以外にない。

2 即時強制の課題

戦後になり直接強制には「アレルギーが生まれた」（雄川ほか・行政強制76頁（菊井康郎発言））とされる一方で、即時強制は盛んに用いられている。しかし、濫用の危険については即時強制も直接強制と変わりがなく、むしろ、処分に基づき義務が賦課される場合には告知と聴聞のような不利益処分の事前手続が及ぶのに対して、即時強制の場合には義務が賦課されずに科されるため、私人に対する手続保障が十分ではない（西津・行政規制執行改革論12頁以下は、即時強制である予防検束の濫用については当時から指摘されていたのに対して、直接強制による人権侵害については確たる証拠がないとする）。直接強制の方が、即時強制よりも「保護に手厚い」と評されるほどである（阿部泰隆『行政の法システム（下）〈新版〉』有斐閣（1997年）428頁）。

3 感染症予防法

即時強制の課題は、手続的保障が不十分であることに集約される。この点、即時強制が数多く定められていた感染症関係の法律（伝染病予防法、性病予防法、結核予防法、後天性免疫不全症候群の予防に関する法律）は、平成10年、感染症予防法に統廃合された。感染症予防法では、即時強制としての強制健診（同法17条2項）及び強制入院（同法19条3項）も存置されてはいるが、例えば同法17条1項では、強制健診に先立って、「当該感染症にかかっていると疑うに足りる正当な理由のある者」に対して健康診断を受診するように勧告する仕組みが採用された。この勧告は行政指導であり、理由の提示が義務付けられているなど（同法16条の3第5項、23条）、手続保障への配慮がみられる（須藤陽子『行政強制と行政調査』法律文化社（2014年）161頁以下、塩野・行政法Ⅰ〈第6版〉281頁、宇賀・行政法概説Ⅰ〈第5版〉107頁、藤田・行政法総論275頁以下。曽和・行政法総論379頁は、勧告を行政処分とみて、強制健診・強制入院を直接強制の仕組みとする解釈を示唆す

る)。とはいえ、即時強制が本来緊迫した状況における緊急措置であることを思えば、手続保障にもおのずから限界はあろう（原田・行政法要論〈全訂第7版補訂2版〉245頁）。

論点 25　新しい実効性確保手段①——制裁的公表

1　制裁的公表と情報提供目的の公表

　行政上の義務に違反したり、行政指導に従わない者に対して、違反者の氏名とともに違反事実を公表することがしばしば行われている。このような違反事実の公表は、①国民に対する情報提供目的である場合には「侵害」とは評価されず、法律の根拠を要しない（Ⅱ4「行政上の情報の取扱い」参照)。対象者には事実上の不利益を及ぼすといっても、それが事実上のものにとどまることから、O-157事件に係る東京地判平成13・5・30訟務月報48巻5号1107頁〔28070051〕、大阪地判平成14・3・15訟務月報53巻2号583頁〔28071306〕、東京高判平成15・5・21高裁民集56巻2号4頁〔28081837〕以来、下級審裁判例は法律の根拠を不要としてきた（宇賀克也「消費者事故情報の公表」『情報公開と公文書管理』有斐閣（2010年）222、224頁)。これに対して、②義務不履行の事実を公表することで、義務の履行を促す目的でなされる制裁的公表は、「侵害」と評価され得るから、法律の根拠を要するという見解が有力である（塩野・行政法Ⅰ〈第6版〉266頁以下、宇賀・行政法概説Ⅰ〈第5版〉262頁。天本哲史「行政による制裁的公表の法的問題に関する一考察」東海法学40号（2008年）75頁参照)。国民生活安定緊急措置法6条3項、石油需給適正化法6条4項、9条2項、10条3項、国土利用計画法26条、障害者雇用促進法47条などに立法例がある（北村・行政法の実効性確保81頁以下)。

2　制裁と情報提供の機能を併有する場合

　しかし、制裁と情報提供の機能を明瞭に区別するのは難しい（阿部・行政法解釈学Ⅰ600頁、碓井光明「行政上の義務履行確保」公法研究58号（1996年）143頁)。東京地判平成18・6・6判時1948号100頁〔28130130〕は、ホームページ上で税務上の取扱いにつき事実と異なる内容を掲載していた業者について、東京国税局がホームページ上で業者の実名を挙げ、消費者に対して記載内容の誤りに関する注意を喚起した事案において、目的の正当性、公表の必要性、内容の真実性、

公表態様・手段の相当性を検討したうえで、注意文書の掲載は適法な職務行為として違法性を阻却するとした。大阪地判平成24・10・12訟務月報60巻3号481頁〔28210673〕は、一級建築士が行った構造計算書におけるワーニングメッセージの削除を、国土交通省が「構造計算書の偽装」として公表した事案において、「国民の生命・安全を守る目的の下、ワーニングメッセージの内容によっては建物の安全性に大きな問題が生じている事態を想定して、速やかに調査に着手するだけでなく、併せてこの旨を広く注意喚起するべく本件公表行為に至ったことは、目的の正当性、必要性、緊急性のいずれにおいても欠けるところはなく、違法な対応であるとは評価できない」とした（大阪高判平成25・4・16訟務月報60巻3号509頁〔28221010〕により控訴棄却。詳細は、板垣勝彦「判批」自治研究90巻5号（2014年）118頁）。いずれも情報提供目的の公表であるとして、比例原則に基づき検討がなされたものだが、これらが悪質な事業者・専門職に対する制裁目的を一切含まない趣旨とはいえないだろう。

3　行政指導の実効性を確保する目的の公表

那覇地判平成20・9・9判時2067号99頁〔28142122〕は、旧宮古島上水道企業団が、地下水の塩素イオン濃度急上昇の原因は「温泉排水の影響によるものと判断される」、「今後の影響が懸念される」との公表を行ったことで、名誉を毀損されたなどとして、温泉施設を運営する医療法人から国家賠償が請求された事案において、公表目的の正当性、必要性、時期及び内容の相当性に照らして違法とはいえないとして、その請求を棄却した。この公表の目的は、上水道企業団から医療法人に対して温泉排水の地下浸透処理を中止するように要請した行政指導の実効性を確保することにあったところ、同時に情報公開としての目的も併せ持つ旨が認定されている（河野真貴子「判批」自治研究87巻12号（2011年）124頁）。

4　事前手続の保障

制裁的公表には、社会的信用を気にする事業者に対しては効果的な義務履行確保手段となるのに対して、次々と別会社を設立して詐欺的商法を繰り返すような者にとっては効果が期待できないという限界がある。また、誤った公表がなされたことに起因する不利益は、事後的な取消訴訟や国家賠償によっては十

分に救済されないことが多い。取り返しのつかない損害を未然に防ぐため、制裁目的なのか情報提供目的なのかを問わず、事前手続の保障は不可欠である（宇賀・行政法概説Ⅰ〈第5版〉262頁）。前掲平成14年大阪地判〔28071306〕は、相手方に反論の機会を一切与えなかったことについて、手続保障の観点から疑義を呈している。

論点 26　新しい実効性確保手段②——行政サービス・公益的事業者が行うサービスの拒否・停止

1　行政サービスと公益的事業者が行うサービス

　行政上の義務に従わない者に対して、行政の提供するサービス（行政サービス）や公益的事業者が行うサービスを拒否・停止することは、かねてより実効性確保手段として有効性が認識されてきた（宇賀・行政法概説Ⅰ〈第5版〉264頁以下）。本論点では、行政自身が行っている事務・事業のサービス停止措置と、行政が公益的事業者に対して行うサービス停止要請（それに応じて行われる事業者のサービス停止措置）に分けて——両者は密接に関係しているが——論じる。

2　行政サービスの拒否・停止

　近年、地方税の滞納者に対しては行政サービスを停止するとか（小田原市市税の滞納に対する特別措置に関する条例（平成12年条例9号）6条）、公営住宅の入居を拒否する（太田市営住宅条例（平成17年条例225号）6条5号）といった定めを置く条例が少なくない。こうした行政サービスの停止・拒否は、地方税の滞納に悩む地方公共団体にとって苦肉の策である。

　契約の対価としての使用料を滞納している相手方に対して、サービスの供給を止めることは妨げられない。例えば、公営住宅の家賃を滞納している入居者に対しては、賃貸借契約を解除して退去を求めることができる（最一小判昭和59・12・13民集38巻12号1411頁〔27000001〕は、公営住宅の使用関係にも信頼関係の法理が適用されるとしているが、信頼関係が破壊されるほど長期の家賃滞納が続けば、退去を求めることは可能である）。使用料の場合、契約の対価としてのサービス供給を停止するという帰結は素直に受け入れられるだろう。

　これに対し、租税の場合は、その性質上対価性がないこともあり、いかなる

範囲で行政サービスの停止が認められるのかについては、検討を要する。極論すれば、税金滞納者の家だからといって、火事になっても消火活動に出かけないことは許されまい。密集市街地であって隣接する家屋に被害が及ぶからという説明はあり得ようが、滞納者の家が離れの一軒家であっても、消火拒否は認められないと思われる。消火活動の場合は生存に密接に関わるから拒否できないと立論しても、公営住宅等の供給も生存に関係することには変わりがない。滞納者に対する行政サービスの停止は、立法論としての方向性は首肯できるけれども、類型ごとにさらなる精査を要しよう。

3 公益的事業者へのサービス停止要請

電気、ガス事業のほとんどは民間事業者によって担われている（これに対して、水道事業の場合、民間事業者が行うことは例外的である）。各事業は、その公益的性格から、料金認可制や契約締結の強制など、事業法による規制を受ける。そのため、国・地方公共団体から各公益的事業者に対して特定私人への公益的サービスを拒否するように要請されたとき、要請に従ってなされた公益的サービスの拒否が違法と判断されるか否かは、各事業法の解釈によって決せられる。これは、公共団体自身が公益的サービスの供給主体となっている水道事業のような場合でも同様である。例えば、宅地開発指導要綱に従わない事業者の建設したマンションに対して武蔵野市が給水契約の締結を拒否したことについて、最二小決平成元・11・8裁判集刑253号399頁〔27806908〕は、宅地開発指導要綱に従わないことは、給水契約の締結を拒否できる「正当の理由」（水道法15条1項）には該当しないとしたが、これも水道法の解釈問題である（詳細は、Ⅰ5「行政指導」参照）。立法論としては、国・地方公共団体からの要請に基づき、電気、ガス、水道の供給を拒否し得ることを事業法で明示することが考えられる。

事例

豊中市給水拒否事件・最一小判昭和56・7・16民集35巻5号930頁〔27000128〕では、市の水道局給水課長が違反建築物についての給水装置新設工事申込みの受理を事実上拒絶し、申込書を返戻した措置は、申込みの受理を最終的に拒否する旨の意思表示をしたものではなく、建築基準法違反の状態を是正して建築確認を受けたうえ申込みをするよう一応の勧告をしたものにすぎないとして、違法ではないとした。下級審には、

都知事の協力要請に基づき電力会社が違法建築物に対する電気の供給承諾を保留したことに「正当な理由」(電気事業法18条1項)が認められるとした事例(東京地判昭和57・10・4判時1073号98頁〔27405828〕)がある。

論点 27 新しい実効性確保手段③——授益的処分の撤回・許認可等の拒否・契約関係からの排除

1 授益的処分の撤回

指定医師(旧優生保護法14条1項)の指定取消しのように(最二小判昭和63・6・17裁判集民154号201頁〔27802430〕参照)、公益上望ましくない行為をした者に対して許認可等の授益的処分を撤回することが、制裁として機能する局面がある(佐伯仁志『制裁論』有斐閣(2009年)12頁以下、雄川ほか・行政強制77頁〔菊井康郎発言〕)。風営法8条、食品衛生法55条、旅館業法7条の2、8条に同様である(侵害留保との関係や撤回の可否など、詳細はⅠ3「行政処分」参照)。授益的処分の撤回の原因事実に基づき刑罰が科せられる立法例は枚挙に暇がないが、二重処罰として問題視されることはない(田中利幸「行政制裁と刑罰との併科」平場安治ほか編『団藤重光博士古稀祝賀論文集第3巻』有斐閣(1984年)127頁以下)。

授益的処分の撤回自体は、公益上の必要性からなされるものにすぎず、相手方に対する非難の要素を含まない。したがって、責任無能力の者に対しても行い得るし(信号無視の違反行為を理由にした運転免許取消処分について、山口地判平成4・7・30訟務月報39巻5号887頁〔27814532〕は、運転者が行為時に心神喪失状態であったとしても、それを理由に上記処分の取消しを求めることはできないとした)、相手方の故意過失を要件としない(民間車検業者に対する道路運送車両法94条の8第1項の保安基準適合証・保安基準適合標章の交付の停止について、従業員がしたことであり法人の代表者に故意過失はなかったという主張に対して、東京地判平成4・9・25訟務月報39巻6号1018頁〔27814488〕は、交付停止処分は相手方の故意過失にかかわらず行い得るとした)。

しかし、一級建築士に対して、業務に関する不誠実な行為を理由にその免許を取り消す(建築士法10条1項2号)ときのように、非難・制裁の意図で授益的処分を撤回する場合には、責任主義の原則が妥当しよう(宇賀・行政法概説Ⅰ〈第5版〉263頁)。授益的処分の撤回は不利益処分(行手法2条4号)であるため、

行手法12条以下の規律（特に同法13条1項の聴聞・弁明の機会の付与）に服する。
2　許認可等の拒否
　公益上望ましくない行為をした者に対して許認可等を拒否することも、制裁として機能する（山本隆司「行政制裁に対する権利保護の基礎的考察」礒崎弥生ほか編『宮﨑良夫先生古稀記念論文集　現代行政訴訟の到達点と展望』日本評論社（2014年）252頁以下）。典型的なのは、更新拒絶である。これまで繰り返し許認可等の更新を受けてきた事業者に対して次回の更新を拒絶することは、機能的にみると授益的処分の撤回に近い。ただし、許認可等の拒否は申請に対する拒否処分（行手法2条3号参照）なので、行手法5条以下の規律に服するという違いはある。
　自動車検査証（車検証）は、自動車重量税、自動車税、軽自動車税が未納付である場合（道路運送車両法97条の4、97条の2）や自賠責保険の証明書を提示しない者（自動車損害賠償保障法9条7項）には交付されない。これらは、制裁という観点からではなく、自動車保有者等に対する義務を履行させるという目的から、立法政策として、許認可等の拒否が定められたものである。しかし、自動車保有者にとって車検証不交付の影響は無視できないことから、効果的な実効性確保の手段といえる。
3　契約関係からの排除
　国・地方公共団体が行う公共事業の請負契約や物品の調達契約などにおいて、談合などの不正を起こした事業者を指名停止措置によって次回以降の契約関係から排除することは、制裁として機能する。しかし、恣意的に指名停止が行われてはならず、公正性・透明性を確保することは不可欠である。指名・指名停止に処分性を認めて、抗告訴訟による救済を図る見解が有力であるが（碓井光明「公共契約締結手続の司法審査」ジュリスト1156号（1999年）123、126頁）、公法上の当事者訴訟によって、指名停止の違法性確認を求める手法も考えられよう。

【参考文献】
フランス・ドイツの行政制裁との比較法的考察として、山本隆司「行政制裁の基礎的考察」長谷部恭男ほか編『高橋和之先生古稀記念　現代立憲主義の諸相』有斐閣（2013

年）253頁。行政執行一般について、重本達哉「不利益処分・行政執行に関する行政手続」法律時報87巻1号（2015年）39頁、重本達哉「行政強制の課題」髙木光=宇賀克也編『行政法の争点』有斐閣（2014年）94頁、重本達哉「ドイツにおける行政執行の違法性をめぐる最近の動向」近畿大学法学61巻2=3号（2013年）193頁、重本達哉「ドイツにおける行政執行と『公益』に関する予備的考察―代執行の迅速な費用徴収可能性」近畿大学法学60巻3=4号（2013年）71頁。行政刑罰・秩序罰について、田中良弘『行政上の処罰概念と法治国家』弘文堂（2017年）、西津政信「行政上の義務違反に対する制裁」髙木光=宇賀克也編『行政法の争点』有斐閣（2014年）98頁。その他、「行政制裁法の課題」法律時報85巻12号（2013年）、「規制緩和社会における制裁の役割」ジュリスト1228号（2002年）、公法研究58号（1996年）、同27号（1965年）収録の諸論稿。研究者・実務家からなる総務省の検討会の結果をまとめた「地方分権の進展に対応した行政の実効性確保のあり方に関する検討会報告書」（2013年）も参照に値する（http://www.soumu.go.jp/main_content/000214705.pdf）。

（板垣勝彦）

5 行政指導

【概要】

　周知のように、行政指導という行為は、行政機関ないし個々の職員によって広く行われてきており、日本の行政活動を語るうえでの1つの特色として説明されるようなこともあった。そして、行政指導のあり方が訴訟の場で争われることも少なくなかったし、適法・適切な行政指導の実施のために、行政指導に対する実体的・手続的なコントロールのあり方が論じられてきた。

　行手法の制定（平成5年）より前の段階において、行政指導の定義付けやどのような行為を行政指導に含めるのかという点については、多少の差異はあったものの、見解を大きく異にすることはなかったといえよう。そして、こうした状況は、裁判例においても同様であったといってよいだろう。例えば、行政指導の意義が争われた浦和地判昭和56・4・22訟務月報27巻10号1799頁〔27662448〕は、「行政指導とは、行政機関が公の行政目的を達成するため、行政客体の一定の作為、不作為を期待し、その自発的な協力、同意のもとに実行するよう働きかける事実行為を指す」と判示していた。他方で、裁判所も、行政指導の基本的性格に関する共通の理解を前提としていたため、特に行政指導の定義には言及せずに判示を行うケースも少なくなかったのだろうと推測される。著名な品川区マンション訴訟においても、地裁判決から最高裁判決に至るまで、行政指導の詳細ないし正確な定義には言及されていない（東京地判昭和53・7・31判タ371号103頁〔27662126〕、控訴審・東京高判昭和54・12・24民集39巻5号1015頁〔27662288〕、上告審・最三小判昭和60・7・16民集39巻5号989頁〔27100013〕）。

　行手法の制定によって、行政指導は、「行政機関がその任務又は所掌事務の範囲内において一定の行政目的を実現するため特定の者に一定の作為又は不作為を求める指導、勧告、助言その他の行為であって処分に該当しないものをいう」と定義された（同法2条6号。地方公共団体の行政手続条例においても、おおむね同法と同様の定義規定が設けられていることが多いようである。また、同法3条3項によれば、地方公共団体の行政機関が行う行政指導については、その根拠が法令に置かれているか否かを問わず、同法の第2章～第6章は適用されずに、各地方公共団体の行政手続条例が適用されることとなるが、行政手続条例の規定は同法の規定と同様であることが多い）。現在の学説上も同法による行政指導の定義に依拠して説明されることが多いといえよう。

　行政指導については、その目的に応じて、規制的行政指導、調整的行政指導及び助成的行政指導の3つに分類されることがある。規制的行政指導とは、相手方の行為・活動を規制することを目的として行われる行政指導のことである（例えば、建築物の高さを

低減させたり、工場や産業廃棄物処理施設の操業を抑制させたりする場合)。調整的行政指導とは、利害が対立している相手方に対して、利害調整を図り対立を解消することを目的として行われる行政指導のことである(例えば、建築物の建築確認申請や産業廃棄物処理施設の許可申請に先立ち、申請者と周辺住民等との利害調整・対立解消のために行われる場合)。助成的行政指導とは、相手方に対して情報を提供して当該相手方の行為・活動を助成する(場合によっては当該相手方を保護する)ことを目的として行われる行政指導のことである(例えば、相手方からの子育てに関する相談に応じて助言を行う場合。児童福祉法21条の11第1項)。もっとも、こうした分類は絶対的なものではなく、前記分類のうちの1つの行政指導が同時に他の行政指導の性格を併せ持つことはある。例えば、調整的行政指導は、一方の相手方にとっては規制的行政指導としての色彩を帯びることとなる(例えば、品川区マンション事件などを確認すれば、このことは自明のことであろう)。したがって、規制的行政指導と調整的行政指導とを整然と区別することが困難又は不適切であるという面がある。同様に、規制的行政指導と助成的行政指導との区別が困難ないし不適切である場合もある(例えば、土地購入を担当する市の担当職員が、土地所有者に対して、当該土地売却に係る長期譲渡所得につき租税特別措置法(平成13年法律7号改正前)33条の4第1項1号上の特別控除額の特例の適用がある旨の誤った教示をして行った行政指導に関する最三小判平成22・4・20裁判集民234号63頁〔28160976〕)。

　また、行手法の制定によって、行政指導に関する一般原則(同法32条)のほか、申請が行われる際や許認可権限に関連する行政指導についての規定(同法33条及び34条)、行政指導の方式についての規定(同法35条)、複数の者に対して行われる行政指導についての規定(同法36条)が置かれるに至った。さらに、行政指導に関わる権利利益の保護の必要から、平成26年の同法改正によって、法令違反行為の是正を目的として行われる行政指導に対する中止等の求めに関する規定(同法36条の2)や、法令違反の事実の是正を目的とする行政指導の実施の申出に関する規定(同法36条の3)も盛り込まれるに至った。裁判等においても、行政指導の違法性は、こうした同法(ないし行政手続条例)の規定の適用をめぐって展開されてきている。

　以下では、行手法の制定の前後にみられる裁判例を対象として、行政指導とはどのような行為であるのかについて、同法上の行政指導の定義を参照しながら、より詳細に検討したうえで【論点1】及び【論点2】、そうした行政指導に対する法的コントロール、特に法律・条例による行政指導の根拠付けに関わる問題【論点3～論点5】、及び行政指導に対する権利・利益の救済に関わる問題【論点6～論点11】をみていくこととする。

論　　点

1　行政指導が行政機関の「任務又は所掌事務の範囲内」の行為であることとは、どのような意味か
2　行政指導が「特定の者に一定の作為又は不作為を求める」行為であることとは、どのような意味か
3　行政指導の実施に法律・条例による根拠付けは必要か
4　相手方が行政指導に従わなかった場合の措置はどのような場合に違法となり得るか
5　行政指導の実効性を担保する措置としての公表には、どのような法的問題があるか
6　行政指導に対して抗告訴訟等による救済を求めることはできるか
7　行政指導に際して相手方の任意の協力が争点となった裁判例にはどのようなものがあるか
8　行政指導に際して相手方の信頼保護が争点となった裁判例にはどのようなものがあるか
9　行政指導の違法性判断の要素や基準としてその他にどのようなものが問題となるか
10　行政指導と後の処分との関係が問題となった裁判例にはどのようなものがあるか
11　行政指導を実施しなかったことは国賠法1条1項の適用上違法とされ得るか、またどのような場合に違法とされ得るか

論点 ❶　行政指導が行政機関の「任務又は所掌事務の範囲内」の行為であることとは、どのような意味か

　行手法2条6号によれば、行政指導は、これを行う行政機関の任務や所掌事務の範囲内の行為である必要がある。同法でいう「任務又は所掌事務」とは、各省設置法や個別法律その他によって各行政機関が処理すべきものとして割り振られている仕事のことを指す（塩野宏＝髙木光『条解行政手続法』弘文堂（2000年）30頁。なお、「任務又は所掌事務の範囲内」という文言を用いている他の法条の例としては、行政機関が行う政策の評価に関する法律2条2項がある。同項によれば、同法上の「政策」とは、「行政機関が、その任務又は所掌事務の範囲内において、一定の行政目的を実現するために企画及び立案をする行政上の一連の行為についての方針、方策その他これらに類するもの」とされる）。

行政指導が行政機関の任務や所掌事務の範囲内の行為である必要があるとされる点については、行手法の制定前においても同様にとらえられていた。例えば、熊本県での水俣病に関する熊本地判平成5・3・25訟務月報40巻4号651頁〔25000042〕では、「原告らは、通産大臣は、主務大臣としてあるいは主務大臣に準じて工場排水規制法15条に基づいて水俣工場に対して行政指導することができ、行政指導すべき作為義務を負っていたと主張するが、本件においては、既に述べたように、内閣によって水俣工場のアセトアルデヒド醋酸製造施設及び塩化ビニールモノマー製造施設が『特定施設』として指定されてもおらず、通産大臣が主務大臣として指定されてもいないのであるから、通産大臣が工場排水規制法15条に基づいて行政指導することはそもそもできないというべきである」と判示されていた。

　ただし、行政機関の「任務又は所掌事務の範囲内」ということの意義については、一見すると明確ではあるものの、行政組織に関する理論及び実務と照らし合わせると、その理解には注意が必要である。というのも、行政指導を行う行政機関（いわゆる作用法的行政機関概念によるそれ）は行政組織におけるピラミッド構造の一部をなしており、当該行政機関の「任務又は所掌事務」は当該行政組織のトップに位置する行政機関の「任務又は所掌事務の範囲内」ととらえることも可能になるからである（例えば、所掌事務を明記することが常である各省設置法の規定を想起すると、このことはクリアになる）。この点と関わるところで、例えば、行手法の制定前におけるいわゆるロッキード事件丸紅ルート・東京地判昭和58・10・12刑裁月報15巻10号521頁〔27662701〕では、航空機の新機種の選定について、運輸大臣には民間航空会社に対する行政指導を行う権限は認められる一方で、各大臣に対してのみ指揮監督権限を有する内閣総理大臣には同様の権限は認められないとされていた。

　他方、行手法の制定後に前記の点が問題となった例としては、横浜地判平成9・12・26判タ977号87頁〔28032845〕を挙げることができる。建築基準法上の接道要件に関する行政指導について、建築指導課ではなく開発指導課が行ったことの適否が争点となった同判決では、「行政機関の内部において、一面で他の部局の所掌事務の範囲に属する事務であっても、他面で自己の部局の所掌事務

の範囲に属する事務を行うことが所掌事務の範囲を逸脱するものでないことは当然であるし、一定の行政目的を達成するために、いくつかの部局の所掌事務の範囲に属する指導が必要とされ、各部局の指導がそれぞれ密接に関連している場合には、関係部局が相互に連絡を取りながら右事務に関しては一体となって指導を行うことも、所掌事務の範囲内の適法な行為というべきである」と判示し、両課が密接に連絡を取り合って指導を行う必要性などから、開発指導課による接道要件に関する行政指導がその所掌事務の範囲を超えるものではないとされた。

　また、前記の点とも関連するところで、「一定の行政目的を実現するため特定の者に一定の作為又は不作為を求める」行政機関の指導等が、その「任務」や「所掌事務」の範囲を超えて行われていた場合、当該指導等をどのように評価するのか、という問題が生じる（裁判などで争われた事例ではないものの、近時では、例えば、平成23年3月11日の東北地方太平洋沖地震に端を発する東京電力・福島第一原発事故を受けて、原子炉等規制法上の権限を有する経済産業大臣ではなく当時の内閣総理大臣が中部電力・浜岡原発の運転停止を要請した例を想起することができる）。この問題について、見解は分かれている。一方では、当該指導等は行手法による前記定義を満たさない以上、違法な行政指導であるとする見解がある（例えば、行政管理研究センター・行手法〈27年改訂版〉37頁、高橋滋『行政手続法』ぎょうせい（1996年）366頁）。石油闇カルテル事件・最二小判昭和59・2・24刑集38巻4号1287頁〔27801091〕においても、通商産業省による行政指導の適法性について、石油の安定供給等が通商産業省設置法3条2号に定められた通商産業省の任務の範囲内であることが確認されており、おそらく同じ立場にあるものであろう。他方、当該指導等は行手法による前記定義から漏れ出る行為であり、同法上の行政指導に該当しない行為として行われるとする見解がある（例えば、塩野・行政法Ⅰ〈第6版〉206頁）。行手法32条が、「行政指導にあっては、行政指導に携わる者は、いやしくも当該行政機関の任務又は所掌事務の範囲を逸脱してはならないこと……に留意しなければならない」と規定していることからすると、前者のように解すべきことになろう（なお、同条では、同法2条6号の「行政機関」という表現—これは組織法的行政機関概念による—よりも広くとらえられる「行政指導

に携わる者」という表現が用いられている）。仮に後者の見解に立つとすれば、当該指導等は、同法上の行政指導に関する規定の適用を受けないこととなり、いかにしてその手続的及び実体的なコントロールを図るかという点や、当該指導に対する権利・利益救済のあり方が問題となり得る。

　なお、行手法2条6号の定義によれば、行政指導は「一定の行政目的を実現するため」に行われる行為であるとされる。「一定の行政目的を実現するため」とは、行政機関が、国民に対して、その任務や所掌事務の遂行を目的として行うものであることを意味するとされる（行政管理研究センター・行手法〈27年改訂版〉37頁）。したがって、上述の「任務又は所掌事務の範囲内」という要件と類似することとなる（「行政目的」という概念が極めて広範な内容を含むことから、行政指導概念を限定する機能をあまり有していないという批判として、塩野＝髙木・前掲30頁）。

論点 2　行政指導が「特定の者に一定の作為又は不作為を求める」行為であることとは、どのような意味か

　行手法2条6号によれば、行政指導は、「特定の者」に対して行う行為であって、不特定多数者に対して行う行為ではないとされる。

　また、「特定の者」に対して行う行為であったとしても、当該行為によって当該「特定の者」の作為や不作為を求めるものでなければ、それは同法上の行政指導には該当しない。同法の制定前の裁判例では、行政指導が一定の作為ないし不作為を求める行為であることを要するという点について、明確でないものもみられた（例えば、東京地判昭和55・7・17税務訴訟資料114号207頁〔21070511〕では、「いわゆる税務相談を受けた税務職員が納税者のために申告書の代筆をしてやるなどの技術的援助をすることは、行政指導の一環として是認されるところであ［る］」とされていた）。しかし、同法では、特定の者に対する一定の作為や不作為を求める行為であることが明定されている。したがって、例えば、許認可申請を予定する者の照会に応じて行政機関が行う行為のうち、当該許認可の仕組みや要件を説示したり、当該許認可の取得の見込みを回答したりするだけの行為は、行政指導には該当しない。これと同様に、例えば、納税義務を負う者による税制

や納税の仕組みについての照会に回答したり、情報を提供したりする行為もまた、ここでいう行政指導には当たらない。独立行政法人国民生活センターが行う情報提供なども、「特定の者」に向けて行われるものとは言い難いし、「一定の作為又は不作為を求める」ものには限られない。こうした点は裁判例においても確認することができる。例えば、腸管出血性大腸菌O-157の原因情報を当時の厚生大臣が公表したことの国家賠償責任が問われた事例においても、当該公表行為が行政指導であるとは明示されていない（東京高判平成15・5・21高裁民集56巻2号4頁〔28081837〕）。

他方、行手法33条に規定されているように、許認可申請の取下げや内容変更を求める行為は、行政指導に該当することとなる。また、各種の開発行為やその申請に当たり、当該開発事業者に対して周辺住民の同意を得るよう求めたり、要綱に基づき負担金の支払を求めたりする行為などは、やはり行政指導に該当することとなる。

論点 3　行政指導の実施に法律・条例による根拠付けは必要か

上述のように、行政機関の行うある活動が（行手法上の）行政指導であると言い得るためには、当該活動が組織法的根拠に支えられていること、すなわち、当該活動がこれを行う行政機関の任務又は所掌事務の範囲内にとどまっていることを要する（「行政機関の任務又は所掌事務の範囲内」であることの意義や問題については、別に触れている）。

それでは、行政指導は、—後述のように違法とされる場合は除き—これを行う行政機関の任務又は所掌事務の範囲内に収まってさえいれば、任意に行われ得るのだろうか。行政機関が行政指導を行うに当たり、その作用法的根拠—「誰が、誰に対して、どのような場合に、どのような措置を講ずることができるか」ということを定める授権規範ないし根拠規範—は必要とされないのだろうか。

行政指導は、相手方に対する指導・勧告・助言等を介して一定の作為や不作為を求める行為ではあるものの、処分、すなわち「行政庁の処分その他公権力の行使に当たる行為」ではない。行政指導に従うか否かは相手方の任意の判断

に委ねられており、行政指導には相手方に対する強制性は認められない。したがって、法律の留保論における伝統的に判例が依拠する立場である侵害留保説や、近時の学説が依拠することの少なくない権力留保説の立場からすれば、行政指導の実施を授権する法的根拠（授権規範ないし根拠規範）は必要ではないということになる。重要事項留保説（本質性理論）に依拠すると、行政指導の内容や達成目標などが法的根拠の要否を判断するキーになる。

　これまでの判例においても、行政指導の授権規範（根拠規範）は必要であるという見方は示されていない。すなわち、石油闇カルテル事件・最二小判昭和59・2・24刑集38巻4号1287頁〔27801091〕では、旧通商産業省（通商産業大臣）による行政指導について、「石油業法に直接の根拠を持たない価格に関する行政指導であつても、これを必要とする事情がある場合に、これに対処するため社会通念上相当と認められる方法によつて行われ、『一般消費者の利益を確保するとともに、国民経済の民主的で健全な発達を促進する』という独禁法の究極の目的に実質的に抵触しないものである限り、これを違法とすべき理由はない」と判示されており、行政指導の実施に授権規範（根拠規範）は必要ないとされている。また、やはり著名な品川区マンション訴訟・最三小判昭和60・7・16民集39巻5号989頁〔27100013〕においても、建築基準法に授権規定を有しない行政指導について、「当該地域の生活環境の維持、向上を図るために、建築主に対し、当該建築物の建築計画につき一定の譲歩・協力を求める行政指導を行い、建築主が任意にこれに応じているものと認められる場合においては、社会通念上合理的と認められる期間建築主事が申請に係る建築計画に対する確認処分を留保し、行政指導の結果に期待することがあつたとしても、これをもつて直ちに違法な措置であるとまではいえないというべきである」と判示されていた。これらの判例に従い、裁判例上では行政指導の実施に授権規範（根拠規範）は必要としないとされているといえよう。

　このような見方に従えば、行政指導の実施について定めている実定法上の規定は、授権規範（根拠規範）ではなく、規制規範ということになる。また、行政指導の実施が後の不利益処分の要件となっているために、行政指導の実施に関する規定が置かれていることもある。

他方、学説においては、前記の判例に示されているように、一般的に行政指導の実施には授権規範（根拠規範）を必要としないとするものがみられるが（例えば、原田・行政法要論〈全訂第7版補訂2版〉198頁、大橋・行政法Ⅰ〈第3版〉267頁など）、見解を異にする学説もみられる。これらの学説では、行政指導を実施する過程にみられる強制的要素の有無や濃淡に着目されることがある。例えば、上述した建築確認処分は、「基本的に裁量の余地のない確認的行為の性格を有する」（前掲品川区マンション訴訟）ものであるが、ここで行われる行政指導の実効性を担保するために同処分の留保という手段がとられているのであり、その点で当該行政指導に従うか否かが本当にその相手方の自由な判断に委ねられているとは言い難い。そこで、このように強制性を内包し得る行政指導については、これを授権する規定が必要とされ得る余地も指摘されている（例えば、塩野・行政法Ⅰ〈第6版〉207頁、芝池・行政法総論講義〈第4版補訂版〉256頁など）。

一口に行政指導といっても、その態様や内容などはケース・バイ・ケースで大きく異なり得るのであり（そもそも、行政指導とは、その柔軟性のゆえに従来の実務で多用されている）、行政指導一般について授権規範（根拠規範）の要否を論究することは、適当ではないだろう。前述したように、行政指導は規制的、調整的又は助成的な性格を持つものと分類されることがあるが、こうした分類化は法律や条例との関係を検討する際のキーにもなる。

論点 ❹ 相手方が行政指導に従わなかった場合の措置はどのような場合に違法となり得るか

行政指導は、その相手方に対して一定の作為ないし不作為を求める事実行為であり、これに応じるかどうかは、当該相手方の判断に委ねられなければならない。

したがって、相手方が行政指導に従わなかったことに対して、報復的な意図をもって処分等がなされるのであれば、それは違法ということになろう。行手法の制定前の裁判例でも、この理は既に確認されていたところでもある。例えば、銃砲刀剣類所持等取締法上の猟銃等所持許可の取消処分に対する取消訴訟（東京高判昭和51・1・26行裁例集27巻1号24頁〔27603537〕）では、所轄警察署長によ

る県公安委員会への同処分実施の上申について、「警察の行政指導に従わなかつたことに対する報復的意図……が介入し、これらの意図が実質上、取消上申中の重要な動機となつたとするならば、このような意図は、第一銃所持の許可を取り消すべきかどうかの判断に当たつては、本来、考慮に入れらるべきことがらでないことは明らかであるから、このような取消上申は、公正な裁量判断に基づかないものとして、違法の瑕疵を帯びるものと解さざるをえない」という枠組みが判示されていた。その後、行手法32条も、「行政指導にあっては、行政指導に携わる者は、……行政指導の内容があくまでも相手方の任意の協力によってのみ実現されるものであることに留意しなければならない」（1項）と規定したうえで、「行政指導に携わる者は、その相手方が行政指導に従わなかったことを理由として、不利益な取扱いをしてはならない」（2項）と規定している。

　もっとも、行政庁が処分の実施前に行政指導によって目的達成を試みることが行政実務上の慣例であるといえるわけで、「その相手方が行政指導に従わなかったことを理由として」行われる処分について、どのような場合であれば「不利益な取扱い」に当たる（あるいは当たらない）のかが問題となり得る。この点について判示した裁判例として、消費税の修正申告の指導及びその後の処分の適法性が争われた富山地判平成18・4・12税務訴訟資料256号順号10363〔28162696〕がある。同判決は、「行政手続法32条2項は、相手方が行政指導に従わなかったことを理由として、不利益な取扱いをしてはならないことを規定しているところ、相手方に行政処分を行いうる法律上の要件が既に生じている場合に、直ちに行政処分を行うのではなく、事前に自主的な改善を促すために行政指導を行い、相手方が自主的に改善する意思がないときに、当該法律に基づいて相手方に不利益となる行政処分を行うことは、当該法律上正当に認められた権限の行使であって、同項の適用はないと解すべきである」と一般論を判示したうえで、「富山税務署長は、……原告が消費税法が規定する輸出の解釈を誤っていたことから、消費税の課税標準額及びこれと密接な関連がある所得税の所得金額が正しく申告されているかどうかを確認する目的で、本件調査を行い、その結果、本件各処分を行ったものであることが認められ、そうする

と、本件各処分は、国税通則法24条、32条1項3号、65条及び66条に基づいて行われたものであり、行政指導（修正申告のしょうよう）に従わなかったことを理由として行われたものではないから、行政手続法32条2項には抵触しないというべきである」とした（同判決の控訴審である名古屋高金沢支判平成20・3・26税務訴訟資料258号順号10930〔28173517〕も第一審判決を支持して控訴を棄却した）。

行政指導に従わない相手方に対する命令等の処分の授権規定が設けられている例もあるが（例えば騒音規制法12条2項）、行政指導に従わなかったことは命令等の処分の発動要件として法定され、ここでの処分は行政指導によって解消されなかった違法事由について発せられるものであり、ここでの処分は「不利益な取扱い」には該当しないことになる（また、こうした個別法上の規定は行手法に優先するともいえる）。

なお、本論点と関連するところで、処分を行う要件として行政指導の実施が法定されていない場合であっても、行政指導の実施が義務付けられる場合があるか否かという問題があるが、この問題については、【論点10】で改めて触れる。

また、建築物の利用開始に当たり水道事業者に行われる給水契約の申込みについて、行政機関ないし職員が勧告等を行い、これに応じなかった者に対しては、事実上の契約締結の拒否がなされることが問題となってきたが、この問題についても【論点7】で改めて触れる。

論点 5　行政指導の実効性を担保する措置としての公表には、どのような法的問題があるか

行政指導に応じるか否かはその相手方の任意の判断に委ねられることとなるため、行政実務のうえでは、いかにして行政指導の実効性を確保するかという課題に直面するが、【論点4】でも触れているとおり、「行政指導に従わなかったことを理由として、不利益な取扱いをしてはならない」（行手法32条2項）。

近時の法律では、相手方が行政指導に従わなかった場合にその事実等を公表するという規定が設けられることがあり、国土利用計画法26条に基づく公表はその典型例である（なお、条例において同様の制度を定めているものとして、例えば、

東京都消費生活条例50条1項などがある）。すなわち、国土利用計画法26条によれば、都道府県知事は、同法24条1項に基づく勧告を受けた者が当該勧告に従わない場合には、その旨及び当該勧告の内容を公表することができるとされており、勧告の実効性を担保する手段として公表が位置付けられているといえる。このように公表が個別法上定められている場合には、当該個別法が行手法に優先することにはなるが、こうした個別法上の規定が設けられていない場合、行政指導の実効性を担保する手段としての公表の適否が問題となり得る。

　ここで、そもそも問題となるのは、こうした公表の実施には法律や条例の授権を必要とするのかどうかという点である。行政指導に従わないことに対する制裁の目的で公表を行うとすれば（公表の制裁機能）、その授権規定が必要であるということは明らかであろう。他方、公表自体が国民等に対する情報提供の目的から行われる場合（公表の情報提供機能）、これは権利・利益の侵害行為や権力的行為ではないこととなり、法律や条例の授権規定は必要ではないこととなる。腸管出血性大腸菌O-157の原因を公表した厚生大臣（当時）の行為についてではあるが、「本件各報告の公表は、現行法上、これを許容し、又は命ずる規定が見あたらないものの、関係者に対し、行政上の制裁等、法律上の不利益を課すことを予定したものでなく、これをするについて、明示の法的根拠を必要としない」と判示した裁判例もある（東京高判平成15・5・21高裁民集56巻2号4頁〔28081837〕）。

　しかし、実際に行われる公表という行為が情報提供機能のみを担っている（制裁機能は担っていない）と即断できるものではないだろう。なぜならば、専ら情報提供機能を担うべきものとして行われた公表も、結果として当事者に対する制裁として機能してしまう可能性があるからである。公表の実施機関の意思を基準として当該公表の機能が判別されることになると、情報提供を装いながら実質的には制裁として公表が行われることにもなりかねない。

　また、行政指導に従わなかったことに対する制裁目的で公表が行われるとすると、それは行手法32条2項が禁止する「不利益な取扱い」に当たることになろうが、情報提供としての公表にも事実上の制裁機能が肯定され得ることからすると、公表の実施機関の意思のみを基準としてその機能の別を判断すること

は、やはり妥当ではない。「不利益な取扱い」に当たるか否かは、公表の目的のほか、公表の実施方法や公表に伴う得失利益の比較衡量などが重要になろう

（この点と関わるところで、国土利用計画法26条に基づく公表についてではあるが、山口地判昭和56・10・1訟務月報28巻1号14頁〔27662488〕は、「法26条は公表の手段・方法については特別の定めをしておらず、公表が社会一般の批判を通じて勧告の実効を確保しようとするものであることからして、新聞・テレビ・ラジオ等のマスコミを通じて、勧告内容を積極的に国民に周知させる措置を講じることも許される」と判示している）。

なお、公表の持つ威嚇的な効果によって、行政指導の相手方による行政指導の遵守が任意の判断に基づかなくなる（強制されている）可能性もあるが、こうした行政指導と任意性確保の問題については、【論点7】で詳しく触れている。

論点 6 　行政指導に対して抗告訴訟等による救済を求めることはできるか

行政実務において行政指導が多用されている現状からすれば、違法に行われた（行われる）行政指導に対して法的救済を図り得ることは重要であり、そうした法的救済については、現行法上いくつかの方途が存在する。

権利・利益侵害の原因となっている行政指導を直接の攻撃対象とする法的救済の方途としては、行訴法に基づく抗告訴訟（特に同法3条2項に基づく取消訴訟）の提起や、行審法に基づく行政不服申立てを挙げることができる。

ただし、当然のことながら、抗告訴訟（取消訴訟）や行政不服申立ての利用に当たっては、攻撃対象となる行政指導が「行政庁の処分その他公権力の行使に当たる行為」（行訴法3条2項、行審法1条2項）に該当するか否か、すなわち、当該行政指導に「処分」性が認められるか否か、という点が最も基本的かつ重大な問題となる（行政管理研究センター・行手法〈27年改訂版〉16頁によれば、行手法2条2号は、同法の対象となる「処分」が「行政不服審査法及び行政事件訴訟法上のそれと同じであることを明らかにしたもの」である）。周知のように、判例上（行政事件訴訟特例法下のものではあるが）、行政庁の処分とは、「公権力の主体たる国または公共団体が行う行為のうち、その行為によって、直接国民の権利義務を形成しまたはその範囲を確定することが法律上認められているものをいう」（東

京都大田区ごみ焼却場設置事件・最一小判昭和39・10・29民集18巻8号1809頁〔27001355〕。同判決は近時の最高裁判決においても引用される、処分性に関するリーディングケースである)。行政指導は、この判示とは異なり、当事者間の関係を法的効果をもって規律するものではないのであり、事実行為であるとされるのである。

　行手法においても、前述のとおり、行政指導とは、「行政機関がその任務又は所掌事務の範囲内において一定の行政目的を実現するため特定の者に一定の作為又は不作為を求める指導、勧告、助言その他の行為であって処分に該当しないもの」(傍点筆者)であると定義されている。

　他方、前記の定義からもわかることであるが、通常は行政指導に該当し得る指導や勧告等の行為についても、取消訴訟等の対象となる「処分」に該当するとされるものがある点に注意しなければならない。そのような代表例としては、平成9年法律125号改正前の医療法30条の7 (現行30条の11に相当)に基づいて行われる勧告がある。病院開設の申請があった場合、知事は、対象地域の必要病床数の充足等を理由として、当該申請者に対して当該病院の開設を中止するよう勧告することがある。かかる行為は、文字どおり勧告にすぎないものであり、申請者が病院の開設をできないことを法的に規律することにはならない。申請者は、当該勧告に従わなかった場合でもあっても、当該勧告に係る病院の開設の許可申請は可能であるし、これに対して開設許可が下されることも妨げられるものではない。そうすると、同条に基づく勧告は、行政指導にほかならないこととなる。しかし、最高裁は、同条に基づく病院開設の中止勧告が有する事実上の「機能」を重視し、当該勧告が行訴法3条2項の「処分」に該当する旨を判示した (最二小判平成17・7・15民集59巻6号1661頁〔28101469〕)。同判決によれば、医療法 (平成9年法律125号改正前) 30条の7に基づく勧告は、「医療法上は当該勧告を受けた者が任意にこれに従うことを期待してされる行政指導として定められているけれども、当該勧告を受けた者に対し、これに従わない場合には、相当程度の確実さをもって、病院を開設しても保険医療機関の指定を受けることができなくなるという結果をもたらす」、「そして、いわゆる国民皆保険制度が採用されている我が国においては、健康保険、国民健康保険等を利用しないで病院で受診する者はほとんどなく、保険医療機関の指定を受けずに

診療行為を行う病院がほとんど存在しないことは公知の事実であるから、保険医療機関の指定を受けることができない場合には、実際上病院の開設自体を断念せざるを得ないことになる。このような医療法30条の7の規定に基づく病院開設中止の勧告の保険医療機関の指定に及ぼす効果及び病院経営における保険医療機関の指定の持つ意義を併せ考えると、この勧告は、行政事件訴訟法3条2項にいう『行政庁の処分その他公権力の行使に当たる行為』に当たると解するのが相当である。後に保険医療機関の指定拒否処分の効力を抗告訴訟によって争うことができるとしても、そのことは上記の結論を左右するものではない」。

ただし、前述のとおり、行手法上は行政指導と処分が区別されなければならないとしても、ある行政機関の行為が行政指導と処分のどちらに当たるのかが判別し難いケースもあることに注意しなければならない。例えば、その典型的な例としては、生活保護法27条1項に基づく指導・指示を挙げることができる。同項は、「保護の実施機関は、被保護者に対して、生活の維持、向上その他保護の目的達成に必要な指導又は指示をすることができる」と規定すると同時に、「前項の指導又は指示は、被保護者の自由を尊重し、必要の最少限度に止めなければならない」（同条2項）、「第1項の規定は、被保護者の意に反して、指導又は指示を強制し得るものと解釈してはならない」（同条3項）と規定している。したがって、立法者は、同条所定の指導や指示を典型的な行政指導に当たるものと想定しているようである。しかし、他方では、これを処分に当たるとしている裁判例も存在する。秋田地判平成5・4・23行裁例集44巻4=5号325頁〔27815461〕は、同法62条1項が被保護者に対して指導・指示に従うべき義務を規定していることに着目し、被保護者の当該義務違反に対する不利益処分（保護の変更、停止又は廃止）による指導・指示の内容の強制的な実現手段（同条3項）が予定されていることから、指導・指示が同法27条2項及び3項の要件下で行われるとしても、前記の指導・指示に従うべき義務は、被保護者が負う具体的な法的義務であるとして、その処分性を肯定している。

また、横浜地判平成12・9・27判例地方自治217号69頁〔28062288〕は、条例に規定された放置船舶移動の指導・勧告について、「それ自体としては権利義務

に直接影響する行為ではない」としつつ、当該指導・勧告を受けた所有者等がこれに従わない場合の当該船舶の移動措置を授権する規定に着目し、当該指導・勧告の規定は「権利義務に影響を及ぼす移動措置の要件となっている上、移動措置自体は争うことができないので、例外的に右指導又は勧告は抗告訴訟の対象たる行政処分に当たるというべきである」と結論付けている。

　なお、行政指導に対する権利・利益の救済という点では、上述の抗告訴訟の利用可能性のほかに、平成26年の行手法改正によって行政指導の実施と関わる新たな規定（36条の2及び36条の3）が設けられたことにも注意したい。本稿執筆時点においては、両条が直接関わる裁判例はまだ出ていないようであるが、その重要性に鑑み、補論として触れておく。

　行手法36条の2第1項によれば、「法令に違反する行為の是正を求める行政指導（その根拠となる規定が法律に置かれているものに限る。）の相手方は、当該行政指導が当該法律に規定する要件に適合しないと思料するときは、当該行政指導をした行政機関に対し、その旨を申し出て、当該行政指導の中止その他必要な措置をとることを求めることができる。ただし、当該行政指導がその相手方について弁明その他意見陳述のための手続を経てなされたものであるときは、この限りでない」。そして、「当該行政機関は、第1項の規定による申出があったときは、必要な調査を行い、当該行政指導が当該法律に規定する要件に適合しないと認めるときは、当該行政指導の中止その他必要な措置をとらなければならない」（同条3項）。

　また、行政指導に対する権利・利益救済とは局面を異にするものの、行手法36条の3も重要である。同条1項によれば、「何人も、法令に違反する事実がある場合において、その是正のためにされるべき処分又は行政指導（その根拠となる規定が法律に置かれているものに限る。）がされていないと思料するときは、当該処分をする権限を有する行政庁又は当該行政指導をする権限を有する行政機関に対し、その旨を申し出て、当該処分又は行政指導をすることを求めることができる」。そして、「当該行政庁又は行政機関は、第1項の規定による申出があったときは、必要な調査を行い、その結果に基づき必要があると認めるときは、当該処分又は行政指導をしなければならない」（同条3項）。

こうした行政指導の中止（36条の2）や実施の申出（36条の3）の対象となるのは、前記のとおり、「その根拠となる規定が法律に置かれているものに限る」とされる点に注意しなければならない。したがって、例えば、騒音規制法9条や12条1項（前出）に基づく勧告については、行手法36条の2所定の手続の対象となる（勧告に従わない場合の処分が予定されている（騒音規制法12条2項）ことから処分ではなく、法律にその根拠が定められている）。しかし、建築法分野における建築確認申請をめぐる調整的行政指導や既存建築物をめぐる規制的行政指導は、そもそも建築基準法にその根拠が法定されたものではないため、行手法36条の2及び36条の3所定の手続の対象とはならない。

また、行手法の文言のうえでは、36条の2又は36条の3に基づき申出がなされた場合、申出を受けた行政機関が当該申出のとおりに行政指導の中止又は実施をするよう義務付けられるものではない（行政管理研究センター・行手法〈27年改訂版〉270頁以下は、同法36条の2第3項について、「相手方からの申出を受けて、『当該行政指導の中止その他必要な措置』をとるか否かは当該行政機関が必要な調査を行って見直した結果の職権判断であり、その意味で、本条に基づく申出は、行政機関に必要な措置をとることを促す制度と整理される」が、「運用上の取扱いとしては、行政指導の相手方の権利利益の保護等に資する観点から、各行政機関は、行った調査の結果、講じた措置の有無やその内容など、申出を受けた対応の結果について、申出人に通知するよう努めるべきであると考えられる」としており、同書278頁以下は、同法36条の3第3項についても同様の理が当てはまるとする）。

論点 7　行政指導に際して相手方の任意の協力が争点となった裁判例にはどのようなものがあるか

行政指導は、その相手方に対して一定の作為ないし不作為を求める行為であるが、処分としてではなく事実行為として行われるものである以上、これに従わせるような強制性ないし法的拘束力は認められるものではない。しかし（あるいはそれゆえにというべきか）、行政指導を行う行政機関ないし担当職員が、当該行政指導の内容の実現を図ろうとするあまり、種々の方法を用いて、当該行政指導の相手方に対して半ば強制的にこれに従わせるような運用がなされる危

険も少なくなかった。行手法制定前においてもそのような運用が散見されたところであり、その違法性について判示された諸々の裁判例が基となって、同法の制定に当たって各規定が設けられたものである。以下、行政指導に際してその相手方の任意性が確保されているかどうか、行政指導に強制的に従うような運用がなされていないかどうかという問題について、まずは同法制定前の裁判例をみていく。

　私人による許認可申請に際して行政機関が申請の取下げ・修正等を求めるという行政指導は、行政指導の相手方の任意性確保ないし行政指導の強制性が問題となる典型的な場面であるといえる。この問題に関するリーディングケースは、建築主事に対する建築確認の申請に際して同処分の留保とその間の行政指導の適法性が争われた品川区マンション訴訟・最三小判昭和60・7・16民集39巻5号989頁〔27100013〕である。同判決においては、建築主が建築確認処分の留保に任意に同意している場合のほか、同意のあることが必ずしも明確でない場合も、「諸般の事情から直ちに確認処分をしないで応答を留保することが法の趣旨目的に照らし社会通念上合理的と認められるときは、その間確認申請に対する応答を留保することをもつて、確認処分を違法に遅滞するものということはできない」とする。そのうえで、「建築物が建築計画どおりに建築されると付近住民に対し少なからぬ日照阻害、風害等の被害を及ぼし、良好な居住環境あるいは市街環境を損なうことになる」ため、「建築主に対し、当該建築物の建築計画につき一定の譲歩・協力を求める行政指導を行い、建築主が任意にこれに応じているものと認められる場合においては、社会通念上合理的と認められる期間建築主事が申請に係る建築計画に対する確認処分を留保し、行政指導の結果に期待することがあつたとしても、これをもつて直ちに違法な措置であるとまではいえない」と判示されている。「もつとも、右のような確認処分の留保は、建築主の任意の協力・服従のもとに行政指導が行われていることに基づく事実上の措置にとどまるものであるから、建築主において自己の申請に対する確認処分を留保されたままでの行政指導には応じられないとの意思を明確に表明している場合には、かかる建築主の明示の意思に反してその受忍を強いることは許されない」のであり、「当該建築主が受ける不利益と右行政指導の

目的とする公益上の必要性とを比較衡量して、右行政指導に対する建築主の不協力が社会通念上正義の観念に反するものといえるような特段の事情が存在しない限り、行政指導が行われているとの理由だけで確認処分を留保することは、違法であると解するのが相当である。……したがつて、いつたん行政指導に応じて建築主と付近住民との間に話合いによる紛争解決をめざして協議が始められた場合でも、右協議の進行状況及び四囲の客観的状況により、建築主において建築主事に対し、確認処分を留保されたままでの行政指導にはもはや協力できないとの意思を真摯かつ明確に表明し、当該確認申請に対し直ちに応答すべきことを求めているものと認められるときには、他に前記特段の事情が存在するものと認められない限り、当該行政指導を理由に建築主に対し確認処分の留保の措置を受忍せしめることの許されないことは前述のとおりであるから、それ以後の右行政指導を理由とする確認処分の留保は、違法となるものといわなければならない」と判示された。同判決では、行政指導の相手方が当該行政指導に強制的に従わざるを得ないような運用がされておらず、その任意性が確保されているかどうか、そして、相手方が行政指導に協力できない旨の意思を真摯かつ明確に表明している場合には、特段の事情のある場合を除き、当該行政指導を理由とする処分の留保は違法となることが、重要なキーとされている。

　行手法33条は、同判決を基に規定されているといってよい。そして、同法の制定後においても、同種の事案で行政指導の違法性が問題となる裁判例が散見されるところでもある（例えば、病院開設の許可申請時の行政指導について富山地判平成13・5・9判例地方自治231号73頁〔28072884〕、学童保育事業を行う事業者による教室借受けの申請時の行政指導について大阪地判平成15・5・8判タ1143号270頁〔28082014〕、産業廃棄物処理業の事業範囲変更の許可申請時の行政指導について長野地判平成22・3・26判例地方自治334号36頁〔28163255〕など）。

　また、行手法制定前の段階で行政指導と任意性の確保が大きく問題となった事例として、市町村などにおいて水道給水契約の締結拒否の可能性を提示しながら行われた行政指導を挙げることができる。市町村などが、自らの市町村内での開発行為に対処するため、負担金の支払などの内容を持つ要綱を定めていたが、行政規則にすぎない要綱の内容を相手方に求めるためには、行政指導に

よることとなる。そして、当該行政指導の実効性を担保するため、当該要綱に相手方が従わなかった場合には、水道給水契約を締結しないという運用がなされることとなったが、しかし、当然のことながら、水道給水契約は「正当の理由」がない限りその締結を拒否することは許されず（水道法15条1項）、このような運用がなされることとなると、要綱の内容の遵守を求めて市町村が行う行政指導は、相手方が任意にこれに従うことを期待しているというよりは、むしろ相手方がライフラインである水道給水契約の締結拒否を回避するために半ば強制的にこれに従わざるを得ない状況を作り出している可能性が出てくるわけである。この問題については、武蔵野市における2つの最高裁判例（最二小決平成元・11・8裁判集刑253号399頁〔27806908〕、最一小判平成5・2・18民集47巻2号574頁〔27814474〕）を挙げることができる。前者では、「右の指導要綱を順守させるための圧力手段として、水道事業者が有している給水の権限を用い、指導要綱に従わない……（引用者注：建設業者）らとの給水契約の締結を拒んだものであり、その給水契約を締結して給水することが公序良俗違反を助長する……ような事情もなかった」、「このような場合には、水道事業者としては、たとえ指導要綱に従わない事業主らからの給水契約の申込であっても、その締結を拒むことは許されないというべきであるから、被告人らには本件給水契約の締結を拒む正当の理由がなかった」と判示されている。また、後者では、要綱に基づく負担金の要求自体は相手方の任意性が確保されている限り違法とはいえないとされたうえで、「指導要綱の文言及び運用の実態からすると、本件当時、被上告人は、事業主に対し、（引用者注：水道）法が認めておらずしかもそれが実施された場合にはマンション建築の目的の達成が事実上不可能となる水道の給水契約の締結の拒否等の制裁措置を背景として、指導要綱を遵守させようとしていた」ものであり、被上告人による指導要綱に基づく負担金納付の要求も、「指導要綱所定の教育施設負担金を納付しなければ、水道の給水契約の締結及び下水道の使用を拒絶されると考えさせるに十分なものであって、マンションを建築しようとする以上右行政指導に従うことを余儀なくさせるものであり、……教育施設負担金の納付を事実上強制しようとしたものということができる。指導要綱に基づく行政指導が、武蔵野市民の生活環境をいわゆる乱開発から守

ることを目的とするものであり、多くの武蔵野市民の支持を受けていたことなどを考慮しても、右行為は、本来任意に寄付金の納付を求めるべき行政指導の限度を超えるものであり、違法な公権力の行使であるといわざるを得ない」と判示された。現在では、このような行政指導は、行手法の制定（32条2項や33条）によって明示的に違法なものとされるに至っている。

論点 8 行政指導に際して相手方の信頼保護が争点となった裁判例にはどのようなものがあるか

　行手法2条6号の定義規定にあるとおり、行政指導とは、相手方に対して一定の行為をするよう（又はしないよう）働きかける行為であるものの、処分とは厳然と区別されている。したがって、行政指導の内容に応じるかどうかは、当該行政指導の相手方の任意の判断に委ねられる（任意性の確保の問題については、【論点7】を参照）。

　行手法の制定前の裁判例においては、そうして行われた行政指導に従ったことによる損害について、禁反言、信義誠実ないし信頼保護の原則の違反が争われる例がみられる。その典型的な例は、税務行政における勧告等の行政指導が行われた場合である。課税処分の取消訴訟である富山地判昭和49・5・31行裁例集25巻5号655頁〔21046530〕では、当該課税処分に先立ち行われた行政指導の適否について、禁反言の法理や信義誠実の原則は不文の条理とみるべきもので、租税法律主義もそれらの適用を否定する根拠とならないことを判示したうえで、「課税庁を信頼して行為した納税者の利益が、課税庁側の右諸原則違反の行為によつて害され、これを保護すべき特別の事情がある場合には、租税法律主義、租税負担の公平等の諸原則との較量のうえで、禁反言の法理、信義誠実の原則等の適用を決すべきであると解するを相当とする」と述べている（なお、最三小判昭和62・10・30裁判集民152号93頁〔22002024〕は、信頼保護の要請が租税法律主義に優先することは原則として認められず、「租税法規の適用における納税者間の平等、公平という要請を犠牲にしてもなお当該課税処分に係る課税を免れしめて納税者の信頼を保護しなければ正義に反するといえるような特別の事情が存する場合に、初めて右法理の適用の是非を考えるべきものである」と判示している）。その結果、「当時魚津

税務署が行っていた納税相談の実態は、多くは相談者のほぼ一方的な申立に基づき、その申立の範囲内で税務署の判断を示すだけで具体的な調査はしないので、指導内容も一般的、抽象的なものに止まることが認められるところ、本件全証拠によるも、原告が魚津税務署職員の助言、指導に基づき、訴外会社の営業再開届を提出するに至るまでの経緯において、右のような一般的、抽象的指導の範囲を越えてより具体的、詳細な指導を受ける等その他原告を保護すべき特別の事情は何ら認められないので、これらの点について禁反言の法理の適用ありとする原告の主張は理由がない」として、原告の請求を棄却している。また、名古屋地判昭和50・12・15税務訴訟資料83号698頁〔21052470〕においても、税務職員による修正申告の勧告には拘束力が認められるものではなく、当該勧告に応じた修正申告が行われたとしても、被告（税務署長）は、その後に当該修正申告を更正し得るものであり、当該勧告と異なる更正や決定が行われたという一事のみで禁反言ないし信義則の法理に反するものということはできない旨を判示している。これらの裁判例をみるに、やはり行政指導は相手方に対して一定の作為ないし不作為をするよう求める事実行為であり、単にこれに応じたというだけでは、禁反言の法理等の適用はないものといえよう。

　また、施策の変更による工場建設の断念に関する不法行為責任の成否が争われた著名な事件である最三小判昭和56・1・27民集35巻1号35頁〔27000153〕は、より具体的な判示をしており、参考になる。同判決は、村の施策の変更に起因する損害発生の不法行為責任の成否が問題となされており、直接に行政指導の適法性が問題となったケースではないが、同判決においては、村は自らの施策に適合する工場建設を相手方に促すような個別具体的な勧誘・勧告を行っており、「行政指導」という表現は用いられていないものの、これを行政指導とみることは誤りではないであろう。同判決によれば、地方公共団体の施策の決定について、「単に一定内容の継続的な施策を定めるにとどまらず、特定の者に対して右施策に適合する特定内容の活動をすることを促す個別的、具体的な勧告ないし勧誘を伴うものであり、かつ、その活動が相当長期にわたる当該施策の継続を前提としてはじめてこれに投入する資金又は労力に相応する効果を生

じうる性質のものである場合には、右特定の者は、右施策が右活動の基盤として維持されるものと信頼し、これを前提として右の活動ないしその準備活動に入るのが通常であ」り、「このような状況のもとでは、たとえ右勧告ないし勧誘に基づいてその者と当該地方公共団体との間に右施策の維持を内容とする契約が締結されたものとは認められない場合であつても、右のように密接な交渉を持つに至つた当事者間の関係を規律すべき信義衡平の原則に照らし、その施策の変更にあたつてはかかる信頼に対して法的保護が与えられなければならないものというべきである」とされている。そして、「右施策が変更されることにより、前記の勧告等に動機づけられて前記のような活動に入つた者がその信頼に反して所期の活動を妨げられ、社会観念上看過することのできない程度の積極的損害を被る場合に、地方公共団体において右損害を補償するなどの代償的措置を講ずることなく施策を変更することは、それがやむをえない客観的事情によるのでない限り、当事者間に形成された信頼関係を不当に破壊するものとして違法性を帯び、地方公共団体の不法行為責任を生ぜしめるものといわなければならない。そして、前記住民自治の原則も、地方公共団体が住民の意思に基づいて行動する場合にはその行動になんらの法的責任も伴わないということを意味するものではないから、地方公共団体の施策決定の基盤をなす政治情勢の変化をもつてただちに前記のやむをえない客観的事情にあたるものとし、前記のような相手方の信頼を保護しないことが許されるものと解すべきではない」と判示されている。ここでは、地方公共団体の施策に適合する特定内容の活動を相手方に促す個別的、具体的な勧告・勧誘が行われていること、当該施策の一定期間の継続を前提として投入資金の回収が可能であること、相手方が所期の活動を妨げられたことで社会観念上看過し難い損害が発生していること、それにもかかわらず地方公共団体が代償的措置を講じていないこと、が信頼保護に基づく不法行為責任成立のキーとされていることがわかる。同判決の理に照らせば、上述の2つの地裁判決（昭和49年富山地判〔21046530〕、昭和50年名古屋地判〔21052470〕）のようなケースでは、信頼保護に基づき原告の請求を認容する余地はないことになろう。

　他方、上述のようなケースとはやや異なり、行政機関の行った行政指導自体

に誤りがある場合や違法性がみられる場合には、こうした行政指導に従った相手方が損害を被ったとして後に国家賠償請求訴訟を提起するようなケースもみられる。大阪地判平成25・12・12判例地方自治394号10頁〔28232056〕では、市立公園の使用許可申請に対して不許可処分を下すことが違法であるにもかかわらず、許可することができない旨の誤った認識に基づいて行われた行政指導について、これは違法な公権力の行使であって、国賠法上違法というべきであり、また、こうした国賠法上違法な本件指導をしたことについて、市の担当職員に過失があったものと認めるのが相当であると判示されている。

　また、村の行政指導に従って行った、農用地利用計画の用途区分変更の申出が受理されなかったことで、養鶏場を建設できなくなった原告の損害について、名古屋地判平成14・3・20判例地方自治240号102頁〔28070946〕では、村は、受理の要件や見通しに関する申請者（原告）からの相談に対して、誤解を生じさせないように正確な情報を伝える義務を負うと解するのが相当であり、当該注意義務に反した村の担当者による行政指導について、その経緯・時期・程度・内容等からみて違法と判断して国家賠償責任が肯定されている。

　他方、東京地判平成10・3・31判タ1041号158頁〔28033087〕では、ある土地の特別土地保有税に関する税務相談上の行政指導について、地税法603条の2所定の免除の対象となる土地の要件を具備しないことを認識し得たにもかかわらず免除申請を行うよう行政指導を行ったことは違法の疑いが強いが、当該土地は同条所定の減免対象の土地には該当しないという理由から、結果として特別土地保有税相当の損害は認められないとして、国家賠償責任は否定されている。

論点 9　行政指導の違法性判断の要素や基準としてその他にどのようなものが問題となるか

　前記の論点で挙げたもののほかには、どのような理由から行政指導が違法とされ得るのだろうか。いくつか重要な点を取り上げてみておく。

　事実行為として行われる行政指導には、相手方に対する法的拘束力が認められるものではないとはいえ、本来的には必要でない行政指導を殊更に行うこともまた避けられなければならない。これまでの裁判例においても、行政指導の

実施の必要性ないし相当性に言及するものがみられる。例えば、著名な石油闇カルテル訴訟・最二小判昭和59・2・24刑集38巻4号1287頁〔27801091〕は、「流動する事態に対する円滑・柔軟な行政の対応の必要性にかんがみると、石油業法に直接の根拠を持たない価格に関する行政指導であつても、これを必要とする事情がある場合に、これに対処するため社会通念上相当と認められる方法によつて行われ、『一般消費者の利益を確保するとともに、国民経済の民主的で健全な発達を促進する』という独禁法の究極の目的に実質的に抵触しないものである限り、これを違法とすべき理由はない」と判示しており、行政指導の適法性はその実施の必要性を前提としていることがうかがわれる。また、仙台高秋田支判昭和60・3・26民集43巻11号1539頁〔27486824〕においても、同じく石油業法による行政指導について、「一般には行政目的を達成するに必要な場合、これに必要な限度と方法においてこれをなすことを要し、その限りで行政指導は適法であると解される」と判示されている。建築確認申請に対する行政指導についても、東京高判昭和61・1・29判時1183号93頁〔27803401〕が同様のことを判示している（「行政指導は法律の根拠がない場合であつても、それを行うにつき相当な理由がある場合にはこれをなし得るものであり、建築確認申請の処理に当たつて行政指導がなされる場合においても、当該建築申請に関し紛争が存在し、当該紛争を調整するにつき相当な理由があり、かつ当該紛争の内容、紛争の調整に対する当事者の対応状況、調整期間の長短など諸般の事情を総合して、当該行政指導が建築確認申請者の権利を不当に侵害するものと認められない限り、右行政指導をもつて一概に違法なものということはできない」）。

また、行手法32条2項が行政指導への不服従を理由とする差別的取扱いを禁止していることは既に触れているとおりであるが（【論点4】を参照）、当然のことながら、行政指導自体が平等原則に反することも許されるものではない（例えば、行手法制定前の裁判例として、職員に対する退職勧奨が平等原則に反するとされた鳥取地判昭和61・12・4訟務月報33巻7号1886頁〔27803573〕や、市街化調整区域内の飲食店建築の計画に対する行政指導に平等原則違反はなく適法とされた神戸地判平成元・11・28判タ731号128頁〔27806659〕など）。

さらに、これまでの裁判例の中には、違法な行為を誘発する可能性がある

（高い）ということから行政指導の違法性に言及するものがみられる。例えば、通商産業省（当時）が石油業法の範囲内で個々の事業者に対して個別的に行う行政指導は、一律に原油処理量を制限する基準を定めたり、個々の事業者の原油処理量を指示した割当表を提示したうえでこれに従うよう求めるものであり、独禁法上禁止される共同行為（独禁法8条1項1号（平成21年法律51号改正前）、2条6項）を招く危険性がある旨を指摘する裁判例があり（例えば東京高判昭和55・9・26高裁刑集33巻5号359頁〔27486275〕など）、前掲昭和60年仙台高秋田支判〔27486824〕は、前記のことを理由として、通商産業省の行った行政指導を違法であると判示している。

論点 ⑩ 行政指導と後の処分との関係が問題となった裁判例にはどのようなものがあるか

　まず、行政指導を行う行政機関の所掌事務や任務の範囲の画定と関わる問題として、処分を行うことの授権規定が設けられているということが、行政指導の実施可能な範囲を画定するということはあり得るところである。例えば、行政指導の実施が行政機関の職務権限の範囲内であるか否かが争われた事例として、ロッキード事件丸紅ルート・東京地判昭和58・10・12刑裁月報15巻10号521頁〔27662701〕などがある（「運輸大臣は、民間航空企業の新機種選定について、事業計画変更申請を認可するかどうかを決するに際し、その選定の適否に関する判断権限を有しているのであるから、これを背景として、全日空に対してL1011型航空機を選定購入するよう働きかけるような行政指導をすることは職務権限の範囲内であるということができる」）。

　次に、行政指導の実施と後の処分の実施との相互関係についても問題となり得る。行政実務上は、処分を行う前段階において、まずは行政指導を行うことが慣例化しているといえるが、行政指導を行った（にもかかわらず相手方が当該行政指導に従わなかった）うえでないと処分を行えないという仕組みを法律上採用している例もある。例えば、騒音規制法では、都道府県知事は、特定施設の設置・変更の届出に対する計画変更の勧告（同法9条）や、既に特定施設を設置している特定工場等に対する勧告（同法12条1項）に従わなかった者に対し

て、処分を行うことができるとされている（同条2項）。

　この点について、これまでの裁判例をみてみると、騒音規制法の例とは異なり処分を行う要件として行政指導の実施が法定されていない場合であっても、行政指導の実施の義務に言及するような例がある。例えば、福岡高判昭和61・9・29税務訴訟資料153号1026頁〔22002068〕は、所得税について、「源泉徴収義務が存在する以上、……税務官庁による事前の指導がなく、突然本件各処分（引用者注：納税告知処分及び不納付加算税の賦課決定処分のこと）がされたからといつて、本件各処分が違法であるとすることはできない」と判示している。

　さらに、行政指導の対象と後の処分の対象とが一致しない例ではあるが、神戸地明石支判昭和55・3・31訟務月報26巻8号1355頁〔27662331〕では、以下の判示がみられる。「（引用者注：有線電気）通信法13条は、『郵政大臣は、有線電気通信設備を設置した者に対し、その設備が第11条の技術基準に適合しないため他人の設置する有線電気通信設備に妨害を与え、又は人体に危害を及ぼし、若しくは物件に損傷を与えると認めるときは、その妨害、危害又は損傷の防止又は除去のため必要な限度において、その設備の使用の停止又は改造、修理その他の措置を命ずることができる。』と規定している。しかし、右規定は、その文言からも明らかなとおり、設置された有線電気通信設備（このばあい同法3条1項の届出の有無を問わない）が、同法11条の技術基準に適合せず、かつ、そのために、他人の設置する有線電気通信設備に妨害を与えるなど同条所定の要件を具備するときは郵政大臣において、その設備の使用の停止等を命ずることができるけれども、単に同法3条1項に違反することを理由に右の強制措置を講ずることは同条の予定していないところと認められる。そして、右の規定及び……通信法の趣旨、目的等から考えると、郵政大臣及び監理局係官としては、届出前に有線電気通信設備を設置し、或いは設置しようとする者があるときは、これらの者に対し、まず、すみやかに所定の届出をなすよう指導、助言すべく、これらの行政指導にも応じない者に対しては前記罰則の発動を求めて告発手続をなし、さらには、設置された設備が同法13条の要件を具備するものであるときは、同条所定の強制措置の発動を検討すべきであると解される」（同判決は、有線ラジオ放送業務の運用の規正に関する法律8条所定の処分権限に関しても、前記と

同趣旨の判示をしている）。有線電気通信法上は上述の騒音規制法のような制度化がなされていないものの、この裁判例では、有線電気通信法の趣旨・目的等から、同法13条所定の処分の実施に当たっては行政指導の実施が前提とされている仕組みが導出されている。

なお、行政指導の実施の義務という点では、行政指導の不実施と国賠法1条1項の適用上の違法性に関する問題もあるが、この問題は次の【論点11】で触れることとする。

論点 ⓫ 行政指導を実施しなかったことは国賠法1条1項の適用上違法とされ得るか、またどのような場合に違法とされ得るか

他方、これまでの裁判例では、行政指導を実施しなかったことの違法性が裁判によって争われる例が散見される。法律上付与されている処分等の規制権限を行政庁が行使しなかったことの違法性が争われるということは、国賠法1条1項に基づく損害賠償訴訟における大きなテーマの1つである。これまでの裁判例をみると、こうした規制権限の不行使をめぐる国賠法上の違法性の判断については、大別して2つの枠組みがある。1つは裁量権収縮論であり、もう1つは裁量権消極的濫用論である。下級審レベルでは、前者に立つ裁判例がみられたところであった（例えば東京地判昭和53・8・3訟務月報25巻1号13頁〔27423117〕）。しかし、宅地建物取引業法に基づく規制権限の不行使の適否が争われた最高裁判決（最二小判平成元・11・24民集43巻10号1169頁〔27805173〕）を契機として、現在では後者に依拠するとみられる判例が浸透・定着してきている（詳細については、本書第3巻Ⅴ1(6)(a)「規制権限の不行使」以下を参照）。

それでは、行政指導の不実施の場合についてはどうか。水俣病による生命・身体・健康被害に関する国家賠償責任が問われた事例において、東京地判平成4・2・7訟務月報38巻11号1987頁〔27811332〕は、法律上の根拠規定がない行政指導の実施と国家賠償責任の成否について、以下のように判示していた。「このような法令上の直接の根拠規定を欠く行政指導は、行政指導の主体、客体、内容あるいは実施方法等について全く規定がないのであるから、行政指導をす

るかどうか、するとした場合、いかなる時期にいかなる方法で行うかは、原則的には当該行政庁の裁量に委ねられているものというほかはなく、また、このような行政指導は法的強制力をもつものではないとはいえ、事実上の強制的要素を伴うのが通例であるから、相手方の営業の自由等にも十分に配慮した上で慎重になされるべきであって、行政指導をなさないことが行政庁の義務の懈怠となることは原則としてはないというべきである。しかし、およそ行政庁に行政指導をなすべき作為義務が発生することがあり得ないかは、更に検討を要する問題である。国民の生命、身体、健康に対する差し迫った重大な危険が発生していながら、それが既存の法令がおよそ想定していないような事態であるためにこれに適切に対応するための法令がなく、それに対応するための新たな立法措置をまっていては国民の生命、身体、健康に対する切迫した危険が現実化するおそれが濃厚であるという事態があり、組織規範上の所掌事務からみて関係者に対して被害回避のための行政指導をなし得る立場にある行政庁が右の事態を認識した場合において、被害回避のための関係者の自主的対応には期待できないが、右行政庁が合理的根拠を示して被害回避のための一定の行政指導をしたならば、関係者においても通常それに従うであろうと推測することができる事情があり、そのような行政指導をすることを行政指導の相手方以外の国民においておしなべて期待しているとみられる、といった極めて限定された状況がある場合には、右行政庁が関係者に対し被害回避のための必要最小限度の指導勧告をなし、あるいはその他適切な行政措置をとることが、国民に対する義務ともなり、それを怠ったがために当該国民に損害が発生したときは国家賠償責任を負うこととなる場合があるというべきである」。まず、前記の判示からは、本判決は裁量権収縮論に依拠しているようにみえる。さらに、この判決では、行政指導の不実施が行政庁の義務の懈怠の原因となることは一般論として否定しつつ、①国民の生命・身体・健康に対する差し迫った重大な危険が発生していること、②既存の法令では適切な対応ができないこと、③新たな立法措置を待っていては危険が現実化するおそれが濃厚であること、④組織規範上の所掌事務からみて行政庁が行政指導を行い得ること、⑤合理的根拠を示してなされる行政指導に従うことが推測されること、⑥行政指導の実施が国民に期待

されていること、といった条件を付し、これらの条件が満たされながら行政指導の懈怠がみられる場合には、国家賠償責任が成立し得ることを説いている。処分等の規制権限の不行使の国家賠償責任が問題となる裁判例とは異なり、行政指導の不実施が問題となるケースであるだけに、④や⑤が列挙されている。また、本判決では法律上の根拠のない行政指導の不実施が問題となっているため、「規制権限の行使または不行使についての裁量が問題となる場合は、当該法規の解釈を通じて権限の行使が義務化する事態を明らかにすることができるけれども、法令の根拠に基づかない行政指導の場合は、条理によって超法規的に行政指導をなすべき行為義務が生じるのであるから、その要件をいわゆる規制権限の裁量権が収縮するための要件と同一に論じることはできず、そのような作為義務が生じるのはまさに前記のような限定された状況がある場合に限られるべきである」とも判示されている。

　他方、前記と同様、熊本地判平成5・3・25訟務月報40巻4号651頁〔25000042〕においても、行政指導の不実施と水俣病による生命・身体・健康被害に関する国家賠償責任の成否との関係が問題となっているが、判示は前掲平成4年東京地判〔27811332〕とはやや異なっている。すなわち、「国民の生命、身体、健康に対する差し迫った危険が発生しているにもかかわらず、これに適切に対応するための法令がなく、それに対応するための立法措置をまっていたのでは国民の生命、身体、健康に対する重大な被害を発生させることが十分に予測されるような状況下において、行政庁が右状況を知りあるいは知りえたにもかかわらず、右重大な結果の発生を回避するために有効適切な行政指導を行わなかったと評価できるような場合には、行政指導の不行使は国家賠償法上違法と判断されるというべきである」と判示されているのである。本判決については、裁量権収縮論に依拠しているように思われる点は前記の平成4年東京地裁判決と共通するといえ、また、同判決で触れられている①、②及び③は、本判決でも明示されている。また、前記④は、行政庁の所掌事務の範囲内で行われる行政指導を適法とみるものであり、むしろ行政指導の適否一般に妥当するものである。したがって、本判決では、前記の平成4年東京地裁判決で言及されている⑤や⑥は、触れられていないようにみえる。

さらに、貸金業者に対する行政指導の不実施と国家賠償責任との関係が争われた大阪地判平成9・10・17判タ962号118頁〔28030636〕では、「その内容自体が行政庁の裁量的判断に委ねられ、かつ、相手方に対する強制力のないものである以上、行政庁が、個別の国民に対する関係で、一定の内容の行政指導をすべき法的義務を負うことは、通常は考え難い」としつつも、一般論として以下のように判示した。「行政庁が法律に根拠のない行為をしないことがいかなる場合も違法とはならないとまでいうことはできず、具体的事情のもとで、一定の内容の行政指導をしなかったことが、その行政指導により達成すべき行政目的の重大性、その行政指導の行政目的に対する実効性及び当該行政庁の果たす役割等に照らし、著しく不合理であるといえるような場合には、その不作為は、国家賠償法上違法と評価される余地があり得る」。この判示をみると、前記の平成4年東京地裁判決や平成5年熊本地裁判決とは異なり、現在の最高裁判例が依拠する裁量権消極的濫用論に立っているようにみえる。また、本判決では、達成すべき行政目的の重大性、行政目的に対する実効性、行政庁の果たす役割が挙げられており、前記の平成4年東京地裁判決でいうところの①、④及び⑤は含意されていそうであるが、「等」という表現からすると、要件としてはこれらに尽きるものではないことも含意されているといえようか。

（川合敏樹）

II 行政上の手続・調査・情報取扱い

1 行政手続法

(1) 行政手続法・行政手続条例の適用範囲

【概要】

　行手法は、1条1項で、行政運営における公正の確保と透明性の向上を図ることにより国民の権利利益の保護に資することを目的として規定している。ここで用いられている「公正」、「透明性」の意義が問題となる【論点1】。同条2項は、行手法が処分、行政指導及び届出に関する手続並びに命令等を定める手続についての一般法であることを前提としたうえで、個別法による特別の定めによる修正があり得る旨を規定する。ここで、個別法により行手法の全部又は一部の適用を除外することが許されるか否かが問題となる【論点2】。

　行手法2条は、この法律で用いられる用語の定義を規定しており、それぞれの意義が問題となる【論点3】。

　行手法3条1、2項は、主体、目的、分野、法律関係の性質等の観点から、一定の類型の行為について、行手法の適用が除外される旨を規定し、同法4条は、主体相互間の関係という観点から、一定の場合に行手法の適用が除外される旨を規定する。いかなるものについて適用が除外されているかが問題となる【論点4、5】。

　行手法3条3項は、地方公共団体についての行手法の適用を規定し、同法46条は、そこで適用が除外される手続について、地方公共団体が必要な措置を講ずるよう努めなければならないと規定する。地方公共団体の行政活動のどの部分について行手法が適用されるか、行手法の規定との関係で地方公共団体はいかなる措置を講ずるべきかが問題となる【論点6】。

•••••• 論　　点 ••••••

　1　行手法の目的と公正・透明な手続の意義
　2　個別法による行手法の適用除外
　3　定義規定（行手法2条）
　4　行手法3条1、2項による適用除外

5　国の機関等に対する処分等の適用除外（行手法4条）
　6　地方公共団体についての適用除外（行手法3条3項）と地方公共団体の措置（行手法46条）

論点 ①　行手法の目的と公正・透明な手続の意義

　行手法1条1項は、「この法律は、処分、行政指導及び届出に関する手続並びに命令等を定める手続に関し、共通する事項を定めることによって、行政運営における公正の確保と透明性（行政上の意思決定について、その内容及び過程が国民にとって明らかであることをいう。第46条において同じ。）の向上を図り、もって国民の権利利益の保護に資することを目的とする」と規定する。

1　公正の確保

　ここにいう行政運営における公正の確保とは、「行政の意思決定の内容およびその過程が行政担当者の偏見に左右されたり、特定の者に偏ったりすることがないことをいう」とされている（室井=芝池=浜川・コメ行政法Ⅰ〈第2版〉〔本多滝夫〕15頁）。

　行手法制定前の個別法（道路運送法）に定められた行政手続に関する判例であるが、個人タクシー訴訟・最一小判昭和46・10・28民集25巻7号1037頁〔27000609〕は、個人タクシー事業の免許申請の許否を決する手続につき、「多数の者のうちから少数特定の者を、具体的個別的事実関係に基づき選択して免許の許否を決しようとする行政庁としては、事実の認定につき行政庁の独断を疑うことが客観的にもつともと認められるような不公正な手続をとつてはならない」とし、法が定める抽象的な免許基準について「内部的にせよ、さらに、その趣旨を具体化した審査基準を設定し、これを公正かつ合理的に適用」すべきであり、「免許の申請人はこのような公正な手続によつて免許の許否につき判定を受くべき法的利益を有する」としていたところである。また、郡中バス訴訟・最一小判昭和50・5・29民集29巻5号662頁〔27000372〕は、個人タクシー訴訟最高裁判決の趣旨を敷衍する形で（『最判解説民事篇〈昭和50年度〉』法曹会〔越山安久〕246頁）、一般乗合旅客自動車の免許の許否の決定に先立つ運輸審議会への諮問手続につき、「一般に、行政庁が行政処分をするにあたつて、諮

問機関に諮問し、その決定を尊重して処分をしなければならない旨を法が定めているのは、処分行政庁が、諮問機関の決定（答申）を慎重に検討し、これに十分な考慮を払い、特段の合理的な理由のないかぎりこれに反する処分をしないように要求することにより、当該行政処分の客観的な適正妥当と公正を担保することを法が所期しているためであると考えられるから、かかる場合における諮問機関に対する諮問の経由は、極めて重大な意義を有する」として、その審理手続は申請者やその他の利害関係人に対し「決定の基礎となる諸事項に関する諸般の証拠その他の資料と意見を十分に提出してこれを審議会の決定（答申）に反映させることを実質的に可能ならしめるようなものでなければならず」、特に申請者に対する関係においては、「申請者に意見と証拠を十分に提出させることを可能ならしめるような形で手続を実施することが、公聴会審理を要求する法の趣旨とするところであると解さなければならない」としていたところである。いずれの判決についても、手続の公正性の具体的な内容については実定法の趣旨から導き出したものであることが指摘されている（『最判解説民事篇〈昭和50年度〉』法曹会〔越山安久〕249頁）。

2　透明性の向上

「透明性」の意義につき、行手法1条1項は、「行政上の意思決定について、その内容及び過程が国民にとって明らかであることをいう」と定義している。ここで、「国民」についての定義や限定は施されていないため、「透明性」とは国民一般に対するものか、同項が終局的な目的としている権利利益の保護が具体的に問題となる一定範囲の国民に対するものかが問題となり得る。この点につき、熊本地判平成23・12・14判タ1389号134頁〔28181903〕は「『透明性』に係る『国民』とは、不利益処分の相手方等の一定の利害関係人を意味する」としており、後者の立場を採用している。

論点 2　個別法による行手法の適用除外

行手法1条2項は、「処分、行政指導及び届出に関する手続並びに命令等を定める手続に関しこの法律に規定する事項について、他の法律に特別の定めがある場合は、その定めるところによる」と規定し、特別法がある場合にはその

定めが優先することを確認している（その具体例も含め、宇賀・行政手続三法〈第2次改訂版〉44頁以下参照。関連して、個別法による適用除外についての行手法制定時の整理につき、仲正『行政手続法のすべて』良書普及会（1995年）95頁以下参照）。

個別法において行手法の全部又は一部の適用を除外している場合、憲法の保障する適正手続との関係で、それが許容されるか否かが問題となる場合がある。

憲法31条が規定する法定手続の保障が行政手続にも及ぶかという問題について、成田新法訴訟・最大判平成4・7・1民集46巻5号437頁〔25000011〕は、「憲法31条の定める法定手続の保障は、直接には刑事手続に関するものであるが、行政手続については、それが刑事手続ではないとの理由のみで、そのすべてが当然に同条による保障の枠外にあると判断することは相当ではない」としたうえで、「しかしながら、同条による保障が及ぶと解すべき場合であっても、一般に、行政手続は、刑事手続とその性質においておのずから差異があり、また、行政目的に応じて多種多様であるから、行政処分の相手方に事前の告知、弁解、防御の機会を与えるかどうかは、行政処分により制限を受ける権利利益の内容、性質、制限の程度、行政処分により達成しようとする公益の内容、程度、緊急性等を総合較量して決定されるべきものであって、常に必ずそのような機会を与えることを必要とするものではないと解するのが相当である」として、この事件で問題となった成田新法（昭和59年法律87号改正前）3条1項に基づく工作物使用禁止命令については、これを行うに当たり、その相手方に対して事前に告知、弁解、防御の機会を与える旨の規定がなくても憲法31条の法意に反するものということはできないとしていたところである（この判決以前に、関税法に基づく第三者の所有物の没収についての最大判昭和37・11・28刑集16巻11号1593頁〔21016692〕、非訟事件手続法に基づく過料の裁判についての最大決昭和41・12・27民集20巻10号2279頁〔27001124〕などが事前手続の要否の問題について扱っているが、これらは行政処分というよりは刑事処分に近いものであって、典型的な行政手続についての先例とは位置付けられていない（この点につき、『最判解説民事篇〈平成4年度〉』法曹会〔千葉勝美〕247頁以下参照））。

前掲成田新法訴訟最高裁判決を前提として、逃亡犯罪人の引渡命令について行手法第3章の適用除外を規定する逃亡犯罪人引渡法35条1項の合憲性が問題

となった事例において、最二小決平成26・8・19訟務月報61巻5号1044頁〔28223568〕は、「逃亡犯罪人引渡法14条1項に基づく逃亡犯罪人の引渡命令は、東京高等裁判所において、同法9条に従い逃亡犯罪人及びこれを補佐する弁護士に意見を述べる機会や所要の証人尋問等の機会を与えて引渡しの可否に係る司法審査が行われ、これを経た上で、引渡しをすることができる場合に該当する旨の同法10条1項3号の決定がされた場合に、これを受けて、法務大臣において引渡しを相当と認めるときに上記決定の司法判断を前提とする行政処分として発するものである。このような一連の手続の構造等を踏まえ、当該処分により制限を受ける逃亡犯罪人の権利利益の内容、性質、制限の程度、当該処分により達成しようとする公益の内容、程度、緊急性等を総合較量すれば、同法35条1項の規定が、同法14条1項に基づく逃亡犯罪人の引渡命令につき、同法に基づく他の処分と同様に行政手続法第3章の規定の適用を除外し、上記命令の発令手続において改めて当該逃亡犯罪人に弁明の機会を与えるものとまではしていないことは、上記の手続全体からみて逃亡犯罪人の手続保障に欠けるものとはいえず、憲法31条の法意に反するものということはでき」ず、このことは成田新法訴訟最高裁判決の趣旨に徴して明らかであるとしている。この判決については、判断のポイントとなったのは成田新法訴訟最高裁判決が挙げる諸要素の総合衡量ではなく、引渡命令に先立って東京高裁による審査手続が設けられている点であると指摘されている（上田健介「判批」新・判例解説Watch憲法No.91（2014年）3頁、同旨、石井昇「判批」『平成26年度重要判例解説』有斐閣（2015年）39頁。村山健太郎「判批」『平成26年度重要判例解説』有斐閣（2015年）31頁も、「成田判決の論理を修正し、『手続の構造』の検討が、31条審査において重要であることを明示した」と、類似の思考を示す）。

事例

平成23年法律114号改正前の国税通則法74条の2第1項は、「行政手続法（平成5年法律第88号）第3条第1項（適用除外）に定めるもののほか、国税に関する法律に基づき行われる処分その他公権力の行使に当たる行為（酒税法（昭和28年法律第6号）第2章（酒類の製造免許及び酒類の販売業免許等）の規定に基づくものを除く。）については、行政手続法第2章（申請に対する処分）及び第3章（不利益処分）の規定は、適用しない」と規定していた。この規定について、下級審で憲法31条との関係が

問題とされたことがあったが、これに違反するものではないと判断されていた（東京高判平成12・11・14税務訴訟資料249号502頁〔28091504〕等。この問題の詳細につき、室井=芝池=浜川・コメ行政法Ⅰ〈第2版〉〔本多滝夫〕75頁以下）。また、更正処分に理由が付されていないことが更正処分の違法事由に該当するという主張が散見されたが、この規定によりその主張は斥けられていた（山形地判平成20・1・15税務訴訟資料258号順号10859〔28161135〕、仙台高判平成20・8・28税務訴訟資料258号順号11011〔28161098〕等）。この規定は、平成23年法律114号改正で、「……行政手続法第2章（申請に対する処分）（第8条（理由の提示）を除く。）及び第3章（不利益処分）（第14条（不利益処分の理由の提示）を除く。）の規定は、適用しない」（74条の14第1項）とされたため、申請に対する処分、不利益処分の双方について理由の提示の規定（8、14条）が適用されることになった（この点につき、宇賀・行政手続三法〈第2次改訂版〉45頁以下、小幡純子「税務手続の整備について」ジュリスト1441号（2012年）89頁参照）。

論点 3　定義規定（行手法2条）

　行手法2条は、「法令」（1号）、「処分」（2号）、「申請」（3号）、「不利益処分」（4号）、「行政機関」（5号）、「行政指導」（6号）、「届出」（7号）、「命令等」（8号）につき、この法律における用語の意義を定義している。このうち、裁判例で問題となることが多いのは、(1)「申請」と「届出」の関係、(2)「不利益処分」の意義、(3)「行政指導」の意義である。

1　「申請」（行手法2条3号）と「届出」（行手法2条7号）の関係

　行手法2条3号は、「申請」につき、「法令に基づき、行政庁の許可、認可、免許その他の自己に対し何らかの利益を付与する処分（以下「許認可等」という。）を求める行為であって、当該行為に対して行政庁が諾否の応答をすべきこととされているものをいう」とし、同条7号は、「届出」につき、「行政庁に対し一定の事項の通知をする行為（申請に該当するものを除く。）であって、法令により直接に当該通知が義務付けられているもの（自己の期待する一定の法律上の効果を発生させるためには当該通知をすべきこととされているものを含む。）をいう」としている。

　個別法により「届出」という文言が用いられているような場合であっても、前記の定義に照らして判断すると申請に該当する場合がある。その典型例として挙げられるのが、戸籍法に基づく届出である（行政管理研究センター・行手法

〈改正行審法対応版〉24頁)。「届出」という文言が用いられているものの、行政庁はこれに対して内容を審査して「諾否の応答をすべき義務」があると解されているためである。そこで、婚姻届等の戸籍法に基づく届出については、「届出」について規定する行手法第5章ではなく、「申請に対する処分」について規定する行手法第2章が適用されるべきことになる。ただし、戸籍法127条は、戸籍事件に関する市町村長の処分について、行手法第2章及び第3章の規定を適用しないとしているため、結局のところ、行手法第2章の規定も適用されないという結論となる(適用除外の趣旨も含め、宇賀・行政手続三法〈第2次改訂版〉51頁参照)。類似の例として、行訴法3条5項の「法令に基づく申請」の意義が問題となった事例ではあるが、横浜地判平成14・8・7判例地方自治239号8頁〔28080358〕は、住民台帳法22条に基づく転入届について、「申請行為の名称が『届出』であったとしても、文言によるのではなく、実質的に当該申請行為が届出か申請かを判断してその性質を決定すべきところ、前記のとおり原告は被告区長に回答を要求する権利を有し、被告区長はこれに応答すべき義務があるとされているので、実質的には応答を要する申請と解するべきである」としている。ただし、戸籍法と同様に、住民台帳法31条の2は同法に基づき市町村長がする処分について、行手法第2章及び第3章の規定の適用を除外しているため、同法第2章の「申請に対する処分」についての手続は適用されないことになる。

平成15年法律55号改正前の食品衛生法16条は、「販売の用に供し、又は営業上使用する食品、添加物、器具又は容器包装を輸入しようとする者は、厚生労働省令の定めるところにより、そのつど厚生労働大臣に届け出なければならない」と規定していたところ、最一小判平成16・4・26民集58巻4号989頁〔28091162〕は、「同条は、厚生労働大臣に対し輸入届出に係る食品等が法に違反するかどうかを認定判断する権限を付与していると解される」として、「法16条は、厚生労働大臣が、輸入届出をした者に対し、その認定判断の結果を告知し、これに応答すべきことを定めていると解するのが相当である」としている。「文言に必要以上に拘泥することなく、これが行政手続法にいう『申請』であると解釈したものと思われる」(『最判解説民事篇〈平成16年度(上)〉』法

曹会〔林俊之〕301頁）と説明されているところである。

2　「不利益処分」（行手法2条4号）の意義

行手法2条4号は、「不利益処分」につき、本文で「行政庁が、法令に基づき、特定の者を名あて人として、直接に、これに義務を課し、又はその権利を制限する処分をいう」としたうえで、ただし書で、「イ　事実上の行為及び事実上の行為をするに当たりその範囲、時期等を明らかにするために法令上必要とされている手続としての処分」、「ロ　申請により求められた許認可等を拒否する処分その他申請に基づき当該申請をした者を名あて人としてされる処分」、「ハ　名あて人となるべき者の同意の下にすることとされている処分」、「ニ　許認可等の効力を失わせる処分であって、当該許認可等の基礎となった事実が消滅した旨の届出があったことを理由としてされるもの」を除外している。

本文につき、いわゆる一般処分（特定の者ではなく不特定多数の者を名あて人とする処分）、競願事案における許可処分の名あて人以外の者（事実上拒否処分がされたことになる者）はこれに含まれない点に注意が必要である（宇賀・行政手続三法〈第2次改訂版〉52頁以下。その他詳細につき、行政管理研究センター・行手法〈改正行審法対応版〉26頁以下参照）。

ただし書に該当する例として、イにつき、行政代執行法上の戒告（行政代執行法3条1項）、土地、家屋等の使用に当たっての公用令書の交付（災害救助法9条2項）、ハにつき、文化財保護法32条の2に基づく管理団体の指定、ニにつき、土地収用法30条2項に基づく事業の廃止の告示、測量法55条の10に基づく測量業者の登録の消除などが挙げられている（行政管理研究センター・行手法〈改正行審法対応版〉31頁以下）。ロに関して、申請拒否処分は「不利益処分」に該当しないため、「第3章　不利益処分」ではなく、「第2章　申請に対する処分」の規定が適用されることになるという点には注意が必要である。

3　「行政指導」（行手法2条6号）の意義

行手法2条6号は、「行政指導」につき、「行政機関がその任務又は所掌事務の範囲内において一定の行政目的を実現するため特定の者に一定の作為又は不作為を求める指導、勧告、助言その他の行為であって処分に該当しないものをいう」と規定する。

指導、勧告、助言といった文言が用いられる場合であっても、行訴法3条2項にいう「行政庁の処分その他公権力の行使に当たる行為」に該当するとされる場合がある（行政管理研究センター・行手法〈改正行審法対応版〉42頁）。平成9年法律125号改正前の医療法30条の7に基づいて行われた病院開設中止勧告につき、最二小判平成17・7・15民集59巻6号1661頁〔28101469〕は、「医療法30条の7の規定に基づく病院開設中止の勧告の保険医療機関の指定に及ぼす効果及び病院経営における保険医療機関の指定の持つ意義を併せ考えると、この勧告は、行政事件訴訟法3条2項にいう『行政庁の処分その他公権力の行使に当たる行為』に当たると解するのが相当である」としている（同旨、最三小判平成17・10・25裁判集民218号91頁〔28102138〕。同判決に付された藤田宙靖裁判官による補足意見も参照されたい）。

事例

1　「申請」（行手法2条3号）と「届出」（行手法2条7号）の関係

自治法238条の4第7項に基づく行政財産の使用申入れについての受理応答義務の有無が問題となった大阪地判平成15・5・8判夕1143号270頁〔28082014〕は、「地方自治法上、行政財産の目的外使用の許可に関し、申請及び申請に対する諾否についての明文規定が存在するわけではなく、目的外使用の許可を申請するための具体的手続を規定した大阪市の条例又は規則が存在するわけでもない」としつつ、「被告の定める使用許可基準においては、『行政手続法第5条、第6条、第12条の規定に基づき、地方自治法第238条の4第4項の規定による行政財産のその本来の用途または目的を妨げない限度における使用許可について、下記のとおり基準を定める。』と規定され、これは一般にも公表されているほか、被告は目的外使用許可に係る『標準申請書』も作成しているのであり……、これらのことは、被告自身、行政財産の目的外使用に係る申請について、諾否応答義務、申請権があるものとの前提で対応していることを示すものである」とした。

鉄道事業法17条の規定する運行計画の届出につき、東京地判平成20・1・29訟務月報55巻12号3443頁〔28141164〕は、鉄道事業法施行規則71条1項8号が、地方運輸局長が届出の「受理の権限」を有するとしていることについて、「行政手続法の定める届出といえども、その提出先がいかなる行政機関であるのかは法令によって定める必要があり、その提出先である行政機関のことを『受理の権限』を有する行政機関と表現することに何ら不都合はない」とし、同法及び同法施行規則の関係規定の分析の結果として、「同法施行規則にいう『受理』とは、まさにそのような意味での受理のこと

を指し、届出を事実上受け付けることを意味するにすぎない」とした。

弁護士法23条の2に基づく照会につき、申請型義務付けの訴え（行訴法3条6項2号、37条の3）として回答の義務付けを求めることの適法性が問題となった事例で、岐阜地判平成23・2・10金融法務1988号145頁〔28171590〕は、「弁護士照会は、私的団体に対しても行われるものとして弁護士法に規定されているものであるから、『法令に基づき、行政庁の許可、認可、免許その他の自己に対し何らかの利益を付与する処分を求める行為であって、当該行為に対して行政庁が諾否の応答をすべきこととされているもの』（行政手続法2条3号参照）ではないことが明白であり、『申請』（法3条6項2号、法37条の3）に該当しない」とした。

2 「不利益処分」（行手法2条4号）の意義

生活扶助費の増額変更を求める申請に対して福祉事務所長が行った却下決定に先だって弁明の機会が付与されなかったことが行手法13条に違反するか否かが問題となった事例において、大阪地判平成16・2・26判例地方自治257号87頁〔28092885〕は、本件申請は、「行政庁である福祉事務所長に対し、（引用者注：生活保護）法7条、24条5項、同条1項に基づき、同項の規定によって既に決定を受けていた生活扶助費の増額変更を求める申請であり、これに対しては福祉事務所長が諾否の応答をすべきこととされているのであるから（同条5項、1項）、行政手続法2条3号に規定する『申請』に該当するところ、本件却下決定……は、本件申請……により求められた生活扶助費の増額変更を拒否する処分であるから、同条4号に規定する『不利益処分』に該当しないことは明らかである（同号ただし書ロ）」として、不利益処分について規定した行手法13条が適用される余地はないとした。

「不利益処分」について行手法と同一の規定を有する東京都行政手続条例についての事案であるが、東京都青少年の健全な育成に関する条例8条に基づく不健全な図書類の指定について、東京地判平成15・9・25平成12年（行ウ）307号等裁判所HP〔28091651〕は、「都青少年条例8条の規定による不健全な図書類の指定は、当該図書類を対象として行われるいわば対物的な処分であって、特定の個人又は団体を名あて人として行われるものではないと解すべきである」として、不利益処分をしようとする場合の手続がとられなかったことを理由とした違法の主張について、前提において誤りがあるとした（本件につき、阿部・行政法解釈学Ⅱ37頁以下参照）。

3 「行政指導」（行手法2条6号）の意義

市長を兼ねる企業団理事長らが原告である病院運営者に対して温泉排水の地下水処理を中止するよう要請した行為につき、那覇地判平成20・9・9判時2067号99頁〔28142122〕は、「本件要請文書は、宮古島の地下水の保全・管理をすることを責務とする被告市長の立場から当然のことを記載したお願いのためのものであり、行政指導ではなく単なる要請にすぎない」との被告の主張に対し、「本件要請は、企業団が

宮古島の地下水の保全・管理という所掌事務の範囲内において、原告に対し、本件温泉施設の操業停止（温泉排水の地下浸透処理の中止）という不作為を求めるという行為であるから、これが行政指導に当たることは明らかである」とした。

論点 4　行手法3条1、2項による適用除外

　行手法3条1項は、1号から16号に掲げる処分及び行政指導については、第2章から第4章の2までの規定（「申請に対する処分」についての規定（5～11条）、「不利益処分」についての規定（12～31条）、「行政指導」についての規定（32～36条の2）、「処分等の求め」に関する規定（36条の3））が適用されないことを、同法3条2項は、1号から6号に掲げる命令等を定める行為については、第6章の規定（「意見公募手続等」に関する規定（38～45条））が適用されないことを、それぞれ規定している。

1　行手法3条1項による適用除外

　行手法3条1項は、処分等の主体の特殊性等により通常とは性質を異にする行政分野における処分等について、当該分野の特殊性を理由として行手法の適用除外とするものであり、以下のように整理されている（行政管理研究センター・行手法〈改正行審法対応版〉57頁以下）。

　(1)　当該処分の特殊性に応じた独自の手続によることとされているもの

　①処分主体の特殊性に応じた独自の手続によるもの及びそれに準ずるもの

　　「国会の両院若しくは一院又は議会の議決によってされる処分」（1号）、「裁判所若しくは裁判官の裁判により、又は裁判の執行としてされる処分」（2号）、「国会の両院若しくは一院若しくは議会の議決を経て、又はこれらの同意若しくは承認を得た上でされるべきものとされている処分」（3号）、「検査官会議で決すべきものとされている処分及び会計検査の際にされる行政指導」（4号）。

　②特殊な目的のために行われるものであってそれに応じた独自の手続があるもの

　　「刑事事件に関する法令に基づいて検察官、検察事務官又は司法警察職員がする処分及び行政指導」（5号）、「国税又は地方税の犯則事件に関する法令（他の法令において準用する場合を含む。）に基づいて国税庁長官、国税局長、税務署

長、収税官吏、税関長、税関職員又は徴税吏員（他の法令の規定に基づいてこれらの職員の職務を行う者を含む。）がする処分及び行政指導並びに金融商品取引の犯則事件に関する法令（他の法令において準用する場合を含む。）に基づいて証券取引等監視委員会、その職員（当該法令においてその職員とみなされる者を含む。）、財務局長又は財務支局長がする処分及び行政指導」（6号）。

(2) 当該分野の性質上、一般的な手続をとることになじまないもの

①処分等の主体と相手方との関係が特殊であるもの

「学校、講習所、訓練所又は研修所において、教育、講習、訓練又は研修の目的を達成するために、学生、生徒、児童若しくは幼児若しくはこれらの保護者、講習生、訓練生又は研修生に対してされる処分及び行政指導」（7号）、「刑務所、少年刑務所、拘置所、留置施設、海上保安留置施設、少年院、少年鑑別所又は婦人補導院において、収容の目的を達成するためにされる処分及び行政指導」（8号）。

②相手方に関し、一般国民とは異なる特殊性がみられるもの

「公務員（国家公務員法（昭和22年法律第120号）第2条第1項に規定する国家公務員及び地方公務員法（昭和25年法律第261号）第3条第1項に規定する地方公務員をいう。以下同じ。）又は公務員であった者に対してその職務又は身分に関してされる処分及び行政指導」（9号）、「外国人の出入国、難民の認定又は帰化に関する処分及び行政指導」（10号）。

③判断過程に特殊性がみられるもの

「専ら人の学識技能に関する試験又は検定の結果についての処分」（11号）。

④処分等の主体と相手方との関係が一対一ではないもの

「相反する利害を有する者の間の利害の調整を目的として法令の規定に基づいてされる裁定その他の処分（その双方を名宛人とするものに限る。）及び行政指導」（12号）。

⑤職務の特殊性に応じて補助機関に権限が与えられているもの（その場で生じている事態に対応して臨機に適切な措置をとることが必要なもの）

「公衆衛生、環境保全、防疫、保安その他の公益に関わる事象が発生し又は発生する可能性のある現場において警察官若しくは海上保安官又はこれらの公

益を確保するために行使すべき権限を法律上直接に与えられたその他の職員によってされる処分及び行政指導」(13号)。

⑥本来的な行政行為の付随的な行為としてとらえられるもの

「報告又は物件の提出を命ずる処分その他その職務の遂行上必要な情報の収集を直接の目的としてされる処分及び行政指導」(14号)、「審査請求、再調査の請求その他の不服申立てに対する行政庁の裁決、決定その他の処分」(15号)、「前号に規定する処分の手続又は第3章に規定する聴聞若しくは弁明の機会の付与の手続その他の意見陳述のための手続において法令に基づいてされる処分及び行政指導」(16号)。

2　行手法3条2項による適用除外

行手法3条2項は、命令等を定める行為のうち、これに関する行手法第6章(意見公募手続等)の手続の対象とすることが適当ではないと考えられる一定の類型の命令等を定める行為について、その適用を除外するものであり(行政管理研究センター・行手法〈改正行審法対応版〉87頁以下)、「法律の施行期日について定める政令」(1号)、「恩赦に関する命令」(2号)、「命令又は規則を定める行為が処分に該当する場合における当該命令又は規則」(3号)、「法律の規定に基づき施設、区間、地域その他これらに類するものを指定する命令又は規則」(4号)、「公務員の給与、勤務時間その他の勤務条件について定める命令等」(5号)、「審査基準、処分基準又は行政指導指針であって、法令の規定により若しくは慣行として、又は命令等を定める機関の判断により公にされるもの以外のもの」(6号)が規定されている。

事例

行手法3条1項9号に関し、以下のような事例がみられる。

国家公務員の懲戒免職処分につき、東京地判平成11・4・22判タ1047号177頁〔28060338〕は、「行政手続法3条1項9号は、国家公務員の身分に関してされる処分については同法第2章から第4章まで(5条から36条まで)の規定は適用されない旨規定しており、国家公務員に対する処分について規定されている国公法には事前に告知・聴聞手続を行うべきとする規定はなく、懲戒処分の際、処分の事由を記載した説明書を交付し、人事院に対して行政不服審査法による不服申立てをすることができることとしている(国公法89条1項、3項、90条1項)」ため、「法律上、国家公務員

の懲戒処分について、事前の告知、聴聞手続を保障しているということはできないが、事後的に人事院に対して審査請求をすることができることとされているのであり、これによって国家公務員の身分保障に欠ける点はないとする法の態度が表れているものといえる」としつつ、「もっとも、国公法74条1項が国家公務員に対する懲戒処分の公正を定めていることに照らし、懲戒処分の中でも被処分者の国家公務員としての身分そのものに重大な不利益を及ぼし、その他の不利益を与える懲戒免職処分については、処分の基礎となる事実の認定について被処分者の実体上の権利の保護に欠けることのないように被処分者に対し、処分の基礎となる事実について弁解の機会を与えるのが相当であると考えられるが、処分の基礎となる事実に係る認定の当否については、不服申立て手続のみならず、懲戒処分の取消訴訟においても審査の対象となるから、事後審査とはいえ、実体的、手続的保障に欠ける点はない」とした。

地方公務員の懲戒免職処分につき、熊本地判平成18・3・27判タ1251号198頁〔28132328〕は、「法令の規定上は告知・聴聞の手続を被処分者の権利として保障したものと解することはできず、告知・聴聞の手続きを取るか否かは処分をする行政庁の裁量に委ねられており、手続上不可欠のものとは認められない。ただし、懲戒処分の中でも懲戒免職処分は被処分者の実体上の権利に重大な不利益を及ぼすものであるから、懲戒免職処分に際し、被処分者に対して告知・聴聞の機会を与えることにより、処分の基礎となる事実の認定に影響を及ぼし、ひいては処分の内容に影響を及ぼす可能性があるときに限り、上記機会を与えないでした処分は違法となると解される」としたが、控訴審・福岡高判平成18・11・9判タ1251号192頁〔28130057〕は、「いやしくも、懲戒処分のような不利益処分、なかんずく免職処分をする場合には、適正手続の保障に十分意を用いるべきであって、中でもその中核である弁明の機会については例外なく保障することが必要であるものというべきである」として、弁明の機会が付与されていない「本件処分は、適正手続の保障という意味においても重大な問題を含んでいるものといわざるを得ない」として、本件処分を取り消している。

国立大学法人化前に行われた国立大学教授の懲戒処分について、東京地判平成17・6・27判タ1189号243頁〔28101638〕は、行手法は「公務員等に対してその職務又は身分に関してされる処分等については、事前・事後手続の統一的な整備が要請されていることから、同法第2章ないし第4章までの規定の適用を除外している（同法3条1項9号）ことが認められる。したがって、国立大学教授の懲戒処分手続において、代理人選任、文書等の閲覧、聴聞主宰者の公正確保が認められなかったとしても、直ちに当該懲戒処分手続が違法になると解することはできないというべきである」とした。

論点 5　国の機関等に対する処分等の適用除外（行手法4条）

　行手法4条1項は、国の機関等に対する処分等についての適用除外を規定している。

1　国の機関等に係る適用除外（行手法4条1項）

　行手法4条1項は、国の機関又は地方公共団体若しくはその機関に対する処分、行政指導、これらの機関又は団体がする届出について、一定の場合には、行政手続の規定を適用しない旨を規定する。

　一定の場合とは、これらの機関又は団体が「固有の資格」に立つ場合である。「固有の資格」とは、一般私人が立ち得ないような立場にある状態を指し、地方公共団体が地方財政法5条の4第1項に基づき起債の許可を申請するような場合がこれに該当する。逆に、「固有の資格」に立たない場合、例えば、地方公共団体がバス事業を行うために道路運送法4条1項に基づき一般旅客自動車運送事業の許可を申請するような場合には、行手法の規定が適用されることになる（以上につき、宇賀・行政手続三法〈第2次改訂版〉78頁以下参照）。ただし、「固有の資格」に立つか否かで適用の有無が区別されるのは処分、届出についてのみであり、これらの機関又は団体に対して行う行政指導については、「固有の資格」に立つか否かにかかわらず、行手法の規定は適用されない。

2　特殊法人、認可法人、指定検査機関機関に対する処分の適用除外（行手法4条2、3項）

　行手法4条2項及び3項は、特殊法人（2項1号）、認可法人（同項2号）、指定検査機関（3項）の監督に関する法律の特別の規定に基づいてされるものについては、行手法第2章及び第3章の規定を適用しない旨を規定する。ただし、これらの法人等の存続を不可能とする解散命令等の処分、これらの法人等の役職員の解任を命ずる処分については、行手法第2章及び第3章の規定が適用される（2項柱書かっこ書、3項かっこ書）。2項1号には、狭義の特殊法人だけではなく、独立行政法人、国立大学法人等も含まれる。

3　国又は地方公共団体の組織等についての命令等を定める行為の適用除外（行手法4条4項）

　行手法4条4項は、「命令等」につき、その内容が、国又は地方公共団体の

組織内部の事柄やこれに準ずる事柄（1〜5号）、国と地方公共団体との関係、地方公共団体相互の関係、国の機関相互の関係（6号）、国や地方公共団体の機関と特殊法人等との関係（7号）については、「命令等制定手続」について規定する第6章の規定を適用しない旨を規定している。

論点 6　地方公共団体についての適用除外（行手法3条3項）と地方公共団体の措置（行手法46条）

1　地方公共団体についての適用除外（行手法3条3項）

　行手法3条3項は、地方公共団体への適用について、同条1、2項が定める適用除外のほか、「地方公共団体の機関がする処分（その根拠となる規定が条例又は規則に置かれているものに限る。）及び行政指導、地方公共団体の機関に対する届出（前条第7号の通知の根拠となる規定が条例又は規則に置かれているものに限る。）並びに地方公共団体の機関が命令等を定める行為については、次章から第6章までの規定は、適用しない」と規定している。

　このため、(1)①地方公共団体の機関がする処分であってその根拠となる規定が国の法令に置かれているもの、②地方公共団体の機関に対する届出であって行手法2条7号の通知の根拠となる規定が国の法令に置かれているものについては行手法が全面的に適用されるが、(2)①地方公共団体の機関がする処分であってその根拠となる規定が条例又は規則に置かれているもの、②地方公共団体の機関に対する届出であって行手法2条7号の通知の根拠となる規定が条例又は規則に置かれているもの、③地方公共団体の機関がする行政指導、④地方公共団体の機関が命令等を定める行為については、行手法第2章から第6章までの規定が適用されないことになる。

2　地方公共団体の措置（行手法46条）

　行手法3条3項による適用除外は、「理論的に行政手続法の規定を適用できないと考えたから設けられたものではなく、地方自治に配慮して、地方公共団体の自主的な努力により、行政手続の整備を図ろうとしたものである」（宇賀・行政手続三法〈第2次改訂版〉78頁）。そこで、行手法46条は、「地方公共団体は、第3条第3項において第2章から前章までの規定を適用しないこととされ

た処分、行政指導及び届出並びに命令等を定める行為に関する手続について、この法律の規定の趣旨にのっとり、行政運営における公正の確保と透明性の向上を図るため必要な措置を講ずるよう努めなければならない」と規定し、行手法の適用が除外されているものについて、地方公共団体が必要な措置を講ずべき努力義務を課している。

3　行手法と行政手続条例の関係

　行手法と行政手続条例の関係について、(1)行手法の適用がある場合について、①条例により行手法の規定よりも厳しい内容を規定すること、②条例により行手法の規定よりも緩やかな内容を規定すること、(2)行手法の適用がない場合について、①条例により行手法の規定よりも厳しい内容を規定すること、②条例により行手法の規定よりも緩やかな内容を規定すること、それぞれの可否が問題となる。このうち、(1)②については行手法が規定する全国一律の最低限度の手続保障を後退させるものであるため許されず、その他の場合には当然に禁止されるものではないと解されているが、いかなる場合にいかなる内容の規定を設けることができるのかについては個別具体的に判断することになろう（文献の引用を含め、宇賀・行政手続三法〈第2次改訂版〉192頁以下、室井=芝池=浜川・コメ行政法Ⅰ〈第2版〉〔榊原秀訓〕306頁以下、議論の諸相につき、小早川光郎編『行政手続法逐条研究』有斐閣（1996年）347頁以下参照）。

　　　　　　　　　　　　　　　　　　　　　　　　　　　（大江裕幸）

(2) 申請・届出の取扱い

【概要】
　行手法は、申請に対する処分について、その第2章で規定している。申請に対する処分は、広範な行政分野で日常的に大量に行われており、かつ、それに対する不満が大きいとされるため（宇賀・行政手続三法〈第2次改訂版〉87頁以下）、行手法がその第2章において申請に対する処分を手続的に規制していることの意義は大きい。
　ここで、申請により求められた許認可等を行政庁が拒否する処分は一種の不利益処分であるといえるが、行手法はこれを不利益処分に含めることはせず、申請に対する処分の手続の中で処理することとしている点に注意が必要である。
　本項目では、行手法第2章で規定されている各種手続のうち、審査基準及び処分理由の提示を除いたものに関わる論点を取り上げる。
　ところで、行手法は、その2条3号で「申請」について、同条7号で「届出」について規定しており、申請については同法第2章、届出については同法第5章の規定が適用されることになっている。届出は、「行政庁に対し一定の事項の通知をする行為」であるという点では申請と同じであるが、行政庁が当該通知行為について「否」という応答することを許容していないという点で、申請とは異なっている。ただし、個別の法律で「申請」という用語が使われていても、それが行手法でいう「申請」に当たるとは限らないし、個別の法律で「届出」という用語が使用されていても行手法でいう「届出」に当たるとは限らない。そのため、問題となった行為が「申請」なのか、「届出」なのかという点については、個別の法律の解釈によって決することになる（宇賀・行政法概説Ⅰ〈第5版〉413頁）。本項目では、「申請」に関する論点を中心的に取り上げつつ、必要に応じて「届出」に関する論点も取り上げることとする。

論　　点

1　処分の遅延と訴訟
2　申請（届出）の受領拒否行為（返戻行為）の法的性質
3　申請の到達と先願主義
4　申請の経由と審査義務の発生時期
5　行政庁による情報提供と国家賠償請求
6　公聴会開催の意義と開催の是非をめぐる判断

論点 ❶ 処分の遅延と訴訟

1　申請に対する処分を迅速に処理するための行手法上の仕組み

　行手法は、申請がその事務所に到達してから、当該申請に対する処分をするまでに通常要すべき標準的な期間（標準処理期間）を定めるよう努めるとともに、これを定めたときは、当該申請の提出先とされている機関の事務所における備付けその他の適当な方法によって公にしておくことを行政庁に求めている（同法6条）。

　標準処理期間が作成され、公にされることは、恣意的な申請の放置を防止することと、申請の迅速な処理に対するインセンティブを行政庁に付与することにつながるとされている（宇賀・行政手続三法〈第2次改訂版〉95頁）。

　標準処理期間が設定されることの重要性を鑑みれば、本来的には行政庁にその設定義務が課せられることが望ましい。しかし、事例ごとのばらつきが著しい処分や事例が極めて少ない処分に関するものなど、標準処理期間の設定が困難な場合があり得ることを踏まえ、行手法は、標準処理期間の設定は努力義務としている（行政管理研究センター・行手法〈27年改訂版〉140頁）。

　行政庁が標準処理期間を設定した場合には、これを公表する義務が発生する。標準処理期間を設定しておきながら、その全部又は一部を公にしないことは認められない。ここで行手法6条にいう「公にしておく」の趣旨は、申請をしようとする者あるいは申請者に対して秘密にしないという趣旨であり、積極的に対外的に周知を図る（公表する）義務をも行政庁に課すものではないとされる（行政管理研究センター・行手法〈27年改訂版〉141頁）。

　行手法はさらに、その7条において、申請が到着した後行政庁が速やかに審査を開始する義務を定め、いわゆる申請後受理前の行政指導を否定するために「受理」の観念を排除し（7条の詳細については【論点2】以下を参照）、また、11条においては、同一の申請者から複数の行政庁に対して関連する申請が提出される場合について、行政庁が相互に判断を待って申請の処理が遅れることを防止するための規定が置かれており、申請に対する処分の迅速な処理の実現を目指している。

2 処分の遅延と各種訴訟

(1) 標準処理期間の経過と不作為の違法確認訴訟における「相当の期間」

行手法6条に基づいて定められた標準処理期間は、最長処理期間として期間内の処理を義務付けるものではない。また、行政庁は、申請を可能な限り速やかに処理する義務を負うにとどまるのであるから、標準処理期間の設定は「時の裁量」に関する裁量基準にも当たらないとされる（室井=芝池=浜川・コメ行政法Ⅰ〈第2版〉〔梶哲教〕108頁）。したがって、処分が標準処理期間を超えて遅延したとしても、不作為についての争訟において当然に「相当の期間」を過ぎたという評価にはならないし、また、処分が標準処理期間内になされたとしても、そもそも設定された期間が不適切な場合や、必要以上に処理を遅延させた場合などには「時の裁量」に関わる権限の踰越濫用として違法性若しくは不当性が認定されることもあり得る。

この点に関し、さいたま地判平成21・10・14平成20年（行ウ）37号裁判所HP〔28160075〕は、「（引用者注：行手）法6条及び7条が、標準処理期間、申請に対する審査応答義務を定めて、申請に対する事務処理の迅速化、透明化を図っていることからすると、原則として、法令に基づく申請から、当該処分を行うのに通常要する期間が経過しているにもかかわらず、許可・不許可の処分が行われていない場合は、その不作為は違法となり、この期間が徒過したことを正当化するような特段の事情がある場合に限り、その不作為は違法とはならないと解すべきである」と判示した。

(2) 処分遅延の違法と国家賠償請求訴訟

申請に対する処分については、上述のとおり、標準処理期間を超えて遅延したとしても直ちに違法の評価を受けるわけではない。処理について法定の期限が定められている場合に、法定の期限を超えて処分が遅延した場合でさえも、判例は、相手方の同意その他の合理的な理由があれば違法とはしていない（品川マンション建築確認留保事件・最三小判昭和60・7・16民集39巻5号989頁〔27100013〕）。

ここで、処分の遅延により損害が発生した場合に、当該損害につき国家賠償請求が認められ得るのか否かという論点がある。この点について判断が示されたのが水俣病認定遅延訴訟最高裁判決・最二小判平成3・4・26民集45巻4号653頁

〔27808496〕である。これは、公害に係る健康被害の救済に関する特別措置法又は同法を引き継いだ公害健康被害補償法に基づいて水俣病患者の認定申請が行われたものの、処分庁である熊本県知事による不作為状態が長期間続いたという事案である。最高裁は、認定申請を受けた処分庁が相当期間内に処分すべきは当然であり、不当に長期間にわたって処分がされない場合には、早期の処分を期待していた申請者が不安感、焦燥感を抱かされ内心の静穏な感情を害されるに至るであろうことは容易に予測できることであるから、処分庁には、こうした結果を回避すべき条理上の作為義務があるとしたうえで、処分庁がこのような意味における作為義務に違反したといえるためには、客観的に処分庁がその処分のために手続上必要と考えられる期間内に処分できなかったことだけでは足りず、その期間に比してさらに長期間にわたり遅延が続き、かつ、その間、処分庁として通常期待される努力によって遅延を解消できたのに、これを回避するための努力を尽くさなかったことが必要であるとした。

また、被爆者援護法11条１項に基づく原爆症の認定の遅延が問題となった長崎地判平成20・6・23訟務月報56巻3号219頁〔28160707〕は、前記水俣病認定遅延訴訟最高裁判決の判断枠組みを用い、申請から処分まで105日ないし740日を経過したことをもって、処分の遅延が国賠法上違法とまではいえないとしている。

論点 2　申請（届出）の受領拒否行為（返戻行為）の法的性質

１　申請の受領拒否（返戻）行為と行政指導

従前は、個々の申請が権限ある機関の事務所（窓口）に到達したにもかかわらず、申請を「受け付けない」、「受理しない」等の扱いをし、その間に申請の取下げや申請内容の変更を求める行政指導を行ったり、処理を遅延させる等の事態が往々にして生じており、問題視されていた。また、行手法が制定されるまでは、申請の処理に関する規律は、行審法等に基づく行政上の不服申立ての制度、行訴法に基づく抗告訴訟制度等の事後救済制度に限られており、申請に対する行政庁の応答に関する一般的な規律は存在していなかった。そこで、同法７条は、いわゆる申請後受理前の行政指導を否定し、申請書の「受理」概念

を排除して、許認可等を求める申請の迅速かつ公正な処理を確保することを目的として制定された。

同法7条は到達主義を採用しており、そこにいう「事務所に到達」とは、物理的な到達を意味しており、受領印の押印を要件とするものではないとされている（宇賀・行政手続三法〈第2次改訂版〉97頁）。そのような意味で、行手法のもとでは、行政指導に従わないこと等を理由として、申請書が提出されたものの受理拒否や返戻を行って審査を開始しないという取扱いの余地はないこととなる。しかし、その一方で、同法33条の文言からもわかるように、行手法は申請到達後においても申請の取下げ又は内容の変更を求めることを排除しているわけではなく、同法7条も申請関連の行政指導の存否について中立であると解されている（鹿子嶋仁「申請書の返戻と行政手続法」香川法学29巻2号（2009年）4頁、宇賀克也『行政手続法の理論』東京大学出版（1995年）64-65頁）。

この点に関し、病院開設許可の申請書の返戻が問題となった名古屋高金沢支判平成15・11・19判タ1167号153頁〔28102512〕は、行手法7条の趣旨に照らすと、申請書が行政庁の事務所に到達したにもかかわらず、当該申請書による申請を申請として取り扱わず、当該申請書を返戻することができるのは、行政指導の必要がある場合であっても、申請書の返戻について申請者の事前の同意があった場合に限って許され、そのような同意なくして、申請書を持参し、あるいは送付して申請行為をしている申請者に対し、その受付手続をすることなく、申請書自体を返戻することは、それがたとえ事前協議の必要性等に基づく行政指導として行われるものであったとしても許されず、申請書の返戻行為は同条に反しているとしている（同様の判断として、同じく病院開設許可の申請書の返戻が問題となった事例の名古屋高金沢支判平成20・7・23判タ1281号181頁〔28142277〕がある）。

このように、申請後受理前の行政指導の結果行われる申請書の返戻も申請者の同意があった場合には許容され得るとの考え方は、他の事例においてもみられるところである。例えば、長野地判平成22・3・26判例地方自治334号36頁〔28163255〕は、産業廃棄物処理業の事業範囲変更許可申請に係る事案において、申請者が行政指導に従う意思がないことを表明していたにもかかわらず、

漫然と申請書類を返戻した行為は、行手法7条違反であるとしている。

また、行政指導との関連でいうと、同法7条は、形式的な不備のある申請について行政庁が申請者に対して当該申請の補正を求めることを認めているため、補正関連での行政指導の余地も残ることになるが、行政庁が補正を求めても申請者がこれに応じない場合、行政庁は速やかに拒否処分を行う必要がある（室井=芝池=浜川・コメ行政法Ⅰ〈第2版〉〔梶哲教〕115頁）。

この補正について、申請の形式上の要件に適合しない申請については、行政庁は補正を求めても、拒否処分をしてもよいことになっており、補正を求めることが義務付けられているわけではないとされる（宇賀・行政手続三法〈第2次改訂版〉98頁）。ただし、補正を求めれば済むところを安易に拒否処分に及ぶことは裁量権の濫用に当たると考えられている（東京地判昭和36・3・6行裁例集12巻3号521頁〔27602421〕、東京地判昭和46・1・29無体財産例集3巻1号11頁〔27661496〕等）。また、軽微な瑕疵について行政庁側に必ず補正を求める義務が生ずるのかという論点もあるが、前掲昭和46年東京地判〔27661496〕は、当時の実用新案法55条2項で準用する特許法17条2項2号（現行法17条3項2号）は、申請に形式違反があっても必ず補正を求める趣旨ではないとしながら、申請としての本質的要件を欠いているのでない限り、補正を命ずべきと判断している。

2　申請の受領行為（返戻行為）と抗告訴訟

申請の受領拒否行為（返戻行為）について抗告訴訟を通じて争う場合には、どのような類型を用いて争うことができるだろうか。行手法が制定された趣旨を踏まえれば、申請の受領拒否を争う手段としては不作為の違法確認訴訟若しくは申請型義務付け訴訟などが選択されるべきと解されており（室井=芝池=浜川・コメ行政法Ⅰ〈第2版〉〔梶哲教〕111頁）、判例でもそのような傾向が定着しつつあるとされる。例えば、産業廃棄物処理施設設置の許可申請（根拠は廃掃法14、15条）に係る事案で、仙台地判平成10・1・27判タ994号132頁〔28033443〕は、申請書の受領拒絶行為について不服のある場合は不作為についての不服申立て等、処分不作為に対する争訟手段によるべきとして、受理拒否の取消請求（主位的請求）を却下するとともに、不作為の違法確認請求（予備的請求）を認容している。広島高岡山支判平成12・4・27判例地方自治214号70頁〔28061604〕も同

様に産業廃棄物処理施設の設置に係る許可申請事案で、申請書の返戻を争うためには処分不作為による争訟手段を用いるべきとの判断を下している。

　もっとも、事案によっては、問題となっている申請書の受領拒絶行為（返戻行為）が、行政指導に従うまで審査をしない趣旨なのか、それとも申請の拒否処分なのかが明確でない場合があり得る。原告側の対応としては、不作為の違法確認訴訟と併せて申請拒否処分の取消訴訟を提起すべきということになろうが、不作為の違法確認訴訟では返戻行為それ自体の違法性は直接の争点から外れてしまう。そのため、申請書の不受理・返戻行為を申請の拒否処分として取り扱うことによって取消訴訟の中で返戻がその行為自体で違法であることを明確にすることができるとして、申請書の受領拒絶行為（返戻行為）を申請拒否処分とみた取消訴訟に意義を認める見解もある（鹿子嶋・前掲15頁）。

　申請拒否処分の取消訴訟が肯定された裁判例として、例えば、岡山地判平成12・2・2平成10年（行ウ）2号裁判所HP〔28151997〕は、道路法24条に基づく道路工事の承認申請書の返戻事案につき、行手法7条及び8条の趣旨を踏まえれば、本来であれば、道路管理者である行政庁は、申請がその事務所に到達すると遅滞なくこれを審査し、内部的には決裁を経て、承認処分をするか、承認できない場合は理由を付して不承認処分をすることにより、その処分結果を明確にすべきであるとした。そのうえで、申請に対する審査を経たのに承認・不承認の具体的な明示がないままに申請書が返戻される場合もあり、このような場合は、当該返戻行為が、申請書の撤回又は補正を促す単なる事実上の措置にとどまるものか、承認を拒否（不承認）する行政処分なのかが問題となるとした。そして、このような返戻行為の処分性の有無については、形式的な承認・不承認の記載の有無だけではなく、行政庁がどのような意思で当該返戻行為をしたかを考慮して判断されるべきであるとし、結論として、申請書の返却理由書における記載等の内容を手がかりに行政庁の真意が解釈され、拒否処分該当性を肯定した。また、東京高判平成14・2・20平成13年（行コ）167号裁判所HP〔28152230〕は、産業廃棄物処理施設の設置許可申請書の返戻が申請却下処分に当たるとして取消訴訟で争われた事案につき、産業廃棄物処理施設設置許可の申請がされた場合において、都道府県知事が、同申請に対する許否の判断を

しないで申請書その他の書類を申請者に返却したときには、それが補正を要するためであるなど特段の事情が認められない限り、申請者の法律上の地位ないし権利に影響を及ぼし、ひいてはこれを侵害することになるから、実質的に取消訴訟の対象となる申請却下処分に当たると解すべきであるとした（この判決に対し、鹿子嶋・前掲19頁は疑問を呈している）。

3　申請の受領拒否行為（返戻行為）と国家賠償訴訟

申請書の受領拒否行為（返戻行為）の国賠法上の違法性を判断するに当たっては、受領拒否行為の違法性を単独で判断するのではなく、受領拒否行為を行政指導と一体的にとらえ、行政指導の限界から違法性を評価するということが多くの判例において行われている。

ここで、これらの判例が参考としているのが、【論点1】の品川マンション建築確認留保事件・最三小判昭和60・7・16民集39巻5号989頁〔27100013〕である。最高裁は、この事案において、建築主が、行政指導に協力できない旨の意思を真摯、かつ明確に表明して建築確認申請に対し直ちに応答すべきことを求めたときは、行政指導に対する建築主の不協力が社会通念上正義の観念に反するといえるような特段の事情が存在しない限り、行政指導が行われているとの理由だけで申請に対する処分を留保することは、国賠法1条1項所定の違法な行為となると判断した。

例えば、行政財産の目的外使用許可申請の返戻事案である大阪地判平成15・5・8判タ1143号270頁〔28082014〕は、品川マンション建築確認留保事件の枠組みをそのまま持ち込み、申請の不受理ないし返戻は、申請者が、不受理ないし返戻に応じることができないとの意思を真摯かつ明確に表明し、当該申請に対し直ちに応答すべきことを求めていると認められるときには、特段の事情が存在しない限り、国賠法上違法となるとしている。また、前掲平成15年名古屋高金沢支判〔28102512〕も、返戻を行手法7条違反と認定したが、国賠法上の違法を肯定するためには行政指導に従う意思のないことを明らかに表明していることが必要であるとしている。

4　届出の受領拒否行為（返戻行為）と国家賠償訴訟

行手法37条は、行政庁に対する届出が私人の権利利益にとって申請に劣らず

重要な意味を有していることを踏まえ、届出の公正・透明な処理の確保を目指して、法令に定める形式上の要件に適合した届出については、当該届出が法令上の提出先機関の事務所に到達したときに当該届出をすべき手続上の義務が履行されたものと定めている。同条は、届出制が実際の運用において事実上許可制と同様の役割を果たしている場合が少なくないという内外の批判に応えたものであり、規制緩和への運用面での対応という側面をも有していると解されている（宇賀・行政手続三法〈第2次改訂版〉177頁以下、室井＝芝池＝浜川・コメ行政法Ⅰ〈第2版〉〔高橋正徳〕266頁）。

　行手法37条の規定により、形式上の要件を具備した届出が提出先機関の事務所に到達したときに、法律上課された届出義務が履行されたことになり、行政庁その他の機関は、当該届出がなかったものとして取り扱うことはできなくなる。同条にいう「当該届出が法令により当該届出の提出先とされている機関の事務所に到達したとき」とは、届出の「受理」という観念を否定する趣旨である。実定法上届出の「受理」という文言が使用されることがあるが、これは一般的には届出の到達の意味に解すべきであるとされる（宇賀・行政法概説Ⅰ〈第5版〉426頁）。この点につき、鉄道営業法に基づく鉄道運送事業者による地方運輸局長への列車運行計画の届出が問題となった東京地判平成20・1・29訟務月報55巻12号3443頁〔28141164〕は、同法及び同法施行規則の規定上、地方運輸局長が処分としての受理という行為を行うことは想定されておらず、届出受理取消請求の訴えは、取消しの対象を欠く不適法な訴えであると判断している。

　ちなみに、行手法37条は専ら手続的側面に着眼した規定であり、実体的側面には関わらないため、届出の内容が正しくなければ、「当該届出をすべき手続上の義務」が履行されても、行政庁は届出の内容をそのまま是認しなければいけないわけではない。この点に関し、国籍離脱の効力が生ずるためには、その者が二重国籍者であることと法務大臣に対する届出がなされることの両方の要件を満たしている必要があるから、外国籍を有しない者のした国籍離脱届出を受けて誤って国籍離脱の告示がされたとしても、これによって国籍離脱の効力が生ずる余地はないとした事例がある（東京地判平成3・5・28行裁例集42巻5号954頁〔27809271〕）。

さて、行手法37条は、形式上の要件に適合しない届出の取扱いについて規定していないため、届出の形式上の要件の具備につき届出人と行政庁との間に見解の対立がある場合には、届出人は正しい内容の届出をすべきという法令上の義務違反に対する制裁を受ける可能性にさらされ、また、自己の期待する法律上の効果を享受することができなくなる。

そこで、届出人と行政庁との間で見解の相違が生じ、行政庁が届出を不受理としたり返戻した場合の争い方に関しては、①申請同様、届出についても受理の観念を否定する立場から、行手法のもとでは届出の形式的要件不充足を理由とする不受理処分・却下処分を行う権限を行政庁は有していないとし、届出の存在・不存在を前提とした訴訟形式（届出義務履行確認を求める公法上の当事者訴訟）を挙げる立場（塩野宏＝髙木光『条解行政手続法』弘文堂（2000年）362頁等）と、②形式的要件が不備であるとの行政機関の意思表示を「一種の争訟上の不受理処分」（形式的行政処分）と解して、これに対する取消訴訟の提起を認める立場（兼子仁『行政法学』岩波書店（1997年）75頁、高橋滋『行政手続法』ぎょうせい（1996年）405-406、444頁等）に見解が分かれているようである（この分類については、室井＝芝池＝浜川・コメ行政法Ⅰ〈第2版〉〔髙橋正徳〕274頁を参考）。

裁判例としては、まず、無償自動車運送事業に係る届出を同事業に該当しないとの理由で返付した運輸局長の行為について、届出は届出書の事務所への提出によって効力を生じており、返付行為は単なる事実上の行為にすぎないとして、取消訴訟の対象とならないとされた事例がある（MKタクシー事件・名古屋地判平成13・8・29判タ1074号294頁〔28062362〕）。

一方で、宗教団体アレフ信者の転入届の不受理をめぐって、一連の転入届不受理処分の取消訴訟が存在している（名古屋地判平成14・5・13判例地方自治234号10頁〔28072276〕、東京高判平成14・5・15高裁民集55巻2号7頁〔28081661〕等）。これらの事案においては「転入届不受理」行為の処分性が肯定されており、最一小判平成15・6・26裁判集民210号189頁〔28081679〕も、転入届の不受理が処分であることを前提として事案を処理しているが、これら転入届をめぐる一連の裁判例においては、住民台帳法による転入届の不受理は、行手法でいう「申請」に対する（住民票の記載の）拒否処分として整理されているようである（塩野・行政

法Ⅰ〈第6版〉340頁）。

論点 3　申請の到達と先願主義

　【論点2】でも言及したとおり、行手法7条は到達主義を採用しており、そこにいう「事務所に到達」とは、物理的な到達を意味しており、受領印の押印を要件とするものではないとされている。

　申請の到達時点は、先願主義の場合に重要な意味を持ち、この点に関する重要判例として、公衆浴場の許可申請に係る最二小判昭和47・5・19民集26巻4号698頁〔27000568〕がある。この事案で問題となった広島県公衆浴場法施行条例は、許可申請に係る新規の公衆浴場と既存の公衆浴場との間に原則として300m以上の距離を置かなければならないと定めていた。AはXよりも先に許可申請書を提出したが、Aの申請には補正が必要であるとして受理されなかった。一方、Xの申請は即日受理された。その直後にAの申請は補正を要するものではないことが判明し、Aの申請も受理された。そして、Aの申請が許可され、Xの申請はAの公衆浴場設置予定地点の至近距離に設置を予定するものであったため、前記条例の規定に基づいて不許可となった。そこで、Xは、自己の申請の方が先に受理されたため、Aに対する許可処分は違法であると主張して、Aに対する許可処分の無効確認を求めて出訴した。この事案において最高裁は、競願関係にある公衆浴場営業許可申請に関する先願後願の関係は、所定の申請書が行政庁に提出された時を基準として定めるべきであり、申請の受付ないし受理というような行政庁の行為の前後によってこれを定めるべきものではないと判断し、Aに対して許可処分を行った行政庁の判断に違法はないと判断した。

　この公衆浴場営業許可申請の事案では、許可の要件を具備した申請が適法になされたときは、その時点において、申請者と行政庁との間に許可をなすべき法律関係が成立したものというべく、この法律関係は、許可が法律上の羈束処分である限り、その後になされた第三者の許可申請によって格別の影響を受けるべきいわれはなく、後の申請は、既存の法律関係が何らかの理由により許可処分に至らずして消滅した場合にのみ、これに対して許可をなすべき法律関係

を成立せしめ得るにとどまるとされた。しかし、現実には、一定期間内に申請をさせ、その間に提出された申請を比較して最適なものに許可を与えることが合理的な場合もある。この点に関し、行手法は、かかる場合に、申請処理を一定期間保留して比較審査することを否定する趣旨ではないとする指摘がある（宇賀・行政法概説Ⅰ〈第5版〉420頁）。

論点 4 申請の経由と審査義務の発生時期

　法令上経由機関を通じて申請が行われることとされている場合に、行政庁の審査義務はいつの時点から発生するのかという問題がある。県知事の制定した規則に基づいて県建築主事宛ての建築確認申請を経由機関の町長に提出したところ当該町長が進達しなかった事案（名古屋高金沢支判平成元・1・23行裁例集40巻1＝2号15頁〔27804821〕）においては、県知事の規則において経由機関として町長が行う申請書の受理及び審査は、町長が処分権者である県建築主事の一機構として行うものであり、町長に対して申請書が提出されれば、建築主事に対して申請したのと同一の効果を生ずることになると判断した。

　届出についても、法令上経由機関が定められている場合には、経由機関による進達の懈怠により届出の手続上の義務の不履行状態が継続する事態を回避するため、経由機関の事務所に提出されたときに、届出をすべき手続上の義務が履行されたと解すべきとされている（宇賀・行政手続三法〈第2次改訂版〉178頁。判例としては、文化財保護法103条（現188条）に基づき都道府県教育委員会を経由機関とする文化庁長官への書類等の提出に関する福岡高那覇支判平成9・11・20判タ976号148頁〔28032773〕を参照）。

論点 5 行政庁による情報提供と国家賠償請求

　行手法9条は、1項で「行政庁は、申請者の求めに応じ、当該申請に係る審査の進行状況及び当該申請に対する処分の時期の見通しを示すよう努めなければならない」とし、2項で、「行政庁は、申請をしようとする者又は申請者の求めに応じ、申請書の記載及び添付書類に関する事項その他の申請に必要な情報の提供に努めなければならない」と定めており、行政庁による情報の提供に

関して規定している。この規定の文言によれば、同条の定める情報提供は、あくまで申請者の求めに応じて行われるものを対象としており、行政庁の職権による情報提供は含まれていない（宇賀・行政手続三法〈第2次改訂版〉102頁）。

　この点に関し、京都地裁は、児童扶養手当法に基づく手当の支給に関する周知徹底義務の存否が問題となった事案において、児童扶養手当の支給要件に該当する者の受給資格及び手当の額について認定請求主義を採用し、さらに、手当の支給は認定の請求をした日の属する月の翌月からはじめるという非遡及主義をとる児童扶養法のシステムのもとでは、担当行政庁の職権による周知徹底義務は憲法25条の理念に即した児童扶養手当法の条文解釈から導き出すことができ、そのような周知徹底を行政庁が果たさない場合には国家賠償請求が肯定されると判示した（京都地判平成3・2・5訟務月報40巻8号1944頁〔27808328〕）。京都地裁は、このように、個別法の解釈として職権による周知徹底義務が認定され得るとしたわけであるが、当該事案の控訴審である大阪高判平成5・10・5訟務月報40巻8号1927頁〔27825932〕では、そのような周知徹底義務が否定されることになった。

論点 6　公聴会開催の意義と開催の是非をめぐる判断

　行手法10条は、行政庁の努力義務として、申請者以外の者の利害を考慮すべきことが当該法令において許認可等の要件とされている場合には、必要に応じ、公聴会の開催その他の適当な方法により当該申請者以外の者の意見を聴く機会を設けることについて定めている。

　このように、行手法10条は、意見聴取の実施を努力義務にとどめているため、申請者以外の者の意見を聴取する手続を実施するか否かについて、行政庁の裁量の幅は広いと解されている。この点については土地収用法に基づく事業認定をめぐって裁判例があり、例えば、東京高判平成4・10・23行裁例集43巻10号1275頁〔25000026〕は、同法23条1項に基づく公聴会の開催は、事業認定機関の裁量に委ねられており、これを不要とした判断に裁量権の逸脱・濫用はないとしているほか、大津地判昭和58・11・28行裁例集34巻11号2002頁〔27662716〕も、寺域の一部に属する土地を国道バイパスの一部に供することを内容とする

事業認定をするに当たり、建設大臣（当時）が同法22条に規定する意見の聴取及び同法23条に規定する公聴会の開催をしなかったことが違法ではないと判断している（なお、平成14年に同法23条1項が改正され、事業認定庁は、事業認定申請書の縦覧期間内に、利害関係を有する者から公聴会の開催請求があったときは、公聴会を開催しなければならないことになった）。

（大橋真由美）

(3) 聴聞・弁明等

【概要】

　我が国においては、戦後、アメリカ法の影響を受けて、相当数の個別法において、私人の権利利益を侵害する処分が行われるに際しての通知と意見陳述の機会の保障に関する規定が置かれることになったが、一方で、侵害的な処分でありながらかかる規定が置かれていないケースも多く存在していた。また、【論点1】で改めて取り上げるが、憲法が侵害的な処分についてどこまでの行政手続の履践を要求しているのかという点についても不明確な点が存していたため、学界からは、行手法を制定し、この問題を立方的に解決することが強く要望されていた。

　そうした中で平成5年に制定された行手法は、一般法として、不利益処分に関する事前手続のあり方に関して規定することになった。もっとも、行手法は、侵害的な処分すべてを同法にいう「不利益処分」としたわけではない。すなわち、行手法は、不利益処分を「行政庁が、法令に基づき、特定の者を名あて人として、直接に、これに義務を課し、又はその権利を制限する処分」（2条4号本文）と定義する一方で、この定義に内容的に該当する処分でも、①「事実上の行為及び事実上の行為をするに当たりその範囲、時期等を明らかにするために法令上必要とされている手続としての処分」（2条4号ただし書イ）、②「申請により求められた許認可等を拒否する処分その他申請に基づき当該申請をした者を名あて人としてされる処分」（同号ただし書ロ）、③「名あて人となるべき者の同意の下にすることとされている処分」（同号ただし書ハ）、④「許認可等の効力を失わせる処分であって、当該許認可等の基礎となった事実が消滅した旨の届出があったことを理由としてされるもの」（同号ただし書ニ）は、行手法にいう「不利益処分」から除外するとしているのである（以下においては、行手法上の不利益処分に限られない、侵害的な内容を有する処分一般については「侵害処分」と表記して区別することとする）。特に、一般的には侵害的な内容を有する処分の典型として想起される「申請に対する拒否処分」が、行手法上は不利益処分概念から除外されている点については注意が必要である。

　行手法は、不利益処分が行われる際の意見陳述の手続を2つに分けている。1つが聴聞、もう1つが弁明の機会の付与である（13条1項1、2号）。聴聞はより正式で慎重な手続であり、弁明の機会の付与はより簡易な手続である。行政庁は、行手法13条1項1号イ、ロ、ハに挙げられた場合に該当する不利益処分を実施する場合は聴聞手続を実施する必要があるが、これらのいずれにも該当しないときは、弁明の機会を付与することになる（なお、弁明手続相当処分であっても、行政庁の裁量により聴聞手続の対象とな

り得ることが認められている。13条1項1号ニ）。

本項目においては、行手法にいう不利益処分に限らず、広く一般的な意味での聴聞が侵害処分に際して必要とされる場合についても念頭に置きつつ、検討を行う。

・・・・・・ 論　　点 ・・・・・・
1　憲法上の適正手続の要請と侵害処分における事前手続の要否
2　聴聞・弁明の機会の付与の省略
3　処分前の原因事実の通知手続の要否
4　聴聞手続の後の行政訴訟において提出できる証拠
5　文書の閲覧請求
6　聴聞主宰者の除斥事由
7　聴聞・弁明等に関するその他の手続上の論点
8　聴聞・弁明の機会の付与の瑕疵と取消訴訟における違法

論点 1　憲法上の適正手続の要請と侵害処分における事前手続の要否

　行政庁が私人に対して侵害処分を行う場合に、事前に相手方に通知し、意見陳述の機会を保障すべきことは、イギリスでは自然的正義の法理として広く認められてきた。また、イギリス法を継受したアメリカにおいても、合衆国憲法修正5条のデュープロセス条項が行政手続にも適用され、侵害処分に際しての通知と意見陳述の機会の保障（notice and hearing）は、一般に憲法上の要請となっている。その一方で、侵害処分を行うに際しての通知と意見陳述の機会の保障が我が国においても憲法上要請されるかについては、かねてより議論があるところであるが、肯定説が有力であるとされる。しかし、憲法のいずれの条文を根拠とすべきかについては議論が分かれており、憲法31条説、憲法31条・13条併用説、手続的法治国説などさまざまな見解が示されてきた（宇賀・行政法概説Ⅰ〈第5版〉430頁）。

　行政手続の適正に対する憲法的要請の範囲と根拠という問題に関する裁判所の判断は、どのように展開されてきたのだろうか。

　まず挙げられるのが、第三者所有物没収判決事件に係る最高裁判決（最大判昭和37・11・28刑集16巻11号1593頁〔21016692〕）である。この事案において最高裁

は、所有者に対してあらかじめ内容を告知し防御の機会を与えることなく執行された貨物の没収刑は憲法31条に違反すると判断し、同条は手続の法定のみならずその適性をも要求するものであることを判示した。しかしその一方で、最高裁は、同条が行政手続に適用されるか否かに関しては、慎重に判断を回避する姿勢をとり続けたとされる（他の判例動向も含め、高橋滋『行政手続法』ぎょうせい（1996年）16頁以下を参照）。

そうした中で、侵害処分における告知・聴聞のあり方が正面から問題となった事件において、行政処分における憲法上の適正手続のあり方について判断が示されたのが、成田新法事件・最大判平成4・7・1民集46巻5号437頁〔25000011〕である。最高裁大法廷は、行政手続については、それが刑事手続ではないとの理由のみで、そのすべてが当然に憲法31条による保障の枠外にあると判断することは相当ではないが、同条による保障が及ぶと解すべき場合であっても、行政処分の相手方に事前の告知、弁解、防御の機会を与えるかどうかは、行政処分により制限を受ける権利利益の内容、性質、制限の程度、行政処分により達成しようとする公益の内容、程度、緊急性等を総合較量して決定されるべきものであって、常に必ずそのような機会を与えることを必要とするものではないと解すべきであると判示した。これは、前述の各見解のうちの憲法31条説を採用したものとして理解されている。

ただし、上述のとおり、成田新法事件最高裁大法廷判決は、いかなる行政手続に憲法31条の保障が及ぶのかという点については、行政処分により制限を受ける権利利益の内容、性質、制限の程度、行政処分により達成しようとする公益の内容、程度、緊急性等を総合較量して決定されるべきものであって、常に必ずそのような機会を与えることを必要とするものではない、と抽象的に述べるにとどまり、具体的な立法指針としては不十分な判示内容であった。さらに、同条により事前に意見陳述の機会を付与する場合において、いかなる態様で意見陳述が実施されるべきかという点（書面での陳述で十分なのか、口頭での陳述が必要なのか、口頭意見陳述の場合は公開の場で行われる必要があるのか等）についても具体的な判示を欠いていた。そうした中で、学界を中心に、行手法制定の実現が強く求められることになったのである（宇賀・行政法概説Ⅰ〈第5版〉431頁）。

論点 ❷ 聴聞・弁明の機会の付与の省略

　行手法13条は、その1項において、不利益処分の名あて人となるべき者の権利利益の保護を図る観点から、行政庁が不利益処分をしようとする際に、聴聞又は弁明の機会の付与のいずれかの手続をとらなければならないことを定めている。

　その一方で、同条2項は、一定の場合には、弁明の機会の付与及び聴聞のいずれをも省略できる旨規定している（同項1～5号）。同項によれば、弁明の機会の付与及び聴聞手続の実施を省略できるのは、①相手方に対する手続的権利保障の要請に対して、速やかな公益確保の必要性を優先させるべきであると判断される場合（同項1号）と、②行政効率の確保の要請を優先させるべきであると判断される場合（同項2～5号）である。いかなる場合に手続の省略ができるかという点に関わる具体例については、【事例】を参照されたい。

事例

　(1)　大津地判昭和58・11・28行裁例集34巻11号2002頁〔27662716〕（行手法施行前の事例）

　　寺域の一部に属する土地を国道バイパスの一部に供することを内容とする事業認定の申請前に土地収用法11条に規定する測量又は調査のための立入りをしなかったこと並びに建設大臣（当時）が当該事業認定をするに当たり同法22条の規定する意見の聴取及び同法23条に規定する公聴会の開催をしなかったことが違法ではないとされた事例（なお、平成14年に同法23条1項が改正され、事業認定庁は、事業認定申請書の縦覧期間内に、利害関係を有する者から公聴会の開催請求があったときは、公聴会を開催しなければならないことになった）。

　(2)　大阪地判平成元・9・12行裁例集40巻9号1190頁〔27806299〕（行手法施行前の事例）

　　ゴルフ場を経営する会社が、ゴルフコース増設のため、市道に土石等をたい積し、道路を損壊しているとして、市が、道路法71条3項に定める聴聞手続を経ずに、同条1項に基づく工事中止命令を発した場合につき、2週間もあれば聴聞手続を行うことは可能であり、工事を知ってから工事中止命令を行うまで1か月余りの期間が経過していた場合には、聴聞を行う余地のないほどの時間的緊急性があったとは認められないから、道路法旧71条3項ただし書にいう「緊急やむを得ない場合」には該当せず、したがって、工事中止命令は、同項所定の聴聞手続を怠った点で違法であるとして、これを取り消した事例（控訴審・大阪高判平成2・8・29行裁例集41巻8号1426頁

〔27808151〕も同旨)。

(3) 長野地判平成17・2・4判タ1229号221頁〔28130503〕

　動物の疾病の判断に使用することを目的としたエックス線画像処置装置につきなされた薬事法に基づく医療用具の回収命令処分が、弁明の機会の付与の手続をとられずになされた場合には、行手法13条2項1号にいう「公益上、緊急に不利益処分をする必要がある」ときを除いて、実体的要件を満たしているか否かにかかわらず原則として当該処分は違法となるとしたうえで、当該事案においては弁明手続の省略が許される公益上の緊急性があるとは認められないとして、回収命令が違法とされた事例。

論点 3　処分前の原因事実の通知手続の要否

　侵害処分に関わる手続の柱は「notice and hearing」、すなわち侵害処分実施に際しての事前の通知と意見陳述の機会の保障である。このうち、処分実施に際して処分の名あて人に対して行われるべき通知の趣旨は、処分の名あて人の攻撃・防御権を処分手続に入る前の早い段階で十分に保障し、かつ不意打ちを防止するという点にある。

　行手法は、不利益処分の際の事前通知について、次のように定めている。すなわち、聴聞手続については同法15条1項が、「行政庁は、聴聞を行うに当たっては、聴聞を行うべき期日までに相当な期間をおいて、不利益処分の名あて人となるべき者に対し、次に掲げる事項を書面により通知しなければならない」とし、書面により通知する必要のある事項として、①予定される不利益処分の内容及び根拠となる法令の条項、②不利益処分の原因となる事実、③聴聞の期日及び場所、④聴聞に関する事務を所掌する組織の名称及び所在地を挙げている。また、弁明の機会の付与についても、同法30条が聴聞手続に関する同法15条と同様の規定を置いている。

　ここでポイントとなるのは、事前通知事項として、不利益処分の原因となる事実が挙げられている点である。

　下級審判決ではあるが、行手法制定前から、聴聞前に侵害処分の原因となる事実を通知する必要性については指摘がなされていた。いわゆるニコニコタクシー事件・大阪地判昭和55・3・19行裁例集31巻3号483頁〔27486389〕において、大阪地裁は、原告のタクシー会社が大阪陸運局長から事業停止と免許取消しに

ついての聴聞を受けることになったが、聴聞前に違反法条のみが示され、具体的違反事実は明らかにされず、原告の照会に対しても回答が拒否された事案につき、陸運局長は一般乗用旅客自動車運送事業免許取消処分のための聴聞に当たり、事案の公示後、聴聞前に被処分予定者に対して処分原因となるべき具体的事実を告知する必要があると判示して、陸運局長がした一般乗用旅客自動車運送事業免許取消処分を取り消している。

　不利益処分の名あて人に対して事前に通知されるべき「具体的事実」とはどのようなものかという点については、行政管理研究センター編集による解説は、「聴聞の趣旨が没却してしまわないためにも、不利益処分の名あて人となるべき者にとって具体的な事実が認識され、その者の防御権の行使を妨げない程度に記載されることが必要」であるとしている（行政管理研究センター・行手法〈27年改訂版〉196頁）。一方、このような基準では依然抽象的で不十分であり、行手法における不利益処分の通知の趣旨が、どういう理由で行政庁が聴聞しようとしているのかを相手方に認識させ、そのための準備をさせることにあるのであるから、行政庁がどういう事実をつかんでいるかについて、相手方にわかる程度の具体性が必要であるとする指摘もある（室井=芝池=浜川・コメ行政法Ⅰ〈第2版〉〔岡崎勝彦〕169頁）。

　なお、行手法15条3項は、不利益処分の名あて人となるべき者の所在が判明しない場合において、聴聞の通知を当該行政庁の事務所の掲示場への掲示によって送達することを認めており、掲示を開始した日から2週間を経過したときに、その通知は当事者に到達したものとみなされるとしている（弁明の機会の付与についても、同法31条で同法15条3項の規定が準用されている）。ここでいう「名あて人となるべき者の所在が判明しない場合」とはいかなる場合かという点について、不利益処分の名あて人となるべき者の所在が不明であるケースや聴聞の通知を郵送により行ったものの居所が不明である場合が挙げられている（行政管理研究センター・行手法〈27年改訂版〉197頁）。また、行手法施行前の事例ではあるが、最二小判昭和56・3・27民集35巻2号417頁〔27000143〕は、商標法77条5項により準用される特許法191条の規定に基づく公示送達は、送達を受けるべき者の住所、居所その他送達をすべき場所が知れないときにこれをする

ことができるとされているところ、商標登録取消しの審判事件における被請求人である商標権者が商標登録を受けた後その本店所在地を変更し、これにつき、特許庁に対する届出をしていないが、商業登記手続を了しているような場合には、商業登記の登記簿ないしその謄本につき調査をすれば、送達を受けるべき者としての被請求人の住所を容易に知ることができるものであって、その住所、居所その他送達をすべき場所が知れないときに当たるとすることはできないから、同人に対し公示送達をするための要件が具備しているということはできないとしている。

事例

(1) 大阪地判昭和54・1・18行裁例集30巻1号13頁〔27603710〕

運転免許取消処分につき、聴聞手続通知書の「処分をしようとする理由」欄に累積点数の計算上対象となるすべての過去の違反行為を記載しなかった瑕疵が、聴聞手続で過去の違反行為について弁解防御の機会を与えたことによって、治癒したとされた事例。

(2) 東京地判平成18・9・6判タ1275号96頁〔28131738〕

国土交通大臣が日本道路公団総裁の解任処分を行う際、聴聞の通知書に、予定される不利益処分の根拠法令の条項として「日本道路公団法13条2項」とのみ記載したとしても、同通知書の不利益処分の原因となる事実の記載内容から、同項柱書により解任処分をしようとしていることが理解でき、また、予定される不利益処分の原因となる事実も特定され、同通知書交付から聴聞期日まで「相当な期間」が置かれたものと認められるから、行手法15条1項違反の手続的瑕疵は認められないとされた事例（控訴審・東京高判平成19・4・17平成18年（行コ）250号裁判所HP〔28152523〕も同趣旨）。

論点 4　聴聞手続の後の行政訴訟において提出できる証拠

行政庁が、聴聞手続において「不利益処分の原因となる事実」の資料として挙げていなかった証拠を訴訟において提出することができるか否かという論点がある（この論点には、①一定の事実について訴訟で新たな証拠提出ができるかという問題や、②聴聞通知や聴聞期日での説明において事実だけでなく、証拠も示すべきかという問題も含まれる。①については本書第2巻Ⅲ2(1)(e)「理由の差替え、違法行為の転換、審決取消訴訟の審理範囲」、②については【論点3】も参照）。

行手法はこの点に関して明文の規定を置いていない。

裁判例として、まず高松地判平成12・1・11判例地方自治212号81頁〔28061273〕は、「聴聞手続において『不利益処分の原因となる事実』の資料として挙げられていなかった証拠を訴訟において提出しうるのかという点を検討するに、行政手続法には、新証拠の提出を訴訟において禁ずる規定が何ら存しないこと……からしても、全く資料を収集せず処分を行い、後日訴訟になってから資料を収集して提出するなど、行政手続法が聴聞手続を要求した趣旨を全く没却するような場合はともかく、原則として、聴聞手続で『不利益処分の原因となる事実』の資料として挙げられていなかった証拠を訴訟において提出することは許されるというべきである」と判示している。

また、東京高判平成19・4・17平成18年（行コ）250号裁判所HP〔28152523〕も、「行政手続法及び国土交通省聴聞手続規則上、聴聞手続が実施された場合、その後の行政訴訟において提出できる証拠を聴聞手続において取り調べられた証拠に制限するとの規定はないから、訴訟当事者は、聴聞手続における証拠のほかにも、行政訴訟において新たな提出された証拠を提出することができ、裁判所は、その取調結果に基づいて事実を認定し、判断をすることができる」旨判示している。

論点 5　文書の閲覧請求

意見陳述の機会が与えられても、行政庁がどのような資料に基づいて自分に対して侵害処分をしようとしているのかがわからなければ、聴聞の場で適切な主張をすることができない可能性がある。そのような意味で、意見陳述手続の当事者に対して、当該事案の調書その他の資料の閲覧請求権を認めることは、当該者の防御権保障の充実を図る意味で非常に重要となる。

行手法制定前においても、例えば、浦和地判昭和49・12・11行裁例集25巻12号1546頁〔27603493〕は、運転免許取消処分のための聴聞の場において、当事者から求められなくても行政庁は自発的に当該処分に影響を与える可能性のある事項を具体的に摘示し、かつ関連する証拠を開示して当事者に十分な主張・立証の機会を与えるべきであるとし、このようなことが行われなかった聴聞を違法としており、十分な情報提供がなされない中で実施された聴聞は処分の違法

事由を構成し得る旨判示していた。

　この点、行手法18条1項は、不利益処分のうち聴聞手続が適用されるケースについては、①当事者及び当該不利益処分がされた場合に自己の利益を害されることとなる参加人は、聴聞の通知があった時から聴聞が終結する時までの間、行政庁に対し、当該事案についてした調査の結果に係る調書その他の当該不利益処分の原因となる事実を証する資料の閲覧を求めることができ、さらに、②行政庁は、第三者の利益を害するおそれがあるときその他正当な理由があるときでなければ、その閲覧を拒むことができないとして、当事者等に対して調書その他の資料の閲覧請求権を保障している（なお、弁明の機会が付与される事案については、文書の閲覧請求権が認められていない）。

　行手法18条1項が規定する、行政庁が閲覧を拒否することができる正当事由（「第三者の利益を害するおそれがあるときその他正当な理由があるとき」）に関しては、健康保険法に基づく保健医療機関の指定取消処分の取消しの訴えに関する高松地判平成12・1・11判例地方自治212号81頁〔28061273〕がある。同判決は、閲覧拒否の理由に関する同項の規定は、第三者の個人的な秘密など聴聞を受ける者に知られないことにつき客観的に相当な理由が存する場合を意味していると解され、相当な理由が存するか否かは、それによって失われる第三者の利益と当事者の防御の必要性等を比較衡量して決する必要があるとする一般論を述べた。そのうえで、当該事案で閲覧拒否がなされた、原告が診療していた患者の住所氏名については、当該事案の事情を勘案すれば、秘密にする必要性は乏しいと判断した。

　ちなみに、文書の閲覧だけでなく、謄写（複写）も認められるかという点について、東京地判平成18・9・6判タ1275号96頁〔28131738〕は、国土交通大臣が、日本道路公団総裁の解任処分に係る聴聞に当たり、行手法18条所定の文書等の閲覧を実施した際、閲覧者から閲覧文書の謄写又は複写を求められたがこれを拒否したとしても、当該文書の謄写又は複写を請求できる旨を定めた法令は存在せず、任意に応じることは別として、これに応じなかったとしても違法とはならないとした（同判決の控訴審・東京高判平成19・4・17平成18年（行コ）250号裁判所HP〔28152523〕も同旨）。

論点 6　聴聞主宰者の除斥事由

　聴聞主宰者とは、聴聞の場において、審理を整理し、進行させる等の権限ある者であるということができ、行手法の定める聴聞手続において中心的な役割を担う者として位置付けられている。そして、そのような重要な役割を演じる聴聞主宰者の中立公正性を確保するためには、聴聞主宰者としての役割を担うにふさわしい者が指名される必要があり、また、その役割を担うにふさわしくない一定範囲の者は指名されてはならないということになる。そこで、行手法19条は、その1項において聴聞主宰者の対象について定め、2項において聴聞主宰者の除斥事由について定めている。

　聴聞主宰者の除斥事由について定める行手法19条2項は、民訴法23条や公証人法22条などを参考にした規定であり、具体的には、当該聴聞の当事者又は参加人、当該聴聞の当事者又は参加人の配偶者や4親等内の親族、当該聴聞の当事者又は参加人の代理人等が挙げられている。

　ここで、聴聞の中立公正性の確保をさらに徹底しようとすると、いわゆる職能分離の是非が問題となる。現行の行手法19条1項は、「聴聞は、行政庁が指名する職員その他政令で定める者が主宰する」と規定しており、この表現は、処分庁と聴聞主宰者の分離が原則であることを示す趣旨であるとされる（宇賀・行政手続三法〈第2次改訂版〉147頁）。その一方で、行政庁が自らを指名することを排除する趣旨ではないので、行政庁自身が聴聞を主宰することはあり得るとされる（宇賀・行政手続三法〈第2次改訂版〉147頁、行政管理研究センター・行手法〈27年改訂版〉210頁）。さらに、不利益処分の担当課の責任者を聴聞主宰者に指名することも可能であるとされている（「行政手続法の施行に当たって」（平成6年9月13日総管211号））。実務上は、可能であれば処分担当課の責任者以外の職員を聴聞主宰者に指名するよう配慮することが望ましいとされ、聴聞主宰者を補佐する職員にはその聴聞に係る事案の調査検討に携わった職員以外の職員を充てるよう配慮することが求められているにすぎない（前記「行政手続法の施行に当たって」第三　七　3）。

　この点につき、いくつか参考となる下級審判決がある。

　高松地判平成12・1・11判例地方自治212号81頁〔28061273〕は、健康保険法に

基づく保健医療機関の指定取消処分の取消しの訴えについて、行手法19条2項に規定された除斥事由が処分の名あて人との関係で公正を害するおそれがあると解されるような場合に限られていることからも明らかなように、法が厳密な職能分離までを要求していないと解されることなどに鑑みると、当該事案の調査を担当した課に所属する職員が主宰者となる場合であっても、同職員自身が調査自体に関与している場合など聴聞手続の適正かつ公平な審理が期待できないような特段の事情がない限り、そのことから直ちに違法になることはないと判断した。

　金沢地判平成26・9・29判例地方自治396号69頁〔28232879〕は、風俗営業等廃止命令処分等の取消しが問題となった事例において、行手法19条2項において挙げられている者だけでなく、「処分の決定に至る過程で当該案件に密接に関与した職員」も聴聞の主宰者に指名されるべきではないとした。しかし、その控訴審・名古屋高金沢支判平成27・6・24判例地方自治400号104頁〔28232486〕は、第一審判決を覆し、当該処分の決定に至る過程で当該案件に密接に関与した職員が聴聞の主宰者となったとしても、行手法には、聴聞の審理の経過を記載した調書の作成等が規定され、また、聴聞手続においては、当事者等のための文書等の閲覧や防御権を保障するための告知聴聞に関する規定が設けられており、手続的公正さを担保する制度が整備されているといえるのであるから、このような職員を主宰者とされた聴聞手続について、法の趣旨を没却するような重大な違法があるなどと解することはできないと判断した。

　また、行政審判手続に関する事例であるが、聴聞主宰者の職能分離に関しては、独禁法の審判手続（平成17年改正前）のあり方が問題となった東芝ケミカル事件・東京高判平成6・2・25高裁民集47巻1号17頁〔27820811〕が、排除勧告時に審査部長であった者が当該事件の審決にも加わっていたことを理由として、公正取引委員会の審決を取り消している。そして、前記東芝ケミカル事件東京高裁判決の判示内容を踏まえつつ、行手法の聴聞についても、憲法上のデュープロセスの要請として、職能分離が要求されると解される余地がないわけではないとする指摘がある（宇賀・行政手続三法〈第2次改訂版〉149頁）。

　ちなみに、平成26年成立の改正行審法において新たに導入された審理員につ

いては、原処分等に関与した者等が排除されることとされている（行審法9条2項1号）。

論点 7　聴聞・弁明等に関するその他の手続上の論点

ここでは、侵害処分がなされる際の手続のあり方に関わる、【論点3～6】の内容に該当しない論点に関わる事例を取り上げることとする。

事例

〔固定資産評価審査委員会における口頭審理手続のあり方関連（いずれも行手法施行前の事例）〕

(1)　東京地判昭和41・11・17行裁例集17巻11号1262頁〔21024681〕

地方税法433条所定の口頭審理を行う場合には、審査の冒頭において評価者たる市町村長から登録価格の計算根拠を明示すべきであるから、口頭審理手続において計算根拠が明確にされないときは、審査申出人は弁論ないし証拠提出の機会をほとんど与えられないことになるとしたうえで、同条所定の口頭審理の手続による審査において、当事者に対して弁論及び証拠提出の機会を与えないときは、直ちに口頭審理の不全をもたらし、その審査決定は、口頭審理の方式違背による手続上の瑕疵を帯びるとした。

(2)　東京高判昭和45・5・20高裁民集23巻2号265頁〔21032991〕（前記昭和41年東京地判・控訴審）

固定資産評価審査委員会は、審査申出人に対し、申出人が評価に対する不服事由を明らかにするために必要な範囲で、評価の根拠・方法・手順等を了知できるような措置をとるべきであるとし、また、固定資産評価審査委員会における口頭審理については、民事訴訟におけるように口頭審理を通じてのみ攻撃・防御を尽させるという意味での口頭審理方式によることは、必ずしも要請されていないとした。

(3)　東京高判昭和48・10・31行裁例集24巻10号1150頁〔21044301〕

固定資産評価審査委員会の口頭審理の手続において、同委員会は自ら又は処分庁を通じて最少限度、審査請求者が評価に対する不服事由を特定し、明らかにするために必要な範囲で、評価の根拠・方法・手順等を了知できるような措置をとるとともに、口頭審理が行われた場合には、口頭審理において明らかにされた不服事由につき、さらに審査請求者に反論の主張・立証の機会を与えるべきものであり、これを怠るときはその審査手続は公正を欠き違法となるとした。

〔教科書検定手続における告知・聴聞手続のあり方（行手法施行前の事例）〕

(4)　東京地判平成元・10・3訟務月報36巻6号895頁〔27805050〕（家永教科書検定第三次訴訟第一審判決）

現行教科書検定手続は、教科書検定の目的・性格・手続構造に検定の実情を合わせ考えれば、告知・聴聞の手続が相応に保障されたものと評価し得るとした。

［聴聞通知交付日と聴聞期日の間の期間のあり方（行手法15条1項柱書の定める「相当な期間」について）］

(5)　東京地判平成18・9・6判タ1275号96頁〔28131738〕

日本道路公団総裁の解任処分についての聴聞の通知が10月7日になされ、聴聞期日が10月17日であった場合において、本件における事実経過等の諸事情に照らすと、予定される不利益処分の内容が同公団総裁の解任という比較的重大な性質を有することを考慮しても、本件聴聞通知書交付日から本件聴聞期日までには、不利益処分の名あて人となるべき者が有効な準備をするに「相当な期間」（行手法15条1項柱書）が置かれたものと認めるのが相当であるとした。

［聴聞の際に処分基準が示されるべきか（行手法20条1項）］

(6)　水戸地判平成23・7・29判例地方自治363号77頁〔28210301〕

銃砲刀剣類所持等取締法上の所持許可の取消処分に際して行われた聴聞において、聴聞主宰者により処分基準が示されなかったとしても、行手法20条1項に違反しないとした。

論点 8　聴聞・弁明の機会の付与の瑕疵と取消訴訟における違法

聴聞・弁明の機会の付与の手続に瑕疵があった場合における処分の違法性について裁判例はどのように解しているだろうか。

最高裁判例としては、いずれも行手法制定前の判断ではあるが、個人タクシー事件最高裁判決・最一小判昭和46・10・28民集25巻7号1037頁〔27000609〕と群馬中央バス事件最高裁判決・最一小判昭和50・5・29民集29巻5号662頁〔27000372〕がある（これら2判決で問題とされた処分は、行手法下の区分においては、不利益処分ではなく、申請に対する（拒否）処分に該当するものであるが、侵害処分の際の手続のあり方を論じたという意味では、行手法下の不利益処分に関わる事案についても参考となり得る）。

個人タクシー事件最高裁判決では、「これらの点に関する事実を聴聞し、被上告人にこれに対する主張と証拠の提出の機会を与えその結果をしんしゃくしたとすれば、上告人がさきにした判断と異なる判断に到達する可能性がなかつ

たとはいえないであろうから、右のような審査手続は、前記説示に照らせば、かしあるものというべく、したがつて、この手続によつてされた本件却下処分は違法たるを免れない」旨判示された。また、群馬中央バス事件最高裁判決では、「仮に運輸審議会が、公聴会審理においてより具体的に上告人の申請計画の問題点を指摘し、この点に関する意見及び資料の提出を促したとしても、上告人において、運輸審議会の認定判断を左右するに足る意見及び資料を追加提出しうる可能性があつたとは認め難いのである」と判示されている。

これら2判決からは、処分に係る手続の瑕疵が結果に影響を及ぼす限りにおいて、手続の瑕疵を処分の違法事由とする考え方をみてとることができる。もっとも、先述のとおり、これら2判決は行手法制定・施行前の事例であるため、行手法制定後に当然に射程が及ぶわけではないとする指摘があり（塩野・行政法Ⅰ〈第6版〉348頁）、行手法下における2判決の先例としての位置付けを考えるに当たっては、行手法が制定されたことによる手続的規律の変化についても考慮に入れる必要があろう。

行手法施行後の事例としては、いずれも下級審判決ではあるが、【事例】を参照されたい。

事例

(1) 長野地判平成17・2・4判タ1229号221頁〔28130503〕

動物の疾病の判断に使用することを目的としたエックス線画像処置装置につきなされた薬事法に基づく医療用具の回収命令処分が、弁明の機会の付与の手続をとられずになされた場合には、行手法13条2項1号にいう「公益上、緊急に不利益処分をする必要がある」ときを除いて、実体的要件を満たしているか否かにかかわらず原則として違法となるとされた事例。

(2) 広島高松江支判平成26・3・17判時2265号17頁〔28221688〕

タクシー会社に対する自動車の使用停止等の処分取消訴訟において、はじめに会社の行為の違法事実に係る処分庁の認定に関して判断し、処分庁には「何らの法解釈上の誤りはない」としたうえで、続けて処分手続に関する事実認定を行い、本件処分における弁明手続は行手法に違反しているから、それに基づく本件処分も違法な処分となるとされた事例。

【参考文献】
小早川光郎編『行政手続法逐条研究』有斐閣（1996年）、神橋一彦「手続的瑕疵の効果」芝池義一=小早川光郎=宇賀克也編『行政法の争点〈第3版〉』有斐閣（2004年）88頁以下

（大橋真由美）

(4) 審査基準・処分基準

【概要】

　行政庁は法令に従って私人に対して各種処分を行うが、処分の根拠となる法令の定めは往々にして抽象的である。行政庁が当該処分を行うに当たっては、不確定な概念を多く含む法令の文言に依拠するだけでは不十分であるため、それらの解釈の指針となる所管省庁の通知・通達や、さらに法令の趣旨・目的に従って行政庁自身が独自に設定した基準等に基づいて、処分を行うか否か、また処分を行うとしてどのような内容の処分を行うかということについて判断することが必要となる。

　行手法は、行政庁自身が設定するこのような基準について、申請に対する処分に関する「審査基準」と不利益処分に関する「処分基準」の2つの用語を用いることとした。審査基準は、行手法によれば「申請により求められた許認可等をするかどうかをその法令の定めに従って判断するために必要とされる基準」（同法2条8号ロ）と定義され、処分基準は「不利益処分をするかどうか又はどのような不利益処分とするかについてその法令の定めに従って判断するために必要とされる基準」と定義されている（同条8号ハ）。

　審査基準・処分基準は、理論的には行政規則として位置付けられ、その規定内容に応じて、解釈基準（法律の解釈を示す基準）の場合もあるし、裁量基準（行政裁量の行使の基準）の場合もあると一般に解されている。

　審査基準と処分基準の趣旨はいずれも、行政庁の側に解釈・裁量の余地のある処分に関し、当該処分が適正に行われることの重要性に鑑み、行政庁に対し、できる限り具体的な審査基準・処分基準をあらかじめ設定すること、そして設定された基準については公にされることを求めるということであり、基本的には同じである。

　審査基準と処分基準に関する行手法上の規定の違いは、基準の設定及びこれを公にすることが義務とされているか、それとも努力義務にとどめられているかという点にある。すなわち、審査基準に関しては、行手法5条1項で「行政庁は、審査基準を定めるものとする」、同条3項で「行政庁は、行政上特別の支障があるときを除き、……審査基準を公にしておかなければならない」として、審査基準の設定とこれを公にすることが義務とされている。その一方で、処分基準に関しては、同法12条1項が「行政庁は、処分基準を定め、かつ、これを公にしておくよう努めなければならない」として、処分基準の設定及びこれを公にすることが努力義務とされている。処分基準に関して努力義務にとどめられた趣旨につき、行政管理研究センターによる解説は、「処分基準については、一般に処分に関する行政庁の裁量が比較的広く、また、処分の原因となる事実の反社会

性や相手方の情状等を個別の事案ごとにどう評価するかといった問題もあり、その性質上、これをあらかじめ具体的な基準として定めることが技術的に困難なものもあるので、その設定については努力義務としている。……処分基準を公にしておくことについても、このように処分基準を設定できない場合もあることに加え、これにより脱法的な行為が助長される場合も想定されるので、努力義務にとどめている」と説明している（行政管理研究センター・行手法〈27年改訂版〉162頁）。もっとも、同解説は、「なお、このように努力義務としているものであっても、合理的な理由なく処分基準の設定や公にすることを怠ることが許されないのは当然である」ともしている（行政管理研究センター・行手法〈27年改訂版〉162頁）。

なお、不利益処分における理由の提示との関係で処分基準が問題とされた最三小判平成23・6・7民集65巻4号2081頁〔28172942〕については、理由の提示に関する箇所で取り上げることとする。

論　点

1　審査基準・処分基準の意義と行手法
2　審査基準・処分基準の公表
3　審査基準・処分基準の拘束性
4　審査基準の変更
5　審査基準の瑕疵と処分の違法

論点 1　審査基準・処分基準の意義と行手法

1　個人タクシー事件最高裁判決と行手法

従前は、行政庁内部における基準設定はあくまで行政側の便宜を図る視点からとらえられており、私人の手続的権利の尊重・保護という観点は希薄であった。例えば、処分要件に関して法令が処分庁に対して広範な裁量を付与している場合には、あえてそのような基準を設けることなく、あるいは設定していたとしてもそれを公にしないことで、行政庁が「柔軟」かつ「臨機応変」の対応をとることも可能であったとされる（室井=芝池=浜川・コメ行政法Ⅰ〈第2版〉〔恒川隆生〕93頁）。

そのような背景にあって、道路運送法に基づく個人タクシー事業の免許申請の許否が問題となった個人タクシー事件最高裁判決・最一小判昭和46・10・28民集25巻7号1037頁〔27000609〕は、行政庁内部で設定される審査基準の意義と

役割に関して判示し、注目を集めることになった。個人タクシー事件最高裁判決は、①個人タクシー事業の免許に当たり、多数の申請人のうちから少数特定の者を具体的個別的事実関係に基づき選択してその免許申請の許否を決しようとするときには、行手法6条の規定の趣旨に沿う具体的審査基準を設定してこれを公正かつ合理的に適用すべきであり、また、②そのような審査基準の内容が微妙、高度の認定を要するものである等の場合は、当該基準の適用上必要とされる事項について聴聞その他適切な方法により申請人に対しその主張と証拠提出の機会を与えるべきであるとした。そのうえで、③このような要請に反する審査手続により免許申請を却下したときは、公正な手続によって免許申請の許否につき判定を受けるべき申請人の法的利益を侵害したといえ、適正な手続が履践されていたとすれば処分庁は異なる判断に到達する可能性がなかったとはいえないから、当該却下処分は違法となるものと解すべきであると判示した。

個人タクシー事件最高裁判決は、事前の審査基準設定の必要性を明示的に肯定しており、当時としては画期的な判示内容であった。もっとも、同判決において認められた手続的権利は憲法22条の職業選択の自由の保障を道路運送法の運用に読み込むことによって導出されたものであり、また、その判示はあくまで競願事案を念頭に置いたものであった。そのため、個人タクシー事件最高裁判決は、道路運送法という個別法を超えて、申請に対する処分一般に際しての審査基準の設定と運用の意義を確立させたものとはならなかった。さらに、個人タクシー事件最高裁判決は、審査基準を公にしておくことの必要性についても言及していなかった。

そのような意味で、審査基準に関する行手法5条は、申請に対する処分一般に関し、審査基準の事前設定だけでなく、これを公にしておくことについても行政庁に義務付けており、個人タクシー事件最高裁判決における判示に比べ、より踏み込んだ内容となっている（不利益処分に関しては、処分基準の設定とこれを公にすることが義務付けられなかった点に関しては、【概要】を参照。また、「公にすること」と「公表」の違いについては、【論点2】を参照）。

2　審査基準の設定義務

行手法5条は、申請に対する処分に関し、行政庁に対して審査基準の設定を

義務付けている。もっとも、ここで同条の文言をみると、同条1項は「行政庁は、審査基準を定めるものとする」としており、一方、同条2項は「行政庁は、審査基準を定めるに当たっては、許認可等の性質に照らしてできる限り具体的なものとしなければならない」、同条3項は「行政庁は、……審査基準を公にしておかなければならない」としていて、1項の文言は2、3項よりも若干表現を弱めて「ものとする」という表現となっている。これは、法令自体において、許認可等の判断の基準が十分具体的かつ明確に規定されているため、審査基準を定める必要がない場合も考えられるためだとの説明がある（宇賀・行政法概説Ⅰ〈第5版〉415頁）。同条1項の規定に基づいて申請に対する処分すべてについて審査基準を設定することが行政庁に義務付けられるか否かという点に関し、「許認可等の性質上、個々の申請について個別具体的な判断をせざるを得ないものであって、法令の定め以上に具体的な基準を定めることが困難であると認められる場合は、審査基準を定めることを要しない。また、処分の先例がないか、まれであるもの又は当面申請が見込まれないものであって、審査基準が法令の定め以上に具体化することが困難な場合は、当面審査基準を定めることを要しない」との説明がなされている（行政管理研究センター・行手法〈27年改訂版〉136頁）。

　裁判例では、東京高判平成17・12・26平成17年（行コ）149号裁判所HP〔28131616〕は、免許証の更新後の有効期間については、道路交通法92条の2、同法施行令33条の7によって、更新後の免許証の有効期間の区分等が具体的かつ一義的に明記されており、更新申請手続の過程において手続の公正・透明性が損なわれることはないといえるから、行政庁が更新後の免許証の有効期間の区分についてほかに新たな基準を設置する義務があると解することはできず、したがって、免許証の更新手続について、処分庁が行手法5条にいう審査基準等を設けていないとしても、同条項違反の問題は生じないと判示している。

　また、仙台高判平成20・5・28判タ1283号74頁〔28150090〕は、行手法は、各種許認可等の申請すべてに審査基準を定めることを求めたものではなく、法令において具体的かつ明確に定めがある場合や許認可の性質上、個別具体的な判

断をせざるを得ず、審査基準を設定しないことに合理的理由ないし正当な根拠を是認すべき事情が存するときは、行政庁は審査基準を設定しないこともでき、被爆者援護法は放射線起因性と要医療性とを原爆症の認定要件としているが、これらの審査基準を定めることは困難であったというべきであると判断している。

事例

(1) 東京高判平成8・3・29判時1571号48頁〔28011084〕

景表法8条1項に基づく審判手続において、準則又は裁量基準が先例として確立し、事業者も先例に従っている状態が継続していた場合に、公正取引委員会は、先例を変更し、その結果が事業者に不利益を課すことになるときには、新たな準則又は裁量基準を定立・周知し、経過期間を設けるべきであるが、それ以外の場合、公正取引委員会が準則又は裁量基準をあらかじめ定立する必要はないとされた事例。

(2) 那覇地判平成20・3・11判時2056号56頁〔28152837〕

一部事務組合（港湾管理組合）の管理者が行政財産（港湾施設）の目的外使用許可申請を不許可とした処分につき、本件処分は審査基準の設定・公表を欠いており、行手法5条に違反するとして取り消された事例。この判決では、本件で問題となった行政財産の目的外使用許可申請に対する処分について、行政庁の恣意を排し不公正な取扱いを防止するため、審査基準を設定し公にしておく必要性は高いとされ、審査基準の設定・公表を欠いてなされた処分の違法が肯定された。

論点 2　審査基準・処分基準の公表

審査基準・処分基準は、その内容が公にされていなければ期待される機能を十分に発揮しないものである。すなわち、審査基準・処分基準が作成されることは、行政庁の判断の公正性・合理性の担保に寄与する一方で、その内容が公にされていなければ、その基準自体が適切か、また行政庁が当該基準を遵守したかという点について外部から監視することは困難となる。また、申請者は、当該基準を事前に知らなければ、審査基準の場合には申請の際に十分な情報を行政庁に提供することができなくなるし、処分基準の場合には、聴聞ないし弁明の機会の付与が実施される際に適切な主張をすることができなくなる。

そこで、行手法は、申請に対する処分に関しては5条3項において、法令により当該申請の提出先とされている機関の事務所における備付けその他の適当

な方法により審査基準を公にすることを行政庁に原則として義務付け、また、不利益処分に関しては同法12条において、処分基準を公にすることを努力義務として行政庁に求めている（処分基準を公にすることが努力義務にとどめられた点については【概要】を参照）。

　ここで、行手法5条3項及び12条において用いられている「公にする」という表現が、果たして「公表する」という概念と同義であるかという点が問題となり得るが、「本項にいう『公にしておかなければならない』とは、申請をしようとする者あるいは申請者に対し、審査基準を秘密にしないとの趣旨である（対外的に積極的に周知することまで義務付けるものではない）」とされている（行政管理研究センター・行手法〈27年改訂版〉136頁）。一方、法律上この表現が採用されたのは「積極的に公表する措置を採ることが『必要でない』と判断されたためではな」く、一定の場合にあらかじめ「予告し、その内容についても積極的に周知することが求められることがあることは否定し得ない」とする意見もある（仲正『行政手続法のすべて』良書普及会（1995年）31、236頁）。

　裁判例においては、東京高判平成13・6・14訟務月報48巻9号2268頁〔28062165〕は、中華人民共和国の医学校を卒業した者に対する医師国家試験本試験の受験資格認定申請に係る事案につき、行手法に規定する審査基準の公表及び理由の提示の手続を行わないでなされた処分は、当該処分に係る申請が、不適法なものであることが一見して明白であるなどの事情がある場合を除き、行手法に違反した違法な処分として取消しを免れないと判示した。同判決では、審査基準を公にしておく行政庁の義務が重視されており、行政庁がこの義務に違反した場合には、特段の事情がある場合を除いて行政処分は取り消されるべきであるとされた。

　また、那覇地判平成20・3・11判時2056号56頁〔28152837〕は、行政財産の目的外使用許可申請に対する処分については、行政庁の恣意を排し不公正な取扱いを防止するため、審査基準を設定し公にしておく必要性は高いとし、審査基準を設定し、これを公にすることがなされなかった場合には、処分の取消原因になるとしている（もっとも、同じく行政財産の目的外使用許可申請に対する処分が問題となった奈良地判平成12・3・29判例地方自治204号16頁〔28052499〕は、労働会館の

目的外使用許可について、行手法5条による審査基準によって申請者に対し許可不許可の判断基準を示していなかったとしても、右基準を示していないことが不許可処分の違法事由となるものではないと判断している）。

なお、公表の具体的方法は行政庁の判断に委ねられるが、この点に関して前掲平成13年東京高判〔28062165〕は、医師国家試験受験資格の認定基準の公表の方法について、「行政手続法5条3項は、その規定の文言から明らかなように、審査基準自体を公にすべきことを定めたものであるところ、本件認定申請の際に控訴人に交付された本件一覧は、医師国家試験受験資格の認定申請に当たって申請者が提出すべき書類を列挙したにとどまるものであって、これを交付したことをもって審査基準である本件認定基準を公にしたということはできないし、本件認定申請の際に、担当官が控訴人に対して本件認定基準の説明をしたとの事情を認めるに足りる証拠はないから、結局、厚生大臣が本件認定基準を公にしていたということはでき」ないと判示しており、参考となる。

論点 3　審査基準・処分基準の拘束性

1　審査基準・処分基準の拘束性

個別の案件において、行政庁は設定された審査基準・処分基準にどの程度拘束されるかという論点がある。

最高裁は、行手法制定の前には、在留期間の更新に係る法務大臣の判断をめぐって争われたマクリーン事件・最大判昭和53・10・4民集32巻7号1223頁〔27000227〕において、次のような考え方を示していた。すなわち、出入国管理令21条3項所定の「在留期間の更新を適当と認めるに足りる相当の理由」の有無の判断には法務大臣の広範な裁量が存在し、行政庁が裁量権行使の準則を定めることがあっても、このような準則は本来、行政庁の処分の妥当性を確保するためのものであるから、「処分が右準則に違背して行われたとしても、原則として当不当の問題を生ずるにとどまり、当然に違法となるものではない」とし、行政庁が裁量処分を行うに当たり、行政庁が定めていた処分準則に違反したとしても、当然に処分の違法を構成するわけではないとされたのである。

もっとも、マクリーン事件で示された最高裁の前記立場、すなわち行政庁が

自ら定めた裁量基準からの離脱が処分の違法事由を構成することは基本的にはないという考え方が、行手法制定後もそのまま妥当するのかという点について、学説では例えば次のような見解が示されている。すなわち、「審査基準は分類上は行政規則であって、法規ではないが、手続法により、これが制定法上正面から位置付けられたことからすると、公表されたものと異なった基準で決定するには、行政庁としては合理的根拠を提示する必要があると解される」(塩野・行政法Ⅰ〈第6版〉319頁)、「審査基準は行政規則の性格を持つとはいえ、合理的理由なくそれから剥離することは、処分の違法事由となると解される」(宇賀・行政手続三法〈第2次改訂版〉91頁)、「行政機関は自らが設定し公表した基準には原則準拠すべきであり、そこから離脱しようとする場合には、基準とは異なる申請処理を行う理由について説明することが要請されよう」(大橋・行政法Ⅰ〈第3版〉220頁) といったものである。

　裁判例としては、東京地判平成15・9・19判時1836号46頁〔28082829〕は、入管法における主任審査官の裁量の行使に当たっては、外国人に有利に考慮すべき事項について、実務上、明示的又は黙示的に基準が設けられ、それに基づく運用がなされているときは、平等原則の要請から、特別の事情がない限り、その基準を無視することは許されないと判示している（もっとも、この判決は控訴審で取り消されている）。

　一級建築士免許取消処分等取消請求最高裁判決・最三小判平成23・6・7民集65巻4号2081頁〔28172942〕における田原睦夫裁判官による補足意見では、次のように述べられている。すなわち、「行政庁のなす不利益処分に関して裁量権が認められている場合に、行政庁が同法（引用者注：行政手続法）12条に則って処分基準を定めそれを公表したときは、行政庁は、同基準に羈束されてその裁量権を行使することを対外的に表明したものということができる。……したがって、行政庁が不利益処分をなすには、原則としてその基準に従ってなすとともに、その処分理由の提示に当たっては、同基準の適用関係を含めて具体的に示さなければならないものというべきである。ただし、当該基準は行政庁自らが定めるものであることからして、不利益処分をなすに当たり同基準によることが相当でない場合にまで、行政庁が同基準に羈束されると解することは相

当ではない。しかし、その場合には、同基準によることができない合理的理由が必要であり、またその理由についても、処分理由の提示において具体的に示されなければならない」。

また、最三小判平成27・3・3民集69巻2号143頁〔28230868〕は、行手法12条1項により定められ公にされている処分基準に行政庁に対する一種の拘束力を認め、処分基準に先行の処分を受けたことを理由として後行の処分に係る量定を加重する旨の定めがある場合、先行処分の効果が期間の経過によりなくなった後においてもなお同処分の取消しによって回復すべき法律上の利益が存在するとした。

2　審査基準・処分基準の硬直適用の是非

審査基準・不利益処分の拘束性との関係では、審査基準・処分基準の硬直適用の是非という問題もある。

行手法施行前の事例ではあるが、東京地判昭和42・12・20行裁例集18巻12号1713頁〔27486353〕は、個人タクシー営業免許の審査基準は「合目的配慮を容れる余地のないほどに硬直・絶対な基準とすべきものではない」とし、免許基準として定められた車庫前面道路幅員3.5m以上という基準について、わずか2cm不足するというだけで前記基準に適合しないと判断していた却下処分は、裁量権の行使を誤ったものとして違法であると判示した。また、同じく行手法施行前の事例ではあるが、東京地判昭和45・3・9行裁例集21巻3号469頁〔27486363〕は、個人タクシー営業免許の年齢基準につき、「免許基準に適合するかどうかを判断するにあたっての一応の基準にすぎない」としている。

一方で、予防接種被害医療費等請求につき、行政庁の設定した審査基準は合理的で法の趣旨によく適合しているということができ、逆に、行政庁が、具体的事実関係が当該基準を満たしていて因果関係を積極に認定すべきであるにもかかわらず因果関係の認定を拒んだときには、行政庁の判断は違法と判断されるとした事例もある（仙台高判昭和63・2・23訟務月報34巻10号1982頁〔27801476〕）。

ここで、審査基準・処分基準がそれ自体として不合理あるいは法令の趣旨に反する場合に、そのような審査基準等に基づいてなされた処分も違法とされるかという論点もある（もっとも、審査基準・処分基準はあくまで行政内部の規範であ

る（法令ではない）という前提によれば、処分の適法・違法は審査基準等に左右されないのが原則であろう）。この点について、下水を自社の排水処理施設で浄化して河川に直接放流することにより、下水道使用料を軽減しようとした者が、下水道法10条1項ただし書の規定による排水設備設置義務免除及び放流許可に係る申請をしたところ、「放流下水は、排水処理施設等を経由しない、未処理の状態であること」という基準に該当しないとして不許可決定を受けたため、本件決定の取消しを求めた事案で、本件基準事項の定めは、公共用水域の水質保全等の目的を達するための手段として相応の合理性を有していたものと解し得るとしても、本件処分の時点においては、社会観念上著しく妥当性を欠くにいたり、被告の裁量権の範囲を超えた違法なものとなったから、本件処分も違法であるとして、請求を認容した事例がある（静岡地判平成13・11・30判例地方自治228号63頁〔28071607〕）。

論点 4　審査基準の変更

　行手法5条は、行政庁に対して審査基準を公にすることを義務付けている。審査基準が公にされている以上、これを信頼した私人に不利益が生じることはできるだけ回避されなければならない。そこで、申請の後に、審査基準が申請者の不利益に変更された場合に、申請は新旧基準のいずれで審査されるべきかという論点がある。

　名古屋高金沢支判昭和57・12・22判時1104号57頁〔27486393〕は、一般乗用旅客自動車運送事業の免許申請につき、陸運局長が、申請後、旧陸運局公示による審査基準を加重し、新たに筆記試験を実施する旨の新陸運局公示を定め、これを適用したという事例であるが、裁判所は、申請後、審査基準が申請人に不利益に変更されても、特段の定めのない限り、処分時の審査基準に従って申請の諾否を決すべきと判示した（この名古屋高裁判決は、行手法施行前の事案、すなわち行手法5条3項により審査基準を公にすることが行政庁に義務付けられる以前の事案であることに注意が必要である）。

　なお、この名古屋高裁判決の立場をとるとしても、旧基準のもとでは許可されるべきであった申請が、申請後の処理が違法に遅延したために新基準が適用

されることになり、結果として不許可になった場合には、国家賠償請求が認められる可能性があるとの指摘がある（宇賀・行政法概説Ⅰ〈第5版〉417頁）。そして、そのような場合には、そもそも新基準に基づいて不許可とすることが許されないと解する余地もある。この点に関し、審査基準の変更ではなく、法改正が問題とされた事案ではあるが、消防法11条1項に基づく危険物給油取扱所変更許可申請を行政庁が受理したときは、一定の期間内に許可、不許可の処分をなすべき義務を負い、もし行政庁が相当期間内に処理すれば旧法を適用して許可すべきところを不作為のまま放置している間に法律が改正され、要件が加重された場合に、加重された要件を理由に不許可処分をすることは違法であるとした事例がある（大阪高判平成2・10・31判時1396号42頁〔27809581〕）。

論点 5　審査基準の瑕疵と処分の違法

　行手法5条では、審査基準を設定し、公にすることを行政庁に義務付けているが、行政庁がこの審査基準の設定・公表義務に違反して処分を行った場合に、そのような審査基準をめぐる手続的瑕疵が当該処分の違法原因となり得るのか否かという問題がある。この点、学説には、審査基準を設定し、公にすることがなされないままで処分がなされた場合には、独自の違法原因となって当該処分は取消しを免れないとするものが見受けられる（高橋滋『行政手続法』ぎょうせい（1996年）435頁、塩野宏＝髙木光『条解行政手続法』弘文堂（2000年）142頁等）。

　なお、行手法12条の定める処分基準に関しては、処分基準の設定・公表が努力義務とされているので、基準不設定は違法事由にならないと解するのが立法趣旨に忠実とされる。一方、学説においては、処分基準設定を努力義務とした立法者の判断については疑問のあるところであり、明らかに設定可能な場合に設定されなかったケースにつき裁判手続を通じたサンクションを全く課さなくてよいかは今後の検討課題であるとする指摘が見受けられる（高橋・前掲434頁）。

　さて、審査基準に関わる手続の瑕疵についての裁判例の動向であるが、東京高判平成13・6・14訟務月報48巻9号2268頁〔28062165〕は、行手法は申請者に対して「同法の規定する適正な手続によって行政処分を受ける権利を保障したものと解するのが相当である」とし、行手法の規定する重要な手続（当該事案で

は、行政庁が審査基準を公表せず、また法律上提示すべきものとされている理由を提示することなく本件却下処分を行ったこと）を経ずになされた処分は、実体法上の適法・違法の問題に触れることなく「当該申請が不適法なものであることが一見して明白であるなどの特段の事情がある場合を除き」取消しを免れないとしている。また、那覇地判平成20・3・11判時2056号56頁〔28152837〕も、行手法の要請を勘案して、審査基準の設定とその公表の懈怠を理由に港湾施設不許可処分の取消請求を認容している。

【参考文献】
塩野宏「審査基準について――一つの事例研究」塩野宏『法治主義の諸相』有斐閣（2001年）259頁以下

（大橋真由美）

(5) 理由の提示

【概要】
　理由の提示とは、行政処分をする際に、その理由を相手方に知らせることをいう。従前は、処分書に理由を付記して相手方に知らせることを念頭に「理由付記（理由附記）」との表現が用いられていたが、口頭で相手方に理由を知らせる場合もあり得るので、行手法においては「理由の提示」という表現が採用されている（以下においては、行手法制定前の議論については基本的に「理由付記」との表現を用いることにする）。
　私人の決定の場合には、どのような理由に基づいて意思決定するかは原則として私人の自由であり、さらに、その理由を相手方に告げるか否かも自由である（契約自由の原則参照）。一方、行政処分の場合は、法律による行政の原理が妥当するため、処分理由が法律の規定内容に適合していることが必要であることはもとより、その理由を相手方に知らせるべきことが問題となる。
　さて、当初、理由付記は、署名・捺印等と並んで行政処分の形式的要件にとどまるものと考えられていた。このため、理由付記を命じる明文規定を訓示規定と解して処分の効力に影響を及ぼさないとする見解も、特に行政実務においてはみられていた。そうした中、理由付記の手続保障的機能を重視し、これを行政処分の単なる形式的要件としてとらえるのではなく、処分の違法事由を構成し得るものとして位置付ける判例法理が形成されてきた。そして、このような判例法理の展開を踏まえつつ、平成5年に制定された行手法においては、理由の提示（理由付記）に関する規定が置かれることになった（申請に対する拒否処分における理由付記に関する8条、不利益処分における理由付記に関する14条）。
　理由の提示に関しては、行手法制定前に最高裁が構築した判例法理についても理解することが重要となる。以下の各論点においては、行手法制定前の最高裁判例も踏まえつつ検討を行うことにする。
　なお、理由の提示のあり方をめぐっては、取消訴訟における理由の差替えと関係する論点もあるが、これについては、本書第2巻Ⅲ2(1)(e)「理由の差替え、違法行為の転換、審決取消訴訟の審理範囲」を参照されたい。

•••••• 論　　点 ••••••

1　理由の提示の趣旨
2　理由の提示の程度
3　理由の提示の瑕疵と処分の違法

論点 ❶　理由の提示の趣旨

　理由の提示（理由付記）の趣旨について、最高裁は、最二小判昭和38・5・31民集17巻4号617頁〔21017720〕において、租税法分野における青色申告の更正処分に対する理由付記のあり方について、「一般に、法が行政処分に理由を附記すべきものとしているのは、処分庁の判断の慎重・合理性を担保してその恣意を抑制するとともに、処分の理由を相手方に知らせて不服の申立に便宜を与える趣旨に出たものであるから、その記載を欠くにおいては処分自体の取消を免かれないものといわなければならない」とし、理由付記には2つの機能、すなわち、①処分庁に慎重・合理的な判断を要求し、恣意を抑制すること（恣意抑制機能）、及び②処分理由を処分の相手方に知らせて争訟提起に便宜を与えること（不服申立提起便宜機能）が認められるとした。そして、理由付記の趣旨に関するこの理解は、その後の最高裁判決にも受け継がれている（最二小判昭和47・3・31民集26巻2号319頁〔21038790〕、最二小判昭和51・3・8民集30巻2号64頁〔21053370〕、最一小判昭和54・4・19民集33巻3号379頁〔21065620〕）。

　もっとも、前記の各最高裁判決はいずれも租税法分野、それも青色申告の更正処分等において展開されてきており、その他の行政上の法律関係においても同様の考え方が当てはまるのかという点については必ずしも明らかではなかった。そうした中、最高裁は、旅券法に定められた一般旅券発給拒否処分における理由提示の不備が争われた事案（最三小判昭和60・1・22民集39巻1号1頁〔27100001〕）において、旅券法が「一般旅券発給拒否通知書に拒否の理由を付記すべきものとしているのは、一般旅券の発給を拒否すれば、憲法22条2項で国民に保障された基本的人権である外国旅行の自由を制限することになるため、拒否事由の有無についての外務大臣の判断の慎重と公正妥当を担保してその恣意を抑制するとともに、拒否の理由を申請者に知らせることによつて、その不服申立てに便宜を与える趣旨に出たものというべきであ」ると述べ、それまで租税法分野において展開されてきた理由付記の趣旨に関する理解が租税法分野に限らず他の行政分野についても妥当することを示すに至った。

　最高裁は、その後、旅券法に限られず、東京都公文書の開示等に関する条例（当時）に基づく公文書開示請求に対してされた非開示決定の理由付記に不備

があるなどとして争われた最一小判平成4・12・10裁判集民166号773頁〔27815214〕においても、理由付記の趣旨に関して同様の理解を示している。そして、この傾向は行手法制定後も続いており、最高裁判例として定着しているようである（例えば、後において詳しく取り上げる最三小判平成23・6・7民集65巻4号2081頁〔28172942〕も、不利益処分に対する理由の提示の趣旨として、恣意抑制機能と不服申立提起便宜機能を挙げている）。

論点 2　理由の提示の程度

1　行手法制定前の判例の流れ

　理由の提示（理由付記）の程度に関して、最高裁は、まず、青色申告承認取消処分に係る審査請求棄却決定に対する理由付記のあり方が問題とされた最二小判昭和37・12・26民集16巻12号2557頁〔21016930〕において、「理由としては、請求人の不服の事由に対応してその結論に到達した過程を明かにしなければならない」としたうえで、旧法人税法による審査決定の通知書に「貴社の審査請求の趣旨、経営の状況、その他を勘案して審査しますと、芝税務署長の行つた青色申告屈出承認の取消処分は誤りがないと認められますので、審査の請求には理由がありません」と記載しただけでは、理由付記としては不備であって、審査決定は違法として取り消すべきであるとした。

　また、青色申告の更正処分に対する理由付記が争われた最二小判昭和38・5・31民集17巻4号617頁〔21017720〕は、「どの程度の記載をなすべきかは、処分の性質と理由附記を命じた各法律の規定の趣旨・目的に照らしてこれを決定すべきである」と判示していた。

　さらに、最一小判昭和49・4・25民集28巻3号405頁〔21046060〕においては、青色申告承認取消処分について、「要求される附記の内客及び程度は、特段の理由のないかぎり、いかなる事実関係に基づきいかなる法規を適用して当該処分がされたのかを、処分の相手方においてその記載自体から了知しうるものでなければならず、単に抽象的に処分の根拠規定を示すだけでは、それによつて当該規定の適用の原因となつた具体的事実関係をも当然に知りうるような例外の場合を除いては、法の要求する附記として十分でないといわなければならな

い」とされ、その後、青色申告関係だけでなく、より処分一般に適用し得る形で、旅券発給拒否処分に対する理由付記に関する最三小判昭和60・1・22民集39巻1号1頁〔27100001〕や東京都公文書開示（当時）条例に基づく非開示決定の理由付記に関する事例である最一小判平成4・12・10裁判集民166号773頁〔27815214〕においても同様の判断が示されることになった。

こうして、理由付記の程度に関しては、①どの程度の理由の記載をなすべきかは、処分の性質と理由付記を命じた各法律の規定の趣旨・目的に照らしてこれを決定すべきであること、さらに、②処分理由は、いかなる事実関係に基づきいかなる法規を適用して当該処分がされたのかが、付記された理由の記載自体から明らかにならなければならないのであり、根拠規定を示すだけでは原則として十分ではない、という法理が最高裁の見解として定着することになった。

なお、この法理に関しては、①行手法にいう「申請に対する（拒否）処分」と「不利益処分」のいずれについても適用され得るとされている点、そして、②あくまで個別法に理由付記を義務付ける定めがあることを前提としていた点に留意が必要である。

2　行手法制定後の判例の動き—最高裁平成23年判決（第一級建築士免許取消請求事件）を中心に

行手法制定前の判例理論では、処分の根拠となった個別法に理由付記に関する規定がある限度で、理由を付記する義務が行政庁に課されると解されていた。そうした中、平成5年に制定された行手法は、8条で申請に対する処分について、また、14条で不利益処分についてそれぞれ行政庁に対して理由提示義務を課すことになり、個別法の枠組みを超え、申請に対する処分及び不利益処分一般について行政庁に理由提示義務を課すことになった。その一方で、行手法は、理由提示の程度について特段の定めを置かずに、判例・学説に委ねている。そして、行手法に基づく理由提示についても行手法制定前に蓄積された理由付記に関する判例法理が一般的に妥当するものと考えられている（塩野・行政法Ⅰ〈第6版〉322頁）。

行手法制定後、理由の提示を争点に含む下級審判決は相当数蓄積することになった（下級審判決については、【事例】を参照）が、行手法制定後の理由提示に

関する裁判例として現段階で最も重要であるのは、平成23年に下された、一級建築士免許取消処分に対する理由提示のあり方が争点となった事案に関する最高裁判決（最三小判平成23・6・7民集65巻4号2081頁〔28172942〕）である。

　この事案は、平成17年に千葉県で発覚し社会問題となった、建築士による構造計算書偽造事件のいわば札幌版というべき事件に起因している。Xは、建築士事務所の管理建築士として勤め、建築物の設計を行っていたところ、国土交通大臣は、Xの設計行為が、建築士法（平成18年改正前）10条1項2号及び3号に該当するとして、聴聞手続を実施し、中央建築士審査会の同意を得たうえで、一級建築士免許取消処分を行った。

　本件免許取消処分がされた当時、建築士に対する懲戒処分については、意見公募の手続を経たうえで、「建築士の処分等について」と題する通知（平成11年12月28日建設省住指発784号都道府県知事宛て建設省住宅局長通知。平成19年6月20日廃止前）において処分基準が定められ、公にされていた。そして、この処分基準においては、建築士に対する処分実施に関して相当複雑な内容の基準が定められていたが、本件免許取消処分の通知書に記載された理由においては、「（引用者注：Xが）北海道札幌市……を敷地とする建築物の設計者として、建築基準法令に定める構造基準に適合しない設計を行い、それにより耐震性等の不足する構造上危険な建築物を現出させた。また、北海道札幌市……を敷地とする建築物の設計者として、構造計算書に偽装が見られる不適切な設計を行った。このことは、建築士法第10条第1項第2号及び第3号に該当し、一級建築士に対し社会が期待している品位及び信用を著しく傷つけるものである」とされており、本件処分基準に関する記載はなかった。そこで、Xは、本件免許取消処分は、本件処分基準の適用関係が理由として示されておらず、行手法14条1項本文の定める理由提示の要件を欠いた違法な処分である等と主張して本件免許取消処分等の取消しを求めて出訴した。

　最高裁は、本件で問題となった理由提示のあり方に関して、まず、「同項（引用者注：行手法14条1項）本文に基づいてどの程度の理由を提示すべきかは、……同項本文の趣旨に照らし、当該処分の根拠法令の規定内容、当該処分に係る処分基準の存否及び内容並びに公表の有無、当該処分の性質及び内容、当該

処分の原因となる事実関係の内容等を総合考慮してこれを決定すべきである」と判示した。

　ここでは、理由の提示の程度に関し、①処分の根拠法令の内容、②処分基準の存否・内容・公表の有無、③処分の性質・内容、④原因となる事実関係の内容等を総合考慮して決定すべきであるという一般的枠組みが示されることになった。従前の判例法理では、理由の提示の程度に関しては、処分の性質と理由の提示を命じた各法令の規定の趣旨・目的に照らしてこれを決定すべきであるとされていたにとどまることを踏まえると、最高裁平成23年判決では、求められる理由の提示の程度を決するに当たって参照されるべき具体的な考慮要素が挙げられ、より詳しい判断枠組みが示されることになったといえる。

　続けて、最高裁は、前記の一般的判断枠組みを本件について当てはめ、次のように判断した。すなわち、「建築士に対する上記懲戒処分については、処分内容の決定に関し、本件処分基準が定められているところ、本件処分基準は、意見公募の手続を経るなど適正を担保すべき手厚い手続を経た上で定められて公にされており、しかも、その内容は、……かなり複雑なものとなっている。そうすると、建築士に対する上記懲戒処分に際して同時に示されるべき理由としては、処分の原因となる事実及び処分の根拠法条に加えて、本件処分基準の適用関係が示されなければ、処分の名宛人において、上記事実及び根拠法条の提示によって処分要件の該当性に係る理由は知り得るとしても、いかなる理由に基づいてどのような処分基準の適用によって当該処分が選択されたのかを知ることは困難であるのが通例であると考えられる。これを本件について見ると、……処分の理由として、上告人……が、札幌市内の複数の土地を敷地とする建築物の設計者として、建築基準法令に定める構造基準に適合しない設計を行い、それにより耐震性等の不足する構造上危険な建築物を現出させ、又は構造計算書に偽装が見られる不適切な設計を行ったという処分の原因となる事実と、建築士法10条1項2号及び3号という処分の根拠法条とが示されているのみで、本件処分基準の適用関係が全く示されておらず、その複雑な基準の下では、上告人……において、上記事実及び根拠法条の提示によって処分要件の該当性に係る理由は相応に知り得るとしても、いかなる理由に基づいてどのような処分

基準の適用によって免許取消処分が選択されたのかを知ることはできないものといわざるを得ない」と。そのうえで、結論として、本件免許取消処分は取消しを免れないとした。

　従前の最高裁の判例においては「法規」の適用関係までが求められていたところ、最高裁平成23年判決は、前記のとおり、法規ではなく「処分基準」の適用関係まで理由中で明らかにすることを求めることになった。もっとも、最高裁平成23年判決は、「本件の事情の下においては」、処分基準との関係を示さない理由提示は瑕疵があると判断しており、常に処分基準との関係を示すべきとまでは述べていない。本件では、選択裁量に係る処分基準との関係で理由を示さなければ、なぜ免許取消処分がなされたのか名あて人も正確には認識し得ないことが重視されたものと解されている（宇賀克也『判例で学ぶ行政法』第一法規（2015年）31頁）。

　なお、最高裁平成23年判決は行手法にいう不利益処分に関する事案に係る判断であったが、その判断枠組みは、審査基準を設定公表している場合に行う申請拒否処分についても基本的には妥当するものと解されている（最高裁平成23年判決の射程については、北島周作「理由提示の程度と処分基準」法学教室373号（2011年）57頁を参照）。

事例

　(1)〜(5)は行手法制定後最高裁平成23年判決までの間の事例、(6)〜(9)は最高裁平成23年判決後の事例。

(1)　【申請に対する処分に関する事例】東京地判平成10・2・27判タ1015号113頁〔28040619〕

　馬主登録の申請に対し日本中央競馬会が行った拒否処分の通知書に、日本中央競馬会施行規程の条文のみが記載されていたため、行手法8条に規定する理由提示義務に違反するとして馬主登録申請拒否処分の取消しが認められた事例。

(2)　【申請に対する処分に関する事例】東京高判平成13・6・14訟務月報48巻9号2268頁〔28062165〕

　中華人民共和国の医学校を卒業した者からの医師国家試験本試験の受験資格認定申請についてされた却下処分に対してなされた理由提示につき、行手法8条の定める理由提示制度の趣旨に鑑みれば、許認可等の申請を拒否する処分に付すべき理由としては、いかなる事実関係についていかなる法規を適用して当該処分を行ったかを、申請

者においてその記載自体から了知し得るものでなければならないというべきであり、さらに、当該処分が行手法5条の審査基準を適用した結果であって、審査基準を公にすることに特別の行政上の支障がない場合には、当該処分に付すべき理由は、いかなる事実関係についていかなる審査基準を適用して当該処分を行ったかを、申請者においてその記載自体から了知し得る程度に記載することを要するとした事例。

(3) 【申請に対する処分に関する事例】大阪地判平成19・3・14判タ1252号189頁〔28132436〕

個人タクシー値下げ申請を、本件認可申請が道路運送法9条の3第2項3号に適合しないという理由で却下した処分について、根拠法条が概括的・抽象的であり、審査基準にも具体的判断基準が定められていないために行手法8条1項ただし書には該当しないということを前提に、同項本文の要求する理由提示として不十分であるとされた事例。

(4) 【不利益処分に関する事例】盛岡地判平成18・2・24判例地方自治295号82頁〔28132212〕

パチンコ営業許可取消処分につき、裁量処分であるにもかかわらず、その通知書において裁量性判断に関する記載が一切なく、しかも当該取消処分が、公表されていた処分基準によらず、また、事前に通知され、聴聞において説明された処分意見とも異なっていたことから、処分理由を示す必要性は高かったとして、行手法14条違反を根拠に当該処分が取り消された事例。

(5) 【不利益処分に関する事例】大阪地判平成19・2・13判タ1253号122頁〔28132481〕

一般乗用旅客自動車運送事業者に対する輸送施設使用停止命令処分についてされた理由提示につき、不利益処分の処分基準が定められている場合の理由提示は、いかなる事実関係に基づきいかなる処分基準を適用して当該処分を行ったかをその記載自体において明らかにされていることを要するところ、理由として根拠条文しか示されていない当該処分は理由の提示を欠いたままにされたもので、行手法14条1項に違反し取消しを免れないとされた事例。

(6) 【不利益処分に関する事例】水戸地判平成23・7・29判例地方自治363号77頁〔28210301〕

銃砲刀剣類所持等取締法に基づくナイフの所持許可の取消処分の通知書の記載が、同法22条の違反行為を具体的に摘示し、「同法11条1項1号により所持許可を取り消す」と記載されている場合で、処分基準に言及していない場合であっても、同法22条の違反行為の具体的事実が処分基準を充足すると判断されたことが十分に了知できるとして、行手法14条が要求する理由提示の記載として不足はないとされた事例。

(7) 【不利益処分に関する事例】大阪地判平成24・6・28平成22年（行ウ）44号裁判

所HP〔28181628〕
　道路運送法に基づく一般貸切旅客自動車運送事業許可の取消処分について、公にされている処分基準が複数存在し、それぞれの適用関係の明確性を欠いていることは、処分基準を具体的に設定することを義務付けている行手法12条2項の趣旨に照らして大きな問題があること、不利益処分の重大性など諸般の事情を考慮すると、当該不利益処分に係る本件通知書の記載内容は同法14条1項の要求する理由提示としては十分ではなく、当該不利益処分は取消しを免れないとした事例（最高裁平成23年判決を引用）。

(8)　【不利益処分に関する事例】名古屋高判平成25・4・26判例地方自治374号43頁〔28211544〕
　介護保険法に基づく指定通所リハビリテーション事業者の指定取消処分につき、聴聞手続においては不正請求とされた各事実の存否が争点となっているのであるから、その処分理由は相手方の反論・反証を踏まえた具体的な理由の提示を要するところ、これらが不十分であるとして当該指定処分が取り消された事例。

(9)　【不利益処分に関する事例】東京高判平成25・6・20判タ1393号128頁〔28213939〕
　区議会議員に対する政務調査費の返還を命ずる処分につき、その理由として、監査委員から違法・不当な支出であるとされた旨のみが記載されている場合であっても、当該処分が監査委員による監査の結果に基づいてなされたものであり、監査手続において、処分を受けた者が監査対象事項について監査委員から説明を求められ回答していること、公表されている監査結果において、当該支出が、政務調査費使途基準に照らし、目的外使用であって違法・不当である旨が記載されていることなどからすれば、処分を受けた者において、処分の基礎となった事実関係及び適用法令を知ることができるものと認められるから、同処分が理由の提示について違法なものということはできないとされた事例。

論点 3　理由の提示の瑕疵と処分の違法

　手続的瑕疵が処分の効力にどのような影響を与えるかという点については議論のあるところであるが、理由提示（理由付記）に関する判例法理は、行手法制定前の段階から、理由付記の瑕疵を処分の取消事由として位置付けてきた（例えば、旅券法に定められた一般旅券発給拒否処分における理由提示の不備が争われた最三小判昭和60・1・22民集39巻1号1頁〔27100001〕）。聴聞手続に関しては、実体的判断に影響を及ぼす手続違反に限り取消事由とする最高裁判例（群馬中央バス

事件・最一小判昭和50・5・29民集29巻5号662頁〔27000372〕）が存在することと比べると、理由提示の瑕疵に対する判例の立場はやや厳格な印象を与えるとの指摘もある（室井=芝池=浜川・コメ行政法Ⅰ〈第2版〉〔久保茂樹〕123頁）。

　行手法8条ないし14条は、理由提示の瑕疵の帰結について格別規定していないが、行手法のもとでも理由提示に関する瑕疵は、それ自体として処分の取消事由を構成すると考えられる。実際、一級建築士免許取消処分に対する理由提示が争われた最三小判平成23・6・7民集65巻4号2081頁〔28172942〕は、不利益処分の理由提示に際し処分基準の適用関係が示されていないことから、行手法14条1項の趣旨に照らして当該処分を取り消している。

【参考文献】
藤原静雄「理由付記判例にみる行政手続法制の理論と実務――一級建築士免許取消事件」論究ジュリスト3号（2012年）67頁以下、塩野宏「行政行為の理由附記」山内一夫=雄川一郎編『演習行政法』良書普及会（1972年）63頁

　　　　　　　　　　　　　　　　　　　　　　　　　　（大橋真由美）

(6) **行政指導**

【概要】
　行手法は、行政指導に関する諸規定を含んでいるが、行政指導をめぐる問題に関しては、Ⅰ５「行政指導」を参照。

（川合敏樹）

(7) 意見公募手続等

【概要】
　行手法第6章（38条以下）は「意見公募手続等」を定める。これは平成17年行手法改正（平成17年法律73号）により導入されたものであり、これにより命令等の策定に当たっては意見公募手続を行うことが行政機関の義務となっている（従前は平成11年の閣議決定による「規制の設定又は改廃に係る意見提出手続」に基づく運用が行われていた）。
　行手法は、まず命令等を定める場合の一般原則を定め（38条）、次に意見公募手続を定める（39条以下）。
　意見公募手続の対象となる「命令等」は、内閣又は行政機関が定める、ⅰ）法律に基づく命令（処分の要件を定める告示を含む）又は規則、ⅱ）審査基準、ⅲ）処分基準、ⅳ）行政指導指針であり（2条8号）、講学上の法規命令のみならず行政規則も対象に含まれる。法律案は対象ではないが、これは同手続の利用が禁止されていることを意味するものではない。他方、命令等であってもその性質に鑑みて同手続が行われない場合がある（第6章の適用を除外する3条2項、4条4項及び39条1項の適用を除外する同条4項各号に基づく）。
　地方公共団体の機関が定める命令等については同法の適用が除外され（3条3項）、同法の規定の趣旨に則って必要な措置を講ずる努力義務が課されている（46条）。これを受けて、各地方公共団体においては行政手続条例の中に意見公募手続が規定されている場合のほか、「○○市パブリック・コメント手続条例」等のように同手続を定めた条例が行政手続条例とは別に制定されている場合がある。
　意見公募手続の流れは次のとおりである。まず当該命令等の案・関連資料の事前公示が行われ（39条1項）、次に意見の提出（意見提出期間は公示日から起算して30日以上）が行われる（同条3項）。命令等制定機関は、命令等の公布と同時期に、提出意見とそれを考慮した結果及びその理由を公示する（43条）。

•••••• 論　点 ••••••

1　策定された命令等が根拠法令に適合していない、あるいは事情の変化等により適合しなくなったと判断されるのはどのような場合か
2　意見公募手続において提出された意見はどのように考慮されるか

論点 ❶ 策定された命令等が根拠法令に適合していない、あるいは事情の変化等により適合しなくなったと判断されるのはどのような場合か

　行手法は、第1に、命令等制定機関に対して、命令等を定めるに当たってはそれが根拠法令の趣旨に適合することを定める（38条1項）。これは、策定された命令等と根拠法令との適合性を保つことによって、その内容の適正の確保を図ることを目的とした確認的規定である（塩野・行政法Ⅰ〈第6版〉343頁。命令等が根拠法令の趣旨に反し違法とされた裁判例として、最大判昭和46・1・20民集25巻1号1頁〔27000655〕（農地法施行令16条4号）、最三小判平成3・7・9民集45巻6号1049頁〔27808871〕（旧監獄法施行規則（平成3年法務省令22号改正前）120条）、最一小判平成14・1・31民集56巻1号246頁〔28070264〕（児童扶養手当法施行令（平成10年政令224号改正前）1条の2第3号）、最大判平成21・11・18民集63巻9号2033頁〔28153603〕（自治法施行令108条2項等）。他方、命令等が委任の趣旨に反しないとした裁判例として、最一小判平成2・2・1民集44巻2号369頁〔27805681〕（銃砲刀剣類登録規則4条2項）。詳細はⅠ1(2)「行政立法」を参照）。市販薬ネット販売権訴訟・最二小判平成25・1・11民集67巻1号1頁〔28210113〕は、行手法38条1項に言及しながら、厚生労働大臣が制定した郵便等販売を規制する新施行規則（平成21年厚生労働省令10号改正後）の規定が、これを定める根拠となる新薬事法の趣旨に適合するものであり、その委任の範囲を逸脱したものではないというためには、「立法過程における議論をもしんしゃくした上で、新薬事法36条の5及び36条の6を始めとする新薬事法中の諸規定を見て、そこから、郵便等販売を規制する内容の省令の制定を委任する授権の趣旨が、上記規制の範囲や程度等に応じて明確に読み取れることを要する」との判断枠組みを提示している。

　第2に、命令等を定めた後においても、実施状況や社会情勢の変化に対応して、その内容の適正さを確保することを求めている（行手法38条2項）。これは、命令等が事情の変化等により、法律の趣旨に適合しなくなることがあることに鑑みたものであり、裁判例の中には、命令等が事情の変化等により法律の趣旨に適合しなくなったにもかかわらず何もなされない場合に違法と評価したものがある。

筑豊じん肺訴訟・最三小判平成16・4・27民集58巻4号1032頁〔28091164〕は、通商産業大臣（当時）による石炭鉱山保安規則の内容の見直しの遅れの違法性が国家賠償請求訴訟で争われた事案において、通商産業大臣は、遅くとも、昭和35年3月31日のじん肺法成立時までに、じん肺法制定の趣旨に沿った石炭鉱山保安規則の内容の見直しを行い、石炭鉱山においても、有効な粉じん発生防止策を一般的に義務付ける等の新たな保安規制措置をとったうえで、鉱山保安法に基づく監督権限を適切に行使して、粉じん発生防止策の速やかな普及、実施を図るべき状況にあったというべきであるとして、昭和35年4月以降、鉱山保安法に基づく保安規制権限を行使しなかったことは、国賠法1条1項の適用上違法というべきであるとしている（労働大臣（当時）による労働基準法（昭和47年法律57号改正前）に基づく省令制定権限の不行使が国賠法上違法とされた、大阪泉南アスベスト訴訟・最一小判平成26・10・9民集68巻8号799頁〔28224105〕も参照）。

また、下級審裁判例として、北本市訴訟・東京高判平成22・8・25判タ1341号97頁〔28170221〕は、市会計課出納担当主幹であった原告が市職員労働組合に加入届を提出したところ、同組合が、県央広域公平委員会の定めた公平委員会規則において会計課出納担当主幹は管理職員等に該当する旨の規定があることを根拠に加入を拒否したため、市に対し、違法な規則により労働組合加入権が侵害されたとして損害賠償を求めた事案において、同主幹はその職責から客観的にみて管理職員等に該当するとは認められず、公平委員会が規則を再検討して改正すべき職務上の義務を負っていたにもかかわらず漫然と改正を行わなかった不作為は、国賠法上違法であるとしている。

論点 2　意見公募手続において提出された意見はどのように考慮されるか

意見公募手続の意義は、行政運営における公正の確保及び透明性の向上、情報取集を容易にすることによる判断の適正の確保、意思形成過程への国民の参加である（宇賀・行政法概説Ⅰ〈第5版〉439頁）。利害関係者にとっては権利利益の防御手段としての意義を有し、国民にとっては参政権の一種として機能する

二面性を有する（意見提出は自己の利益に関係なく何人にも認められている）。

　意見公募手続が機能するために定められた行手法の規定は次のとおりである。第1に、意見公募手続の実施に際しては、その実施が広く周知されること及び関連情報が提供されなければならない（41条）。第2に、公示される案については、具体的かつ明確な内容のものであって、題名や根拠法条が明確に示されていなければならない（39条2項）。第3に、命令等制定機関は、提出された意見を十分に考慮しなければならず（42条）、それを担保するため命令等制定機関に対しては提出意見を考慮した結果及びその理由の公示義務が課されている（43条1項4号）。

　それでは、命令等制定機関において意見提出期間内に提出された意見はどのように考慮されるべきであろうか。

　東京地判平成22・3・30民集67巻1号45頁〔28170151〕は、「行政手続法42条は、命令等制定機関は提出された当該命令等の案についての意見……を十分に考慮しなければならないと定めているものの、これは、提出意見の内容をよく考え、定めようとする命令等に反映すべきかどうか等について適切に検討しなければならないということであり、その『考慮』は、提出意見の内容に着目して行われるものであって、提出意見の多寡に着目するものではなく、まして、提出意見のうち多数意見を採用することを義務付けるものではない」とし、「意見公募手続の結果において本件規制に反対の意見が多数であり、その意見を採用しなかったからといって、本件規制を内容とする省令の制定手続が行政手続法42条に違反するものとは認められない」としている（なお、最三小判平成23・6・7民集65巻4号2081頁〔28172942〕は、「本件処分基準は、意見公募の手続を経るなど適正を担保すべき手厚い手続を経た上で定められて公にされており」と述べており、意見公募手続の履践を、不利益処分に際して事実や根拠法条のみならず処分基準の適用関係をも示さなければならない論拠の1つに挙げている）。

　意見公募手続に付すべき事案であったにもかかわらず付されなかった場合、あるいは、提出意見とそれを考慮した結果及びその理由が示されなかった場合など、同手続が十分に行われないままに命令等が策定され、それに基づいて処分が行われた場合には、手続上の瑕疵があるとして当該処分の取消しを求める

等の方途が考えられる(常岡孝好「裁量権行使に係る行政手続の意義」磯部=小早川=芝池・行政法の新構想Ⅱ256頁、板垣勝彦「パブリック・コメント」髙木光=宇賀克也編『行政法の争点』有斐閣(2014年)85頁)。

【参考文献】
宇賀克也編『改正行政手続法とパブリック・コメント』第一法規(2006年)、角松生史「手続過程の公開と参加」磯部力=小早川光郎=芝池義一編『行政法の新構想Ⅱ—行政作用・行政手続・行政情報法』有斐閣(2008年)289頁、白岩俊「行政手続法の一部を改正する法律」ジュリスト1298号(2005年)60頁、常岡孝好『パブリック・コメントと参加権』弘文堂(2006年)、豊島明子「パブリック・コメントの意義と課題」室井力=榊原秀訓編『住民参加のシステム改革』日本評論社(2003年)174頁

(田尾亮介)

(8) 各種手続における一事不再理

【概要】

　行政手続に関連する論点として、以上のほか、一事不再理の問題をここで取り上げる。

　一事不再理とは、行政機関がある案件をいったん処理し終えた後に、何らかの事情により、当該案件又はそこに含まれていた問題につき、同じ機関又は別の機関においてその見直しを行うべきではないという原則である（小早川・行政法講義下Ⅰ29頁）。もっとも、この概念は必ずしも一義的に用いられているわけではない。一事不再理を「基本的には一度きめられた問題を蒸し返すことが制度上不合理であると考えられる場合に、その蒸し返しを禁ずることを広く指す」ととらえれば、①民事訴訟においては羈束力、既判力という形で、②刑事訴訟においては同一事件の再審理を禁ずるという狭義の一事不再理の形で、③行政の領域においては、その即応性、公益適合性、反省・再評価の必要性等から一事不再理の理念は原則として大きな価値を持たないものの、場合によっては行政処分の不可変更力・実質的確定力、行政上の争訟における同一事件の再審理禁止といった形で現れ、さらに④合議体における意思決定について、一度議決した以上、同一案件については重ねて審議しないという一事不再議の原則という形でも現れるとされる（以上につき、雄川一郎「判批」雄川一郎編『行政判例百選Ⅰ』有斐閣（1979年）168頁以下参照）。

　このように、一事不再理の問題は多岐にわたるが、ここでは、①刑事上の制裁措置との関係で、犯罪の処罰又はそれに準ずる案件が判決以外の方法で処理される場合【論点1】、②刑事上の制裁措置以外の職権発動型の案件【論点2】、③申出型の案件【論点3】に分類し（分類につき、小早川・行政法講義下Ⅰ30頁以下を参考にした）、一事不再理の原則との関係で問題となった事例を中心に整理、検討を加えることとする。

------ 論　　点 ------

1　刑事上の制裁措置と一事不再理
2　職権発動型案件と一事不再理
3　申出型案件と一事不再理

論点 ❶　刑事上の制裁措置と一事不再理

　憲法39条は、「何人も……同一の犯罪について、重ねて刑事上の責任を問はれない」と規定している。ここには、二重の危険の禁止の発想と一事不再理の

発想が混在していることが指摘されている（野中俊彦=中村睦男=高橋和之=高見勝利『憲法Ⅰ〈第5版〉』有斐閣（2012年）449頁）。ここでは、直接的には判決又は刑罰には該当しない刑事上の制裁措置と一事不再理との関係が問題となる。

検察官の不起訴処分について、最二小判昭和32・5・24刑集11巻5号1540頁〔27760583〕は、憲法39条との関係で「検察官が一旦不起訴にした犯罪を後日になつて起訴しても同条に違反するものでない」としている。この判決については、不起訴処分が確定判決でなく、行政的な刑事処分にほかならないことが根底にあるとの指摘がある（『最判解説刑事篇〈昭和32年度〉』法曹会〔竜岡資久〕277頁）。なお、最一小決昭和28・7・2裁判集刑84号23頁〔28194177〕は、「一旦不起訴釈放した後起訴したとしても遡及処罰又は一事不再理の違反であるといえないことは多言を要しない」と、一事不再理との関係でも問題とならないことを明らかにしている（その位置付けにつき、『最判解説刑事篇〈昭和32年度〉』法曹会〔竜岡資久〕277頁参照）。

少年法19条1項に基づく家庭裁判所による審判不開始決定について、事案が罪とならない等の理由により審判不開始決定がなされたものの、その後1か月にも満たない時点で被告人が成年に達した後に同一事実により公訴が提起されたという事実関係のもとで、最大判昭和40・4・28刑集19巻3号240頁〔27760782〕は「審判不開始の決定は、その判断に既判力を生ずべき刑事訴訟における確定判決と解することはできず、その他これに一事不再理の効力を認めるべき法律上の根拠は存在しない」としている。本決定の射程について、審判不開始の決定の全てに及ぶことに加え、少年法23条2項に基づく不処分決定の場合にも類推されるとの指摘がある（『最判解説刑事篇〈昭和40年度〉』法曹会〔西川潔〕54頁）。本決定には3名の裁判官の反対意見が付されているが、そのうち田中二郎裁判官の反対意見は「少年法19条1項に基づき、家庭裁判所が事件の実体について調査し判断した結果、審判不開始の決定をした場合においては、その不開始決定には一事不再理又はそれに準ずる効力を認めるべきであつて、同一事件について、その後被告人が成年に達したからといつて、改めて公訴を提起することは許されないと解するのが相当である」としており、その理由の1つとして、「少なくとも相手方に権利利益を付与するものについては、自由な取消又は変

更は許されない」という一般の行政処分に妥当する「法的安定を保護するという法の理想に基づく一つの確たる理論」は「審判不開始決定のごとき行為についてこそ十分に実現されるべきものであつて、必ずしも法の明文の根拠を必要としない」という点を挙げている。関連して、本決定についての解説の中にも、「立法論のみならず、解釈論としても不開始決定に端的に一事不再理効を認めることは十分可能である」との指摘がみられるところである（白取祐司「判批」平野龍一=松尾浩也=田宮裕=井上正仁編『刑事訴訟法判例百選〈第5版〉』有斐閣（1986年）275頁）。

論点 ❷　職権発動型案件と一事不再理

　行政庁がその職権に基づいて行う行政処分について、一度処分がされた後又は処分を行わないという判断がされた後に、同一の原因に基づいて（同種の）処分を（もう一度）課すことができるかどうかが問題となる。

　農地委員会が、一度定めた農地買収計画を取り消した後に再度農地買収計画を定めたことが一事不再理の原則に反するか否かが問題となった最三小判昭和28・3・3民集7巻3号218頁〔27003335〕は「行政庁がその処分をひとたび取り消したからと言つて、再び同じ処分をすることが常に違法であるとは断定できない」との一般論を提示したうえで、本件では、一度定めた農地買収計画について、上告人と訴外小作人との協定の締結を理由に職権で取り消した後に、上告人が当該協定に違背したことを理由として再度農地買収計画を定めたという経緯があるとして、違法とすべき理由はないとした。この事案については、農地委員会という合議体の機関による判断であることに着目して一事不再議の問題としてとらえる余地もあるが（雄川一郎「判批」雄川一郎編『行政判例百選Ⅰ』有斐閣（1979年）169頁、小早川光郎「判批」塩野宏編『行政判例百選Ⅰ〈第2版〉』有斐閣（1987年）149頁、塩野・行政法Ⅰ〈第6版〉177頁）、本件事案の具体的内容に即して理解すれば、協定違背を理由として農地委員会が再度の農地買収計画を定めたことは「さきの決議を基礎としつつ、その際にいわば条件付きで予定されていたところを実行に移したにすぎず、すでに処理されたものと同一の問題（一事）を蒸し返したものではない」（小早川・前掲149頁）と解することになろう。

地方公務員に対する懲戒免職処分を取り消した後に同一理由により再度懲戒免職処分を行った事案について、浦和地判昭和40・3・24行裁例集16巻3号508頁〔27602917〕は、行政庁がその処分をひとたび取り消したからといって、再び同じ処分をすることが一事不再理の原則若しくは行政行為の不可変更性の原則に照らして常に違法であるとはいえず、先の懲戒免職処分の処分理由と後の懲戒免職処分の処分理由がその重要部分において重なり合うとしても、後者は前者を一層明確にしたものにすぎないとし、先の懲戒免職処分を取り消して新たに懲戒免職をしたことに違法の点は認められないとしている。

　学説上、不利益処分をしないと決めた後に、新事実が見つかった場合には、不利益処分を行うことができるとされている。不利益処分をしないというのは事実上の行為であり、裁判のような慎重な手続を経ているわけではないため、相手方の信頼を保護するよりも真実に即した行政活動が優先されるためである。また、一度不利益処分をした後に、重要な違反事実が新たに発見された場合には、ある程度の期間内であれば重い処分をもう一度課すこともできるとされている。ただし、同一事実に基づく場合には、被処分者はその処分しか受けないとの信頼を得たものとも考えられるため、慎重な検討が必要であろう（以上につき、阿部・行政法解釈学Ⅰ355頁以下参照）。

論点 3　申出型案件と一事不再理

　私人からの申請・不服申立てなどの申出が行政機関においていったん処理された後にもう一度同一内容の申出が繰り返された場合に、一事不再理を理由にその審理を拒否し得るか、拒否すべきか、私人の側からすると申出の繰り返しが許されるかどうかが問題となる（小早川・行政法講義下Ⅰ30頁参照）。以下では、争訟手続における場合と争訟手続以外の手続における場合とに区別して整理する。

1　争訟手続における申出の繰り返しと一事不再理

　農地所有者と賃借人との間の賃借権回復のための協議が調わなかった場合等に、賃借人の申請に基づいて市町村農地委員会が行う裁定につき、裁定の申請が棄却された後に、再度裁定の申請を行ったという事案についての最二小判昭

和29・5・14民集8巻5号937頁〔27003171〕は「通常の行政処分に関しては、ひとたび申請が斥けられても、再び申請をすることは必ずしもゆるされないわけではなく、ことに、その後の事情の変更によつて、再び同じ処分を申請することがゆるされなければならないのは当然である」としたうえで、本件における裁定は、農地所有者と賃借人の間の賃借権回復に関する争いを解決するための行政処分であり「右裁定によつて両者間の私法上の権利関係が定まるわけであるから、このような行政処分に関しては、法律関係の安定の要求から言つても、市町村農地委員会としては、一度した裁定を取り消して違つた裁定をすることはゆるされない」として、本件においては申請事由の有無についての事情の変更を理由として再申請をしたものではないとして、裁定を申請して棄却された者は再び裁定を申請することができないとした原判決を正当とした。本判決については「簡略な行政争訟手続にも実質的確定力を認めた」と解する余地があるとされるが（雄川一郎「判批」我妻栄『行政判例百選〈増補版〉』有斐閣（1965年）90頁）、実質的確定力まで論じなくても、紛争解決を目的とする争訟制度の性質からして明文の規定の有無にかかわらず一事不再理原則を導くことが可能であることが指摘されている（小早川光郎「判批」塩野宏=小早川光郎=宇賀克也編『行政判例百選Ⅰ〈第4版〉』有斐閣（1999年）161頁）。

2　争訟手続以外の手続における申出の繰り返しと一事不再理

(1)　前掲昭和29年最二小判〔27003171〕が示すように、通常の行政処分については一事不再理原則により直ちに再度の申出が禁じられるわけではない。例えば、東京地判昭和49・10・29行裁例集25巻10号1318頁〔27603489〕は、援護法に基づく遺族年金及び弔慰金の請求について「行政行為は、……極めて特殊な例外を除き……裁判における既判力のような一事不再理の効力までも有するものではな」く「行政庁に対しある行政行為を求める申請をして却下され、その処分が確定した場合でも、その当時存在しなかつた資料を新たに発見し、または新資料の提出が可能となり、あるいは事情変更が認められるような場合に、同一行政行為を求めるため再度の申請をすることも一般に許される」とする。さらに、同種事案についての東京地判昭和56・10・28行裁例集32巻10号1854頁〔27603972〕は「行政処分は原則として確定判決のような一事不再理の効力を

有するものではなく、申請を却下した処分が争訟提起期間を経過して確定した場合であつても、法令に特別の規定のない限り、当事者は新たに取得した資料を添えて同一事項につき再申請をすることが許され、行政庁はこれに対して改めて処分を行うべき義務があると解するのが相当であ」り「このように解しても、濫用にわたるような再申請については別途の法理によつて対処することができるのであるから、不都合は生じない」としている。また、「一事不再理」という表現を用いてはいないものの、東京地判昭和56・7・16行裁例集32巻7号1082頁〔27603941〕は、同法に基づく弔慰金の請求についての却下処分の出訴期間経過後（不可争力発生後）の再度の請求について、事情変更や新資料の発見といった事情についての明示的な言及をせずに「通常の行政行為は出訴期間等が経過した後であつても濫用等にわたらない限りは、先の不可争力を生じた行政行為の内容に反する再申請をなすことも許される」としている（独禁法69条に基づく閲覧謄写申請につき、同旨、東京地判平成18・2・23判タ1226号75頁〔28110680〕）。

(2) もっとも、事情変更や新資料の発見といった事情についての明示的な言及のない前掲昭和56年東京地判〔27603941〕のような考え方に立つと、再度の申請についての拒否処分の取消訴訟を提起することで、最初の申請についての拒否処分の取消訴訟の提起を出訴期間経過後に認めたことと同じことになる。そこで、実質的確定力あるいは一事不再理という一般理論上の問題ではなく、取消訴訟の出訴期間制限という制度の効果として、行政庁としては、申請に対する審査義務は特段の事情のない限り生じないとする見解が示されている（塩野・行政法Ⅰ〈第6版〉176頁以下）。

労働者災害補償保険法に基づく遺族補償給付申請についての浦和地判平成元・12・15判タ731号116頁〔27806731〕は、このような制度理解のもとに「第一次請求に対して第一次処分がなされてこれに不可争力が生じたにもかかわらず、特段の事情もないのに第一次請求と請求者、労働者及び災害を同じくする請求を許容することは第一次処分に不可争力を認める現行法制度の趣旨に反する」として「第一次請求に対してなされた第一次処分に不可争力が生じた後に第一次請求と請求者、労働者及び災害を同じくする請求がなされたときは、特段の

事情がない限り、一事不再理の法理が働くと解するのが相当である」とする。この判決について、新たな証拠が発見・発掘されたような場合には、第一次処分に不可争力が生じた後であっても行政庁は自らなした処分につき積極的に再検討を加えるべき必要があるして、行政庁の職権発動を期待する見解があるが（西村健一郎「判批」判例評論387号（判時1374号）（1991年）170頁）、前掲昭和49年東京地判〔27603489〕、前掲昭和56年東京地判〔27603972〕のように、そのような場合には「特段の事情」があり一事不再理の法理は働かないとして、再度の申請を認めるべきであろう。

(3) 必ずしも一般化できるものではないが、自治法242条1項に基づく住民監査請求について、最二小判昭和62・2・20民集41巻1号122頁〔27100060〕は「同一住民が先に監査請求の対象とした財務会計上の行為又は怠る事実と同一の行為又は怠る事実を対象とする監査請求を重ねて行うことは許され」ず「新たに違法、不当事由を追加し又は新証拠を資料として提出する場合」であってもこの理は妥当するとしている。原審・東京高判昭和57・8・31民集41巻1号152頁〔27604054〕は、結論を同じくするものの、その理由付けとして「一事不再議の原則の適用並びに地方自治法242条2項所定の期間徒過」を挙げていたところであるが、本判決では、一事不再議にも一事不再理にも言及がない（岡森識晃「判批」宇賀=交告=山本・行政判例百選Ⅰ〈第6版〉279頁は、いずれの適用についても消極的な見解を示す）。本判決の射程につき、監査結果が「却下」である場合には及ばず、「棄却」である場合であっても、当該財務会計行為から1年以内であれば新しい違法事由・新証拠を提出の再監査請求が可能と解する見解が示されている（木佐茂男「判批」判例評論345号（判時1247号）（1987年）36頁）。

（大江裕幸）

2　行政不服審査法

(1)　行政不服申立制度の意義と射程

【概要】
1　行政上の不服申立てと行審法
　一般に、行政の活動に関し不服のある者がその不服を行政に対して申し立て、行政の側で審査し応答するという仕組みが、「行政上の不服申立て」ないし「行政不服申立て」である。行政不服申立てについては、一般法として行審法がある（昭和37年法律160号制定。平成26年法律68号全部改正）。また、それに加えて、同法が規定する不服申立ての仕組みに関し、同法の予定するところに則ってさらに何ごとかを定めるか、又は同法の規定する内容について何らかの特例を定める法令が、多数存在する（例えば、国税通則法、社会保険・労働保険関係諸法令、等々）。
　他方、行政上の不服申立ての中には、行審法の適用外とされ、専ら他の法令の定めによるものもある（例えば、労働組合法による救済命令等についての再審査手続、特許法所定の不服審判手続など）。
2　不服申立制度の目的と主観争訟・客観争訟の区別
　行政不服申立ての制度を設けるに当たっては、いかなる目的のためにそれを設けるのかが問題となる。行審法は、その目的として、「国民の権利利益の救済を図る」ことと「行政の適正な運営を確保する」ことを挙げている（1条1項）。
　このこととも関連して、行政不服申立て・行政訴訟等を含め、一般に行政争訟に関しては、行政に関する個々人の権利利益の主張に基礎を置く形で構成された「主観争訟」としての制度と、ある一定種類の公益の確保を目的とし、その公益の主張を基礎とする形で設けられた「客観争訟」としての制度を、区別することができる。行政訴訟のうちでは、抗告訴訟・当事者訴訟（行訴法3、4条）は主観争訟（主観訴訟）、民衆訴訟・機関訴訟（同法5、6条）に当たる各種の訴訟は客観争訟（客観訴訟）であるが、行政不服申立てに関していえば、行審法が定めているものは、主観争訟としての不服申立ての制度であると解されている。他方、前記の民衆訴訟・機関訴訟に相当する意味での、民衆争訟ないし機関争訟に当たる不服申立ての制度が設けられる場合、それらは客観争訟の性質を有する。その例としては、例えば地方公共団体の選挙に関するもの（公選法202、206条）、議会の議決等に関するもの（自治法176条5項）などがある。
　主観争訟と客観争訟（特に、民衆争訟）との区別は、特に、法令によるそれぞれの不服申立制度において不服申立てをなし得る者の範囲をどのようにとらえるかの問題に関

わるものである（後出「4　不服申立ての資格・利益等」参照）。
3　行審法上の不服申立ての種類

　行審法は、一般法としての立場で、不服申立ての種類として「審査請求」、「再調査の請求」、「再審査請求」の3つを規定している。

　そのうちで基本となるのは、「審査請求」であり、これは、「処分についての審査請求」（2条）と「不作為についての審査請求」（3条）の2つを含む。前者は、行政庁が一定の「処分その他公権力の行使に当たる行為」あるいは「処分」（ここでは両者は同義である—1条2項参照）をした場合において、それに不服のある者が審査を求めるものである。他方、後者は、一定の処分の申請に対し行政庁が応答としての何らの処分もしない「不作為」についてされるものである。

　審査請求以外に行審法が定めている不服申立ての種類としては、処分についての「再調査の請求」（5条）と、処分についての審査請求の裁決に不服がある場合の「再審査請求」（6条）がある。これらは、いずれも、他の法律で特に規定することにより、処分についての審査請求に先行し又は後続する附加的な仕組みとして設けられるものである。

　行審法の定める不服申立ての制度は、以上のように、行政庁の「処分」ないし「不作為」を対象とするものであり、このことから、そのような「処分」ないし「不作為」に該当し行政不服申立制度の対象となるものと、そうでないものとの区別が問題となる。この問題については【論点1】で取り上げる。
4　不服申立ての資格・利益等

　行審法上の審査請求やその他の不服申立ての制度について誰がそれを利用できるか、すなわち、それらの不服申立てができるのは誰かということが、いくつかの異なる意味において問題となる。

　1つは、訴訟における当事者能力の問題に相当するような、自己の名で不服申立てをなし得る一般的な能力ないし資格の問題である。行審法による不服申立て（審査請求等）に関していえば、この意味での不服申立資格は、自然人・法人及び一定の法人格なき社団・財団（10条参照）に認められ、外国人・外国法人等にも認められる（なお、国・地方公共団体やその機関等の公的主体も、処分の相手方となり、あるいは処分の申請者となる場合があることから、そのような公的主体について不服申立資格を認めるかどうかも問題となり得るが、現行行審法は、これを、一定種類の処分に関する同法の適用除外の問題として処理している—7条2項）。

　以上の不服申立資格の問題とは別に、処分との関係においていかなる立場にある者がそれに関して不服申立てをなし得るか、あるいはなし得ないかという問題がある。この意味での、不服申立てをなし得る者の範囲に関しては、行審法によらない特殊な不服申立ての場合に、法の定める要件に該当する一定の範囲の者について不服申立権を認めるという制度設計がされることがある（特に、前述の民衆争訟ないし機関争訟に該当する

不服申立制度の場合がそれである）。しかし、そうでない場合には、問題は、行政不服申立制度一般についての不服申立人適格ないしそれを含む不服申立ての利益の観点から論じられることになる。これらの問題は、【論点2】で扱う。

•••••• 論　　点 ••••••
1　行政のいかなる行動が不服申立て（審査請求等）の対象となるか
2　不服申立てができる者の範囲はどのように画されるか／主観争訟と民衆争訟はどのように区別されるか

論点 1　行政のいかなる行動が不服申立て（審査請求等）の対象となるか

1　行審法は、①行政庁がした「処分その他公権力の行使に当たる行為」ないし「処分」（両者は同義である―同法1条2項）、又は、②何らかの処分を求める「法令に基づく申請」に対し行政庁が応答としての何らの処分もしない「不作為」のいずれかに関しての、審査請求を中心とする不服申立ての制度を規定している。同法において登場する「処分」の概念は、行手法のそれ（2条2号）や、行訴法のそれ（3条2項）と、基本的に同じものである（ただし、行訴法にいう「処分」は、定義上、「裁決」を除いたものとされている―3条2、3項参照）。また、「法令に基づく申請」の概念も、それら2法と共通のものである（行手法2条3号、行訴法3条5項参照）。

2　以上のうち、処分がされた場合のそれに関する不服申立てについて、行審法は、いわゆる「一般概括主義」（ないしは単に「概括主義」）の立場をとり、行政庁の行為のうち「処分」に該当するものは一定の例外を除き原則としてはすべて審査請求の対象となるものとしている（2、7条―なお、旧行審法も一般概括主義の立場をとっていたが、それは、原則としてすべての処分について審査請求と異議申立てのいずれかを可能とするという形で示されていた）。

　他方、不作為に関する不服申立ての部分についても、行審法は、一般法である同法に規定する要件に該当すれば、原則としてすべて、それに対しての審査請求ができるものとしている（3、7条）。これも、広い意味では一般概括主義の一側面であるということができる。

3 そこで、何が、以上にいう「処分」ないし「不作為」に当たり、又は当たらないか、すなわち「処分性（処分該当性）」ないし「不作為該当性」が、問題となる。

このうち前者の、行政不服申立てにおける処分性の問題は、何が抗告訴訟制度の対象としての処分に当たるかという、行政訴訟における処分性の問題と、基本的に共通する（ちなみに、ある行為の抗告訴訟対象性を論じるうえで、行政不服申立てに関する法令の規定の存在が一定の意味を持つこと、その一方で、ある行為について不服申立てが認められていることから当然に抗告訴訟対象性も肯定されるかどうかについてなお議論の余地があり得ることは、周知のとおりである―供託金取戻請求却下行為の処分性に関する最大判昭和45・7・15民集24巻7号771頁〔27000711〕の法廷意見と反対意見を参照）。

他方で、後者、すなわち、何ごとかを求める申出に対して応答がされないという不作為（広義）の状態が、不服申立ての対象としての「不作為」に該当するかどうかに関しては、主に、①当該申出によって求められ、あるいは当該申出に対し応答としてされるべきものが、「処分」に当たるか、また、②当該申出が「法令に基づく申請」に当たるかが問題となるが、これらは、抗告訴訟のうちの拒否処分取消訴訟・不作為違法確認訴訟・申請型義務付け訴訟等の要件として論じられるのと共通の問題である。

以上のことから、ここでは、行政不服申立てに関する裁判例として注目に値すると思われる若干のものを【事例】として掲げるにとどめ、体系的な考察は、行政訴訟の箇所（本書第2巻Ⅲ1(2)(a)「抗告訴訟の対象」、(e)「不作為の違法確認訴訟の要件」、(f)「申請型義務付け訴訟の要件」）に譲る。

\事例

行政のいかなる行動について不服申立対象性が認められ、あるいは認められないかについての、主要な裁判例のいくつかを以下に掲げる。

(1) 最一小判昭和43・4・18民集22巻4号936頁〔27000961〕
特許法71条の準用（実用新案法26条）による実用新案の技術的範囲についての判定を特許庁に求め、求めた内容を否定する趣旨の判定を受けた者が、行審法（旧法）による不服申立てをしたところ、当該判定は不服申立ての対象となる処分に当たらないとする却下裁決を受けたので、同裁決についてその取消しを求める訴えを提起したと

いう事案である。最高裁は、「行政不服審査法が行政庁の処分その他公権力の行使に当たる行為に対して不服申立を認めているのは、この種行為が国民の権利義務に直接関係し、その違法又は不当な行為によつて国民の法律上の利益に影響を与えることがあるという理由に基づくものである」ところ、特許法71条又はその準用による判定は、「特許発明又は実用新案の技術的範囲を明確にする確認的行為」であって、「特許庁の単なる意見の表明であつて……鑑定的性質を有するにとどま」り、上述のような法的効果を有しないものであるから、行政不服審査の対象たり得ないとした。

(2) エビス食品事件・最一小判昭和47・11・16民集26巻9号1573頁〔27000532〕（第一審・東京地判昭和42・7・5民集26巻9号1594頁〔27201148〕、控訴審・東京高判昭和42・10・25民集26巻9号1598頁〔27201149〕）

他事業者等に独禁法違反事実がある旨の同法45条所定の報告・措置要求を行った事業者が、それに対する公正取引委員会の対応を不服として出訴した事案である。

本件で、原告事業者は、(A)上記の報告・措置要求に対し何らの処分もされないので不作為についての異議申立て（旧行審法7条）をしたところ委員会はそれに対する決定その他の行為を怠っており、また、(B)前記異議申立ての後になって委員会は本件報告・措置要求を不問とする決定（いわゆる不問処分ないし不問決定）をしたとしてその旨を通知してきたけれども、真実はそのような決定はされていないなどと主張して、①異議申立てに対する不作為（上記(A)）の違法の確認、②不問決定の不存在（上記(B)）の確認等を求めたのであるが、このうち、不問決定の不存在確認の訴えに関しては、いずれの裁判所も、当該決定は抗告訴訟の対象となる処分に当たらず、訴えは不適法であるとしている。他方、異議申立てに対する不作為の違法確認の訴えについては、これもすべての裁判所により不適法とされたが、その論拠には若干の差異がある。

第一審判決は、独禁法の規定上、「公正取引委員会がこの節（引用者注：同法8章2節、当時は45条から70条の2まで）の規定によってした審決その他の処分」については行審法による不服申立てをすることができない旨規定されているが（当時の70条の2）、この規定は45条の報告・措置要求に対する不作為についても適用があると解すべきであるから、本件のような異議申立てはもともと法令上認められていないものであって、それに対し応答がないことについて不作為違法確認訴訟を提起することはできないと判示し、控訴審判決もほぼ同様の判断をした。

これに対し、上告審の最高裁判決は、前述のように不問決定につき抗告訴訟の対象としての処分性を否定した原審の判断を是認するのに続けて、「また、独占禁止法45条1項に基づく報告、措置要求は法令に基づく申請権の行使であるとはいいえないのであるから、本件異議申立てに対する不作為の違法確認の訴えを不適法とした原審の判断も、結局正当である」と判示している。報告・措置要求と異議申立てとはそれぞれ別個の法令で規定された別種の行為であることからすると、前記の判示はやや説明

不足の感を否めないが、これについては、「本件の事案は、行政不服審査法7条に基づく異議申立てに対する不作為の違法確認の訴えであり、右異議申立てによって解消すべき行政庁の不作為状態が存在しえない場合には、このような訴えは実益を欠くものとして不適法であるとする趣旨と読む余地もあるように思われる」との、調査官による注釈がある(『最判解説民事篇〈昭和47年度〉』法曹会〔富澤達〕598頁)。本判決は、一方で、独禁法45条の仕組みは報告者に何らの権利も付与するものでないということから不問決定に処分性なしとの判断をしているのであって、この前提のもとでは、本件の報告・措置要求は法令に基づく申請ではなく、それに対する不作為についてされた本件異議申立てが認容される余地は、もはや存在しない(ちなみに、このことは、不作為についての不服申立てにおいて「法令に基づく申請」要件を不服申立ての適法要件として位置付けるか、それとも、法令に基づく申請でなければ応答しなくても違法不当でないという意味で本案の実体要件として位置付けるかの、いずれの立場をとるかによって異なるものではない)。本判決が、本件で異議申立てへの応答がないとしてさらに不作為違法確認訴訟で争うことにつき、そのような意味で実益がなく訴えの利益に欠けるとしたのであれば、それは首肯し得るところであろう。

(3) 大分地判平成22・9・30判時2113号100頁〔28163518〕

永住資格を有する外国人であって、市(福祉事務所長)に生活保護の申請をした者が、預金があるとの理由で申請を却下され、それを不服として県知事に審査請求をしたところ、当該申請却下決定は行審法上の処分に当たらないとして審査請求を却下する裁決がされたのでその取消しを求めて出訴したという事案について、申請却下決定の処分性を肯定したものである。すなわち、被告県側が、生活保護に関し外国人が国民に準じて扱われているのは単に行政内部通知に基づく措置であって権利として保護の措置を求めることができるものではなく、上記決定は処分性がないと主張したのに対し、判決は、本件の申請は行政上の措置としての保護のみを求めるのではなく生活保護法所定の保護を求めるものであり、上記決定はこれに対する応答として同法による保護を否定するものであるから、それは同法64条及び行審法4条1項(当時)にいう処分に当たるのであって、実体的に保護受給権が認められるかどうかはそのことと直接関係するものではなく、本件審査請求は適法でありそれを却下した本件裁決は違法であると判示し、原告の請求を認容している。

なお、本件は、原処分(申請却下決定)についての不服申立て(審査請求)の裁決を対象とする裁決取消訴訟において、適法な審査請求を不適法として却下したという裁決固有の違法が主張され、肯定された事案である。これを訴えの利益の観点からみると、「実体的に保護受給権が認められるかどうか」はこの訴訟における審判の対象となっておらず、その意味で、本件裁決が取り消された場合にその結果として改めて不服申立て(審査請求)を認容する裁決がされ、生活保護法による保護が与えられる

に至る可能性がないわけではない。したがって、前掲昭和47年最一小判〔27000532〕のような、不服申立てに対する行政庁の対応を違法とし改めて適法な対応をとらせたとしても不服申立ての認容に至る可能性のないことが、判決自体における認定・判断から導かれるというケースとは、区別される。

(4) 東京地判平成元・1・31判タ698号212頁〔27804113〕

　道路整備特別措置法（当時）の規定に基づき建設大臣（当時）が首都高速道路公団（当時）の申請に係る料金等の変更を認可したことについて、利用者であるXが、建設大臣に行審法（旧法）による不服申立て（旧法によれば「異議申立て」とすべきところを本件では「審査請求」として申し立てられているが、その点は問題とせず、「不服申立て」と表記しておく）をしたところ、本件認可は不服申立ての対象となる処分に当たらない等の理由により不服申立てを却下する裁決がされたので、それについて取消訴訟を提起した事案である。判決は、「行政不服審査法上の不服申立ての対象となる行政庁の処分……とは、行政庁の行為のうち、行政庁が、法令に基づき、優越的立場において直接国民の権利義務を形成し、又はその範囲を確定する行為をいう」としたうえで、当時の首都高速道路公団法・道路整備特別措置法の諸規定に照らせば、「本件認可は、行政上の決定に至る行政過程内における行政機関相互間の行為であって、行政行為として外部に対する効力を有するものではなく、また、これによって直接国民の権利義務を形成し、又はその範囲を確定する効果を伴うものではないから、行政不服審査法上の不服申立ての対象となる行政庁の処分には該当しない」と判示している。

　この判決といわば対をなすのは、同日の東京地判平成元・1・31行裁例集40巻1=2号82頁〔27804114〕である。こちらは、同じく道路整備特別措置法に基づき建設大臣が日本道路公団（当時）に対し道路料金に係る一定事項を許可したことについて、利用者が取消訴訟を提起した事案であり、当該許可に関し抗告訴訟の対象としての処分性が問題となったのであるが、行政不服申立てに関する前記判決とほぼ同様の判示がされている。これら両判決の判示は、いわゆる成田新幹線訴訟の最高裁判決、すなわち、全国新幹線鉄道整備法が規定していた日本鉄道建設公団（当時）の工事実施計画についての運輸大臣（当時）の認可が抗告訴訟の対象となる行政処分に当たらないとした最二小判昭和53・12・8民集32巻9号1617頁〔27000220〕に準拠するものと解される。

論点 2　不服申立てができる者の範囲はどのように画されるか／主観争訟と民衆争訟はどのように区別されるか

　行審法又はその他の行政不服申立制度のもとで、ある一定の処分に関して一定の者が不服申立てをなし得るかどうかは、当該処分との関係におけるその者

の立場のいかんによって左右される。その意味での、不服申立てをなし得る者の範囲が問題となる。

　行審法による審査請求の場合でいうと、この点に関しての同法の規定の仕方は、処分についての審査請求と不作為についての審査請求とで異なっている。前者の場合、同法は、「処分に不服がある者は……審査請求をすることができる」(2条)とするのみで、それ以上のことは規定していない。他方、後者に関しては、申請に対する不作為について審査請求をすることができるのは、「申請をした者」とされ(3条)、その点は明確である。したがって、特に問題となるのは、処分についての審査請求に関し、「処分に不服がある者」として審査請求ができる者の範囲をどのようにとらえるかという点である。そして、この「処分に不服がある者」に類する表現は、行審法上の再調査の請求や再審査請求の場合にも用いられ(5条1項、6条1項)、また、同法以外の法令による不服申立てに関しても用いられる場合がある(以下で触れる景表法旧10条6項や自治法118条5項もそれである)が、それらの場合にも、同様の問題が存在する。

　この、行政庁のした処分に関して行審法又はその他の法令による不服申立てができる者の範囲の問題についての基本的な判例としては、いわゆるジュース表示訴訟・最三小判昭和53・3・14民集32巻2号211頁〔27000252〕がある。これは、景表法旧10条(現在の31条に相当する)に定める仕組みのもとで果実飲料等の表示に係る公正競争規約についてされた公正取引委員会の認定に関する事案であり、「(引用者注：上記認定を含む委員会の)処分について不服があるものは……(引用者注：公正取引委員会に対し)……不服の申立てをすることができる」としていた同法10条6項の規定のもとで(なお、行審法は適用除外とされている)、一般消費者の立場から不服申立てをなし得るかどうかが問題になったものである。

　判決は、[A]上記規定にある「処分について不服があるもの」とは、一般の行政処分についての(行審法による)不服申立ての場合には、「当該処分について不服申立てをする法律上の利益がある者、すなわち、当該処分により自己の権利若しくは法律上保護された利益を侵害され又は必然的に侵害されるおそれのある者」をいうとの解釈を前提としつつ、[B]景表法上の不服申立ての

場合についてもそれと同様であるとし、[C] 以上のように解すべき理由としては、①現行法制上の行政不服申立てが原則として国民の権利・利益の救済を主眼とするものであることからして、法律に特別の定めがない限り、不服申立てをなし得るのは上記［A］に該当する者に限られるべきであり、②景表法の上記規定の体裁に照らせば、それを「自己の法律上の利益にかかわりなく不服申立をすることができる旨を特に定め……いわゆる民衆争訟を認めた」ものと解することはできないと述べる。そのうえで、判決は、[D] 上記［A］の「法律上保護された利益」とは、「行政法規が私人等権利主体の個人的利益を保護することを目的として行政権の行使に制約を課していることにより保障されている利益」を指すのであり、本件で景表法の規定により一般消費者が受ける利益はそれには当たらないとして、不服申立人適格を否定している。

この判決は、行政不服申立ての判例であるにとどまらず、行政訴訟における訴えの利益ないし原告適格についての判例形成の重要な出発点となったものとして位置付けられているが（特に、上記の［A］・［D］の部分）、行政訴訟との関係はさておき、判決自体としては、現行法制下における行政不服申立ての制度は原則的には「自己の権利若しくは法律上保護された利益を侵害」されることに対して当該権利利益を主張するもの、すなわち主観争訟の制度であるとの前提に立って、不服申立ての利益ないし不服申立人適格に関し上記（特に［A］及び［C］①）の基本的な立場を明らかにしている点で、行政不服申立ての判例としての固有の意義も、また、大きいものがある。

ところで、この昭和53年最高裁判決においても、法令で、自己の法律上の利益に関わりなく不服申立てをすることができる旨を特に定めて民衆争訟を認める可能性は留保されている。ここにいう「民衆争訟」の観念については、行訴法5条の「民衆訴訟」の定義に準じ、「国又は公共団体の機関の法規に適合しない行為の是正を求める争訟で、自己の法律上の利益にかかわらない資格で提起するもの」ととらえてよいであろう。そのような民衆争訟たる行政不服申立ての制度の典型例としては、公選法202条、206条所定の、地方公共団体の選挙に関する選挙人からの争訟の仕組みを挙げることができるが、その他、後に挙げる【事例】のように、法令で規定された不服申立てについて、それを民衆争

訟の制度としてとらえるべきかどうかが問題となる場合もある。

事例

(1) 上記のジュース表示訴訟・最三小判昭和53・3・14民集32巻2号211頁〔27000252〕以後、行政不服申立てにおける不服申立人適格の問題に関し、同判決を引用し、又はそれと同様の立場に立って判断していると考えられるものとして、以下のような事例がある。

　ア　東京地判平成7・5・17行裁例集46巻4=5号487頁〔27829091〕、その控訴審・東京高判平成8・4・15行裁例集47巻4=5号337頁〔28020391〕

鉄道事業法により、鉄道施設工事の施行認可を経てさらに工事計画の変更認可がされたのに対し、近辺にある幼稚園の設置者・園児・父母等の関係者及びその他の住民が不服申立て（改正前行審法による審査請求）をした事案について、不服申立人適格をすべて否定している。

　イ　最一小判平成18・1・19民集60巻1号65頁〔28110295〕

国税徴収法39条所定の無償譲渡等に係る第二次納税義務者は本来の納税義務者に対してされた課税処分について国税通則法所定の不服申立てをすることができるとする。

　ウ　東京地判平成28・2・10平成25年（行ウ）386号裁判所HP〔29016625〕

法律（厚生年金保険の保険給付及び保険料の納付の特例等に関する法律）の規定により行政庁が厚生年金保険被保険者に対して資格確認等の処分をし、当該被保険者の事業主であった者が不服申立てをした（その結果、処分取消しの裁決がされるに至っている）という事案について、前掲昭和53年最三小判〔27000252〕を引用しつつ、当該処分の効果として事業主に何らかの義務が生ずる仕組みにはなっていないなどの理由から、事業主には当該処分の取消しを求めるにつき法律上の利益が認められず不服申立人としての適格なしとしている。

(2) 法令で国又は公共団体の機関の行為についての不服申立ての制度を定めている場合にそれが民衆争訟を認めるものであるかどうかが論じられる事例として、自治法118条と127条の場合を挙げることができる。

自治法118条5項は、地方公共団体の議会で行われた選挙の投票の効力についての同条1項による議会の決定に「不服がある者」は、総務大臣又は都道府県知事への審査の申立てができる旨、及び、さらにその裁決に対して「不服がある者」は裁判所に出訴できる旨を規定しているが、これに関しては、当該議会の議員で不服のある者はすべてそこにいう「不服がある者」に含まれると解されている。そうであるとすれば、この仕組みは、議員個人にとっての「自己の法律上の利益」に関わらない資格での争訟提起を認めるものであり、公選法上の選挙争訟と同様に、民衆争訟に当たるということができる（なお、「機関争訟」ととらえるのは適当ではないと思われる―行訴法6

条の「機関訴訟」の定義を参照)。

　他方、自治法127条に関しては、微妙な問題がある。同条4項は、1項所定の、議会の議員が法定の失職事由に該当し議員の資格を失うか否かについての議会の決定に関し、上述の118条5項を準用する旨を定めている。その趣旨として、まず、議員に失職事由ありとの決定がされた場合に当該議員が審査申立て等をなし得ることは、明らかである。それに対して逆に、失職事由がなく議員資格ありとする決定がされた場合に、当該議員以外の他の議員から審査申立て等をなし得るかどうかが問題となる。これについては、かつては肯定・否定の両説があったが、最一小判昭和56・5・14民集35巻4号717頁〔27000136〕は、否定説の立場をとった。その理由とするところは、おおむね以下のとおりである。

　①「(引用者注：自治法118条1項の決定に関する同条5項所定の) 審査申立及び出訴による争訟の制度は、……専ら議会における選挙の適正な執行を担保する趣旨に出たもので、個人の権利救済を目的とするものではなく、法の適正な執行の確保を目的とする民衆争訟の性格を有するものと考えられる」が、同法127条の場合には、同条「1項の決定は、……議会の選挙における投票の効力に関する決定とは著しくその性格を異にしており、違法な決定によって……(引用者注：議員の職の喪失という) ……不利益を受けた当該議員に対し、……権利救済手段としての不服申立を認める必要や理由はたやすく肯定することができても、……(引用者注：118条1項) の決定におけるように選挙の適正な執行の担保という公益上の目的からこれに対する民衆争訟的な不服手続を設けるべきものとされた (引用者注：同条5項の) 趣旨がこの場合にも当然に妥当するということはできない」こと。

　②「議員につき客観的に失職事由が存在するのに消極的な決定がされた場合に、かかる議員をその職にとどまらしめるべきではないとする公益上の要請から民衆争訟的な不服手続を設けてその議員の排除を可能ならしめる必要も皆無とはいえないけれども、その必要性が格別大きいとはとうてい考えられず、(引用者注：自治法) がそのような特段の意図を有していたと認めるべき根拠は薄弱である」こと。ここで本判決は、次のようなことをかっこ書で (おそらく

は補強的に）附記している。すなわち、自治法は、地方公共団体の長・委員会委員等については、議員に関し127条が規定しているものに相当する仕組みを143条等で定めているが、そこでの、選挙管理委員会など所定の機関の決定（127条1項の議会の決定に相当するもの）に対する不服申立ての申立権者については、単に「決定に不服がある者」と規定するにとどまっているところ、「一般に、法律が民衆争訟手続を設ける場合には、争訟提起権者の範囲を明確にするか、あるいは少なくともこれを識別しうるような規定を設けるのが通例であることに照らして考えると」、上記のような規定にとどめているのは、「民衆争訟的な不服手続を設ける意図を有していないためであると推認」せざるを得ず、そうだとすると、議員に関する同法127条の場合についても同様に解すべきものと思われる、と。

　以上の昭和56年最一小判の結果として、自治法127条4項による118条5項の準用に基づいてされる総務大臣又は都道府県知事への審査申立ては、議員に失職事由があり議員資格を失う旨の議会の決定がされた場合に当該議員からされるものに限られることになる。ここで、その審査申立てを棄却又は却下する旨の裁決がされた場合には、当該議員はさらに裁判所に出訴することが可能であり、この点は問題がない。それに対し、審査申立てを認容し議会の決定を取り消す旨の裁決がされた場合に、当該議員以外の者が「その裁決に不服がある者」として出訴できるかどうかについては、昭和56年最一小判以後の裁判例として、千葉地判平成15・1・24判時1852号67頁〔28081730〕、その控訴審である東京高判平成15・9・30判時1852号65頁〔28091307〕、東京地判平成17・4・22平成16年（行ウ）178号裁判所HP〔28151605〕がある。これらはそれぞれ、市町村議会の議員に失職事由ありとする議会の決定に関し当該議員による都道府県知事への審査申立てがされ、議会の決定を取り消す旨の裁決がされたことから、当該議員以外の、当該議会の議員であり当該市町村の住民でもある者が、裁決の取消しを求めて出訴した事案であり、いずれの判決も、昭和56年最一小判の趣旨は議会の決定についての争訟の可否のみならず議会の決定を取り消す裁決についての争訟の可否の問題にも及ぶとする立場に立って、当該議員以外の者が裁決に対し出訴することは同法127条4項によっては認められていないとす

るものである。これに対しては、昭和56年最一小判は議会の決定に関する争訟についてのものであって議会の決定を取り消す裁決に関する争訟にその射程が及ぶものではなく、後者については議会の自主性を担保する見地から一定範囲の者に出訴権を認めるという立場もあり得る（松本英昭『新版 逐条地方自治法〈第8次改訂版〉』学陽書房（2015年）472頁は、この場合に議員はすべて出訴し得るとする）が、上記平成17年東京地判〔28151605〕では、当該決定に関与した議員に出訴を認めよとの主張を、法律上根拠のない機関訴訟を認めることになるとして斥けている。

（小早川光郎）

(2) 審査請求

(a) 審査庁及び審理関係人

【概要】
1 審査庁(・審理員)
(1) 審査庁
　処分又は不作為についての審査請求をいかなる行政庁(処分庁又は不作為庁である行政庁、その上級庁、その他の機関)に申し立てるべきか、言い換えればいかなる行政庁が審査庁となるべきかは、行審法4条に規定されている。具体的には、処分庁等(処分庁又は不作為庁)の最上級行政庁が審査庁となることが原則とされているが(同条4号)、処分庁等に上級行政庁がない場合には処分庁等が(同条1号)、法律・条例に特別の定めがある場合にはそこで指定されている行政機関が(同条柱書)、それぞれ審査庁となる。なお、旧法下では処分庁等に対する不服申立ては「異議申立て」とされていたが、現在では「審査請求」に一元化されている。
　審査請求がされると、審査庁は、審理員を指名して審理手続を行わせ(後述)、行政不服審査会等の機関に対して諮問し(同法43条)、そのうえで、審査請求について裁決する(同法44条以下)。審査庁は、処分についての執行停止をすることもできる(同法25条)。
　審査庁となるべき行政庁には、標準審理期間を定めること、審理員候補者名簿を作成することが努力義務とされており、これらを定め、作成した場合には、事務所における備付けその他の適当な方法により公にしておかなければならない(それぞれ同法16、17条)。標準審理期間は、審査請求の審理期間の目安として定められるものであって、その期間の経過をもって直ちに不作為の違法や裁決の瑕疵に該当するものではないと解されている(行政管理研究センター・逐条解説行政不服審査法〈新政省令対応版〉107頁参照。訴願(現在の審査請求)の裁決をすべき期間が法定されている場合に関し、最二小判昭和28・9・11民集7巻9号888頁〔27003285〕は、当該規定は訓示規定であって期間経過後の裁決も違法ではないとする)。
(2) 審理員
　審査請求がされた場合、審査庁は、審査庁に所属する職員のうちから審理手続を行う者(審理員)を指名するとともに、その旨を審査請求人及び(処分庁等と審査庁が異なる場合には)処分庁等に通知しなければならない(行審法9条1項本文)。
　ただし、①同項各号のいずれかに掲げる機関が審査庁である場合、②条例に基づく処

分について条例に特別の定めがある場合、③24条の規定により審査請求を却下する場合には、審理員による審理手続は実施されず、審理員を指名する必要はない（9条1項ただし書）。このうち、①の同項各号には、「組織法上、審査請求の審理及び判断について、優れた識見を有する委員等で構成される合議体により、構成かつ慎重に判断されることが制度上担保されている」ものと定型的に認められる委員会等が掲げられており、このような機関が審査庁である場合には審理員を指名してこれによる審理手続を行わせる必要はないことから、適用除外とされている（行政管理研究センター・逐条解説行政不服審査法〈新政省令対応版〉76頁以下参照）。さらに、行審法自身が規定する以上の場合のほか、個別法により適用除外が定められている場合がある（例えば、行政機関の保有する情報の公開に関する法律18条は、開示決定等に係る審査請求について審理員による審理手続等の適用を除外し、従来どおり情報公開・個人情報保護審査会への諮問手続（同法19条）を用意している）。

　審理員は、審理員となるべき者の名簿（行審法17条）が作成されている場合には当該名簿に記載されている者から指名しなければならない（同法9条1項本文）。さらに、同条2項で、審理員として指名する者は、①審査請求に係る処分若しくは当該処分に係る再調査の請求についての決定に関与した者又は審査請求に係る不作為に係る処分に関与し、若しくは関与することとなる者（同項1号）、②審査請求人（同項2号）、③審査請求人の配偶者、一定範囲の親族、代理人、後見人等（同項3～6号）、④利害関係人（同項7号）以外の者でなければならないとされている（審理員の除斥事由）。このうち、特に①に該当する者の範囲、これらの除斥事由に該当する者を審理員として指名した場合の効果が問題となる（【論点1】）。

2　審理関係人（審査請求人・参加人・処分庁等）

　審理関係人とは、審査請求人、参加人及び処分庁等（処分庁と審査庁が異なる場合）のことである（行審法28条参照）。

　このうち、参加人とは、「利害関係人」、すなわち「審査請求人以外の者であって審査請求に係る処分又は不作為に係る処分の根拠となる法令に照らし当該処分につき利害関係を有するものと認められる者」（同法13条1項）であって、審理員の許可を得て（同条1項）、又は審理員の求めにより（同条2項）、当該審査請求に参加する者のことである。参加人は、審理手続において意見書提出権（同法30条2項）、口頭意見陳述権（31条1項）等の各種の手続的権利を有する。そのため、具体的な事例において、いかなる者が参加人となり得る「利害関係人」に該当するかが問題となる【論点2】。

3　その他

　自然人又は法人のほか、法人でない社団又は財団で代表者又は管理人の定めがあるものは、その名で審査請求をすることができる（行審法10条）。多数人が共同して審査請求をしようとするときは、3人を超えない範囲で総代を互選することができ（同法11条

1項)、必要があると認めるときは、審理員が総代の互選を命ずることができる（同条2項)。なお、審査請求は代理人によってすることもできる（同法12条1項)。

・・・・・・ 論　　点 ・・・・・・
1　処分等に関与した者等を審理員として指名した場合の効果
2　参加人の範囲とその瑕疵

論点 ❶　処分等に関与した者等を審理員として指名した場合の効果

　処分等に関与した者、関与することとなる者を審理員として指名することはできない（行審法9条2項1号)。これに該当するのは、「審査請求に係る処分をするかどうかについての審査又は判断に関する事務を実質的に行った者、あるいは当該事務を直接又は間接的に指揮監督した者」であり、①当該処分の前提となる立入検査を行った者、当該処分に際して行った聴聞を主宰した者、当該処分の決定書の起案者等の所管部局課の当該処分の担当者、②当該処分をすることについての決裁権者、③当該処分の審査又は判断についての事務を実質的に行った者に対し、具体的に、直接又は間接的に指揮監督した者、④所管部局課に所属していないが当該処分についての協議を受け、決裁書に押印した者などがその例として挙げられている。他方、当該処分の所管部局課に所属している者であるが当該処分に係る事務に全く関与していない者、当該処分の根拠法令について一般的な解釈を示した者等はこれに該当しないとされている（以上につき、行政管理研究センター・逐条解説行政不服審査法〈新政省令対応版〉80頁)。

　この行審法9条2項1号に規定される者をはじめ、同項各号に規定される除斥事由に該当する者を審理員として指名し、その者による審理手続を経て裁決が行われた場合の効果につき、法は特段の定めを置いていない。しかし、審理員による審理手続が「公正な手続」（同法1条1項）のもとでの不服申立制度を支える大きな柱の1つであることからすると、除斥事由に該当する者が審理員として指名され、その者による審理手続を経て裁決が行われた場合には、裁決の瑕疵を構成し、裁決の取消事由となると解すべきであろう。

　行手法に基づく聴聞手続における聴聞主宰者についてのものではあるが、金

沢地判平成26・9・29判例地方自治396号69頁は〔28232879〕は、「当該処分の決定に至る過程で当該案件に密接に関与した職員」を主宰者として行われた聴聞は違法であり、処分の取消事由となるとしている。控訴審・名古屋高金沢支判平成27・6・24判例地方自治400号104頁〔28232486〕は行手法19条2項に規定された法定の除斥事由に該当しないことなどを理由に「このような職員を主宰者としてされた聴聞手続について、法の趣旨を没却するような重大な違法があるなどと解することはできない」として原審の判断を覆しているが、「審査請求に係る処分若しくは当該処分に係る再調査の請求についての決定に関与した者又は審査請求に係る不作為に係る処分に関与し、若しくは関与することとなる者」(行審法9条2項1号)を明文で除斥事由として規定している行審法においては、原審の立場に立った場合はもちろん、控訴審の立場に立った場合であっても、同号に該当する者をはじめ、除斥事由に該当する者による審理手続を経て行われた裁決は、法の趣旨を没却する重大な違法があるとして取り消されるものと解すべきであろう。

論点 2　参加人の範囲とその瑕疵

　参加人となり得る「利害関係人」に該当するのは、「共同審査請求人となり得る立場にありながら自らは審査請求をしなかった者や、審査請求と利害の相反する者で、当該処分の取消し又は変更によって不利益を被る者、あるいは不作為に係る申請に対する処分がされることにより利益を受け、または不利益を被る者」がこれに該当する(行政管理研究センター・逐条解説行政不服審査法〈新政省令対応版〉96頁以下)。個別の事例においていかなる者がこれに該当するかについては処分の根拠法令の解釈によることになる(行審法13条1項参照)。

　この点につき、旧行審法24条1項は「利害関係人は、審査庁の許可を得て、参加人として当該審査請求に参加することができる」としていたところ、静岡地判昭和54・5・22行裁例集30巻5号1030頁〔27603749〕は、「同規定は裁決の結果が自己の権利利益に直接影響すると考える者に十分な主張の機会を与えて事件の適正な審理判断を通じてその者の権利利益の保護を図ろうとする反面、いたずらに参加人が多くなるなど簡易迅速に事案を処理するという不服申立制度

の目的に反するような結果を生ずることのないよう考慮して、参加の可否を審査庁の裁量に基づく許可の有無にかからしめることを定めたものと解すべきであり、利害関係人から参加申立があつた場合にはすべて参加させる旨を定めたものと解することはできない。又、参加申立をなし得る者は右規定によれば利害関係人とされているが、ここにいう利害関係人とは、審査請求に対する裁決の主文によつて直接自己の権利利益を侵害される者、即ち審査請求の結果に法律上の利害関係を有する者と解される」として、建築確認処分の対象である建築物に隣接する土地の所有者は、建築物の敷地の一部に通行権を有していたとしても、通行権は反射的利益にとどまるから「審査請求の結果について法律上の利害関係はない」とし、加えて、「参加の可否は審査庁の裁量に委ねられていると解すべき……ところ、被告が本件参加申立を不許可にするにつき、裁量権を逸脱したものと認むべき事実の存在は全証拠によつてもこれを認めることができない」としている（控訴審・東京高判昭和54・11・13行裁例集30巻11号1858頁〔27603781〕もこの判断を維持する。控訴審についての植村栄治「判批」自治研究57巻7号（1981年）136頁以下は、原判決が法律上の利害関係を有しないとしたことに疑問を呈しつつ、裁量権を逸脱したものではなく違法ではないとした結論自体は妥当としている）。

（大江裕幸）

(b) 審査請求の手続

【概要】
1 審査請求書の提出と補正
　審査請求は、原則として審査請求書を提出してしなければならない（行審法19条1項）。審査請求をすべき行政庁が処分庁等と異なる審査請求は、処分庁等を経由してすることができる（同法21条1項）。処分についての審査請求書には、審査請求人の氏名・住所、審査請求に係る処分の内容、審査請求に係る処分があったことを知った年月日、審査請求の趣旨及び理由等（同法19条2項）、不作為についての審査請求書には、審査請求人の氏名・住所、当該不作為に係る処分についての申請の内容及び年月日等（同条3項）を、それぞれ記載しなければならない。審査請求書がこれに違反する場合には、審査庁は、相当の期間を定め、その期間内に不備を補正すべきことを命じなければならず（同法23条）、審査請求人が相当の期間内に不備を補正しない場合、審査請求が不適法であって補正することができないことが明らかなときには、審査庁は、審理手続を経ずに裁決で（処分についての審査請求につき同法45条1項、不作為についての審査請求につき同法49条1項参照）当該審査請求を却下することができる（同法24条）。審査請求書の記載の趣旨の解釈【論点1】、審査請求書の提出先の誤りと移送義務の有無【論点2】、審査請求書の補正命令と却下裁決の運用【論点3】が問題となる。
2 審査請求期間
　処分についての審査請求には、処分があったことを知った日の翌日から起算して3月、処分があった日の翌日から起算して1年を経過したときは、することができないという期間制限が定められている。いずれの場合についても、正当な理由があるときは、この限りではないとされている（行審法18条1、2項）。これらの審査請求期間の起算点が問題となる【論点4】。
3 行政庁の教示義務と誤った教示をした場合の救済
　行政庁は、審査請求等の不服申立てをすることができる処分をする場合には、処分の相手方に対して、当該処分につき不服申立てができる旨並びに不服申立てをすべき行政庁及び不服申立てをすることができる期間を書面で教示しなければならない（行審法82条）。行政庁が教示をしなかった場合には、処分に不服がある者は、本来の不服申立先にかかわらず、処分庁に不服申立書を提出することができる（同法83条1項）。この場合、不服申立書の提出を受けた処分庁は本来の不服申立先である行政庁に速やかに不服申立書を送付しなければならず（同条3項）、この送付により、初めから当該行政庁に不服申立てがされたものとみなされる（同条4項）。

教示をしたものの、その内容に誤りがあった場合には、一定の救済が設けられている。すなわち、審査請求をすることができる処分につき、処分庁が誤って審査請求をすべき行政庁でない行政庁を審査請求をすべき行政庁として教示した場合において、その教示された行政庁に書面で審査請求がされたときは、当該行政庁は、速やかに、審査請求書を処分庁又は審査庁となるべき行政庁に送付し、かつ、その旨を審査請求人に通知しなければならず（同法22条1項）、処分庁に審査請求書が送付されたときは、処分庁は、速やかに、これを審査庁となるべき行政庁に送付し、かつ、その旨を審査請求人に通知しなければならない（同条2項）。こうして審査請求書が審査庁となるべき行政庁に送付されたときは、初めから審査庁となるべき行政庁に審査請求がされたものとみなされる（同条5項）。

4　執行停止

審査請求に処分の執行停止効は認められないが（行審法25条1項）、必要があると認める場合には、①処分庁の上級行政庁又は処分庁である審査庁は、審査請求人の申立てにより又は職権で、処分の効力、処分の執行又は手続の続行の全部又は一部の停止その他の措置（執行停止）をとることができ、②処分庁の上級行政庁又は処分庁のいずれでもない審査庁は、審査請求人の申立てにより、処分庁の意見を聴取したうえ、執行停止をすることができる。ただし、②の場合には、処分の効力、処分の執行又は手続の続行の全部又は一部の停止以外の措置をとることはできない（以上につき、同条2、3項）。申立てがあった場合、①処分、処分の執行又は手続の続行により生ずる重大な損害を避けるために緊急の必要があると認めるとき、②公共の福祉に重大な影響を及ぼすおそれがあるとき、又は③本案について理由がないとみえるときを除き、審査庁は、執行停止をしなければならない（同条4項。①は積極要件、②、③は消極要件と呼ばれている。なお、同条5項に①の「重大な損害」に該当するか否かを判断する際の考慮事項が定められている）。

5　審査請求の取下げ

審査請求人は、裁決があるまでは、書面により、いつでも審査請求を取り下げることができる（行審法27条）。

・・・・・・　論　点　・・・・・・

1　審査請求書の記載の趣旨の解釈
2　審査請求書の提出先の誤りと移送義務
3　審査請求書の補正命令と却下裁決
4　審査請求期間の起算点

論点 1　審査請求書の記載の趣旨の解釈

　行政庁に提出された書面が審査請求書（又はその他の不服申立書）に該当するか否か等、書面の記載の趣旨の解釈が問題となる場合がある。

　「異議申立書」と題する書面が都計法施行令（昭和30年政令47号削除前）17条に基づく異議の申出か単なる陳情書であるか争われた事案につき、最二小判昭和32・12・25民集11巻14号2466頁〔27002726〕は、その提出人らに面接して主観的意図としては陳情の趣旨であるとの真意を確認し、その趣旨に従い文言訂正の承諾を得たという経緯を踏まえ、「都市計画法施行令17条による異議の申立であるか若くは単なる陳情であるかは、本件の経緯に照すも、当事者の意思解釈の問題に帰するのであつて、施行規程を改めなければ出来ないような事項を含むからと言つて、直ちにこれを施行令17条による異議申立と解すべき理由はない」とする。本判決は、不服申立てに該当するか否かの区別は文書の形式的な文言よりも申出人の意思解釈によるべきであることを明らかにしたものであり、区別に迷う場合には申立人にその意思を照会すべきであって、なお疑わしい場合にはできるだけ審査請求書と善解すべきであるとされている（尹龍澤「判批」宇賀＝交告＝山本・行政判例百選Ⅱ〈第6版〉291頁及びそこで挙げられている文献参照）。

　関連して、最一小判昭和33・5・24民集12巻8号1115頁〔21010060〕は、税務署長が行った公売処分について、税務署長に対して旧国税徴収法31条ノ2所定の再調査の請求をすべきところ、国税局長に「異議申立書」と題する書面を提出したという事案につき、「公売財産の所有者から提出され、不服のある処分が具体的に表示され、不服の理由も記載されている以上、右書面は……再調査の請求書にあたるものというべく、その標題が異議申立書であつて再調査請求書でないからといつて、また陳情的な用語があつたからといつて、これをもつて……再調査請求書でないということはできない」とする。

論点 2　審査請求書の提出先の誤りと移送義務

　審査請求をすべき行政庁が処分庁等と異なる場合に処分庁等を経由する場合（行審法21条）、教示に誤りがあった場合（同法22条）以外に、審査請求人が審

査請求書の提出先を誤った場合の取扱いが問題となる。

最一小判昭和33・5・24民集12巻8号1115頁〔21010060〕は、「国税局長は税務署長に対し一般監督権を有する上級行政機関であり、かつ、税法上の争訟においては上級審にあたるのであるが、国税局長も税務署長もともに国税徴収事務にあたる国の行政機関であり、国税局長も直接国民に対し課税に関する処分を行うこともあつて、一般国民にとつてその間の権限の分配が常に必ずしも明白とはいえない」ため、「もし書面の提出が再調査請求期間内であれば上告人としては適法な再調査請求があつたものとして取扱い、正当な決定機関である前記税務署長に廻送し、調査せしむべきである」として、移送についての明文規定がない場合であってもこれを「国民に対する誠実信義の上からも行政機関の義務と解するのが相当である」とする。

ただし、この判決については、当時よりその射程範囲が限定的なものであるとの指摘があった（『最判解説民事篇〈昭和33年度〉』法曹会〔田中真次〕125頁以下は、本判決は税務争訟についてのものであって（当時の）訴願手続一般について同様に解すべきかどうかは別問題であるとし、さらに、本判決の「ことに、本件公売処分のあつた昭和25年3月法律69号による国税徴収法の一部改正前には、再調査請求の規定はなく、改正後も国税局長が再調査決定機関であることもあるのである」という部分をとらえて、法律改正のあった年に本件処分がされたという特殊事情に基づくものと解する可能性を指摘する）。さらに、当時は教示が義務付けられていなかったことにも留意する必要がある。行審法の制定により不服申立てをすべき行政庁等の教示が義務付けられたことにより（行審法82条、判決当時57条）、このような場合の移送義務を認める必要はなく、上述の例外を除き審査請求先を誤った場合には不適法として却下すべきことになろう（田中真次＝加藤泰守『行政不服審査法解説〈改訂版〉』日本評論社（1977年）190頁、同旨、南博方＝小高剛『全訂注釈行政不服審査法』第一法規（1988年）256頁）。

論点 3　審査請求書の補正命令と却下裁決

審査請求書が行審法19条所定の要件を満たさない場合には、補正することができないことが明らかなとき（同法24条2項）を除き、審査庁は、相当の期間

を定め、その期間内に不備を補正すべきことを命じなければならない（同法23条）。補正することができるにもかかわらず、審査庁が補正を命じずに審査請求を却下した場合には、当該却下裁決は違法となると解されている（行政管理研究センター・逐条解説行政不服審査法〈新政省令対応版〉144頁）。津地判昭和51・4・8行裁例集27巻4号516頁〔27603558〕は、補正を命じずに却下した決定につき、「形式的な不備を補正し、又は補正を命じなかつた点において瑕疵があるものというべきであり、右却下決定はこの点において取消を免れない」として、補正命令の懈怠が裁決（本件においては決定）の取消事由になるとしている。

　審査庁による補正命令を受けた審査請求人は、相当の期間内にその不備を補正しなければならない。審査庁による補正命令に応じない場合には、行審法第2章第3節に規定する審理手続を経ることなく、審査請求を不適法として却下することができる（同法24条）。最二小判昭和38・1・25民集17巻1号86頁〔27002057〕は、県農地委員会が訴願書の欠缺の補正を求め、補正をすべき期限を指定して訴願書を還付したにもかかわらず、訴願人がこれに応じなかった場合、「関係行政庁は訴願の提起がなかつたものとして取り扱い得るものと解するのが相当である」とする。もっとも、ここにいう「訴願の提起がなかつたものとして取り扱い得る」との趣旨は必ずしも明らかではない。原判決が引用する第一審判決（千葉地判昭和36・6・30民集17巻1号90頁〔27602460〕）は、「還付のときにさかのぼつて当該訴願に対する却下処分があつたものと解するを相当とする」としていたが、最高裁判決についての解説（『最判解説民事篇〈昭和38年度〉』法曹会〔渡部吉隆〕17頁）は、「特別の明文の規定がないのに、かような結論を打ち出すことは許されないように思われる」としていた（藤田宙靖「判批」法学協会雑誌82巻1号（1965年）127頁以下も、当時の訴願法の解釈としては「未だ提起された訴願に対して裁決がなされていないままの状態になるものと思われる」とする）。旧行審法下の下級審判決では、「所定の期限内に修正ないし補正がなされないときは、別途にこれを却下すべきものであり、期限の経過によつて、当然に、原告からの申出が失効し、又は撤回の効果を生ずべきものと解すべき何らの根拠はな」いとした事例（東京地判昭和44・12・24行裁例集20巻12号1743頁〔21031991〕）がみられるところであり、審査請求の提起に係る法律関係を明確

にするために、審査請求人が補正命令に応じない場合には、審査庁としては、これを放置することなく却下裁決という形で事案を終局的に処理することが求められよう。

論点 ❹ 審査請求期間の起算点

1 　一般論

　審査請求期間の起算点は、「処分があったことを知った日の翌日」（行審法18条1項）である。ここでいう「処分があったことを知った日」の意義に関し、当時の自作農創設特別措置法が定める出訴期間の起算点に関するものであるが、最一小判昭和27・11・20民集6巻10号1038頁〔27003374〕は、「『処分のあつたことを知つた日』とは、当事者が書類の交付、口頭の告知その他の方法により処分の存在を現実に知つた日を指すものであつて、抽象的な知り得べかりし日を意味するものでないと解するを相当とする。尤も処分を記載した書類が当事者の住所に送達される等のことがあつて、社会通念上処分のあつたことを当事者の知り得べき状態に置かれたときは、反証のない限り、その処分のあつたことを知つたものと推定することはできる」としていた。もっとも、この判断は、「告示等による告知方法についてまでその射程が及ぶものではない」とされており（『最判解説民事篇〈平成14年度〉』法曹会〔大橋寛明〕889頁）、処分の通知が個別にされず告示等により画一的に告知される場合につきどのように考えるべきか問題となる。

2 　告示等による場合

　この問題につき、最一小判昭和61・6・19裁判集民148号239頁〔27803910〕は、「建築基準法……46条1項に基づく壁面線の指定に対する審査請求の請求期間の起算日は、同条3項に基づく公告があつた日の翌日と解するのが相当である」としていたが、そのように解すべき根拠は明示されていなかった。最一小判平成14・10・24民集56巻8号1903頁〔28072740〕は、都計法59条1項所定の都市計画事業の認可につき、前掲昭和27年最一小判〔27003374〕を引用したうえで、「都市計画法における都市計画事業の認可のように、処分が個別の通知ではなく告示をもって多数の関係権利者等に画一的に告知される場合には、その

ような告知方法が採られている趣旨にかんがみて、上記の『処分があったことを知った日』というのは、告示があった日をいうと解するのが相当である」とし、その根拠を示している。その射程につき、「本判決は、事案に合わせて「告示」について判示しているが、壁面線の指定のように公示方法が「公告」であっても変わりがないと解すべきである」（『最判解説民事篇〈平成14年度〉』法曹会〔大橋寛明〕890頁）とされている。なお、処分についての公告が予定されている場合であっても、それに先立ち個別の通知がされる場合には、公告がされた日の翌日ではなく、処分の通知を受けてその処分があったことを知った日の翌日が起算点となる（土地区画整理法103条に基づく換地処分につき、最二小判昭和56・7・3裁判集民133号255頁〔27682334〕）。

3　第三者

処分の名あて人以外の第三者の場合、処分の通知が個別にされるわけでも、告示等により画一的に告知されるわけでもないため、どの時点を起算日と考えるべきか問題となる。

この問題につき、最三小判平成5・12・17民集47巻10号5530頁〔27816966〕は、都市再開発法に基づく権利変換処分に対して第三者から審査請求がされた事案について、「処分の名宛人以外の第三者の場合については、諸般の事情から、右第三者が処分があったことを了知したものと推認することができるときは、その日を右にいう『処分があったことを知った日』としてその翌日を右第三者の審査請求期間の起算日とすることができるものというべきである」としており、一般論としてはこのように解すべきであろう。

特殊な問題として、国税徴収法39条に基づく第二次納税義務者につき、①主たる課税処分に対する不服申立ての可否、②不服申立てをすることができるとした場合に、その不服申立期間の起算日をいかに解すべきか、具体的には、国税通則法77条1項所定の「処分があつたことを知つた日」とは、本来の納税義務者に告知された日と解すべきか、第二次納税義務者に対する納付告知がされた日と解すべきかが争点となった事例として、最一小判平成18・1・19民集60巻1号65頁〔28110295〕がある。ここで、第二次納税義務とは、納税義務者が租税を滞納した場合において、その財産について滞納処分を執行してもなお徴収す

べき額に不足すると認められる場合に、納税義務者と一定の関係を有する者が、納税義務者に代わって租税を納付する義務のことであり、この義務を負担する者が第二次納税義務者である（詳細につき、金子宏『租税法〈第21版〉』弘文堂（2016年）152頁以下参照）。第二次納税義務者は、本来の納税義務者に対して行われる主たる課税処分についての第三者に該当し、主たる課税処分については第二次納税義務者となるべき者に告知されないことから、その不服申立期間の起算点をどの時点と解すべきかが問題となる。本判決は、①についてこれを肯定し、第二次納税義務者は主たる課税処分に対して不服申立てを行うことができるとしたうえで、②につき、「国税徴収法39条所定の第二次納税義務者が主たる課税処分に対する不服申立てをする場合、国税通則法77条1項所定の『処分があったことを知った日』とは、当該第二次納税義務者に対する納付告知（納付通知書の送達）がされた日をいい、不服申立期間の起算日は納付告知がされた日の翌日であると解するのが相当である」と、後者の考え方に立つべきことを明らかにした。

（大江裕幸）

(C) 審理手続

【概要】
　適法な審査請求がなされると、審査請求に理由があるか否かを判断する実体審理の手続に移る。審理手続は「審理員による審理手続」と「行政不服審査会等への諮問手続」の二段階からなる。本稿においては前者について述べる（後者についてはⅡ 2(5)「行政不服審査会等」を参照）。
　行審法は、審理員による審理手続について書面審理主義を採用している。審理員は、審査庁から指名されたときは、直ちに審査請求書又は審査請求録取書の写しを処分庁又は不作為庁（以下、「処分庁等」という）に送付し、相当の期間を定めて処分庁等に対し「弁明書」の提出を求める（29条1、2項）。審理員は、処分庁等から弁明書の提出があったときは、これを審査請求人及び参加人に送付する（同条5項）。審査請求人は、送付された弁明書に記載された事項に対する反論を記載した「反論書」を提出することができる（30条1項）。また、参加人は「意見書」を提出することができる（同条2項）。反論書は参加人及び処分庁等に、意見書は審査請求人及び処分庁等にそれぞれ送付される（同条3項）。
　他方、行審法は、書面審理と並行して、審査請求人及び参加人の申立てによる口頭意見陳述の機会を保障する（31条1項本文）。口頭意見陳述は、審理員が期日及び場所を指定し、すべての審理関係人（審査請求人、参加人及び処分庁等）を招集して行われる（同条2項）。申立人は、審理員の許可を得て処分庁等に対して質問を発することができる（同条5項）。
　証拠調べにおいては、審査請求人又は参加人はその主張の裏付けとなる証拠書類又は証拠物を提出することができ（32条1項）、処分庁等も当該処分の理由となる事実を証する書類その他の物件を提出することができる（同条2項）。審理員は、審査請求人若しくは参加人の申立てにより又は職権で、物件の提出要求（33条）、参考人の陳述及び鑑定の要求（34条）、検証（35条）、審理関係人への質問（36条）を行うことができる。審査請求人又は参加人は、審理手続が終了するまでの間、審理員に対し提出書類等の閲覧又は写しの交付を求めることができる（38条1項）。
　平成26年法律68号による全部改正（以下、「平成26年改正」という）後の行審法においては、不服申立人の手続保障の水準を引き上げたことに伴う審理の長期化が懸念されることから、審理手続の計画的進行（28条）と審理手続の計画的遂行（37条）が規定されている。
　審理員は、審理手続を終結したときは、審理関係人に対しては、審理手続を終結した

旨並びに審理員意見書及び事件記録を審査庁に提出する時期を通知し（41条3項）、審査庁に対しては、審査庁がすべき裁決に関する「審理員意見書」を作成し事件記録とともに提出する（42条）。審理員意見書の写しは審査請求人及び参加人に送付される（43条3項）。

•••••• 論　　点 ••••••

1　行政不服審査において職権探知は認められるか
2　審理手続において理由の追加・差替えは認められるか
3　審理はどの程度尽くされた場合に適法と判断されるか
4　審理手続において求められる中立性・公平性とはどのようなものか
5　口頭意見陳述の機会が与えられることなくなされた裁決はどのような効果を有するか
6　口頭意見陳述において職権調査の結果は上程されなければならないか
7　審査請求人にはどのような手続的権利が認められているか
8　参加人にはどのような手続的権利が認められているか

論点 ❶　行政不服審査において職権探知は認められるか

　行審法は、審理員が職権によりさまざまな調査を行うことができると規定している（物件の提出要求（33条）、参考人の陳述及び鑑定の要求（34条）、検証（35条）、審理関係人への質問（36条））。これにより、審理員は審査請求人や処分庁が主張する事実について証拠を収集できること（職権証拠調べ）に異論はない。

　それでは、審理員は、職権による証拠調べを超えて、審査請求人や処分庁が主張していない事実について職権で一定の事実を探知して裁決の基礎とすること（職権探知）は許されるであろうか。この点について行審法は改正の前後を通じて明文の規定を置いていない。

　最一小判昭和29・10・14民集8巻10号1858頁〔27003122〕は、訴願法当時の判例であるが、選挙の効力に関する訴願について、「訴願においては訴訟におけるが如く当事者の対立弁論により攻撃防禦の方法を尽す途が開かれているわけではなく、従つて弁論主義を適用すべき限りではないから、訴願庁がその裁決をなすに当つて職権を以てその基礎となすべき事実を探知し得べきことは勿論であり、必ずしも訴願人の主張した事実のみを斟酌すべきものということはで

きない」として職権探知が認められる旨を判示している（平成26年改正前の旧行審法（以下、「旧行審法」という）下において職権探知を肯定する裁判例として、東京高判平成19・1・24平成18年（行コ）251号裁判所HP〔28152476〕、東京高判平成22・3・30平成21年（行コ）310号裁判所HP〔28170413〕）。学説も、私人の権利利益の救済とともに行政の適正な運営の確保をも目的とする行審法は職権探知を認めていると解している（塩野・行政法Ⅱ〈第5版補訂版〉27頁）。

　もっとも、職権探知を行うか否かは審理員の判断に委ねられており、職権探知により認定した事実に基づき処分理由を差し替えることが許されるか否かは別途検討されるべき問題である（理由の差替えの可否については【論点2】を参照。行訴法における職権探知の可否については本書第2巻Ⅲ2(3)(a)「証拠調べ」を参照）。

論点 2　審理手続において理由の追加・差替えは認められるか

1　処分庁が処分時において主張していない理由を審理手続において主張する場合

　審理手続における理由の追加・差替えについては、①審査請求人が審査請求書に記載した理由以外の理由を追加し又は差し替える場合、②処分庁が処分時に示していなかった理由を審理手続において新たに主張する場合、③審理員による職権探知等の方法により、審査庁が審査請求人や処分庁から主張されていない理由を新たに認定して裁決を出す場合の3つが考えられる。このうち、①の場合については不服審査の審理の対象が違法不当性一般であることから妨げられない。問題となるのは②と③の場合である。

　②の場合、すなわち、処分庁が処分時に示していなかった理由を審理手続において新たに主張する場合について、最二小判昭和42・4・21裁判集民87号237頁〔21025570〕は、税務署長が旧法人税法（昭和22年法律28号）25条8項各号のうちの一に当たる事実があるとしてなした青色申告書提出承認の取消処分に対する同法35条（昭和37年法律67号による削除前の規定）の審査決定において、青色申告の承認を取り消す処分については法律所定の各要件、すなわち、根拠法条の各号ごとに別個の処分が成立するとの立場から、審査庁が原処分の理由に記載されたものとは別の要件又は号に該当する事実を認定して承認取消処分を維持

し審査請求を棄却することは許されないとしている（行訴法における処分庁による理由の追加・差替えの可否については本書第 2 巻Ⅲ 2 (1)(e)「理由の差替え、違法行為の転換、裁決取消訴訟の審理範囲」を参照。また、行審法・行訴法における処分理由の差替えについて、小早川・行政法講義下Ⅰ89頁以下、小早川・行政法講義下Ⅱ206頁以下を参照）。

2　審査庁が審査請求人や処分庁から主張されていない理由を新たに認定して原処分を取り消すあるいは維持する裁決を出す場合

　他方、前記 1 ③の場合、すなわち、審理員による職権探知等の方法により、審査庁が審査請求人や処分庁から主張されていない理由を新たに認定して裁決を出す場合について、東京地判昭和38・4・26行裁例集14巻4号910頁〔27602688〕は、生活保護法（昭和37年法律161号改正前）65条に基づき、知事がその下級機関である福祉事務所長の行った保護決定を審査するに当たっては、不服申立事由のみならず、あらゆる観点から当該決定の適否を審査し得ると判断している。また、東京高判昭和48・3・14行裁例集24巻3号115頁〔21041860〕も、法人税法が定める審査手続において、それは職権主義に基づくものであり、審査の対象は処分の当否を判断するに必要な範囲全般に及ぶものと解されるから、原処分と異なる理由によってあるいは審査請求人の主張する理由と異なる理由によって審査請求を棄却しても何ら違法はないとの判断を示している（同旨の裁判例として、大阪地判昭和46・1・27訟務月報17巻5号870頁〔21014251〕、東京地判昭和47・9・26税務訴訟資料66号257頁〔21040220〕）。

論点 3　審理はどの程度尽くされた場合に適法と判断されるか

　審理手続においては、審理はどの程度まで尽くされた場合に適法と判断されるかという問題がある。

　四代目会津小鉄暴力団指定処分裁決取消訴訟・東京地判平成6・3・8判タ872号191頁〔27826981〕は、審査庁（現在の審理員に相当）は、裁決をするに当たり審査庁に提出されたすべての証拠を検討しなければならない義務を負うものではないから、仮に不服申立人の提出した証拠書類等を検討しないで裁決をしたとしてもそれによって本件裁決が違法となるものではないとしている。

これに対して、仙台高判平成9・10・29判タ984号143頁〔28033038〕は、固定資産評価審査委員会の審査手続に関する事案であるが、同委員会は「自らまたは市町村長を通じて、審査申出人が不服事由を特定して主張するために必要と認められる合理的な範囲で評価の手順、方法、根拠等を知らせる措置を講ずることが要請され」（最一小判平成2・1・18民集44巻1号253頁〔27805442〕を引用している）、「評価の方法及び手順が適正にされているかどうかについて、その根拠にまで遡って審査の対象とし、必要であれば職権をもって調査その他事実審査をしたうえで、審査の決定をすべき」であるとし、本件においては、同委員会が具体的資料を徴することなく審理を終結し審査決定をしたことについて、地税法433条1項の趣旨に反し審理不尽の違法があるとして審査決定を取り消している。

論点 4　審理手続において求められる中立性・公平性とはどのようなものか

行審法が定める審理手続の中立性・公平性については、平成26年改正により導入された審理員制度と行政不服審査会等への諮問制度により一定の改善が図られたといえるが、それらがどのように運用されていくかは今後の課題として残されている。

最三小判平成14・7・9判例地方自治234号22頁〔28080514〕は、地税法433条が定める固定資産評価審査委員会の審査手続に関する事案であるが、最一小判平成2・1・18民集44巻1号253頁〔27805442〕を引用したうえで、「同委員会における審査手続は、決定の内容の適正だけでなく、利害関係人の利益保護をも目的としていることにかんがみれば、同委員会の審査手続が、明文の規定に反した場合に限らず、第三者機関である委員会の中立、公正を損なったものといわざるを得ない場合には、手続上の瑕疵があるということができ」、「他方、手続的な瑕疵が処分の取消事由となるかどうかは、手続規定の趣旨、目的や瑕疵の程度、内容を勘案し、当該瑕疵が、処分の内容のいかんを問わず、処分を違法として取り消さなければならないほどのものであるか否かを個別的に判断して決すべきである」との判断基準を示している（本件においては、同委員会の委員が審

査申出の棄却を決定した場に原処分庁の補助職員が同席したこと及び同委員会に主税課税制係長が書記として関与したことについて、いずれも中立・公正の観点からみて不適切ではあるものの、決定内容に関与したことをうかがわせる事実はなく、その審査決定を取り消す理由にはならないと判示している)。

論点 5　口頭意見陳述の機会が与えられることなくなされた裁決はどのような効果を有するか

　行審法は、明文の規定を置いていないものの、原則として書面審理主義を採用し(旧行審法25条本文は書面審理主義を明示していた)、その一方で、審査請求人に対しては口頭意見陳述の機会を保障している(31条1項)。口頭意見陳述はすべての審理関係人を招集して行われ(同条2項)、審理関係人には処分庁等も含まれる。

　改正後の行審法は、旧行審法下で学説・裁判例の間で判断が分かれていた、口頭意見陳述の対象に審査請求の適法要件(審査請求適格や処分性)が含まれるか否かという争点について(否定例として、福岡高判昭和45・7・20高裁民集23巻3号457頁〔27603324〕(後掲昭和44年長崎地判〔27603265〕の控訴審)、後掲昭和56年名古屋高金沢支判〔27603902〕)、「審査請求に係る事件」(31条1項本文)に関して口頭意見陳述を申し立てることができると規定することにより、審査請求の適法要件も口頭意見陳述の対象になることを明確にしている。

　それでは、審査請求人等から口頭意見陳述の申立てがあったにもかかわらずその機会を与えることなくなされた裁決は、手続上重大な瑕疵があるとして違法となるであろうか。

　長崎地判昭和44・10・20高裁民集23巻3号468頁〔27603265〕は、旧行審法25条1項ただし書に基づく口頭意見陳述の申立てがあったにもかかわらず口頭で意見を述べる機会を与えないでなされた裁決は、手続上重大な瑕疵がある違法なものとして取消しを免れないとする(なお、申立てがないときは、口頭審理手続(平成11年法律15号改正前の旧地税法433条2項所定の固定資産評価審査手続における口頭審理)を経なくても違法ではないとする裁判例として、福岡地判昭和52・9・14行裁例集28巻9号925頁〔21059291〕、名古屋地判平成5・5・28判例地方自治121号31頁

〔28019166〕。旧行審法25条1項ただし書に基づく口頭意見陳述の申立てにつきその機会を与えなかった違法はないとした裁判例として、横浜地判平成8・10・9判例地方自治165号52頁〔28021894〕。また、名古屋高金沢支判昭和56・2・4行裁例集32巻2号179頁〔27603902〕は、旧行審法で規定されていた異議申立前置の要件を充足せずに審査請求がなされた事案において、審査請求が不適法であってかつその補正ができないことが一見明白である場合には口頭審理の申立てに対しその機会を与えなくても違法ではないとしている。同旨として、神戸地判平成14・8・8判例地方自治239号18頁〔28081552〕）。また、審査庁（現在の審理員）において既に処分を正当とする実体的心証を得ていたとしても、そのことを理由に口頭意見陳述の機会を与えないことは許されないとするのが裁判例である（東京地判昭和45・2・24行裁例集21巻2号362頁〔27603293〕）。

これに対して、川辺川ダム訴訟・福岡高判平成15・5・16訟務月報49巻12号3083頁〔28082128〕は、不服申立人が多数の場合について、いかなる方式で口頭意見陳述を行わせるかは、法の目的、趣旨に反しない範囲で、異議申立てを審理する処分庁（現在の審理員がこれに該当する）の合理的裁量に委ねられているものと解するのが相当であり、本件においては、申立てに係る口頭意見陳述の機会が十分に与えられていなかったということはできず、口頭意見陳述を聴取するために実施された口頭審理の方式が合理的裁量を逸脱又は濫用するものであったということはできないとしている。

論点 6　口頭意見陳述において職権調査の結果は上程されなければならないか

審理手続の過程において口頭審理外で得られた職権調査の結果ないし収集資料を口頭審理に上程する必要があるか否かが争点となることがある（必要説に立つ裁判例として東京高判昭和48・10・31行裁例集24巻10号1150頁〔21044301〕、不要説に立つ裁判例として名古屋地判昭和54・10・8判時955号42頁〔21067251〕）。

最一小判平成2・1・18民集44巻1号253頁〔27805442〕は、地税法所定の固定資産評価審査委員会による口頭審理が行われる場合において（事件当時は口頭審理が原則とされていたが（平成11年法律15号改正前の地税法433条2項）、現在は行審法と

同様、書面審理が原則とされている（現行の地税法433条2項））、口頭審理外において職権で事実の調査を行うことを妨げられるものではないところ、審査申出人は、資料・調査記録を閲覧し、これに関する反論・証拠を提出することができるのであるから、委員会が口頭審理外で行った調査の結果や収集した資料を判断の基礎として採用し、審査の申出を棄却する場合でも、職権調査の結果等を口頭審理に上程するなどの手続を経ることを要しないと判示して、職権により収集した資料や調査結果は口頭審理に上程すべきものとしていた原判決（大阪高判昭和61・6・26民集44巻1号299頁〔22001550〕）を破棄している（本件最高裁判決の解説として、青柳馨「判批」法曹時報43巻6号（1991年）150頁。その後の裁判例として、横浜地判平成6・11・16判例地方自治136号26頁〔28021735〕。なお、東京高判平成9・5・29知的財産例集29巻2号542頁〔28030097〕は、重要な調査結果については口頭審理に際しても何らかの形での反論・証拠提出の機会の保障を要求する）。

本判決の判示事項は、固定資産評価審査委員会の口頭審理に係るものであるが、（とりわけ改正後の）行審法が定める審理手続にも妥当するか否かについては慎重な考慮が求められる。

論点 ⑦ 審査請求人にはどのような手続的権利が認められているか

1 弁明書の送付請求権、反論書の提出権等

行審法は、審査請求人に対して、審理員から処分庁等による弁明書の送付を受ける権利（29条5項）、それに対する反論書を提出する権利（30条1項）、口頭意見陳述を申し立てる権利（31条1項）、証拠書類等を提出する権利（32条1項）、処分庁等から提出された書類等の閲覧を求める権利（38条1項）を認めているほか、申立てにより審理員に対して、物件の提出要求（33条）、参考人の陳述及び鑑定の要求（34条）、検証（35条1項）、審理関係人への質問（36条）を行うよう求めることができると規定している。また、平成26年改正により、口頭意見陳述の際に処分庁等へ質問する権利（31条5項）、物件提出要求により処分庁等以外の所持人から提出された物件等の閲覧を求める権利（38条1項）、提出書類等の写しの交付を求める権利（同項）、審理員意見書の写しの送付を受ける権利（43条3項）が新たに付与されている。

弁明書送付請求権に関して、処分庁等からの弁明書の提出が任意であった旧行審法下においては、審査請求人に弁明書の副本送付請求権が認められるか否か、すなわち、審査庁（現在の審理員）は審査請求人から弁明書の副本の送付を請求された場合に処分庁に対して弁明書の提出を求める義務があるか否かをめぐって学説・裁判例ともに判断は分かれていた（肯定例として大阪地判昭和44・6・26行裁例集20巻5=6号769頁〔21030950〕、否定例として大阪高判昭和50・9・30行裁例集26巻9号1158頁〔21051841〕、横浜地判平成8・10・9判例地方自治165号52頁〔28021894〕等）。しかし、平成26年改正により、審理員は、処分庁等に対して弁明書の提出を求め（それに対する処分庁等の提出義務は明文化されていない）、それを審査請求人及び参加人に送付することが義務付けられたため、この点に関する解釈上の疑義は解消した（なお、国税に関する審査請求における原処分庁からの答弁書の提出と審査請求人等への送付については国税通則法93条1、3項を参照）。

　反論書の提出に関して、審理員が審査請求人から提出された反論書を看過し、結果的に審査請求人に十分な主張を尽くさせないで裁決がなされることになった場合、その裁決は違法である。しかし、東京地判昭和39・8・15行裁例集15巻8号1607頁〔27602844〕は、反論書を看過してなされた裁決であっても、反論書に記載された事実が審査請求書の繰り返しにすぎず、何ら新たな主張を含まないような場合には、それのみでは裁決を違法なものと解することはできないとしている。

　物件の提出要求、参考人の陳述及び鑑定の要求、検証、審理関係人への質問に関して、審査請求人から申立てがあっても、その採否は審査庁（現在の審理員）の裁量に委ねられるとするのが裁判例である（物件の提出要求について、名古屋高判昭和48・2・27判時710号48頁〔27670672〕、参考人の陳述及び鑑定の要求について、東京地判平成8・10・24訟務月報44巻1号95頁〔28020600〕、検証について、東京地判平成14・9・4判例地方自治244号94頁〔28082994〕、審査請求人又は参加人の審尋（現在は審理関係人への質問）について、福岡高判平成6・3・24行裁例集45巻3号299頁〔27826442〕）。

2 提出書類等の閲覧請求

(1) 閲覧請求の対象

　行審法は、審査請求人又は参加人が、審理手続が終結するまでの間、審理員に対し、提出書類等（聴聞調書及び報告書、弁明書（29条4項各号）、審査請求人又は参加人が提出した証拠書類又は証拠物（32条1項）、処分庁等が提出した書類（同条2項）、審理員の物件提出要求に応じて提出された書類（33条））の閲覧又は写しの交付を求めることができると規定している（38条1項）。

　従前、閲覧請求の対象につき、法文上は「処分庁から提出された書類その他の物件」（旧行審法33条2項）であったために、審査庁（現在の審理員。以下同じ）が職権で収集したものが閲覧請求の対象に含まれるか否かにつき、学説、裁判例ともに判断が分かれていた。前掲昭和44年大阪地判〔21030950〕は、旧行審法33条2項前段が審査請求人等に処分庁の処分理由を根拠付ける証拠資料を検討する機会を与えるという重要な意味を有していることを考慮すると、「処分庁から提出された書類その他の物件」とは、当該処分の理由となった事実に対する処分庁の証拠資料で、審査庁に現に存在するものをいうと解するのが相当であって、正式の提出手続を経て提出された書類その他の物件に限らないと解すべきであるとし、審査庁が処分庁に出向いて作成したメモもこれに含まれるとの立場を採用していた（同旨として、大阪地判昭和45・9・22行裁例集21巻9号1148頁〔21034160〕）。これに対して、大阪地判昭和46・5・24行裁例集22巻8＝9号1217頁〔21036000〕は、審査庁が収集したもののうちでも、審査庁の職員が処分庁に赴いて作成した調査メモ等の閲覧請求について、「本件調査メモは本件審査請求の審理に当たった審査庁の協議官が自ら蒐集した証拠資料であり、処分庁から提出された証拠資料でないことは明らかで、これはもとより閲覧の対象とはならない」と判示して、閲覧請求の対象となる物件は処分庁から任意に提出されたものに限られるとしていた（同旨として、大阪地判昭和46・6・28訟務月報18巻1号35頁〔21036250〕、大阪地判昭和46・10・13税務訴訟資料63号716頁〔21037160〕等）。

　平成26年改正により、閲覧請求の対象は、処分庁等から提出されたものに限らず、第三者から提出された提出書類等も含まれることになり、職権により収集した物件も閲覧の対象になることが明文で規定された（38条1項。ただし、改

正後も依然として同項所定のものに該当しない職権収集物件が閲覧請求となるかをめぐって議論があることについて、宇賀克也=前田雅子=大野卓「鼎談 行政不服審査法全部改正の意義と課題」行政法研究7号（2014年）26頁〔前田雅子〕）。また、閲覧のみならず写しの交付も認められることになった。ただし、閲覧又は写しの交付の際は、審理員は原則として提出書類等の提出人の意見を聴取する必要がある（同条2項）。

(2) 閲覧請求拒否処分の瑕疵の効果

閲覧請求が違法に拒否されたことは裁決の取消事由となるかという問題がある。審理員は、閲覧請求があった場合、第三者の利益を害するおそれがあると認めるとき、その他正当な理由があるときは、閲覧又は写しの交付を拒むことができる（38条1項）。ここにいう「正当な理由」について、第三者の個人的秘密あるいは行政上の秘密が存在するといいうるためには、単に審査庁（現在の審理員）がその裁量によりそれらの要件が具備していると認定するだけでは不十分であり、かかる事項が審査請求人等あるいはそのほかの一般人に知られないことについて客観的にみて相当な利益が存在する場合でなければならない（前掲昭和44年大阪地判〔21030950〕）。大阪地判昭和55・6・27行裁例集31巻6号1422頁〔21070290〕は、国税通則法96条2項（平成26年法律69号改正前。以下同じ）所定の閲覧請求につき、「正当な理由」とは、第三者の個人的秘密又は行政上の機密を保持する必要がある場合や審査請求人の閲覧請求が権利の濫用にわたるような場合をいい、審査請求人が裁決成立後の送達の段階で閲覧請求をした場合を含まないと解して、当該事案において閲覧請求を拒否することは「正当な理由」に当たらないとする。また、閲覧対象物件に行政上の秘密に係る事項が含まれている場合であっても、その事項を含む部分を分離することが可能である場合や当該部分に紙を添付するなどして残りの部分を閲覧に供することが可能である場合には閲覧を拒否すべき「正当な理由」に当たらないとする裁判例（大阪高判昭和50・9・30行裁例集26巻9号1158頁〔21051841〕）がある（文書等閲覧請求における第三者保護については、行手法18条1項及びⅡ 1(3)「聴聞・弁明等」も参照）。

閲覧請求を違法に拒否したことが裁決の取消事由となるかについて、裁判例

は分かれている。肯定説をとるものとして、前掲昭和55年大阪地判〔21070290〕は、国税通則法96条2項所定の閲覧請求に応じなかった違法があるときは、国税不服審判所長の裁決は違法として取り消されるべきであるとする。他方、否定説をとるものとして、東京地判平成4・3・18行裁例集43巻3号394頁〔22005022〕は、同項につき、閲覧拒否処分に正当な理由がなかったとしても、これによって審査請求人の手続上の権利が実質的に侵害されるところがなかった場合には裁決に取り消し得べき瑕疵がないとする(この点については、当該文書の閲覧により的確な攻撃防御手段を講ずることができたか否かという閲覧した後の結果に着目して違法性を判断することは閲覧制度の趣旨に反するとの批判がある。塩野・行政法Ⅱ〈第5版補訂版〉30頁)。

　なお、閲覧請求の拒否処分は行審法に基づく処分であるため、同法に基づく不服申立ての対象にならない(7条1項12号参照)。閲覧請求拒否処分の違法は、仮に裁決の取消事由となることはあっても、その処分行為自体が取消訴訟(抗告訴訟)の対象となるものではないとするのが裁判例である(東京地判昭和41・7・19行裁例集17巻7=8号855頁〔21023940〕)。

論点 8　参加人にはどのような手続的権利が認められているか

　平成26年改正後の行審法においては、審査請求人の手続的権利のみならず、参加人の手続的権利も拡張・強化されている。改正前より、物件の提出要求(33条)、参考人の陳述及び鑑定の要求(34条)、検証(35条)、審理関係人への質問(36条)に関する申立て、口頭意見陳述を申し立てる権利(31条1項)、証拠書類等を提出する権利(32条1項)、処分庁等から提出された書類等の閲覧を求める権利(38条1項)は、審査請求人と参加人の双方に認められていたが、平成26年改正により、従前、審査請求人にのみ認められていた、弁明書の送付を受ける権利(29条5項)及び弁明書に対して意見書を提出する権利(30条2項)が参加人にも認められることになった。それらに加えて、口頭意見陳述の際に処分庁等へ質問する権利(31条5項)、物件提出要求により処分庁等以外の所持人から提出された物件等の閲覧を求める権利(38条1項)、提出書類等の写しの交付を求める権利(同項)、審理員意見書の送付を受ける権利(43条3項)

が、審査請求人と参加人の双方に認められることになった（参加人の手続的権利拡張の意義につき、大橋・行政法Ⅱ〈第2版〉364頁）。

　問題となるのは、こうして手続的権利を拡張された参加人の範囲をどのように画するかである。東京高判昭和54・11・13行裁例集30巻11号1858頁〔27603781〕は、参加人の定義が法定されていない旧行審法のもとにおいてであるが、建築確認に際して敷地の所有権等の実体的権利関係につき審査することは要件とされていないから、建築確認の対象である建築物に隣接する土地所有者は、たとえ当該建築物の敷地の一部に通行権を有しているとしても、旧行審法24条1項の利害関係人には当たらないとして、参加申立てに対する不許可処分を適法と判断している。同判決によると、参加人となり得る利害関係人とは、審査請求に対する裁決の主文により直接に自己の権利利益を侵害される者、すなわち審査請求の結果に法律上の利害関係を有する者と解される。

　改正後の行審法においては、審理員の許可を得て又は審理員の求めに応じて審査請求に参加する利害関係人の範囲につき、「審査請求人以外の者であって審査請求に係る処分又は不作為に係る処分の根拠となる法令に照らし当該処分につき利害関係を有するものと認められる者」（13条1項かっこ書）が利害関係人であると法定されている。この規定の解釈については今後の判例の集積に委ねられる。

【参考文献】
碓井光明「新行政不服審査法に関する一考察―行政不服審査機関の側面から―」『行政不服審査機関の研究』有斐閣（2016年）307頁、大江裕幸「不服申立人の権利」髙木光＝宇賀克也編『行政法の争点』有斐閣（2014年）104頁、大橋真由美「行政不服審査法改正と行政不服審査における審理体制のあり方」『行政による紛争処理の新動向―行政不服審査・ADR・苦情処理等の展開』日本評論社（2015年）69頁（初出2014年）、久保茂樹「行政不服審査」磯部力＝小早川光郎＝芝池義一編『行政法の新構想Ⅲ―行政救済法』有斐閣（2008年）161頁。旧行審法に関するものとして、小高剛「行政不服審査の審理手続」雄川一郎＝塩野宏＝園部逸夫編『現代行政法大系4―行政争訟Ⅰ』有斐閣（1983年）23頁、下山瑛二「行政不服審査の審理手続」田中二郎＝原龍之助＝柳瀬良幹編『行政法講座第3巻―行政救済』有斐閣（1965年）82頁

（田尾亮介）

(d) 裁　決

【概要】
　行審法は、審査庁が、行政不服審査会等から諮問に対する答申を受けたときは、遅滞なく裁決をしなければならないと規定している（44条）。
　審査請求における裁決には、不適法な審査請求に対する「却下裁決」（45条1項、49条1項）、適法な審査請求であるが当該審査請求に係る処分に違法・不当な点がなく理由がないものに対する「棄却裁決」（45条2項、49条2項）、適法な審査請求で理由があるものに対する「認容裁決」（46条1項、49条3項）の3つがある。これらの裁決に加えて、審査請求に係る処分が違法又は不当であるが、これを取消し又は撤廃することにより公の利益に著しい損害を生ずる場合において、当該審査請求を棄却し、裁決の主文において当該処分が違法又は不当である旨を宣言する「事情裁決」（45条3項）がある。
　認容裁決については、「処分」、「事実上の行為」、「不作為」のそれぞれの場合ごとに審査庁がなすべきことが定められている（46条以下）。
　処分についての審査請求に理由がある場合は、審査庁は、裁決で、当該処分の全部若しくは一部を取消し又はこれを変更する（46条1項。ただし、変更裁決は審査庁が処分庁の上級行政庁又は処分庁である場合）。これにより法令に基づく申請を却下し又は棄却する処分の全部又は一部を取り消す場合において、審査庁は、一定の処分をすべきものと認めるときは、処分をするよう命じ（同条2項1号。審査庁が処分庁の上級行政庁である場合）又は処分をする（同項2号。審査庁が処分庁である場合）。
　事実上の行為についての審査請求に理由がある場合は、審査庁は、裁決で、当該事実上の行為が違法又は不当である旨を宣言し、事実上の行為の撤廃を命じ（47条。審査庁が処分庁の上級行政庁でも処分庁でもない場合）又は事実上の行為の撤廃・変更を命じ（同条1号。審査庁が処分庁の上級行政庁である場合）又は事実上の行為の撤廃・変更を行う（同条2号。審査庁が処分庁である場合）。
　不作為についての審査請求に理由がある場合は、審査庁は、裁決で、当該不作為が違法又は不当である旨を宣言し、一定の処分をすべきものと認めるときは、処分をすることを命じ（49条3項1号。審査庁が不作為庁の上級行政庁である場合）又は処分をする（同項2号。審査庁が不作為庁である場合）。
　裁決は裁決書の作成により行われる（50条1項）。裁決は審査請求人に送達されたときにその効力が生じ（51条1項）、裁決書の謄本は参加人及び処分庁等に送付される（同条4項）。

450　Ⅱ　行政上の手続・調査・情報取扱い

•••••• 論　　点 ••••••
1　裁決はいつまでにいかなる方式によりなされるべきか
2　裁決書に記載される理由（理由付記）にはどの程度詳細な記述が求められるか
3　裁決において審査請求人の不利益になる方向に原処分を変更することは許されるか（不利益変更禁止の原則）
4　裁決の効力にはどのようなものが認められるか

論点 1　裁決はいつまでにいかなる方式によりなされるべきか

1　裁決期間・裁決遅延の効果

　審査請求がなされてから裁決をするまでの期間について明文の規定はない。裁判例によると、裁決が遅れその不作為が違法と評価され得る場合であってもそれだけで当該裁決自体が当然に違法となるわけではない（長崎地判昭和44・10・20高裁民集23巻3号468頁〔27603265〕）。個別法において裁決期間が定められている場合であっても、それは訓示規定であると解されている（訴願法当時の判例であるが、最二小判昭和28・9・11民集7巻9号888頁〔27003285〕は、自作農創設特別措置法7条5項の裁決期間の定めは訓示規定であるとする）。

　また、裁決が遅延している場合には不作為の違法確認訴訟（行訴法3条5項）を提起することが可能である。東京高判平成6・1・24税務訴訟資料200号44頁〔22008381〕は、「行政事件訴訟法3条5項によれば、行政庁が審査請求に対して相当の期間内に裁決をしない場合には、不作為の違法確認を求める訴訟を提起することが認められており、また、国税通則法115条1項1号によれば、課税処分に対する審査請求があった日の翌日から3か月を経過しても裁決がないときは、裁決を経ることなしに当該処分の取消しを求める訴えを提起することが認められて」おり、「現行法上、審査請求に対する裁決が遅延した場合について一定の救済措置が設けられていることからすれば、審査請求に対して迅速に裁決が行われなかったとしても、そのことから直ちに遅延してされた当該処分が違法な裁決として取り消されるべきものとなるとすることはできない」と述べている。

　平成26年法律68号による全部改正後の行審法においては、審理手続の迅速化

に配慮して、審査請求がなされてから裁決を行うまでに通常要すべき「標準審理期間」を定めるように努め、これを定めたときは公にしておく義務を審査庁となるべき行政庁に課している（16条）ほか、審理関係人（審査請求人、参加人及び処分庁等）並びに審理員に対して審理手続の計画的な進行を図る責務を課している（28条）。また、新たに審理員による審理員意見書の提出、行政不服審査会等への諮問等の手続が加わったため、裁決はこれらの手続の後、遅滞なくしなければならないと規定されている（44条）。

2　裁決の方式

裁決は裁決書の作成により行われる（なお、最一小判平成18・10・5裁判集民221号403頁〔28112115〕は、行審法の裁決に関する規定が適用されず、なおかつ、法律レベルでは裁決が書面により行うべきことが規定されていない入管法49条3項所定の裁決に関してであるが、「(引用者注：同法施行)規則43条が法務大臣の裁決につき裁決書によって行うものとすると規定した趣旨は、法務大臣が異議の申出に対し審理判断をするに当たり、その判断の慎重、適正を期するとともに、後続する手続を行う機関に対し退去強制令書の発付の事前手続が終了したことを明らかにするため、行政庁の内部において文書を作成すべきこととしたものにすぎない」として、裁決書の不作成が裁決を取り消すべき違法事由には当たらないとしている）。

裁決書には、①主文、②事案の概要、③審理関係人の主張の要旨及び④理由（審理員意見書又は行政不服審査会等の答申書と異なる内容である場合にはその理由を含む）が記載され、審査庁が記名押印する（行審法50条1項。審判官の記名押印を欠く場合には当該審決は違法であるとした裁判例として、東京高判昭和24・3・9行裁月報15号135頁〔27660060〕）。また、行政不服審査会等への諮問を行わなかった場合には審理員意見書を添付する（同条2項）。主文が審理員意見書又は行政不服審査会等の答申と異なる場合にはその理由が記載される（同条1項4号かっこ書）。審査庁は、再審査請求ができる裁決の場合には、再審査請求が可能であることとともに再審査庁及び再審査請求期間を裁決書に記載し（同条3項）、取消訴訟を提起できる裁決の場合には、裁決の相手方に対して被告及び出訴期間を教示する（行訴法46条1項）。

論点 2　裁決書に記載される理由（理由付記）にはどの程度詳細な記述が求められるか

　裁決は書面により行い、そこには理由を付記しなければならない。理由付記の趣旨は、判断の慎重性確保と不服事由に対応して結論に至る過程を明らかにすることにある。そのことを明示的に述べたのが、最二小判昭和37・12・26民集16巻12号2557頁〔21016930〕である。

　同判決は、「法人税法35条5項（昭和37年法律67号による削除前）が、審査決定の書面に理由を附記すべきものとしているのは、訴願法や行政不服審査法による裁決の理由附記と同様に、決定機関の判断を慎重ならしめるとともに、審査決定が審査期間の恣意に流れることのないように、その公正を保障するためと解されるから、その理由としては、請求人の不服の事由に対応してその結論に到達した過程を明らかにしなければならない」と判示して、このような観点からみて審査決定の理由付記に瑕疵がある場合、当該審査決定は取消しを免れないとした（なお、当該事案は、原処分の取消訴訟と審査決定の取消訴訟が同時に提起されたものであり、前者において原処分が違法でないことが確定しているため、審査決定を取り消す必要はないと判断された）。

　したがって、裁決における理由付記の程度については、恣意抑制機能と争訟便宜機能という前記判決の趣旨に照らして、いかなる事実関係に基づき、いかなる法規が適用されて裁決に記載された結論に至ったのかが審査請求人にわかる程度のものである必要がある（前記判決を踏襲して、理由付記を欠く違法があり裁決を取り消した事案として、東京地判昭和45・8・20判タ256頁269頁〔27661472〕、最二小判昭和47・3・31民集26巻2号319頁〔21038790〕。他方、理由付記について法の要請を必要最小限度満たしていると判断された事案として、東京地判昭和39・8・15行裁例集15巻8号1487頁〔21019540〕、大阪地判昭和39・10・16訟務月報11巻2号338頁〔21019911〕、名古屋地判昭和41・4・23行裁例集18巻8=9号1204頁〔21023370〕、東京高判昭和46・5・27税務訴訟資料62号796頁〔21036050〕、最一小判昭和54・4・5裁判集民126号443頁〔21065410〕、東京地判平成6・3・25行裁例集45巻3号811頁〔27826443〕。なお、付記された理由がたとえ法令の解釈を誤った失当なものであったとしても、それが裁決をなした理由と認め得る内容のものであるならば理由の付記として欠けるところはないとする裁判例として、

最一小判昭和43・5・2民集22巻5号1067頁〔21027870〕)。その一方で、事実認定の基礎となる証拠の説明を示すことや、審査請求の審理手続の違法の主張についての判断を示すことまでは要求されていない(東京地判平成6・3・8判タ872号191頁〔27826981〕、京都地判平成8・2・16税務訴訟資料215号568頁〔28030228〕)。

また、原処分に理由付記がある場合には、棄却裁決はそれと相まって原処分を正当として維持する理由を明らかにしていれば足りるとするのが裁判例である(前掲昭和37年最二小判〔21016930〕、最二小判昭和38・5・31民集17巻4号617頁〔21017720〕。同旨、東京高判昭和39・9・30訟務月報10巻11号1587頁〔21019800〕)。これに対して、原処分における理由付記不備の瑕疵は、裁決において処分の具体的根拠が明らかにされたとしても、それによって治癒されるものではない(最三小判昭和47・12・5民集26巻10号1795頁〔21040850〕)。

なお、審査請求を不適法として却下する裁決に対しては、不適法の理由を付記すれば十分であり、原処分に対する不服の事由に対応して理由を付記する必要はないとされている(東京地判昭和43・6・13訟務月報14巻6号716頁〔21028120〕)。

論点 3 裁決において審査請求人の不利益になる方向に原処分を変更することは許されるか(不利益変更禁止の原則)

行審法は、処分についての審査請求又は事実上の行為についての審査請求に関してそれぞれ認容裁決が出される場合に、審査請求人の不利益になる方向に当該処分又は当該事実上の行為が変更されることを禁じている(48条。不利益変更禁止の原則)。これは、同法が行政の自己統制よりも不服申立人の権利救済を第一義的な目的としているからである。

もっとも、審査請求に対する裁決において原処分と異なる理由で原処分を維持することや、処分の不利益変更ではなく処分の前提とされた原因事実や要素とされた事実についての変更にすぎない場合は不利益変更に該当しない(東京高判昭和48・10・26税務訴訟資料71号699頁〔21044170〕、札幌地判昭和53・7・18訟務月報24巻11号2411頁〔21062832〕)。

また、課税処分に対する審査請求においては、その審査手続における審査の範囲は、総所得金額に対する課税の当否を判断するに必要な事項全般に及ぶも

のであるから、審査請求に対する裁決が総所得金額を構成する給与所得の金額を原処分より多額に認定しても、これによって総所得金額の増額をもたらさなければ、当該処分を審査請求人に対して不利益に変更したことにはならないというのが裁判例である（最一小判昭和49・4・18訟務月報20巻11号175頁〔21046010〕）。

　なお、不利益変更禁止の原則は、行審法に基づく手続とは別に、当該行政庁の職権行使によって原処分が不利益に変更されることを排除するものではない。東京高判昭和57・10・27税務訴訟資料128号105頁〔21077280〕は、旧法下における異議申立てについての事案であるが、国税通則法（平成26年法律69号改正前）83条3項にいう不利益変更の禁止について、「職権主義を採用している行政不服審査制度のもとにおいては、更正処分に対して異議申立てがされた場合に、右申立てを受けた処分庁が、申立人の主張する不服の理由に制限されることなく、その真実の所得について改めて調査をし、その結果が更正額を上まわるときは、異議申立てを棄却するとともに、増額再更正をすることも許されるものであり、右増額再更正が異議棄却決定と同時に行われたとしても、そのこと自体なんら異議手続における不利益変更禁止の原則に触れるものではない」として、原告の主張を斥けている。

論点 4　裁決の効力にはどのようなものが認められるか

1　裁決の諸効力

　裁決は審査請求人に送達されたときにその効力が生じる（行審法51条1項）ほか、一定の場合には公示送達も認められている（同条2項ただし書）。

　裁決には、一般の行政処分の効力として、不可争力、公定力、執行力があり、他方で、争訟裁断行為の効力として、拘束力、不可変更力があるとされている（塩野・行政法Ⅱ〈第5版補訂版〉35頁、田中真次＝加藤泰守『行政不服審査法解説〈改訂版〉』日本評論社（1977年）207-209頁）。

　行審法は、裁決の実効性担保のために拘束力のみを規定し（52条）、その他の効力については解釈に委ねている（田中＝加藤・前掲207頁、南博方＝小高剛『全訂注釈行政不服審査法』第一法規（1988年）291頁）。以下では、拘束力、不可変更力、不可争力についてみていく。

2 拘束力

拘束力とは、関係行政庁に裁決に従った行動をするように義務付ける効力のことである。東京高判平成22・3・30平成21年（行コ）310号裁判所HP〔28170413〕は、市長が行った開発許可処分につき提起された審査請求に対し、県開発審査会が実体的理由により同許可処分を取り消す裁決をした後に、補正された開発許可申請に対して市長が行った再度の開発許可処分に対する審査請求において、県開発審査会が前になされた取消裁決の拘束力に違反するとして再度の開発許可処分を取り消す旨の裁決を出した事案につき、当初の裁決の拘束力を根拠に当該裁決の取消しを求める訴えを棄却している。

拘束力が認められる裁決の範囲に関してとりわけ問題となるのは、拘束力と職権取消しの関係である。学説は、拘束力が認められるのは、原処分を取消し又は変更する裁決に対してのみであり、原処分を適法と認めて審査請求を棄却又は却下する裁決には拘束力は生じないとする（南＝小高・前掲297頁、塩野・行政法Ⅱ〈第5版補訂版〉36頁、宇賀・行政法概説Ⅱ〈第5版〉78頁）。すなわち、後者の場合については、行政庁が独自の判断に基づいて当該処分を職権で取消し又は変更することは妨げられないと解されている（裁判例として、最二小昭和49・7・19民集28巻5号759頁〔21047070〕。訴願法当時の判例であるが、最二小判昭和33・2・7民集12巻2号167頁〔27002712〕も参照）。

なお、拘束力に関連して、審査庁が原処分を取り消す裁決を出した場合には、処分庁は当該裁決に対して取消訴訟を提起することができない。その根拠として、学説上、認容裁決の拘束力による説明に加えて、行政不服審査が行政内部統制の仕組みであるがゆえに処分庁による出訴が制度上予定されていないこと、処分庁が提起する裁決取消訴訟は機関訴訟でありそれを許容する法律が存在しない限りは不適法であること等が説かれている（大橋・行政法Ⅱ〈第2版〉371頁参照。裁判例として、国民健康保険の保険者は国民健康保険審査会のした裁決の取消訴訟を提起する適格を有しないとした、大阪高判昭和46・11・11行裁例集22巻11＝12号1806頁〔27603378〕及び最一小判昭和49・5・30民集28巻4号594頁〔27000434〕を参照）。

3 不可変更力

不可変更力とは、裁決を行った審査庁の側で自らその裁決を取消し又は変更

することを禁じる効力である。これに従うと、審査庁は、裁決後にその内容に瑕疵があることを発見したとしても、自らこれを取消し又は変更することは原則として許されない。最一小判昭和29・1・21民集8巻1号102頁〔27003228〕は、県農地委員会が訴願に基づき村農地委員会が行った農地買収計画を取り消した後、陳情によりその取消決定を職権で取り消した事案について、買収計画についての異議申立て却下に対する訴願を認容した裁決は、行政処分ではあるものの、その実質は裁判であり、かかる性質を有する裁決は、他の一般行政処分とは異なり、特別の規定がない限り、裁決庁自らにおいて取り消すことはできないとする（また、調査不十分等により事実誤認があったことを理由として裁決を取り消すことは許されないとした裁判例として、仙台高秋田支判昭和29・6・28行裁例集5巻6号1315頁〔27601046〕。なお、裁決が行政処分である点に着目すると、裁決取消しの裁決もその違法が重大かつ明白でない場合には適法に取り消されない限り効力を有する（公定力の問題）。最三小判昭和30・12・26民集9巻14号2070頁〔27002958〕は、前掲昭和29年最一小判〔27003228〕を受けて、訴願裁決庁がその裁決を自ら取り消す裁決が違法な場合であっても、その違法は当該裁決取消処分を当然無効ならしめるものではないとする）。近時の裁判例として、横浜地判平成25・3・6判時2195号10頁〔28213274〕は、行政文書の一部非開示決定に対する異議申立てについての棄却決定の後なされた、公益に基づく裁量的開示処分として非公開部分を公開する旨の決定について、それは行政行為の撤回にあたり、不可変更力を根拠に、その撤回の要件は厳格に解されるとしている。

　また、当事者による事後の実質的な紛争の蒸し返しを許さないという意味での実質的確定力が、判決のみならず裁決（又は決定）にも認められるかについては学説上議論のあるところであるが、最三小判昭和42・9・26民集21巻7号1887頁〔27001043〕は、村農地委員会が異議申立てを受けて買収計画を取り消しそれが確定したにもかかわらず、県農地委員会の指示を受けて再度農地買収計画を立てた事案において、「異議の決定、訴願の裁決等は、一定の争訟手続に従い、なかんずく当事者を手続に関与せしめて、紛争の終局的解決を図ることを目的とするものであるから、それが確定すると、当事者がこれを争うことができなくなるのはもとより、行政庁も、特別の規定がない限り、それを取り消し

又は変更し得ない拘束を受けるにいたる」として、当初の買収計画の取消しの効力により申請が効力を失っているため、その状態での買収計画は違法であるとしている（なお、棄却決定・裁決があったからといって、原処分庁が原処分を取り消し得ない理由はないとする裁判例として、最二小判昭和33・2・7民集12巻2号167頁〔27002712〕。不可変更力及び実質的確定力に関する議論については、小早川・行政法講義下Ⅰ97-98頁、中川丈久「判批」宇賀＝交告＝山本・行政判例百選Ⅰ〈第6版〉148頁、山本隆司「判批」宇賀＝交告＝山本・行政判例百選Ⅰ〈第6版〉150頁を参照）。

4　不可争力

不可争力とは、一定の期間が経過した場合には私人の側から再度不服を申し立てたり出訴することができなくなる効力を指す。すなわち、裁決に不服がある者は、（法律が特別に定める場合に限って）行審法62条が定める期間内に再審査請求をすることができるほか、行訴法14条が定める出訴期間内に取消訴訟を提起することができるが、これらの期間を経過すると、裁決の内容は形式的に確定し、当然無効でない限りその効力を争うことはできないとするものである

（裁判例として、訴願法当時の判例であるが、東京高判昭和29・1・29高裁民集7巻1号14頁〔27440139〕。また、農地委員会による賃借権回復棄却裁定を受けた者による再申請が認められなかった事案として、最二小判昭和29・5・14民集8巻5号937頁〔27003171〕）。

(田尾亮介)

(3) 再調査の請求

【概要】
　行審法が定める再調査の請求は、行政庁の処分につき処分庁以外の行政庁に対して審査請求をすることができる場合において、法律に再調査の請求をすることができる旨の定めがあるときに限り、当該処分に不服がある者が処分庁に対して行うものである（5条1項）。
　再調査の請求と審査請求との関係について、再調査の請求ができる場合であっても、再調査の請求を経ることなく審査請求をすることは可能である。しかし、当該処分について審査請求をしたときは再調査の請求はできない（同条1項ただし書）。また、再調査の請求をしたときは、原則として当該再調査の請求についての決定を経た後でなければ審査請求をすることができない（同条2項）。
　再調査の請求においては、標準審理期間（16条）、口頭意見陳述権（31条1項から4項）等の審査請求に関する規定の一部が準用されている（61条）。他方、審理員による審理手続（9条1項）と行政不服審査会等への諮問（43条）は行われない。
　再調査の請求に対しては「決定」という形で結論が出される。決定には、「却下決定」（58条1項）、「棄却決定」（同条2項）、「認容決定」（59条1、2項）の3つが存在する（事情決定はない）。処分庁は、認容決定において、①処分について、当該処分の全部若しくは一部を取消し又はこれを変更し（同条1項）、②事実上の行為について、当該事実上の行為が違法又は不当である旨を宣言するとともに、当該事実上の行為の全部若しくは一部を撤廃し又はこれを変更する（同条2項）。いずれの場合においても請求人の不利益に変更することは許されない（同条3項）。
　決定は決定書の作成により行われる。決定書には主文及び理由が記載される（60条1項）とともに、再調査の請求に係る処分につき審査請求をすることができる旨並びに審査請求をすべき行政庁及び審査請求期間が記載される（同条2項）。

　　　　　　・・・・・・　論　　点　・・・・・・
1　再調査の請求の意義は何か
2　再調査の請求と審査請求の関係はどのように整理されているか

論点 1　再調査の請求の意義は何か

　再調査の請求は、要件事実の認定の当否に係る不服申立てが大量に行われる

処分のように、処分担当者等が相手方等の申立てを契機として当該処分について再調査する意義が特に認められる類型について認められている（総務省「行政不服審査制度の見直し方針」（平成25年6月21日）、橋本博之＝青木丈＝植山克郎『新しい行政不服審査制度』弘文堂（2014年）〔植山克郎〕46-47頁）。例として、国税に関する法律に基づき税務署長、国税局長又は税関長がした処分（国税通則法75条1項1号イ、2項）、関税法又は他の関税に関する法律に基づき税関長がした処分（関税法89条1項、とん税法11条、特別とん税法6条）、公害健康被害の補償等に関する法律に基づく認定又は補償給付の支給に関する処分（同法106条1項）がある。再調査の請求を法律上認めるか否かについては審査庁の処理体制等を考慮して総合的に判断される（宇賀克也＝若生俊彦「〈対談〉行政不服審査法の改正に向けて」ジュリスト1465号（2014年）48頁〔若生俊彦〕）。平成26年法律68号による全部改正（以下、「平成26年改正」という）後の行審法は、不服申立ての類型を審査請求に一元化することを原則としているため、平成26年改正前の旧行審法（以下、「旧行審法」という）の異議申立制度に替わって導入された再調査の請求制度は、この審査請求への一元化の例外として位置付けられる。

　行審法が定める再調査の請求は、要件事実の認定の当否に係る不服申立てについて、簡略な手続により迅速に判断を示すことを目的にしており、その手続は旧行審法の異議申立手続よりもさらに簡略化されている。処分庁自身が簡易迅速に処分を見直すことを求める制度の性格を反映して、審理員による審理手続（9条1項）及び行政不服審査会等への諮問（43条）は行われない。再調査の請求においては、審査請求の審理手続における弁明書（29条）や反論書（30条）の提出、口頭意見陳述時の処分庁への質問（31条5項）、物件の提出要求（33条）、審査請求人等が提出した書類の閲覧（38条）等の規定は準用されていない（61条参照）。

　再調査の請求の認容決定に拘束力はない（同条参照）。これは処分庁自身が再調査の請求を認容しており、認容決定によって紛争解決が図られているため、これに加えて決定の実現を図る目的で他の関係行政庁に対する拘束力まで肯定する必要がないと考えられるからである（橋本＝青木＝植山・前掲〔植山克郎〕190頁、宇賀・行政法概説Ⅱ〈第5版〉78頁）。なお、再調査の請求の認容決定により処

分庁が原処分を取り消した場合、再調査の請求人の権利救済の観点から、処分庁には同一事情のもとで同一内容の処分を反復することは禁止されると解される（旧行審法における異議申立認容決定についてであるが、小早川・行政法講義下Ⅰ98頁参照）。

論点 2　再調査の請求と審査請求の関係はどのように整理されているか

　行審法が定める再調査の請求と審査請求の関係について、両者は選択可能であるため（5条1項本文）、再調査の請求をせずに審査請求をすることは可能である（国税通則法75条1項1号イ、ロも参照）。これは、たとえ再調査の請求が法律で認められている場合であっても、処分庁に対する再調査の請求よりも処分庁以外の行政庁に対する審査請求の方が救済の可能性が高いと考える処分の名あて人にとっては便宜である。審査請求の途を選択したときは、再調査の請求はできない（行審法5条1項ただし書）。

　他方で、再調査の請求をしたときは、原則として、当該再調査の請求についての決定を経た後でなければ審査請求をすることができない（同条2項本文）。

　そこで、この「再調査の請求についての決定を経た」の解釈が問題となる。旧行審法の異議申立前置主義のもとにおいては、「異議申立てについての決定を経た」（旧行審法20条）とは、審査請求前に処分庁が当該処分について実質的判断を行ったことを意味し、実質的判断がなされないまま出された却下決定は「異議申立てについての決定を経た」ことにはならないとするのが裁判例であった（名古屋高金沢支判昭和56・2・4行裁例集32巻2号179頁〔27603902〕）。平成26年改正後の行審法においては旧行審法の異議申立前置主義に相当する「再調査請求前置主義」はとられていないものの、改正後の「再調査の請求についての決定」も同様に、適法な再調査の請求についての決定を指すと解されている（橋本博之=青木丈=植山克郎『新しい行政不服審査制度』弘文堂（2014年）〔植山克郎〕49頁。なお、処分庁が不適法な再調査の請求を誤って適法なものとして扱った場合は前置主義の要件を満たさないとする見解として、高木=常岡=橋本=櫻井・行政救済法〈第2版〉183頁）。もっとも、審査請求と再調査の請求の自由選択主義のもとでは、再

調査の請求を行った後、決定が出る前でなおかつ審査請求期間内であれば、再調査の請求を取り下げて審査請求をすることは妨げられない。

　これに対して、再調査の請求が適法であるにもかかわらず処分庁が誤って却下した場合には、請求者の責めに帰すべき事情とはいえないため、「再調査の請求についての決定を経た」と解される（最二小判昭和36・7・21民集15巻7号1966頁〔21015160〕は、行訴法8条1項ただし書の「裁決を経た」の解釈に関する事案であるが、「国税庁長官又は国税局長が誤つてこれを不適法として却下した場合には本来行政庁は処分について再審理の機会が与えられていたのであるから、却下の決定があつてもこれを前記規定にいう審査の決定にあたると解すべき」と判示している）。改正後の行審法は、却下決定が違法である場合には審査請求ができることを明示しており、決定時にその旨を教示する義務を処分庁に課している（60条2項）。

　また、当該処分につき再調査の請求をした日の翌日から起算して3か月を経過しても処分庁が当該再調査の請求につき決定をしない場合（行審法5条2項1号）又はその他再調査の請求についての決定を経ないことにつき正当な理由がある場合（同項2号）には、再調査の請求についての決定を経ることなく審査請求をすることが認められている（同条2項ただし書）。処分庁は、3か月を経過したときは決定を経ずに審査請求をすることができる旨を教示する義務を負う（57条）。これらは審査請求の機会を徒に遅延させることを回避するための措置である。

　なお、決定の理由付記について、旧行審法の異議申立てに関する事案であるが、理由付記の不備を理由として異議決定の取消しを求める訴えは、その後審査請求において適法な理由付記のある裁決がなされたからといってその利益を失うものではないとした裁判例がある（最二小判昭和49・7・19民集28巻5号759頁〔21047070〕。同日判決である最二小判昭和49・7・19裁判集民112号315頁〔21047080〕も参照）。

（田尾亮介）

(4) 再審査請求

【概要】

　行審法が定める再審査請求は、行政庁の処分につき法律に再審査請求をすることができる旨の定めがある場合において、当該処分についての審査請求の裁決に不服がある者が行うことができる（6条1項）。再審査請求をすることができる場合であっても、再審査請求を経ずに直接裁判所に取消訴訟を提起することは可能である。

　再審査請求の対象となるのは、審査請求の裁決（原裁決）又は審査請求に係る処分（原処分）であり、当該法律が定める行政庁に対して行う（同条2項）。

　再審査請求においては、審理員制度（9条1項）をはじめ審査請求に関する規定の多くが準用されている（66条）。したがって、審理手続は書面審理を中心に行われ、口頭意見陳述も認められる。その一方で、行政不服審査会等への諮問は行われない（同条1項、43条）。これは、審査請求の審理手続の段階において既に諮問手続が履践されているためである。

　再審査請求の裁決については、審査請求と同様、「却下裁決」（64条1項）、「棄却裁決」（同条2項）、「認容裁決」（65条1、2項）、「事情裁決」（64条4項）がある。再審査庁は、認容裁決において、①原裁決等について、当該原裁決等の全部又は一部を取消し（65条1項）、②事実上の行為について、当該事実上の行為が違法又は不当である旨を宣言するとともに、処分庁に対し、当該事実上の行為の全部又は一部を撤廃すべき旨を命ずる（同条2項）。不作為は再審査請求の対象とされていない。

　再審査請求の裁決は、審査請求の裁決と同様、拘束力を有する（66、52条）。

・・・・・・　論　　点　・・・・・・

1　再審査請求の意義は何か
2　再審査請求の対象は何か

論点 1　再審査請求の意義は何か

　行審法が定める再審査請求は、審査請求に対する裁決に対してさらに審査請求を認めるもので、法律に特別の定めがある場合にのみ認められる（6条1項）。当該法律が定める行政庁に再審査請求をする場合（建築基準法95条、生活保護法66条1項、感染症の予防及び感染症の患者に対する医療に関する法律65条1項）と、第三者機関が再審査請求を審理する場合（社会保険審査会（社会保険審査官及び社会

保険審査会法19条)、労働保険審査会（労働保険審査官及び労働保険審査会法25条)）が
ある。再審査請求は、再調査の請求と同様、審査請求への一元化の例外と位置
付けられる。改正後の行審法において再審査請求が存置された理由として、社
会保険審査会、労働保険審査会等の専門技術性を有する第三者機関が存在する
ものについては再審査請求を存置する意義があることと、再審査請求の中には
裁定的関与として行われるものがあることが挙げられる（宇賀克也『Ｑ＆Ａ新し
い行政不服審査法の解説』新日本法規出版（2014年）37-38頁）。

　再審査請求の意義について、那覇労働基準監督署長（花城）事件・最一小判
平成7・7・6民集49巻7号1833頁〔27827503〕は、保険給付に関する決定に対する
不服について二段階の審査請求手続を定めていた労働者災害補償保険法（平成
8年法律42号改正前）37条に関して、「その趣旨は、多数に上る保険給付に関す
る決定に対する不服事案を迅速かつ公正に処理すべき要請にこたえるため、専
門的知識を有する特別の審査機関を設けた上、裁判所の判断を求める前に、簡
易迅速な処理を図る第一段階の審査請求と慎重な審査を行い併せて行政庁の判
断の統一を図る第二段階の再審査請求とを必ず経由させることによって、行政
と司法の機能の調和を保ちながら、保険給付に関する国民の権利救済を実効性
のあるものとしようとするところにある」と判示している。なお、現在では、
行政不服審査法の施行に伴う関係法律の整備等に関する法律（平成26年法律69号。
平成28年4月施行）により不服申立ての二重前置はすべて廃止されている。

論点 2 　再審査請求の対象は何か

　行審法が定める再審査請求の対象となるのは、審査請求の裁決（原裁決）又
は審査請求に係る処分（原処分）である（6条2項）。ここでは、審査請求と取
消訴訟の関係で問題となる場面とは異なり、原処分主義（行訴法10条2項参照)
は採用されていない。再審査請求の対象を原処分又は原処分に一元化できない
理由として、仮に再審査請求の対象を原裁決とすると、再審査請求において原
裁決が取り消された場合に審査庁は改めて審査請求に対する裁決を行うことに
なり紛争の一回的解決の観点からは望ましくないこと、他方、再審査請求の対
象を原処分とすると、原裁決により原処分の全部取消しがなされた場合にその

効力が遡及的に失われ対象とすべき原処分自体が観念し得ないこと等が挙げられる（宇賀・行政法概説Ⅱ〈第5版〉38-39頁参照）。

　それでは、再審査請求において原裁決の手続的違法又は不当はどのように扱われるであろうか。すなわち、再審査請求に係る原裁決（審査請求を却下し又は棄却したものに限る）が違法又は不当であり、かつ、当該審査請求に係る処分が違法又は不当のいずれでもないときに、原裁決の手続的瑕疵を理由としてこれを取り消し得るかという問題がある。このような場合に再審査庁が原裁決を取り消して審査庁が再度審査請求の審理を行うとすると、原処分が適法又は妥当であるために審査請求は再度棄却されることになる。そこで、行審法は、こうした手続の重複を避けるために、再審査庁が裁決で当該審査請求を棄却するとの規定（64条3項。旧法55条）を置いている（大橋・行政法Ⅱ〈第2版〉368頁参照。旧法に関して、田中真次=加藤泰守『行政不服審査法解説〈改訂版〉』日本評論社（1977年）229頁参照）。

（田尾亮介）

(5) 行政不服審査会等

【概要】

　行審法は、審査庁が、審理員意見書の提出を受けたときは、原則として行政不服審査会（以下、「審査会」という）又は81条1、2項に定める地方公共団体の機関に諮問しなければならないと規定している（43条1項）。

　審査会への諮問は、審理員意見書及び事件記録の写しを添えて行い（同条2項）、諮問をした審査庁は、審理関係人（審査請求人、参加人及び処分庁等）に諮問した旨を通知するとともに審理員意見書の写しを送付する（同条3項）。

　審査会は、審査請求人、参加人又は審査庁に対して、主張書面や資料の提出、事実の陳述や鑑定を求めるなど必要な調査をする（74条）。審査関係人（ここでは審査請求人、参加人、審査庁を指す）の申立てがあった場合には口頭意見陳述の機会が与えられる（75条1項）。ただし、審理員による審理手続における口頭意見陳述とは異なり、審査会がその必要性を認めるときはその機会を設ける必要はなく（同項ただし書）、対審的構造もとられない。審査関係人は、審査会に主張書面や資料を提出することができ（76条）、他の審査関係人が提出した書面等の閲覧又は写しの交付を求めることができる（78条1項）。

　審査会は諮問に対する答申をしたときは、答申書の写しを審査請求人及び参加人に送付するとともにその内容を公表する（79条）。

　審査会は、総務省に置かれる諮問機関である（67条）。審査会は委員9人により構成され、両議院の同意を得て総務大臣により任命される（68条1項、69条1項）。審査会は、委員のうちから審査会が指名する者3人をもって構成する合議体あるいは委員の全員をもって構成する合議体で、審査請求に係る事件について調査審議する（72条）。

　地方公共団体においては、執行機関の附属機関として諮問機関が設置される（81条1項）。不服申立ての状況等に鑑みて事件ごとに前記機関を設置することも認められる（同条2項）。前記機関の調査審議手続には審査会の調査審議手続の規定（74条から79条）が準用される（81条3項）。

•••••• 論　点 ••••••

1　行政不服審査会等への諮問の意義は何か
2　地方公共団体に置かれる機関について法はどのような配慮規定を置いているか

論点 ❶ 行政不服審査会等への諮問の意義は何か

　平成26年法律68号による全部改正後の行審法においては、審理員制度の導入により、処分に関する手続に関与しない者による中立かつ公正な審理が予定されるが、さらに、行政の自己統制機能を高めより客観的かつ公正な判断が得られるよう、法律や条例の定めにより第三者機関が審理に関与している場合等を除き、第三者機関である行政不服審査会等へ諮問する手続が義務付けられている。したがって、この手続を経ることなく審査庁が裁決を行うことは違法であり裁決の取消原因になる。

　審査会への諮問は、他面において、行審法の目的である手続の簡易迅速性を減殺させるおそれがあることから、同法はいくつかの場合においては諮問義務が解除されることを規定することにより（43条1項各号）、公平性と簡易迅速性の要請を両立させている（例として、審査関係人から審査会への諮問を希望しない申出がある場合（同項4号）等）。

　審査会は、審理員意見書や事件記録等に基づく書面審理を原則とし、審理員・審査庁の判断の妥当性を審理する（行政上の不服申立てに係る既存の諮問機関と行政不服審査会等との相違点については、宇賀・行政法概説Ⅰ〈第5版〉59-60頁参照）。審理員による審理手続が不十分であると認められる場合など必要があると認める場合には自ら調査を行う。審査会による審理・答申を経て審査庁より裁決が出される。

論点 ❷ 地方公共団体に置かれる機関について法はどのような配慮規定を置いているか

　国における行政不服審査会と同様、各地方公共団体においても、地方公共団体の長の処分等に対する審査請求について、審査庁である地方公共団体の長等が行う裁決の客観性・公平性を担保するため、審理員による審理手続に加えて、第三者的立場から審査する諮問機関が置かれる。それは各地方公共団体の執行機関の附属機関（自治法138条の4第3項）として設置される（「この法律の規定によりその権限に属させられた事項を処理するための機関」（行審法81条1項）という表現に示されているように、諮問機関の名称や組織・運営に関する詳細は条例等に委ねら

れる)。

　国民・住民の権利利益の救済の観点からみた場合、国と地方公共団体の間で、あるいは地方公共団体相互の間で手続保障の最低限度の水準が異なることは望ましくない。そこで、行審法は、地方公共団体に設置される諮問機関の調査審議手続に関して、行政不服審査会の調査審議手続の規定をほぼ全面的に準用している(同条3項)。

　他方で、地方公共団体ごとに不服申立てをめぐる実情はさまざまであり、諮問機関の組織及び運営については条例等の制定を通じて柔軟に対応することができるよう配慮されている(同条2、4項)。例えば、不服申立て件数が僅少なために機関を常設することの費用対効果が低い場合や、常設の附属機関を置く場合に委員の適任者を確保することが容易でない場合には、条例においてあらかじめ事件ごとに諮問機関を置くこととする旨の定めを置き、実際に事件が係属したときの諮問機関の組織及び運営を規定しておくことが可能である。また、諮問機関を単独で設置することが困難な場合には、機関等の共同設置や他団体への事務の委託等が行われたり、既存の附属機関が諮問機関の役割を担当することも予想される(橋本博之=青木丈=植山克郎『新しい行政不服審査制度』弘文堂(2014年)〔植山克郎〕218頁参照。また、地方公共団体の自主組織権等の観点から機関の組織形態及び運営上の諸問題を詳細に論じるものとして、小早川光郎=高橋滋編著『条解行政不服審査法』弘文堂(2016年)372頁〔斎藤誠〕)。

【参考文献】
碓井光明「条例による第三者的行政不服審査機関の設置について―解釈論及び立法論―」『行政不服審査機関の研究』有斐閣(2016年)286頁(初出2013年)、北見宏介「行政不服審査会等の創設」法学教室420号(2015年)25頁、櫻井敬子『行政法講座2』第一法規(2015年)168頁、中村健人=折橋洋介監修『改正行政不服審査法―自治体の検討課題と対応のポイント』第一法規(2015年)、洞澤秀雄「地方自治体における行政不服審査」法律時報86巻5号(2014年)100頁

(田尾亮介)

3 行政調査

【概要】
　行政調査とは行政活動の一環として行われる情報収集活動である。(I)統計調査のように抽象的な政策判断の準備として行われる情報収集もあれば、(II)あくまで作用法上の権限に基づく行政処分等の個別具体的な決定の準備として行われる情報収集もある。また、後者には、(II-1)私人の申請や届出等を通した情報収集、(II-2)不利益処分に際して行われる聴聞等のように私人の防御権の行使を通した情報収集、(II-3)行政が個別具体的決定を行うために職権で行う情報収集がある。これらすべてを含めて行政調査と呼ぶこともできるが（広義の行政調査）、(II-3)を想定して行政調査の語を用いることが多い（狭義の行政調査）。ここでは、主に(II-3)の類型に当たる行政調査に及ぼすべき法的規律をめぐる論点を扱う。

　　　　　　　　　●●●●●● 論　点 ●●●●●●
1　行政調査に根拠規範は必要か
2　行政調査に対して行政訴訟の提起は可能か
3　行政調査に際して事前の通知は必要か、行政調査の実施の可否に関する基準とは
4　行政調査に令状主義の適用はあるか
5　行政調査に自己負罪拒否特権の保障が及ぶか
6　行政調査で得た情報を刑事手続で利用することは可能か
7　行政調査の瑕疵は、当該調査に基づいてなされた行政行為を違法とするか

論点 1　行政調査に根拠規範は必要か

1　行政調査と根拠規範

　狭義の行政調査には、①報告の徴収、②資料提出の請求、③立入検査（臨検）、④質問、⑤試験用サンプルの収去、⑥出頭命令・出頭要求、⑦第三者に対する資料提出の請求、⑧調査用紙への記入、⑨常時監視などの多様な手法があり得る（芝池・行政法読本〈第4版〉191-193頁）。個別法で予定されている調査には、純粋に相手方の任意に基づいて行われる調査もあるが、例えば抵抗等を実力で排除することが認められる「強制調査」に当たるものや、実力の行使は許

されないが罰則等によって実効性を担保する「間接強制調査」に当たるものがある（小早川・行政法上306頁以下）。法律の留保学説のうち、いずれの立場に立とうと強制調査及び間接強制調査には根拠規範が必要である。任意調査については、必ずしも根拠規範を要するとは説かれていない。しかし、調査対象者が取引している銀行や会社に対して情報提供を求める反面調査については、それが任意で行われたとしても、本人の知らないうちに本人情報が収集されることによってプライバシーが侵害され得るため根拠規範が必要であるとの学説がある（曽和・行政法総論360頁）。

2　職務質問に附随する所持品検査

警職法2条1項は、「警察官は、異常な挙動その他周囲の事情から合理的に判断して何らかの犯罪を犯し、若しくは犯そうとしていると疑うに足りる相当な理由のある者又は既に行われた犯罪について、若しくは犯罪が行われようとしていることについて知つていると認められる者を停止させて質問することができる」と定めている。これとは別に同条4項は、「警察官は、刑事訴訟に関する法律により逮捕されている者については、その身体について凶器を所持しているかどうかを調べることができる」として所持品検査に関する規定を設けているので、実務で通常実施されている職務質問に附随して行われる所持品検査は、同条4項とは別の任意調査としての所持品検査ということになる。所持品検査は、①外部からの観察、質問、提示を任意に求める行為、②衣服の外から手を触れて行う検査、③ポケット内に手を入れ所持品を取り出す行為などがあり、②③は一定の実力行使を含むと解される（曽和俊文「判批」宇賀＝交告＝山本・行政判例百選Ⅰ〈第6版〉226頁）。【事例(2)】最一小判昭和53・9・7刑集32巻6号1672頁〔27682171〕は、ポケットに手を差し入れて所持品検査をした警察官の行為を捜索に類する行為として任意調査の限界を超えると判示した。一方、相手方の承諾なくバッグのチャックを開けた所持品検査について、【事例(1)】最三小判昭和53・6・20刑集32巻4号670頁〔27682160〕は、所持品検査については相手方の承諾を得ることが原則であるとしたが、銀行強盗という重大な犯罪が発生し犯人の検挙が緊急の警察責務とされていた状況のもとで、所持品であるバッグの施錠されていないチャックを開披し内部をいちべつした行為について

法益の侵害がさほど大きいものではないとして適法と判断している。【事例(1)】では、犯罪の予防、鎮圧等を目的として、流動する各般の警察事象に対応して迅速適正に処理すべき行政警察の責務に触れながら、「限定的な場合において、所持品検査の必要性、緊急性、これによって害される個人の法益と保護されるべき公共の利益との権衡などを考慮し、具体的状況のもとで相当と認められる限度においてのみ」許されると判示された。【事例(1)(2)】のいずれも所持品検査の必要性ないし緊急性は認めていながら結論を異にしているが、調査の態様、捜査対象、所持品検査の必要性、緊急性の程度等に差異が見出されよう。

　【事例(6)】最一小決平成15・5・26刑集57巻5号620頁〔28085438〕は、不可解なことを口走り、手には注射器を握っていたなどの状況に照らして覚せい剤の使用及び所持の嫌疑が飛躍的に高まっていたこと、眼前で行われる所持品検査について、被告人が明確に拒否の意思を示していなかったこと、また、所持品検査の態様は、ファスナーの開いていた小銭入れの部分からビニール袋入りの白色結晶を発見して抜き出したという限度にとどまるものであったことから、当該所持品検査を適法としている。

　なお、【事例(2)】は、当該証拠の証拠能力を否定しているが、【事例(4)】最二小決昭和63・9・16刑集42巻7号1051頁〔27804932〕及び【事例(5)】最三小決平成7・5・30刑集49巻5号703頁〔27827892〕は、所持品検査の違法性が重大とはいえない等として証拠能力を肯定している。

3　自動車の一斉検問

　自動車の一斉検問について、明示の根拠規範は存在しない。【事例(3)】最三小決昭和55・9・22刑集34巻5号272頁〔27682295〕は、組織規範としての警察法2条1項が「交通の取締」を警察の責務としていることに照らして、「交通の安全及び交通秩序の維持などに必要な警察の諸活動は、強制力を伴わない任意手段による限り、一般的に許容されるべきもの」と判示したうえで、さらに具体的な適法要件を示した。【事例(3)】によれば、①交通取締の一環として交通違反の多発する地域等の適当な場所において、②交通違反の予防、検挙のため、走行の外観上の不審な点の有無にかかわりなく短時分の停止を求めて、運転者などに対し必要な事項についての質問などをすることは、③それが相手方の任

意の協力を求める形で行われ、④自動車の利用者の自由を不当に制約することにならない方法・態様で行われる限り適法なものとなる。もっとも、自動車検問の性質上、完全な任意性を認めることは困難であろう（塩野・行政法Ⅰ〈第6版〉260頁参照。警察法2条を一斉検問の根拠規範としてとらえる見解をめぐる議論については、曽和俊文「判批」宇賀＝交告＝山本・行政判例百選Ⅰ〈第6版〉228頁以下を参照）。

事例

(1) 最三小判昭和53・6・20刑集32巻4号670頁〔27682160〕

被告人を含む4名が、猟銃と登山用ナイフを用い、銀行員を脅迫して、現金約600万円を強奪した後、被告人らが、強奪した現金をボーリングバッグとアタッシュケースに入れて逃走中、警察官の職務質問を受けたところ、被害銀行の帯封のある札束を持っていたことなどから、本件強盗犯人として緊急逮捕された事案である。被告人らが大量の札束を持っていたことは、警察官がボーリングバッグとアタッシュケースを開披してはじめて判明したのであるが、これらを開披するについて被告人らは明らかにこれを拒否していたことから、令状もなく、被告人らの承諾もないまま、これらを開披した警察官の行為の適法性が争点となった。本判決は、所持品検査については、任意手段である職務質問の附随行為として許容されるのであるから、所持人の承諾を得て、その限度においてこれを行うのが原則であるとしながらも、「職務質問ないし所持品検査は、犯罪の予防、鎮圧等を目的とする行政警察上の作用であつて、流動する各般の警察事象に対応して迅速適正にこれを処理すべき行政警察の責務にかんがみるときは、所持人の承諾のない限り所持品検査は一切許容されないと解するのは相当でなく、捜索に至らない程度の行為は、強制にわたらない限り、所持品検査においても許容される場合があると解すべきである」としたうえで、「限定的な場合において、所持品検査の必要性、緊急性、これによつて害される個人の法益と保護されるべき公共の利益との権衡などを考慮し、具体的状況のもとで相当と認められる限度においてのみ、許容されるものと解すべきである」と一般論を述べた。結果として、本判決ではバッグの施錠されていないチャックを開披し内部をいちべつした検査の部分について、「猟銃及び登山用ナイフを使用しての銀行強盗という重大な犯罪が発生し犯人の検挙が緊急の警察責務とされていた状況の下において、……所持品検査の緊急性、必要性が強かつた反面、所持品検査の態様は携行中の所持品であるバッグの施錠されていないチヤックを開披し内部を一べつしたにすぎないものであるから、これによる法益の侵害はさほど大きいものではなく、上述の経過に照らせば相当と認めうる行為である」と判示された。

(2) 最一小判昭和53・9・7刑集32巻6号1672頁〔27682171〕

本判決は、前掲【事例(1)】が述べた一般論を引用しながら、ポケットに手を差し入

れて所持品検査をした警察官の行為を捜索に類する行為として、次のとおり任意調査の限界を超えると判示した。

「……巡査が被告人に対し、被告人の上衣左側内ポケットの所持品の提示を要求した段階においては、被告人に覚せい剤の使用ないし所持の容疑がかなり濃厚に認められ、また、同巡査らの職務質問に妨害が入りかねない状況もあつたから、右所持品を検査する必要性ないし緊急性はこれを肯認しうるところであるが、被告人の承諾がないのに、その上衣左側内ポケットに手を差し入れて所持品を取り出したうえ検査した同巡査の行為は、一般にプライバシイ侵害の程度の高い行為であり、かつ、その態様において捜索に類するものであるから、上記のような本件の具体的な状況のもとにおいては、相当な行為とは認めがたいところであつて、職務質問に附随する所持品検査の許容限度を逸脱したものと解するのが相当である」。

(3)　最三小決昭和55・9・22刑集34巻5号272頁〔27682295〕

本件は、深夜、警察官が飲酒運転の多発地点で車両のすべてに停止を求めて交通検問をした際、検挙された被告人が酒気帯び運転の罪で起訴された事案である。本決定は、「警察法2条1項が『交通の取締』を警察の責務として定めていることに照らすと、交通の安全及び交通秩序の維持などに必要な警察の諸活動は、強制力を伴わない任意手段による限り、一般的に許容されるべきものであるが、それが国民の権利、自由の干渉にわたるおそれのある事項にかかわる場合には、任意手段によるからといつて無制限に許されるべきものでないことも同条2項及び警察官職務執行法1条などの趣旨にかんがみ明らかである。しかしながら、自動車の運転者は、公道において自動車を利用することを許されていることに伴う当然の負担として、合理的に必要な限度で行われる交通の取締に協力すべきものであること、その他現時における交通違反、交通事故の状況などをも考慮すると、警察官が、交通取締の一環として交通違反の多発する地域等の適当な場所において、交通違反の予防、検挙のための自動車検問を実施し、同所を通過する自動車に対して走行の外観上の不審な点の有無にかかわりなく短時分の停止を求めて、運転者などに対し必要な事項についての質問などをすることは、それが相手方の任意の協力を求める形で行われ、自動車の利用者の自由を不当に制約することにならない方法、態様で行われる限り、適法なものと解すべきである」と判示した。

(4)　最二小決昭和63・9・16刑集42巻7号1051頁〔27804932〕

本件は、パトカーを見て逃げ出した被告人を警察官らが追いかけて取り押さえ、その抵抗を排除して無理矢理パトカーに乗せて警察署に連行し、被告人の所持品検査を行ったところ覚せい剤を発見したため、尿を出させて押収したという事案である。本決定は、まず、被告人の同行については、「被告人が渋々ながら手の力を抜いて後部座席に自ら乗車した点をいかに解しても、その前後の被告人の抵抗状況に徴すれば、

同行について承諾があつたものとは認められない」と判示し、所持品検査（以下、「本件所持品検査」という）についても、「被告人がふてくされた態度で上衣を脱いで投げ出したからといつて、被告人がその意思に反して警察署に連行されたことなどを考えれば、黙示の承諾があつたものとは認められない。本件所持品検査は、被告人の承諾なく、かつ、違法な連行の影響下でそれを直接利用してなされたものであり、しかもその態様が被告人の左足首付近の靴下の膨らんだ部分から当該物件を取り出したものであることからすれば、違法な所持品検査といわざるを得ない」とした。また、採尿手続については、被告人の承諾があったと認めながら、「一連の違法な手続によりもたらされた状態を直接利用して、これに引き続いて行われたものであるから、違法性を帯びるものと評価せざるを得ない（最高裁昭和60年(あ)第427号同61年4月25日第2小法廷判決・刑集40巻3号215頁参照）」と結論付けている。

(5) 最三小決平成7・5・30刑集49巻5号703頁〔27827892〕

警察官が、深夜、路上で不審な動きをした普通乗用自動車を運転していた被告人に職務質問を行った際、覚せい剤所持の嫌疑を抱き、自動車内を調べたところ覚せい剤が発見されたため、被告人を覚せい剤所持の現行犯人として逮捕し、逮捕中に尿の提出を得たという事案である。本決定は、まず、警察官が本件自動車内を調べた行為について、「被告人の承諾がない限り、職務質問に付随して行う所持品検査として許容される限度を超えたものというべきところ、右行為に対し被告人の任意の承諾はなかったとする原判断に誤りがあるとは認められないから、右行為が違法であることは否定し難いが、警察官は、停止の求めを無視して自動車で逃走するなどの不審な挙動を示した被告人について、覚せい剤の所持又は使用の嫌疑があり、その所持品を検査する必要性緊急性が認められる状況の下で、覚せい剤の存在する可能性の高い本件自動車内を調べたものであり、また、被告人は、これに対し明示的に異議を唱えるなどの言動を示していないのであって、これらの事情に徴すると、右違法の程度は大きいとはいえない」と判示した。また、採尿手続について、本決定は、「警察官が本件自動車内を調べた行為が違法である以上、右行為に基づき発見された覚せい剤の所持を被疑事実とする本件現行犯逮捕手続は違法であり、さらに、本件採尿手続も、右一連の違法な手続によりもたらされた状態を直接利用し、これに引き続いて行われたものであるから、違法性を帯びるといわざるを得ないが、被告人は、その後の警察署への同行には任意に応じており、また、採尿手続自体も、何らの強制も加えられることなく、被告人の自由な意思による応諾に基づいて行われているのであって、前記のとおり、警察官が本件自動車内を調べた行為の違法の程度が大きいとはいえないことをも併せ勘案すると、右採尿手続の違法は、いまだ重大とはいえず、これによって得られた証拠を被告人の罪証に供することが違法捜査抑制の見地から相当でないとは認められない」として、被告人の尿の鑑定書の証拠能力を肯定した。

II 行政上の手続・調査・情報取扱い

(6) 最一小決平成15・5・26刑集57巻5号620頁〔28085438〕

ホテルに投宿した被告人がチェックアウト時刻に手続をしないため、無銭宿泊などの疑いもったホテル側が110番通報を行ったのを受けて、臨場した警察官がホテル客室に赴いて職務質問を実施したところ、その過程で、被告人が覚せい剤を所持していることが発覚し、その後、強制採尿令状に基づく尿検査により、覚せい剤を使用していたことも発覚したという事案である。本決定は、職務質問に附随して行う所持品検査について「所持人の承諾を得てその限度でこれを行うのが原則であるが、捜索に至らない程度の行為は、強制にわたらない限り、たとえ所持人の承諾がなくても、所持品検査の必要性、緊急性、これによって侵害される個人の法益と保護されるべき公共の利益との権衡などを考慮し、具体的状況のもとで相当と認められる限度において許容される場合がある」との一般論（【事例(1)(2)】）を述べたうえで、「被告人は、警察の許可を得て覚せい剤を使用している旨不可解なことを口走り、手には注射器を握っていた上、覚せい剤取締法違反の前歴を有することが判明したものであって、被告人に対する覚せい剤事犯（使用及び所持）の嫌疑は、飛躍的に高まっていたものと認められる。また、こうした状況に照らせば、覚せい剤がその場に存在することが強く疑われるとともに、直ちに保全策を講じなければ、これが散逸するおそれも高かったと考えられる。そして、眼前で行われる所持品検査について、被告人が明確に拒否の意思を示したことはなかった。他方、所持品検査の態様は、床に落ちていたのを拾ってテーブル上に置いておいた財布について、二つ折りの部分を開いた上ファスナーの開いていた小銭入れの部分からビニール袋入りの白色結晶を発見して抜き出したという限度にとどまるものであった。以上のような本件における具体的な諸事情の下においては、上記所持品検査は、適法に行い得るものであったと解するのが相当である」と判示した。

論点 2 行政調査に対して行政訴訟の提起は可能か

処分としての性質を有する行政調査に対しては、抗告訴訟を提起することが考えられる。実力の行使を伴う立入調査の場合、一過性の行為であれば取消訴訟の提起はできないが、権力的事実行為に当たる処分として差止訴訟の提起は可能である。また、証人出頭命令や文書提出命令は、行政処分の形式で行われるが、判例において、これら命令の取消訴訟が認められるかどうかは必ずしも明らかではない。この点については、肯定する学説と否定する学説がある（例えば、曽和俊文「行政調査論再考㈠」三重大学法経論叢4巻2号（1997年）58頁以下は、後掲【事例】静岡地判昭和56・12・4行裁例集32巻12号2205頁〔27603986〕を批判しつつ、

調査命令の取消訴訟を認めるべきであるとするが、芝池・行政法読本〈第4版〉200頁は、行政調査を直接争うことはできないとしている)。自治法100条に基づく調査委員会が発する調査命令については、取消訴訟の対象とならないとした判例がある。後掲【事例】は、市議会特別調査会の発した記録提出・証人出頭要求が行政処分に当たることを認めたうえで、①拒否に対する罰則を科す刑事手続で調査の違法性を争うことができることから裁判を受ける権利が保障されている、②行政訴訟の提起を認めると刑事訴訟の結論との間で矛盾が生ずる可能性がある、③地方議会における百条調査権の重要性から、取消訴訟の提起を不適法とした。行政調査と地方議会の百条調査権とは必ずしも性格を同じくしないが、①②は行政調査にも当てはまる理由であり、③についても行政調査の公共性から類似の論拠を用いることは可能であろう。行政処分の適法要件充足性を判断するために行われる行政調査を想定すると、行政調査が争訟の対象となることによる行政過程の停滞が、行政処分により保護されるべき法益を損なう事態もあり得よう。行政調査を行政訴訟で争うことを認めるか、それとも刑事訴訟の排他性を認めるかについては、調査対象者の救済の便宜や処分が保護すべき利益などを考慮して、制度的に整理することが望ましいのではないか。

事例

静岡地判昭和56・12・4行裁例集32巻12号2205頁〔27603986〕は、被告（地方議会）が市税事務等に関する事項の調査のため、原告らに対し発した記録提出請求書に基づく記録提出請求及び証人出頭請求書に基づく証人の出頭請求は、被告の議決が存しないとして、その取消訴訟が提起された事案である。本判決は、「地方議会から記録提出請求や証人出頭請求を受けた関係人は、指定された期限に記録を提出し、若しくは指定された日時、場所に証人として出頭する義務を課され、しかもその違背に対しては刑罰の制裁があるのであるから、地方議会の右各請求は、右関係人に対し、請求に応ずる法的義務を課しているものといわざるを得ない」としながら、「議会から出頭請求や記録提出請求を受けた関係人において、右各請求が違法であると思料するときは、右請求に応じなかつた場合に開始される刑事裁判手続において、拒否の正当理由として右請求の違法を主張して争うことができるのであるから、これによつて右各請求を受けた関係人の裁判を受ける権利は保障されている」、「刑事訴訟手続とは別途に抗告訴訟の対象として行政訴訟手続でも右請求を争えるとした場合には、両訴訟における判決の間で矛盾の生ずるおそれがある」、「地方自治法100条に基づく地方議会の

調査権は、前記のとおり、国会における国政調査権と同様の趣旨の下に、地方公共団体の立法機関に対し、その機能を発揮させるために与えられた極めて重要な権能であり、その行使は充分に尊重されなければならない」と述べて、「本件各処分はいずれも抗告訴訟の対象たる行政処分に当らない」と結論付けた。

論点 3 行政調査に際して事前の通知は必要か、行政調査の実施の可否に関する基準とは

1　事前の通知

　荒川民商事件最高裁判決（【事例(1)】最三小決昭和48・7・10刑集27巻7号1205頁〔21043170〕）は、税務職員の質問検査権について、「質問検査の範囲、程度、時期、場所等実定法上特段の定めのない実施の細目については、右にいう質問検査の必要があり、かつ、これと相手方の私的利益との衡量において社会通念上相当な限度にとどまるかぎり、権限ある税務職員の合理的な選択に委ねられているものと解すべく、また、暦年終了前または確定申告期間経過前といえども質問検査が法律上許されないものではなく、実施の日時場所の事前通知、調査の理由および必要性の個別的、具体的な告知のごときも、質問検査を行なううえの法律上一律の要件とされているものではない」と判示した。判旨によれば、行政調査の事前告知は必ずしも憲法上の要請ではないことになる（解説として、小早川光郎「判批」水野ほか・租税判例百選〈第4版〉206頁、中原茂樹「判批」水野ほか・租税判例百選〈第5版〉200頁、山本未来「判批」宇賀＝交告＝山本・行政判例百選Ⅰ〈第6版〉222頁等を参照）。これに対して、学説では、資料の隠匿等のおそれがある場合など、性質上調査目的が達せられなくなるおそれのある場合を除いては、事前通知を要すると説かれていた（兼子・行政法総論136頁）。平成23年の国税通則法の改正により、税務職員の質問検査権の行使に当たり、質問検査等を行う実地の調査を開始する日時、調査を行う場所、調査の目的、調査の対象となる税目、調査の対象となる期間、調査の対象となる帳簿書類その他の物件、その他調査の適正かつ円滑な実施に必要なものとして政令で定める事項について、事前に通知することが義務付けられた（国税通則法74条の9）。同改正では、納税義務者の申告、過去の調査結果の内容、その他の保有情報から、「違法又は不当な行為を容易にし、正確な課税標準等又は税額等の把握を困難

にするおそれその他国税に関する調査の適正な遂行に支障を及ぼすおそれがあると認める場合」には通知を要しないとされており（同法74条の10）、前記学説に即した制度となっている。

　ところで、行手法は、「報告又は物件の提出を命ずる処分その他その職務の遂行上必要な情報の収集を直接の目的としてされる処分及び行政指導」（行手法3条1項14号）を同法の適用から除外するとともに、「事実上の行為及び事実上の行為をするに当たりその範囲、時期等を明らかにするために法令上必要とされている手続としての処分」（行手法2条4号イ）を不利益処分の定義から除いている。行政調査に関して、一般的な手続規定は存在せず、その策定は将来の課題として残されている（昭和37年に発足した第一次臨時行政調査会が作成し、昭和39年に公表された行手法草案では、立入検査の時間制限、個人住居への立入検査の原則禁止、立入検査の告知、立会、身分証の携行・提示、出頭命令等の通知、書類等の提出命令の根拠法条・理由の告知、領置書の交付、犯罪捜査との関係、職権主義の原則、調査の比例原則等について一般的規定を設ける提言がなされていた。宇賀・行政法概説Ⅰ〈第5版〉153頁以下参照）。もっとも、個別法では、身分証の携行・提示について規定が設けられることは少なくなく、立入検査に関する事前告知等についても規定が設けられることがある。なお、法令で求められている検査章の携行・提示がなかった場合、調査に抵抗した者について公務執行妨害罪が成立するかどうかが争われることがある。【事例⑵】最二小判昭和27・3・28刑集6巻3号546頁〔21004090〕では、事務官が身分証明書を示して関係書類の検査をしようとしてその提出を求めたことや、被告人が事務官に対して検査章の提示を求めたり、同事務官が検査章を携帯していなかったことを事由として当該書類の提出要求に応じなかったという事実はないとの原審の認定を踏まえて、被告人が事務官を脅迫した行為は公務執行妨害罪を構成すると示された。

2　行政調査の実施の可否に関する基準とは

　前掲荒川民商事件最高裁判決（【事例⑴】）は、質問検査権限について、「当該調査の目的、調査すべき事項、申請、申告の体裁内容、帳簿等の記入保存状況、相手方の事業の形態等諸般の具体的事情にかんがみ、客観的な必要性があると判断される場合には、前記職権調査の一方法として、同条1項各号規定の者に

対し質問し、またはその事業に関する帳簿、書類その他当該調査事項に関連性を有する物件の検査を行なう権限を認めた趣旨」であるとしており、調査権限の行使に「客観的な必要性」を求めている。このほか、個別法では、調査目的の制限（国税通則法74条の8では、質問検査権について「当該職員の権限は、犯罪捜査のために認められたものと解してはならない」と定められている。調査目的の制限については、【論点6】でも扱う）、時間の制限（入管法35条では、「入国警備官は、日出前、日没後には、許可状に夜間でも執行することができる旨の記載がなければ、捜索又は押収のため、住居その他の建造物内に入つてはならない」と定められている）、場所の制限（消防法4条1項ただし書は、「個人の住居は、関係者の承諾を得た場合又は火災発生のおそれが著しく大であるため、特に緊急の必要がある場合でなければ、立ち入らせてはならない」と定めている）等が定められることがある。これらの制限が法定されていない場合、【事例(1)】で掲げた荒川民商事件最高裁判決が示したとおり、社会通念上相当な限度にとどまるかぎり許容されることになる（比例原則からの検討の必要性については、芝池・行政法総論講義〈第4版補訂版〉271頁以下参照）。

事例

(1) 荒川民商事件・最三小決昭和48・7・10刑集27巻7号1205頁〔21043170〕

本件は、税務署員が所得税確定申告書調査のために被告人とその長男に対して、質問及び帳簿書類の検査をしようとした際、被告人が質問に答えず、検査を拒否したことから、所得税法上の不答弁罪に当たるとして起訴された事案である。被告人は、調査の必要性を争ったが、本決定は、「所得税の終局的な賦課徴収にいたる過程においては、……税務署その他の税務官署による一定の処分のなされるべきことが法令上規定され、そのための事実認定と判断が要求される事項があり、これらの事項については、その認定判断に必要な範囲内で職権による調査が行なわれることは法の当然に許容するところと解すべきものであるところ、所得税法234条1項の規定は、国税庁、国税局または税務署の調査権限を有する職員において、当該調査の目的、調査すべき事項、申請、申告の体裁内容、帳簿等の記入保存状況、相手方の事業の形態等諸般の具体的事情にかんがみ、客観的な必要性があると判断される場合には、前記職権調査の一方法として、同条一項各号規定の者に対し質問し、またはその事業に関する帳簿、書類その他当該調査事項に関連性を有する物件の検査を行なう権限を認めた趣旨であって、この場合の質問検査の範囲、程度、時期、場所等実定法上特段の定めのない実施の細目については、右にいう質問検査の必要があり、かつ、これと相手方の私的利益との衡量において社会通念上相当な限度にとどまるかぎり、権限ある税務職員の合

理的な選択に委ねられているものと解すべく、また、暦年終了前または確定申告期間経過前といえども質問検査が法律上許されないものではなく、実施の日時場所の事前通知、調査の理由および必要性の個別的、具体的な告知のごときも、質問検査を行なううえの法律上一律の要件とされているものではない」と判示し、被告人の上告を棄却した。

(2) 最二小判昭和27・3・28刑集6巻3号546頁〔21004090〕

税務職員が、法令で要請されている検査章の携帯をすることなく行った調査について、調査を拒否した被告人につき公務執行妨害罪が成立するかどうかが争点となった事案である。本判決は、所得税法施行規則で要請されている検査章の携帯に係る規定について、「専ら、物件検査の性質上、相手方の自由及び権利に及ぼす影響の少なからざるを顧慮し、収税官吏が右の検査を為すにあたり、自らの判断により又は相手方の要求があるときは、右検査章を相手方に呈示してその権限あるものであることを証することによって、相手方の危惧の念を除去し、検査の円滑な施行を図るため、特に検査章の携帯を命じたものであつて、同条は単なる訓示規定と解すべきではなく、殊に相手方が検査章の呈示を求めたのに対し、収税官吏が之を携帯せず又は携帯するも呈示しなかつた場合には、相手方はその検査を拒む正当の理由があるものと認むべきである」と述べつつも、収税官吏の検査権が検査章の携帯によってはじめて賦与されるものでないことから、「相手方が何等検査章の呈示を求めていないのに収税官吏において偶々これを携帯していなかつたからといつて直ちに収税官吏の検査行為をその権限外の行為であると解すべきではない」と判示し、結果として、「検査章を携帯していなかつたとしても、その一事を以て、右収税官吏の検査行為を公務の執行でないということはできない」とした。

論点 4　行政調査に令状主義の適用はあるか

国税犯則調査には、憲法35条の適用があると解されている。酒税法上の免許を得ることなく焼酎等が製造された事実を知りながら、場所を斡旋したことにより酒税法違反幇助に当たるとして罪に問われた者が、現行犯の場合には例外的に裁判官の許可なく臨検捜索差押えを実施することを認める国犯法3条1項は、令状主義を定めた憲法35条に反するとして争った事案がある（最大判昭和30・4・27刑集9巻5号924頁〔21006462〕）。本判決は、「憲法35条は同法33条の場合を除外して住居、書類及び所持品につき侵入、捜索及び押収を受けることのない権利を保障している。この法意は同法33条による不逮捕の保障の存しない場合においては捜索押収等を受けることのない権利も亦保障されないことを明らか

にしたものなのである。然るに右33条は現行犯の場合にあつては同条所定の令状なくして逮捕されてもいわゆる不逮捕の保障には係りなきことを規定しているのであるから、同35条の保障も亦現行犯の場合には及ばないものといわざるを得ない。それ故少くとも現行犯の場合に関する限り、法律が司法官憲によらずまた司法官憲の発した令状によらずその犯行の現場において捜索、押収等をなし得べきことを規定したからとて、立法政策上の当否の問題に過ぎないのであり、憲法35条違反の問題を生ずる余地は存しないのである」と判示した。憲法35条の保障が国税犯則事件の調査に及ばないのであれば「同法33条の場合」を明らかにする必要はないことから、本判決は、犯則事件調査について憲法35条の保障を肯定する趣旨であると解するのが多数説である（水野忠恒「判批」宇賀=交告=山本・行政判例百選Ⅰ〈第6版〉218頁）。

　川崎民商事件最高裁判決（【事例(1)】最大判昭和47・11・22刑集26巻9号554頁〔21040750〕）は、一般論として、憲法35条1項の規定が主として刑事責任追及の手続における強制について司法権による事前抑制のもとに置くことを趣旨とする規定であると確認したうえで、当該手続が刑事責任追及を目的とするものでないとの理由のみでその保障の枠外にあると判断することは相当ではないと判示した。しかし、本判決は、所得税法上の質問検査権の行使については、強制の程度について、「検査の相手方の自由な意思をいちじるしく拘束して、実質上、直接的物理的な強制と同視すべき程度にまで達しているもの」とはいえないとして裁判所の許可を不要としている（解説として、石川健治「判批」水野ほか・租税判例百選〈第4版〉208頁、高橋靖「判批」宇賀=交告=山本・行政判例百選Ⅰ〈第6版〉220頁、松井幸夫「判批」長谷部=石川=宍戸・憲法判例百選Ⅱ〈第6版〉258頁等を参照）。本判決の読み方については、刑事手続との密接な関連性を有する行政手続に憲法35条の適用ないし準用を認めたと解する立場と、間接強制については裁判所の令状は不要であるが実力行使を伴う行政上の立入検査には令状が必要であると解する立場の2つがある。この点については、実力行使にわたる限りで裁判官の令状を要する趣旨として理解する後者の立場が有力である（塩野・行政法Ⅰ〈第6版〉288頁。曽和・行政法総論351頁は、「憲法35条の趣旨が住居の不可侵、私人のプライバシー保護にあるとするならば、侵害目的が刑事目的か行政目的か

の区別は重要ではないはずである」とする)。

成田新法訴訟最高裁判決(【事例(2)】最大判平成4・7・1民集46巻5号437頁〔25000011〕)は、「行政手続は、刑事手続とその性質においておのずから差異があり、また、行政目的に応じて多種多様であるから、行政手続における強制の一種である立入りにすべて裁判官の令状を要すると解するのは相当ではなく、当該立入りが、公共の福祉の維持という行政目的を達成するため欠くべからざるものであるかどうか、刑事責任追及のための資料収集に直接結び付くものであるかどうか、また、強制の程度、態様が直接的なものであるかどうかなどを総合判断して、裁判官の令状の要否を決めるべきである」と判示し、成田新法に基づく立入検査(間接強制調査)について令状を不要としている(解説として、木佐茂男「判批」宇賀=交告=山本・行政判例百選Ⅰ〈第6版〉250頁、宮地基「判批」長谷部=石川=宍戸・憲法判例百選Ⅱ〈第6版〉250頁等を参照)。

事例

(1) 川崎民商事件・最大判昭和47・11・22刑集26巻9号554頁〔21040750〕

食肉販売業を経営し、川崎民主商工会の役員であった被告人が提出した所得税確定申告書について、過少申告の疑いが認められたことから、川崎税務署の収税官吏が被告人に対する調査のため帳簿書類等の検査をしたところ、被告人が大声をあげるなどして抵抗し、検査を拒んだ事案である。本判決は、旧所得税(昭和40年法律33号改正前)が規定する検査拒否に対する罰則は、収税官吏による当該帳簿等の検査の受忍をその相手方に対して強制する作用を伴うものであるが、「収税官吏の検査は、もっぱら、所得税の公平確実な賦課徴収のために必要な資料を収集することを目的とする手続であつて、その性質上、刑事責任の追及を目的とする手続ではない」とし、検査の結果過少申告の事実が明らかとなる可能性があるとしても「右検査が、実質上、刑事責任追及のための資料の取得収集に直接結びつく作用を一般的に有するものと認めるべきことにはならない」と判示している。その理由として、本判決は、検査の範囲が前記の目的のため必要な所得税に関する事項に限られており、また、その検査は、「所得税の賦課徴収手続上一定の関係にある者につき、その者の事業に関する帳簿その他の物件のみを対象としているのであつて、所得税の逋脱その他の刑事責任の嫌疑を基準に右の範囲が定められているのではない」こと、この場合の強制の態様は、収税官吏の検査を正当な理由がなく拒む者に対し所定の刑罰を加えることによって、「間接的心理的に右検査の受忍を強制しようとするものであり」、かつ、「その作用する強制の度合いは、それが検査の相手方の自由な意思をいちじるしく拘束して、実質

上、直接的物理的な強制と同視すべき程度にまで達しているもの」とはいえないこと、国家財政の基本となる徴税権の適正な運用を確保し、所得税の公平確実な賦課徴収を図るという公益上の目的を実現するために収税官吏による実効性のある検査制度が不可欠であって、「その目的、必要性にかんがみれば、右の程度の強制は、実効性確保の手段として、あながち不均衡、不合理なものとはいえない」ことを挙げている。

(2) 成田新法訴訟・最大判平成4・7・1民集46巻5号437頁〔25000011〕

運輸大臣Yが、成田新法3条1項に基づき、空港の規制区域（同法2条3項）内に所在するX所有の通称「横堀要塞」を、1年の期間、3条1項の1号の用（多数の暴力主義的破壊活動者の集合の用）又は2号の用（暴力主義的破壊活動等に使用され、又は使用されるおそれがあると認められる爆発物、火炎びん等の物の製造又は保管の場所の用）に供することを禁止する旨の使用禁止命令を出したことから、Xが、Yに対し、昭和54年から58年及び昭和60年に出された本件使用禁止命令の取消しを請求するとともに、国に対し、慰謝料等として5,000万円等の支払を求めた事案である。本判決は、同法に基づく前記処分に令状主義の適用があるかどうかを判断するに当たり、川崎民商事件最高裁判決【事例(1)】の一般論を踏まえながら検討し、「本法3条3項は、運輸大臣は、同条1項の禁止命令をした場合において必要があると認めるときは、その職員をして当該工作物に立ち入らせ、又は関係者に質問させることができる旨を規定し、その際に裁判官の令状を要する旨を規定していない。しかし、右立入り等は、同条1項に基づく使用禁止命令が既に発せられている工作物についてその命令の履行を確保するために必要な限度においてのみ認められるものであり、その立入りの必要性は高いこと、右立入りには職員の身分証明書の携帯及び提示が要求されていること（同条4項）、右立入り等の権限は犯罪捜査のために認められたものと解釈してはならないと規定され（同条5項）、刑事責任追及のための資料収集に直接結び付くものではないこと、強制の程度、態様が直接的物理的なものではないこと（9条2項）を総合判断すれば、本法3条1、3項は、憲法35条の法意に反するものとはいえない」と判示した。

論点 5　行政調査に自己負罪拒否特権の保障が及ぶか

1　租税関係

川崎民商事件最高裁判決（【事例(1)】最大判昭和47・11・22刑集26巻9号554頁〔21040750〕）は、憲法38条1項の法意が何人も自己の刑事上の責任を問われるおそれのある事項について供述を強要されないことを保障したものであって、規定による保障は、純然たる刑事手続においてばかりではなく、それ以外の手

続においても、実質上、刑事責任追及のための資料の取得収集に直接結びつく作用を一般的に有する手続には、ひとしく及ぶものと解するのを相当とすると判示した。しかし、本判決は、旧所得税法（昭和40年法律33号改正前）上の検査、質問は所得税の公平確実な賦課徴収を目的とする手続であって、刑事責任の追及を目的とする手続ではなく、また、そのための資料の取得収集に直接結びつく作用を一般的に有するものでもないことなどから、各規定そのものが憲法38条1項にいう「自己に不利益な供述」を強要するものとはいえないとした（解説については、【論点4】掲記の文献を参照）。

これに対して、【事例(2)】最三小判昭和59・3・27刑集38巻5号2037頁〔21080330〕は、国犯法に基づく犯則調査について、一種の行政手続であって刑事手続ではないと解しつつも、調査手続は実質的には租税犯の捜査としての機能を営むものであって、犯則嫌疑者に自己の刑事上の責任を問われるおそれのある事項についても供述を求めることになることから、「実質上刑事責任追及のための資料の取得収集に直接結びつく作用を一般的に有する」ものとして、憲法38条1項の規定による供述拒否権の保障が及ぶものと解した。しかし、【事例(2)】は、「憲法38条1項は供述拒否権の告知を義務づけるものではなく、右規定による保障の及ぶ手続について供述拒否権の告知を要するものとすべきかどうかは、その手続の趣旨・目的等により決められるべき立法政策の問題と解されるところから、国税犯則取締法に供述拒否権告知の規定を欠き、収税官吏が犯則嫌疑者に対し同法1条の規定に基づく質問をするにあたりあらかじめ右の告知をしなかったからといって、その質問手続が憲法38条1項に違反することとなるものでない」としている。

道路交通法に基づく呼気検査について、【事例(3)】最一小判平成9・1・30刑集51巻1号335頁〔28025032〕は、酒気を帯びて車両等を運転することの防止を目的として運転者らから呼気を採取してアルコール保有の程度を調査するものであって、その供述を得ようとするものではないから、検査を拒んだ者を処罰する道路交通法の規定は、憲法38条1項に違反しないと判示している。

2　私人の報告・申請等

【概要】で挙げた（Ⅱ-1）の類型（私人の申請や届出等を通した情報収集）につ

いて、判例の蓄積がみられる。運転者等に交通事故の報告義務を課す規定が憲法38条に違反しないかが問題とされた【事例(4)】最大判昭和37・5・2刑集16巻5号495頁〔27760728〕は、刑事責任を問われるおそれのある事故の原因その他の事項までも報告義務のある事項中に含まれるとは解されないとして、憲法38条に違反しないと判示している。このほか、関税法上の無許可輸入罪に係る【事例(5)】最一小判昭和54・5・10刑集33巻4号275頁〔21065871〕、外国人登録法上の登録申請義務に違反した罪に係る【事例(6)】最三小判昭和57・3・30刑集36巻3号478頁〔27682376〕、医師法に基づく異常死体の届出義務に係る【事例(7)】最三小判平成16・4・13刑集58巻4号247頁〔28095175〕などが、憲法38条との適合性について判断をしている。

事例

(1) 川崎民商事件・最大判昭和47・11・22刑集26巻9号554頁〔21040750〕(【論点4】の【事例(1)】)

川崎民商事件最高裁判決は、質問検査権の行使により所得税逋脱の事実が明らかになれば、税務職員は事実を告発できることから、検査、質問は、刑事訴追を受けるおそれのある事項につき供述を強要するもので違憲である旨の主張についても判断をしている。本判決は、質問検査権の行使が、「もつぱら所得税の公平確実な賦課徴収を目的とする手続であつて、刑事責任の追及を目的とする手続ではなく、また、そのための資料の取得収集に直接結びつく作用を一般的に有するものでもないこと、および、このような検査制度に公益上の必要性と合理性の存すること」にあることを指摘したうえで、憲法38条1項保障は、「純然たる刑事手続においてばかりではなく、それ以外の手続においても、実質上、刑事責任追及のための資料の取得収集に直接結びつく作用を一般的に有する手続には、ひとしく及ぶものと」解しながらも、上記質問検査権の性質を踏まえて、それが「憲法38条1項にいう『自己に不利益な供述』を強要するものとすることは」できないと判示した。

(2) 最三小判昭和59・3・27刑集38巻5号2037頁〔21080330〕

小豆等の商品先物取引を行っていた被告人が、取引の清算益金、委託手数料割戻金を架空名義で預金するなどして所得を秘匿したうえ、虚偽の所得税確定申告書を提出して、不正の行為により所得税1億7千万円余りを免れたという所得税ほ脱に係る事案である。本判決は、国犯法で、予定されている調査手続は、「国税の公平確実な賦課徴収という行政目的を実現するためのものであり、その性質は、一種の行政手続であつて、刑事手続ではないと解されるが（最高裁昭和42年(し)第78号同44年12月3日大法廷決定・刑集23巻12号1525頁)、その手続自体が捜査手続と類似し、これと共通す

るところがあるばかりでなく、右調査の対象となる犯則事件は、間接国税以外の国税については同法12条ノ2又は同法17条各所定の告発により被疑事件となつて刑事手続に移行し、告発前の右調査手続において得られた質問顛末書等の資料も、右被疑事件についての捜査及び訴追の証拠資料として利用されることが予定されている」ことに鑑みると、調査手続は、実質的には租税犯の捜査としての機能を営むものであって、したがって、国犯法上の質問調査の手続は、犯則嫌疑者については、自己の刑事上の責任を問われるおそれのある事項についても供述を求めることになり、「実質上刑事責任追及のための資料の取得収集に直接結びつく作用を一般的に有するものというべきであつて、前記昭和47年等の当審大法廷判例及びその趣旨に照らし、憲法38条1項の規定による供述拒否権の保障が及ぶものと解するのが相当である」と判示した。もっとも、本判決は、「憲法38条1項は供述拒否権の告知を義務づけるものではなく、右規定による保障の及ぶ手続について供述拒否権の告知を要するものとすべきかどうかは、その手続の趣旨・目的等により決められるべき立法政策の問題と解されるところから、国税犯則取締法に供述拒否権告知の規定を欠き、収税官吏が犯則嫌疑者に対し同法1条の規定に基づく質問をするにあたりあらかじめ右の告知をしなかったからといつて、その質問手続が憲法38条1項に違反することとなるものでないことは、当裁判所の判例（昭和23年(れ)第101号同年7月14日大法廷判決・刑集2巻8号846頁、昭和23年(れ)第1010号同24年2月9日大法廷判決・刑集3巻2号146頁）の趣旨に徴して明らかであるから……、憲法38条1項の解釈の誤りをいう所論は理由がない」とも判示している。

(3) 最一小判平成9・1・30刑集51巻1号335頁〔28025032〕

被告人は、酒気帯び運転をした際に、警察官から道路交通法67条2項の規定による呼気の検査に応ずるよう求められ、これを拒んだことから同法120条1項11号所定の呼気検査拒否罪により起訴され、当該呼気検査拒否罪の規定が憲法38条1項に違反するかどうかが問題となった事案である。本判決は、「憲法38条1項は、刑事上責任を問われるおそれのある事項について供述を強要されないことを保障したものと解すべきところ、右検査は、酒気を帯びて車両等を運転することの防止を目的として運転者らから呼気を採取してアルコール保有の程度を調査するものであって、その供述を得ようとするものではないから、右検査を拒んだ者を処罰する右道路交通法の規定は、憲法38条1項に違反するものではない」と判示した。

(4) 最大判昭和37・5・2刑集16巻5号495頁〔27760728〕

小型乗用自動車を無免許かつ酒気帯び状態で、速度制限を超過して運転し、脇見等の過失で自転車に追突して重傷を負わせたにもかかわらず、被害者の救護、警察官への事故の報告をせずに逃走した被告人が、重過失致死、救護義務・報告義務違反の罪で起訴された事案である。本判決は、道路交通取締法及び同法施行令の規定により、

事故の発生地を管轄する警察署への報告義務の対象となる「事故の内容」とは、「その発生した日時、場所、死傷者の数及び負傷の程度並に物の損壊及びその程度等、交通事故の態様に関する事項を指すものと解すべき」であるから、「右操縦者、乗務員その他の従業者は、警察官が交通事故に対する前叙の処理をなすにつき必要な限度においてのみ、右報告義務を負担するのであつて、それ以上、所論の如くに、刑事責任を問われる虞のある事故の原因その他の事項までも右報告義務ある事項中むに含まれるものとは、解せられない」として、同法令により「報告を命ずることは、憲法38条1項にいう自己に不利益な供述の強要に当らない」と判示した。

(5) 最一小判昭和54・5・10刑集33巻4号275頁〔21065871〕

無許可輸入罪の規定を覚せい剤の輸入に適用することは犯罪事実の申告を刑罰をもって強制することにほかならないから、同罪の成立を認めることは憲法38条1項に違反するかどうかが争点となった事案である。本判決は、入国する者がその入国の際に貨物を携帯して輸入しようとする場合に当該貨物の品名、数量、価格等を税関長に申告し、その許可を受けなければならないとする関税法67条の手続について、「関税の公平確実な賦課徴収及び税関事務の適正円滑な処理を目的とする手続であつて、刑事責任の追及を目的とする手続でないことはもとより、そのための資料の取得収集に直接結びつく作用を一般的に有するもの」ではなく、また、「この輸入申告は、本邦に入国するすべての者に対し、携帯して輸入しようとする貨物につきその品目のいかんを問わず義務づけられているものであり、前記の目的を達成するために必要かつ合理的な制度ということができる」とし、「通関のため当然に申告義務の伴うこととなる貨物の携帯輸入を企てたものである以上、当該貨物がたまたま覚せい剤取締法により本邦への持込を禁止されている覚せい剤であるからといつて、通関のため欠くことのできない申告・許可の手続を経ないでこれを輸入し又は輸入しようとした場合に、関税法111条の罪の成立を認めても、憲法38条1項にいう『自己に不利益な供述』を強要したことにならない」と判示した。

(6) 最三小判昭和57・3・30刑集36巻3号478頁〔27682376〕

外国人登録法3条1項が、登録申請の際に旅券の提出を義務付けたことについて、憲法38条との適合性が問われた事案である。本判決は、「外国人登録法3条1項の規定が本邦に不法に入つた外国人にも適用されると解し、これに違反した者に対し同法18条1項の罪の成立を認めることとしても、憲法38条1項にいう『自己に不利益な供述』を強要したことにならない」としてきた「大法廷判例（昭和29年(あ)第2777号同31年12月26日判決・刑集10巻12号1769頁、同44年(あ)第734号同47年11月22日判決・刑集26巻9号554頁。なお、最高裁昭和53年(あ)第11号同54年5月29日第三小法廷判決・刑集33巻4号301頁、昭和54年(あ)第112号同56年11月26日第一小法廷判決・刑集35巻8号896頁各参照)」を踏襲しつつ、本件事案については、「不法入国外国人の登録申請を

受理するにあたり、旅券に代わるべき書面として提出を求める陳述書及び理由書に、不法入国に関する具体的事実の記載を示唆する取扱いをしていた事実」を認定したが、「右陳述書及び理由書に、不法入国に関する具体的事実の記載をするのでなければ外国人登録の申請を適法なものとはしないという取扱いをしていたとまでは認められないから、かかる取扱いのもとにおいて、本邦に入国したのち法定の期間内に登録申請手続をしなかった被告人に対し外国人登録法3条1項違反の罪の成立を認めることが憲法の前記規定に違反するものでないことも、前記各大法廷判例の趣旨に徴し明らかであるといわなければならない」と判示した。

(7) 最三小判平成16・4・13刑集58巻4号247頁〔28095175〕

看護婦の投薬ミスに起因する入院患者の死亡事故に関して、病院の院長たる被告人が、患者の死体を検案した主治医らと共謀して、医師法21条の異常死体の届出義務を履行しなかったとして起訴された事案である。本判決は、医師法21条と憲法38条1項との適合性については、次のとおり判示した。

「本件届出義務は、警察官が犯罪捜査の端緒を得ることを容易にするほか、場合によっては、警察官が緊急に被害の拡大防止措置を講ずるなどして社会防衛を図ることを可能にするという役割をも担った行政手続上の義務と解される。そして、異状死体は、人の死亡を伴う重い犯罪にかかわる可能性があるものであるから、上記のいずれの役割においても本件届出義務の公益上の必要性は高いというべきである。他方、憲法38条1項の法意は、何人も自己が刑事上の責任を問われるおそれのある事項について供述を強要されないことを保障したものと解されるところ（最高裁昭和27年(あ)第838号同32年2月20日大法廷判決・刑集11巻2号802頁参照）、本件届出義務は、医師が、死体を検案して死因等に異状があると認めたときは、そのことを警察署に届け出るものであって、これにより、届出人と死体とのかかわり等、犯罪行為を構成する事項の供述までも強制されるものではない。また、医師免許は、人の生命を直接左右する診療行為を行う資格を付与するとともに、それに伴う社会的責務を課するものである。このような本件届出義務の性質、内容・程度及び医師という資格の特質と、本件届出義務に関する前記のような公益上の高度の必要性に照らすと、医師が、同義務の履行により、捜査機関に対し自己の犯罪が発覚する端緒を与えることにもなり得るなどの点で、一定の不利益を負う可能性があっても、それは、医師免許に付随する合理的根拠のある負担として許容されるものというべきである」。

論点 6　行政調査で得た情報を刑事手続で利用することは可能か

行政調査は、法定の目的のために行われるのであり、それとは異なる目的で調査権限を行使することは許されない。とりわけ犯罪捜査のために所定の調査

権限を行使することについては、明文で禁じられることが多い。例えば、国税通則法74条の8では、「第74条の2から前条まで（当該職員の質問検査権等）の規定による当該職員の権限は、犯罪捜査のために認められたものと解してはならない」と定められている。【事例(1)】最二小決平成16・1・20刑集58巻1号26頁〔28095046〕も、「犯則事件の調査あるいは捜査のための手段として行使すること」は許されないとしている。その理由は、最高裁判例により、質問検査については刑事責任追及のための資料の取得収集に直接結びつく作用を一般的に有する手続に当たらないとして令状主義や黙秘権の保障が及ばなくとも制度上違憲ではないとされているにもかかわらず（【論点5】で掲げた川崎民商事件最高裁判決【事例(1)】）、国犯法に基づく国税犯則調査については黙秘権の保障が及ぶ（【論点5】で掲げた【事例(2)】）とされているため、犯則調査の手段として税務調査が行使されると、憲法38条の保障がないがしろにされてしまうことになるからである（増井良啓「判批」宇賀＝交告＝山本・行政判例百選Ⅰ〈第6版〉224頁。このほか解説として、笹倉宏紀「判批」水野ほか・租税判例百選〈第5版〉230頁も参照）。もっとも、【事例(1)】が述べるように、質問検査権の行使により得られた情報が犯則事件の証拠として利用されることが想定できたとしても、直ちに当該検査権が犯則事件の調査又は捜査のための手段として行使されたことにはならない。仮に行政調査に籍口して犯罪捜査が行われた場合、そこで得られた証拠の刑事訴訟における証拠能力は否定されることになろう（宇賀・行政法概説Ⅰ〈第5版〉158頁以下）。

　行政調査を担う行政機関は、犯罪捜査をするつもりはなくとも行政調査手続で偶然に犯罪の徴表を発見することはあり得る。この場合、行政調査を担う公務員は、国公法100条、地公法34条の守秘義務を負うが、他方で、刑訴法239条2項により告発義務が課せられているため、いずれを優先すべきかが問題となる。行政調査に籍口した犯罪捜査の可能性を断つのであれば、守秘義務を優先して公務員は情報を伝達するべきではないことになる。しかし、最二小判昭和51・7・9裁判集刑201号137頁〔21054930〕は、法人税法旧156条（「……質問又は検査の権限は、犯罪捜査のために認められたものと解してはならない」）について、税務調査を端緒として犯則事件としての調査に移行することを禁ずる趣旨のもの

ではない、と判示した。

　さらに告発が認められるとしても、行政調査で得た資料等の捜査機関への引渡しについて、何らかの制約を予定しなくてよいかどうかという問題がある。【事例(1)】は、行政調査で得た資料を国税調査査察部に送信した事案において、当該資料の刑事訴訟における証拠能力を肯定していた。しかし、憲法35条の令状主義や同法38条1項の黙秘権の保障という観点から、行政調査と犯罪捜査間での資料の供用に一定の制約を設けるべきであるとの見解にも合理性があろう。公正取引委員会の犯則事件の調査に関する規則4条4項では、調査権限（独禁47条1項、2項）の行使を通して「接した事実が犯則事件の端緒となると思料される場合には、審査官は、直ちに事務総局審査局長に報告し、その指示を受けるものとし、当該事実を直接犯則事件調査職員に報告してはならない」と規定されている。

　適法な犯則調査で得た資料に基づいて行政処分を行うことは可能か、という問題もある。【事例(2)】最一小判昭和63・3・31裁判集民153号643頁〔22002360〕は、理由を述べることなく、国犯法に基づく調査により収集された資料を課税処分及び青色申告承認の取消処分を行うために利用することは許されると判示している。行政調査で得た資料をそのまま刑事手続で用いることが禁じられた趣旨からすると、裁判官の令状を得て正当な犯罪捜査で得た資料を行政処分の基礎として用いることに問題はないということになろう（宇賀・行政法概説Ⅰ〈第5版〉161頁）。

事例

(1)　最二小決平成16・1・20刑集58巻1号26頁〔28095046〕

　被告人（株式会社）に対して、犯則調査である内偵調査が調査査察部により行われているなか、被告人の代表取締役からの税務相談・修正申告から税務調査が実施されたところ、税務調査から不正額が多額に及ぶことを認識した総括国税調査官が、調査査察部の総括主査に対して、過少申告の事実と税務調査で得た資料の写しをファクスで送信した。税務調査で預けられた帳簿は税務署からいったん返却され、その後、調査査察部が臨検・捜索・差押えの許可状を得て、帳簿類を差し押さえた。第一審は、質問検査権を犯則調査の手段として行使したり、税務調査にかこつけて犯則調査の証拠資料として収集した事実はないとして被告人を有罪とした。第二審は、犯則調査の

手段として税務調査手続が行使された可能性を排除できないとして、調査手続を違法としたが、その違法性は重大ではなく、収集証拠の証拠能力を排除するほどではないとして、結果として控訴を棄却した。これに対して上告審は次のとおり判示した。

「法人税法（平成13年法律第129号による改正前のもの）156条によると、同法153条ないし155条に規定する質問又は検査の権限は、犯罪の証拠資料を取得収集し、保全するためなど、犯則事件の調査あるいは捜査のための手段として行使することは許されないと解するのが相当である。しかしながら、上記質問又は検査の権限の行使に当たって、取得収集される証拠資料が後に犯則事件の証拠として利用されることが想定できたとしても、そのことによって直ちに、上記質問又は検査の権限が犯則事件の調査あるいは捜査のための手段として行使されたことにはならないというべきである。

原判決は、本件の事実関係の下で、上記質問又は検査の権限が、犯則事件の調査を担当する者から依頼されるか、その調査に協力する意図の下に、証拠資料を保全するために行使された可能性を排除できず、一面において、犯則事件の調査あるいは捜査のための手段として行使されたものと評することができる旨判示している。しかしながら、原判決の認定及び記録によると、本件では、上記質問又は検査の権限の行使に当たって、取得収集される証拠資料が後に犯則事件の証拠として利用されることが想定できたにとどまり、上記質問又は検査の権限が犯則事件の調査あるいは捜査のための手段として行使されたものとみるべき根拠はないから、その権限の行使に違法はなかったというべきである。そうすると、原判決の上記判示部分は是認できないが、原判決は、上記質問又は検査の権限の行使及びそれから派生する手続により取得収集された証拠資料の証拠能力を肯定しているから、原判断は、結論において是認することができる」。

(2) 最一小判昭和63・3・31裁判集民153号643頁〔22002360〕

本件は、青色申告の承認を受け、不動産販売業を営む会社であるXが、法人税について、被告Yがした更正及び重加算税賦課決定並びに青色申告承認の取消処分が違法であるとして、本件各処分の取消しを求めた事案である。第一審判決は、青色申告承認の取消処分は、査察前のYの調査、査察官による査察調査及び被告による再度の調査という一連の調査の結果としてされたものであるから、調査に基づかないでされた旨のXの主張は理由がない等として請求を棄却した。Xは控訴したが、原審は、第一審の判断を引用し、Xの控訴を棄却したため、Xは国犯法上の調査権は、国税犯則事件の通告処分又は告発を目的として、その証ひょうを発見、収集するために認められたものであり、刑事手続的性格を有するものであるのに対して、各個別租税実体法において規定されている調査権は、適正な課税処分を行うための資料を収集することを目的とする純粋に行政目的のものであって、両者は明らかに異なった目的、性格を有するものであるから、明確に区別されなければならず、租税債務確定のために国犯法

上の調査権を用いるようなことは許されない、と主張した。これに対して上告審は、特に理由を述べることなく犯則調査手続で得た資料に基づき処分を行うことを認める旨を次のとおり判示した。

「収税官吏が犯則嫌疑者に対し国税犯則取締法に基づく調査を行つた場合に、課税庁が右調査により収集された資料を右の者に対する課税処分及び青色申告承認の取消処分を行うために利用することは許されるものと解するのが相当であり、これと同旨の原審の判断は、正当として是認することができる。また、本件更正及び本件重加算税賦課決定並びに本件青色申告承認の取消処分がいずれも課税庁の調査に基づいて行われたとの原審の認定判断は、原判決挙示の証拠関係に照らし、正当として是認することができる」。

論点 ７ 行政調査の瑕疵は、当該調査に基づいてなされた行政行為を違法とするか

行政調査の瑕疵は２つの類型に分けることができる。１つは、(1)調査義務を観念したうえで当該調査が欠けている場合であり、他の１つは、(2)調査義務を履行したが当該調査に比例原則違反や手続的瑕疵が認められる場合である。(1)に当たるのは、①全く調査がなされていない場合（【事例(1)】名古屋高判昭和48・1・31行裁例集24巻1=2号45頁〔21041320〕）、②法律上形式的に指示されている調査方法を怠る場合、③調査不十分により当該行政過程が違法であることを認定できる場合（【事例(2)】最三小判昭和60・1・22民集39巻1号44頁〔27100002〕及び【事例(3)】東京高判平成17・10・20判タ1197号103頁〔28102325〕）があるとされている（塩野・行政法Ⅰ〈第６版〉286頁）。ただし、①から③の瑕疵があるとしても、結果として処分要件の欠如が判明した場合には、それゆえに行政行為が違法又は無効になると解することになる（野下智之「取消訴訟における違法性の内容」藤山=村田・新・裁判実務大系㉕359頁）。なお、学説では、調査義務を観念することにより、適切な調査の発動を求める権利利益を法的保護に値する利益として承認し、適切な調査を発動する請求権を導出しようとする試みがある（曽和・行政法総論356-358頁）。

(2)に当たる場合、当該瑕疵が行政行為にどのような影響を及ぼすかについては、税務調査に関して下級審判例の蓄積があり、判断は分かれていた。【事例(5)】大阪地判昭和59・11・30行裁例集35巻11号1906頁〔22000140〕は、税務調査

の違法と課税処分の違法を峻別する立場であり、調査手続自体が課税処分の要件とならない以上、調査手続の違法が課税処分の違法を帯びさせることはないとする。【事例(6)】東京地判昭和48・8・8行裁例集24巻8＝9号763頁〔21043451〕及び【事例(7)】大阪地判平成2・4・11判タ730号90頁〔22003812〕は、原則として行政調査と行政行為を峻別するが、税務調査手続の違法があったとしても、それが全く調査を欠きあるいは公序良俗に違反する方法で課税処分の基礎となる資料を収集したなどの重大なものでない限り、課税処分の取消理由とはならないとする。これに対して、【事例(8)】東京地判昭和61・3・31判時1190号15頁〔22001130〕は、行政調査と行政行為を区別したうえで、調査手続の違法性の程度が甚だしい場合には収集された資料を当該課税処分の資料として用いることが排斥されるとする立場である。これに対して、最高裁は必ずしも明確に立場を示しているわけではないが、最三小判平成8・3・5税務訴訟資料215号803頁〔28030235〕は、更正処分の取消訴訟に関して「調査手続きの瑕疵が直接当該調査により行われた更正処分に影響を及ぼすものではないが、ただ調査手続きが刑罰法規に触れ、公序良俗に反し又は社会通念上相当の範囲を超えて濫用にわたる等重大な違法を帯び、何らの調査なしに更正処分をしたに等しいものと評価を受ける場合に限り、その処分に取消原因があるものと解するのが相当である」と判示した【事例(4)】仙台高判平成7・7・31税務訴訟資料213号372頁〔28021457〕を正当としており、【事例(6)(7)】の立場を一応は支持しているとみることもできるだろう。

事例

(1) 名古屋高判昭和48・1・31行裁例集24巻1＝2号45頁〔21041320〕

税務署が原告（クリーニング業者）に対して推計に基づき所得を算出したうえ、過少申告加算税の賦課決定をしたところ、原告が当該決定は不十分な調査に基づくものであると主張してその取消訴訟を提起した事案である。本判決は、「所得税法はいわゆる申告納税方式をとり、納税義務者が納付すべき税額は、その者のする申告により確定することを原則としてはいるものの、最終的な税額の確定は税務署長に留保され、その更正のないことを条件として、該申告が承認されるにすぎないものである」こと、「そして、税務署長は、常に納税義務者がその義務を正しく履行したか否かを調査する職責を有し、……税務署長がいかなる場合にかかる調査をなすべきかは、法律に特

に定めるところがない」ことから、「過少申告なることを疑うに足りる事情の存する申告について調査をなしうるのはもちろん、かかる疑いの存せざる申告について調査をすることも、何ら妨げられるものではなく、調査の範囲、程度および手段等については、すべて税務署長および国税庁または国税局の当該職員の決するところに委ねられ、したがつて、右調査が実質的に不充分であつたとしても、かかる事由は更正処分の違法原因とはならないものと解せられる（調査が不充分であつたため、更正された所得金額ないし税額が不当であつた場合には、これを理由として更正処分の取消しを求めれば足りる。）」と述べつつ、「もつとも、更正処分をなすにあたり、税務署長等税務行政官庁において、全く調査をなすことを怠つた場合には、該更正はこれをなし得べき前提要件を欠くこととなるので、違法性を帯有するものと解すべき余地がある」と判示した。なお、本件については、税務署の係員が調査のために出向いているにもかかわらず、協力を得られなかったことなどを踏まえ、本件更正処分については、「税務署長において、その前提たるべき調査をしなかったということができないことは明らかである」と判示されている。

(2) 最三小判昭和60・1・22民集39巻1号44頁〔27100002〕

本件は、町選挙管理委員会が公選法22条2項（昭和57年法律81号改正前。以下同じ）の規定に基づいて行った選挙人名簿の登録に際し、現実の住所移転を伴わない架空転入が大量にあったにもかかわらず、調査の疎漏により有権者の1割近い数の被登録資格のない者が登録されたため、原告は、このような架空転入者に対する町選管の処置は、公選法205条1項所定の選挙無効の原因である「選挙の規定に違反する」ものであるから、本件選挙は無効というべきであるとして、本件選挙における選挙の効力及び当選の効力に関する審査申立てをしたが棄却裁決がなされたため、当該裁決の取消し及び本件選挙を無効とする裁判等を求める訴えを提起した事案である。本判決は、「選挙時登録の際に現実の住所移転を伴わない架空転入が大量にされたのではないかと疑うべき事情があるときは、市町村選挙管理委員会としては、選挙時登録にかかる選挙人名簿の登録にあたり、被登録資格の一つである当該市町村の区域内に住所を有するかどうかについて特に慎重な調査を実施して適正な登録の実現を図る義務があるというべきであり、右の事情が存するのに、右選挙管理委員会の行つた調査が住所の有無を具体的事実に基づいて明らかにすることなく、単に調査対象者あてに文書照会をしたり、その関係者のいい分を徴するにとどまるものであつて、その実質が調査というに値せず、調査としての外形を整えるにすぎないものであるときは、市町村選挙管理委員会が公選法21条3項及び同法施行令10条所定の被登録資格についての調査義務を一般的に怠つたものとして、選挙時登録にかかる選挙人名簿の調製に関する手続につきその全体に通ずる重大な瑕疵があるものというべきであるから、当該選挙時登録全部が無効となり、またこのように選挙時登録全部が無効な場合において選挙

の管理執行にあたる機関が右無効な選挙時登録を含む選挙人名簿によつて選挙を行つたときは、右選挙は公選法205条1項所定の『選挙の規定に違反する』ものと解するのが相当である」と判示した。

(3) 東京高判平成17・10・20判タ1197号103頁〔28102325〕

本件は、都計法53条1項に基づき建築の許可を申請した原告らが、同法54条の許可基準に合致していないとして不許可とする決定を受けたため、その取消しを求めた事案である。本件では、原告は、都市計画道路の幅員を拡幅する旨の都市計画の変更決定が、その根拠となった「都市計画に関する基礎調査」(都計法(平成11年法律87号改正前)6条1項)の結果が客観性、実証性を欠くものであったために違法であり、当該都市計画道路の区域内に建築物を建築することの許可申請(同法53条1項)に対してされた不許可処分も違法であると主張した。本判決は、都市施設を都市計画に定める場合には同項6号及び同項14号により同法6条1項の規定による都市計画に関する基礎調査の結果に基づくことを要するとされている(都計法13条1項14号)ことを指摘し、法は「客観的、実証的な基礎調査の結果に基づく土地利用、交通等についての現状の正しい認識及び将来の的確な見通しを踏まえて、合理的な判断がされ、都市施設が適切な規模で必要な位置に配置されることを確保」することを旨としているとして、「上記基礎調査の結果が客観性のある合理的なものでなければならず、かつ、その基礎調査の結果に基づいて土地利用、交通等の現状が正しく認識され、かつ、将来の見通しが的確に立てられ、これらが都市計画において勘案されることを要する」と判示した。以上を前提として本判決は、「当該都市計画に関する基礎調査の結果が客観性、実証性を欠くために土地利用、交通等の現状の認識及び将来の見通しが合理性を欠くにもかかわらず、そのような不合理な現状の認識及び将来の見通しに依拠して都市計画が決定されたと認められるとき、客観的、実証的な基礎調査の結果に基づいて土地利用、交通等につき現状が正しく認識され、将来が的確に見通されたが、都市計画を決定するについて現状の正しい認識及び将来の的確な見通しを全く考慮しなかったと認められるとき又はこれらを一応考慮したと認められるもののこれらと都市計画の内容とが著しく乖離していると評価することができるときなど法第6条第1項が定める基礎調査の結果が勘案されることなく都市計画が決定された場合は、客観的、実証的な基礎調査の結果に基づいて土地利用、交通等につき現状が正しく認識され、将来が的確に見通されることなく都市計画が決定されたと認められるから、当該都市計画の決定は、都市計画法第13条第1項第14号、第6号の趣旨に反して違法となると解するのが相当である」と判示し、結果として原告の請求を認容した。

(4) 仙台高判平成7・7・31税務訴訟資料213号372頁〔28021457〕

学校法人の理事長の地位にあった原告が、経費の水増し計上等を理由に更正処分及び過少申告加算税賦課決定処分を受けたため、これら処分の取消訴訟を提起した事案

である。原告の主張は、原告に対して必要な質問検査がされていないため税額を算定するための調査とは言い難く、本件各処分は国税通則法24条所定の調査によることなく行われた違法なものである。調査官らは学校法人の職員にいろいろ指示し、腹立ちまぎれに物をぶつけ、机などを探索して書類を持ち去る等しており、その調査方法は社会通念上相当性の限度をはるかに超える強引で粗暴なものであって法規に違反しあるいは反社会的な手段によって収集された資料に基づくものであるから本件各処分は違法である、というものである。本判決は、「更正は調査により行うものとされている（国税通則法24条）が、右調査については何らその手続きが定められていない。そこで、課税庁は、その必要と判断する範囲及び程度において調査し、それをもって足りると解すべきであって、納税義務者に対し直接質問調査しなければならないものではなく、調査が不充分であったため、更正された課税標準ないし税額が不当であった場合は、これを理由として当該更正処分の取消を求めることができるのである」と判示し、結果として原告の請求を認容した。

(5) 大阪地判昭和59・11・30行裁例集35巻11号1906頁〔22000140〕

原告に対する反面調査が確定申告書への税理士による誤った記載をきかっけとして行われたことから、税務署と原告との間で反面調査は以後実施しないという約束がなされたにもかかわらず、それが反故にされたこと、その後、税務署の調査員が予告なく原告の事務所に臨場し、職員が身分を開示することなく税務調査を行ったことから、原告が、これら違法調査に基づく更正処分等の取消訴訟を提起した事案である。本判決は、税務調査の手続は課税庁が課税要件の内容をなす具体的事実の存否を調査するための手続にすぎないのであって、この調査手続自体が課税処分の要件となることは、いかなる意味においてもあり得ないと述べたうえで、「右調査手続が仮に違法であっても、それに基づく課税処分は、それが客観的な所得に合致する限りにおいては適法であって（勿論、国に対して国家賠償を請求するのは別論である）、取消の対象とはならないというべきである」と判示した。

(6) 東京地判昭和48・8・8行裁例集24巻8=9号763頁〔21043451〕

身分証を携帯しない職員による税務調査に基づく更正処分等は違法である等の理由で当該処分の取消訴訟が提起された事案である。本判決は、「一般に、更正処分の適否は客観的な課税要件の存否によって決まるのであり、仮に違法な調査手続が行なわれ、それによって収集した資料によって更正処分がなされた場合でも更正処分の取消事由にはならないと解されている。しかしながら、右調査手続の違法性の程度がたとえば刑罰法令に触れたりあるいは社会正義に反するなど公序良俗に反する程度にまで至った場合にも、右一般的見解に従いその違法は更正処分の取消事由にあたらないといいきれるかどうかは、憲法における適法手続保障の精神との関係で問題があるといわなければならない」と述べたうえで、本件で問題とされた身分証明書を所持しない

署員を差し向け、金庫の検査をするなど違法な調査をしたことについては公序良俗に反するとはいえず、その後の長期間にわたる調査方法が原告やその取引先の各帳簿書類の調査により原告の取引内容を把握するという方法をとらず、当初より原告の代表者やその家族個人の預金調査を行うという方法をとったことについては、税務調査の方法として何ら違法というべきものではない、と判示した。

(7) 大阪地判平成2・4・11判タ730号90頁〔22003812〕

原告が、更正に先立って行われた質問検査において原告が要求した民主商工会事務局員の立会いについて、税務署職員が拒否したことが更正の違法理由となると主張した事案である。本判決は、「課税処分は課税標準の存在を根拠としてされるものであるから、その適否は、原則として客観的な課税要件の存否によって決せられるべきものである。仮に、税務調査手続に何らかの違法があったとしても、それが、全く調査を欠き、あるいは公序良俗に違反する方法で課税処分の基礎となる資料を収集したなどの重大なものでない限り、課税処分の取消理由とはならないものと解される。そうすると、原告が主張する事実関係を前提としても、被告の部下職員による質問調査の過程に本件各更正の取消理由となるような違法があったとはいえない」と判示した。

(8) 東京地判昭和61・3・31判時1190号15頁〔22001130〕

本件は、質問検査は確定申告が過少であるなどの合理的な疑いがある場合にその必要性が認められるが、本件調査における質問検査権の行使はこの必要性を欠いていること、係官が原告の求めにもかかわらず調査理由の開示を拒否したこと、調査が半年の間に前後19回にわたり、長時間にわたって行われ、しかも年末年始という最も多忙な時期に連続して6回も臨店し、1度を除きすべて事前の通知をしなかったこと、反面調査がその必要性及び補充性の要件を欠いているなどの違法を主張して、原告が更正処分等の取消訴訟を提起した事案である。本判決は、「一般の税務調査にあっては、調査手続の違法は、それによって収集された資料が課税処分の資料として用いられた場合であっても（用いられなければ、課税処分と因果関係のない違法を言うことになり、主張自体失当である。）、当然にはこれに基づく課税処分を取り消す事由とはならず、その手続の違法性の程度が甚だしい場合に、これによって収集された資料を当該課税処分の資料として用いることが排斥されることがある（その結果として、当該処分を維持できなくなる場合が起こりうる。）に止まるものと解するのが相当である」と述べたうえで、原告が主張する本件質問検査権の行使が必要性を欠くとの点、本件調査理由を開示しなかった点及び反面調査は必要性と補充性を欠くとの点については、「いずれもその主張事実が認められ、その限りで本件調査手続が違法と評価されたとしても、本件課税処分を違法として取り消すべき事由とはならないし、また、右手続によって収集された資料が排斥されるべき程度にも至っていないから、主張自体失当である」と判示した。また、本判決は、原告が主張する本件調査の態様・時期等の社

会通念上の不当性については、「調査実施日時の事前通知は調査もしくは質問検査権行使の法律上の要件に当たらないから、これを欠いた臨店調査も違法ではない（事案によってはこの種の通知をしないで調査する必要があることさえ考えられる。）」と判示し、臨店調査の時期、回数及び所要時間については、相手方の非協力的な態度について言及しながら「本件調査の時期、回数及び所要時間（原告主張のその他の日における3、4時間の調査はその回数及び時間からみて不当ではない。）は社会通念上相当な限度を超えてはおらず、適法な調査と言うべきである」と判示した。

【参考文献】
薄井一成「申請手続過程と法」磯部力=小早川光郎=芝池義一編『行政法の新構想Ⅱ—行政作用・行政手続・行政情報法』有斐閣（2008年）269頁以下、神長勲「行政調査」雄川一郎=塩野宏=園部逸夫編『現代行政法大系(2)—行政過程』有斐閣（1984年）313頁以下、笹倉宏紀「行政調査と刑事手続㈠㈡」法学協会雑誌123巻5号818-911頁、10号2091-2191頁（2006年）、野村武司「行政による情報の収集、保管、利用等—行政による情報管理の法」磯部力=小早川光郎=芝池義一編『行政法の新構想Ⅱ—行政作用・行政手続・行政情報法』有斐閣（2008年）315頁以下、濱西隆男「『行政調査』私論（上）（下）」自治研究76巻1号68頁以下、3号66頁以下（2000年）、深澤龍一郎「行政調査の分類と手続」髙木光=宇賀克也編『行政法の争点』有斐閣（2014年）56頁、山村恒年『行政法と合理的行政過程論—行政裁量論の代替規範論』慈学社出版（2006年）201頁以下

（徳本広孝）

4 行政上の情報の取扱い

【概要】

　行政機関は、その所掌事務に含まれる各種案件を処理するために各種の制度を通して情報を収集し、その情報を管理する。また、行政機関は私人から情報を収集するだけでなく、自ら各種案件を処理するために情報を生み出している。これら行政に関する情報は、行政情報と呼ばれている。行政情報が開示されてしまうと、行政事務の遂行に支障が生じたり、私人のプライバシーを侵害することがある。行政情報を開示するかどうかの判断に際しては、これら諸利益に配慮することが求められている。こうした利害の調整は、公文書管理法、個人情報保護制度、情報公開制度等でも図られているが、その運用の過程で時に紛争が生じることもある。「行政調査」と「情報公開」は本項目とは別途扱われるので、ここではそれ以外の情報をめぐる行政法学上の論点を扱う。

•••••• 論　　点 ••••••

1　行政上の秘密とは
2　行政上の秘密は文書提出義務の対象となるか
3　個人情報とは何か、個人情報の目的外利用等はいかなる場合に許されるか
4　行政機関等が保有する個人情報に関する開示・訂正請求等が認められる要件とは
5　適法な公表の要件とは

論点 1　行政上の秘密とは

　秘密とされるべき行政情報の漏えいは、法令で公務員に守秘義務を課すことにより防止されている。国公法100条1項は、「職員は、職務上知ることのできた秘密を漏らしてはならない。その職を退いた後といえども同様とする」と定め、地公法34条1項もまた、「職員は、職務上知り得た秘密を漏らしてはならない。その職を退いた後も、また、同様とする」と定めている。両規定ともに職務上知り得た秘密については、在職中だけでなく、退職後も漏らしてはならない。国公法及び地公法ともに、職務上知り得た秘密のほかに、「職務上の秘密」の概念を用いている（国公法100条2項は、「法令による証人、鑑定人等となり、職務上の秘密に属する事項を発表するには、所轄庁の長（退職者については、その退職

した官職又はこれに相当する官職の所轄庁の長）の許可を要する」と定め、地公法34条2項は、「法令による証人、鑑定人等となり、職務上の秘密に属する事項を発表する場合においては、任命権者（退職者については、その退職した職又はこれに相当する職に係る任命権者）の許可を受けなければならない」と定めている）。前者は職務との関係において知り得た秘密のすべてであるのに対し、後者は職員が担当している職務に直接関係する秘密であって、前者が後者を含むと解されている（塩野・行政法Ⅲ〈第4版〉326頁）。職務上知り得た秘密又は職務上の秘密を漏えいした場合には、刑事罰に処せられる（秘密保持義務違反があった場合、国家公務員は、国公法109条12号により1年以下の懲役又は50万円以下の罰金に処せられ、地方公務員は、地公法60条により、1年以下の懲役又は3万円以下の罰金に処せられる）。なお、在職中に職務上の秘密を漏えいした公務員に対しては、懲戒処分と刑事罰による制裁があり得るが、退職後は専ら刑事罰によることになる。

　秘密保持義務違反における「秘密」の意義については、行政機関が形式的に秘扱いの指定をしたものが「秘密」に当たるとする形式秘説と、実質的に秘密として保護に値すると認められることを要するとする実質秘説とが対立し、下級審判例の判断も分かれていた（玉國文敏「職務上の秘密」成田頼明編『行政法の争点〈新版〉』有斐閣（1990年）134頁以下）。今日では実質秘説が通説・判例であるとされている（塩野・行政法Ⅲ〈第4版〉326頁）。【事例(1)】最二小決昭和52・12・19刑集31巻7号1053頁〔21060361〕は、「国家公務員法100条1項の文言及び趣旨を考慮すると、同条項にいう『秘密』であるためには、国家機関が単にある事項につき形式的に秘扱の指定をしただけでは足りず、右『秘密』とは、非公知の事項であつて、実質的にもそれを秘密として保護するに価すると認められるものをいうと解すべき」と判示した。判旨部分については、「秘密」に該当するためには、(1)形式的に秘扱の指定をされたもの、(2)実質的に秘密として保護に価すると認められるもの、という二要件を必要とする「複合説」としてとらえる見解もある（松井茂記『情報公開法〈第2版〉』有斐閣（2003年）45頁）。しかし、【事例(2)】最一小決昭和53・5・31刑集32巻3号457頁〔27670854〕は、(1)に言及することなく、(2)だけを明示していることや、その後の下級審判例（【事例(3)】京都地判平成4・9・8判タ811号233頁〔27814849〕）が秘密指定の存在を不要としてい

ることから、【事例⑴】は、秘密指定を「秘密」の要件とはしていないとの指摘がある（下井康史「公務員の守秘義務」髙木光＝宇賀克也編『行政法の争点』有斐閣（2014年）72頁以下）。また、第三者情報（個人や法人等の情報）については秘密として保護されるべきであり、行政機関が指定を懈怠したことにより行政上保護されないのは不合理との指摘があるほか（宇賀・行政法概説Ⅲ〈第4版〉479-480頁）、指定を「秘密」の要件とすることは、秘密指定を受けていない実質秘を漏らした者の責任を不問に付すことになること、文書化されていない情報を守秘の対象とすべき場合もあり得ることから秘密指定を要件とすることは非現実的であるなどの指摘がある（佐伯仁志「判批」宇賀＝交告＝山本・行政判例百選Ⅰ〈第6版〉96頁以下）。

　行政上の秘密（国家安全保障情報、公共の安全情報、審議・検討・協議情報、事務事業情報）については、行政機関による秘密指定が先行し、それが実質秘に当たるか否かは、最終的に裁判所の判断に委ねられることになる。秘密指定された情報を提供した場合、刑事罰や懲戒処分を争う訴訟で実質秘該当性が争点となり得るが、インカメラ審理が認められていない現状では、裁判官は証拠からこれを推認するほかない。その場合、秘密指定の合理性が争点となる（塩野・行政法Ⅲ〈第4版〉327頁）。

事例

⑴　最二小決昭和52・12・19刑集31巻7号1053頁〔21060361〕

　本件は、税務署員として所得税の課税事務に従事していた被告人が、職務上配付されていた秘扱指定のある大阪国税局作成の「昭和32年分営業庶業等所得標準率表」及び「昭和32年分所得業種目別効率表」（いずれも事業所得者に対する課税事務を行う際の推計等の資料）各1冊を部外者に貸与したとして、国公法100条1項違反の罪に問われた事案である。第一審は、2表で扱われる標準率、効率の2率は租税法律主義で法律事項とされている課税標準そのものを決定するものではないが、現実には課税標準認定のため法則的なものであるから、これらを国民に対して秘匿することは租税法律主義の精神に照らして許されないなどの理由から実質的秘密性を否定した。これに対して、原判決は、租税法律主義は課税要件の事実認定の領域においてまで納税者側に予測可能性を与えることを保障するものではなく、本件2表は単なる事実認定の資料にすぎないから公表の必要はなく、これを公開すると申告納税制度の発展を阻害し、脱税を誘発するおそれがあり、また、本件当時当該2表はいまだ公知の状態にな

かったなどとして、その実質的秘密性を肯定していた。この点について、本決定は、「いずれも本件当時いまだ一般に了知されてはおらず、これを公表すると、青色申告を中心とする申告納税制度の健全な発展を阻害し、脱税を誘発するおそれがあるなど税務行政上弊害が生ずるので一般から秘匿されるべきものであるというのであつて、これらが同条項にいわゆる『秘密』にあたるとした原判決の判断は正当である」とした。

(2) 最一小決昭和53・5・31刑集32巻3号457頁〔27670854〕

本件は、沖縄返還交渉の個々の会談内容に関する公電のコピーを、外務省審議官室付の職員を通じて入手した新聞記者とこれを同記者に渡した職員とが、国公法111条の「そそのかし」罪及び同法109条12号の「秘密漏示」罪に問われた事案である。まず、本決定は、国公法109条12号、100条1項にいう秘密とは、「非公知の事実であつて、実質的にもそれを秘密として保護するに値すると認められるものをいい（最高裁昭和48年(あ)第2716号同52年12月19日第二小法廷決定)、その判定は司法判断に服するものである」と判示し、前掲(1)昭和52年最判〔21060361〕を引用しながら実質秘説の立場に立つことを明らかにしている。また、本件公電のコピーが実質秘に当たることを次のとおり判示した。

「原判決が認定したところによれば、本件第1047号電信文案には、昭和46年5月28日に愛知外務大臣とマイヤー駐日米国大使との間でなされた、いわゆる沖縄返還協定に関する会談の概要が記載され、その内容は非公知の事実であるというのである。そして、条約や協定の締結を目的とする外交交渉の過程で行われる会談の具体的内容については、当事国が公開しないという国際的外交慣行が存在するのであり、これが漏示されると相手国ばかりでなく第三国の不信を招き、当該外交交渉のみならず、将来における外交交渉の効果的遂行が阻害される危険性があるものというべきであるから、本件第1047号電信文案の内容は、実質的にも秘密として保護するに値するものと認められる。右電信文案中に含まれている原判示対米請求権問題の財源については、日米双方の交渉担当者において、円滑な交渉妥結をはかるため、それぞれの対内関係の考慮上秘匿することを必要としたもののようであるが、わが国においては早晩国会における政府の政治責任として討議批判されるべきであつたもので、政府が右のいわゆる密約によつて憲法秩序に抵触するとまでいえるような行動をしたものではないのであつて、違法秘密といわれるべきものではなく、この点も外交交渉の一部をなすものとして実質的に秘密として保護するに値するものである。したがつて右電信文案に違法秘密に属する事項が含まれていると主張する所論はその前提を欠き、右電信文案が国家公務員法109条12号、100条1項にいう秘密にあたるとした原判断は相当である」。

(3) 京都地判平成4・9・8判タ811号233頁〔27814849〕

本件は、風致地区内の現状変更の規制に関する事務等に従事していた公務員（被告

II 行政上の手続・調査・情報取扱い

人）が、廃掃法及び市風致地区条例等に違反して山林を違法開発している疑いの濃厚な業者に対し、風致課及び関係課によって行われる合同立入調査の実施日を事前にその業者に連絡告知したことが、地公法上の守秘義務違反に問われた事案であり、立入調査の実施日が地公法上の秘密に当たるかどうかが争点となった。

「右調査が行われるに至った経緯やその実施が決定された後の関係五課の対応等に照らせば、右調査には、単に本件土地における是正工事の実施状況を監視するというだけではなく、Aによる違反行為の継続、拡大に対しては告発の手段を講じてこれを中止させるという行政目的もまた含まれていたことは明らかである。そして、右の告発に向けての調査には、告発の対象となるAの違反行為の現認が不可欠であるといわなければならないところ、そのためには、調査の日時をAら関係者に通知することなく、いわゆる抜打ちで行うのでなければ、実効を上げることができないものであることは、実際に被告人らの通知により講じたAの対応振りからみても明らかであり、しかも、関係五課の関係者はいずれも右の目的及び抜打ち調査であることの認識で一致していたものと認められる。

したがって、五課合同立入調査の実施日時をいつに定めるかは、右の行政目的を達成する上で重要な意味を持つものであり、もしこれが外部に漏れたときには、右の行政行為の遂行に少なからぬ支障を来たすものと認められるから、右の実施日は地方公務員法34条1項にいう『秘密』に該当するというべきである」。

論点 2 　行政上の秘密は文書提出義務の対象となるか

取消訴訟にも民訴法上の文書提出義務（民訴法220条以下）の制度が適用される。民訴法220条では、「次に掲げる場合には、文書の所持者は、その提出を拒むことができない」とし、当該場合として、当事者が訴訟において引用した文書を自ら所持するとき（1号）、挙証者が文書の所持者に対しその引渡し又は閲覧を求めることができるとき（2号）、文書が挙証者の利益のために作成され、又は挙証者と文書の所持者との間の法律関係について作成されたとき（3号）、前3号に掲げる場合のほか、文書が次に掲げるもののいずれにも該当しないとき（4号）がある。4号に該当する文書は、文書の所持者と挙証者との特別の関係を要求することなく提出義務が課されるため、一般義務文書と呼ばれている。4号には提出義務が免除される例外としてイからホが列挙されており、このうちロ（「公務員の職務上の秘密に関する文書でその提出により公共の利益を害し、又は公務の遂行に著しい支障を生ずるおそれがあるもの」）は公務秘密文書として一

般義務文書の例外をなす。公務秘密文書に当たるためには、(a)「公務員の職務上の秘密に関する文書」であること（公務秘密性要件）、(b)「その提出により公共の利益を害し、又は公務の遂行に著しい支障を生ずるおそれがあるもの」（公共利益侵害・公務遂行阻害性要件）との要件を満たす必要がある（兼子一原著・松浦馨ほか『条解民事訴訟法〈第2版〉』弘文堂（2011年）〔加藤新太郎〕1201頁以下）。【事例(1)】最三小決平成17・10・14民集59巻8号2265頁〔28102060〕は、労災事故の事実関係を具体的に明らかにするため、国に対し、当該労災事故の災害調査復命書につき文書提出命令の申立てがなされた事案である。本件調査復命書には、①「事業場の名称、所在地、代表者名及び安全衛生管理体制、労働災害発生地、発生年月日時、被災者の職・氏名、年齢」、「災害発生状況」、「災害発生原因」について、本件調査担当者において、被告会社の代表取締役や労働者らから聴取した内容、被告会社から提供を受けた関係資料、本件事業場内での計測、見分等に基づいて推測、評価、分析した事項が記載されているほか、②再発防止策、行政指導の措置内容についての本件調査担当者の意見、署長判決及び意見等が記載されている。【事例(1)】は、(a)について、「公務員の所掌事務に属する秘密だけでなく、公務員が職務を遂行する上で知ることができた私人の秘密であって、それが本案事件において公にされることにより、私人との信頼関係が損なわれ、公務の公正かつ円滑な運営に支障を来すこととなるものも含まれる」とし、(b)については、「単に文書の性格から公共の利益を害し、又は公務の遂行に著しい支障を生ずる抽象的なおそれがあることが認められるだけでは足りず、その文書の記載内容からみてそのおそれの存在することが具体的に認められることが必要である」と解した。【事例(1)】は、災害調査復命書のうち②については(a)及び(b)のいずれの要件をも満たすとし、文書提出義務を否定しているが、①については(a)の要件に該当するとしたものの、(b)の要件には該当しないとして提出義務を肯定している。【事例(2)】最一小決平成25・12・19民集67巻9号1938頁〔28220001〕は、大学内部におけるセクハラ案件の調査文書について文書提出義務の存否が争点となった事案であり、国立大学法人が所持する①ハラスメント調査委員会の調査報告書（相談者の訴えの内容、調査の経過と方法、調査により判明した事項及び調査委員会の判断と意見）、②調査対象者

のヒアリング記録、③ハラスメント対策委員会及びハラスメント調査委員会の議事録が対象文書である。【事例(1)】の②の文書と【事例(2)】の①から③の文書は類似の性格を持った文書といえるが、本決定は、理由を述べることなく【事例(1)】とは事案を異にするとして、①から③の文書につき一部を除いて提出義務を肯定している。【事例(1)】の対象文書は、私人に対する行政の監督のあり方に関する検討資料となるものであるのに対し、【事例(2)】は、国立大学法人の内部統制又は自己制御に関する文書であるという違いがある（徳本広孝「判批」『平成26年度重要判例解説』有斐閣（2015年）50頁以下）。

事例

(1) 最三小決平成17・10・14民集59巻8号2265頁〔28102060〕

災害調査復命書が公務秘密性要件及び公共利益侵害・公務遂行阻害性要件を満たすかどうかの判断について、次のとおり判示している。

「(1) 民訴法220条4号ロにいう『公務員の職務上の秘密』とは、公務員が職務上知り得た非公知の事項であって、実質的にもそれを秘密として保護するに値すると認められるものをいうと解すべきである（最高裁昭和48年(あ)第2716号同52年12月19日第二小法廷決定・刑集31巻7号1053頁、最高裁昭和51年(あ)第1581号同53年5月31日第一小法廷決定・刑集32巻3号457頁参照）。そして、上記『公務員の職務上の秘密』には、公務員の所掌事務に属する秘密だけでなく、公務員が職務を遂行する上で知ることができた私人の秘密であって、それが本案事件において公にされることにより、私人との信頼関係が損なわれ、公務の公正かつ円滑な運営に支障を来すこととなるものも含まれると解すべきである。

前記事実関係によれば、㋐本件文書は、本件調査担当者が本件労災事故の発生原因を究明し、同種災害の再発防止策の策定等をするために調査結果等を踏まえた所見を取りまとめ、金沢労働基準監督署長に対し、その再発防止に係る措置等の判断に供するために提出された災害調査復命書であること、㋑災害調査復命書は、労働基準監督署長が労働災害の発生した事業場等に対する再発防止のための行政指導や行政処分等の内容を判断するために利用されるほか、都道府県労働局や厚生労働省において、再発防止のための各種の施策を検討するための基礎資料として利用されていること、㋒本件文書には、①『事業場の名称、所在地、代表者名及び安全衛生管理体制、労働災害発生地、発生年月日時、被災者の職・氏名、年齢』、『災害発生状況』、『災害発生原因』について、本件調査担当者において、被告会社の代表取締役や労働者らから聴取した内容、被告会社から提供を受けた関係資料、本件事業場内での計測、見分等に基づいて推測、評価、分析した事項が記載されているほか、②再発防止策、行政指導の

措置内容についての本件調査担当者の意見、署長判決及び意見等が記載されていること、(エ)上記労働者らは、いずれも、本件文書が本案事件において提出されることには同意しない旨の意思を示していることが認められる。

以上に照らせば、本件文書は、①本件調査担当者が職務上知ることができた本件事業場の安全管理体制、本件労災事故の発生状況、発生原因等の被告会社にとっての私的な情報（以下『①の情報』という。）と、②再発防止策、行政上の措置についての本件調査担当者の意見、署長判決及び意見等の行政内部の意思形成過程に関する情報（以下『②の情報』という。）が記載されているものであり、かつ、厚生労働省内において組織的に利用される内部文書であって、公表を予定していないものと認められる。そして、本件文書のうち、②の情報に係る部分は、公務員の所掌事務に属する秘密が記載されたものであると認められ、また、①の情報に係る部分は、公務員が職務を遂行する上で知ることができた私人の秘密が記載されたものであるが、これが本案事件において提出されることにより、調査に協力した関係者との信頼関係が損なわれ、公務の公正かつ円滑な運営に支障を来すこととなるということができるから、①、②の情報に係る部分は、いずれも、民訴法220条4号ロにいう『公務員の職務上の秘密に関する文書』に当たるものと認められる。

(2) 次に、民訴法220条4号ロにいう『その提出により公共の利益を害し、又は公務の遂行に著しい支障を生ずるおそれがある』とは、単に文書の性格から公共の利益を害し、又は公務の遂行に著しい支障を生ずる抽象的なおそれがあることが認められるだけでは足りず、その文書の記載内容からみてそのおそれの存在することが具体的に認められることが必要であると解すべきである。

本件文書のうち、②の情報に係る部分は、上記のとおり、行政内部の意思形成過程に関する情報が記載されたものであり、その記載内容に照らして、これが本案事件において提出されると、行政の自由な意思決定が阻害され、公務の遂行に著しい支障を生ずるおそれが具体的に存在することが明らかである。しかしながら、①の情報に係る部分は、上記のとおり、これが本案事件において提出されると、関係者との信頼関係が損なわれ、公務の公正かつ円滑な運営に支障を来すこととなるということができるものではあるが、(ア)本件文書には、被告会社の代表取締役や労働者らから聴取した内容がそのまま記載されたり、引用されたりしているわけではなく、本件調査担当者において、他の調査結果を総合し、その判断により上記聴取内容を取捨選択して、その分析評価と一体化させたものが記載されていること、(イ)調査担当者には、事業場に立ち入り、関係者に質問し、帳簿、書類その他の物件を検査するなどの権限があり（労働安全衛生法91条、94条）、労働基準監督署長等には、事業者、労働者等に対し、必要な事項を報告させ、又は出頭を命ずる権限があり（同法100条）、これらに応じない者は罰金に処せられることとされていること（同法120条4号、5号）などにかんが

みると、①の情報に係る部分が本案事件において提出されても、関係者の信頼を著しく損なうことになるということはできないし、以後調査担当者が労働災害に関する調査を行うに当たって関係者の協力を得ることが著しく困難となるということもできない。また、上記部分の提出によって災害調査復命書の記載内容に実質的な影響が生ずるとは考えられない。したがって、①の情報に係る部分が本案事件において提出されることによって公務の遂行に著しい支障が生ずるおそれが具体的に存在するということはできない。

そうすると、本件文書のうち、②の情報に係る部分は民訴法220条4号ロ所定の『その提出により（中略）公務の遂行に著しい支障を生ずるおそれがあるもの』に該当しないとはいえないが、①の情報に係る部分はこれに該当しないというべきであるから、本件文書のうち、②の情報に係る部分については同号に基づく提出義務が認められないが、①の情報に係る部分については上記提出義務が認められなければならない。

(3) 以上によれば、本件文書について、①の情報に係る部分と②の情報に係る部分とを区別せず、その全体が民訴法220条4号ロ所定の文書に当たるとして相手方の提出義務を否定した原審の判断には裁判に影響を及ぼすことが明らかな法令の違反がある」。

(2) 最一小決平成25・12・19民集67巻9号1938頁〔28220001〕

本件は、国立大学法人が所持する①ハラスメント調査委員会の調査報告書（相談者の訴えの内容、調査の経過と方法、調査により判明した事項及び調査委員会の判断と意見）、②調査対象者のヒアリング記録、③ハラスメント対策委員会及びハラスメント調査委員会の議事録（以下、「本件各文書」という）を対象とした文書提出命令の申立てに係る事案である。本件文書は民訴法220条4号ニ「専ら文書の所持者の利用に供するための文書」（以下、「自己使用文書」という）に当たると解されるが、国立大学法人が同条4号ニかっこ書「(国又は地方公共団体が所持する文書にあっては、公務員が組織的に用いるものを除く。)」の適用を受けるのであれば、本件各文書が自己使用文書としての性質を有するとしても、かっこ書の適用により同号ニ本文には当たらないことになる。平成25年決定は、原決定の判断を支持して国立大学法人が同号ニ本文の「国又は地方公共団体」に準ずると解して、かっこ書部分の類推適用を認めている。原決定は、国立大学法人の役員及び職員を同号ロの「公務員」に当たるとし、①のうち「相談内容」欄の相談員所感、②のヒアリング記録及び③のうち発言者が特定される部分については同号ロに当たるとして提出義務を否定したが、その他については提出を命じた。原決定に対する抗告の許可申立てにおいて、当該国立大学法人は、(a)大学の自治の理念に基づく高度の自律性を有する団体に対して民訴法220条4号ニかっこ書の適用又は類推適用を認めるべきではない、(b)調査報告書は内部の意思形成

4 行政上の情報の取扱い　507

過程に関する情報が記載されており、同文書の提出を命じる原決定は同条4号ロの解釈を誤るとともに前掲平成17年最三小決〔28102060〕の趣旨に反するなどと主張した。これに対して、本決定は次のとおり判示した。

「国立大学法人は、国立大学を設置することを目的として設立される法人であるところ（国立大学法人法2条1項）、その業務運営、役員の任命等及び財政面において国が一定の関与をし（同条5項、同法7条、12条1項、8項等）、その役員及び職員は罰則の適用につき法令により公務に従事する職員とみなされる（同法19条）ほか、その保有する情報については、独立行政法人等の保有する情報の公開に関する法律が適用され（同法2条1項、別表第1）、行政機関の保有する情報の公開に関する法律の適用を受ける国の行政機関の場合とほぼ同様に開示すべきものとされている。これらを考慮すれば、国立大学法人は、民訴法220条4号ニの『国又は地方公共団体』に準ずるものと解される。

そうすると、国立大学法人が所持し、その役員又は職員が組織的に用いる文書についての文書提出命令の申立てには、民訴法220条4号ニ括弧書部分が類推適用されると解するのが相当である。

……国立大学法人の役員及び職員の地位等に関する国立大学法人法の規定に照らすと、民訴法220条4号ロにいう『公務員』には上記役員及び職員も含まれると解するのが相当であるところ、所論の点に関する原審の判断は正当として是認することができる。所論引用の判例（最高裁平成17年（許）第11号同年10月14日第三小法廷決定・民集59巻8号2265頁）は、事案を異にし、本件に適切でない」。

論点 3　個人情報とは何か、個人情報の目的外利用等はいかなる場合に許されるか

1　個人情報及び保有個人情報とは

個人情報保護に関する基本法として、「個人情報の保護に関する法律」があり、同法は「個人情報」を「生存する個人に関する情報であって、当該情報に含まれる氏名、生年月日その他の記述等により特定の個人を識別することができるもの（他の情報と容易に照合することができ、それにより特定の個人を識別することができることとなるものを含む。）をいう」（2条1項）と定義する。これに対して、行政機関個人情報保護法は、「個人情報」について、「生存する個人に関する情報であって、当該情報に含まれる氏名、生年月日その他の記述等により特定の個人を識別することができるもの（他の情報と照合することができ、それに

より特定の個人を識別することができることとなるものを含む。)」(2条2項) と定義する。いずれも、個人情報について個人識別型の定義を採用することにより、プライバシー情報該当性のいかんを問うことなく、広く同法の規律を及ぼすこととしている (なお、条例の中には「個人情報」をプライバシー情報として定義し、それに規律を及ぼすものもある)。また、個人識別性は、他の情報と照合することによって認められることがかっこ書で明示されている (モザイクアプローチ)。前者では「他の情報と容易に照合することができ」とされているのに対して、後者では「他の情報と照合することができ」とされている点が異なっており、「容易に」を要件としない場合、個人識別情報の範囲は広くなる。後者において、「容易に」を要件としていないのは、個人識別情報の範囲を広げることにより、行政機関、独立行政法人等に広範な個人情報保護の義務等を課すためであり、前者で「容易に」を要件とするのは、民間の営業の自由に配慮して広範な規制を避けるためである (宇賀克也『個人情報保護法の逐条解説―個人情報保護法・行政機関個人情報保護法・独立行政法人等個人情報保護法〈第4版〉』有斐閣 (2013年) 28-29頁)。

　また、行政機関個人情報保護法は、「保有個人情報」について、「行政機関の職員が職務上作成し、又は取得した個人情報であって、当該行政機関の職員が組織的に利用するものとして、当該行政機関が保有」する「行政文書」と定めている (2条3項)。保有個人情報については、本人に開示請求権が認められており (12条)、不開示事由に該当しない限り開示しなければならない (14条)。もっとも、同法によれば個人情報は「生存する個人に関する情報」であるから、死者の遺族が、死者に係る保有個人情報の開示を求めることができるかどうかが問題となる。この論点については、条例の運用に係るものであるが、【事例(1)】名古屋高金沢支判平成16・4・19判タ1167号126頁〔28091799〕や【事例(2)】東京高判平成11・8・23判タ1021号175頁〔28050126〕は、死者の個人情報について遺族に開示請求権を認めている。

事例

(1)　名古屋高金沢支判平成16・4・19判タ1167号126頁〔28091799〕
　　本人情報の開示規定を持つ新湊市情報公開条例に基づき、亡母の診療記録について、

相続人である子が開示請求を行った事案である。本判決は、「本条例15条1項は、同項にいう『本人』について、『7条2号本文に該当する情報（すなわち、個人識別情報）については、当該情報により識別され得る個人』と定義するのみで、他に何の限定も付していないから、『当該情報』により直接に識別され得る個人に該当する者が死亡した場合において、『当該情報』が同時にその死亡した者の相続人にとっての個人識別情報に該当する場合には（例えば、ある者の財産に関する情報がその者の個人識別情報である場合において、その者の死亡により、上記財産に関する情報は、死亡した者の個人識別情報であるとともに、死亡した者を相続して当該財産を取得した相続人の個人識別情報でもあることがある。）、その相続人も本条例15条1項にいう『本人』に該当し、当該情報について、同項に基づき開示請求をすることができるものというべきである」と判示している。

(2) 東京高判平成11・8・23判タ1021号175頁〔28050126〕

自殺した中学生の子の親が、町田市個人情報保護条例に基づいて、子が通っていた中学校の他の生徒が書いた作文の開示を求めた事案である。本判決は、「本件条例上は、死者の個人情報についてその遺族等が開示を求めるといった事態を予想した規定は置かれておらず、したがって、死者の個人情報について、一般的にその遺族等がその開示を求め得るものとすることには、疑問があるというべきである。しかし、本件のように、親権者であった者が死亡した未成年の子どもの個人情報の開示を求めているという場合については、社会通念上、この子どもに関する個人情報を請求者自身の個人情報と同視し得るものとする余地もあるものと考えられることに加えて、本件決定さらには不服申立てに対する決定においても、控訴人あるいは市教委が、控訴人が亡花子の個人情報の開示を請求する資格を有することを前提とした処理を行ってきているという経緯があることなどにかんがみ、一応、控訴人に亡花子に関する個人情報の開示を請求する資格が認められるとの前提で、さらに検討をすすめることとする」と判示し、親の当事者適格を認めたが、不開示情報に該当するとした原判決を相当と判断して控訴を棄却した。

2 個人情報の目的外利用又は第三者提供が許される場合とは

利用及び提供の制限については、行政機関個人情報保護法8条2項各号が例外を定めている。各号では、①本人の同意があるとき、又は本人に提供するとき（1号）、②行政機関が法令の定める所掌事務の遂行に必要な限度で保有個人情報を内部で利用する場合であって、当該保有個人情報を利用することについて相当な理由のあるとき（2号）、③他の行政機関等に保有個人情報を提供する場合において、保有個人情報の提供を受ける者が、法令の定める事務又は業務

の遂行に必要な限度で提供に係る個人情報を利用し、かつ、当該個人情報を利用することについて相当な理由のあるとき（3号）、④このほか専ら統計の作成又は学術研究の目的のために保有個人情報を提供するとき、本人以外の者に提供することが明らかに本人の利益になるとき、その他保有個人情報を提供することについて特別の理由のあるとき（4号）が、例外として列挙されている。①から④に該当する場合は、保有個人情報を第三者に対して提供することが許される。しかし、【論点2】で取り上げた判例が示すように、法令に基づいて文書の提出が求められた際に文書提出義務が肯定されるかどうかは、事案ごとに判断する必要があった。前記①から④に該当しないにもかかわらず情報を提供した場合や、【事例】大阪高判平成13・12・25判例地方自治265号11頁〔28071179〕の事案のように情報漏洩があった場合には、損害賠償の問題が生ずることになる（解説として、徳本広孝「判批」磯部ほか・地方自治判例百選〈第4版〉37頁を参照）。

事例

大阪高判平成13・12・25判例地方自治265号11頁〔28071179〕

宇治市(Y)が住民基本台帳のデータを使用して乳幼児検診システムを開発することを企図し、その開発業務を民間業者（A社）に委託したが、Yの同意のもとで、同様のシステムを既に開発していた業者（B社）に再委託された。さらに、B社は、Yの同意を得ることなく業務全体をC社に再々委託したところ、C社のアルバイト従業員Dがデータを不正にコピーして名簿業者に販売し、同業者がさらに他に販売した。本件は、これに関してYの住民であるXらが、Yに対し損害賠償を求めた事案である。

「1　C社のアルバイト従業員Dによる不法行為について

本件データに含まれる情報のうち、Xらの氏名、性別、生年月日及び住所は、社会生活上、Xらと関わりのある一定の範囲の者には既に了知され、これらの者により利用され得る情報ではあるけれども、本件データは、上記の情報のみならず、更に転入日、世帯主名及び世帯主との続柄も含み、これらの情報が世帯ごとに関連付けられ整理された一体としてのデータであり、Xらの氏名、年齢、性別及び住所と各世帯主との家族構成までも整理された形態で明らかになる性質のものである。このような本件データの内容や性質にかんがみると、本件データに含まれるXらの個人情報は、明らかに私生活上の事柄を含むものであり、一般通常人の感受性を基準にしても公開を欲しないであろうと考えられる事柄であり、更にはいまだ一般の人に知られていない事柄であるといえる。したがって、上記の情報は、Xらのプライバシーに属する情報で

あり、それは権利として保護されるべきものであるということができる。
　……本件データ中のXらの住民票データは、……Xらのプライバシーに属するものとして法的に保護されるべきものである以上、法律上、それはYによって管理され、その適正な支配下に置かれているべきものである。それが、その支配下から流出し、名簿販売業者へ販売され、更には不特定の者への販売の広告がインターネット上に掲載されたこと、また、Yがそれを名簿販売業者から回収したとはいっても、完全に回収されたものかどうかは不明であるといわざるを得ないことからすると、本件データを流出させてこのような状態に置いたこと自体によって、Xらの権利侵害があったというべきである。
　2　Yの事業執行性と指揮・監督関係について
　(1)　Yの事業性について
　……乳幼児検診システムは、Yが、住民の健康管理を図るために国庫補助金を受けながら構築を計画した健康管理のトータルシステムの一環として開発しようとしたものであり……、Yの事業であることは明らかである。
　(2)　指揮・監督関係の有無について
　……Yは、A社がB社に再委託することを承認したものであり、また、Yの担当職員は、乳幼児検診システムの開発業務について、現にC社の代表取締役であるEや従業員であるFと打ち合わせを行い、従業員Dも、この打ち合わせに参加したものである。そして、Fと従業員Dは、当初、Yの庁舎内で乳幼児検診システムの開発業務を行っていたものであり、次に検討するとおり、本件データを庁舎外に持ち出すことについてもYの承諾を求めたのである。これらの事実に照らすと、Yと従業員Dとの間には、実質的な指揮・監督関係があったと認めるのが相当である。
　3　Yの選任・監督上の無過失の主張について
　……本件データは個々の住民のプライバシーに属する情報である以上、Yとしては、その秘密の保持に万全を尽くすべき義務を負うべきところ、……A社との間の業務委託契約書…には前記秘密の保持等に関する約定及び再委託の禁止に関する約定があったのに、同社がB社に乳幼児検診システムの開発業務を再委託することを安易に承認し、しかもB社との間で別途業務委託契約等を締結せず、B社との間で秘密の保持等に関する具体的な取り決めも行わなかったものである……。また、本件データはコピー等による複製が容易に可能であるにもかかわらず、作業が終了時間までに終了できなかったという事情のみで……、安易に、Bと従業員Dに対し、口頭で、両名が本件データを光磁気ディスク（MO）にコピーして持ち帰りC社の社屋内で作業することを承諾したものであり、しかもその際、本件データの扱い等の管理上特段の措置をとった形跡がないのである。これらの事実に照らすと、Yが被用者の選任・監督について相当の注意を払ったとは到底いうことができない」。

論点 4　行政機関等が保有する個人情報に関する開示・訂正請求等が認められる要件とは

1　保有個人情報の開示請求が拒否される場合とは

　行政機関個人情報保護法12条は、本人に対して保有個人情報の開示請求権を認めていることから、原則として当該請求を認める必要がある。もっとも、同法14条は例外的に不開示とすべき情報として、①本人の生命、健康、生活又は財産を害するおそれがある情報（1号）、②開示請求者以外の個人の権利利益を害するおそれがある情報（2号）、③法人等の権利、競争上の地位その他正当な利益を害するおそれのある情報（3号）、④国の安全や他国等との信頼関係が損なわれるおそれがあると行政機関の長が認めることにつき相当の理由がある情報（4号）、⑤犯罪の予防等の公共の安全と秩序の維持に支障を及ぼすおそれがあると行政機関の長が認めることにつき相当の理由がある情報（5号）、⑥国の機関や独立行政法人等の内部又は相互間における審議、検討又は協議に際して率直な意見の交換や意思決定が不当に損なわれる等のおそれがある情報（6号）、⑦国の機関や独立行政法人が行う事務又は事業の適正な遂行に支障を及ぼすおそれがあるもの（7号）、を挙げている。このほか、開示請求に対し当該開示請求に係る保有個人情報が存在しているか否かを答えるだけで不開示情報を開示することとなるときは、行政機関の長は、当該保有個人情報の存否を明らかにしないで当該開示請求を拒否することができる（17条）。

　小学校の児童指導要録の開示を請求された事案に係る【事例(1)】最三小判平成15・11・11裁判集民211号451頁〔28083019〕では、不開示事由として定められている「個人の指導、診断、判定又は評価等に関する情報であって、当該個人に開示しないことが正当と認められるもの」に該当するかどうかが争われているが、教育を困難にするおそれの有無が審査されていることから、前記⑦の不開示事由に該当するといえるだろう（解説として、藤原静雄「判批」法令解説資料総覧267号（2004年）71頁以下参照。条例によっては評価等の情報について「事務又は事業に著しい支障が生ずるおそれがある」ことを不開示事由として規定する。野村武司「判批」磯部ほか・地方自治判例百選〈第4版〉34頁参照）。【事例(2)】大阪地判平成20・1・31判タ1267号216頁〔28141354〕も、司法試験の答案が前記⑦に該当する

かどうかが争点となった事案である。また、【事例(3)】東京地判平成19・8・29平成19年（行ウ）327号公刊物未登載〔28241546〕は、警察による特定個人の情報収集活動に関する文書について前記⑤への該当性が争点となった事案である。

事例

(1) 最三小判平成15・11・11裁判民集211号451頁〔28083019〕

　大田区の住民が、本人開示を定める大田区公文書開示条例に基づいて、小学校児童指導要録の開示を請求した事案である。原審は、「本件指導要録の裏面のうち『各教科の学習の記録』欄、『特別活動の記録』欄及び『行動及び性格の記録』欄には、児童等に開示することを予定せずにその評価等がありのまま記載されているから、これを開示すると、当該児童等の誤解や不信感、無用の反発等を招き、担任教師等においても、そのような事態が生ずることを懸念して、否定的な評価についてありのままに記載することを差し控えたり、画一的な記載に終始するなどし、その結果、指導要録の記載内容が形がい化、空洞化し、指導、教育のための基礎資料とならなくなり、継続的かつ適切な指導、教育を困難にするおそれがある。また、本件指導要録の裏面のうち『標準検査の記録』欄に記載された検査等も、児童等に内容を告知することが予定されていないものであり、これを開示すると、児童等が、検査結果を固定的、絶対的なものとして受け止め、とりわけ結果が良好でなかった場合には学習意欲や向上心を失ったり、無用な反発をし、その結果、児童等と担任教師等との間の信頼関係が損なわれ、その後の指導等に支障を来すおそれがあるし、担任教師等においても、そのような事態が生ずることを懸念して検査結果の記載を差し控えるなどし、その結果、継続的かつ適切な指導、教育を困難にするおそれがある。したがって、本件指導要録の裏面の各欄に記録された情報は、いずれも本件条例10条2号（引用者注：個人の指導、診断、判定又は評価等に関する情報であって、当該個人に開示しないことが正当と認められるもの）の非開示情報に該当する」と判示した。これに対して、本判決は、次のとおり判示した。

　「本件指導要録の裏面のうち『各教科の学習の記録』欄中の『Ⅲ　所見』欄、『特別活動の記録』欄及び『行動及び性格の記録』欄の部分に記録されている情報（以下『本件情報1』という。）について、これが本件条例10条2号の非開示情報に該当するとした部分は、正当として是認することができるが、本件指導要録の裏面のうち『各教科の学習の記録』欄中の『Ⅰ　観点別学習状況』欄及び『Ⅱ　評定』欄並びに『標準検査の記録』欄の部分に記録されている情報（以下『本件情報2』という。）について、これが同号の非開示情報に該当するとした部分は、是認することができない。その理由は、次のとおりである。

　(1)　……本件情報1は、児童の学習意欲、学習態度等に関する全体的評価あるいは

人物評価ともいうべきものであって、評価者の観察力、洞察力、理解力等の主観的要素に左右され得るものであるところ、大田区においては、当該情報については、担任教師が、開示することを予定せずに、自らの言葉で、児童の良い面、悪い面を問わず、ありのままに記載していたというのである。このような情報を開示した場合、……指導要録の記載内容が形がい化、空洞化し、適切な指導、教育を行うための基礎資料とならなくなり、継続的かつ適切な指導、教育を困難にするおそれを生ずることも否定することができない。そうすると、本件情報1が本件条例10条2号の非開示情報に該当するとした原審の判断は、正当として是認することができる。

(2) ……本件情報2のうち『各教科の学習の記録』欄中の『Ⅰ　観点別学習状況』欄に記録されているものは、各教科の観点別に小学校学習指導要領に示された目標を基準としてその達成状況を3段階に分けて評価した結果であり、『各教科の学習の記録』欄中の『Ⅱ　評定』欄に記録されているものは、上記の評価を踏まえて各教科別に3段階又は5段階に分けて評価した結果であるというのである。そうすると、以上の各欄に記録された情報は、児童の日常的学習の結果に基づいて学習の到達段階を示したものであって、これには評価者の主観的要素が入る余地が比較的少ないものであり、3段階又は5段階という比較的大きな幅のある分類をして、記号ないし数字が記載されているにすぎず、それ以上に個別具体的な評価、判断内容が判明し得るものではない。そうすると、これを開示しても、原審がいうような事態やおそれを生ずるとはいい難い。……また、前記事実関係等によれば、本件情報2のうち『標準検査の記録』欄に記録されているものは、実施した検査の結果等客観的な事実のみが記載されているというのであるから、これを開示しても、原審がいうような事態やおそれを生ずることは考え難い。したがって、同欄に記録された情報も、同号の非開示情報に該当しないというべきである。本件情報2に関する論旨は、理由がある」。

(2) 大阪地判平成20・1・31判タ1267号216頁〔28141354〕

本件は、平成18年度の新司法試験（平成14年法律138号改正後の司法試験法の規定による司法試験）の受験者である原告が、行政機関個人情報保護法13条に基づき、法務大臣に対し、労働法の答案及び本件答案を採点した考査委員が付した素点が記載された文書（以下、「本件採点」という。本件答案と併せて、以下、「本件各情報」という。）の開示を請求したところ、法務大臣が同法14条7号柱書の不開示情報（事務事業情報）に該当することを理由として不開示決定処分をしたため、その取消訴訟が提起された事案である。

　「2　新たな法曹養成制度の理念を覆すおそれの有無（争点①）について
……答案の開示が認められていない現時点においても、旧司法試験と同様、新司法試験の受験者の答案の再現が試みられ、それに対する評価が加えられ、科目ごとの得点と答案内容との対比や自己の再現答案との対比もある程度可能な状況にあることが認

められる。そして、答案の開示が認められれば、開示された答案の内容と当該答案に与えられた得点をより具体的に分析することができるようになる。

ところで、司法試験の採点業務は、考査委員の高い専門的知見に基づいてなされるものであり、採点にあたっては、事例解析能力、論理的思考力、法解釈・適用能力等を十分に見ることを基本としつつ、全体的な論理的構成力や文章表現力等を総合的に評価し、理論的かつ実践的な能力の判定に意を用いるものとされている（乙2）が、試験である以上、受験者間の公平のため、一定の採点基準を設けている可能性が高い。

そのため、受験予備校等が、対価を支払う等して、多くの新司法試験受験者の答案と得点の通知を収集することで、具体的な採点基準を探り、また、高い評価を得た者の答案を分析し、かかる答案の共通点等をパターン化して、多数の受験生に示すなど、受験技術の習得に特化した受験指導を行うことが十分に予想できる。また、受験生らが受験予備校等を利用しない場合であっても、司法試験に関する情報誌等において、合格者や高い評価を得た者の答案が掲載されることが予測できるところ、かかる情報誌や、受験生同士の交流の中で得た情報をもとに、受験生らは実際の答案を自ら容易に分析することができるようになる。

そして、受験生の中には、法曹になるために必要な学識及びその応用能力を身につける勉強よりむしろ、断片的な知識の習得に走ったり、合格者や高得点の者の答案を無批判に暗記対象とするなどして、高得点をとるための受験技術を磨く者が出るようになることは経験則上明らかである。

このような事態になれば、画一的でパターン化していると評され、受験者の能力判定が年々困難になると指摘されていた旧司法試験における弊害を新司法試験にもそのまま引き継ぐことになるのみならず、受験技術偏重の傾向がむしろより悪化することが予測されるのであって、新たな法曹養成制度の理念と真っ向から対立し、新司法試験に係る事務の適正な遂行に支障が生じることになる。

原告は、試験問題を公開している以上、答案を開示しなくとも模範答案を作成することは可能であって、受験技術偏重の勉強方法がこれによって大きく変更されると認めることはできないと主張するが、考査委員による採点がされていない模範答案と、考査委員による採点も示された実際の合格者等の答案とは、受験生にとって重みや意味が異なり、これらを同一視することはできない。そして、答案の開示を認めると、答案の開示を認めていない現在に比べて、格段に受験技術偏重の勉強方法に拍車がかかることは、上記の検討からして十分な蓋然性をもって認められるものであり、原告の上記主張は採用できない。

3　質問及び照会による司法試験事務への支障の有無（争点②）について
……答案や素点の開示は、司法試験委員会において回答の困難な質問や照会を増加させることが認められ、同委員会が、本来の業務以外に、かかる質問や照会に対する対

応に今まで以上に時間を割かれるようになることは明らかであるし、事柄の性質上、十分な時間を割いたからといって、受験者らが納得する回答ができるというものでもない。

　しかも、司法試験委員会に対する上記のような質問や照会が増えた場合、考査委員らが、このような質問や照会が出にくい問題か否かという点も考慮して問題を作成し、採点することになると、本来の目的である法曹としての知識や応用能力を判定するための問題を作成し、高度な専門的知見に基づく多角的視点による採点をすることに困難が生じたり、新司法試験の本来の趣旨から外れた考慮を必要とする問題作成や採点に煩わしさを感じる考査委員も増え、優秀な学者や実務家からのなり手を探すことが難しくなることも十分に考えられる」。

(3)　東京地判平成19・8・29平成19年（行ウ）327号公刊物未登載〔28241546〕

　原告は、警察庁長官に対し、平成18年3月27日付けで、行政機関個人情報保護法13条1項に基づき、神奈川県警・公安一課と警視庁・公安により行われている特定人に対する情報収集活動に関する文書の開示を請求した。これに対して警察庁長官が、本件開示請求に係る保有個人情報が同法14条5号（公共の安全等に関する情報）に該当し、かつ、本件情報の存否を明らかにするだけで不開示情報を開示することとなるため、同法17条に基づき本件情報の存否自体を開示することができないとして不開示処分をしたため、当該決定につき取消訴訟が提起された事案である。

　「本件において原告が開示を求める本件情報は、警察の原告に対する情報収集活動に関する情報であるところ、証拠……及び弁論の全趣旨によれば、警察が特定の個人に対して行う情報収集活動に関する情報には、特定の個人が警察の情報収集活動の対象とされているか否かに関する情報のほか、警察が当該個人のいかなる点に着眼して情報収集活動を行っているかに関する情報や、当該情報収集活動の手法に関する情報等が含まれていると認められる。

　そうすると、本件情報が公にされれば、警察の情報収集活動の実態が明らかにされることとなり、その結果、特定の個人はもとより、その他広く犯罪行為を企てている者において、その活動を潜在化、巧妙化する等の防衛措置が講じられたり、証拠の隠滅が図られ、公共の安全と秩序の維持に支障を及ぼすおそれがあるというべきであるから、本件情報は、法14条5号所定の公共の安全等に関する不開示情報に該当するというべきである。そして、このような本件情報の内容、性質に照らせば、本件情報の存否を答えること自体によって、特定の個人が警察の情報収集活動の対象とされているか否かが明らかとならざるを得ず、その結果、上記の防衛措置等が図られるおそれは否定できないから、本件情報の存否を答えることだけで、法14条5号所定の公共の安全と秩序の維持に支障を及ぼすおそれがある情報を開示することになるというべきである。

したがって、本件において、警察庁長官が、本件情報の存否を明らかにするだけで法14条5号の不開示情報を開示することとなるとして、法17条に基づき、本件情報の存否自体を回答せずにした本件不開示処分に誤りはなく、本件不開示処分は適法というべきである」。

2　保有個人情報に関する訂正請求ができるのは、どのような場合か

自己を本人とする保有個人情報の内容が事実でないと思料するときは、原則として当該保有個人情報について訂正を請求することができる（行政機関個人情報保護法27条1項）。ただし、訂正請求をすることができるのは、開示請求が認められた場合に限られる（同法27条1項かっこ書、同項1号、同条3項）。【事例(1)】最二小判平成18・3・10裁判集民219号677頁〔28110724〕が示すとおり、実施機関に訂正する権限が認められない文書については、訂正請求は拒否されることになる（解説として、皆川治廣「判批」宇賀＝交告＝山本・行政判例百選Ⅰ〈第6版〉94頁以下を参照）。

事例

(1)　最二小判平成18・3・10裁判集民219号677頁〔28110724〕

診療に係る国民健康保険診療報酬明細書に記録された個人情報の内容に事実についての誤りがあるとして、京都市個人情報保護条例に基づく訂正の請求をしたところ、訂正しない旨の処分を受けたXが、その取消しを求めた事案である。

「(1)　本件条例の定める訂正請求の制度は、基本的に、本件条例に基づいて開示を受けた自己の個人情報の内容に事実についての誤りがあると認める者に対し、その訂正を請求する権利を保障することにより、市の管理する誤りのある個人情報が利用されることによる個人の権利利益の侵害を防止することを趣旨目的として設けられたものと解される。そして、本件条例は、訂正請求があったときは、実施機関が必要な調査をした上、当該請求に係る個人情報の訂正をする旨又はしない旨の決定をしなければならないとしているものの、実施機関に対してそのために必要な調査権限を付与する特段の規定を置いておらず、実施機関の有する対外的な調査権限におのずから限界があることは明らかである。

(2)　前記事実関係等によれば、〈1〉本件レセプトは、国民健康保険法に基づく療養の給付に関する費用を請求するために、診療報酬請求書に添付される明細書として、保険医療機関が自ら行ったとする診療の内容を記載して作成し、連合会に提出したものであること、〈2〉連合会による審査の後に本件レセプトを取得した市は、これに基づき、連合会を通して保険医療機関に対して診療報酬の支払をしていること、〈3〉市においては、その支払の明細に係る歳入歳出の証拠書類として本件レセプトを保管し

ているものであること、が認められる。

　(3)　上記の事情を踏まえると、保険医療機関が自ら行った診療として本件レセプトに記載した内容が実際のものと異なることを理由として、実施機関が本件レセプトに記録されたXの診療に関する情報を誤りのある個人情報であるとして訂正することは、保険医療機関が請求した療養の給付に関する費用の内容等を明らかにするという本件レセプトの文書としての性格に適さないものというべきである。

　また、市において、実施機関の収集した個人情報が、当該実施機関内で個人情報を取り扱う事務の目的を達成するために必要な範囲内で利用されるものとして管理されることは、本件条例8条1項の規定に照らして明らかであるところ、本件レセプトについての上記保管目的からすると、本件レセプトに記録されたXの診療に関する情報は、本件訂正請求がされた当時、市においてXの実際に受けた診療内容を直接明らかにするために管理されていたものとは認められず、Xの権利利益に直接係るものということは困難であると考えられる。そして、実施機関が有する個人情報の訂正を行うための対外的な調査権限の内容にもかんがみれば、本件条例は、このような場合にまで、Xの実際に受けた診療内容について必要な調査を遂げた上で本件レセプトにおけるXの診療に関する情報を訂正することを要請しているとはいい難いと考えられる」。

3　保有個人情報の利用停止請求ができる場合とは

　行政機関個人情報保護法は、本人に対して保有個人情報の利用停止・消去又は提供の停止に関する請求権を認めている（36条1項）。保有個人情報が適法に取得されたものでないとき、利用目的の達成に必要な範囲を超えて保有されているとき（3条2項違反）、利用目的以外の目的のために利用したとき（8条1項、2項違反）には、当該保有個人情報の利用の停止又は消去を請求することができ（36条1項1号）、利用目的以外の目的のために提供されている場合（8条1項、2項違反）には、提供の停止を請求することができる（36条1項2号）。この場合も開示請求による開示がなされることが前提となる（同条3項）。

事例

(1)　東京高判平成24・7・18判時2187号3頁〔28212360〕

　県教育委員会が、県立学校の卒業式や入学式で国歌斉唱時に起立しなかった教職員らの氏名等を各学校長から経過説明書で報告させ、利用していることが、県個人情報保護条例6条（「思想、信条」に関する個人情報を取り扱うことの禁止）及び8条（個人情報の取扱目的の明確化）に反するとして県教育委員会に利用停止が請求されたが、不停止決定（本件決定）とされたため、原告はその取消し等を求めたが、原審は請求を棄却した。控訴審判決は次のとおり判示している。

「1　本件不停止決定の取消事由の有無について
(1) 本件不起立情報が本件条例6条1号所定の個人情報に当たるか否かについて検討する。

　ア　本件条例は、『生存する個人に関する情報であって、特定の個人が識別され、又は識別され得るもの』を『個人情報』と規定した上（2条1号）、6条により、(1)思想、信条及び宗教、(2)人種及び民族、(3)犯罪歴、(4)社会的差別の原因となる社会的身分に関する個人情報を取り扱ってはならないと規定している。……本件条例6条1号にいう『思想、信条』に関する個人情報とは、人格そのものあるいは精神作用の基礎にかかわり、その人の政治的信念や個人の人格形成の核心をなす人生観、世界観の表れと外部から認識される情報がこれに当たるものと解するのが相当である。

　……学校の儀式的行事である卒業式等の式典における国歌斉唱時の起立行為は、一般的、客観的に見て、国旗及び国歌に対する敬意の表明の要素を含む行為であって、そのように外部から認識される行為であるとしても、これらの式典における慣例上の儀礼的な所作としての性質を有するものであり、かつ、そのような所作として外部からも認識されるものというべきであるから、それ自体が特定の思想又はこれに反する思想の表明として外部から認識されるものと評価することは困難であり、『日の丸』や『君が代』に否定的な歴史観ないし世界観を否定することと不可分に結び付くものということはできず、起立行為を求めることも、そのような歴史観ないし世界観それ自体を否定するものということはできない。……不起立の事実は、その動機、理由についての情報なしに、それ自体が特定の思想又はこれに反する思想の表明として外部から認識されるものと評価することは困難であるというべきであり、したがって、本件不起立情報は、本件条例6条1号所定の個人情報に該当しないものというべきである。……

(3) 次に、本件不起立情報の収集が本件条例8条に違反するか否かという点について検討する。

　ア　本件条例8条1項は、実施機関は、個人情報を収集するときは、あらかじめ個人情報を取り扱う目的（以下『取扱目的』という。）を明確にし、収集する個人情報の範囲を当該取扱目的の達成のために必要な限度を超えないものとしなければならないと規定している。

　……処分行政庁による個人情報事務登録簿の記載については、……『教職員等の服務に関する事務』の名称により『教職員等の服務規律保持及び諸手続きのため』を目的として記載し、また、『教職員等の任免等に関する事務』の名称により、枝番1の目的は『教職員等の人事管理のため』とし、枝番4の目的は『地方公務員法第28条に規定する分限処分、第29条に規定する懲戒処分等の措置に関し、必要な事務を行うため』として、それぞれ登録されているところ、本件不起立情報の収集は、これらの項

目に該当するものと認められ、また、収集された本件経過説明書の記載内容に照らしても、その目的達成のために必要な限度を超えない範囲内で個人情報の収集がされているものと認められ、この認定を左右するに足りる証拠はない。……

したがって、処分行政庁による本件不起立情報の取扱いは、本件条例8条1項に違反するものではないと認められる」。

論点 5　適法な公表の要件とは

1　公表に法律の根拠は必要か

公表には、市民に対する情報提供を主たる目的とするものと、制裁を主たる目的とするも（制裁的公表）とがある。平成8年7月に大阪府堺市において発生した病原性大腸菌O-157による学童の集団下痢症について、科学的根拠がないにもかかわらずカイワレ大根をその原因食材であると事実上断定した国の調査結果の公表について、国賠法1条1項、民法709条等に基づき損害賠償訴訟が提起された事案について、【事例(1)】東京高判平成15・5・21高裁民集56巻2号4頁〔28081837〕は、当該公表について、情報提供を主たる目的としたものであるとして根拠規範を求めていない（解説として、横田光平「判批」『平成15年度重要判例解説』有斐閣（2004年）44頁を参照）。一方、制裁的公表については、法律の留保が及ぶとする見解が有力である（小早川・行政法上252-253頁、宇賀・行政法概説Ⅰ〈第5版〉262頁、大橋・行政法Ⅰ〈第3版〉323頁。是正勧告等を念頭において、塩野・行政法Ⅰ〈第6版〉267頁は、国土利用計画法26条が定める違反行為の是正勧告に従わない場合の公表など制裁的な公表について、実効性確保の機能を営むことを指摘しつつ、「厳密な意味での侵害留保原則が妥当するものではないが、制度化にあたっては、法令の根拠を置くのが法治主義に適合的である」としている）。

2　その他の適法要件

(1)　事前手続の必要性

制裁的公表はもちろん情報提供を主目的とする公表であっても、それが特定の者に不利益を与えることは十分あり得る。公表制度の目的いかんにかかわらず、特定の者に不利益を与える事態が予測される場合、公表前に当事者の意見を聴取する機会を設けるべきであろう（宇賀・行政法概説Ⅰ〈第5版〉263頁、大橋・行政法Ⅰ〈第3版〉324頁。阿部・行政法解釈学Ⅰ601頁は、弁明手続で足りるが緊急

の場合はこれを不要とするべきであるとする)。【事例(1)】とは原告を異にする【事例(2)】大阪地判平成14・3・15訟務月報53巻2号583頁〔28071306〕は、行政機関の保有する情報の公開に関する法律の仕組みでは、開示によって不利益を被る可能性のある第三者に対して開示する旨を通知し、開示の実施の前に当該決定を争う機会が与えられている点を指摘したうえで、「自分にとって不利益な情報を行政機関によって一方的に開示されるという点では利益状況は全く同じであるから、方法・態様の相当性を検討する際には、手続保障の精神も尊重されなければならないというべきである」と判示している。

(2) 真実性、方法の相当性、比例原則

国や地方公共団体が事実誤認に基づく公表を行った場合には、これにより不利益を被った者が損害賠償請求をする事態に至り得る。昭和48年11月に突然起きた家庭用(衣料)合成洗剤の「もの不足」の原因を明らかにするため、東京都が洗剤メーカーの生産、出荷調査を行ったところ、その調査の結果、「調査結果を総合的に判断すると『洗剤不足』の起った第一の原因は、やはり業界等による生産制限・出荷操作にあったのではないかと疑わざるを得ない」とする報告書を都議会に報告するとともに、新聞等の報道機関に報告書を配布し、かつ記者会見をして、その内容を公表した例がある。そこで大手洗剤メーカーは、①東京都がメーカーの洗剤制限と結論付ける根拠としている通産統計は、粉末合成洗剤と液体合成洗剤の合計数量を用いていること、②台所用の液体洗剤は洗剤パニックとは無関係で、同時期は公害問題で生産量が激減していたのに、粉末洗剤の生産出荷にその合計量を用いるのは誤りであること、③粉末合成洗剤だけの生産実績によれば、合成洗剤の生産の落込みはなかったことから、前記報告書の公表が名誉毀損に当たると主張し、東京都を相手として慰籍料の支払を求める訴を提起した。東京地判昭和54・3・12判タ380号44頁〔27423240〕は、本件報告書の結論は、原告を含めたメーカーが生産制限・出荷操作をなし、それが主たる原因として洗剤不足が生じたとの内容を表現するものであるから原告の名誉を毀損するに足りるものであるとしたうえ、合成洗剤の出荷状況について報告書が指摘するような異常な事態は存在しないから、報告書の中核的部分に誤りがあり、かつ、東京都が粉末洗剤と液体洗剤の合計数量の統計を漫然

と基礎データに使ったことに重大な致命的過失があるから東京都の責任は免れないと判断している。

【事例(1)】は、中間報告の公表方法の相当性に問題があるとして国家賠償請求を認容し、【事例(3)】は、中間報告及び最終報告のいずれについても公表方法の相当性に問題があるとして国家賠償請求を認容した。ところで、【事例(1)】は、本件各公表が市民に対する情報提供だけでなく、損害拡大及び再発の防止をも目的として実施されたとしているのに対し、【事例(3)】は、本件各公表が専ら前者の目的で実施されたとしている。後者の目的で行われる公表については、当該損害の内容や公表の緊急性の程度にはよるものの、公表内容に求められる真実性や合理性は多少低下することもやむを得ないと指摘されている（【事例(2)】に関する町村泰貴「判批」判例タイムズ1104号（2002年）86頁匿名コメント）。また、前記目的の差異は、比例原則の適用を通して、最終的に公表の必要性の判断にも影響を与えるだろう（公表につき比例原則との適合性が問われることについては、阿部・行政法解釈学Ⅰ600頁）。【事例(1)】では、中間報告の公表の必要性が積極的に認められているのに対し、【事例(3)】では、その必要性が消極的に判断されている。

事例

(1) 東京高判平成15・5・21高裁民集56巻2号4頁〔28081837〕

　大阪府堺市において平成8年7月中旬に発生した腸管出血性大腸菌O-157に起因する学童らの集団食中毒につき、厚生大臣（当時）が、カイワレ大根が原因食材とは断定できないが、その可能性も否定できない（中間報告）、原因食材としては特定施設から7月7日、8日及び9日に出荷されたカイワレ大根が最も可能性が高いと考えられる（最終報告）などと公表した。これにより市民に対してカイワレ大根が前記食中毒の原因食材であるあるかのような印象を与え、カイワレ大根の売上が激減したとして、カイワレ大根の製造者団体X1とその構成員X2らが、逸失利益及びカイワレ大根の廃棄費用等の積極損害、信用毀損等による損害が生じたとして、国(Y)に対し、国賠法1条に基づき損害賠償請求訴訟を提起した事案である。本判決は、本件各報告の疫学的判断及び結論に不合理な点は認められないとした点について原審の判断を是認したが、原審とは異なり、中間報告の公表の方法には違法があるとして次のとおり判示した。

　「3　争点(2)（本件各報告の公表の適法性及び相当性）について

(1) 本件各報告の公表の意義、法的根拠の要否

……オ　本件各報告の公表は、現行法上、これを許容し、又は命ずる規定が見あたらないものの、関係者に対し、行政上の制裁等、法律上の不利益を課すことを予定したものでなく、これをするについて、明示の法的根拠を必要としない。本件各報告の公表を受けてされた報道の後、貝割れ大根の売上が激減し、これによりXらが不利益を受けたことも、……本件各報告の公表の法的効果ということはできず、これに法的根拠を要することの裏付けとなるものではない。……しかしながら、本件各報告の公表は、なんらの制限を受けないものでもなく、目的、方法、生じた結果の諸点から、是認できるものであることを要し、これにより生じた不利益につき、注意義務に違反するところがあれば、国家賠償法1条1項に基づく責任が生じることは、避けられない。

(2) 本件各報告の公表の適法性

ア……本件各報告は、学童を中心に大量に発症した本件集団下痢症についてのもので、内容を再掲すれば、貝割れ大根につき、本件集団下痢症の原因食材としては、〈1〉断定できないが、その可能性も否定できない（中間報告）、〈2〉本件特定施設から7月7日、8日及び9日に出荷された貝割れ大根が最も可能性が高いと考えられる（最終報告）、とする。

イ　本件各報告の公表は、当時、O-157による食中毒が多発し、一方、原因が究明されず、国民の間に食品一般に対する不安が広がっていた事情の下において、殊に、規模が大きく、国民の関心の高かった本件集団下痢症について、調査の結果得られた情報を公表し、国民の不安感を除去するとともに、一般消費者や食品関係者に対して注意を喚起することによって、食中毒の拡大・再発の防止を図ることを目的としてされた……。前記のような国家及び政府の任務を前提とすると、本件各報告の公表の目的は、これに適うものとして是認すべきで、目的の点においては、本件各報告の公表を違法視することはできない。また、……本件各報告の公表は、これをすること自体は、情報不足による不安感の除去のため、隠ぺいされるよりは、国民には遙かに望ましく、適切であったと評すべきで、この点も、違法とすべきものではない。

(3) 厚生大臣による中間報告の公表の適法性、相当性

……ウ　報道機関は、総じて、中間報告の内容を正確に記事として報道している。中間報告は、科学的な調査と分析であり、厳密に表現する必要に迫られ、断定を避けた曖昧とも見える表現が用いられるなど、正確を期すために、かえって読者による的確な理解が妨げられる表現及び内容となっていると認められる。実際にも、中間報告においては、貝割れ大根について、原因食材と『断定できないが、可能性も否定できない』としており、原因食材であると『断定できない』と否定的判断を示しながら、『可能性も否定できない』という表現を付加して、読み方によっては、本件集団下痢

症の原因食材である疑いを抱かれていることを明らかにする内容である。

　カ　……本件において、厚生大臣が、記者会見に際し、一般消費者及び食品関係者に『何について』注意を喚起し、これに基づき『どのような行動』を期待し、『食中毒の拡大、再発の防止を図る』目的を達しようとしたのかについて、所管する行政庁としての判断及び意見を明示したと認めることはできない。かえって、厚生大臣は、中間報告においては、貝割れ大根を原因食材と断定するに至らないにもかかわらず、記者会見を通じ、前記のような中間報告の曖昧な内容をそのまま公表し、かえって貝割れ大根が原因食材であると疑われているとの誤解を広く生じさせ、これにより、貝割れ大根そのものについて、O-157による汚染の疑いという、食品にとっては致命的な市場における評価の毀損を招き、全国の小売店が貝割れ大根を店頭から撤去し、注文を撤回するに至らせたと認められる。

　キ　厚生大臣によるこのような中間報告の公表により、貝割れ大根の生産及び販売に従事するXら並びに同業者らを構成員とし、貝割れ大根の生産及び販売について利害関係を有すると認められるX1の事業が困難に陥ることは、容易に予測することができたというべきで、食材の公表に伴う貝割れ大根の生産及び販売等に対する悪影響について農林水産省も懸念を表明していた……のであり、それにもかかわらず、上記方法によりされた中間報告の公表は、違法であり、Yは、国家賠償法1条1項に基づく責任を免れない」。

(2)　大阪地判平成14・3・15訟務月報53巻2号583頁〔28071306〕

　(1)と同一の事案において、カイワレ大根の生産者が提起した訴えである。

　「一般に、調査途中においても、経過報告をする必要がある場合も存するし、本件の場合でも、本件集団下痢症の原因については国民の重大な関心事であったことから、適当な時期に調査の途中経過を報告することも必要なことではあったものの、本件の中間報告の公表には、そのような内容の報告を、その時点において公表するまでの緊急性があったのか、その必要性の点で疑問が残る。さらに、このように性急に公表した結果、その影響を強く受ける原告の側では、これに対して反論する機会が一切与えられないままに公表される結果となったのであって、原告に対する手続保障の観点からもその正当性に問題が残るものといわなければならない」。

(3)　大阪高判平成16・2・19訟務月報53巻2号541頁〔28090956〕

　(2)の控訴審判決である。

　「本件各報告公表（中間報告・最終報告の各公表）が違法であるかどうかを判断するに当たっては、公表の目的の正当性、公表内容の性質、その真実性、公表方法・態様、公表の必要性と緊急性等を踏まえ、公表することが真に必要であったか否かを検討し、その際、公表することによる利益と公表することによる不利益とを比較衡量し、その公表が正当な目的のための相当な手段といえるかどうかを検討すべきである。

そして、公表によってもたらされる利益があっても、生じる不利益を犠牲にすることについて正当化できる相当な理由がなければ、違法であると判断せざるを得ない」、「本件各報告公表の目的は、O-157による食中毒が多発している状況下で、社会の関心が高かった本件集団下痢症について、原因食材究明の努力が行政によって行われており、その原因食材もほぼ絞られてきているということを社会一般に明らかにし、食品全般の安全性に対する国民の不安を解消することであって、情報公開それ自体が主な目的であったと認められる。したがって、本件各報告公表自体には、国民のための情報提供という面では正当な目的があったと認めることができる。しかし、控訴人が主張するような食中毒の拡大防止・再発防止が主な目的であったとは認められない」、「本件集団下痢症についてされた本件調査は、その基礎データの信頼性に限界があるなどの問題がある。そして、本件調査は、原因食材を大まかな範囲で絞り込み、『被控訴人が出荷したカイワレ大根が本件集団下痢症の原因食材である』との仮説を立てたものの、それ以上に、原因食材を特定するというところまでの正確性、信頼性を有するものとは認められない。

中間報告書については、その時点で、厚生大臣が記者会見まで行って積極的に公表しなければならないような緊急性、必要性は認められず、中間報告の公表は相当性を欠くものといわざるを得ない。

最終報告書については、調査終了後に作成されたものであり、その時点は、調査結果を公表する時期としては相当であったといえる。しかし、最終報告書の内容は、必ずしも標準的な疫学調査の手法に則ったものであるといえるかについて疑問があるし、『被控訴人が出荷したカイワレ大根が本件集団下痢症の原因食材である』との仮説に矛盾しない事実をことさら取り上げ、他方、この仮説に合理的な疑いを差し挟む事実については、十分な科学的根拠のない説明によりこれを退ける処理をするなどしている。最終報告書は、カイワレ大根が本件集団下痢症の原因食材であるとのことが解明されたかの如き誤解を招きかねない不十分な内容であって相当でない。さらに、最終報告書の公表の際に同席した専門家が特定の生産施設（上記のとおり被控訴人を指すことは容易に判明する。）で生産されたカイワレ大根が本件集団下痢症の原因食材である可能性は95パーセント程度であると、ほぼ断定した判断を示したことは、上記のとおり相当でない。したがって、最終報告の公表も相当性を欠くものといわざるを得ない。

以上によれば、本件各報告公表は、上記の違法性判断基準に照らしてみれば、情報公開という正当な目的があったとしても、被控訴人の名誉、信用を害する違法な行為であるといわざるを得ず、これにより生じた被控訴人の損害について、控訴人には、国家賠償法1条1項による損害賠償責任があるというべきである」。

【参考文献】
磯部哲「行政保有情報の開示・公表と情報的行政手法」磯部力=小早川光郎=芝池義一編『行政法の新構想Ⅱ―行政作用・行政手続・行政情報法』有斐閣（2008年）343頁以下、稲葉一将「弁護士法に基づく犯歴照会」宇賀克也=交告尚史=山本隆司編『行政判例百選Ⅰ〈第6版〉』有斐閣（2012年）98-99頁、加藤幸嗣「行政上の情報提供・公表」髙木光=宇賀克也編『行政法の争点』有斐閣（2014年）60-61頁、豊島明子「個人情報保護の制度と訴訟」現代行政法講座編集委員会編『現代行政法講座Ⅳ―自治体争訟・情報公開争訟』日本評論社（2104年）229頁、藤原静雄「行政情報の利用」髙木光=宇賀克也編『行政法の争点』有斐閣（2014年）68頁、皆川治廣「行政上の個人情報保護」髙木光=宇賀克也編『行政法の争点』有斐閣（2014年）70頁

（徳本広孝）

5 情報公開法

【概要】

　現在、我が国の情報公開法制は、概して、国の行政機関については行政機関の保有する情報の公開に関する法律（以下、「情報公開法」という）、独立行政法人等については独立行政法人等情報公開法（平成13年法律140号）、地方公共団体については各地方公共団体の定める情報公開条例によって展開している。

　地方公共団体の定める情報公開条例の中には法律とは異なる規定を置くものもあり、個別の事件においては根拠となっている規定を丁寧に読む必要がある。もっとも、ここでは、情報公開法の構成をもとに、情報公開法制に関するいくつかの論点を取り上げ、各論点に関する裁判例を概観することとしたい。

　情報公開訴訟においては、主に開示請求に対する不開示等の決定が争われており、開示請求において対象とされた行政文書の存否や当該文書に記録されている情報が不開示事由に該当するか否かの個別的判断を中心に検討されることとなる（なお、情報公開訴訟の特性については、野口貴公美「警察・検察・防衛・外交関係の情報公開」岡田正則ほか編『現代行政法講座(4)自治体争訟・情報公開争訟』日本評論社（2014年）311頁の分析が参考になる）。

　そのような事例であれば、実務的には開示請求において対象とされた行政文書やそこに記録されている情報の性質等について判断した先例があれば参考になる場合が多いように思われる（宇賀克也『情報公開・個人情報保護』有斐閣（2013年）197頁）。

　情報公開争訟の特徴として、裁判例の蓄積もさることながら、行政上の不服申立てにおける審査会答申は裁判例を遥かに凌ぐ件数の蓄積があるとともに（審査会について、さしあたり折橋洋介「第三者機関による制度的救済」法学教室432号（2016年）33頁参照）、裁判と異なり審査会においてはインカメラ審理が行えることなどからも参考とすべきものが多いように思われる（宇賀克也『行政法評論』有斐閣（2015年）126頁（初出・宇賀克也「情報法の過去・現在・未来―『情報公開・個人情報保護』刊行に寄せて」書斎の窓630号（2013年）9頁）参照）。

　例えば、国の情報公開・個人情報保護審査会の答申については、http://www.soumu.go.jp/main_sosiki/singi/jyouhou/toushin.htmlから確認できるほか、総務省情報公開・個人情報保護審査会HPでは、「情報提供」として、個別論点別に整理された答申選も掲載されており、参考となろう（なお、会計検査院情報公開・個人情報保護審査会については、別途http://www.jbaudit.go.jp/info/examine/を参照されたい）。

　情報公開法及び独立行政法人等情報公開法の施行状況については、http://www.

soumu.go.jp/main_sosiki/gyoukan/kanri/jyohokokai/）（総務省行政管理局）から確認できる。

さらに国及び地方の審査会の状況に関しては、情報公開・個人情報保護審査会等委員交流フォーラムを記録する季報情報公開個人情報保護が参考となる（最新のものでは、「〔特集〕第13回情報公開・個人情報保護審査会等委員交流フォーラム」季報情報公開個人情報保護59号（2015年）3頁以下）。

論　　点

1　開示請求の対象となる「行政文書」とは
2　開示請求権の性質
3　主張・立証責任はどちらにあるか
4　不開示情報該当性に関する主要な論点
5　部分開示の範囲
6　存否応答拒否はどのような場合に許容され得るか
7　文書の不存在
8　不開示決定において求められる理由提示の程度とは
9　開示決定等の期限に遅れたら

論点 1　開示請求の対象となる「行政文書」とは

　情報公開法は、行政文書の開示請求権について定めているところ（3条）、開示請求の対象となる行政文書については、行政機関の職員が職務上作成し、又は取得した文書、図画及び電磁的記録（電子的方式、磁気的方式その他人の知覚によっては認識することができない方式で作られた記録をいう）であって、当該行政機関の職員が組織的に用いるものとして、当該行政機関が保有しているものとしている（2条2項）。

1　「情報」ではなく、「行政文書」であることの意義

　そこでまず注目されるのは、開示請求の対象となる行政文書が、「情報」ではなく、「文書、図画及び電磁的記録」という記録媒体とされている点である（なお高橋滋＝斎藤誠＝藤井昭夫編著『条解行政情報関連三法』弘文堂（2011年）〔濱西隆男〕234頁参照。もっとも、情報公開条例の中には、直方市情報公開条例のように情報そのものを開示請求の対象とするものがある。この点につき、宇賀克也『新・情報公開法の逐条解説〈第7版〉』有斐閣（2016年）43頁、高橋＝斎藤＝藤井・前掲〔島村健〕

213頁参照）。

　この点に関し、情報公開請求の対象を「公文書」と定めていた旧岐阜県情報公開条例（平成6年岐阜県条例22号。平成12年岐阜県条例56号全部改正前）において、岐阜県大垣土木事務所訴訟・最三小判平成17・6・14裁判集民217号41頁〔28101202〕は、「本件条例が、本件条例に基づく公開の請求の対象を『情報』ではなく『公文書』としていることは明らかである。したがって、本件条例に基づき公文書の公開を請求する者が、例えば、『大垣土木事務所の県営渡船越立業務に関する情報が記録されている公文書』というように、記録されている情報の面から公開を請求する公文書を特定した場合であっても、当該公文書のうちその情報が記録されている部分のみが公開の請求の対象となるものではなく、当該公文書全体がその対象となるものというべきである。本件条例の下において、実施機関が、公開の請求に係る公文書に請求の対象外となる情報等が記録されている部分があるとし、公開すると、そのすべてが公開の請求に係る事項に関するものであると混同されるおそれがあるとの理由で、上記部分を公開しないことは許されない」と判示している。

　開示請求の対象を情報ではなく行政文書としている情報公開法の解釈においても、このような考え方を一貫して採用することは十分可能であろう（なお宇賀・前掲42頁参照）。

2　「当該行政機関が保有しているもの」の意義に関し、開示請求の対象となる「公文書」に該当する要件である「管理」とは、当該公文書を現実に支配、管理していることを意味するか

　情報公開法2条2項では、開示請求の対象となる行政文書の要件の1つとして、当該行政機関が保有していることを挙げているが、この「保有」の意義に関連して、かつては「公文書」の「管理」の意義につき、それが法的管理権限を意味するという説（法的管理権限説）と現実に支配占有していることを意味するという説（支配占有説や実態説とも呼ばれる）などが考えられてきた（より詳しくは、宇賀克也「判批」法学教室265号（2002年）40頁以下参照）。

　そこで、開示請求の対象となる「行政文書」についての判断ではなく、旧徳島県情報公開条例（平成元年徳島県条例5号。平成13年徳島県条例1号全部改正）に

おける「公文書」の該当性判断に関する事件においてであるが、最二小判平成13・12・14民集55巻7号1567頁〔28070026〕は、「本件条例2条1項は、『この条例において「公文書」とは、実施機関の職員が職務上作成し、又は取得した文書、図画及び写真（これらを撮影したマイクロフィルムを含む。）であって、決裁、供覧等の手続が終了し、実施機関が管理しているものをいう。』と規定している。したがって、本件請求に係る文書が本件条例による公開請求の対象となる公文書に当たるというためには、実施機関の職員が職務上作成し、又は取得した同項に掲げる文書等（以下『文書等』という。）であり、かつ、実施機関が管理しているものであることを要すると解される。そして、同条3項は、上告人を実施機関としているが、県議会ないし県議会議長を実施機関としていないから、県議会議員若しくは同事務局職員が職務上作成し、かつ、取得した文書等、又はこれらの者が管理している文書等は、上記の公開請求の対象となる公文書には含まれない」としたうえで、自治法149条8号が、証書及び公文書類の「保管」を普通地方公共団体の長の担任事務としているのは、当該地方公共団体のすべての証書及び公文書類の保管の総括的な責任と権限を有する者が長であることを明らかにしたものにすぎず、「本件条例2条1項にいう『管理』は、同条3項に掲げられた各実施機関がその主体であると構成されていることからみても、上記の『保管』と異なり、当該公文書を現実に支配、管理していることを意味する」とし、「地方自治法149条8号を根拠に、県における保存の実態等を考慮しないまま、上記各文書を上告人が管理するものと断定することは、できない」と判示している。

論点 2　開示請求権の性質

1　非公開決定取消訴訟において当該公文書が書証として提出された場合、訴えの利益は消滅するか

　非公開決定の取消訴訟において、非公開の対象文書が書証として裁判所に提出された場合に、訴えの利益は消滅するのか否かについては、当該請求権をどのようにとらえるかによって結論が異なるであろう。ここでは、対象文書の「閲覧又はその写しの交付」そのものを訴えの利益と考える立場（訴えの利益

の実体法的把握）と、当該情報を既に知っているか否かを問わず、所定の手続により請求に係る対象文書の閲覧又はその写しの交付を受けることを求める法律上の利益と考える立場（訴えの利益の手続法的把握）などが考えられ、裁判においてもその判断が分かれていた（前者の例として、仙台地判平成9・2・27判タ961号131頁〔28030623〕など。後者の例として、東京高判平成11・3・31判時1678号66頁〔28040668〕など。なお高橋洋「判批」『平成14年度重要判例解説』有斐閣（2003年）40頁以下ほか参照）。

　旧愛知県公文書公開条例（昭和61年愛知県条例2号。平成12年愛知県条例19号全部改正前）に基づき公開請求された公文書の非公開決定の取消訴訟において当該公文書が書証として提出された場合における訴えの利益について、最一小判平成14・2・28民集56巻2号467頁〔28070467〕は、当該条例が県民の公文書の公開を請求する権利を明らかにしていることなどを条文の規定から確認したうえで、「本件条例には、請求者が請求に係る公文書の内容を知り、又はその写しを取得している場合に当該公文書の公開を制限する趣旨の規定は存在しない。これらの規定に照らすと、本件条例5条所定の公開請求権者は、本件条例に基づき公文書の公開を請求して、所定の手続により請求に係る公文書を閲覧し、又は写しの交付を受けることを求める法律上の利益を有するというべきであるから、請求に係る公文書の非公開決定の取消訴訟において当該公文書が書証として提出されたとしても、当該公文書の非公開決定の取消しを求める訴えの利益は消滅するものではない」と判示している。

2　開示請求権は請求権者の一身に専属する権利か

　旧鹿児島県情報公開条例（昭和63年鹿児島県条例4号。平成12年鹿児島県条例113号全部改正前）に基づく事件であるが、最三小判平成16・2・24裁判集民213号567頁〔28090642〕は、同条例に基づく公文書等の開示請求権は、請求権者の一身に専属する権利であって相続の対象となるものではない（同事件においては請求権者の死亡により当然に終了）としている（なお、高橋滋=斎藤誠=藤井昭夫編著『条解行政情報関連三法』弘文堂（2011年）〔濱西隆男〕236頁参照）。

3　開示請求手続

　公開請求の不受理決定により、公文書公開請求権を侵害され精神的苦痛等を

被ったとして、国賠法1条1項に基づく損害賠償請求がされた事件において、仙台地判平成21・1・29平成20年(ワ)1248号裁判所HP〔28153728〕は、当該条例上、いかなる場合であっても、公開請求を不受理とする途は許容されていないとして、5万円の慰謝料を含む損害賠償を認めている。

　情報公開条例に基づく開示請求（公開請求を含む）は、行政手続条例における「申請」に該当し、到達主義のもとで審査義務が生ずることは明らかであるが、当該事件はいまだに不受理という処理がされることがあることを示しており、「受理」概念を否定した行手法及び行政手続条例の趣旨（例えば、行手法7条につき、行政管理研究センター・行手法〈27年改訂版〉143頁、宇賀・行政手続三法〈第2次改訂版〉97頁など）についての理解が進んでいない現状を示している（なお、宇賀克也「第15回情報公開訴訟の法律問題」季報情報公開個人情報保護34号（2009年）52頁参照）。

論点 3　主張・立証責任はどちらにあるか

　不開示事由該当性に係る主張・立証責任

　不開示事由該当性に係る主張・立証責任を実施機関が負うことについては、通説・判例の立場として、認められるところであろう。例えば、情報公開法に基づく内閣官房報償費の支出に関する行政文書の開示請求の一部不開示決定が争われた大阪地判平成24・3・23訟務月報59巻11号2832頁〔28180806〕は、「不開示情報の有無が問題となる対象文書については、請求者及び裁判所がその具体的内容を知り得る地位にないこと等に鑑みると、開示請求に係る行政文書について、同条各号の不開示情報が記録されているとして行政文書不開示決定がされた場合には、情報開示義務を争う被告の側において、当該不開示情報該当性を基礎付ける事実の主張立証責任を負うものと考えられる」とし、続けて情報公開法5条3号及び6号の各不開示事由該当性に関する主張・立証につき、次のように述べている。「同条6号は、『国の機関、独立行政法人等、地方公共団体又は地方独立行政法人が行う事務又は事業に関する情報であって、公にすることにより……当該事務又は事業の性質上、当該事務又は事業の適正な遂行に支障を及ぼすおそれがあるもの』を不開示情報として定めている。したがって、

行政機関の長が、同号に該当するとして不開示決定をした場合には、開示義務を争う被告の側としては、当該文書の外形的事実等を示すなどして、当該文書に国の機関等が行う事務又は事業に関する情報が記載されていること、及び、これが開示されると、当該事務又は事業の性質上、当該事務又は事業の適正な遂行に支障を及ぼす具体的な蓋然性（おそれ）があることを主張立証することが必要である」とする。また、「同条3号は、『公にすることにより、国の安全が害されるおそれ、他国若しくは国際機関との信頼関係が損なわれるおそれ又は他国若しくは国際機関との交渉上不利益を被るおそれがあると行政機関の長が認めることにつき相当の理由がある情報』を不開示情報として規定しているところ、同号の『おそれがあると行政機関の長が認めることにつき相当の理由がある情報』との文言に加えて、当該情報が一般の行政運営に関する情報とは異なり、その性質上、高度の政策的判断を必要とするものであり、また我が国の安全保障上又は対外関係上の将来予測としての専門的・技術的判断を要することなどの特殊性が認められること等に鑑みれば、同号該当性の判断には一定の裁量が認められ、情報公開法に基づき開示請求された行政文書につき、行政機関の長が同号に該当するとして不開示決定をした場合には、裁判所は、当該文書に同号に規定する情報が記録されているかどうかについての行政機関の長の第一次的な判断を尊重し、その判断が合理性を持つものとして許容される限度内のものであるかどうかを審理判断すべきものである。すなわち、同号に該当する旨の行政機関の長の判断は、それが重要な事実の基礎を欠き、又は事実に対する評価が明白に合理性を欠くこと等により、社会通念に照らし合理性を持つものとして許容される限度を超えると認められる場合に限り、裁量権の範囲を超え、又はその濫用があったものとして違法となると解するのが相当であり、原告の側において、上記裁量権の範囲の逸脱又はその濫用があったことを基礎付ける具体的事実について主張立証することを要するものと解すべきである。

ただし、前述のとおり、不開示情報の有無が問題となる対象文書については、請求者及び裁判所がその具体的内容を知り得る立場にないのであるから、被告において、まず、当該文書に記録された情報が、同号該当性が問題となり得る

情報であることを示す外形的事実、すなわち、当該情報が国の安全や外交関係に関係する類型の情報であることを示す基礎的な事実関係について、主張立証する必要があるというべきである。そして、このような主張立証が果たされた場合に、原告において、上記のとおり、裁量権の範囲の逸脱又はその濫用があったことを基礎付ける事実を主張立証すべきものである」と判示している。

仙台高判平成21・4・28訟務月報55巻11号3286頁〔28153916〕も、被告は、情報公開法5条3号所定の不開示情報が記録されていると主張する行政文書の外形的事実等から判断される一般的類型的な文書の性格を主張・立証することによって、その判断の合理性を基礎付け、他方、原告は、事実に対する評価が合理性を欠くことなどにより被告の判断が妥当性を欠くことが明らかであることを基礎付ける事実の主張・立証により、裁量権の逸脱又は濫用があることについて主張・立証することを要するものというべきであるとする(なお、こうした主張・立証責任のとらえ方を、原告と被告の双方に主張・立証責任を分配するものとして、2段階型と整理することもできよう(宇賀克也『情報公開・個人情報保護』有斐閣(2013年)270頁参照)。2段階型に対しては、実施機関に不開示情報該当性の具体的な主張・立証責任を課し、その立証ができなければ不開示決定を違法とし、立証ができれば不開示決定を適法とする主張・立証責任の分配に関する1段階型(新潟地判平成18・11・17判タ1248号203頁〔28132160〕など)がある)。

なお、物理的文書不存在に係る主張・立証責任については、【論点7】の2を参照。

論点 4　不開示情報該当性に関する主要な論点

情報公開法5条は、原則として行政文書の開示義務があることを明らかにしたうえで、例外的に不開示とすべき情報として、「個人に関する情報」(1号)、「法人等に関する情報」(2号)、「国の安全等に関する情報」(3号)、「公共の安全等に関する情報」(4号)、「審議、検討又は協議に関する情報」(5号)、「事務又は事業に関する情報」(6号)の6類型を列挙する。開示請求の対象となる行政文書には様々な類型が考えられ、また条例にあっては規定が異なる場合も考えられ、そのそれぞれに不開示情報該当性の判断を検討しなければならないが、

ここではある程度先例性の高いと思われる事件をいくつか取り上げて紹介する。

1　公務員の職務遂行に関する情報は「個人に関する情報」に当たるか

　不開示となる個人情報について個人識別型の定めを置く条例においては、公務員の職務遂行に関する情報が、不開示となる「個人に関する情報」に該当するかが問題となる（なお大貫裕之「判批」宇賀＝交告＝山本・行政判例百選Ⅰ〈第6版〉84頁参照）。この点、大阪市公文書公開条例（昭和63年大阪市条例11号）に基づく大阪市財政局財務部財務課に係る食糧費の支出関係文書の公開請求に対する非公開決定が争われた事件で、最三小判平成15・11・11民集57巻10号1387頁〔28083017〕は、「本件条例6条2号は、『個人に関する情報（事業を営む個人の当該事業に関する情報を除く。）』であって、特定の個人が識別され、又は識別され得るものについては、同号ただし書所定の除外事由に当たるものを除き、これが記録されている公文書を公開しないことができると規定している。同号にいう『個人に関する情報』については、『事業を営む個人の当該事業に関する情報』が除外されている以外には文言上何ら限定されていないから、個人の思想、信条、健康状態、所得、学歴、家族構成、住所等の私事に関する情報に限定されるものではなく、個人にかかわりのある情報であれば、原則として同号にいう『個人に関する情報』に当たると解するのが相当である。そして、法人その他の団体の従業員が職務として行った行為に関する情報は、職務の遂行に関する情報ではあっても、当該行為者個人にとっては自己の社会的活動としての側面を有し、個人にかかわりのあるものであることは否定することができない。そうすると、上記の職務の遂行に関する情報も、原則として、同号にいう『個人に関する情報』に含まれるというべきである」とする。

　ただし、本件条例においては、「国及び地方公共団体の公務員の職務の遂行に関する情報は、公務員個人の社会的活動としての側面を有するが、公務員個人の私事に関する情報が含まれる場合を除き、公務員個人が同条2号にいう『個人』に当たることを理由に同号の非公開情報に当たるとはいえない」と判示している。

　その理由について本判決は、本件条例が大阪市の市政に関する情報を広く市民に公開することを目的として定められたものであるところ、市政に関する情

報の大部分は同市の公務員の職務の遂行に関する情報ということができ、そうすると、本件条例が、同市の公務員の職務の遂行に関する情報が記録された公文書について、公務員個人の社会的活動としての側面があることを理由に、これをすべて非公開とすることができるものとしているとは解し難いというべきであるとする。そして、国又は他の地方公共団体の公務員の職務の遂行に関する情報についても、国又は当該地方公共団体において同様の責務を負うべき関係にあることから、同市の市政に関する情報を広く市民に公開することにより市政に対する市民の理解と信頼の確保を図ろうとする目的を達成するため、同市の公務員の職務の遂行に関する情報と同様に公開されてしかるべきものと取り扱うというのが本件条例の趣旨であると判示している。

　もっとも、情報公開法のように公務員等情報も「個人に関する情報」であることを前提として、例外的に公務員等の職及び当該職務遂行の内容に係る部分の開示を義務付ける法律は（例えば、同法5条1号ハは、公務員等の職務遂行に係る情報を当該公務員等の個人の活動に関する情報でもあるという前提に立つ）、本判決の射程外と考えられよう（宇賀克也『新・情報公開法の逐条解説〈第7版〉』有斐閣（2016年）71頁参照）。

2　省エネルギー法に基づく定期報告書は「法人等に関する情報」に当たるか

　エネルギーの使用の合理化に関する法律（平成17年法律93号改正前。いわゆる「省エネルギー法」）の規定により各事業者が各工場における燃料等及び電気の使用の状況等に関する事項を記載して中部経済産業局長に提出した定期報告書の開示請求に係る事件において、最二小判平成23・10・14裁判集民238号57頁〔28174348〕は、「本件数値情報の内容、性質及びその法制度上の位置付け、本件数値情報をめぐる競業者、需要者及び供給者と本件各事業者との利害の状況等の諸事情を総合勘案すれば、本件数値情報は、競業者にとって本件各事業者の工場単位のエネルギーに係るコストや技術水準等に関する各種の分析及びこれに基づく設備や技術の改善計画等に資する有益な情報であり、また、需要者や供給者にとっても本件各事業者との製品や燃料等の価格交渉等において有意な事項に関する客観的な裏付けのある交渉の材料等となる有益な情報であるということができ、本件数値情報が開示された場合には、これが開示されない

場合と比べて、これらの者は事業上の競争や価格交渉等においてより有利な地位に立つことができる反面、本件各事業者はより不利な条件の下での事業上の競争や価格交渉等を強いられ、このような不利な状況に置かれることによって本件各事業者の競争上の地位その他正当な利益が害される蓋然性が客観的に認められるものというべきである」として、「本件数値情報は、これが公にされることにより本件各事業者の競争上の地位その他正当な利益を害するおそれがあるものとして、情報公開法5条2号イ所定の不開示情報に当たる」と判示している。

3　捜査費等に係る偽名の領収書等は「公共の安全等に関する情報」に当たるか

滋賀県情報公開条例（平成12年滋賀県条例113号。平成16年滋賀県条例30号改正前）に基づく捜査費等の領収書等の公開請求の非公開決定が争われた事件において、最三小判平成19・5・29裁判集民224号463頁〔28131282〕は、「〈1〉本件領収書は、いずれも、滋賀県警において、情報提供者等から犯罪捜査に関連する情報の提供や種々の協力を受け、その対価として捜査費等を支払った際に作成されたものである、〈2〉本件領収書中の氏名及び住所の記載は、事件関係者等の周辺に存在する情報提供者等が何らかの事情で情報提供者等として特定されることを危ぐし、真実とは異なる記載をしたものである、〈3〉本件領収書中の氏名、住所、受領年月日及び受領金額の記載は、上記情報提供者等がすべて自筆で記載したものである、〈4〉本件領収書には、例えば、作成者の特異な筆跡の現れたたぐいのもの、偽名を実名と1字しか違えていないたぐいのもの、住所の記載を作成者の住所の近隣としているたぐいのものなど多種多様な記載がされている可能性がある」、「これらの事実を前提とすると、仮に、本件条例に基づき本件領収書の記載が公にされることになれば、情報提供者等に対して自己が情報提供者等であることが事件関係者等に明らかになるのではないかとの危ぐを抱かせ、その結果、滋賀県警において情報提供者等から捜査協力を受けることが困難になる可能性を否定することはできない。また、事件関係者等において、本件領収書の記載の内容やその筆跡等を手掛りとして、内情等を捜査機関に提供し得る立場にある者に関する知識や犯罪捜査等に関して知り得る情報等を総

合することにより、本件領収書の作成者を特定することが容易になる可能性も否定することができない。そうすると、本件領収書の記載が公にされた場合、犯罪の捜査、予防等に支障を及ぼすおそれがあると認めた上告人の判断が合理性を欠くということはできないから、本件領収書には本件条例6条3号所定の非公開情報が記録されているというべきである」と判示している。

4　凶悪重大犯罪等に係る出所情報ファイルに関する情報は「公共の安全等に関する情報」に当たるか

　新潟県情報公開条例（平成13年新潟県条例57号）に基づき、実施機関である新潟県警察本部長に対し、「凶悪重大犯罪等に係る出所情報の活用について」と題する行政文書の公開請求をした被上告人が、同行政文書中、「出所者の入所罪名」、「出所者の出所事由の種別」及び「出所情報ファイルの有効活用」に係る情報等の記録された部分を公開しないこととし、その余を公開する決定をされたため、本件決定のうち前記部分を不公開とした部分の取消しを求めた事件において、最一小判平成21・7・9裁判集民231号215頁〔28152028〕は、「前記事実関係等によれば、本件通達による出所情報の活用は、殺人、強盗等の凶悪重大犯罪やこれらの犯罪に結び付きやすく再犯のおそれが大きい侵入窃盗、薬物犯罪等に係る出所情報の提供を法務省から受け、これを整理、編集することにより作成した出所情報ファイルを犯罪捜査に利用するというものであり、その対象罪種が二十数罪種あるというのであるから、本件文書の『出所者の入所罪名』の項には、上記の対象罪種とするのが相当であると判断された罪種が、犯行の態様等を考慮してより具体的に特定されたものを含め、二十数種にわたって記載されていると考えられ、また、『出所者の出所事由の種別』の項には、出所者の出所事由のうち出所情報ファイルの記録対象とするのが相当であると判断されたものが記載されていると考えられる。そうすると、『出所者の入所罪名』及び『出所者の出所事由の種別』に係る情報が公にされた場合には、出所者は、自分が出所情報ファイルの記録対象となり出所情報の活用の対象とされるかどうかなどについて、単なる推測にとどまらず、より確実な判別をすることが可能になるということができる」、「さらに、前記事実関係等によれば、本件通達は、提供された出所情報を犯罪捜査に利用することとし、その有効活

用等を図ることを求めるものであるから、『出所情報ファイルの有効活用』に係る情報を公にすることは、一定の限度においてではあるとしても、出所情報ファイルを活用した捜査の方法を明かす結果を招くものといわざるを得ない」、「そして、犯罪を企てている出所者が、自分が出所情報ファイルの記録対象となっていることなどを確実に知った場合には、上記の入所罪名等の情報が広く送付されていることをも知ることとなって、より周到に犯罪を計画し、より細心の注意を払ってそれを実行しようとする可能性を否定することはできない。また、犯罪を企てている出所者が、その出所情報を活用した捜査の方法をその一端でも知ったときは、その方法の裏をかくような対抗策に出る可能性があることも否めない」、「そうすると、本件情報を公にすることにより犯罪の捜査等に支障を及ぼすおそれがあると認めた新潟県警本部長の判断が合理性を持つものとして許容される限度を超えたものということはできず、この判断には相当の理由があるから、本件情報は本件条例7条4号所定の非公開情報に該当する」と判示している。

5　大阪府知事の交際費関係公文書は「事務又は事業に関する情報」に当たるか

首長の交際費関係公文書等の公開請求については争われたものが多数あるが、大阪府公文書公開等条例（昭和59年大阪府条例2号。平成11年大阪府条例39号全部改正前）に基づく大阪府知事の交際費に関する公文書の情報公開訴訟・最一小判平成6・1・27民集48巻1号53頁〔27817235〕が、特に先例性が高いと思われるので、ここで紹介する。

なお、大阪府公文書公開等条例8条には、同条各号所定の情報が記録されている公文書は公開しないことができる旨規定され、同4号に、府の機関等が行う企画、調整等に関する情報であって、公にすることにより、当該又は同種の事務を公正かつ適切に行うことに著しい支障を及ぼすおそれのあるもの、5号に、府の機関等が行う交渉、渉外、争訟等の事務に関する情報であって、公にすることにより、当該若しくは同種の事務の目的が達成できなくなり、又はこれらの事務の公正かつ適切な執行に著しい支障を及ぼすおそれのあるものがそれぞれ規定され、また、9条には、同条各号所定の情報が記録されている公文

書は公開してはならない旨が規定され、その1号に、個人の思想、宗教等の私事に関する情報（事業を営む個人の当該事業に関する情報を除く）であって、特定の個人が識別されるもののうち、一般に他人に知られたくないと望むことが正当であると認められるものが規定されていた。

　本判決は、まず、知事の交際費は、都道府県における行政の円滑な運営を図るため、関係者との懇談や慶弔等の対外的な交際事務を行うのに要する経費である。このような知事の交際は、懇談については本件条例8条4号の企画調整等事務又は同条5号の交渉等事務に、その余の慶弔等については同号の交渉等事務にそれぞれ該当すると解されるから、これらの事務に関する情報を記録した文書を公開しないことができるか否かは、これらの情報を公にすることにより、当該若しくは同種の交渉等事務としての交際事務の目的が達成できなくなるおそれがあるか否か、又は当該若しくは同種の企画調整等事務や交渉等事務としての交際事務を公正かつ適正に行うことに著しい支障を及ぼすおそれがあるか否かによって決定されることになるとしたうえで、「知事の交際事務には、懇談、慶弔、見舞い、賛助、協賛、餞別などのように様々なものがあると考えられるが、いずれにしても、これらは、相手方との間の信頼関係ないし友好関係の維持増進を目的として行われるものである。そして、相手方の氏名等の公表、披露が当然予定されているような場合等は別として、相手方を識別し得るような前記文書の公開によって相手方の氏名等が明らかにされることになれば、懇談については、相手方に不快、不信の感情を抱かせ、今後府の行うこの種の会合への出席を避けるなどの事態が生ずることも考えられ、また、一般に、交際費の支出の要否、内容等は、府の相手方とのかかわり等をしん酌して個別に決定されるという性質を有するものであることから、不満や不快の念を抱く者が出ることが容易に予想される。そのような事態は、交際の相手方との間の信頼関係あるいは友好関係を損なうおそれがあり、交際それ自体の目的に反し、ひいては交際事務の目的が達成できなくなるおそれがあるというべきである。さらに、これらの交際費の支出の要否やその内容等は、支出権者である知事自身が、個別、具体的な事例ごとに、裁量によって決定すべきものであるところ、交際の相手方や内容等が逐一公開されることとなった場合には、知事において

も前記のような事態が生ずることを懸念して、必要な交際費の支出を差し控え、あるいはその支出を画一的にすることを余儀なくされることも考えられ、知事の交際事務を適切に行うことに著しい支障を及ぼすおそれがあるといわなければならない。したがって、本件文書のうち交際の相手方が識別され得るものは、相手方の氏名等が外部に公表、披露されることがもともと予定されているものなど、相手方の氏名等を公表することによって前記のようなおそれがあるとは認められないようなものを除き、懇談に係る文書については本件条例8条4号又は5号により、その余の慶弔等に係る文書については同条5号により、公開しないことができる文書に該当する」と判示している。

6 品川区監査委員に任意提出された政務調査費の使途に関する文書は「事務又は事業に関する情報」に当たるか

品川区監査委員が品川区議会における会派から任意に提出を受けた政務調査費の支出内容・目的等が記載された文書の非公開決定が争われた事件において、最一小判平成21・12・17裁判集民232号649頁〔28154010〕は、「政務調査費条例及び政務調査費規程の定め並びにそれらの趣旨に照らすと、政務調査費条例は、政務調査費の支出に使途制限違反があることが収支報告書等の記載から明らかにうかがわれるような場合を除き、監査委員を含め区の執行機関が、実際に行われた政務調査活動の具体的な目的や内容等に立ち入ってその使途制限適合性を審査することを予定していないと解される。もっとも、監査委員は、中立的な監査機関であって、職務上知り得た秘密につき守秘義務を負っており、また適正な監査の実施のためには議員等がこれに協力することが期待されることはいうまでもないが、上記の点からすると、区議会の議員等が監査委員から説明等を求められた場合、上記の具体的な目的や内容等について逐一回答すべき義務を負っているとまでは解し難く、また、区議会の議員等がその回答をしない場合、その一事をもって、当該政務調査活動が適正に行われたものではないとの推定を及ぼすこともできないというべきである」、「そして、政務調査活動が本来前記のように執行機関に対する監視機能を果たすための活動としての性格を帯びていることに照らすと、区議会の議員等がその具体的な目的や内容等を監査委員に任意に回答する場合、監査委員限りで当該情報が活用されるものと

信頼し、監査委員においてもそのような保障の下にこれを入手するものと考えられる。仮に、そのような保障がなく、政務調査活動に関し具体的に回答したところが情報公開の対象となり得るとすれば、区議会の議員等において、監査委員にその回答をすることに慎重になり、あるいは協力を一律に控えるなどの対応をすることも想定されるところである。そのような事態になれば、同種の住民監査請求がされた場合、正確な事実の把握が困難になるとともに、違法又は不当な行為の発見も困難になり、議員等の任意の協力の下に上記情報を入手して監査を実施した場合と比較して、監査事務の適正な遂行に支障を及ぼすおそれがあることは明らかである」として、品川区情報公開・個人情報保護条例（平成9年品川区条例25号。平成19年品川区条例34号改正前）8条6号ア所定の非公開情報（事務事業情報）に当たると判示している。

論点 5　部分開示の範囲

　行政機関の長は、開示請求に係る行政文書の一部に不開示情報が記録されている場合において、不開示情報が記録されている部分を容易に区分して除くことができるときは、開示請求者に対し、当該部分を除いた部分につき開示しなければならない（情報公開法6条1項。一般的部分開示規定）。

　また、このような開示情報と不開示情報を区分するという考え方だけでなく、不開示情報とされる個人に関する情報が記録されている場合であっても、当該情報のうち、個人を識別することができることとなる部分を除くことにより、公にしても、個人の権利利益が害されるおそれがないと認められるときは、当該部分を除いた部分は、個人に関する情報に含まれないものとみなして、開示しなければならない（同条2項。個人に関する情報の部分開示規定）。

　最三小判平成13・3・27民集55巻2号530頁〔28060670〕は、情報公開法6条2項のような個人に関する情報の部分開示規定のなかった大阪府公文書公開等条例（昭和59年大阪府条例2号。平成11年大阪府条例39号全部改正前）における事件であるが、同条例10条の部分開示規定（「実施機関は、公文書に次に掲げる情報が記録されている部分がある場合において、その部分を容易に、かつ、公文書の公開の請求の趣旨を損なわない程度に分離できるときは、その部分を除いて、当該公文書の公開を

しなければならない」）は、「その文理に照らすと、1個の公文書に複数の情報が記録されている場合において、それらの情報のうちに非公開事由に該当するものがあるときは、当該部分を除いたその余の部分についてのみ、これを公開することを実施機関に義務付けているにすぎない。すなわち、同条は、非公開事由に該当する独立した一体的な情報を更に細分化し、その一部を非公開とし、その余の部分にはもはや非公開事由に該当する情報は記録されていないものとみなして、これを公開することまでをも実施機関に義務付けているものと解することはできない」と判示した（ここに示された考え方がいわゆる「情報単位論」ないし「独立一体説」と呼ばれるようになる。宇賀克也『新・情報公開法の逐条解説〈第7版〉』有斐閣（2016年）125頁参照）。

　その後、下級審裁判例はもとより、最高裁判決においても、最一小判平成14・2・28民集56巻2号467頁〔28070467〕のように「情報単位論」を採用したとみられるものと、最三小判平成15・11・11裁判集民211号349頁〔28083018〕のように「情報単位論」を採用しているとはみられないものとが存するように思われる（なお、宇賀・前掲117頁参照）。

　こうした状況の中、最三小判平成19・4・17裁判集民224号97頁〔28131084〕は、前掲平成15年最三小判〔28083018〕を引用しつつ、「非公開情報に該当しない公務員の懇談会出席に関する情報とこれに該当する公務員以外の者の懇談会出席に関する情報とに共通する記載部分がある場合、それ自体非公開情報に該当すると認められる記載部分を除く記載部分は、公開すべき公務員の本件各懇談会出席に関する情報としてこれを公開すべき」であると判示した。

　これは、前掲平成19年最三小判〔28131084〕の原審・名古屋高判平成17・11・17平成16年（行コ）52号公刊物未登載〔28130867〕が、「本件条例6条2項は、『実施機関は、公文書に前項各号のいずれかに該当する情報とそれ以外の情報とが併せて記載されている場合において、当該該当する情報に係る部分とそれ以外の部分とを容易に分離することができ、かつ、その分離により公文書の公開の請求の趣旨が損なわれることがないと認められるときは、同項の規定にかかわらず、当該該当する情報に係る部分を除いて、公文書の公開をしなければならない。』」と定めているところ、その文理に照らすと、ある特定の公文書に

複数の情報が記録されている場合において、それらの情報のうちの一部が、同条1項各号のいずれかの事由に該当するものであるときは、当該部分を除いたその余の部分についてのみ、これを公開することを実施機関に義務付けているにすぎない。すなわち、本件条例には、公開請求に係る公文書に記録されている情報が条例所定の非公開事由に該当するにもかかわらず、当該情報の一部を除くことにより、残余の部分のみであれば、非公開事由に該当しないことになるものとして、当該残余の部分を公開すべきものとする定めは存在しない。そうすると、上記のような定めを欠く本件条例6条2項の解釈としては、非公開事由に該当する独立した一体的な情報を更に細分化し、その一部を非公開とし、その余の部分にはもはや非公開事由に該当する情報は記録されていないものとみなして、これを公開することまでをも実施機関に義務付けているものと解することはできない。したがって、実施機関においてこれを細分化することなく一体として非公開決定をしたときに、住民等は、実施機関に対し、同条2項を根拠として、公開することに問題のある箇所のみを除外して、その余の部分を公開するよう請求する権利はなく、裁判所もまた、当該非公開決定の取消訴訟において、実施機関がこのような態様の部分公開をすべきであることを理由として、当該非公開の一部を取り消すことができないものと解される」と前掲平成14年最一小判〔28070467〕を引用しつつ説示した点を否定する。

　そして、前掲平成19年最三小判〔28131084〕の藤田宙靖裁判官の補足意見は、「情報公開法が6条1項に加え更に同条2項の規定を置いたのは、5条1号において非公開事由の一つとされる『個人に関する情報』が、同条2号以下の各非公開情報がその範囲につき『おそれがあるもの』等の限定を付しているのに比して、その語意上甚だ包括的・一般的な範囲にわたるものであるため、そのような性質を持つ『個人に関する情報』を記載した文書についても同条1項の部分開示の趣旨が確実に実現されるように、特に配慮をしたためであるからにほかならない。この意味において、それは、いわば念のために置かれた、確認規定としての性質を持つものであるに過ぎないのである。このような我が国情報公開法制の基本的な趣旨・構造に思いを致さず、単に例えば情報公開法6条2項が『当該部分を除いた部分は、同号の情報に含まれないものとみなして、

前項の規定を適用する』という文言を用いているという事実から、専ら形式的な文言解釈により、これと異なる考え方を導き出す原審のような解釈方法は、事の本末を見誤ったものと言わざるを得ず、到底採用することはできない。以上に述べた意味において、原審が引用する平成14年第一小法廷判決及び同判決が引用する最高裁平成13年3月27日第三小法廷判決（民集55巻2号530頁。以下『平成13年第三小法廷判決』という。）の説示するところは、少なくとも法令の解釈を誤るものであり、その限りにおいて、これらの判例は、本来変更されて然るべきものである」としつつ、「しかし、翻って考えるに、現実の問題は、結局、これらの判例がいう『一体的な情報』とは何かに掛かるとみることもできないではない」そして、「『一体的な情報』の範囲を、情報公開法制の上記にみたような本来の趣旨・目的に照らし、最小限の有意な情報という意味に限定して取り扱う限り、本件で問題とされる出席公務員の氏名をすべて公開することと、平成14年第一小法廷判決（及び平成13年第三小法廷判決）との間に、少なくともその結論において、矛盾は生じないこととなる。そして、このような考え方は、平成14年第一小法廷判決より後の当審判決、すなわち、本件第一次上告審判決（平成16年11月26日第二小法廷判決）及び平成15年第三小法廷判決が、いずれも基本的に依拠するところであると考えられるのであって、本判決における法廷意見もまた、これを承継したものというべきである」とする。

論点 ⑥　存否応答拒否はどのような場合に許容され得るか

　開示請求に係る行政文書の存否を答えるだけで、不開示情報を開示することとなるときは、行政機関の長は、当該行政文書の存否を明らかにしないで、当該開示請求を拒否することができる（情報公開法8条）。

　もっとも、存否応答拒否ができるのは行政文書が存在した場合には不開示情報に該当するものであり、決して不開示情報の範囲を拡大するものではない。また、存否応答拒否は行手法にいう申請に対する拒否処分であり、拒否処分時には同法8条1項により処分理由の提示が求められる。そこで、ここにおいて求められる理由には、当該文書が仮に存在するとした場合には同法5条のどの不開示情報に該当するかを記載すべきとする指摘がある（宇賀克也『新・情報公

開法の逐条解説〈第7版〉』有斐閣（2016年）135頁参照）。そうすると、実際に存否応答拒否をする場合には、存否応答拒否が必要な類型の文書については実際に文書が存在するかどうかとは関係なく常に存否応答拒否をすることと併せて、仮に文書が存在するとしても、どの不開示情報に該当するかということを理由として提示すべきこととなろう。この点に触れた判決として、次の2つを挙げる。

東京地判平成19・9・20判タ1263号288頁〔28140738〕は、原告がした、特定の国会議員が訪米した際に在米日本大使館が行ったすべての会食及び供応に関する支出証拠等の行政文書の開示請求に対して、外務大臣が情報公開法8条に基づき、存否応答拒否処分としたことから、当該処分の取消しが争われた事件である。この事件において、東京地裁は、「同条（引用者注：情報公開法8条）に基づいて、行政文書の存否を明らかにしないことが許されるのは、当該行政文書の存否を回答すること自体から不開示情報を開示したこととなる場合や、当該行政文書の存否に関する情報と開示請求に含まれる情報とが結合することにより、当該行政文書は存在するが不開示とする、又は当該行政文書は存在しないと回答するだけで、不開示情報を開示したことになる場合に限られると解するのが相当である」とし、「在外公館が我が国の特定の国会議員のために行ったとされる飲食を伴う会合に関する行政文書（本件文書はこれに該当する。）の存否を回答すること自体から直ちに、公にすることを前提としない会合の存否を開示したこととなるということはできないし、当該行政文書の存否に関する情報と開示請求に含まれる情報とが結合することにより、不開示又は不存在と回答することだけで、公とすることを前提としない会合の存否を開示したことになると認めることもできない」、「ある情報がほかの情報と重ね合わせることによって不開示情報が明らかになるおそれがあるかどうかは、当該情報が情報公開法5条各号の不開示情報に該当するかどうかの問題であり、この点を明らかにせず、上記おそれが抽象的に観念できることを根拠として、同法8条に規定する文書の存否応答拒否を認めることはできない」などとして、当該存否応答拒否処分を取り消している。

同控訴審・東京高判平成20・5・29平成19年（行コ）345号裁判所HP

〔28153034〕も、同東京地判の理由を引用しつつ、特に次の点を付加して、当該存否応答拒否処分を違法であるとした。すなわち、「情報公開法上、行政機関の長は、開示請求を拒否するときは、開示請求に係る行政文書の存否を明らかにした上で拒否することが原則であるから、同法8条に基づき開示請求を拒否するときは、当該拒否決定において、必要にして十分な拒否理由を提示しなければならないものと解される。本件処分において提示された理由は、前記のとおり、本件文書の存否を答えるだけで既に公になっているほかの情報と相まって、個別具体的な外交活動及び事務に関する情報で、同法5条3号及び6号に規定する不開示情報を開示することになるというものであって、具体性を欠く不十分な理由であるといわざるを得ず、また、当該理由を根拠付ける事実の立証があったとも認められないから、同条に基づき本件文書の存否を明らかにしないでされた本件処分は、違法といわざるを得ない」とする。

論点 7 　文書の不存在

開示請求に係る行政文書を保有していない場合、すなわち「文書の不存在」が問題となる場合には、物理的不存在と解釈上の不存在があり得る（宇賀克也『情報公開・個人情報保護』有斐閣（2013年）262頁）。

1 　解釈上の不存在

渋谷区情報公開条例（平成元年渋谷区条例39号）に基づく区長車又は議長車のガソリン代金に関する公文書の公開請求に係る東京地判平成21・5・27判時2045号94頁〔28152498〕は、当該公文書の解釈上の不存在決定を取り消している。すなわち、「本件情報公開請求における『公文書を特定するために必要な事項』欄の記載については、その文理上、区長車又は議長車に対するガソリンの供給に関する情報が記載された公文書の公開を請求するものと解されるのであり、『区長車』、『議長車』又はこれらに類する文言が記載された文書に対象文書を限定していると解することはできないから、本件内訳書に『区長車』、『議長車』又はこれらに類する文言が記載されていないからといって、直ちに本件情報公開請求の対象文書に該当しないとはいえない」とし、さらに、被告による「原告において、本件内訳書自体から区長車又は議長車に係るガソリン代金に

ついての請求内容や供給内容を把握することはできないから、本件内訳書は本件情報公開請求の対象文書に該当しない」旨の主張に対しては、「本件条例において、公開の対象となる『公文書』について、公開を請求する者において当該文書の記載自体から知ろうとする事項の内容をすべて理解することができるものに限られるといった限定を設ける規定は見当たらない。また、本件条例9条2項は、『公開請求に係る公文書を管理していないとき』には公開をしない旨の決定をすると定めるが、ここにいう『公開請求に係る公文書を管理していないとき』とは、基本的に、公文書の公開の請求があった時点で、実施機関において、請求書に対象文書を特定するために必要な事項として記載されたところに該当する文書を物理的に管理していない場合を指すと解されるのであり、公文書の公開を請求する者において実施機関が管理する文書の記載自体からは知ろうとする事項の内容をすべては理解することができない場合又はそのような蓋然性がある場合についても公開をしない旨を定めたと解すべき根拠は見いだし難い」と判示する。

2　物理的文書不存在に係る主張・立証責任

「琉球諸島及び大東諸島に関する日本国とアメリカ合衆国との間の協定」（昭和47年条約2号。以下、「沖縄返還協定」という）の締結に至るまでの日本政府と米国政府との間の交渉（以下、「沖縄返還交渉」という）において、日本が米国に対して沖縄返還協定で規定した内容を超える財政負担等を国民に知らせないままに行う旨の合意（いわゆる「密約」）があったとして、外務大臣及び財務大臣に対し、この密約を示す行政文書及びそれに関連する行政文書の開示を請求したところ、両大臣からいずれの行政文書も保有していないこと（不存在）を理由とする各不開示決定を受けたため、これらの取消し等を求めた事件において、東京地判平成22・4・9判タ1326号76頁〔28161843〕は、情報公開法3条が規定する行政文書の開示請求権に基づいて開示請求できるのは、行政機関が保有している行政文書であり、ある行政文書の開示請求権が発生するためには、行政機関において当該行政文書を保有していることが必要である。したがって、行政機関が文書を保有していることは、当該行政文書の開示請求権発生の要件ということができるとして、開示請求権の対象である行政文書を行政機関が保

有していないことを理由とする不開示決定の取消訴訟においては、同訴訟の原告である開示請求者が、行政機関が当該行政文書を保有していることについて主張・立証責任を負うと解するのが相当であるとした。もっとも、開示請求者は、不開示決定において行政機関が保有していないとされた行政文書に係る当該行政機関の管理状況を直接確認する権限を有するものではないから、行政機関が当該行政文書を保有していることについての主張・立証責任を果たすため、基本的には、(1)過去のある時点において、当該行政機関の職員が当該行政文書を職務上作成し、又は取得し、当該行政機関がそれを保有するに至り、(2)その状態がその後も継続していることを主張・立証するほかないことになる。そして、当該行政文書が、当該行政機関の職員が組織的に用いるものとして一定水準以上の管理体制下に置かれることを考慮すれば、開示請求者において前記(1)を主張・立証した場合には、前記(2)が事実上推認され、被告において、当該行政文書が前記不開示決定の時点までに廃棄、移管等されたことによってその保有が失われたことを主張・立証しない限り、当該行政機関は前記不開示決定の時点においても当該行政文書を保有していたと推認されるものというべきであると判示している。

同控訴審・東京高判平成23・9・29判タ1377号79頁〔28180833〕は、東京地判と同様に文書の不存在を理由とする不開示決定の取消訴訟においては、開示請求者が、行政機関が当該行政文書を保有していること（文書の存在）について主張・立証責任を負い、不開示事由があることを理由とする不開示決定の取消訴訟においては、不開示事由の存在について国が主張・立証責任を負うと解するのが相当であるとした（ただし、外務省及び財務省が本件各文書をそれぞれ保有していると認めるに足りる証拠はないとして、原審東京地判を取り消している）。

同上告審・最二小判平成26・7・14訟務月報61巻5号1037頁〔28223051〕は、次のように述べて、上告を棄却している。すなわち、「情報公開法において、行政文書とは、行政機関の職員が職務上作成し、又は取得した文書、図画及び電磁的記録であって、当該行政機関の職員が組織的に用いるものとして、当該行政機関が保有しているものをいうところ（2条2項本文）、行政文書の開示を請求する権利の内容は同法によって具体的に定められたものであり、行政機関の

長に対する開示請求は当該行政機関が保有する行政文書をその対象とするものとされ（3条）、当該行政機関が当該行政文書を保有していることがその開示請求権の成立要件とされていることからすれば、開示請求の対象とされた行政文書を行政機関が保有していないことを理由とする不開示決定の取消訴訟においては、その取消しを求める者が、当該不開示決定時に当該行政機関が当該行政文書を保有していたことについて主張立証責任を負うものと解するのが相当である」、「そして、ある時点において当該行政機関の職員が当該行政文書を作成し、又は取得したことが立証された場合において、不開示決定時においても当該行政機関が当該行政文書を保有していたことを直接立証することができないときに、これを推認することができるか否かについては、当該行政文書の内容や性質、その作成又は取得の経緯や上記決定時までの期間、その保管の体制や状況等に応じて、その可否を個別具体的に検討すべきものであり、特に、他国との外交交渉の過程で作成される行政文書に関しては、公にすることにより他国との信頼関係が損なわれるおそれ又は他国との交渉上不利益を被るおそれがあるもの（情報公開法5条3号参照）等につき、その保管の体制や状況等が通常と異なる場合も想定されることを踏まえて、その可否の検討をすべきものというべきである」としたうえで、「本件交渉の過程で作成されたとされる本件各文書に関しては、その開示請求の内容からうかがわれる本件各文書の内容や性質及びその作成の経緯や本件各決定時までに経過した年数に加え、外務省及び財務省（中央省庁等改革前の大蔵省を含む。）におけるその保管の体制や状況等に関する調査の結果など、原審の適法に確定した諸事情の下においては、本件交渉の過程で上記各省の職員によって本件各文書が作成されたとしても、なお本件各決定時においても上記各省によって本件各文書が保有されていたことを推認するには足りないものといわざるを得ず、その他これを認めるに足りる事情もうかがわれない」として、原審東京高判の判断を是認している。

論点 8　不開示決定において求められる理由提示の程度とは

1　不開示情報該当性についての理由提示の程度

　情報公開法に基づく開示請求に対する不開示決定については行手法 8 条 1 項の規定により、また情報公開条例に基づく開示請求に対する不開示決定については行政手続条例による理由提示義務があるが、このような理由の提示の程度を明確にするために、情報公開条例において理由提示の程度に関する規定を設けているものがある。例えば、現在の東京都情報公開条例（平成11年東京都条例 5 号）13条 1 項は、「実施機関は第11条各項の規定により開示請求に係る公文書の全部又は一部を開示しないときは、開示請求者に対し、当該各項に規定する書面によりその理由を示さなければならない。この場合において、当該理由の提示は、開示しないこととする根拠規定及び当該規定を適用する根拠が、当該書面の記載自体から理解され得るものでなければならない」と規定している（宇賀克也『新・情報公開法の逐条解説〈第 7 版〉』有斐閣（2016年）136頁。なお、高橋滋＝斎藤誠＝藤井昭夫編著『条解行政情報関連三法』弘文堂（2011年）〔七條浩二〕389頁参照、特に390頁以下には行政透明化検討チームとりまとめ（平成22年 8 月24日）で示された理由の提示に関する議論が整理されている）。

　この点につき、東京都公文書の開示等に関する条例に係る事件であるが、最一小判平成 4・12・10裁判集民166号773頁〔27815214〕は、「公文書の非開示決定通知書に付記すべき理由としては、開示請求者において、本条例 9 条各号所定の非開示事由のどれに該当するのかをその根拠とともに了知し得るものでなければならず、単に非開示の根拠規定を示すだけでは、当該公文書の種類、性質等とあいまって開示請求者がそれらを当然知り得るような場合は別として、本条例 7 条 4 項の要求する理由付記としては十分ではないといわなければならない」として、当該事件においては、「単に『東京都公文書の開示等に関する条例第 9 条第 8 号に該当』と付記されたにすぎない本件非開示決定の通知書は、本条例 7 条 4 項の定める理由付記の要件を欠くものというほかはない」と判示している。

2　解釈上の文書不存在についての理由提示の程度

　ここでは、物理的文書不存在ではなく、解釈上の文書不存在における非公開

決定の理由提示の程度について、渋谷区情報公開条例（平成元年渋谷区条例39号）に基づく渋谷区町会連合会の複数年度の会計帳簿等の公開請求に係る事件をみておきたい。東京地判平成22・3・30判例地方自治331号13頁〔28162141〕は、単に「該当公文書が不存在のため」との理由を付記した非公開決定につき、本件条例の定める理由付記の要件を欠くなどとして取り消している。

　本判決は、「本件条例2条2号にいう公文書に当たらないこと（以下『法的不存在』（引用者注：＝解釈上の不存在）という。）を理由として非公開決定をする場合における理由付記の程度について検討するに、㋐本件条例が、非公開決定の理由付記において、公開しないこととする根拠規定及び当該規定を適用する根拠が、非公開決定の通知書面の記載自体から理解され得るものでなければならないことを明文で定めている（9条の3第1項）以上、実施機関が、公開請求に係る文書は本件条例2条2号にいう公文書に当たらないとして非公開決定をするのであれば、その通知書に付記すべき理由としては、公開請求者において、当該文書が同号にいう公文書に当たらないとの理由で非公開とされたものであることをその根拠とともに了知し得るものでなければならない」とする。そして、「本件条例に基づく公文書の公開請求制度におけるその目的を踏まえた理由付記制度の趣旨のうち、〈1〉不服申立ての便宜という観点からは、公開請求者において、処分行政庁が物理的不存在を理由とする場合にその事実の存否を争うのと、処分行政庁が法的不存在を理由とする場合にその法的判断の適否を争うのとでは、その不服申立ての在り方が大きく異なることが明らかであり、〈2〉実施機関の判断の慎重と公正妥当を担保してその恣意を抑制するという観点からも、処分行政庁において、当該文書が同号にいう公文書に当たらないと判断した理由として物理的不存在と法的不存在の区別及び後者とする根拠の記載をすることは、その事実認定及び法的判断の慎重と公正妥当を担保することに資するというべきであるから、……法的不存在の場合の理由付記は、少なくとも、公開請求者において、処分行政庁が非公開決定の理由とする本件条例2条2号にいう公文書の不存在が物理的不存在ではなく法的不存在をいうものであることをその根拠とともに了知し得るものでなければならず、非公開決定の通知書に単に『不存在』等と付記するのみでは、本件条例9条の3第1項の

要求する理由付記として十分ではないといわなければならない」とし、「本件非公開決定の通知書における理由の記載は、本件非公開決定が法的不存在を理由とするものであったにもかかわらず、単に『該当公文書が不存在のため』とのみ記載したものにとどまり、物理的不存在と法的不存在の区別及び後者とする根拠が何ら示されていなかったのであるから、本件条例9条の3第1項の定める理由付記の要件を欠くものというほかなく、同項に違反する瑕疵があったものというべきであって、その内容・態様及び前記の理由付記制度の趣旨等に照らし、これは本件非公開決定の取り消されるべき瑕疵に当たるものといわざるを得ない」と判示している。

論点 9　開示決定等の期限に遅れたら

　情報公開法は、開示請求に対する開示決定等の期限を原則30日以内と定め（10条1項）、正当な理由がある場合にさらに最大30日以内の延長を認めている（同条2項）。同条所定の開示決定等の期限の徒過に関して、東京高判平成18・9・27訟務月報54巻8号1596頁〔28141997〕は、「開示請求者は、原則として同法10条所定の期限内にその開示請求に対する開示又は不開示の決定を受けるべき法律上の地位を与えられているものといわなければならない。しかし、その一方で、同法は、『行政文書の開示を請求する権利につき定めること等により、行政機関の保有する情報の一層の公開を図り、もって政府の有するその諸活動を国民に説明する責務が全うされるようにするとともに、国民の的確な理解と批判の下にある公正で民主的な行政の推進に資すること』を情報公開制度の目的としているのであって（同法1条）、これによれば、開示決定等の期限の定めは、上記のような情報公開制度の窮極の目的である適正な行政運用の監視、確保という国民全体の一般的利益の実現に資するための目的的な規制であり、上記開示請求者の法律上の地位もそのような目的的な規制と表裏の関係にあるものにすぎないと解するのが相当である。そうすると、開示請求者が所定の期限内にその開示請求に対する開示又は不開示の決定を受けることができなかったとしても、それによって直ちに開示請求者の個人的な権利利益が侵害されたものと解すべきではなく、当該開示請求に対する開示又は不開示の決定の期限の

不遵守が社会通念上一般人において受認すべき限度を超えない限り、国家賠償法上の違法行為を構成することはないと解するのが相当である」と判示している。

　前記判決は、国賠法1条1項所定の違法を主張し争われた事案であるが、開示決定の遅延について訴訟で争う場合には、ほかに情報公開法に基づく開示請求が行訴法3条5項にいう「法令に基づく申請」に当たるとして不作為の違法確認訴訟及び開示の義務付け訴訟の併合提起があり得る。実際に、東京地判平成19・12・26判タ1278号186頁〔28140479〕は、外務大臣に対してされた不作為の違法確認訴訟を一部認容している（なお、開示の義務付け及び国家賠償については棄却する）。

　　　　　　　　　　　　　　　　　　　　　　　　　　（折橋洋介）

事項索引
(五十音順)

あ 行

青色申告……………………………388, 389
荒川民商事件………………………476, 477
安全配慮義務………………………………111
異議申立て…………………………442, 461
──についての決定を経た………460
異議申立前置………………………………442
意見公募手続………… 27, 398, 400, 401
意見書………………………………………436
意思表示の瑕疵……………………………99
移送義務……………………………………430
委託契約……………………………………23
一事不再理…………………………………403
一斉検問……………………………………470
一般概括主義………………………………412
一般義務文書………………………………502
一般処分……………………………………148
委　任………………………………………6
委任命令……………………………………39
委任立法……………………………… 39, 248
違反事実の公表……………………………233
違法不当性一般……………………………438
インカメラ審理……………………………500
訴えの利益………………241, 269, 270, 288
浦安町ヨット係留杭強制撤去事件……245
上乗せ条例…………………………………51
エストッペル………………………………317
閲覧拒否処分………………………………447
閲覧請求……………………………446, 447
──の対象…………………………445
閲覧請求拒否処分の違法…………………447
閲覧請求拒否処分の瑕疵の効果…………446
閲覧の対象…………………………………445

閲覧又は写しの交付…………445, 446, 465
O-157………………………………………290
屋外広告物法………………………………285

か 行

概括主義……………………………………412
戒　告………………………154, 238, 240, 242
開示決定等の期限…………………………553
開示請求権……………………528, 530, 531
開示請求手続………………………………531
開示請求の対象……………………………528
解釈基準……………………………………26
解釈上の不存在……………………………547
解釈上の文書不存在………………………551
外部効………………………………………27
学習指導要領………………………………29
各省設置法…………………………………2
確認行為……………………………………171
過　失………………………………………262
過失犯………………………………………249
課税要件明確主義…………………………6
課徴金………………………………………264
下　命………………………………………159
過　料…………233, 255, 259, 260, 262, 267
カルテル……………………………264, 266
川崎民商事件………………………480, 482
関係行政庁…………………………………459
勧告（病院開設中止）……………………146
間接強制……………………………… 20, 480
間接強制調査………………………469, 481
感染症予防法………………………………289
管理（公文書）……………………………529
機関争訟……………………………………410
機関訴訟……………………………………455

556　事項索引

棄却決定……………………………458
棄却裁決…………………………449, 462
期　限………………………………217
期限付任用…………………………220
規制規範………………… 2, 7, 22, 304
規制権限の不行使…………………324, 326
規制的行政指導……………………297, 313
規制的契約…………………………… 23
基本権保護義務……………………288
却下決定……………………………458
却下裁決…………………………449, 462
客観争訟……………………………410
客観的かつ公正な判断……………466
給付行政上の行為…………………143
教科書検定手続における告知・聴聞手
　続…………………………………371
競　願………………………………377
強行法規……………………………128
教　示………………………………461
供述拒否権…………………………483
行政機関……………………………300
　　――の「任務又は所掌事務の範囲
　　　内」…………………………299
行政機関相互間の行為……………175
行政基準……………………………… 26
行政規則………………………26, 382, 398
　　――の外部化現象……………… 38
行政刑罰…………………………232, 247
行政行為……………………………137
行政サービスの拒否………………233
強制執行…………………………2, 4, 22
行政執行法………………………232, 274
行政指導………… 10, 23, 146, 291, 297,
　　　　　　　　　　336, 338, 347,
　　　　　　　　　　349, 352, 353
　　――の中止……………………313
行政指導指針…………………… 38, 398
行政主体と私人の間の契約ないし合意
　…………………………………136
行政上の義務履行確保………229, 232, 253
行政上の強制執行…………………… 4
行政上の強制徴収…………………268
行政上の秩序罰………………233, 247, 259
行政処分　→　処分
行政審判……………………………370
行政代執行………………………229, 236
行政代執行法……………………232, 267
強制調査………………………… 22, 468
行政調査……………………………274
強制徴収…………………………266, 268
行政庁による情報提供……………357
行政庁の教示義務と誤った教示をした
　場合の救済………………………428
行政庁の処分………………………309
行政庁の処分その他公権力の行使に当
　たる行為………………………303, 309
行政的執行…………………………232
行政手続…………………………532, 551
行政手続法3条1項による適用除外…339
行政手続法3条2項による適用除外
　………………………………339, 341
行政の自己統制…………………453, 466
行政の適正な運営の確保…………438
行政罰……………………………232, 247
行政不服審査………………………437
行政不服審査会等…………………465
　　――の調査審議手続…………467
　　――の答申……………………451
　　――への諮問…………………451
　　――への諮問制度……………440
　　――への諮問手続……………436
　　――への諮問の意義………465, 466
行政不服審査法に基づく処分……447
行政不服申立て……………………410
行政文書…………………………528, 529
　　――の存否……………………545

事項索引 557

行政立法	26
強　迫	100
許　可	162
許可条件	223
許認可	295
距離制限	164, 200
規律の程度	24
規律密度	6, 24
緊急代執行	238
緊急避難	245, 279, 287
禁　止	159
禁反言	317
国の機関等に対する処分等の適用除外	343
訓　令	8, 31
警察官職務執行法	12, 17, 19, 274
警察官の立入り	278
警察許可	166
警察法	16, 17
形式的行政処分	143, 145
形式秘説	499
刑事上の制裁措置と一事不再理	403
継続的事実行為	288
決定書の作成	458
決定の理由付記	461
原裁決	462
原裁決の手続的違法又は不当	464
原裁決の手続的瑕疵	464
けん銃	279, 280
検　証	436, 437, 443, 444, 447
原処分庁からの答弁書の提出と審査請求人等への送付	444
原処分における理由付記不備の瑕疵	453
憲法31条	361, 362
権力的事実行為	241, 243, 474
権力留保説	6, 24, 304
公営住宅	292
公益的事業者	292
公開請求の不受理決定	531
公害防止協定	23, 136, 273
公企業の特許	164, 165
公共の安全等に関する情報	537
公権の相対性	125
公権の融通性	120
公権力の行使	23, 137, 243
——の委任	142
公示送達	365, 454
公　証	155
公正取引委員会	264
公正の確保	330
拘束力	454, 455
拘束力が認められる裁決の範囲	455
拘束力と職権取消しの関係	455
公聴会	358
交通検問	16
交通事件即決裁判手続	256
公定力	101, 139, 147, 174, 191, 251, 454, 456
口頭意見陳述	436, 437, 441, 442, 462
——の機会	437, 441, 442, 465
——の際に処分庁等へ質問する権利	443, 447
——の対象	441
——の申立て	441, 442
——を申し立てる権利	443, 447
口頭意見陳述権	458
口頭審理	442, 443
——の申立て	442
口頭審理手続	441
後発的・遡及的瑕疵	201
後発的調整事由	200
公　表	20, 291, 307
——の情報提供機能	308
——の制裁機能	308

事項索引

公表行為……………………………303
公 布………………………………82
公物の時効取得……………………105
公文書…………………………529, 530
　　　──の不存在…………………552
公法私法二元論………………………93
公法上の契約…………………………22
公法と私法……………………… 93, 119
公務員の職務遂行に関する情報……535
公務秘密文書………………………502
公用負担…………………………203, 284
効力規定……………………………170
告 示………………………………26
国税徴収法…………………………232
国税犯則……………………………256
国税犯則調査……………………479, 488
告発義務……………………………488
国民主権………………………………6
国立大学法人……………343, 503, 506
個人識別型…………………………508
個人情報……………………………507
個人に関する情報…………………535
国家賠償訴訟………………………353
固定資産評価基準……………………30
固定資産評価審査委員会
　　　──による口頭審理……371, 442, 443
　　　──の審査手続………………440
固定資産評価審査手続における口頭審理………………………………441
個別的考慮義務………………………37
個別法による行政手続法の適用除外…331
根拠規範……………… 2, 7, 10, 14, 17, 19,
　　　　　　22, 24, 303-305,
　　　　　　468-470, 520
根拠法令……………………………399

さ 行

再委任………………………………42

罪刑法定主義…………………250, 263
裁決
　　　──の効力…………………450, 454
　　　──の取消原因…………………466
　　　──の取消事由…………446, 447
　　　──の方式………………………451
裁決期間……………………………450
裁決書…………………………450-452
　　　──の作成…………………449, 451
裁決遅延の効果……………………450
財産権…………………………………5
再審査請求……………… 411, 457, 462
　　　──に係る原裁決………………464
　　　──の意義……………………462
　　　──の裁決………………………462
　　　──の対象……………………462, 463
再審査請求期間……………………451
再審査庁……………………………451
再調査の請求……………411, 458, 463
　　　──と審査請求の関係……458, 460
　　　──についての決定……………460
　　　──についての決定を経た
　　　　　　　　　　　458, 460, 461
　　　──の意義……………………458
裁定的関与…………………………463
債務名義……………………………269
裁量基準……………………… 26, 348, 382
裁量権収縮論……………………324, 326
裁量権消極的濫用論……………324, 327
裁量権の逸脱・濫用…………………46
錯 誤………………………………100
差止訴訟……………………………288
作用法的行政機関概念……………300
参加人……………… 424, 444, 445, 426,
　　　　　　　　　　　436, 437, 447
　　　──の手続的権利………………447
　　　──の範囲……………………448
参考人の陳述及び鑑定の要求

事項索引　*559*

……………………………………436, 437, 443, 444, 447	主観争訟……………………………410, 416
事件記録………………………………437	授権規範……………………………303-305
施行（行政法規の効力）………… 82	主張・立証責任……………………532, 549
自己負罪拒否特権……………………482	出所情報………………………………538
事実行為……………………2, 137, 310, 313	出訴期間……………………………451, 457
事実上の行為…………………449, 458, 462	守秘義務……………………………488, 498
──の撤廃………………………449	受　理…………………………347, 349, 354
──の撤廃・変更………………449	省エネルギー法に基づく定期報告書…536
事情裁決……………………………449, 462	条　件……………………………103, 217
私人の権利利益の救済………………438	証拠書類………………………………439
私人の公法行為………………………95	証拠書類等を提出する権利………443, 447
事前手続……………………258, 260, 291	証拠書類又は証拠物…………………436
執行機関の附属機関…………………465	証拠調べ………………………………436
執行停止……………………242, 260, 283, 429	証拠能力………………………………470
執行罰………………………229, 232, 233, 271	情報（行政文書）……………………528
執行命令………………………………39	情報公開条例…………………………528
執行力………………………235, 244, 454	情報公開法……………………………528
実施機関………………………………532	情報単位論……………………………543
実質的確定力………………196, 456, 457	情報提供…………………………… 20, 520
実質秘説………………………………499	条　例……………………4, 237, 248, 271
実施の申出……………………………313	──の制定行為……………………147
実体審理………………………………436	省令制定権限…………………………400
質問検査権…………………476, 480, 488	条例制定権の限界…………………… 50
自動車検問…………………………… 16	職能分離………………………………369
指導要綱………………………………316	職務質問…………………………… 13, 469
品川区マンション訴訟……………297, 304	職務上知り得た秘密…………………498
私法上の契約………………………… 22	職務上の秘密…………………………498
私法上の行為…………………………140	職務命令………………………………175
司法的執行……………………………232	食糧費の支出関係文書………………535
事務管理…………………………100, 241	所持品検査………………………… 12, 469
事務又は事業に関する情報………539, 541	所掌事務……………………………2, 10, 21
諮問機関……………………………465-467	助成的行政指導………………………297
重加算税………………………………254	除斥事由………………………………425
住　所…………………………………104	職権収集物件…………………………446
住民訴訟……………………………3, 245	職権主義………………………………439
重要事項留保説…………………… 6, 304	職権証拠調べ…………………………437
授益的処分の撤回……………………294, 295	職権探知……………………………437, 438
	職権調査の結果……………437, 442, 443

職権取消し……………………………8, 9
職権により収集した物件……………445
職権による証拠調べ…………………437
職権発動型案件と一事不再理…………405
処　分………7, 24, 137, 310, 412, 449, 458
　　　──についての審査請求…………411
　　　──の効力………………………454
　　　──の効力の消滅（失効）………198
　　　──の告知と処分の確定…………187
　　　──の成立及び効力発生…………176
　　　──の通知・公告…………………182
　　　──の取消し（職権取消し）……205
　　　──の取消権の留保（撤回権の留
　　　　　保）………………………………217
　　　──の取消しの遡及効……………211
　　　──の附款…………………………217
　　　──の留保…………………………314
処分の撤回……………………205, 212
　　　──と補償の要否…………………216
　　　──の制限…………………………214
処分基準………………34, 372, 393, 398
処分書の交付・送達………………182
処分性……………241, 242, 289, 309, 413
処分前の原因事実の通知……………364
処分庁……………436-439, 441, 443, 444
処分庁から提出された書類その他の物
　件……………………………………445
処分庁等から提出された書類等の閲覧
　を求める権利………………443, 447
処分理由の差替え……………………439
処分理由の提示………………………545
書面審理………………………436, 443, 462
書面審理主義…………………………436, 441
処理基準………………………………34
自力救済………………………………286
自力執行力……………………………193
侵害留保………………………………285
　　　──の原則…………………………274

　　　──の原理…………………………232
侵害留保原理…………………2, 6, 9, 19, 20
侵害留保説……………………………304
信義則………………………………108, 317
審査関係人……………………………465
審査基準………………………………34, 398
　　　──の設定義務……………………377
　　　──の変更…………………………384
審査基準・処分基準の拘束性…………381
審査基準・処分基準の公表……………379
審査義務………………………………532
審査請求………………………………411, 423
　　　──における裁決…………………449
　　　──に係る事件……………………441
　　　──に係る処分……………………462-464
　　　──の裁決…………………………462, 463
　　　──の適法要件……………………441
　　　──への一元化の例外………459, 463
審査請求期間………………428, 458, 461
　　　──の起算点………………………433
審査請求書………………428, 436, 438, 444
　　　──の記載の趣旨の解釈…………430
　　　──の提出先………………………430
　　　──の補正…………………………431
審査請求人……………436-439, 441, 443,
　　　　　　　　　　　　　444, 445, 452
　　　──の手続的権利…………………447
審査請求人及び参加人の申立てによる
　口頭意見陳述の機会………………436
審査請求人又は参加人の審尋…………444
審査請求録取書………………………436
審査庁……………………423, 436-439,
　　　　　　　　　　　　　442, 444, 445
審査庁が処分庁に出向いて作成したメ
　モ……………………………………445
審査庁の職員が処分庁に赴いて作成し
　た調査メモ…………………………445
審査申出人……………………………443

事項索引　*561*

申　請……………………334, 337
　　　──の経由……………………357
　　　──の受領拒否………………349
　　　──の到達……………………356
　　　──の不受理…………………181
申請型義務付け訴訟………………351
申請拒否処分の成否………………181
申請権…………………………………157
申請書の返戻…………………………181
申請等に対する拒否行為…………157
申請等の受理・不受理……………157
信頼保護………………………………317
信頼保護の原則………………108, 317
審理員……………… 370, 423, 436-439,
　　　　　　　　　　　　 442-445
　　　──による職権探知………438, 439
　　　──による審理員意見書の提出…451
　　　──による審理手続………436, 466
　　　──の除斥事由……………………424
審理員意見書……………………437, 451, 465
審理員意見書及び事件記録………437
審理員意見書及び事件記録の写し……465
審理員意見書の写し……………437, 465
　　　──の送付を受ける権利…………443
審理員意見書の送付を受ける権利……447
審理員意見書や事件記録等に基づく書
　面審理……………………………466
審理員制度……………………440, 462
　　　──の導入…………………………466
審理関係人…………… 424, 436, 441,
　　　　　　　　　　　　 451, 465
　　　──への質問………436, 437, 443, 447
審理手続………………436, 442, 445
　　　──の計画的進行……………436, 451
　　　──の計画的遂行…………………436
水道給水契約………………………315
水道法………………………………293
請求権者の死亡……………………531

制　裁………………………… 20
制裁的公表……………………290, 520
正当防衛………………………279, 287
政務調査費の使途に関する文書………541
責任主義………………………263, 294
先願主義………………………164, 356
善管注意義務………………………244
全部留保説…………………………6, 7
捜　索………………………… 13
捜査費等に係る偽名の領収書………537
争訟裁断行為の効力………………454
双方代理…………………………… 98
遡及適用…………………………… 82
即時強制………… 2, 4, 5, 232-234, 274,
　　　　　　　　　　　　 283, 285, 288
即時執行…………………………2, 4, 274
属地主義…………………………… 82
組織規範………………………… 2, 7, 17
組織法的行政機関概念………………301
措置入院……………………………283
存否応答拒否…………………545, 546

た 行

退去強制……………………………235
退去強制令書………………………283
第三者機関……………………463, 466
第三者提供…………………………509
代執行………………………………4, 285
代執行令書による通知……………238
代執行令書の通知……………240, 242
代替的作為義務………229, 236, 247, 272
滞納処分………………………232, 240, 267
対物許可……………………………199
対物処分……………………………204
代　理………………………… 97
宝塚市パチンコ条例判決…………271
宅地開発指導要綱…………………293
立入り（警察官）…………………278

知事の交際費関係公文書……………539
秩序罰…………………………………255
地方公共団体
　　──に置かれる機関…………465, 466
　　──に設置される諮問機関の調査
　　　　審議手続………………………467
　　──についての適用除外…………344
　　──の機関……………………………465
　　──の執行機関の附属機関………466
　　──の事務……………………………50
　　──の措置……………………………344
中間段階の行為………………………150
中立かつ公正な審理…………………466
中立性・公平性…………………437, 440
調査義務………………………………491
調査メモ………………………………445
調整的行政指導…………………297, 313
聴聞主宰者の除斥……………………369
聴聞通知交付日と聴聞期日の間の期間
　………………………………………372
聴聞手続後の証拠提出………………366
聴聞・弁明の機会の付与の省略………363
直接強制……………229, 232–234, 271, 289
直　罰…………………………………248
追徴税…………………………………254
通告処分………………………………256
通　達……………………………8, 28, 31
通　知…………………………………152
通謀虚偽表示…………………………100
提出意見…………………………398, 401
提出書類等……………………………445
　　──の写しの交付を求める権利
　………………………………443, 447
　　──の閲覧請求……………………445
　　──の閲覧又は写しの交付………436
訂正請求………………………………517
撤　回……………………………………8, 9
撤回権の留保…………………………217

手続上重大な瑕疵……………………441
手続上の瑕疵…………………………401
手続上の権利…………………………447
手続的瑕疵……………………………491
手続的権利………………437, 443, 447, 448
手続保障………………………………289
デュープロセス…………………361, 370
東京都大田区ごみ焼却場設置事件……309
答申書…………………………………465
到達主義…………………………350, 532
透明性の向上…………………………331
登　録…………………………………156
道路交通法………………………249, 256
時の裁量………………………………348
土地収用法上の収用裁決……………243
土地収用法に基づく事業認定………358
特許と許可の区別……………………166
届　出……………………………334, 337
取消権の留保…………………………217
取消訴訟の対象………………………447
取消訴訟の排他的管轄………………101
取消しの制限…………………………208
取締規定………………………………170
取締法規…………………………128, 159

な　行

内閣官房報償費………………………532
内部的拘束力……………………………33
内部的手続行為………………………175
成田新法………………………………236
成田新法訴訟…………………………481
二重処罰の禁止………………………253
任意手段……………………………13, 16
任意調査………………………………469
認　可…………………………………169
認容決定………………………………458
認容裁決…………………………449, 462

事項索引　563

は　行

破壊消防……………………………284
白紙委任………………………………40
罰　則…………………………………22
　　——の委任………………………41
犯罪の非刑罰的処理（ダイバージョン）………………………………256
犯罪の予防・制止…………………277
反則金…………………………256, 257
犯則調査……………………………483
反復禁止効…………………………198
反論書…………………………436, 444
　　——の提出……………………444
　　——の提出権…………………443
　　——を提出する権利…………443
非権力的行為…………………141, 143
非代替的作為義務…………229, 247, 271
避難（警職法）……………………276
秘　密………………………………499
表見代理………………………………97
表示主義・意思主義………………189
標準処理期間………………………347
標準審理期間……………423, 451, 458
平等原則……………51, 69, 223, 321, 382
比例原則………51, 67, 223, 262, 263, 265, 275, 279, 280, 291, 477, 491, 521, 522
不開示事由該当性…………………532
　　——に係る主張・立証責任…532
不開示情報………………532, 534, 545
不開示情報該当性……………534, 551
不可争力…………………193, 454, 457
不可変更力…………194, 454, 455-457
武器の使用…………………………279
複合説………………………………499
不作為……………………19, 412, 449
　　——についての審査請求……411
　　——の違法確認訴訟…348, 351, 450
不作為義務…………………229, 247, 271
不作為庁……………………………436
不受理………………………………532
附属機関……………………………467
不存在（非公開決定通知書）……552
負　担………………………………217
物件提出要求により処分庁等以外の所持人から提出された物件等の閲覧を求める権利…………………443, 447
物件の提出要求……436, 437, 443, 444, 447
物理的不存在……………………547, 552
物理的文書不存在…………………551
　　——に係る主張・立証責任…548
不当利得……………………………101
不当利得返還請求……………258, 266
不服申立て…………………………410
　　——の状況……………………465
　　——の対象……………………447
　　——の二重前置………………463
　　——の利益………………412, 418
　　——の類型……………………459
不服申立資格………………………411
不服申立人……………………439, 442
　　——の権利救済………………453
不服申立人適格……………412, 418
部分開示……………………………542
　　——の範囲……………………542
不利益処分……………294, 311, 336, 338
不利益な取扱い………………306, 307
不利益変更禁止……………………454
不利益変更禁止の原則……450, 453, 454
文書提出義務………………………502
文書等閲覧請求における第三者保護…446
文書の閲覧請求……………………367
文書の謄写…………………………368
文書の不存在………………………547
変更裁決……………………………449

弁明書……………………………436, 444
　　　──に対して意見書を提出する権利…………………………………447
　　　──の送付請求権………………443
　　　──の送付を受ける権利……443, 447
　　　──の提出…………………436, 444
　　　──の副本送付請求権……………444
　　　──の副本の送付…………………444
法規命令………………………… 26, 398
法人等に関する情報…………………536
放置違反金（道交法）………………260
法定手続の保障………………………332
法的管理権限説………………………529
法的不存在……………………………552
法の一般原理………………………… 22
法律規定条例………………………… 51
法律効果の一部除外…………………218
法律事項……………………………… 50
法律上の争訟…………………………272
法律上の利益…………………………417
法律上保護された利益………………417
法律による行政の原理…………………1
法律の留保……………1, 232, 244, 520
法律の留保論
　　　──権力留保説…………………304
　　　──侵害留保説…………………304
法令に基づく申請……………………412
保障責任………………………………288
補助金…………………………… 2, 24
補正（形式的な不備のある申請）……351
没　収…………………………………285
保有（情報公開法）…………………529
保有個人情報……………………507, 512
本質性………………………………… 24
本質性理論………………………6, 7, 304

ま　行

民事執行………………… 267, 268, 270, 271, 273
民事不介入……………………………278
民衆争訟…………………………410, 416, 420
民主主義………………………………6
命令・条例の制定行為………………147
命令前置………………………………248
命令等……………………………398, 399, 401
命令等制定機関…………………398, 399, 401
申出型案件と一事不再理……………406
目的外利用……………………………509
黙秘権…………………………………488

や　行

要　綱………………………12, 31, 303, 315
予　算………………………………… 24
予防接種………………………………283
402号通達…………………………… 39

ら　行

利害関係人………………………424, 426, 448
履行確保………………………………4
立法形式……………………………… 50
立法行為………………………………147
立法裁量……………………………… 46
略式代執行……………………………238
略式手続………………………………256
理由提示義務…………………………551
理由の差替え…………………………438
理由の追加・差替え……………437, 438
理由の提示……………………………551
　　　──の趣旨……………………388
　　　──の程度……………………389, 551
理由付記……………450, 452, 453, 461, 552
　　　──の程度……………………552
　　　──の不備……………………461

利用停止請求……………………………518
両罰規定………………………………252

令状主義…………………274, 275, 479, 488
レッカー移動…………………………235

判 例 索 引

(年月日順)

※判例情報データベース「D1-Law.com判例体系」の判例IDを〔　〕で記載

明　治

大判明治34・5・8民録7輯5巻44頁〔27520217〕……………………………… 128
大判明治36・3・31民録9輯376頁〔27520455〕………………………………… 128
大判明治37・9・15刑録10輯1679頁〔28243914〕……………………………… 174

大　正

大判大正3・6・27民録20輯519頁〔27521790〕………………………………… 128
大判大正4・5・15新聞1046号30頁〔27980339〕…………………………… 128, 133
大判大正4・6・28民録21輯1048頁〔27521977〕……………………………… 128
大判大正4・8・27民録21輯1411頁〔27522002〕……………………………… 133
大判大正4・12・22民録21輯2158頁〔27522084〕……………………………… 133
大判大正5・1・29民録22輯66頁〔27522102〕………………………………… 130
大判大正6・4・23民録23輯654頁〔27980046〕………………………………… 174
大判大正8・2・24民録25輯336頁〔27522796〕………………………………… 106
大判大正8・4・18民録25輯574頁〔20000631〕………………………………… 100
大判大正8・9・15民録25輯1633頁〔27522908〕……………………………… 129
大判大正10・2・1民録27輯160頁〔27523192〕………………………………… 106

昭和元年〜10年

大判昭和2・12・10民集6巻748頁〔27510734〕………………………………… 132
大判昭和4・12・11民集8巻914頁〔27510605〕………………………………… 106
大判昭和8・11・25新聞3666号11頁〔27542606〕……………………………… 106

昭和11年〜20年

大判昭和16・2・28民集20巻264頁〔27500124〕………………………………… 98
大判昭和17・9・16刑集21巻417頁〔27922593〕……………………………… 252
大判昭和20・6・22昭和19年(オ)766号公刊物未登載…………………………… 130

昭和21年〜30年

東京高判昭和24・3・9行裁月報15号135頁〔27660060〕…………………… 451
最大判昭和24・5・18民集3巻6号199頁〔27003571〕………………………… 85
最大判昭和25・2・1刑集4巻2号73頁〔27660136〕…………………………… 41
札幌地判昭和25・7・11行裁例集1巻9号1210頁〔27600179〕……………… 195

広島地決昭和25・7・19行裁例集1巻追録203頁〔27600111〕 ………………… 243
最三小判昭和25・10・10民集4巻10号465頁〔21002512〕 ………………… 84
最一小判昭和26・3・1刑集5巻4号478頁〔27660205〕 …………………… 84
金沢地判昭和26・4・21行裁例集2巻5号701頁〔27600335〕 ……………… 194
神戸地判昭和26・5・1行裁例集2巻5号763頁〔27600306〕 ……………… 194
最二小判昭和26・12・21民集5巻13号796頁〔27003442〕 ………………… 104
最二小判昭和27・3・28刑集6巻3号546頁〔21004090〕 ……………… 477, 479
最三小判昭和27・4・15民集6巻4号413頁〔27003414〕 ……………… 104
静岡地判昭和27・11・13行裁例集3巻11号2176頁〔27600497〕 …………… 196
最一小判昭和27・11・20民集6巻10号1038頁〔27003374〕 ……………… 433
最大判昭和27・12・24刑集6巻11号1346頁〔27660316〕 ……………… 41, 87
最大判昭和28・2・18民集7巻2号157頁〔27003340〕 …………………… 95
最三小判昭和28・3・3民集7巻3号218頁〔27003335〕 ………………… 405
最一小決昭和28・3・5刑集7巻3号506頁〔27660327〕 ………………… 251
最一小決昭和28・4・30刑集7巻4号909頁〔21005303〕 …………………… 73
水戸地判昭和28・6・11下級民集4巻6号831頁〔27680432〕 …………… 193
最二小判昭和28・6・12民集7巻6号649頁〔27003303〕 ………………… 100
最一小決昭和28・7・2裁判集刑84号23頁〔28194177〕 ………………… 404
仙台高判昭和28・7・27行裁例集4巻7号1650頁〔27600817〕 …………… 185
最二小判昭和28・9・4民集7巻9号868頁〔27003287〕 ……………… 8, 210
最二小判昭和28・9・11民集7巻9号888頁〔27003285〕 …………… 423, 450
最三小判昭和28・9・15民集7巻9号942頁〔27003283〕 ………………… 159
最二小判昭和28・11・20民集7巻11号1238頁〔27003264〕 ……………… 207
最大判昭和28・11・25刑集7巻11号2288頁〔21005603〕 ………………… 256
最大判昭和28・12・23民集7巻13号1561頁〔27003243〕 ………………… 162
最一小判昭和29・1・21民集8巻1号102頁〔27003228〕 …………… 195, 456
東京高判昭和29・1・29高裁民集7巻1号14頁〔27440139〕 ……… 193, 457
大阪地判昭和29・4・16行裁例集5巻4号750頁〔27600954〕 …………… 206
最二小判昭和29・5・14民集8巻5号937頁〔27003171〕 ……… 196, 406, 457
山口地判昭和29・6・19行裁例集5巻6号1510頁〔27600993〕 …………… 240
仙台高秋田支判昭和29・6・28行裁例集5巻6号1315頁〔27601046〕 …… 456
最一小決昭和29・7・15刑集8巻7号1137頁〔24002040〕 ………………… 13
前橋地決昭和29・7・17行裁例集5巻7号1706頁〔27600939〕 …………… 240
最三小判昭和29・8・24民集8巻8号1534頁〔27003139〕 ………………… 130
最三小判昭和29・8・24刑集8巻8号1372頁〔27660386〕 …………… 176, 182
最大判昭和29・9・15民集8巻9号1606頁〔27003132〕 …………… 141, 142
東京地判昭和29・9・22行裁例集5巻9号2008頁〔27600919〕 …………… 183
最三小判昭和29・9・28民集8巻9号1779頁〔27003127〕 …………… 177, 190

最一小判昭和29・10・14民集8巻10号1858頁〔27003122〕……………… 437
最大判昭和29・10・20民集8巻10号1907頁〔27003120〕……………… 104
旭川地判昭和29・11・20行裁例集5巻11号2810頁〔27601081〕………… 243
最大判昭和29・11・24刑集8巻11号1866頁〔27660396〕………………… 91
札幌地判昭和29・12・21行裁例集5巻12号2978頁〔21006231〕………… 193
最大判昭和30・1・26刑集9巻1号89頁〔27660406〕…………………… 73
最大判昭和30・4・27刑集9巻5号924頁〔21006462〕……………… 257, 479
福岡高判昭和30・6・9高裁刑集8巻5号643頁〔27660430〕…………… 275
最二小判昭和30・9・9民集9巻10号1228頁〔27003013〕……………… 133
最二小判昭和30・9・30民集9巻10号1498頁〔27002991〕………… 129, 160
最三小判昭和30・10・18裁判集民20号133頁〔27400774〕……………… 129
最一小判昭和30・10・27民集9巻11号1720頁〔27002981〕……………… 120
最一小決昭和30・12・8刑集9巻13号2622頁〔27660448〕……………… 73
最三小判昭和30・12・26民集9巻14号2070頁〔27002958〕………… 192, 456

昭和31年〜40年

東京高判昭和31・2・13下級民集7巻2号318頁〔27440231〕…………… 106
最二小判昭和31・3・2民集10巻3号147頁〔27002944〕………………… 209
札幌地判昭和31・3・6行裁例集7巻3号384頁〔27601553〕…………… 206
盛岡地判昭和31・4・10行裁例集7巻4号770頁〔27601540〕…………… 185
最三小判昭和31・4・24民集10巻4号417頁〔21007341〕………………… 97
青森地八戸支判昭和31・4・30下級民集7巻4号1120頁〔27440247〕…… 106
最三小判昭和31・10・30民集10巻10号1324頁〔27002874〕……………… 145
名古屋高判昭和31・12・6民集14巻9号1777頁〔27203812〕……………… 113
東京高判昭和31・12・17高裁刑集9巻12号1270頁〔27660501〕………… 55
徳島地判昭和31・12・24行裁例集7巻12号2949頁〔27601568〕…… 242, 243
京都地判昭和32・3・7行裁例集8巻3号432頁〔27601656〕…………… 269
最二小判昭和32・5・24刑集11巻5号1540頁〔27760583〕……………… 404
青森地判昭和32・10・10行裁例集8巻10号1894頁〔27601734〕………… 183
最二小判昭和32・11・1民集11巻12号1870頁〔27002752〕……………… 190
東京高決昭和32・11・11東高刑時報8巻11号388頁〔27680862〕………… 280
最大判昭和32・11・27刑集11巻12号3113頁〔21009402〕……………… 252
最一小判昭和32・12・5裁判集民29号51頁〔27440348〕………………… 100
最二小判昭和32・12・25民集11巻14号2466頁〔27002726〕……………… 430
最大判昭和32・12・28民集11巻14号3461頁〔27660548〕………………… 83
大阪地判昭和33・1・14行裁例集9巻1号95頁〔27601832〕……………… 241
最二小判昭和33・2・7民集12巻2号167頁〔27002712〕…………… 455, 457
京都地判昭和33・2・12下級民集9巻2号192頁〔27660555〕…………… 278

最二小判昭和33・3・28民集12巻4号624頁（パチンコ球遊器訴訟）〔21009760〕…31
札幌高判昭和33・4・8行裁例集9巻4号610頁〔21009832〕……………………… 193
最大判昭和33・4・9民集12巻5号717頁〔27002687〕………………………………… 225
最大判昭和33・4・30民集12巻6号938頁〔21009940〕………………… 254, 255, 265
最一小判昭和33・5・1刑集12巻7号1272頁〔27660569〕……………………………41
最一小判昭和33・5・24民集12巻8号1115頁〔21010060〕……………………… 430, 431
水戸地判昭和33・5・26行裁例集9巻5号980頁〔21010061〕…………………… 183
最一小判昭和33・6・5民集12巻9号1359頁〔27002666〕……………………………… 133
最大判昭和33・7・9刑集12巻11号2407頁〔21010311〕………………………………39
大阪地判昭和33・7・11行裁例集9巻7号1297頁〔27601889〕………………… 177
最三小判昭和33・9・9民集12巻13号1949頁〔27002633〕……………………… 210
最大判昭和33・10・15刑集12巻14号3305頁（東京都売春取締条例訴訟）
　〔27660590〕……………………………………………………………………………69
最大判昭和33・10・15刑集12巻14号3313頁〔27660591〕………………………84
福岡高判昭和33・10・30行裁例集9巻12号2822頁〔27601815〕…………… 237
最三小判昭和33・11・4民集12巻15号3268頁〔27002609〕…………………… 185
東京地八王子支判昭和33・12・16第一審刑集1巻12号2026頁〔27660603〕… 278
大阪地判昭和34・2・28行裁例集10巻2号278頁〔27602027〕……………… 181
浦和地決昭和34・3・17下級民集10巻3号498頁〔27660631〕……………… 262
最一小判昭和34・4・9刑集13巻4号442頁〔27760643〕……………………… 255
仙台高判昭和34・6・17行裁例集10巻8号1513頁〔27601968〕……………… 185
最二小判昭和34・6・26民集13巻6号846頁〔27002560〕……………………… 111
山口地判昭和34・6・29行裁例集10巻6号1085頁〔27602069〕……………… 183
最三小判昭和34・7・14民集13巻7号960頁〔27002553〕………………………97
最三小判昭和34・8・18民集13巻10号1286頁〔27002534〕…………………… 163
神戸地判昭和34・8・18行裁例集10巻9号1785頁〔27602085〕…………… 199, 219
最三小判昭和35・2・9民集14巻1号96頁〔27002503〕………………………… 170
東京地判昭和35・2・18行裁例集11巻2号444頁〔27602252〕……………… 180
最二小判昭和35・3・18民集14巻4号483頁〔27002483〕……………………… 129, 159
最三小判昭和35・3・22民集14巻4号551頁〔27002479〕……………………… 104
最二小判昭和35・4・1民集14巻5号729頁〔27002477〕……………………… 160
仙台高判昭和35・5・12行裁例集11巻5号1613頁〔27602177〕……………… 183
最一小判昭和35・6・2民集14巻9号1565頁〔27002434〕……………………… 170
最二小判昭和35・7・1民集14巻9号1615頁〔27002433〕………………………98, 135
最三小判昭和35・7・12民集14巻9号1744頁〔27002428〕…………………… 140
最二小判昭和35・7・15民集14巻9号1771頁〔27002426〕…………………… 113
最一小判昭和35・7・27民集14巻10号1913頁〔27002420〕…………………… 131
最二小判昭和35・9・16民集14巻11号2209頁〔27002404〕…………………… 160

判例索引　*571*

東京地判昭和35・12・14行裁例集11巻12号3391頁〔27602388〕……………… 208
東京地判昭和36・3・6行裁例集12巻3号521頁〔27602421〕……………… 351
最三小判昭和36・3・28民集15巻3号595頁〔27002327〕……………… 158
大阪地決昭和36・5・1下級刑集3巻5=6号605頁〔27681111〕……………… 280
最一小判昭和36・5・4民集15巻5号1306頁〔27002301〕……………… 177
最二小判昭和36・5・26民集15巻5号1404頁〔27002296〕……………… 134
千葉地判昭和36・6・30民集17巻1号90頁〔27602460〕……………… 432
大阪高判昭和36・7・8行裁例集12巻7号1363頁〔27430550〕……………… 185
大阪高判昭和36・7・13刑集17巻5号575頁〔27660793〕………………4, 57
最大判昭和36・7・19刑集15巻7号1106頁〔27660796〕………………88
最二小判昭和36・7・21民集15巻7号1966頁〔21015160〕……………… 461
秋田地判昭和36・9・25行裁例集12巻9号1922頁〔27602484〕……………… 269
甲府地判昭和36・10・19行裁例集12巻10号2126頁〔27602493〕……………… 184
仙台高判昭和36・11・15行裁例集12巻11号2218頁〔27660820〕……………… 206
最二小判昭和37・1・19民集16巻1号57頁〔27002209〕……………… 164
長崎地判昭和37・1・31下級民集13巻1号133頁〔27660838〕……………… 239, 244
大阪地決昭和37・2・26行裁例集13巻2号223頁〔27602515〕……………… 242
最一小判昭和37・3・8民集16巻3号500頁〔27002184〕……………… 131
最二小判昭和37・3・16刑集16巻3号280頁〔21015931〕……………… 253
最二小判昭和37・3・23裁判集民59号553頁〔27660850〕……………… 131
最三小判昭和37・4・10民集16巻4号699頁〔27002167〕……………… 125
大阪高判昭和37・4・17行裁例集13巻4号787頁〔27602537〕……………… 199, 219
最大判昭和37・5・2刑集16巻5号495頁〔27760728〕……………… 484, 485
最二小判昭和37・5・4刑集16巻5号510頁〔27660860〕……………… 251
最一小判昭和37・5・10民集16巻5号1066頁〔27002152〕……………… 114
最大判昭和37・5・30刑集16巻5号577頁（大阪市売春取締条例訴訟）
　〔27660865〕……………………………………………………………… 52, 58, 248
広島高判昭和37・5・31高裁刑集15巻4号261頁〔27660868〕……………… 251
最二小判昭和37・7・20民集16巻8号1632頁〔27002116〕……………… 135
広島地決昭和37・11・6行裁例集13巻11号2090頁〔27970406〕……………… 242
最大判昭和37・11・28刑集16巻11号1593頁（第三者所有物没収判決）
　〔21016692〕……………………………………………………………… 261, 332, 361
最二小判昭和37・12・26民集16巻12号2557頁〔21016930〕……………… 389, 452
最二小判昭和38・1・25民集17巻1号86頁〔27002057〕……………… 432
最三小判昭和38・2・26刑集17巻1号15頁〔27660942〕……………… 253
秋田簡判昭和38・3・2刑集18巻5号200頁〔24004387〕……………… 255
最三小判昭和38・4・2民集17巻3号435頁〔27002035〕……………… 221
東京地判昭和38・4・26行裁例集14巻4号910頁〔27602688〕……………… 439

最二小判昭和38・5・10刑集17巻4号261頁〔27801005〕……………………19
最二小判昭和38・5・31民集17巻4号617頁〔21017720〕…………… 388, 389, 453
最三小判昭和38・6・4民集17巻5号670頁〔27002022〕……………………154
最二小判昭和38・6・21民集17巻5号754頁〔27002018〕……………………131
東京地判昭和38・6・25下級民集14巻6号1209頁〔27430688〕………………205
最大判昭和38・6・26刑集17巻5号521頁（奈良県ため池条例訴訟）
　　〔27670298〕………………………………………………………………4, 56
福井地判昭和38・7・19行裁例集14巻7号1304頁〔27602711〕………………270
最一小判昭和38・10・3民集17巻9号1133頁〔27001996〕……………… 132, 159
福岡高判昭和38・10・23下級民集14巻10号2090頁〔27621598〕……………270
最大判昭和38・10・30民集17巻9号1266頁〔27001987〕……………………132
最三小判昭和38・11・12民集17巻11号1545頁〔27001972〕…………………136
仙台高秋田支判昭和38・12・12刑集18巻5号204頁〔27760750〕……………255
最一小判昭和39・1・16民集18巻1号1頁〔27001954〕………………………126
最一小判昭和39・1・23民集18巻1号37頁〔27001952〕………………… 130, 161
名古屋高金沢支判昭和39・2・11下級刑集6巻1=2号12頁〔27661019〕………279
大阪地判昭和39・5・14下級民集15巻5号1065頁〔27430753〕………………184
最二小判昭和39・6・5刑集18巻5号189頁〔27760765〕……………………255
最三小判昭和39・7・7民集18巻6号1016頁〔27001393〕……………………98
東京地判昭和39・8・15行裁例集15巻8号1487頁〔21019540〕………………452
東京地判昭和39・8・15行裁例集15巻8号1607頁〔27602844〕………………444
東京高判昭和39・9・30訟務月報10巻11号1587頁〔21019800〕………………453
大阪地判昭和39・10・16訟務月報11巻2号338頁〔21019911〕………………452
最一小判昭和39・10・22民集18巻8号1762頁〔21019940〕…………………100
最一小判昭和39・10・29民集18巻8号1809頁（東京都大田区ごみ焼却場設置
　　事件）〔27001355〕………………………………………………… 7, 137, 309
最一小判昭和39・10・29民集18巻8号1823頁〔27001354〕…………… 132, 159
最一小判昭和39・11・19民集18巻9号1891頁〔27001350〕……………………96
神戸地判昭和39・12・19行裁例集15巻12号2253頁〔27602879〕……………183
大阪地決昭和40・2・8行裁例集16巻2号314頁〔27602897〕…………………242
松山地判昭和40・2・24行裁例集16巻2号149頁〔27440865〕………………183
浦和地判昭和40・3・24行裁例集16巻3号508頁〔27602917〕………………406
最二小判昭和40・3・26刑集19巻2号83頁〔27661096〕………………………253
鹿児島地判昭和40・4・5行裁例集16巻5号823頁〔27602920〕………………223
最二小判昭和40・4・16民集19巻3号667頁〔27001310〕……………………205
最大判昭和40・4・28刑集19巻3号240頁〔27760782〕………………………404
高松高判昭和40・4・30下級刑集7巻4号560頁〔27661104〕…………………278
福岡高宮崎支決昭和40・5・14行裁例集16巻6号1091頁〔27661108〕………244

最大判昭和40・7・14刑集19巻5号554頁〔27681329〕…………………………… 156
東京地判昭和40・8・9下級刑集7巻8号1603頁（「6・15全学連国会デモ」事件）〔27681335〕 ……………………………………………………………… 280
東京高判昭和40・9・15高裁民集18巻6号432頁〔27201884〕………………… 115
大阪高決昭和40・10・5行裁例集16巻10号1756頁〔27621818〕………… 230, 242
最二小判昭和40・11・19裁判集民81号109頁〔27681353〕…………………… 150
最三小判昭和40・12・21民集19巻9号2187頁〔27001242〕…………… 131, 160
最一小判昭和40・12・23民集19巻9号2306頁〔27001237〕…………… 132, 160

昭和41年～50年

最大判昭和41・2・23民集20巻2号320頁〔21022862〕……………… 241, 267, 272
名古屋地判昭和41・4・23行裁例集18巻8=9号1204頁〔21023370〕………… 452
東京地判昭和41・7・19行裁例集17巻7=8号855頁〔21023940〕……………… 447
最三小判昭和41・7・26裁判集民84号179頁〔27661206〕……………………… 134
最二小判昭和41・9・16裁判集民84号391頁〔27440973〕……………………… 98
東京地判昭和41・10・5行裁例集17巻10号1155頁〔27603035〕……………… 243
最三小判昭和41・11・1民集20巻9号1665頁〔27001154〕…………………… 114
東京地判昭和41・11・17行裁例集17巻11号1262頁〔21024681〕…………… 371
最一小判昭和41・12・8民集20巻10号2059頁〔27001135〕………………… 115
最二小判昭和41・12・23民集20巻10号2186頁〔27001128〕………………… 96
最大決昭和41・12・27民集20巻10号2279頁〔27001124〕…………… 259, 332
福岡地決昭和42・3・6下級刑集9巻3号233頁〔27930467〕………………… 280
最三小判昭和42・3・7民集21巻2号262頁〔27001108〕……………………… 134
最一小判昭和42・4・13民集21巻3号624頁〔27001090〕………………… 97, 135
最二小判昭和42・4・21裁判集民87号237頁〔21025570〕……………………… 438
東京地判昭和42・5・10下級刑集9巻5号638頁〔27661261〕………………… 223
最大判昭和42・5・24民集21巻5号1043頁（朝日訴訟）〔27001071〕……46, 121
最一小判昭和42・5・25民集21巻4号951頁〔27001076〕……………………… 155
東京地判昭和42・7・5民集26巻9号1594頁〔27201148〕……………………… 414
東京地決昭和42・7・10行裁例集18巻7号855頁〔27661278〕………………… 226
東京高判昭和42・7・25民集29巻5号814頁〔27200714〕……………………… 178
最三小判昭和42・9・19民集21巻7号1828頁〔21026380〕……………………… 207
最三小判昭和42・9・26民集21巻7号1887頁〔27001043〕………… 195, 197, 456
最大判昭和42・9・27民集21巻7号1955頁〔27001041〕…………… 132, 142, 188
東京高判昭和42・10・25民集26巻9号1598頁〔27201149〕…………………… 414
東京高判昭和42・10・26民集26巻5号1098頁〔27201108〕…………………… 238
最二小判昭和42・10・27民集21巻8号2171頁〔27001030〕…………………… 135
東京地判昭和42・12・20行裁例集18巻12号1713頁〔27486353〕…………… 383

東京高判昭和42・12・25行裁例集18巻12号1810頁〔27603127〕………………… 205
最三小判昭和43・2・27裁判集民90号455頁〔27403144〕………………… 135
最三小判昭和43・3・12民集22巻3号562頁〔27000979〕………………… 122
最一小判昭和43・4・18民集22巻4号936頁〔27000961〕………………… 413
最一小判昭和43・5・2民集22巻5号1067頁〔21027870〕………………… 453
東京地判昭和43・6・13訟務月報14巻6号716頁〔21028120〕………………… 453
大阪地決昭和43・6・14行裁例集19巻6号1066頁〔27603173〕………………… 226
札幌高判昭和43・6・26刑集30巻5号1148頁〔27670471〕…………………29
最一小判昭和43・6・27民集22巻6号1379頁〔21028281〕………………… 269
大阪高判昭和43・6・27訟務月報14巻8号948頁〔21028290〕………………… 208
大阪高判昭和43・6・28行裁例集19巻6号1130頁〔21028330〕…………………40
東京地決昭和43・8・9行裁例集19巻8=9号1355頁〔27603185〕………………… 219
東京地判昭和43・10・11民集24巻11号1533頁〔27201892〕………………… 180
東京高判昭和43・10・21下級民集19巻9=10号628頁（安保反対教授団事件）
　〔27681588〕………………… 280
東京地判昭和43・10・30判タ230号276頁〔27661370〕………………… 210
大阪高判昭和43・10・31行裁例集19巻10号1701頁〔27603200〕………………… 177
最一小判昭和43・11・7民集22巻12号2421頁〔27000900〕………………… 9, 208, 209
松山地宇和島支判昭和43・12・10高裁民集23巻2号210頁〔27603205〕………………… 211
東京高判昭和43・12・18民集24巻11号1554頁〔27201893〕………………… 181
最三小判昭和43・12・24民集22巻13号3147頁（墓埋法通達訴訟）〔27000871〕
　………………… 28, 31
最三小判昭和43・12・24民集22巻13号3254頁〔27000869〕………………… 219
最一小判昭和44・5・22民集23巻6号993頁〔27000817〕………………… 107
東京地決昭和44・6・14行裁例集20巻5=6号740頁〔27603245〕………………… 243
大阪地判昭和44・6・26行裁例集20巻5=6号769頁〔21030950〕………………… 444
東京地判昭和44・9・25判タ242号291頁〔27661424〕………………… 242
長崎地判昭和44・10・20高裁民集23巻3号468頁〔27603265〕………………… 441, 450
最二小判昭和44・10・31民集23巻10号1932頁〔27000776〕………………… 135
最一小判昭和44・11・6民集23巻11号1988頁〔27000773〕………………… 115
岐阜地判昭和44・11・27判時600号100頁〔27622243〕………………… 273
東京地判昭和44・12・2行裁例集20巻12号1608頁〔27603280〕………………… 224
最大決昭和44・12・3刑集23巻12号1525頁〔21031830〕………………… 256
最一小判昭和44・12・4民集23巻12号2407頁〔27000757〕………………… 205
東京地判昭和44・12・24行裁例集20巻12号1743頁〔21031991〕………………… 432
福岡地判昭和44・12・25下級民集20巻11=12号96頁〔27661442〕………………… 280
東京地判昭和45・2・24行裁例集21巻2号362頁〔27603293〕………………… 442
青森地判昭和45・2・24訟務月報16巻7号752頁〔27441265〕………………… 237

最一小判昭和45・2・26民集24巻2号104頁〔27000741〕 ……………………… 131
東京地判昭和45・3・9行裁例集21巻3号469頁〔27486363〕 …………………… 383
鹿児島地判昭和45・3・27刑裁月報2巻3号299頁〔27661453〕 ………………… 278
高松高判昭和45・4・24高裁民集23巻2号194頁〔27422166〕 ………………… 211
広島地呉支判昭和45・4・27下級民集21巻3=4号607頁〔27411312〕 ……… 269
東京高判昭和45・5・20高裁民集23巻2号265頁〔21032991〕 ………………… 371
最大判昭和45・7・15民集24巻7号771頁〔27000711〕 ………… 115, 141, 173, 413
福岡高判昭和45・7・20高裁民集23巻3号457頁〔27603324〕 ………………… 441
東京地判昭和45・8・20判夕256頁269頁〔27661472〕 ……………………… 452
最二小判昭和45・9・11刑集24巻10号1333頁〔21034040〕 …………………… 254
東京高判昭和45・9・22刑裁月報2巻9号941頁〔27661478〕 ………………… 279
大阪地判昭和45・9・22行裁例集21巻9号1148頁〔21034160〕 ………………… 445
最大判昭和45・10・21民集24巻11号1560頁〔27000684〕 …………………… 161
最一小判昭和45・12・24民集24巻13号2187頁〔27000658〕 ……………… 135, 171
最大判昭和46・1・20民集25巻1号1頁（農地売渡処分取消等請求訴訟）
　〔27000655〕 …………………………………………………………… 43, 140, 399
大阪地判昭和46・1・27訟務月報17巻5号870頁〔21014251〕 ………………… 439
東京地判昭和46・1・29無体財産例集3巻1号11頁〔27661496〕 ……………… 351
広島地決昭和46・2・26刑裁月報3巻2号310頁（シージャック事件）
　〔27681721〕 ……………………………………………………………………… 280
名古屋高判昭和46・4・8税務訴訟資料62号544頁〔21035780〕 ……………… 183
東京地判昭和46・4・17刑裁月報3巻4号527頁〔27661519〕 ………………… 278
最一小判昭和46・4・22刑集25巻3号451頁〔27661520〕 …………………………90
大阪高判昭和46・4・27判時641号68頁〔27661522〕 ………………………… 204
最二小決昭和46・5・13刑集25巻3号556頁〔24005116〕 ……………………… 249
大阪地判昭和46・5・24行裁例集22巻8=9号1217頁〔21036000〕 …………… 445
東京高判昭和46・5・27税務訴訟資料62号796頁〔21036050〕 ………………… 452
大阪地判昭和46・6・28訟務月報18巻1号35頁〔21036250〕 ………………… 445
大阪地判昭和46・10・13税務訴訟資料63号716頁〔21037160〕 ……………… 445
最一小判昭和46・10・28民集25巻7号1037頁（個人タクシー訴訟）
　〔27000609〕 ……………………………………………………… 35, 330, 372, 376
東京地判昭和46・11・8行裁例集22巻11=12号1785頁（函数尺通達訴訟）
　〔27681766〕 ………………………………………………………………………32
大阪高判昭和46・11・11行裁例集22巻11=12号1806頁〔27603378〕 ………… 455
大阪高判昭和46・11・25行裁例集22巻11=12号1863頁〔27603382〕 ………… 216
最三小判昭和46・11・30民集25巻8号1389頁〔27000597〕 …………………… 115
最三小判昭和47・1・25民集26巻1号1頁〔21038001〕 ………………………… 103

京都地判昭和47・2・29刑裁月報4巻2号432頁（劇団はぐるま座事件）
　〔27661588〕 ………………………………………………………………… 279
最二小判昭和47・3・31民集26巻2号319頁〔21038790〕 ……………… 388, 452
秋田地判昭和47・4・3判時665号49頁〔27661595〕 …………………… 237
最一小判昭和47・4・20民集26巻3号507頁〔21038991〕 ……………… 257
東京地判昭和47・5・10行裁例集23巻5号299頁〔21039191〕 ………… 183
最二小判昭和47・5・19民集26巻4号698頁〔27000568〕 ……………… 165, 356
東京地判昭和47・5・25行裁例集23巻5号337頁〔27603397〕 ………… 221
最三小判昭和47・5・30民集26巻4号851頁〔27000562〕 ……………… 284
東京地判昭和47・6・24行裁例集23巻6=7号404頁〔27603399〕 ……… 222
東京地昭和47・9・26税務訴訟資料66号257頁〔21040220〕 …………… 439
長崎地決昭和47・9・29刑裁月報4巻9号1578頁〔27940525〕 ………… 277, 279
最一小判昭和47・10・12民集26巻8号1410頁〔27000538〕 …………… 168
最一小判昭和47・11・16民集26巻9号1573頁（エビス食品事件）〔27000532〕
　………………………………………………………………………………… 158, 414
最大判昭和47・11・22刑集26巻9号554頁（川崎民商事件）〔21040750〕
　……………………………………………………………………… 480-482, 484
最三小判昭和47・12・5民集26巻10号1795頁〔21040850〕 …………… 453
最二小判昭和47・12・8裁判集民107号319頁〔28205841〕 …………… 215
最三小判昭和47・12・12民集26巻10号1877頁〔27000522〕 ………… 127
最一小判昭和47・12・14裁判集民107号357頁〔27900024〕 ………… 184
東京高判昭和48・1・16刑裁月報5巻1号1頁〔27661643〕 …………… 223
札幌地判昭和48・1・30判タ297号297頁〔27661646〕 ………………… 280
名古屋高判昭和48・1・31行裁例集24巻1=2号45頁〔21041320〕 …… 491, 492
名古屋高判昭和48・2・27判時710号48頁〔27670672〕 ……………… 444
東京高判昭和48・3・14行裁例集24巻3号115頁〔21041860〕 ………… 439
札幌高判昭和48・3・29訟務月報20巻4号31頁〔27661670〕 ………… 183
東京地判昭和48・4・6刑裁月報5巻4号555頁（東大紛争事件）〔27661675〕 …… 279
最三小判昭和48・4・10訟務月報19巻8号81頁〔27661676〕 ………… 185
最一小判昭和48・4・19刑集27巻3号399頁〔24005268〕 ……………… 249
最大判昭和48・4・25刑集27巻3号418頁（国労久留米駅判決）〔27486303〕 …… 286
大阪高判昭和48・5・9刑裁月報5巻5号899頁〔27670693〕 ……………… 55
東京地判昭和48・6・14訟務月報19巻8号105頁〔27670702〕 ………… 222
最三小決昭和48・7・10刑集27巻7号1205頁（荒川民商事件）〔21043170〕
　………………………………………………………………………………… 476, 478
東京地判昭和48・8・8行裁例集24巻8=9号763頁〔21043451〕 ……… 492, 495
名古屋地判昭和48・9・3行裁例集24巻8=9号870頁〔27603442〕 …… 182
東京地判昭和48・9・10行裁例集24巻8=9号916頁〔27603446〕 ……… 241

福岡地判昭和48・9・11訟務月報20巻2号38頁〔27681865〕……………………… 244
福岡高判昭和48・10・19高裁民集26巻4号365頁〔27603451〕………………………98
東京高判昭和48・10・26税務訴訟資料71号699頁〔21044170〕 ……………… 453
東京高判昭和48・10・31行裁例集24巻10号1150頁〔21044301〕 ………… 371, 442
高知地判昭和48・11・14下級民集24巻9=12号836頁〔27661705〕 ……………… 276
最三小判昭和49・2・5民集28巻1号1頁〔27000454〕 ……………………………… 217
最一小判昭和49・2・28民集28巻1号66頁〔27000451〕 …………………………… 140
最二小判昭和49・3・8民集28巻2号186頁〔21045520〕 ………………… 102, 202
最一小判昭和49・4・18訟務月報20巻11号175頁〔21046010〕 ………………… 454
大阪地判昭和49・4・19下級民集25巻1=4号315頁〔27661740〕 ……………… 238
最一小判昭和49・4・25民集28巻3号405頁〔21046060〕 ………………………… 389
高知地判昭和49・5・23下級民集25巻5=8号459頁〔27661747〕 ………………20
最一小判昭和49・5・30民集28巻4号594頁〔27000434〕 ………………………… 455
富山地判昭和49・5・31行裁例集25巻5号655頁〔21046530〕 ………………… 317
横浜地判昭和49・6・19判タ311号194頁〔27424963〕 …………………………… 275
最二小判昭和49・7・19民集28巻5号759頁〔21047070〕 ………………… 455, 461
最二小判昭和49・7・19民集28巻5号897頁〔27000425〕 ………………………… 141
最二小判昭和49・7・19裁判集民112号249頁〔27441629〕 ……………………… 132
最二小判昭和49・7・19裁判集民112号315頁〔21047080〕 ……………………… 461
東京地判昭和49・10・29行裁例集25巻10号1318頁〔27603489〕……………… 407
最大判昭和49・11・6刑集28巻9号393頁（猿払事件判決）〔27670762〕………41, 248
最三小判昭和49・12・10民集28巻10号1868頁〔27000404〕 …………………… 125
浦和地判昭和49・12・11行裁例集25巻12号1546頁〔27603493〕 ……………… 367
最三小判昭和50・2・25民集29巻2号143頁〔27000387〕 ………………… 111, 116
最二小判昭和50・5・23訟務月報21巻7号1430頁〔27661857〕 ………………… 216
最一小判昭和50・5・29民集29巻5号662頁（群馬中央バス事件）〔27000372〕
………………………………………………………… 167, 330, 372, 395
最二小判昭和50・6・27民集29巻6号867頁〔21050991〕 ………………………… 187
最二小判昭和50・6・27訟務月報22巻2号529頁〔27482307〕 ………………… 145
東京高判昭和50・7・14判タ335号249頁〔27661874〕 …………………………… 217
最三小判昭和50・7・25民集29巻6号1136頁〔27000362〕 ……………………… 284
最大判昭和50・9・10刑集29巻8号489頁（徳島市公安条例訴訟）〔27670784〕
………………………………………………………… 62, 70, 74, 79, 223
最一小判昭和50・9・11訟務月報21巻10号2130頁〔21051600〕 ……………… 196
最一小判昭和50・9・25刑集29巻8号610頁〔27661885〕 ………………………… 224
最三小決昭和50・9・30刑集29巻8号702頁〔27661890〕 ………………………… 224
大阪高判昭和50・9・30行裁例集26巻9号1158頁〔21051841〕 ………… 444, 446

最三小決昭和50・11・21裁判集刑198号511頁（動労鳥栖駅事件判決）
〔27486307〕……………………………………………………… 288
広島地判昭和50・12・9判タ349号284頁〔27682003〕 …………… 278
名古屋地判昭和50・12・15税務訴訟資料83号698頁〔21052470〕 ………… 318

昭和51年〜60年

東京高判昭和51・1・26行裁例集27巻1号24頁〔27603537〕 ………………… 210, 305
大阪地判昭和51・2・4訟務月報22巻3号787頁〔21052961〕 ……………… 203
最二小判昭和51・3・8民集30巻2号64頁〔21053370〕 …………………… 388
最三小決昭和51・3・16刑集30巻2号187頁〔24005402〕 ………………………13
熊本地判昭和51・3・29訟務月報22巻6号1497頁〔27441747〕 ………… 220
秋田地判昭和51・4・5刑裁月報8巻4=5号275頁〔27682029〕 ………… 278
津地判昭和51・4・8行裁例集27巻4号516頁〔27603558〕 ………………… 432
青森地弘前支判昭和51・4・15判時824号126頁〔27661947〕 …………… 278
最大判昭和51・5・21刑集30巻5号615頁（旭川学テ訴訟）〔27661956〕 ………29
最二小判昭和51・7・9裁判集刑201号137頁〔21054930〕 ……………… 488
東京高決昭和51・8・3判時837号49頁〔27411707〕 ……………………… 262
鳥取地判昭和51・10・7行裁例集29巻2号110頁〔28243963〕 ………… 184
最二小判昭和51・12・24民集30巻11号1104頁〔27000298〕 …………… 106
大阪高判昭和52・2・7判時863号120頁〔27916885〕 …………………… 279
最三小決昭和52・3・10裁判集民120号217頁〔27682077〕 …………… 283
東京高判昭和52・3・30判時853号52頁〔27662008〕 …………………… 278
最一小判昭和52・4・28裁判集民120号549頁〔27441836〕 …………… 107
最二小判昭和52・6・20民集31巻4号449頁〔27000280〕 ………… 132, 160
千葉地判昭和52・9・9判時878号90頁〔27662036〕 …………………… 280
福岡地判昭和52・9・14行裁例集28巻9号925頁〔21059291〕 ………… 441
東京高判昭和52・9・22民集35巻1号136頁〔27200295〕 ……………… 157
東京高判昭和52・11・17高裁民集30巻4号431頁〔27662153〕 …………………20
最二小決昭和52・12・19刑集31巻7号1053頁〔21060361〕 ………… 499, 500
名古屋地判昭和53・1・30行裁例集29巻1号49頁〔27603640〕 ……… 199
広島高松江支判昭和53・2・8行裁例集29巻2号107頁〔27603645〕 ………… 184
最一小判昭和53・2・23民集32巻1号11頁〔27000257〕 ………………… 122
最三小判昭和53・3・14民集32巻2号211頁（ジュース表示訴訟）〔27000252〕
………………………………………………………………… 417, 419
最一小判昭和53・3・16裁判集民123号245頁〔21061280〕 …………… 102
大阪地判昭和53・5・26行裁例集29巻5号1053頁〔27603663〕 ……… 182
最一小決昭和53・5・31刑集32巻3号457頁〔27670854〕 ………… 499, 501

最三小判昭和53・6・20刑集32巻4号670頁（米子銀行強盗事件）〔27682160〕
.... 12, 14, 469, 471
最大判昭和53・7・12民集32巻5号946頁〔27000233〕 86
札幌地判昭和53・7・18訟務月報24巻11号2411頁〔21062832〕 453
東京地判昭和53・7・31判タ371号103頁〔27662126〕 297
東京地判昭和53・8・3訟務月報25巻1号13頁〔27423117〕 324
最一小判昭和53・9・7刑集32巻6号1672頁〔27682171〕 15, 469, 471
横浜地判昭和53・9・27判時920号95頁〔27662139〕 229, 271
最大判昭和53・10・4民集32巻7号1223頁（マクリーン事件）〔27000227〕
.... 28, 34, 381
東京高判昭和53・10・17判タ375号83頁〔27662144〕 278
静岡地判昭和53・10・31訟務月報25巻3号873頁〔27431762〕 119
東京高判昭和53・11・27訟務月報24巻12号2650頁〔27662155〕 217
最二小判昭和53・12・8民集32巻9号1617頁〔27000220〕 416
千葉地判昭和53・12・15刑裁月報10巻11=12号1463頁〔27662166〕 247
最一小判昭和53・12・21民集32巻9号1723頁〔27000217〕 78
大阪地判昭和54・1・18行裁例集30巻1号13頁〔27603710〕 366
東京地判昭和54・3・12判タ380号44頁〔27423240〕 521
名古屋地判昭和54・3・26労働民例集30巻2号478頁〔27662197〕 180
最一小判昭和54・4・5裁判集民126号443頁〔21065410〕 452
最一小判昭和54・4・19民集33巻3号379頁〔21065620〕 388
東京高判昭和54・4・26昭和53年(行コ)83号公刊物未登載 120
最一小判昭和54・5・10刑集33巻4号275頁〔21065871〕 484, 486
札幌地判昭和54・5・10訟務月報25巻9号2418頁〔27662219〕 239
静岡地判昭和54・5・22行裁例集30巻5号1030頁〔27603749〕 426
最三小決昭和54・6・29刑集33巻4号389頁〔27662232〕 258
東京高判昭和54・9・20刑集36巻4号534頁〔27662256〕 251
名古屋地判昭和54・10・8判時955号42頁〔21067251〕 442
岡山地判昭和54・10・19判タ410号155頁〔27662264〕 278
東京高判昭和54・11・13行裁例集30巻11号1858頁〔27603781〕 .. 427, 448
大津地判昭和54・11・28行裁例集30巻11号1952頁〔27970411〕 238
東京高判昭和54・12・24民集39巻5号1015頁〔27662288〕 297
最二小判昭和55・2・22裁判集民129号209頁〔27670884〕 125
大阪地判昭和55・3・19行裁例集31巻3号483頁（ニコニコタクシー事件）
　〔27486389〕 364
神戸地明石支判昭和55・3・31訟務月報26巻8号1355頁〔27662331〕 ... 323
名古屋高判昭和55・5・1労働民例集31巻3号571頁〔27662343〕 180
大阪地判昭和55・6・27行裁例集31巻6号1422頁〔21070290〕 446

最三小判昭和55・7・15裁判集民130号253頁〔27431851〕 ………………… 119
東京地判昭和55・7・17税務訴訟資料114号207頁〔21070511〕 ………………… 302
広島高岡山支判昭和55・9・16訟務月報27巻1号160頁〔27662373〕 ………… 238
東京高判昭和55・9・18行裁例集31巻9号1882頁〔21070961〕 ………………… 203
最三小決昭和55・9・22刑集34巻5号272頁〔27682295〕 ……………16, 470, 472
東京高判昭和55・9・22東高刑時報31巻9号115頁〔27662375〕 ………………… 278
東京高判昭和55・9・26高裁刑集33巻5号359頁〔27486275〕 ………………… 322
名古屋高判昭和55・10・29訟務月報27巻4号654頁〔21071370〕 ……………… 203
最三小判昭和56・1・27民集35巻1号35頁〔27000153〕 ……………… 110, 318
名古屋高金沢支判昭和56・2・4行裁例集32巻2号179頁〔27603902〕 ……… 442, 460
東京高判昭和56・2・19判タ438号98頁〔27662423〕 …………………………… 276
最一小判昭和56・2・26民集35巻1号117頁（ストロングライフ訴訟）
　〔27000150〕 ………………………………………………………………… 2, 157
最二小判昭和56・3・27民集35巻2号417頁〔27000143〕 ………………………… 365
浦和地判昭和56・4・22訟務月報27巻10号1799頁〔27662448〕 ………………… 297
最一小判昭和56・5・14民集35巻4号717頁〔27000136〕 ………………………… 420
最一小判昭和56・6・4労働判例367号57頁〔27670912〕 ………………………… 180
最二小判昭和56・6・19民集35巻4号827頁〔27000131〕 ………………………… 124
最二小判昭和56・7・3裁判集民133号255頁〔27682334〕 ……………………… 434
最一小判昭和56・7・16民集35巻5号930頁（豊中市給水拒否事件）
　〔27000128〕 ………………………………………………………………… 293
東京地判昭和56・7・16行裁例集32巻7号1082頁〔27603941〕 ………………… 408
名古屋地決昭和56・7・18行裁例集32巻7号1234頁〔27603942〕 ……………… 182
奈良地決昭和56・8・14行裁例集32巻8号1442頁〔27603951〕 ………………… 218
山口地判昭和56・10・1訟務月報28巻1号14頁〔27662488〕 …………………… 309
東京地決昭和56・10・19判タ457号134頁〔27662490〕 ……………… 231, 242
東京地判昭和56・10・28行裁例集32巻10号1854頁〔27603972〕 ……………… 407
静岡地判昭和56・12・4行裁例集32巻12号2205頁〔27603986〕 ……… 474, 475
広島地判昭和56・12・23訟務月報28巻3号598頁〔27662517〕 ………………… 178
大阪高決昭和56・12・26行裁例集32巻12号2348頁〔27603991〕 ……………… 218
大阪地判昭和57・2・19行裁例集33巻1=2号118頁（近鉄特急料金訴訟）
　〔27486318〕 ………………………………………………………… 43, 89
最三小判昭和57・2・23民集36巻2号215頁〔21075830〕 ………………………… 201
福岡高宮崎支判昭和57・2・26訟務月報28巻8号1507頁〔21075890〕 …………… 194
最三小判昭和57・3・30刑集36巻3号478頁〔27682376〕 ……………… 484, 486
仙台地判昭和57・3・30行裁例集33巻3号692頁〔27604017〕 ………………… 142
最三小判昭和57・4・2刑集36巻4号503頁〔27662547〕 ………………………… 251
最一小判昭和57・4・22民集36巻4号705頁〔27000089〕 ………………………… 150

最二小判昭和57・4・23民集36巻4号727頁〔27000088〕………………………… 172
最一小判昭和57・5・27民集36巻5号777頁〔27000086〕………………………… 153
最大判昭和57・7・7民集36巻7号1235頁（堀木訴訟）〔27000077〕………………46
最一小判昭和57・7・15民集36巻6号1146頁〔27000081〕………………… 176, 182
最一小判昭和57・7・15民集36巻6号1169頁〔27000080〕……………………… 257
仙台高秋田支判昭和57・7・23行裁例集33巻7号1616頁〔21076789〕……………61
東京高判昭和57・8・31民集41巻1号152頁〔27604054〕……………………… 409
大阪地判昭和57・8・31交通民集15巻4号1067頁〔29001175〕………………… 284
最一小判昭和57・9・9民集36巻9号1679頁〔27000070〕……………………… 149
東京地判昭和57・10・4判時1073号98頁〔27405828〕…………………… 237, 294
最一小判昭和57・10・7民集36巻10号2091頁（全逓昭和郵便局訴訟）
　〔27000069〕…………………………………………………………………… 7, 163
東京高判昭和57・10・27税務訴訟資料128号105頁〔21077280〕……………… 454
最三小判昭和57・11・16刑集36巻11号908頁〔27662610〕…………………… 162
広島高判昭和57・12・21訟務月報29巻6号1124頁〔27662621〕……………… 178
名古屋高金沢支判昭和57・12・22判時1104号57頁〔27486393〕……………… 384
福岡高判昭和58・3・7行裁例集34巻3号394頁（飯盛町旅館建築規制条例訴
　訟）〔27604095〕…………………………………………………………………… 67
長野地判昭和58・9・29訟務月報30巻3号562頁〔27662699〕………………… 182
東京地判昭和58・10・12刑裁月報15巻10号521頁（ロッキード事件丸紅ルー
　ト）〔27662701〕……………………………………………………………… 300, 322
最二小判昭和58・10・14裁判集民140号115頁〔27490414〕………………… 122
大津地判昭和58・11・28行裁例集34巻11号2002頁〔27662716〕………… 358, 363
水戸地判昭和59・1・17判例地方自治6号110頁〔29012159〕………………… 180
最二小判昭和59・2・24刑集38巻4号1287頁（石油闇カルテル事件）
　〔27801091〕……………………………………………………… 11, 301, 304, 321
水戸地判昭和59・2・28判例地方自治6号112頁〔29012156〕………………… 188
最二小判昭和59・3・23民集38巻5号475頁（新島漂着砲弾爆発事件）
　〔27000022〕……………………………………………………………………18, 277
最三小判昭和59・3・27刑集38巻5号2037頁〔21080330〕…………………483, 484
京都地判昭和59・3・30行裁例集35巻3号353頁（京都市古都保存協力税条例
　訴訟）〔21080362〕…………………………………………………………………22
千葉地判昭和59・7・17判例地方自治11号118頁〔29012203〕………………… 243
最二小判昭和59・10・26民集38巻10号1169頁〔27000004〕………………… 172
大阪高判昭和59・10・30行裁例集35巻10号1772頁〔27486822〕………………43
最一小判昭和59・11・1裁判集民143号135頁〔28202094〕…………………… 142
最一小判昭和59・11・29民集38巻11号1195頁〔27000003〕………………… 153
大阪地判昭和59・11・30行裁例集35巻11号1906頁〔22000140〕………… 491, 495

最三小判昭和59・12・4裁判集民143号263頁〔28205965〕……………… 163
最大判昭和59・12・12民集38巻12号1308頁〔21080910〕……………… 146
最一小判昭和59・12・13民集38巻12号1411頁〔27000001〕…………… 118, 292
最三小判昭和60・1・22民集39巻1号1頁〔27100001〕………… 388, 390, 395
最三小判昭和60・1・22民集39巻1号44頁〔27100002〕…………… 491, 493
仙台高秋田支判昭和60・3・26民集43巻11号1539頁〔27486824〕…………… 321
最大判昭和60・3・27民集39巻2号247頁（サラリーマン税金訴訟）〔22000380〕… 6
仙台高判昭和60・3・29行裁例集36巻3号457頁〔27682720〕…………… 142
最三小判昭和60・7・16民集39巻5号989頁（品川区マンション訴訟）
　　〔27100013〕……………………………………… 297, 304, 314, 348, 353
最大判昭和60・10・23刑集39巻6号413頁〔27803700〕………………… 63, 248
大阪高決昭和60・11・25判時1189号39頁〔27803373〕………………… 271, 273
大阪高判昭和60・11・26判時1187号153頁〔27803374〕………………… 275
最三小判昭和60・12・17民集39巻8号1821頁〔27100025〕……………… 151

昭和61年〜63年

東京高判昭和61・1・29判時1183号93頁〔27803401〕……………………… 321
最一小判昭和61・2・13民集40巻1号1頁〔27100027〕…………………… 152
東京高決昭和61・2・27東高刑時報37巻1=3号2頁〔27803420〕………… 280
東京地判昭和61・3・31判時1190号15頁〔22001130〕……………… 492, 496
大阪地判昭和61・5・8判タ617号180頁〔27803903〕……………………… 275
最一小判昭和61・6・19裁判集民148号239頁〔27803910〕……………… 433
大阪高判昭和61・6・26民集44巻1号299頁〔22001550〕………………… 443
大阪高判昭和61・9・16判タ634号128頁〔27803930〕…………………… 169
福岡高判昭和61・9・29税務訴訟資料153号1026頁〔22002068〕………… 323
高松高判昭和61・12・2高裁刑集39巻4号507頁〔27803571〕…………… 92
鳥取地判昭和61・12・4訟務月報33巻7号1886頁〔27803573〕………… 321
最三小判昭和61・12・16民集40巻7号1236頁〔27100055〕………… 107, 155
最二小判昭和62・2・13裁判集民150号157頁〔27802508〕……………… 118
最二小判昭和62・2・20民集41巻1号122頁〔27100060〕……………… 409
最三小判昭和62・5・19民集41巻4号687頁〔27800039〕……………… 129
最一小判昭和62・7・9民集41巻5号1145頁〔27801461〕……………… 156
最三小判昭和62・10・30裁判集民152号93頁〔22002024〕………… 108, 317
最一小判昭和62・11・5裁判集民152号133頁〔22002454〕…………… 257
最三小判昭和62・11・24裁判集民152号247頁〔27801767〕…………… 150
福島地判昭和62・11・30判例地方自治46号41頁〔29012351〕………… 242
仙台高判昭和63・2・23訟務月報34巻10号1982頁〔27801476〕……… 383
那覇地判昭和63・2・23判例地方自治46号66頁〔29012348〕………… 191

東京高判昭和63・3・11訟務月報34巻12号2561頁〔27801668〕……………… 297
最一小判昭和63・3・31裁判集民153号643頁〔22002360〕……………… 489, 490
最三小判昭和63・4・19判タ669号119頁〔27801989〕……………………… 121
最二小判昭和63・6・17裁判集民154号201頁（菊田医師訴訟）〔27802430〕
………………………………………………………………………… 9, 143, 214, 294
最一小判昭和63・7・14裁判集民154号273頁〔27803056〕……………… 162
秋田地判昭和63・7・18行裁例集39巻7=8号752頁〔27803057〕………… 194
最二小決昭和63・9・16刑集42巻7号1051頁〔27804932〕………… 470, 472
最二小決昭和63・10・28刑集42巻8号1239頁〔27804936〕……………… 251

平成元年〜10年

名古屋高金沢支判平成元・1・23行裁例集40巻1=2号15頁〔27804821〕………… 357
東京地判平成元・1・31行裁例集40巻1=2号82頁〔27804114〕……………… 416
東京地判平成元・1・31判タ698号212頁〔27804113〕……………………… 416
那覇地決平成元・2・20判例地方自治64号83頁〔29012427〕……………… 243
東京地決平成元・3・9判例地方自治60号65頁〔29012407〕……………… 242
最一小判平成元・4・13裁判集民156号499頁〔27804518〕…………………43
東京地判平成元・4・26行裁例集40巻4号350頁〔27805363〕……………… 180
最三小判平成元・6・20民集43巻6号385頁〔27804472〕………………… 132
東京高判平成元・7・4行裁例集40巻7号858頁〔27805715〕……………… 189
大阪地判平成元・9・12行裁例集40巻9号1190頁〔27806299〕…………… 363
最三小判平成元・9・19民集43巻8号955頁〔27804830〕………………… 119
最三小判平成元・9・19刑集43巻8号785頁〔27807170〕……………………63
東京地判平成元・10・3訟務月報36巻6号895頁〔27805050〕…………… 371
最二小決平成元・11・8裁判集刑253号399頁〔27806908〕………… 293, 316
最二小判平成元・11・24民集43巻10号1169頁〔27805173〕…………20, 324
神戸地判平成元・11・28判タ731号128頁〔27806659〕…………………… 321
横浜地決平成元・12・8判タ717号220頁〔27805731〕…………………… 273
浦和地判平成元・12・15判タ731号116頁〔27806731〕…………………… 408
最一小判平成2・1・18民集44巻1号253頁〔27805442〕…………… 440, 442
最一小判平成2・1・18裁判集民159号1頁（伝習館高校訴訟）〔27805751〕…………30
最一小判平成2・2・1民集44巻2号369頁（サーベル登録拒否訴訟）
　〔27805681〕…………………………………………………………………45, 399
大阪地判平成2・4・11判タ730号90頁〔22003812〕………………… 492, 496
広島地判平成2・4・25訟務月報37巻5号927頁〔27809255〕…………… 258
名古屋地決平成2・5・10判タ751号123頁〔27808232〕……………………23
仙台高秋田支判平成2・7・27行裁例集41巻6=7号1269頁〔27807934〕…… 194
大阪高判平成2・8・29行裁例集41巻8号1426頁〔27808151〕…………… 363

水戸地判平成2・9・18判例地方自治83号76頁〔29012521〕 ……………………… 237
東京高判平成2・9・19行裁例集41巻9号1485頁〔27808782〕 ……………………… 180
東京地判平成2・10・15行裁例集41巻10号1639頁〔27808977〕 ……………………… 181
最一小判平成2・10・18民集44巻7号1021頁〔27807221〕 ……………………… 122
大阪高判平成2・10・31判時1396号42頁〔27809581〕 ……………………… 385
東京高判平成2・11・29判タ748号112頁〔27807621〕 ……………………… 236
京都地判平成3・2・5訟務月報40巻8号1944頁〔27808328〕 ……………………… 358
最二小判平成3・3・8民集45巻3号164頁（浦安町鉄杭撤去訴訟）〔27808184〕
　………………………………………………………………………………… 3, 245
福岡高決平成3・3・12判時1386号156頁〔27813008〕 ……………………… 280
最三小判平成3・3・19裁判集民162号211頁〔27814862〕 ……………………… 158
東京高判平成3・4・23行裁例集42巻4号592頁〔27810382〕 ……………………… 181
最二小判平成3・4・26民集45巻4号653頁（水俣病認定遅延訴訟最高裁判決）
　〔27808496〕 ……………………………………………………………… 348
東京地判平成3・5・28行裁例集42巻5号954頁〔27809271〕 ……………………… 354
最三小判平成3・7・9民集45巻6号1049頁〔27808871〕 ………………………44, 399
浦和地判平成3・9・26判タ797号272頁〔27815961〕 ……………………… 275
東京地判平成4・2・7訟務月報38巻11号1987頁〔27811332〕 ……………………… 324
東京地判平成4・3・18行裁例集43巻3号394頁〔22005022〕 ……………………… 447
東京高判平成4・4・15行裁例集43巻4号632頁〔27811651〕 ……………………… 193
東京地八王子支決平成4・4・30判タ809号226頁〔27814658〕 ……………………… 280
神戸地判平成4・6・30判タ802号196頁〔27814261〕 ……………………… 127
最大判平成4・7・1民集46巻5号437頁（成田新法事件）〔25000011〕
　……………………………………………………………… 332, 362, 481, 482
札幌高判平成4・7・21判タ805号238頁〔27818815〕 ……………………… 275
山口地判平成4・7・30訟務月報39巻5号887頁〔27814532〕 ……………………… 294
京都地判平成4・9・8判タ811号233頁〔27814849〕 ……………………… 499, 501
東京地判平成4・9・25訟務月報39巻6号1018頁〔27814488〕 ……………………… 294
東京高判平成4・10・23行裁例集43巻10号1275頁〔25000026〕 ……………………… 358
最一小判平成4・10・29民集46巻7号1174頁（伊方原発訴訟）〔25000027〕 ………34
最一小判平成4・11・26民集46巻8号2658頁〔25000031〕 ……………………… 151
最一小判平成4・12・10裁判集民166号773頁〔27815214〕 ……………… 389, 390, 551
神戸地判平成5・1・25判タ817号177頁（伊丹市教育環境保全条例訴訟）
　〔27815531〕 ……………………………………………………………………77
最一小判平成5・2・18民集47巻2号574頁（武蔵野市マンション訴訟）
　〔27814474〕 ……………………………………………………… 11, 12, 316
京都地判平成5・2・26判タ835号157頁〔27818003〕 ……………………… 240
最三小判平成5・3・16民集47巻5号3483頁〔27814781〕 ………………………40

判例索引　*585*

熊本地判平成5・3・25訟務月報40巻4号651頁〔25000042〕……………………… 300, 326
秋田地判平成5・4・23行裁例集44巻4=5号325頁〔27815461〕……………………… 311
名古屋地判平成5・5・28判例地方自治121号31頁〔28019166〕……………………… 441
最二小判平成5・6・25裁判集民169号175頁〔27816951〕……………………………… 164
大阪地判平成5・7・12判時1478号146頁〔27817155〕…………………………………… 275
最二小判平成5・9・10民集47巻7号4955頁〔27816372〕……………………………… 162
大阪高判平成5・10・5訟務月報40巻8号1927頁〔27825932〕………………………… 358
最二小判平成5・11・26裁判集民170号641頁〔27816881〕…………………………… 126
福岡地判平成5・12・14判例地方自治143号72頁〔28011644〕………………………… 230
最三小判平成5・12・17民集47巻10号5530頁〔27816966〕…………………………… 434
大阪地判平成5・12・24判タ843号166頁〔27819853〕………………………………… 194
東京高判平成6・1・24税務訴訟資料200号44頁〔22008381〕………………………… 450
最一小判平成6・1・27民集48巻1号53頁〔27817235〕………………………………… 539
最三小判平成6・2・8民集48巻2号123頁〔27821071〕…………………………… 103, 212
東京高判平成6・2・25高裁民集47巻1号17頁（東芝ケミカル事件）
　　〔27820811〕……………………………………………………………………………… 370
奈良地判平成6・3・2訟務月報41巻4号665頁〔27827143〕…………………………… 278
東京地判平成6・3・8判タ872号191頁（四代目会津小鉄暴力団指定処分裁決
　　取消訴訟）〔27826981〕………………………………………………………… 439, 453
福岡地判平成6・3・18行裁例集45巻3号269頁（宗像市環境保全条例訴訟）
　　〔27819851〕……………………………………………………………………………… 74
和歌山地決平成6・3・18判例地方自治125号72頁〔28021855〕……………………… 243
福岡高判平成6・3・24行裁例集45巻3号299頁〔27826442〕………………………… 444
東京地判平成6・3・25行裁例集45巻3号811頁〔27826443〕………………………… 452
最二小判平成6・4・22民集48巻3号944頁〔27818523〕……………………………… 131
神戸地伊丹支決平成6・6・9判例地方自治128号68頁〔28019581〕………………… 273
最一小判平成6・7・14裁判集民172号819頁〔27826718〕…………………………… 222
松山地判平成6・10・14判例地方自治137号36頁〔29012698〕……………………… 186
大阪地判平成6・10・21訟務月報41巻6号1319頁〔27827641〕……………………… 277
横浜地判平成6・11・16判例地方自治136号26頁〔28021735〕……………………… 443
福岡地決平成7・1・23判例地方自治139号13頁〔28030104〕………………………… 243
最大判平成7・2・22刑集49巻2号1頁（ロッキード事件丸紅ルート判決）
　　〔27826571〕……………………………………………………………………………… 10
最一小判平成7・3・23民集49巻3号1006頁〔27826862〕……………………………… 141
福岡高判平成7・3・23判タ896号246頁〔27829073〕………………………………… 280
東京地判平成7・5・17行裁例集46巻4=5号487頁〔27829091〕……………………… 419
最三小決平成7・5・30刑集49巻5号703頁〔27827892〕………………………… 470, 473
最二小判平成7・6・23民集49巻6号1600頁（クロロキン薬害訴訟）〔27827371〕… 9

最一小判平成7・7・6民集49巻7号1833頁（那覇労働基準監督署長（花城）事件）〔27827503〕……………………………………………………………… 463
仙台高判平成7・7・31税務訴訟資料213号372頁〔28021457〕 …………… 492, 494
最三小判平成7・11・7民集49巻9号2829頁〔27828271〕 ……………… 123, 144
京都地判平成8・2・16税務訴訟資料215号568頁〔28030228〕 …………… 453
最三小判平成8・3・5税務訴訟資料215号803頁〔28030235〕 ……………… 492
最三小決平成8・3・26刑集50巻4号460頁〔28015085〕 ………………………90
東京高判平成8・3・29判時1571号48頁〔28011084〕 …………………… 38, 379
東京高判平成8・4・15行裁例集47巻4=5号337頁〔28020391〕 …………… 419
大阪高判平成8・9・20判タ940号171頁〔28021279〕 ……………………… 276
横浜地判平成8・10・9判例地方自治165号52頁〔28021894〕 …………… 442, 444
東京地判平成8・10・24訟務月報44巻1号95頁〔28020600〕 ……………… 444
徳島地判平成8・11・25訟務月報44巻2号197頁〔28030133〕 ……………… 258
大阪高判平成8・11・26判時1609号150頁〔28020861〕 …………………… 186
最三小判平成9・1・28民集51巻1号147頁〔28020339〕 …………………… 173
最三小判平成9・1・28民集51巻1号250頁〔28020400〕 …………………… 124
最一小判平成9・1・30刑集51巻1号335頁〔28025032〕 …………………… 483, 485
東京高判平成9・2・27東高刑時報48巻1=12号5頁〔28035731〕 …………… 275
仙台地判平成9・2・27判タ961号131頁〔28030623〕 ……………………… 531
最三小判平成9・3・11裁判集民182号137頁〔28020795〕 ………………… 156
東京高判平成9・5・29知的財産例集29巻2号542頁〔28030097〕 ………… 443
最二小判平成9・8・25裁判集民184号1頁〔28021645〕 …………………… 104
大阪地判平成9・10・17判タ962号118頁〔28030636〕 …………………… 327
仙台高判平成9・10・29判タ984号143頁〔28033038〕 …………………… 440
福岡高那覇支判平成9・11・20判タ976号148頁〔28032773〕 …………… 357
最一小判平成9・12・18民集51巻10号4241頁〔28030173〕 ……………… 126
東京高判平成9・12・18東高刑時報48巻1=12号93頁〔28035756〕 ……… 276
横浜地判平成9・12・26判タ977号87頁〔28032845〕 …………………… 300
和歌山地田辺支判平成10・1・16判時1669号116頁〔28041030〕 ………… 276
仙台地判平成10・1・27判タ994号132頁〔28033443〕 ………………… 351
東京地判平成10・2・27判タ1015号113頁〔28040619〕 ………………… 393
東京地判平成10・3・31判タ1041号158頁〔28033087〕 ………………… 320
高松高判平成10・5・11平成8年(ネ)525号公刊物未登載〔28172792〕 ……… 258
大阪高判平成10・6・2民集56巻6号1193頁（宝塚市パチンコ店等規制条例訴訟）〔28040120〕 ……………………………………………………………77
最一小判平成10・7・16裁判集民189号155頁〔28031944〕 …………… 35, 162
東京地判平成10・7・31訟務月報45巻6号1076頁〔28042633〕 ………… 208
福岡高判平成10・10・9民集58巻3号724頁〔28040833〕 ……………… 123

最三小判平成10・10・13裁判集民190号1頁〔28033085〕 ················ 264
大阪地判平成10・10・27判タ1027号129頁〔28042661〕 ················ 280

平成11年～20年

最一小判平成11・1・21裁判集民191号127頁〔28040189〕 ················ 155
最一小決平成11・2・17刑集53巻2号64頁〔28045029〕 ················ 280, 281
東京高判平成11・3・31判時1678号66頁〔28040668〕 ················ 531
鹿児島地判平成11・4・16判タ1019号119頁〔28050141〕 ················ 189
東京地判平成11・4・22判タ1047号177頁〔28060338〕 ················ 341
最一小判平成11・7・15裁判集民193号469頁〔28041261〕 ················ 186
最一小判平成11・7・19裁判集民193号571頁〔28041348〕 ················ 37
東京高判平成11・8・23判タ1021号175頁〔28050126〕 ················ 508, 509
東京高判平成11・8・26判タ1024号284頁〔28051136〕 ················ 277
最二小判平成11・10・22民集53巻7号1270頁〔28042452〕 ················ 172
高松地判平成12・1・11判例地方自治212号81頁〔28061273〕 ········ 367-369
岡山地判平成12・2・2平成10年(行ウ)2号裁判所HP〔28151997〕 ········ 352
名古屋高判平成12・2・29民集58巻9号2621頁（紀伊長島町水道水源保護条例
　　訴訟）〔28052562〕 ················ 75
最二小判平成12・3・17裁判集民197号661頁〔28050542〕 ················ 81
奈良地判平成12・3・29判例地方自治204号16頁〔28052499〕 ················ 380
最三小判平成12・4・11民集54巻4号1368頁〔28050768〕 ················ 174
広島高岡山支判平成12・4・27判例地方自治214号70頁〔28061604〕 ········ 351
那覇地判平成12・5・9判タ1058号124頁〔28061389〕 ················ 71
横浜地判平成12・9・27判例地方自治217号69頁〔28062288〕 ········ 5, 289, 311
東京高判平成12・11・14税務訴訟資料249号502頁〔28091504〕 ················ 334
東京高判平成13・2・8訟務月報48巻10号2353頁〔28061140〕 ················ 266
最三小判平成13・3・27民集55巻2号530頁〔28060670〕 ················ 542
富山地判平成13・5・9判例地方自治231号73頁〔28072884〕 ················ 315
熊本地判平成13・5・11訟務月報48巻4号881頁〔28061048〕 ················ 283
東京高判平成13・5・22平成13年(ネ)928号公刊物未登載〔28100339〕 ········ 117
東京地判平成13・5・30訟務月報48巻5号1107頁〔28070051〕 ················ 21, 290
東京高判平成13・6・14訟務月報48巻9号2268頁〔28062165〕 ········ 380, 385, 393
名古屋地判平成13・8・29判タ1074号294頁（MKタクシー事件）〔28062362〕
　　················ 355
東京地判平成13・10・17判時1782号24頁〔28070143〕 ················ 207
東京高判平成13・11・30民集59巻7号2009頁〔28070298〕 ················ 265
静岡地判平成13・11・30判例地方自治228号63頁〔28071607〕 ················ 384
最二小判平成13・12・14民集55巻7号1567頁〔28070026〕 ················ 530

東京地判平成13・12・17判時1776号32頁〔28070899〕……………………… 181
大阪高判平成13・12・25判例地方自治265号11頁〔28071179〕…………… 510
最一小判平成14・1・17民集56巻1号1頁〔28070189〕……………………… 149
最三小判平成14・1・22民集56巻1号46頁〔28070182〕…………………… 172
最一小判平成14・1・31民集56巻1号246頁〔28070264〕……………… 44, 399
東京高判平成14・2・20平成13年(行コ)167号裁判所HP〔28152230〕…… 352
最一小判平成14・2・28民集56巻2号467頁〔28070467〕……………… 531, 543
最一小決平成14・2・28裁判集民205号835頁〔28070470〕……………… 283
大阪地判平成14・3・15訟務月報53巻2号583頁〔28071306〕…… 21, 290, 521, 524
名古屋地判平成14・3・20判例地方自治240号102頁〔28070946〕………… 320
最一小判平成14・4・25判例地方自治229号52頁〔28072376〕…………… 147
名古屋地判平成14・5・13判例地方自治234号10頁〔28072276〕………… 355
東京高判平成14・5・15高裁民集55巻2号7頁〔28081661〕……………… 355
最三小判平成14・7・9民集56巻6号1134頁（宝塚パチンコ事件）〔28071914〕
　　……………………………………………………………………………… 126, 272
最三小判平成14・7・9判例地方自治234号22頁〔28080514〕…………… 440
横浜地判平成14・8・7判例地方自治239号8頁〔28080358〕…………… 335
神戸地判平成14・8・8判例地方自治239号18頁〔28081552〕…………… 442
東京地判平成14・9・4判例地方自治244号94頁〔28082994〕…………… 444
徳島地判平成14・9・13判例地方自治240号64頁（阿南市水道水源保護条例訴
　　訟）〔28081804〕……………………………………………………………… 75
最一小決平成14・9・30刑集56巻7号395頁〔28072671〕………………… 246
最一小判平成14・10・24民集56巻8号1903頁〔28072740〕……………… 433
千葉地判平成15・1・24判時1852号67頁〔28081730〕…………………… 421
東京高判平成15・1・30判タ1124号103頁（東京都銀行税条例訴訟）
　　〔28080770〕………………………………………………………………… 79
福岡高那覇支判平成15・3・25高刑速報（平15）141頁〔28115039〕……… 275
大阪地判平成15・5・8判タ1143号270頁〔28082014〕………… 315, 337, 353
福岡高判平成15・5・16訟務月報49巻12号3083頁（川辺川ダム訴訟）
　　〔28082128〕……………………………………………………………… 442
東京高判平成15・5・21高裁民集56巻2号4頁〔28081837〕
　　………………………………………………………… 22, 290, 303, 308, 520, 522
最一小決平成15・5・26刑集57巻5号620頁〔28085438〕………… 278, 470, 474
最一小判平成15・6・26裁判集民210号189頁〔28081679〕……………… 355
最一小判平成15・9・4裁判集民210号385頁〔28082411〕…………… 140, 144
東京地判平成15・9・19判時1836号46頁〔28082829〕…………………… 382
東京地判平成15・9・25平成12年(行ウ)307号等裁判所HP〔28091651〕…… 338
東京高判平成15・9・30判時1852号65頁〔28091307〕…………………… 421

東京地決平成15・10・3判タ1131号90頁（圏央道あきる野IC事件）
　　〔28082899〕 ·· 243
最二小決平成15・10・10平成13年（受）1327号公刊物未登載〔28100340〕 ······ 117
大分地判平成15・10・16判例地方自治262号107頁〔28090396〕 ···················· 276
最三小判平成15・11・11民集57巻10号1387頁〔28083017〕 ·························· 535
最三小判平成15・11・11裁判集民211号349頁〔28083018〕 ·························· 543
最三小判平成15・11・11裁判集民211号451頁〔28083019〕 ················ 512, 513
名古屋高金沢支判平成15・11・19判タ1167号153頁〔28102512〕 ··················· 350
最二小判平成15・11・21刑集57巻10号1043頁〔28095009〕 ·························· 251
最二小決平成15・12・25民集57巻11号2562頁〔28090329〕 ··························· 44
東京高決平成15・12・25訟務月報50巻8号2447頁〔28090514〕 ··················· 243
最一小判平成16・1・15民集58巻1号156頁〔28090330〕 ····························· 132
最一小判平成16・1・15民集58巻1号226頁〔28090332〕 ····························· 104
最一小判平成16・1・15裁判集民213号241頁〔28090331〕 ·························· 168
最二小決平成16・1・20刑集58巻1号26頁〔28095046〕 ···················· 488, 489
大阪高判平成16・2・19訟務月報53巻2号541頁〔28090956〕 ····················· 524
最三小判平成16・2・24裁判集民213号567頁〔28090642〕 ················ 124, 531
大阪地判平成16・2・26判例地方自治257号87頁〔28092885〕 ····················· 338
最三小決平成16・3・16平成16年(行フ)2号等公刊物未登載〔28171747〕 ········ 243
さいたま地判平成16・3・17訟務月報51巻6号1409頁〔28101642〕 ················ 237
最三小判平成16・4・13刑集58巻4号247頁〔28095175〕 ···················· 484, 487
名古屋高金沢支判平成16・4・19判タ1167号126頁〔28091799〕 ··················· 508
最一小判平成16・4・26民集58巻4号989頁〔28091162〕 ····························· 335
最三小判平成16・4・27民集58巻4号1032頁（筑豊じん肺訴訟）〔28091164〕 ··· 400
最三小判平成16・7・13民集58巻5号1368頁〔28091988〕 ····························· 99
名古屋地判平成16・9・22判タ1203号144頁〔28092871〕 ··························· 262
最二小判平成16・12・24民集58巻9号2536頁〔28100145〕 ···························· 75
長野地判平成17・2・4判タ1229号221頁〔28130503〕 ······················ 364, 373
東京地判平成17・4・22平成16年(行ウ)178号裁判所HP〔28151605〕 ············ 421
名古屋地判平成17・5・26判タ1275号144頁〔28101446〕 ······················ 68, 77
最三小判平成17・6・14裁判集民217号41頁（岐阜県大垣土木事務所訴訟）
　　〔28101202〕 ·· 529
最二小決平成17・6・24裁判集民217号277頁〔28101333〕 ·························· 143
東京地判平成17・6・27判タ1189号243頁〔28101638〕 ······························ 342
最二小判平成17・7・15民集59巻6号1661頁〔28101469〕 ············ 146, 310, 337
福岡高決平成17・8・22判タ1211号42頁〔28111679〕 ································ 270
最三小判平成17・9・13民集59巻7号1950頁〔28101751〕 ··························· 265
東京高判平成17・10・5平成16年(行コ)171号裁判所HP〔28152365〕 ············ 244

最三小決平成17・10・14民集59巻8号2265頁〔28102060〕 ………………… 503, 504
東京高判平成17・10・20判タ1197号103頁〔28102325〕 ………………… 491, 494
最三小判平成17・10・25裁判集民218号91頁〔28102138〕 ………………… 146, 337
最二小判平成17・10・28民集59巻8号2296頁（陣屋の村補助金訴訟）
　〔28102244〕 ………………………………………………………………………24
名古屋高判平成17・11・17平成16年（行コ）52号公刊物未登載〔28130867〕 …… 543
最二小判平成17・11・21民集59巻9号2611頁〔28102401〕 …………………… 116
最二小判平成17・12・16民集59巻10号2931頁〔28110087〕 ………………… 107
東京高判平成17・12・26平成17年（行コ）149号裁判所HP〔28131616〕 ……… 378
最二小判平成18・1・13民集60巻1号1頁〔28110244〕 ……………………………44
最一小判平成18・1・19民集60巻1号65頁〔28110295〕 …………………… 419, 434
大阪地決平成18・1・25判タ1221号229頁〔28112363〕 ……………………… 231
最三小判平成18・2・21民集60巻2号508頁〔28110553〕 …………………… 270
東京地判平成18・2・23判タ1226号75頁〔28110680〕 ……………………… 408
盛岡地判平成18・2・24判例地方自治295号82頁〔28132212〕 ……………… 394
最大判平成18・3・1民集60巻2号587頁（旭川市国民健康保険条例訴訟）
　〔28110487〕 …………………………………………………………………2, 6, 61
最二小判平成18・3・10裁判集民219号677頁〔28110724〕 ………………… 517
徳島地判平成18・3・24判例地方自治291号100頁〔28131381〕 …………… 276
熊本地判平成18・3・27判タ1251号198頁〔28132328〕 ……………………… 342
富山地判平成18・4・12税務訴訟資料256号順号10363〔28162696〕 ……… 306
東京地判平成18・4・24判タ1241号74頁〔28131774〕 ……………………… 282
名古屋高判平成18・5・18平成17年（行コ）41号裁判所HP（東郷町ラブホテ
　ル規制条例訴訟）〔28130476〕 ……………………………………………… 68, 76
東京地判平成18・6・6判時1948号100頁〔28130130〕 ……………………… 290
最二小判平成18・7・14民集60巻6号2369頁〔28111516〕 ………………… 148
東京地判平成18・9・6判タ1275号96頁〔28131738〕 ……………… 366, 368, 372
東京高判平成18・9・27訟務月報54巻8号1596頁〔28141997〕 ……………… 553
最一小判平成18・10・5裁判集民221号403頁〔28112115〕 ………………… 451
東京高判平成18・10・11判タ1242号147頁〔28131753〕 …………………… 278
最三小判平成18・10・24民集60巻8号3128頁〔28112264〕 ……………………38
福岡高判平成18・11・9判タ1251号192頁〔28130057〕 ……………………… 342
新潟地判平成18・11・17判タ1248号203頁〔28132160〕 …………………… 534
東京高判平成19・1・24平成18年（行コ）251号裁判所HP〔28152476〕 ……… 438
東京高判平成19・1・31判タ1263号280頁〔28140910〕 ……………………… 181
最三小判平成19・2・6民集61巻1号122頁（在ブラジル被爆者健康管理手当不
　支給訴訟）〔28130401〕 ……………………………………………………39, 109
大阪地判平成19・2・13判タ1253号122頁〔28132481〕 ……………………36, 394

最一小決平成19・3・1平成18年(行ツ)219号等公刊物未登載〔28130522〕……… 68
大阪地判平成19・3・14判タ1252号189頁〔28132436〕 …………………… 394
最三小判平成19・4・17裁判集民224号97頁〔28131084〕 ………………… 543
東京高判平成19・4・17平成18年(行コ)250号裁判所HP〔28152523〕
　………………………………………………………………………… 366–368
最三小判平成19・5・29裁判集民224号463頁〔28131282〕 ……………… 537
東京地判平成19・6・27判タ1275号323頁〔28132199〕 ………………… 127
東京地判平成19・8・29平成19年(行ウ)327号公刊物未登載〔28241546〕
　………………………………………………………………………… 513, 516
最三小判平成19・9・18刑集61巻6号601頁（広島市暴走族追放条例訴訟）
　〔28135434〕 …………………………………………………………… 64, 248
東京地判平成19・9・20判タ1263号288頁〔28140738〕 ………………… 546
最二小判平成19・10・19裁判集民226号141頁〔28132282〕 …………… 163
東京地判平成19・12・4判タ1284号176頁〔28150180〕 ………………… 276
最二小判平成19・12・7民集61巻9号3290頁〔28140064〕 ……………… 34
東京地判平成19・12・26判タ1278号186頁〔28140479〕 ………………… 554
山形地判平成20・1・15税務訴訟資料258号順号10859〔28161135〕 …… 334
名古屋地岡崎支判平成20・1・17判時1996号60頁〔28140830〕 …… 101, 240
東京地判平成20・1・29訟務月報55巻12号3443頁〔28141164〕 …… 337, 354
大阪地判平成20・1・31判タ1267号216頁〔28141354〕 ……………… 512, 514
那覇地判平成20・3・11判時2056号56頁〔28152837〕 ………… 379, 380, 386
名古屋高金沢支判平成20・3・26税務訴訟資料258号順号10930〔28173517〕 … 307
仙台高判平成20・5・28判タ1283号74頁〔28150090〕 ………………… 378
東京高判平成20・5・29平成19年(行コ)345号裁判所HP〔28153034〕 …… 546
名古屋高判平成20・6・4判時2011号120頁〔28141922〕 …………… 101, 241
長崎地判平成20・6・23訟務月報56巻3号219頁〔28160707〕 ………… 349
名古屋高金沢支判平成20・7・23判タ1281号181頁〔28142277〕 ……… 350
仙台高判平成20・8・28税務訴訟資料258号順号11011〔28161098〕 …… 334
那覇地判平成20・9・9判時2067号99頁〔28142122〕 ……………… 291, 338
最大判平成20・9・10民集62巻8号2029頁〔28141939〕 ………………… 152
最二小判平成20・10・3裁判集民229号1頁〔28142030〕 ………………… 104
名古屋地判平成20・11・20判例地方自治319号26頁〔28152450〕 ……… 240

平成21年～28年

仙台地判平成21・1・29平成20年(ワ)1248号裁判所HP〔28153728〕 …… 532
大阪地判平成21・3・25判例地方自治324号10頁〔28153591〕 ……… 231, 247
最二小判平成21・4・17民集63巻4号638頁〔28151170〕 ……………… 159
仙台高判平成21・4・28訟務月報55巻11号3286頁〔28153916〕 ………… 534

東京地判平成21・5・27判時2045号94頁〔28152498〕……………………………… 547
最一小判平成21・7・9裁判集民231号215頁〔28152028〕……………………… 538
最二小判平成21・7・10裁判集民231号273頁〔28152029〕……………23, 136, 273
さいたま地判平成21・10・14平成20年(行ウ)37号裁判所HP〔28160075〕…… 348
最大判平成21・11・18民集63巻9号2033頁（東洋町議会議員解職請求訴訟）
　　〔28153603〕……………………………………………………………… 44, 45, 399
最一小判平成21・11・26民集63巻9号2124頁〔28153699〕………………………… 148
東京高判平成21・12・16判時2071号54頁〔28161317〕……………………………… 282
最一小判平成21・12・17裁判集民232号649頁〔28154010〕………………………… 541
最二小判平成21・12・18民集63巻10号2754頁〔28154005〕………………………… 132
長野地判平成22・3・26判例地方自治334号36頁〔28163255〕……………… 315, 350
東京高判平成22・3・30平成21年(行コ)310号裁判所HP〔28170413〕…… 438, 455
東京地判平成22・3・30民集67巻1号45頁〔28170151〕………………… 48, 49, 401
東京地判平成22・3・30判例地方自治331号13頁〔28162141〕……………………… 552
東京地判平成22・4・9判夕1326号76頁〔28161843〕………………………………… 548
東京地判平成22・4・16判時2079号25頁〔28162057〕………………………………… 81
最三小判平成22・4・20裁判集民234号63頁〔28160976〕…………………………… 298
東京高判平成22・5・31平成21年(ネ)6080号公刊物未登載〔28181519〕………… 102
東京高判平成22・8・25判夕1341号97頁（北本市訴訟）〔28170221〕…………… 400
最一小決平成22・9・27裁判集刑301号281頁〔28175323〕………………………… 43
大分地判平成22・9・30判時2113号100頁〔28163518〕……………………………… 415
岐阜地判平成23・2・10金融法務1988号145頁〔28171590〕………………………… 338
最二小判平成23・2・18裁判集民236号71頁〔28170244〕…………………………… 104
東京高判平成23・4・28判時2119号34頁〔28174035〕………………………………… 282
最三小判平成23・6・7民集65巻4号2081頁（一級建築士免許取消処分等取消
　　請求最高裁判決）〔28172942〕………………………… 376, 382, 389, 391, 396, 401
最一小判平成23・7・14裁判集民237号247頁〔28173740〕………………………… 101
水戸地判平成23・7・29判例地方自治363号77頁〔28210301〕………………… 372, 394
最一小判平成23・9・22民集65巻6号2756頁〔28174059〕…………………………… 86
東京高判平成23・9・29判夕1377号79頁〔28180833〕……………………………… 549
最二小判平成23・10・14裁判集民238号57頁〔28174348〕………………………… 536
仙台高判平成23・11・8判時2139号23頁〔28180728〕……………………………… 275
熊本地判平成23・12・14判夕1389号134頁〔28181903〕…………………………… 331
最二小判平成23・12・16裁判集民238号297頁〔28180015〕………………… 130, 161
東京高判平成23・12・27東高刑時報62巻161号〔28211230〕……………………… 282
最一小判平成24・2・9民集66巻2号183頁〔28180278〕…………………………… 175
最三小判平成24・2・28民集66巻3号1240頁〔28180447〕………………………… 46
奈良地判平成24・2・28判夕1403号361頁〔28223903〕…………………………… 282
最三小判平成24・3・6判夕1371号96頁〔28181518〕…………………………… 101, 207

大阪高判平成24・3・16判時2151号17頁〔28181609〕……………… 282
大阪地判平成24・3・23訟務月報59巻11号2832頁〔28180806〕……… 532
最二小判平成24・4・2民集66巻6号2367頁〔28180737〕………………46
東京高判平成24・4・26民集67巻1号221頁〔28181163〕………………49
大阪地判平成24・6・28平成22年(行ウ)44号裁判所HP〔28181628〕… 394
東京高判平成24・7・18判時2187号3頁〔28212360〕………………… 518
大阪地判平成24・10・12訟務月報60巻3号481頁〔28210673〕……… 291
最二小判平成24・12・7刑集66巻12号1337頁〔28182621〕……………41
仙台高判平成24・12・12判例地方自治375号76頁〔28220089〕……… 284
東京高判平成24・12・19平成24年(ネ)419号等公刊物未登載……………… 111
最二小判平成25・1・11民集67巻1号1頁（医薬品ネット販売権確認等請求訴
  訟）〔28210113〕………………………………………………… 47, 48, 399
大阪高判平成25・2・1平成24年(う)557号公刊物未登載〔28230062〕 ……… 282
横浜地判平成25・3・6判時2195号10頁〔28213274〕……………… 196, 207, 456
東京地判平成25・3・7判例地方自治377号65頁〔28213996〕……… 240
最一小判平成25・3・21民集67巻3号438頁（神奈川県臨時特例企業税条例訴
  訟）〔28210886〕……………………………………………………80
大阪高判平成25・4・16訟務月報60巻3号509頁〔28221010〕……… 291
名古屋高判平成25・4・26判例地方自治374号43頁〔28211544〕…… 395
東京高判平成25・6・20判タ1393号128頁〔28213939〕……………… 395
最二小判平成25・7・12民集67巻6号1255頁〔28212269〕………………30
大阪地判平成25・12・12判例地方自治394号10頁〔28232056〕……… 320
最一小決平成25・12・19民集67巻9号1938頁〔28220001〕……… 503, 506
最一小判平成26・1・16平成23年（受）1619号公刊物未登載〔28231756〕 …… 282
横浜地判平成26・1・22判タ1406号90頁〔28222142〕……………… 263
最三小判平成26・1・28民集68巻1号49頁〔28220381〕……………… 169
広島高松江支判平成26・3・17判時2265号17頁〔28221688〕……… 373
東京高判平成26・6・26判タ1406号83頁〔28222990〕……………… 263
最二小判平成26・7・14訟務月報61巻5号1037頁〔28223051〕……… 549
最二小決平成26・8・19訟務月報61巻5号1044頁〔28223568〕……… 333
金沢地判平成26・9・29判例地方自治396号69頁〔28232879〕…… 370, 425
最一小判平成26・10・9民集68巻8号799頁（大阪泉南アスベスト訴訟）
  〔28224105〕………………………………………………………… 400
最一小判平成26・10・23裁判所時報1614号4頁〔28224236〕……… 191
最三小決平成26・12・2平成25年(あ)345号公刊物未登載〔28230064〕……… 282
最三小判平成27・3・3民集69巻2号143頁〔28230868〕………………36, 383
名古屋高金沢支判平成27・6・24判例地方自治400号104頁〔28232486〕 … 370, 426
東京地判平成28・2・10平成25年(行ウ)386号裁判所HP〔29016625〕………… 419
最一小判平成28・4・21民集70巻4号1029頁〔28241303〕……………… 112

サービス・インフォメーション
――――――――――――――――――― 通話無料 ―――
①商品に関するご照会・お申込みのご依頼
　　　　TEL 0120(203)694／FAX 0120(302)640
②ご住所・ご名義等各種変更のご連絡
　　　　TEL 0120(203)696／FAX 0120(202)974
③請求・お支払いに関するご照会・ご要望
　　　　TEL 0120(203)695／FAX 0120(202)973

●フリーダイヤル(TEL)の受付時間は、土・日・祝日を除く
　9:00～17:30です。
●FAXは24時間受け付けておりますので、あわせてご利用ください。

論点体系　判例行政法　1

平成29年4月30日　初版発行

編　著　　小早川光郎

　　　　　青　栁　　馨

発行者　　田　中　英　弥

発行所　　第一法規株式会社
　　　　　〒107-8560　東京都港区南青山2-11-17
　　　　　ホームページ　http://www.daiichihoki.co.jp/

装　丁　　篠　隆二

論点判例行政1価　ISBN978-4-474-10337-5　C3332　(4)